PUBLICATIONS DE L'ÉCOLE DES LANGUES ORIENTALES VIVANTES

CHRONIQUE
DE MOLDAVIE
DEPUIS LE MILIEU DU XIV° SIÈCLE
JUSQU'A L'AN 1594

PAR

GRÉGOIRE URECHI

TEXTE ROUMAIN
AVEC TRADUCTION FRANÇAISE, NOTES HISTORIQUES, TABLEAUX GÉNÉALOGIQUES
GLOSSAIRE ET TABLE

PAR

ÉMILE PICOT

PARIS
ERNEST LEROUX, ÉDITEUR
LIBRAIRE DE LA SOCIÉTÉ ASIATIQUE,
DE L'ÉCOLE DES LANGUES ORIENTALES VIVANTES, ETC.
28, RUE BONAPARTE, 28

1878

PUBLICATIONS

DE

L'ÉCOLE DES LANGUES ORIENTALES VIVANTES

IX

CHRONIQUE

DE MOLDAVIE

PUBLICATIONS
DE
L'ÉCOLE DES LANGUES ORIENTALES VIVANTES

IX

CHRONIQUE
DE MOLDAVIE

PARIS. — IMPRIMERIE LALOUX FILS ET GUILLOT, 7, RUE DES CANETTES

CHRONIQUE
DE MOLDAVIE
DEPUIS LE MILIEU DU XIVᵉ SIÈCLE
JUSQU'A L'AN 1594

PAR

GRÉGOIRE URECHI

TEXTE ROUMAIN
AVEC TRADUCTION FRANÇAISE, NOTES HISTORIQUES, TABLEAUX GÉNÉALOGIQUES
GLOSSAIRE ET TABLE

PAR

ÉMILE PICOT

PARIS
ERNEST LEROUX, ÉDITEUR
LIBRAIRE DE LA SOCIÉTÉ ASIATIQUE,
DE L'ÉCOLE DES LANGUES ORIENTALES VIVANTES, ETC.
28, RUE BONAPARTE, 28

1878

PUBLICATIONS DE L'ÉCOLE DES LANGUES ORIENTALES VIVANTES

CHRONIQUE DE MOLDAVIE
DEPUIS LE MILIEU DU XIVᵉ SIÈCLE
JUSQU'A L'AN 1594

PAR

GRÉGOIRE URECHI

TEXTE ROUMAIN
AVEC TRADUCTION FRANÇAISE, NOTES HISTORIQUES, TABLEAUX GÉNÉALOGIQUES
GLOSSAIRE ET TABLE

PAR

ÉMILE PICOT

FASCICULE II

PARIS
ERNEST LEROUX, ÉDITEUR
LIBRAIRE DE LA SOCIÉTÉ ASIATIQUE,
DE L'ÉCOLE DES LANGUES ORIENTALES VIVANTES, ETC
28, RUE BONAPARTE, 28

1879

☞ Le fascicule III, terminant l'ouvrage, paraitra en décembre 1879.

Avant-Propos.

Lorsque nous avons entrepris de donner une traduction française de la Chronique d'Urechi, nous étions loin de soupçonner les difficultés que devait offrir un semblable travail. Ce n'est qu'après nous être mis à l'œuvre, après avoir même commencé l'impression, que nous avons reconnu combien la tâche était ardue et combien notre préparation était insuffisante. Non seulement notre texte présentait çà et là des obscurités auxquelles nous n'avions pas pris garde dans un premier examen, mais le commentaire que nous avions résolu d'y joindre exigeait de minutieuses recherches auxquelles il nous était difficile de nous livrer loin des bibliothèques roumaines. Des imperfections que le public ne remarquera que trop nous forcent ainsi de solliciter l'indulgence du lecteur avant d'aborder les questions qui doivent faire l'objet de cet avant-propos. Nous allons maintenant dire ce que nous savons de l'auteur de notre Chronique; nous indiquerons sommairement les sources auxquelles il a puisées, enfin nous ajouterons quelques mots, sinon sur ce que nous avons fait comme éditeur, du moins sur ce que nous nous étions proposé de faire.

I.

La famille Urechi paraît avoir été l'une des plus anciennes de la Moldavie. Sans nous arrêter à la tradition rapportée par Démètre Cantemir qui la rattache à la famille de Mathias Corvin (1), nous voyons les ancêtres de notre chroniqueur figurer, dès le commencement du XVe siècle, parmi les grands boïars du pays. Le 7 janvier 1407, le métropolitain Joseph délègue Pierre Urecle (2) pour faire à l'hégoumène de Niamţ la remise de tous les biens dépendant du monastère de Bistriţa (3). En 1442 un autre Urecle, Oană ou Vană, faisait partie du conseil d'Élie Ier et d'Étienne II (4). Le troisième Urechi dont nous trouvons le nom dans l'histoire est Nestor, qui était grand logothéte en 1592. Aaron II, déposé par les Turcs, lui avait laissé la garde de sa capitale, et voulut l'associer à ses cruantés quand il eut réussi à reconquérir le pouvoir; mais Nestor refusa de jouer le rôle sanglant qui lui était réservé; il passa secrètement en Pologne, où il retrouva les boïars qui avaient émigré à la suite de Pierre-le-Boiteux (5). Il se lia surtout avec les Movileștĭ, et, quand Jérémie Movilă eut réussi à s'emparer du trône, Nestor partagea sa fortune et fut investi de la dignité de grand-vornic de la basse-Moldavie (6). Les libéralités qu'il fit à plusieurs monastères

---

(1) „Corvinos, cujus ex prosapia derivantur Urecestii." Хрон. Ром.-Молдо-Влахилор, I, lxx.

    Il est bien vrai que Jean Hunyadi était d'origine roumaine (voy. ci-après p. 68), mais il appartenait à la Transylvanie. Pour expliquer le passage de Cantemir, M. Sbierea, auteur d'un travail récent sur Grégoire Urechi (*Analele Academieĭ romậne*, Ser. II., V, 11, 289—384), pense (p. 295) que le berceau de la famille Urechi doit être cherché dans la Petite-Valachie, d'où le roi Sigismond avait, au dire de Buonfini, ramené les Corvins en Transylvanie. Il est certain qu'on trouve dans la petite Valachie diverses localités qui rappellent le nom d'Urechi.

(2) Ureacle, Urecle (lat. *auricula*), telle était la forme primitive de ce nom, devenu par la suite Urechie, Urechi.

(3) Hîșdău, *Archiva istorică a Romăniei*, I, 1, 140.

(4) Ce personnage est cité dans un diplôme d'Élie et d'Étienne en date du 8 mars (Hîșdău, *Arch.*, I, 1, 74) et dans un diplôme d'Étienne en date du 8 mai (*ibid.* I, 1, 123).

(5) Voy. ci-après, p. 579.

(6) Il figure avec ce titre dans un diplôme de Jérémie Movilă

nous permettent de penser qu'il possédait alors de vastes domaines. Nous le voyons en effet, le 1ᵉʳ octobre 1599, s'associer avec Ion Mogăldea, »vornic de gloată«, c'est-à-dire commandant de la levée en masse, pour donner au monastère de Xeropotamo le village de Giulești, et l'acte de donation rappelle que Xeropotamo était une fondation des deux vornics (1). En 1602, il fonde le monastère de Săcul, auquel il abandonne successivement diverses propriétés en 1604, 1607 et 1608 (2), et en faveur duquel il construit le métoque de sainte Parascève à Iassi (3). Nestor figure, toujours comme grand-vornic, dans les diplômes de Jérémie Movilă (4). Au mois de juin 1606, Jérémie, se sentant atteint d'une maladie incurable, abdiqua en faveur de son jeune fils Constantin, qui fut placé sous la tutelle de Siméon Movilă, son oncle; Nestor conserva ses fonctions sous le nouveau gouvernement (5); mais il paraît s'être bientôt brouillé avec Siméon qui cherchait à favoriser ses enfants au détriment du prince mineur. Dans le courant même de l'année 1607, il dut chercher un refuge en Pologne, où il obtint l'indigénat (6); mais il ne tarda, pas à rentrer en Moldavie. Constantin et sa mère, Élisabeth Czamartowna, avaient réussi à secouer le joug de Siméon, et leurs partisans étaient pour quelque temps en sureté. Un acte du métropolitain Anastase, en date du 6 juillet 1610, nous montre le grand-vornic Urechi

---

daté du 18 juillet 1595 (Wickenhauser, *Molda oder Beiträge zur Geschichte der Moldau und Bukowina*, I, 213) et dans un autre acte du même prince du 30 mars 1599 (*ibid.*, 108).

(1) Hîșdău, *Arch.*, I, 1, 46.
(2) *Columna luĭ Traian*, 1882, 110.
(3) Melchisedec, *Chronica Romanului* I, 246.
(4) Voy. les diplômes du 3 juillet 1604 (Hîșdău, *Arch*, I, 1, 77), du 15 mars 1606 (*ibid.*, III, 70), du 2 avril 1606 (*ibid.*, III, 74) et du 12 mai 1606 (Melchisedec, *Chronica Romanuluĭ*, I, 30).
(5) Voy. un diplôme de Siméon Movilă en date du 10 mars 1607, ap. Hîșdău, *Arch.*, III, 74.
(6) *Herbarz Polski*, 1855, II, 162, ap. Sbierea, 303.

en procès avec les moines d'Agapia (1). Un an plus tard, le 16 juillet 1611, il écrit, de Iassi, au Ragusain Gregorio di Nicolò, agent de l'empereur, qui avait quitté secrètement la Moldavie pour se rendre à Constantinople, et les termes de sa lettre nous le représentent comme le premier personage du pays (2). Cependant, à la mort de Siméon Movilă, survenue à la fin de 1610 ou au commencement de 1611, la guerre civile avait éclaté entre ses fils et leur cousin Constantin; celui-ci avait remporté la victoire, mais il s'était vu tout à coup menacé par un pretendant inconnu la veille, Étienne Tomșa. Le prince dut demander assistance aux Polonais; il envoya en toute hâte Nestor Urechi et le păharnic Bucioc vers le chancelier de Lithuanie, Léon Sapieha (3). Cette mission n'aboutit pas: la Pologne était en guerre avec la Moscovie, et le roi voulait éviter toute complication nouvelle. Constantin prit donc, à son tour, le chemin de la Pologne; Nestor l'y accompagna et s'établit à Kamieniec, où il s'efforça de dissuader son jeune souverain de poursuivre contre Étienne une lutte stérile (4). Ce conseil ne fut pas suivi et Constantin entreprit une campagne qui aboutit à la catastrophe de Cornul luĭ Sas (mai 1612). Nestor patienta pendant trois ans; puis, jugeant que la situation d'Étienne Tomșa

---

(1) Hîşdău, *Arch.*, I, 1, 22; Melchisedec, *Chronica Huşilor*, 93. — Une autre querelle engagée entre les moines d'Agapia et ceux de Săcul au sujet des domaines donnés par Urechi à ce dernier monastère aboutit à un accord constaté par le métropolitain Anastase et par l'évêque de Roman, Métrophane, le 18 avril 1612. Melchisedec, *Chron. Rom.*, I, 240.

(2) *Hurmuzaki, Documente,* IV, 1, 441. La lettre est écrite en latin. — Dans son rapport à l'empereur, en date du 23 novembre 1611, Gregorio accuse les Moldaves et, en particulier, le vornic Urechi d'avoir cherché à empêcher son départ (Hurmuzaki, IV, 1, 456).

(3) Hîşdău, *Arch.*, I, 1, 24.

(4) Voy. Miron Costin, ap. Cogălniceanu, *Letopisețe,* I, 229. — On possède une lettre en langue magyare, écrite par Urechie à Sigismond Forgách en date de Kamieniec le 1er février 1612 (Hurmuzaki, *Doc.*, IV, 1, 466).

s'était affaiblie, il conseilla à la veuve de Jérémie, Élisabeth Czamartowna, et à son second fils Alexandre d'entrer en Moldavie et de donner le signal d'une révolution (1615). Cette prise d'armes eut un plein succès et, pendant le rapide passage d'Alexandre sur le trône, Nestor fut son conseiller tout-puissant (1). La funeste bataille du 23 août 1616 livra la Moldavie à Radu, fils de Mihnea. Les anciens serviteurs de Jérémie Movilă et de ses fils furent naturellement remplacés. Un acte du 19 février 1617, le dernier dans lequel nous ayons rencontré le nom de Nestor Urechi, nous prouve qu'il avait été relevé de ses fonctions (2). Il est probable que l'ancien grand-vornic mourut peu de temps après; nous ne savons, du moins, rien de lui à partir de ce moment.

Nestor avait épousé Métrophanie, fille de Théodore Ioră, dont il eut deux fils mentionnés avec lui dans une inscription qui existe encore au monastère de Săcul (3). Ces deux fils étaient Basile et Grégoire. Nous ignorons ce que devint Basile; quant à Grégoire, c'est l'historien à qui cette notice est spécialement consacrée.

Grégoire Urechi avait dû naître avant la fin du XVIe siècle; il parvint probablement aux honneurs sous le règne de Moïse Movilă, dernier fils de Siméon, qui occupa le trône de Moldavie depuis le milieu de l'année 1630 jusqu'au mois d'avril 1632. Lorsque Moïse fut déposé par les Turcs, Grégoire, qui était alors grand-spătar, partit avec plusieurs autres boïars pour Constantinople afin de protester contre l'élévation d'Alexandre-Élie à la principauté (4). Cette démarche échoua et ceux qui l'avaient tentée se trouvèrent désignés aux

---
(1) Miron Costin, ap. Cogălniceanu, *Letop.*, I, 233.
(2) Hîşdău, *Arch.*, I, 1, 17.
(3) *Columna lui Traian*, 1882, 110. — M. Wickenhauser *(Bohotín*, 85) cite un acte d'Élisabeth, fille de Neagoie, veuve de Nicolas Urechi, et de sa fille Alecsandra; nous n'avons pu déterminer la parenté qui unissait ces personnages à Nestor et à Grégoire Urechi.
(4) Miron Costin, ap. Cogălniceanu, *Letop.*, I, 263.

coups d'Alexandre qui voulut faire assassiner le vornic Basile Lupul, le vornic Cehan, l'hetman Savin, le vestiaire Bohuș et le spătar Urechi. Ce fut alors que Lupul donna le signal de la révolte : le prince éperdu n'eut d'autre ressource que de s'enfuir (1). Après un retour passager de Miron Barnowski, que Lupul détermina perfidement à se rendre à Constantinople, où il trouva la mort (2), Moïse Movilă obtint le trône pour la seconde fois (juin 1633). Urechi conserva sans doute alors ses fonctions de spătar; il les conserva également pendant les premières années du règne de Lupul, qui fut proclamé au mois d'avril ou de mai 1634. Il figure encore avec cette qualité dans un diplôme du 30 mars 1642 (3). Vers 1643, Grégoire obtint la dignité que son père avait précédemment revêtue, celle de vornic de la basse Moldavie; il est mentionné avec ce nouveau titre dans un diplôme du 18 septembre 1644 (4). Il était encore vornic l'année suivante, et Miron Costin nous apprend qu'il contribua puissamment à faire aboutir le mariage projeté entre Marie, fille de Basile Lupul, et le prince Jean Radziwiłł, maréchal de Lithuanie (5). A partir de 1645, nous n'avons plus de renseignements sur Grégoire. M. Sbiera croit qu'il se retira volontairement des affaires pour travailler à sa chronique; nous croyons plutôt qu'il mourut dans l'exercice de ses fonctions avant qu'il eût pu mettre la dernière main à son ouvrage. En tout cas, on ne peut supposer que Basile, dont il avait depuis 1630 partagé la fortune, lui ait enlevé la charge élevée à laquelle lui-même l'avait appelé; or, en 1650, cette charge était occupée par Georges Ghica (6).

---

(1) Miron Costin, ap. Cogălniceanu, *Letop.*, I, 263-266.
(2) Basile Lupul se vante lui-même de sa trahison dans un document de l'année 1643, ap. Hurmuzaki, IV, 1, 669.
(3) Wickenhauser, *Moldawa*, I, 108.
(4) Hîșdău, *Arch.*, I, 1, 120.
(5) Ap. Cogălniceanu, *Letop.*, I, 284.
(6) Miron Costin, ap. Cogălniceanu, I, 295.

II.

Urechi dit dans sa préface qu'il »a été« vornic (1), d'où M. Sbiera conclut qu'il ne commença la rédaction de sa chronique qu' après avoir résigné ses fonctions, par conséquent après l'année 1645. L'argument est loin d'être décisif, car le chroniqueur prend encore en signant le titre de vornic, ce qui prouve bien qu'il n'avait pas cessé de l'être. Du reste, la question n'a qu'un médiocre intérêt. Quel que soit le sens qu'il convient d'attribuer à la phrase citée, notre auteur n'a pu commencer d'écrire avant 1643, puisqu'il était encore grand-spătar en 1642, et il mourut selon toute probabilité avant 1650. Ainsi de toute façon, la chronique d'Urechi appartient au milieu du XVIIe siècle.. C'est là un fait qu'il n'est pas sans importance de constater, car la plupart des historiens roumains ont cru qu' Urechi avait rédigé son histoire dès la fin du XVIe siècle (2). M. Hîşdău, induit sans doute en erreur par le rôle prêté au vornic Nestor Urechi sous le règne d'Aron II, a pensé qu'il s'était mis lui-même en scène et qu'il devait être considéré comme le véritable auteur de la chronique ordinairement attribuée à son fils (3). Le savant critique n'a pas développé cette opinion à laquelle il a vraisemblablement renoncé aujourd'hui ; aussi bien l'examen des sources auxquelles le vornic a puisé ne permet-il pas d'admettre qu'il ait écrit avant l'année 1611 (4).

---

(1) »Eu, Grigorie Urechi, care den mila luĭ Dumnezău şi a domnuluĭ meu *am fost* vornic mare.« Voy. ci-après, p. 2.

(2) Voy. Sbiera, *loc. cit.*, 309-311.

(3) *Arch.*, I, 1, 117, en note; III, 33; *Columna luĭ Traian*, III (1872), 274.

(4) Si Urechi avait écrit sous Aaron II, à la fin du XVIe siècle, on ne s'expliquerait pas qu'il eût commis une erreur aussi singulière que celle dans laquelle il est tombé à propos des chefs cosaques Loboda et Nalivajko, qu'il fait venir en Moldavie en 1476, tandis que leurs incursions n'eurent lieu qu'en 1593 et en 1596. Voy. pp. 137 et 597.

Urechi nous apprend lui-même qu'il a fait usage de tous les documents nationaux et étrangers qui lui ont été accessibles. Il ajoute qu'avant lui la Moldavie possédait une chronique fort abrégée qui s'arrêtait au règne de Pierre Rareș, et que, tout en prenant cette chronique pour base de son histoire, il s'est proposé de la compléter avec le secours des auteurs étrangers (1). Disons d'abord quelques mots du document auquel il fait allusion.

M. Hîșdău a donné en 1867 (2) une édition entièrement nouvelle, accompagnée d'un important commentaire, d'annales moldaves déjà publiées par V.-C. Wojciski d'après une copie tout-à-fait fautive (3). Ces annales, datées du 28 octobre 1566, commencent à Dragoș et ne contiennent qu'un énoncé très-sommaire des évènements; elles se divisent en deux parties. La première partie, qui se termine au règne d'Étienne Rareș, a dû être traduite en polonais d'après un original slovène empreint des formes linguistiques spéciales à la Moldavie; la seconde partie, au contraire, qui s'étend de 1552 à 1564, a été directement rédigée en polonais par le traducteur. L'examen minutieux du texte a conduit M. Hîșdău à cette conclusion que le rédacteur de la première partie était un moine de Putna, qui a soigneusement recueilli un certain nombre de faits relatifs à son monastère. Telle est la chronique désignée avec beaucoup de raison par M. Hîșdău sous le nom de chronique de Putna. Il suffit de la comparer au récit d'Urechi pour s'assurer que le vornic moldave l'a eue sous les yeux (4); il l'a même reproduite presque en

---

(1) Voy. ci-après, p. 3.
(2) *Arch.*, III, 5-34.
(3) *Biblioteka starożytna pisarzy polskich*, VI.
(4) Les ronvois qu' Urechi fait à la chronique de Moldavie aux pp. 27, 31, 71, 95 et 117 de notre traduction se rapportent effectivement aux annales de Putna. Cf. p. 234.

entier, sans omettre les détails relatifs au monastère de Putna (1).

D'après Urechi, l'ancienne chronique nationale s'arrêtait au règne de Pierre Rareș; la première partie des annales de Putna se termine effectivement à ce règne, car les quelques mots consacrés à Élie et à Étienne Rareș n'ont aucune importance. Cependant notre auteur fait plusieurs fois allusion à une chronique moldave postérieure à Pierre Rareș (2), et, même dans les chapitres qui précèdent le règne de ce prince, il dit emprunter à cette source des faits que le moine de Putna n'a pas recueillis (3). Il faut donc admettre qu'il a existé en Moldavie plusieurs chroniques nationales; peut-être le grand-vornic n'en connaissait-il qu'une seule au moment où il écrivait sa préface; mais une expression qu'il emploie dans le chapitre XIX, »une chronique moldave (4)«, prouve bien qu'il avait alors sous le yeux plusieurs compilations de ce genre (5).

Les sources étrangères consultées par Urechi sont avant tout l'histoire de Martin Bielski et celle de Paszkowski. La première, qu'il cite souvent (6), ne lui est connue que par l'édition revue et augmentée que publia en 1597 Joachim Bielski, fils de l'auteur (7); la seconde, qu'il paraît considérer comme une oeuvre originale, était en réalité une simple traduction de la Sarmatiae Descriptio du Véronais Alexandre Guagnini, qui lui-même avait, dit-on, fait paraître sous son nom une compilation due à Stryjkowski. L'édition latine de Guagnini est de 1578; l'édition polonaise est de 1611 (8). La préférence

---

(1) Voy. ci-après, pp. 99, 109, 257, 277. Cf. p. 212, en note.
(2) Pp. 343, 349, 417, 435, 453.
(3) Pp. 51, 54, 61, 83, 105, 203, 211.
(4) P. 279.
(5) Voy. sur ce point Sbiera, p. 352.
(6) Voy. notre Table alphabétique, v⁰ Bielski. C'est aussi à Bielski que se rapportent les mentions de la chronique polonaise, pp. 57, 83, 87, 97, 105, 203. Cf. Sbiera, pp. 329-335.
(7) Voy. p. xxj. — (8) Voy. p. 419.

accordée par Urechi aux deux auteurs que nous venons de citer atteste que le polonais lui était plus familier que le latin. Il a pu cependant lire dans le texte original Długosz et Kromer, et c'est ordinairement le premier de ces historiens qu'il désigne sous le nom de chroniqueur latin (1). Le vornic moldave avait sans doute eu entre les mains d'autres auteurs, tels qu'Æneas Silvius Piccolomini (2), Wapowski (3), Paul Jove, Miechowski (4), Orichowski, etc., mais ses emprunts sont ici beaucoup moins directs. Quelques uns peuvent être constatés par les citations que nous avons faites en note.

III.

M. Cogălniceanu, qui, en 1845, a publié pour la première fois la chronique d'Urechi, prétend avoir suivi alors, sinon le manuscrit original, du moins la copie la plus ancienne qu'il lui ait été possible de rencontrer, et fait remonter cette copie jusqu' à la seconde moitié du XVIIe siècle (5). Il est regrettable que le savant éditeur ne sous ait pas donné les variantes des divers manuscrits qui lui ont été accessibles, car il est certain que le texte d'Urechi a subi de la part de divers compilateurs: le logothète Eustrate (6), le »dascăl« Siméon, le

---

(1) Pp. 31, 55, 117. A la p. 55 l'expression de chronique latine ne s'applique ni à Długosz ni à Kromer.

(2) Voy. p. 6.

(3) Voy. pp. 224, 292.

(4) Voy. p. 187.

(5) Voy. *Letop.*, IIa ed., I (1872), xvij.

(6) Le logothète Eustrate, contemporain de Grégoire Urechi, était surtout jurisconsulte et théologien. Les ouvrages qui nous restent de lui sont: 1° une *Pravilă aleasă*, dont M. le chanoine Cipariu possède un manuscrit qu'il croit antérieur à 1632 (voy. Cipariu, *Principia de limba si de scriptura*, Blasiu, 1866, in-12, 113); 2° une *Carte românească de învăţătură dumenecelor preste an*, imprimée à Iassi en 1643, in-fol. (Cipariu, *Principia*, 106; *Analecte*, 204-212); 3° les *Şiapte Taine a Besearecii*, simple extrait de la *Pravilă aleasă*, imprimé

moine Michel (1), Miron Costin (2) et enfin Nicolas Costin (3), de nombreuses modifications; or le manuscrit que M. Cogălniceanu a imprimé contenait les additions de tous ces auteurs, additions qui n'ont probablement pas eu toutes la forme de notes complémentaires, et n'auront pas manqué de se glisser jusque dans le texte. La preuve des interpolations ou des altérations dont nous parlons résulte de ce fait que les fragments de notre chronique cités par divers historiens

---

à Iassi en 1643, in-fol. (Cipariu, *Principia*, 107; *Analecte*, 212-216); 4° la *Carte românească de învățatură dela pravilele împărătești*, imprimée à Iassi en 1646, in-fol., et réimprimée par les soins de M. Georges Sion Gherei en 1875, in-12; 5° les notes sur la chronique d'Urechi. Ces notes attestent une crédulité singulière et une absence complète de critique.

(1) Le dascăl, c'est à-dire le maître d'école, Siméon et le moine Michel Mîrzacul ne nous sont connus que par leurs notes sur Urechi.

(2) Miron Costin, fils d'Alexandre Costin, occupa les plus hautes dignités de l'état sous Basile Lupul (1634-1653) et sous Étienne-Georges (1653-1658); il rentra aux affaires en 1672, et fut assassiné, en 1692, par ordre de Constantin Cantemir. Ses ouvrages sont: 1° une Chronique de Moldavie qui fait suite à celle d'Urechi et s'étend de 1594 à 1662; 2° une *Carte pentru descălecatul d'întâiu a Moldovei;* 3° une *Viața lumei* (en vers); 4° un Traité de versification; 5° un poème polonais en trois chants contenant une description de la Moldavie et de la Valachie; 6° une épigramme au métropolitain Dosithée. Les deux premiers ouvrages, destinés à encadrer la chronique d'Urechi revue par Miron, ont été imprimés par M. Cogălniceanu dans le tome I de sa collection; les deux suivants sont restés inédits; le cinquième a été imprimé par le comte Dunin-Borkowski *(Pisma,* Lwów, 1856, I, 239-274) et traduit en roumain par M. Hîșdău *(Arch.,* I, 1, 159-172); le sixième se trouve dans le Psautier versifié de Dosithée, p. 265.

(3) Nicolas Costin, fils de Miron, mort en 1712, a continué la chronique de son père, de 1662 à 1711; il a refait, avec de nouveaux développements la *Carte pentru descălecatul d'întâiu a Moldovei;* enfin il a joint des notes au texte d'Urechi et à celui de Miron.

d'après des manuscrits aujourd'hui inconnus offrent de notables différences avec les passages correspondants de l'édition donnée par M. Cogălniceanu. Sans nous arrêter aux extraits insérés par Schlözer dans sa Geschichte von Lithauen (1), Engel avait pu se procurer, grâce aux bons soins de l'évêque d'Alba Iulia, Jean Bob, une traduction latine complète de notre chronique, dont il allègue fréquemment le témoignage (2). Sinkai accuse d'inexactitude la version latine suivie par Engel (3), sans observer que cette prétendue inexactitude vient en grande partie de ce qu'il possédait lui-même un manuscrit assez éloigné de celui de Bob. Un autre texte, généralement fort mauvais, a été publié en 1859 à Bucarest, par le libraire Ioanid, dans une compilation où l'on a voulu réunir l'histoire de la Valachie à celle de la Moldavie (4). En comparant entre elles ces données très-incomplètes, M. G.-Gr. Tocilescu a montré (5) que le texte des chroniques roumaines ne peut être établi qu'après un travail de collation des plus longs et des plus minutieux. Nous n'avons pas été en situation d'entreprendre ce travail, que l'acquisition par l'Académie roumaine des manuscrits de M. Cogălniceanu, de la riche bibliothèque de M. D.-C. Sturdza et de plusieurs autres collections vient seulement de rendre possible. Nous nous sommes borné à reproduire l'édition de 1845, à laquelle nous avons ajouté çà et là des variantes tirées de la réimpression de 1872, afin de montrer comment les textes s'altèrent insensiblement.

---

(1) *Weltgeschichte*, L (Halle, 1785, in-4). — Schlözer fait usage d'une traduction latine dont il ne nous fait pas connaître l'auteur.

(2) *Geschichte der Moldau und Valachey*, I, 68. — Engel attribue la chronique à Miron Costin.

(3) Хроніка Ромъніловъ, II, 18. — Sinkai, comme Engel, attribue à Miron l'œuvre d'Urechi.

(4) Voy. p. xxiv.

(5) *Cum sunt publicate Cronicele romăne*, article inséré dans la Col. lui Tr., VII (1876), 385-419. — Cf. Hişdău, *Arch.*, III, 34.

Le but que nous nous sommes proposé a été d'éclairer l'œuvre d'Urechi à l'aide des documents de toute espèce publiés séparément depuis un certain nombre d'années et de jeter ainsi les bases de la chronologie des princes de Moldavie jusqu'à la fin du XVIe siècle. Cette tâche restreinte n'a pas laissé que d'être des plus ardues. La traduction de la chronique présente déjà par elle-même des difficultés sérieuses. Urechi écrit avec une grande inexpérience; il parvient à raconter d'une manière assez précise le détail des faits, mais il a grand'peine à exprimer des idées générales. On sent particulièrement ce défaut de netteté dans la préface et dans les premiers chapitres de sa chronique. La langue est souvent obscure, les phrases sont mal équilibrées: parfois concises à l'excès, parfois surchargées de répétitions inutiles. Nous avons fait de notre mieux pour rendre notre auteur intelligible, sans nous astreindre à donner une traduction absolument littérale.

La chronologie des historiens roumains est une autre source d'embarras. Jusqu'à la fin du XVIIe siècle et même pendant une partie du siècle dernier, les Roumains ont daté leurs actes, non pas d'après l'ère chrétienne, mais d'après l'ère de la création du monde, telle que l'employaient les Byzantins. L'ère de Constantinople était en avance de 5508 ans et 4 mois sur l'ère chrétienne, c'est-à-dire que l'année 5509 des Grecs avait commencé le 1er septembre de l'an 1, etc. (1). L'usage de faire partir l'année du 1er septembre paraît avoir encore été général dans l'Europe orientale pendant le premier tiers du XVIIe siècle; mais, peu à peu, s'introduisit l'habitude plus rationnelle de la faire commencer au 1er janvier. Les tables dressées en 1643 par Allacci (2)

---

(1) Voy. l'*Art de vérifier les dates,* éd. de 1783, in-fol., I, xvij; Ideler, *Lehrbuch der Chronologie* (Berlin, 1831, in-8), 450.

(2) *Leonis Allatii de Ecclesiae occidentalis atque orientalis perpetua Consensione Libri tres* (Coloniae Agrippinae, 1648, in-4), col. 1495-1526.

donnent déjà la correspondance entre les années vulgaires et les années de l'ère de la création du monde en retranchant simplement de ces dernières le nombre 5508, c'est-à-dire en les faisant commencer les unes et les autres au 1er janvier.

En Russie, où l'année avait d'abord été comptée à partir de l'équinoxe du printemps, elle eut son point de départ au 1er septembre jusqu'à l'année 1700. Pierre-le-Grand refusa d'adopter le calendrier Grégorien, mais il décida que, à partir de 1701, on n'emploierait plus en Russie que l'année vulgaire commençant au 1er janvier (1).

Insensiblement la réforme gagna la Moldavie et la Valachie. On continua d'employer pendant un demi-siècle encore l'ère de Constantinople, mais on fit partir les années du 1er janvier.

En ce qui touche la chronique d'Urechi, les dates paraissent avoir été, au moins en partie, revues après coup, pour les mettre d'accord avec la chronologie étrangère, à moins qu'Urechi lui-même n'ait fait commencer l'année tantôt au 1er janvier, tantôt au 1er septembre (2). Tel n'est pas le cas pour les nombreux diplômes que nous avons eu l'occasion de citer dans nos notes. Si donc nous avons à donner la date moderne d'un diplôme signé le 31 octobre 6910, nous dirons 1401 et non 1402. Il en résulte qu'un acte qui serait daté du 1er septembre 7000 serait antérieur de 11 mois, et non postérieur, à un acte daté du 1er août 7000. On voit sans peine combien il est important de tenir compte des usages de la chronologie byzantine.

Il entrait dans notre plan primitif de terminer ce volume par des tableaux généalogiques beaucoup plus complets que ceux que nous avons donnés çà et là en

---

(1) Schnitzler, *L'Empire des Tsars au point actuel de la science*, III, 523.
(2) Voy. pp. 100 et 375.

note; mais le développement inattendu qu'a pris notre commentaire nous a forcé de réserver ces appendices pour une publication ultérieure. Le manque de place nous a également déterminé à réduire le plus possible notre glossaire; aussi bien l'œuvre d'Urechi ne pourra-t-elle faire l'objet d'une étude grammaticale sérieuse qu'après une sévère révision des manuscrits.

En terminant ces lignes, nous considérons comme un devoir de remercier publiquement les amis qui nous ont assisté de leurs conseils ou nous ont communiqué des documents peu accessibles. Nous tenons à nommer MM. D. A. Sturdza, B.-P. Hîsdău, A. Odobescu, G.-G. Tocilescu, G. Bengescu, G. Sion-Gherei et D. Teodorescu, sans oublier deux estimables savants trop tôt enlevés à leur pays, MM. le Dr. G. Obédénare et A. Lambrior. Nous prions également notre excellent imprimeur, M. le Dr. Édouard Grégr, de Prague, que nos lenteurs n'ont pas découragé, de recevoir ici l'expression de notre gratitude.

Émile Picot.

Gouvieux (Oise), le 15 septembre 1885.

P. S. Les armes de Moldavie placées sur le titre de notre volume sont tirées du Psautier imprimé à Iassi en 1680; nous les avons reproduites d'après Palauzov (Румынскія Господарства Валахія и Молдавія; Санктпетербургъ, 1859, in-8).

Liste des principaux ouvrages cités.

Acta Patriarchatus Constantinopolitani, MCCCXV—MCCCCII, e codicibus manu scriptis Bibliothecae Palatinae Vindobonensis ediderunt Fr. Miklosich et Jos. Müller. *Vindobonae,* 1860-1862, 4 vol. in-8.

Ateneu'lu romanu. Revista literara, sciintifica si artistica. Redactore Vasile Alecsandrescu. *Jasii,* 1861, gr. in-8.
    Il n'a paru que deux livraisons de cette revue.

Atheneul roman, revista periodică. *Bucuresci,* 1867, in-8.
    Ce nouvel *Athénée,* dont nous n'avons vu que deux n[os], a cessé de paraître au milieu de 1867.

Bielski. — Kronika Marcina Bielskiego. *W Warszawie,* 1764, in-fol.
    Cette chronique, publiée par le fils de l'auteur, Joachim Bielski, parut pour la première fois en 1597.

Cantemir. — Хроникул Романо-Молдо-Влахилор алкътуит де домнул Молдавіей Димитріе Кантемир ла аній 1710. Йашій, 1835, 2 vol. in-8.
    Cette édition, publiée par Georges Seulescu, laisse beaucoup à désirer. Non seulement l'éditeur a introduit dans le texte des changements arbitraires, mais il a porté la négligence jusqu'à imprimer la table des matières sans y joindre les renvois au texte.

Cantemir. — Histoire de l'Empire ottoman, avec des notes par Démétrius Cantimir. *Paris,* 1743, 2 tom. en un vol. in-4.
    L'original latin de cette *Histoire* est resté ms. La traduction française a été publiée par Jonquières d'après la traduction anglaise de Nicolas Tyndall (Londres, 1734).

XXII Liste des principaux ouvrages cités.

Cantemir. — Operele principelui Demetriu Cantemiru, typarite de Societatea academica romana. Tomul I. Descriptio Moldaviae. *Bucuresci*, 1872, in-8.

Chalcocondylas. — Laonici Chalcocondylae Atheniensis Historiarum Libri decem, ex recognitione Immanuelis Bekkeri. *Bonnae*, 1843, in-8.

Codrescu. Урі캎арıл кꙋпрінzъторй de хрісоаве, фірманꙋрі ші алте акте але Молдовеї, din cꙋta XIVa пънъ ла a XIXa. Iaшії, 1851-1862, 5 vol. in-8.

    Une seconde édition de ce recueil a commencé à paraître en 1871, mais nous n'en avons eu entre les mains que le tome Ier.

Cogălniceanu. — Летописіціле Църіі Молдовії, пꙋбликате пентрꙋ жнтъїаші датъ. Iaшії, 1845-1846, 3 vol. in-4.

    La chronique d'Urechi occupe les pp. 93-209 du tome Ier. Nous avons désigné cette édition par la lettre A et la suivante par la lettre B.

Cogălniceanu. — Cronicele Românieĭ, séu Letopiseţele Moldavieĭ şi Valachieĭ. A doŭa ediţiune revĕḑută, îndestrată cu note, biografiĭ şi fac-simile. *Bucuresci*, 1872-1874, 3 vol. gr. in-8 (la publication se continue).

    La chronique d'Urechi occupe les pp. 127-242 du tome Ier.

Cogălniceanu. — Архіва ромънеаскъ. Едіціеа а доꙋа. Iaшії 1860-1862, 2 vol. in-8.

Columna luĭ Traianŭ. — Istoria. — Sciinţe economice. — Dreptŭ. — Medicina. — Sciinţe naturale. — Poesia. — Bibliografia. — Litteratura poporană, etc. 1870-1874, 5 vol. in-fol.; 1875-1877, 3 vol. in-8.

    Cette collection, publiée sous la direction de M. Hîşdău, contient une foule de documents importants.

    Nous n'avons eu malheureusement à notre disposition qu'un exemplaire fort incomplet.

Długosz. — Joannis Długossi, seu Longini, canonici quondam Cracoviensis, Historiae Polonicae Libri XII. *Lipsiae*, 1711, in-fol.
    — Ejusdem Historiae Polonicae Liber XIII et ultimus. *Lipsiae*, 1712, in-fol.

Liste des principaux ouvrages cités.   XXIII

Dogiel. — Codex diplomaticus regni Poloniae et magni ducatus Lithuaniae. *Vilnae*, 1758-63, tomi I, IV, V, in-fol.
> Le recueil devait se composer de huit volumes, dont trois seulement ont paru.

Engel. — Geschichte der Moldau und Walachey. *Halle*, 1804, 2 vol. in-4.
> *Fortsetzung der Allgemeinen Welthistorie durch eine Gesellschaft von Gelehrten in Teutschland und England*, XLIX. Theils IV. B. I. u. II. Abth.

Esarcu. — Stefanŭ cellŭ Mare.-Documente descoperite în Archivele Veneției de C. Esarcu. *Bucurescĭ*, 1874, in-8.
> Extr. de la *Columna luĭ Traian*.

Esarcu. — Petru Cercel. Documente descoperite în Archivele Veneției. *Bucurescĭ*, 1874, in-8.

Fejér. — Codex diplomaticus Hungariae. *Pesthini*, 1829-1844, 12 tomes en 40 vol. — Index alphabeticus Codicis diplomatici Hungariae per Georgium Fejér editi. Jussu Academiae Scient. hungaricae concinnavit Maurus Czinár. *Pesthini*, 1866, in-8.

Fessler. — Geschichte von Ungarn. Zweite vermehrte und verbesserte Auflage, bearbeitet von Ernst Klein. *Leipzig*, 1867-1876, 4 vol. in-8.

Fóia Societățiĭ Românismulŭ. *Bucurescĭ*, 1870-1871, 2 vol. gr. in-8.
> Cette feuille a été rédigée par MM. B. P. Hîşdău, N. V. Scurtescu, T. P. Rădulescu, G. Dem. Teodorescu, Gr. G. Tocilescu, Const. D. Vucicĭ, G. Misail, et N. At. Popovicĭ.
> Notre exemplaire s'arrête au n⁰ 2-5 de 1871; nous ignorons si cette année a été terminée.

Frunzescu. — Dicționarŭ topograficŭ și statisticŭ alŭ Românieĭ. *Bucurescĭ*, 1872, in-8.

Гласник српског ученог Друштва. *У Београду*, 1847-1877, 45 vol. in-8.
> Bulletin de la Société scientifique de Serbie.

Golubinski. — Краткій Очеркъ исторіи православныхъ Церквей болгарской, сербской и румынской или молдо-валашской. Е. Голубинскаго. *Москва*, 1871, in-8.
> Abrégé de l'histoire des églises orthodoxes bulgare, serbe et roumaine ou moldo-valaque.

Hammer-Purgstall. — Histoire de l'Empire ottoman, depuis son origine jusqu'à nos jours. Ouvrage traduit de l'allemand sur les notes et sous la direction de l'auteur, par J. J. Hellert. *Paris*, 1835-1844, 18 vol. in-8 et atlas in-fol.

Hîşdău. — Ionŭ-Vodă cellŭ cumplitŭ: Aventurele, Domnia, Resbellele, Mórtea luĭ; Rollulŭ seŭ în istoria universală şi în viéţa poporuluĭ românŭ (1572-1574). *Bucurescĭ*, 1865, in-8.

Hîşdău. — Archiva istorică a Românieĭ. *Bucurescĭ*, 1865-1867, 3 vol. gr. in-4.

Hîşdău. — Istoria critică a Românilorŭ. Volumulŭ I. Ediţiunea II. *Bucureşcĭ*, 1874, in-4. — Volumulŭ II; Fascióra I. *Bucurescĭ*, 1874, in-4.

Inventarium omnium et singulorum Privilegiorum, Litterarum, Diplomatum, Scripturarum et Monumentorum quaecunque in Archivo regni, in arce Cracoviensi continentur, per commissarios a Sacra Regia Majestate et Republica ad revidendum et connotandum omnes scripturas in eodem Archivo existentes deputatos confectum, anno Domini MDCLXXXII; cura Bibliothecae Polonicae editum. *Lutetiae Parisiorum*, 1862, in-8.

Ioanid. — Istoria Moldo-Românieĭ, arŭtîndŭ neamŭrile de kare s'aŭ lokŭitŭ aveste пѫмѫнтѫрĭ дѫпѫ rѫsɣѫndirea fiilorɣ lɣĭ Noe; oriɣina Moldo-Romѫnilorɣ, ɰi maĭ mɣlte resboaiѫ alle domnilorɣ Moldoveĭ kɣ deosebite naцiĭ пѫпѫ la anɣlѫ lɣmeĭ 7103 (1595 de la Xristos). *Bucurescĭ*, 1858, in-8. — Istoria Tzerreĭ Romanestĭ, înveпѫndɣ de la deskѫlekѫtoarea Romѫnilorɣ la Tɣrпɣlѫ Severinɣlɣĭ.... пѫпѫ la anɣlѫ 7236 (1728 dɣпѫ Xristos). Vol. II. *Bucureştĭ*, 1859, in-8.

Ipsilanti. — Ἀθανασίου Κομνηνοῦ Ὑψηλάντου Ἐκκλησιαστικῶν καὶ Πολιτικῶν τῶν εἰς δώδεκα Βιβλίον Η' Θ' καὶ Ι', ἤτοι Τὰ μετὰ τὴν ἅλωσιν (1453-1789). (Ἐκ χειρογράφου ἀνεκδότου τῆς ἱερᾶς μονῆς τοῦ Σινᾶ.) Ἐκδιδόντος ἀρχιμ. Γερμανοῦ Ἀφθονίδου Σιναΐτου. Ἐν Κωνσταντινουπόλει, 1870, in-8.

Istvánfi. — Nicolai Isthvanfi Pannoni Historiarum de rebus ungaricis Libri XXXIV. *Coloniae Agrippinae*, 1622, in-fol.

Jung. — Römer und Romanem in den Donauländern. Historisch-ethnographische Studien von Dr. Julius Jung. *Innsbruck*, 1877, in8.

Katona. — Historia critica regum Hungariae, ex fide domesticorum et exterorum scriptorum. *Pestini*, 1779-1802, 41 vol. in-8.

Kromer. — Martini Cromeri de origine et rebus gestis Polonorum Libri XXX. Tertium ab authore diligenter recogniti. *Basileae*, 1568, in-fol.

Lăurian şi Bălcescu. — Magazinu istoriku нentrȢ Dacia, suɛt pedakцia aȢĭ A. Tреɛ. Лaȣpianȣ ши Nikoл. Бълчeskȣ. БȢkȣpeци, 1845-1848, 5 vol. in-8.

Melchisedec. — Chronica Huşilor şi a Episcopieĭ cu aseminea numire, dupre documentele episcopieĭ şi alte monumente ale ţereĭ, scrisă de episcopul Dunăreĭ-de-Josŭ Melchisedek. *Bucurescĭ*, 1869, in-8.

Melchisedec. — Chronica Romanuluĭ şi a Episcopieĭ de Romanŭ, compusă dupre documentele naţionali-române şi streine, edite şi inedite. *Bucurescĭ*, 1874-1875, 2 vol. in-8.

Mitilineu. — Collecţiune de Tratatele şi Convenţiunile Românieĭ cu puterile străine de la annulŭ 1368 pânĕ în ḑilele nóstre. *Bucurescĭ*, 1874, in-8.

Papiu Ilarianu. — Tesaurŭ de Monumente istorice pentru România, atâtŭ din vechiŭ tipărite câtŭ şi manuscripte, cea mai mare parte străine. *Bucurescĭ*, 1862-1864, 3 vol. in-4.

Pistorius. — Polonicae Historiae Corpus: hoc est Polonicarum Rerum latini recentiores et veteres Scriptores, quotquot extant, uno volumine compraehensi omnes, et in aliquot distributi tomos. Ex bibliotheca Ioan. Pistorii Nidani D. *Basileae*, [1572], 3 part. en un vol. in-fol.

Pray. — Annales regum Hungariae ab anno Christi 997 usque ad annum 1564 deducti. *Vindobonae*, 1764-1770, 5 vol. in-fol.

Revista română pentru sciinţe, littere şi arte *Bucurescĭ*, 1861-1863, 3 vol. in-4.

    Cette revue, publiée par MM. Alexandre Odobescu, Georges Creţeanu, Démètre Berendeiŭ et autres, contient des documents historiques importants. Nous n'avons eu par malheur à notre disposition que le t. Ier.

Roesler. — Romänische Studien. Untersuchungen zur älteren Geschichte Romäniens von Robert Roesler. *Leipzig*, 1871, in-8.

Sanuto. — Marino Sanuto Világkrónikájának Magyarországot illető tudósításai. A szerző eredeti kéziratából közli Wenzel Gusztáv. *Pesten*, 1869-1877, 2 vol. in-8.
    Magyar történelmi Tár. Kiadja a Magyar tudományas Akademia. XIV, XXIV.

Šaranjevič. — Исторія галицко-володимирскои Руси ôтъ найдавнѣйшихъ временъ до року 1453. *Въ Львовѣ*, 1863, in-8.
    Histoire des Russes de Halicz et de Włodzimirz depuis les temps les plus anciens jusqu'en 1453.

Schwandtner. — Scriptores rerum hungaricarum veteres ac genuini. *Vindobonae*, 1746-48, 3 vol. in-fol.

Sinkai. — Хроника Ромѫнілор ші а маі мѫлтор неамѫрї..., алкѫтѫитѫ de Георгіе Шinkaі din Шinka. *Іашії*, 1853-1854, 3 vol. in-4.

Sokołowski et Szlujski. — Codex epistolaris saeculi decimi quinti, ex antiquis Libris formularum, Corpore Naruszeviciano, Autographis, Archivisque plurimis collectus cura Augusti Sokołowski [et] Josephi Szlujski. *W Krakowie*, 1876, in-4.
    Wydawnictwa Komisyi Historycznej Akademii Umiejętności w Krakowie Nr. 8.

Sturdza. — Uebersicht der Münzen und Medaillen des Fürstenthums Romanien (Moldau und Walachei). Von Demetrius Alexander Sturdza. *Wien*, 1874, in-8, figg.
    Extr. de la *Numismatische Zeitschrift*.

Sturdza. — Memoriu asupra portreteloru domnilor romănĭ, de D. A. Sturdza. *Bucurescĭ*, 1875, in-8.

Teleki. — Hunyadiak Kora Magyarszágon. Írta gróf Teleki József. *Pesten*, 1852-1857, tom. I—V, X—XII, in-8.
    Les tomes VI—IX n'ont pas paru. Teleki est mort avant d'avoir pu achever ce grand ouvrage, qui doit être terminé par l'Académie hongroise.

Transilvani'a. Fói'a Asociatiunei transilvane pentru literatur'a romana si cultur'a poporului romanu. *Brasiovu*, 1868, gr. in-8; 1869-1876, 8 vol. gr. in-4.

Vaillant. — La Romanié, ou Histoire, Langue, Littérature, Orographie, Statistique des peuples de la langue d'or, Ardialiens, Vallaques et Moldaves, résumés sous le nom de Romans. *Paris*, 1844 3 vol. in-8.

Venelin. — Влахо-болгарскія или дако-славянскія Грамоты, собранныя и объясненныя на иждивеніи императорской россійской Академіи Юріемъ Венелинымъ. *С. Петербургъ*, 1840, in-8.
   Documents valaco-bulgares ou daco-slaves.

Wenzel. — Kritikai Fejtegetések Máramaros megye történetéhez. Előterjesztette Wenzel Gusztáv. *Pest*, 1857, in-8.
   Extr. du Bulletin (*Értesítő*) de l'Académie hongroise.

Wickenhauser. — Die Urkunden des Klosters Moldowiza. Von Franz Adolf Wickenhauser. *Wien*, 1872, in-8.
   Moldawa, oder Beiträge zu einem Urkundenbuch für die Moldau und Bukowina. I. Abtheilung.

ДО́МНІЙ
ЦѢРЖЙ МѠЛДО́ВІЙ
ШЍ
ВІА́ЦА ЛѠР
де
ГРИГО́РІЕ ОУРЕ́КИ,
Вѡрник ма́ре ӂ Мѡлдо́ва.

VIE
DES
PRINCES DE MOLDAVIE
PAR
GRÉGOIRE URECHI,
GRAND-VORNIC DE MOLDAVIE.

ПРЕДОСЛОВІЕ.

Мꙋлци скрїитóрй сáꙋ невойт де аꙋ скрїс рѫндꙋл ші повѣстѣ цѫрѫлѡр ші аꙋ лѫсáт ꙋзвóд пре оурмѫ, ші бꙋне ші рѫле сѫ рѫмѫе фичóрилѡр¹⁾ ші непóцѫлѡр, сѫ²⁾ ле хїе чѣле бꙋне де ѫвѫцѫтꙋрѫ, їáр³⁾ чѣле рѫле ка сѫсѫ пóатѫ ферй ші сѫсѫ сокотѣскѫ, ші чѣлѡр бꙋне сѫ оурмѣзе. Ші ѫлцїй пизмꙋйнд, ші ѫсѫмнѫнд, ші скрїйнд, кꙋм ші єꙋ Григóрїе Оурѣки, кáре ден мила лꙋй Дꙋмнезѫꙋ ші а Дóмнꙋлꙋй мѣꙋ ам фóст вóрник мáре, кꙋ мꙋлтѫ невойнцѫ ам четѝт кѫрцйле ші ꙋзвóаделе, ші ѫле нóастре, ші чѣлѡр стрѫйне, ші ам áфлáт кáп ші ѫчепѫтꙋрѫ мóшилѡр, де оунде аꙋ ꙋзворѫт ѫ цáрѫ, сáꙋ ѫмꙋлцѫт, ші сáꙋ лѫцйт, ка сѫ нꙋ сѫ ѫнѣче ѫнїй чѣй трекꙋцй ѫ тóате цѫриле, ші апóй сѫ нꙋ сѫ пóатѫ цй чѣ сáꙋ лꙋкрáт, сѫсѫ асѣмине хиѣрелѡр ші дѡбитóачелѡр мꙋте, ші фѫрѫ мѝнте. Ачѣа оурмѫнд, ші мѫкар кѫ сѫ ѫфлѫ ші де ѫлцїй ѫсемнáте лꙋкрꙋриле цѫрѫй Мѡлдѡвїй, ѫпꙋкáтꙋмам ші єꙋ а скрїере ѫчепѫтꙋра, ші адáосꙋл, мáй апóй ші скѫдѣрѣ, кáре сѫ вѣде кѫ аꙋ венѝт ѫ зѝлѣле нóастре, дꙋпѫ кꙋм аꙋ фѡст ѫтѣю цѫрѫй ші пѫмѫнтꙋлꙋй нóстрꙋ а Мѡлдѡвїй. Кѫ кꙋм сѫ тѫмплѫ де сѫрг ші адáоце похóюл ѫпїй, ші їѫршй де сѫрг скáде шї сѫ ѫпꙋцинѣкѫ, áшá сáꙋ адáѡс ші

---

¹⁾ B: *fiiloru*. ²⁾ B: *şi së le hie*. ³⁾ B: *éră*.

PRÉFACE.

Un grand nombre d'auteurs ont entrepris d'écrire la chronologie et l'histoire des états; ils ont laissé après eux des documents qui transmettent à leurs fils et à leurs arrière-neveux le souvenir du bien et du mal, afin que le bien leur serve d'exemple et que, par la connaissance du mal, ils sachent s'en préserver et faire le bien. Tandis que d'autres amassaient notes sur notes, moi, Grégoire Urechi, élevé par la grâce de Dieu et de mon prince, à la dignité de grand-vornic*), j'ai lu les livres et les documents, et de notre pays et de l'étranger; j'ai trouvé la source des origines de nos ancêtres; [j'ai appris] d'où ils sont venus [s'établir] dans notre pays, comment ils s'y sont multipliés et propagés. [J'ai voulu] que les années écoulées de l'histoire ne tombassent pas dans l'oubli, qu'on pût savoir ce que [nos ancêtres] ont fait et que l'on ne crût pas qu'ils ressemblaient à des bêtes sauvages, à des êtres inintelligents et muets. À la poursuite de cette [idée], et bien que les événements de la Moldavie aient été recueillis par d'autres, je me suis appliqué à dépeindre ses origines et ses progrès, puis, en comparaison de l'état primitif de notre pays, son abaissement actuel. En effet, comme un torrent se forme et s'enfle tout-à-coup et, subitement aussi, décroît et s'abaisse, de même la Moldavie, qui ne fut occupée qu'assez tard

---

*) Urechi fait connaître lui-même plus loin les attributions du grand-vornic. Voy. le ch. IV.

Молдова, каре май апой дела алте цэрй сау деслекат, шй сау лцѫт де сѫрг шй фэрэ де забавэ. Ачеле черкѫнд лѣм ѫдрептат къ невоинцъ, къ нѫ нѣмай лѣтописѣцѫл нострꙋ, че шй кѫрцй стрѫине ам черкат, ка съ пꙋтѣм афла адевѣрꙋл, ка съ нѫ мъ афлꙋ скрйинтꙋ̀р де кꙋвинте, че де дрѣпте; къ лѣтописѣцꙋл нострꙋ чел молдовинѣск аша скрiе депе скꙋрт, къ ниче де вiаца дꙋмнилѡр каре ау фѡст тѡатъ кѫрма нꙋ алѣце, некꙋм лꙋкрꙋриле дѣн лꙋнтрꙋ съ алѣгъ, шй пе скꙋрт скрiинд шй ѫсемнѫнд дела ѫчепꙋт пънъ ла домнiа лꙋй Пѣтрꙋ Вѡдъ Рарѣш, шй сау стѫнс; къ де айче ѫколаче нау май скрис нименѣ. Ниче есте а сь мирарѣ, къ скрiинтꙋ̀рiй нострй нау авꙋт де оунде стрѫнце кѫрц; къ дела лъкꙋитꙋрiй дентѫю нау афлат скрисорй, къ нау лъсат, ка неше ѡаминй неѡшꙋзъц, шй май мꙋлт прошй шй некѫртꙋрарй, че шй ей ау скрис май мꙋлт дѣн басне шй дѣн повѣщй, чѣ ау ауѕит оунꙋл дела алтꙋл. Ер скрисѡриле стрѫинилѡр скрiꙋ прѣ ларг шй де ажꙋнс, каре ау фѡст рѫвнитꙋрй шй хѣрбинц нꙋ нѣмай але сале съ скрiе, че шй чѣле стрѫине. Шй де ѫколо лꙋънд мꙋлте, шй липиндꙋле кꙋ але нѡастре врѣмй потривинд, шй ам скрис ачест литописѣц, кареле шй де нꙋ съ ва потривй пела мꙋлте лѡкꙋрй, чел че ва хи кꙋ минте, гѫндѣскꙋ къ нѣмй ва винꙋй; къ де мꙋлте ѡрй ѡмꙋл ꙗсꙋший чѣле чѣ вѣде кꙋ ѡкiй сѫй нꙋ пѡате съ ле пꙋе пе рѫнд, шй мꙋлте змѣнтѣще, шй ау спꙋне май мꙋлте, ау май пꙋцине; дар чѣле де демꙋлт шй рѫсꙋфлате де атѫта врѣмй де анй! Че ѣꙋ кꙋм ам афлат, аша ам арътат.

ГРИГОРIЄ ОУРЕКИ,
кѡрник маре.

par des gens venus du dehors, s'est développée tout d'un coup. J'ai recherché les faits et les ai coordonnés, non sans peine; j'ai compulsé notre chronique et les livres étrangers; j'ai voulu trouver la vérité, afin de ne pas être un écrivain de vaines paroles, mais un historien véridique. Notre chronique moldave, bien loin de faire connaître les événements de l'extérieur, est à ce point abrégée qu'elle n'esquisse même pas la vie de nos princes, maîtres de tous les pouvoirs. Elle a enregistré sommairement les faits depuis les origines jusqu' au prince Pierre Rareş, et s'est arrêtée; dès lors, personne n'a plus écrit. Et il ne faut pas s'en étonner, car nos chroniqueurs n'ont pu se procurer des livres; c'étaient des hommes rudes et illettrés, aux mœurs vagabondes. Ce qu'ils nous ont rapporté, ce ne sont guère que des traditions et des légendes transmises de génération en génération. Les ouvrages étrangers se distinguent, au contraire, par la quantité des détails; les auteurs ont mis tout leur zèle et tout leur soin à écrire non seulement leur propre histoire, mais encore l'histoire des autres pays. J'ai puisé dans ces ouvrages un grand nombre de renseignements, que j'ai comparés à ceux que contenaient nos annales. Telle est la méthode que j'ai suivie pour écrire cette chronique; si, sur divers points, il s'y est glissé des anachronismes, que le lecteur éclairé me le pardonne. Quelle difficulté, en effet, n'avons-nous pas à raconter avec ordre les faits qui se sont passés sous nos yeux! Nous en altérons toujours quelque chose; nous en disons trop ou trop peu. Qu'est-ce donc des événements d'autrefois, qui se sont accomplis il y a tant d'années! Pour moi, j'ai simplement raconté ce que j'ai trouvé.

GRÉGOIRE URECHI,
grand-vornic.

Пе́нтр8 Дескълекáт8л Цъ́ржй Молдóвій.

Вiу́р оу́ній съй зйкъ Мwлдóвiй къ а̂8 кемáтw де маинáнте Сцѝтїа, съ8 Скѝтїа, пре лiмба слwвенáскъ;[*]) че Сцѝтїа коприиде лѫк мѫлт, н8 нѫмáй ал нѝстр8, че Ѧкúде шѝ Ардíалѫл, шѝ Цáра М8нтенiáскъ, шѝ кѫмпiй деспре Нúстр8, шѝ коприиде ѡ пáрте мáре шѝ ден Цáра Лешáскъ. Кемáт8wа8 оу́ній шѝ Флáкiа,[b] депре Флáк хатмáн8л рѫмленéск8, чѐ скрí8 лѣтописéцѫле лѫтинéщй къ а̂8 бѫт8́т рѫзбóлл к8 Скѝтій пре а̂чѣстѣ лóк8рй; де́че, скимбѫ̂нд8се шѝ скимосúнд8се н8́меле, ден Флáкiа ïа8 зúс Влáхïа;[**]) че нóй а̂чéст

---

[*]) Daničić (Рjечник, III, 115), enregistre le mot Скити́х, mais ni lui ni Miklosich ne connaissent la forme Сци́ти́х, qui correspond à la prononciation vulgaire du latin *Scythia*, en Pologne et en Hongrie.

[**]) La fable de ce Flaccus, qui aurait donné son nom aux Valaques, est empruntée à l'*Historia sui temporis* d'Æneas Sylvius Piccolomini. Cet auteur parlant de la conquête de la Dacie par les Romains, ajoute: »Et colonia Romanorum quae duces coercet eo deducta, duce quodam Flacco, a quo *Flaccia* nuncupata. Exin longo temporis tractu, corrupto ut fit vocabulo, *Valachia* dicta, et pro *Flacciis Valachi* appelati.« Voy. *Aeneae Sylvii Piccolomini Opera*; Basileae, 1551, in-fol., p. 393.

Martin Fumée (*Histoire generalle des Troubles de Hongrie et Transilvanie*, éd. de Paris, 1608, in-fol., p. 85) dit de même, en parlant de la Transylvanie: »Vers le couchant, elle se confine à la Hongrie et vers l'orient, s'estendant jusques aux rives du Danube, elle prent fin contre la Wa-

De l'occupation de la Moldavie.

Quelques uns prétendent que la Moldavie s'est appelée primitivement *Stsitia* ou *Skitia*, en langue slave*); or la Scythie comprend une grande étendue de pays, non seulement le nôtre, mais la Transylvanie, la Valachie, les plaines du Dniestr et une grande partie de la Pologne. Quelques uns l'ont appelée également *Flacchia*, du nom de Flaccus, général romain, qui, d'après les chroniques latines, fit campagne contre les Scythes dans ces parages; de *Flacchia* on aurait fait *Vlachia* par altération et par corruption.**) Cependant nous ne pouvons donner ce nom

---

lachie, les habitans de laquelle s'appellent Walacchiens, descendus anciennement d'une colonie romaine extraicte de la famille des Flacchiens, qui furent envoyez pour subjuguer ce pays, desquels puis après la province print son nom, *Flaccie*, qui maintenant est corrompu en celuy de Walachie, laquelle contient aussi en soy la Moldavie, estant toutes ces deux provinces, qui pour le jourd' huy sont separées, comprinses, le temps passé, soubs ce nom de *Flaccia*.«

L'hypothèse d'Æneas Sylvius n'a d'autre fondement que ces vers d'Ovide (*Epist. ex Ponto*, IV, IX, v. 75-78.):

Praefuit his, Graecine, locis modo Flaccus, et illo
Ripa ferox Istri sub duce tuta fuit;
Hic tenuit Mysas gentes in pace fideli,
Hic arcu fissos terruit ense Getas.

Cantemir (Хроникъл, I, 111-125) s'arrête longuement à démontrer l'inanité de cette tradition.

Buonfini (*Rerum ungaricarum Decades*, éd. 1568, in-fol., p. 305) propose une étymologie plus singulière encore;

нꙋме нꙋл пꙋтем даре цѫрѫй нѡастре Мѡлдовій, че ᵃ
Цѫрѫй Мꙋнтенещй; кѫ ѐй нꙋ вѵр сѫ деспарцѫ сѫ фа̀кѫ
до̀ѫ цѫрй, че скрїꙋ кѫ а̀ꙋ фост тѡт ѡ царѫ шѝ оу́н
лꙋ́к. Прѫ нѡй афлѫ́м кѫ Мѡлдова сѫ́ꙋ дескѫлека́т ма́й
пре оу́рмѫ, шѝ Мꙋнтѣ́нїй ма́й дентѫ́й; мѫ́кар кѫ сѫ́ꙋ
тра́с дела оу́н ꙋ̀ꙁвѡр, Мꙋнтѣ́нїй ꙗ̀тѫ́й шѝ Мѡлдо- ᵇ
вѣ́нїй ма́й пре оу́рмѫ.

Скрїꙋ ѫ́лте ѝсторїй пѐнтрꙋ ца́ра нѡ́астрѫ Мѡлдо́ва,
кꙋ́м аꙋ стѫтꙋ́т пꙋстїе пѐсте х҃ де ѫ̀нй, трекѫ̀нд пре
а́ичѣ Траїа̀н ꙗ̀мпѫра́тꙋл Рѫмꙋла́й, а̀кꙋ́рꙋа сѫ кꙋнѡ́скꙋ
сѣ́мнеле пꙋтѐрїй лꙋ́й, пре оу́нде а̀ꙋ тра́с троїа́н,*) ᶜ
пѐсте мꙋ́лте цѫрй, трекѫ̀нд кꙋ ѡ̀шиле лꙋ́й пѐсте кѫ́мпй
шѝ пѐсте а̀пе. Ꙗ̀тѫ́ца ѫ̀нй сѫ́ꙋ афла́т пꙋстїе, пѫ́нѫ
кѫ̀нд а̀ꙋ врꙋ́т милостѝвꙋл Дꙋмнеꙁꙋ́ꙋ а̀ нꙋ лѫса́рѣ¹⁾
а̀чест пѫмѫ́нт фѫ́рѫ де ѡ̀амен́й; че²⁾ кꙋ во́ꙗ сфѝнцїей
са́ле ꙗ̀демнѫ́ндꙋсе ѡ̀ са́мѫ де фечѡ́рй де дѡ́мнй, де́н ᵈ

---

¹) B: lăsa. ²) B: care qui n'a pas de sens. Ye n'est pas ici le pronom relatif, mais l'ancienne forme de la conjonction ci.

il dérive le nom des Valaques »ἀπὸ τοῦ βάλλειν καὶ τῆς ἀκίδος, quum sagittandi arte praepolleant.«
    Voy. du reste, sur l'origine du mot *valaque* un article de M. Henri Gaidoz dans *l'Archæologia Cambrensis*, 1875, 372-375.

*) Les fortifications appelées vulgairement »murs de Trajan« existaient déjà sous Gordien (238-244), comme le prouve une inscription rapportée au *Corpus Inscriptionum lat.*, III, 827; elles paraissent même avoir existé dès le règne d'Hadrien (117-138). Spartien y fait du moins allusion dans la vie de cet empereur: »barbari non fluminibus sed *limitibus* dividuntur« (*Vita Hadr.*, 12). Il y avait au nord du Danube deux groupes de fortifications. Le premier, qui protégeait la Dacie vers l'est, comprenait deux lignes de défense à peu près parallèles: l'une qui joignait Bender (Tighina) à Lerva sur le Prut; l'autre, plus au sud, qui partait d'Ackermann (Cetate albă),

à notre Moldavie, mais bien au pays des Montagnes, [ou Valachie]. Il est vrai que [les auteurs] ne veulent pas séparer ces deux provinces, ni en faire deux pays distincts; ils disent qu'elles ont toujours été un même pays, un même territoire. Nous savons seulement que la Moldavie a été occupée après la Valachie, bien que Valaques et Moldaves soient sortis d'une même souche, les uns d'abord, les autres plus tard.

D'autres historiens disent de notre Moldavie qu'elle resta déserte plus de six cents ans, après le passage de l'empereur romain Trajan, qui a laissé, comme vestige de sa puissance, le [fossé appelé aujourd'hui] *troian**), qui, avec ses armées, a parcouru une foule de pays, et a franchi les terres et les mers. Elle est restée déserte pendant tout ce temps, jusqu'à ce qu'il ait plu à Dieu, dans sa miséricorde, de ne pas laisser ce territoire sans habitants. Par un effet de sa sainte volonté, un certain nombre de jeunes seigneurs, prenant l'initiative,

---

passait au nord du lac Sasic, traversait le Ialpuc au-dessus de Tabac et aboutissait sur la rive gauche du Prut (voy. Petermann, *Mittheilungen aus Justus Perthes' geogr. Anstalt*, 1857, 129 sq.). Le second groupe de fortifications couvrait la Dacie à l'ouest; il se composait de trois lignes; la première se détachait de la Tisza un peu au-dessus du confluent de la Bega, traversait la Maros, en aval d'Arad et rejoignait le Kőrös (Criș) blanc près de Simand; la seconde avait son point de départ sur la rive gauche de la Berzava, traversait cette rivière, puis la Temes et la Bega et aboutissait à la Maros; la troisième s'appuyait, au sud, sur le Danube, passait au nord de Vršac (Verșeți) et aboutissait à la Temes. Une ligne de défense isolée et qui ne fut peut-être jamais terminée se détachait du Kőrös rapide, en face de Kis-Sebes et se prolongeait jusqu'aux environs de Bréd sur le Szamos. Voy. Torma Károly, *Adalék észak-nyugoti Dacia Föld-és Helyiratához* (Pesten, 1864, in-4) 15, 16, 34-38; Carl Gooss, *Studien zur Geographie und Geschichte des Trajanischen Daciens* dans le *Programm des evang. Gymnasiums in Schässburg*, 1874, in-8, 25-29.

домніиле чаѹ фѡст пре ѫчѣле врѣмй ла Рѫм, ши꙼
кѹ ѡаменїй лѡр ден Марамѡрѫш, вїйнд песте мѹнцїй
ѹнгѹрещїй, ши песте мѹнцїй цѫрѫй Мѡлдовей, вѫнѫнд
хере сѫлбатиче, пѫнѫ аѹ ешіт ла ѫпа чей зічем Мѡлдова, гѡнѝнд ѹн зѝмбрѹ, кареле лаѹ ши вѫнат, ла
лѡкѹл ѹнде сѫ кїамѫ ѫкмѹ сатѹл Бѹѹрѣній, пре ѫчѣа
ѫпѫ а Мѡлдовїй, шѝ аѹ пѹс нѹме ѫпей, дей зискрѫ
Мѡлдова, пре нѹмеле ѹнїй кѫцѣле чей зичѣ Мѡлда,
карѣ ѫтѹнчй, гонѝнд зѝмбрѹл, сѫѹ ѫнекат ѫтрачѣ
ѫпѫ, ши депре нѹмеле ѫпей сѫ зиче ѫкмѹ ши цѫрѫй,
Мѡлдова. Ши ѫчѣа ешѝнд ла лѡкѹрй фрѹмоасе ши
дешкісе, аѹ сокѡтіт кѹ тѹцїй кѫ ѣсте лѡк бѹн де
хрѫнѫ, ши пажѫндѫле тѹтѹрѡр сѫѹ ѫторсѹ ѫнапой
ѫрѫш ѫ Марамѡрѫш, ши шаѹ скос ѡамнїй тоци ѫтра-
частѫ царѫ.

Ѫшѝждерѣ ши лімба, сѫѹ грайул нострѹ, ден мѹлте
лімбй ѣсте фѫкѹт, ши не ѣсте аместикат грайул

---

[1] B: domniele. [2] B: venindй. [3] B: care. [4] B: e.

*) Cette tradition, d'après laquelle le Marmaros aurait appar-
tenu aux Romains, est fort curieuse. Elle nous paraît avoir
la même origine que la légende rapportée, au XVIIᵉ siècle, par
le logothète Eustrate, dans une note ajoutée par lui au récit
d'Urechi (Cogălniceanu, A et B., I, apend. I). Eustrate raconte
que le roi de Hongrie Ladislas, ne pouvant lutter contre les
Tatars, qui menaçaient d'envahir la Transylvanie, demanda
du secours à l'empereur de Rome. Celui-ci répondit qu'il
avait juré, lors de son avénement, de ne condamner personne
à mort et que, par suite de ses dispositions à la clémence,
les prisons de l'empire regorgeaient de condamnés de toute
espèce. »Je ne sais plus que faire de ces prisonniers, dit-il
à Ladislas; prends-les; ils te donneront la victoire, mais ne les
ramène pas dans le pays.« Le roi de Hongrie accepta cette
offre; il pénétra en Moldavie à la tête des bandes romaines
et fut assez heureux pour en chasser les Tatars. Il prit alors
possession du pays.

quittèrent les domaines qui appartenaient alors à Rome*), et traversèrent, avec leurs vassaux du Marmaros, les montagnes de la Hongrie et celles de la Moldavie. Ils arrivèrent, en chassant les bêtes sauvages, à la rivière que nous appelons Moldova, poussant devant eux un auroch qu'ils tuèrent, à l'endroit où s'élève le village actuel de Boureni**), sur les bords de la Moldova. Ils donnèrent un nom à la rivière, qu'ils appelèrent *Moldova* en souvenir, d'une chienne nommée *Molda*, qui s'y était noyée en poursuivant l'auroch. Le nom de la rivière s'applique maintenant au pays: *Moldavie* (Moldova).***) Les jeunes seigneurs descendirent dans les belles plaines qui s'ouvraient devant eux; ils furent unanimes à reconnaître que la contrée offrait une vie facile et le pays parut agréable à tous. Ils retournèrent alors dans le Marmaros et ramenèrent tous leurs vassaux.

Notre langue, [ou plutôt] notre dialecte, est également un composé de plusieurs langues. Bien que nous descendions des Romains, elle s'est mélangée aux idiômes

---

Eustrate raconte cette légende du même ton que s'il écrivait l'histoire; aussi Miron Costin (Cogălniceanu, *A et B.*, I, 20) et Cantemir (Хроникул, II, 189) ont-ils pris la peine assez inutile de le réfuter.

**) Le village actuel de *Boureni* est situé dans le district de Suceava, arrondissement du Siret, à huit kilomètres environ de la Moldova, dout il est séparé par une chaîne de collines.

L'auroch a en roumain un double nom: *bour* (lat. *bos urus*) et *zimbrŭ* (a.-slov. ꙁѫбр, russe зубрь; gr.-mod. ζοῦμπρος).

***) Fick (*Vergleich. Wörterbuch*, 837) a donné la véritable étymologie du mot *Moldova*. Il est dérivé du got. *molda* (a.-h.-all. *molta*), qui signifie »poussière« et se retrouve dans le nom d'une rivière saxonne la *Mulde*, et dans celui de *Moldau*, forme allemande appliquée à la *Vltava* bohème. M. Hîşdău (*Istoria critică*, 2ᵃ ed., I, 300) rapproche avec raison le nom de la *Prahova* du nom de la *Moldova*. La rivière valaque, comme la moldave, a été appelée ainsi à cause de ses eaux sablonneuses (a.-slov. прахъ, roum. *praf*, poussière).

ностру, ку а¹⁾ вечинилѡр де пенпрецюр, мъкарѫ къ дела
Рѫм не траѩем, шѝ ку а лѡр кувинте ней аместекат
граюл. Че, фіинд цара май де апой ка ла ѡ слѡбоѕіе,
де пенпрецюр віинд²⁾ шѝ дескълекънд, ден лимбиле
лѡр съу аместекат а ноструъ; дела Рѫмлъний че ле
зичем Латіний, адикъ лимба лътинѣскъ, ной зичем
пѫне, ѥй зик panis; ной зичем карне, ѥй зик caro;
гъинъ gallina, муаре mulier, фемѣ foemina, ал
ностру noster, шѝ алтеле мулте ден лимба лътинѣскъ;
шѝ де ам сокотѝ деамърунтул³⁾ тоате кувинтеле лъм-
пъдѣще. Ашиждерѣ шѝ дела Фрънчій: ной зичем кал,
ѩръ ѥй caval⁴⁾; дела Лѣшѝй: ной зичем праг, ѩръ ѥй
прог, ѝпрочи; кареле ну ле путем ѫсъмнаре тоате.
Шѝ пентру ачаста съ кунѡаще къ, прекум ну ѩсте
дескълекатъ цара де ѡамений ѫшуѕаци, ашѣ нѝче ток-
мала, нѝче ѡбичаеле църъй бине ну с ашеѕате; че
тоатъ директатѣ ау лъсат пре чел май маре съ ѡ
цюдече, шѝ чѣ ѩу пърут луй ѡрй бине ѡрй ръу,
ачеѩ ау фѡст лѣѩе; де оунде ау луат шѝ вѡе пашѣ
мъріе шѝ върву. Дече кумуй воѩ домнулуй, нумай
чел кауту сале плакъ тутурѡр, ѡрй ку фолос, ѡрй
ку пагуба църъй, каре ѡбичаю шѝ пънъ астъѕй⁵⁾
тръяще.

Афлъсъ ачастъ царъ съ фіе лъкуит шѝ алцій
ѫтрѫнса, маинаинте де ной; де оунде църъй ачещіа
четъциле съ кунѡскъ а фире лукру фрънческу, де ау
лъкуит ѡшиле Рѫмулуй, шѝ ау ѕрънат де мулте ѡрй,

---

¹⁾ B: alŭ. ²⁾ B: venindŭ. ³⁾ B: de amĕnuntulŭ. ⁴⁾ B: saval.
— Cette faute pourrait faire croire que ce sont les Français que
l'auteur désigne sous le nom de *Francs* et qu'il écrit *saval* pour
cheval, mais en réalité le nom de Francs s'applique aux Italiens.
⁵⁾ B: *adĭ*.

des peuples voisins et leur a emprunté beaucoup de mots. Notre pays fut comme un lieu ouvert à tous, nos voisins ont pu venir s'y établir ; notre langue s'est imprégnée des leurs. Des Romains, que nous appelons Latins, c'est-à-dire de la langue latine, nous avons dérivé *pine;* ils disent *panis;* nous disons *carne;* ils disent *caro; găină = galina; muiere = mulier; femeie = femina; al nostru = noster,* et une foule d'autres mots dérivés du latin. Et si nous descendions dans le détail, nous comprendrions tous leur vocabulaire. De même pour les Francs: nous disons *cal,* ils disent *caval;* pour les Polonais: nous disons *prag* (le seuil de la porte), ils disent *próg,* etc.; mais nous ne pouvons indiquer tous ces [emprunts]. On voit ainsi que le pays, n'ayant pas été colonisé par des hommes d'habitudes sédentaires, n'a pu avoir une constitution ni des usages bien établis; le plus puissant décida de toutes les questions de droit; ce qui lui semblait bien ou mal était la loi, de sorte qu'il prit goût aux grandeurs du pouvoir. Tout était donc selon la volonté du prince, mais on le cherchait tel qu'il pût plaire à tous, soit à l'avantage, soit au détriment du pays. Cette coûtume subsiste encore aujourd'hui.

Il est prouvé que d'autres peuples ont habité ce pays avant nous. On reconnaît l'origine franque des places fortifiées dans lesquelles les armées romaines s'établirent et où elles hivernèrent plus d'une fois, combattant soit les Scythes ou les Tatars, soit la Bosnie ou la Roumélie, et passant même jusqu'en Perse. [La Moldavie] était sur le chemin des calamités; les armées [envahissantes] la foulèrent et de nombreuses batailles s'y livrèrent, comme l'attestent les tumuli et les fossés que nous voyons en beaucoup d'endroits, sur le Dniestr, sur le Prut et dans

бътъндуся оўне ўрй къ Скиѳіи, съў къ Тътъріи, оўне ўрй къ Бѵсна, шй къ Рꙋмилй, шй ла Пе́рсй трекъ́нд. Че фіи́нд ꙟ калѣ ръзтъцилѡр шй къ лкъ́ндꙋ ѡ́шиле, фъкъ́ндꙋсе де мꙋ́лте ѡ́рй ръзбо́ае пе аче́сте лѡ́кꙋрй, прекꙋ́м се́мнеле ара́тъ, ка́ре веде́м мꙋ́лте пре́сте лѡ́кꙋл, мовѵ́ле[1]) шй ша́нцꙋрй, пре Нѵ́стрꙋ, пе Прꙋ́т, шй прин[b] пъдꙋ́рй*), на́ꙋ ма́й пꙋтꙋ́т а̄ сꙋфери́ре, че съꙋ пꙋстіи́т.

Дꙋ́пъ ръсъ́па цъ́ржй денть́й де гре́ꙋл ѡ́шилѡр лꙋ́й Флах хама́нꙋл[2]) ръмлене́скꙋ, ма́й апо́й дꙋ́пъ мꙋ́лтъ вре́ме, къ́нд фечю́рій че́й де до́мнй ден мꙋ́нцій ꙋн-гꙋре́щй погоръ́ндꙋ дꙋ́пъ въна́т, шй аꙋ ниме́рѵ́т ла[c] а́па Молдѡ́вій, възꙋ́нд лѡ́кꙋрй десфъта́те, кꙋ къ́мпій дешкѵ́шй, кꙋ пъдꙋ́рй де́се шй кꙋ а́пе кꙋргъто́аре, ꙟдръціи́нд лѡ́кꙋл, аꙋ тра́с пре а̄й съй дела Марамо́ръш, шй пре а́лцій аꙋ ꙟдемна́т де аꙋ вени́т.[3]) Ша́ꙋ дескъ-лека́т ꙟтъ́й сꙋпт[4]) мꙋ́нте, ма́й[5]) апо́й ꙟмꙋлци́ндꙋсе,[d] шй[6]) креск нд ꙟнаи́нте, нꙋ нꙋма́й а́па Мѡлдѡ́вій съꙋ Сире́тюл лѣꙋ фѡ́стꙋ хѡта́р, че пъ́нъ ла Нѵ́стрꙋ, шй пъ́нъ ла ма́ре съꙋ лъ́цит. Ма́й апо́й шй ръзбо́але фъчѣ́, ка съ́шй а́пере ца́ра шй пъмъ́нтꙋл се́ꙋ де къ́тръ Сцѵ́тй шй Го́тй, шй де къ́тръ а́лцій вечи́нй чѣ е́ра пенпрецю́р;[e] че авъ́нд пꙋртъто́рй де гри́же пре до́мній лѡ́р, кари́й ръдика́се де́нтре съ́не, де мꙋ́лте ѡ́рй ꙟ Ца́ра Леша́скъ аꙋ ꙟтра́т, шй мꙋ́лтъ пра́дъ шй пꙋ́зъндꙋ аꙋ фъкꙋ́т. Де́н къ́мпій пре Тъта́рй і́аꙋ ско́с. А́шиждерѣ́ шй Мꙋн-тѣ́нилѡр нꙋ нꙋма́й нево́е шй гро́азъ ле фъчѣ́, че шй[f] домні́еле ле скимба́, шй пре чи́не врѣ́ е́й прииміа́. Пре Арделѣ́ний нꙋ́й лъса́ съ ѡ́дихнѣ́скъ, че пꙋрꙋрѣ́ ле фъчѣ́ нево́е, шй чета́цй мꙋ́лте ле лꙋа́се, шй ле липѵ́се

---

[1]) B: care vedemŭ preste locuri multe movile, etc. [2]) B: Flakŭ hatmanul. [3]) B: sub. [4]) venitŭ. [5]) mай m. dans B. [6]) B: mai și.

les forêts;*) elle ne put supporter [ces ravages] et devint déserte.

Il y avait bien longtemps que le pays avait été pour la première fois épuisé par les rudes armées de Flaccus, le général romain, lorsque les jeunes princes, descendus des montagnes de la Hongrie à la suite d'une chasse, parvinrent à la Moldova et aperçurent des lieux charmants avec des plaines ouvertes, d'épaisses forêts et des eaux courantes. Ils prirent la contrée en affection, y entraînèrent leurs vassaux du Marmaros et d'autres gens avec eux. Ils s'établirent d'abord au pied des montagnes, puis, se multipliant et se developpant, ils n'eurent plus pour limites le cours de la Moldova ou du Siret, mais s'étendirent jusqu'au Dniestr et jusqu'à la mer. Par la suite, ils entreprirent des guerres pour défendre leur pays et leurs terres contre les Scythes, les Gots et les autres peuples du voisinage. À la tête de leurs affaires étaient des princes issus de leurs rangs; à la suite de ces princes, ils pénetrèrent souvent sur le territoire polonais et firent beaucoup de butin et de conquêtes; ils chassèrent les Tatars des plaines; ils firent de même subir aux habitants de la Valachie des vexations et des attaques sanglantes; ils allèrent jusqu'à changer le gouvernement de ce pays et jusqu' à le confier à des hommes de leur choix. Quant aux Transylvains, ils ne les laissèrent pas non plus en repos; ils les inquiétèrent sans cesse et leur

---

*) Il s'agit ici des lignes de fortification élevées par les Romains dans la Bessarabie (voy. ci-dessus, p. 8, note *). Quant aux tumuli de la Roumanie (*moghilĭ, mohilĭ* ou *movile; curganĭ,* ou *gorganĭ*), la plupart sont effectivement des postes militaires et n'ont jamais contenu d'ossements.

кѣтрѫ цара Мѫлдовїй, кареле тоате ла рѫндѹл сеѹ сѫ-
вѫр арѫтѫ. Май апой, ши кѹ Тѹрчїй карїй сѫ ведѣ
кѫ кѫ ѿ негѹрѫ тоатѫ лѹмѣ акоперїѧ, рѫзбоае минѹ-
нате фѫчѣ; де мѹлте ѿрї йаѹ ши бирѹйт. Май апой
де йаѹ ши сѹпѹс сѹпт цѹгѹл лѡр, де кѫтека ѿрї йаѹ
асѹдат рокошиндѹсе, ши нѹ фѫрѫ мѹлтѫ моарте, ши
пагѹбѫ ꙟ ѿамений, пѫн а сѫ ашѫзаре.

КАП А҃.

Ꙟчепѹтѹл домнилѡр Цѫрѫй Мѫлдовїй вѡм сѫ арѫтѫм, ден анѹл ҂ѕ҃ѿ҃л҃г҃.*)

Ꙟитре ачей фечѡрї де домнї че аѹ немерит
локѹл ачеста, аѹ фѡст ши Драгош Водѫ, фечѡрѹл лѹй
Богдан Водѫ, кареле ера дин домнїй Рѫмѹлѹй, че венисе
дела Мѫрамѡрѫш, ши се ведѣ май де чинсте, ши май
де фолос декѫт тоцї; пре кареле кѹ тоцї лаѹ алес
ши лаѹ пѹс домн, май маре лѡр, ши пѹртѫтѡр де
грижѣ. Ши дакѫ лаѹ пѹс дѡмн, аѹ лѹат пилдѫ депре
капѹл ачеїй хїерї нѫсѫлниче, зимбрѹ, че скрїе май сѹс
кѹ лаѹ вѫнат, ши пѹсѫрѫ де аѹ фѫкѹт печѣтѣ
Цѫрѫй Молдовїй,**) де трѣеще пѫн ꙟтрачѣста врѣме
ꙟ мѫниле[1]) челѹй чел алѣще дѹмнезеѹ а фире домн
цѫрѫй, де сѫ пѹне пре кѫрциле домнѹлѹй пентрѹ ток-
мѣлеле ши ашезѫриле лѫкѹиторилѡр, ши де аскѹлтарѣ
ши чертарѣ челѡр че факѹ стрѫмбѫтѫцї ꙟтре лѫкѹи-
торїй цѫрѫй. Ши аѹ домнит дой анї Драгош Водѫ,

---

[1]) A: мѣнѹле.

*) Le ms. d'Urechi que Nicolas Costin avait entre les mains donnait, paraît-il, la date de 6807 (Cogălniceanu, A, I, 90; B, I, 83); celui que possédait Cantemir (Хрон., II, 400) portait 6821.

prirent nombre de châteaux qu'ils annexèrent à la Moldavie. Toutes ces choses seront racontées dans leur ordre.

Plus tard, ils soutinrent des guerres glorieuses contre les Turcs, qui, semblables à une nuée, couvrirent le monde entier; souvent même ils les défirent. Si, à la fin, ils furent soumis à leur joug, ils leur causèrent encore plus d'une fois des embarras par leurs révoltes. Bien du sang fut répandu, bien des hommes furent tués avant leur soumission complète.

CHAPITRE I.
Nous allons raconter l'histoire des premiers princes de Moldavie, à partir de l'année 6867 [1359].*)

Parmi les jeunes seigneurs qui arrivèrent dans ce lieu se trouvait Dragoș, fils de Bogdan, qui tirait son origine des princes de Rome, mais qui était venu du Marmaros; sa haute situation le mettait à même de rendre plus de services que les autres; aussi tous le choisirent-ils pour leur prince, leur chef et l'administrateur de leurs affaires. L'ayant nommé prince, ils prirent pour emblème la tête de l'auroch, de cet animal indomptable dont nous avons raconté plus haut la chasse, et en composèrent le sceau de la Moldavie.**) Ce sceau existe encore de nos jours entre les mains de celui que Dieu désigne pour être le seigneur du pays; on l'appose sur les actes princiers concernant le statut des habitants, l'audition et le jugement de ceux qui commettent des actes délictueux. Dragoș régna deux ans et mourut. Dans les premiers

---

**) M. V. Alecsandrescu-Urechie a reproduit les plus anciennes représentations des armes de la Moldavie dans le *Buletinulŭ Instrucțiuneĭ publice*, I (Bucurescĭ, 1866, in-4), 189.

Sur la présence de l'auroch dans les pays roumains, voy. *Col. luĭ Tr.*, VI (1875), 97-104.

ші сл̑у съвръшіт. Шіи Ѧ҃тру ачкстъ ѧчепътуръ ау̑ фѡ́ст домнїа ка ѡ къпитъніе. Пре ачеста семн, дентъашй дату че се аръту домнїа фъръ трай҆у, се путе куноащере къ ну̑ ва фи ашу̑ъаре буну̑ Ѧ҃тре домнїй Молдовїй; че ку̑м ау̑ фѡ́ст пре́ скуртъ вїа́ца домну̑лу̑й дентъу̑, аша ші домнїй че ву́р фи пре оу̑рмъ а́десе севу́р скимба; ші му̑лтъ неашу̑ъаре ва фи Ѧ҃тре домнїй Молдовїй.

Ду̑пъ Драгош Во́дъ ау̑ стъту̑т домн фїу̑сеу̑ Сас Во́дъ, ші ау̑ домнит па́тру а́ни ші сл̑у съвъ̑ршит.

Шіи ау̑ ръма́с домн фїу̑сеу̑ Ла́цко Во́дъ, ші ау̑ домнит ѡпт а́ни.*)

---

*) Bogdan est le premier prince sur lequel on possède quélques données positives. Ce serait lui qui, d'après Turóczi (ap. Schwandtner, *Scriptores*, I, 196), aurait quitté le Marmaros pour fonder un établissement en Moldavie. Bogdan se déclara indépendant du roi de Hongrie, qui fut obligé de le combattre par les armes. Un diplôme daté du 13 des calendes d'avril 1360 énumère divers fiefs que, sous le nom de »villae olachales« le roi Louis Ier abandonna à Dragoş, fils de Gyula qui l'avait aidé dans cette guerre (Fejér, *Cod. diplom.*, IX, III, 159; Wenzel 32). On doit donc forcément placer l'avénement de Bogdan avant 1360.

Malgré la récompense accordée à Dragoş, la campagne des Hongrois en Moldavie ne paraît pas avoir été heureuse, et ils durent la recommencer sans plus de succès. En 1365, le roi Louis conféra au voiévode du Marmaros, Balc, fils du voiévode Sas, et à ses frères Drag, Dragomir et Étienne, plusieurs fiefs situés dans le Marmaros. Le diplôme nous apprend que Balc avait perdu en Moldavie ses vassaux et ses biens et qu'il avait dû suivre le roi en Hongrie. Voy. Fejér, *Cod. diplom.*, IX, III, 469; Wenzel, 33; *Transilvania*, 1871, 266; 1872, 42, 113.

Turóczi (ap. Schwandtner, I, 193) dit en parlant du roi Louis: »fere singulis annis... movit exercitum contra demulos et rebelles et saepius contra Rachenos et Moldavos.«

La chronique moldave que M. Hişdău *(Archiva istorică a României*, III, 5-15) a publiée d'après un texte polonais

temps, la dignité de prince était comme une capitainerie. Cette courte durée du premier règne fut comme le signe que les princes de Moldavie seraient peu solides sur leur trône. Si le premier prince ne vécut pas longtemps, ses successeurs se suivront de même à de courts intervalles; il y aura une grande instabilité parmi les princes de Moldavie.

Après Dragoș, son fils, Sas, parvint à la principauté; il régna quatre ans et mourut.

Son fils, Lațco, conserva la couronne et régna huit ans.

écrit en 1566, donne les princes de Moldavie dans l'ordre suivant:

En 1352, Dragoș passe du Marmaros en Moldavie; il règne deux ans et a pour successeurs: son fils dont le nom est inconnu; Bogdan, qui règne quatre ans; Lațco, fils de Bogdan, qui régne huit ans; Pierre, fils de Mușat; Romain, fils de Pierre, qui règne huit ans; Étienne, frère de Romain, qui règne sept ans; Iugă, qui règne deux ans. En 6907 [1419], le prince Alexandre monte sur le trône; il y reste trente-deux ans et huit mois.

Ces indications chronologiques sont beaucoup plus satisfaisantes que celles d'Urechi. En effet, nous possédons sur Lațco des documents authentiques qui ne permettent par de douter qu'il ne soit postérieur à Bogdan. Une bulle du pape Urbain V, datée du 9 des calendes d'août 1370, est adressée à »Latzko, dux Moldaviensium partium seu nationis Valachicae;« une autre bulle du même pape, datée du 8 des calendes de février 1372, porte: »Dilecto filio nobili viro Latzkoni, duci Moldaviensi salutem, etc.« (voy. Raynaldi *Annales eccles.*, ed. Lucc., VII, 183, 227, ad ann. et *Magazinu istoriku pentru Dacia*, III, 135-141).

Les fils de Sas fondèrent dans le Marmaros une sorte de principauté et nous retrouvons leurs noms dans un certain nombre de diplômes. Un diplôme de 1373 confirme et étend la donation faite en 1365 aux frères Balc, Drag, Dragomir et Jean (Wenzel, 44). Deux actes de 1378 parlent de Dragh

Ѫрѫ дȣпѫ Лацко Воде ау домнит Богдан Водѫ « шесе ани.

et de Walk (Fejér, IX, IV, 566; V, 308); deux actes de 1383 mentionnent Balc et ses frères qu'ils appellent Drag et Jean *(Transilvania,* 1872, 113); un diplôme de 1384 donne également les noms de Drag et de Jean aux frères du voïévode »Wolk« (Fejér, X, VIII, 139). En 1390, on trouve encore une fois Balk, Drag et Jean (Wenzel, 47), puis nous ne voyons plus que les noms de Balc et de Drag (Fejér, X, VIII, 307; *Transilvania,* 1872, 128; *Columna lui Traian,* V (1874), 126). Deux diplômes du patriarche de Constantinople Antoine, datés du mois d'août 6899 [1391] parlent de même des voïévodes Μπάλιξας et Νδράγος, qui ont fondé »περὶ τὸν τόπον τοῦ Μαραμόρεσο« un monastère en l'honneur de St. Michel (Miklosich et Müller, *Acta Patriarch. Const.,* II; 156-158). Les mêmes personnages, Balc et Drag, »comites Marmaros et Ugocsa« reparaissent en 1392 *(Transilvania,* 1872, 150, 151; Fejér, X, II, 63; Wenzel, 42, 47) et sont encore cités en 1398 (Fejér, X, II, 628; Wenzel 42). Valk ou Balk paraît pour la dernière fois en 1413; Dragh était mort à cette époque (Wenzel, 48).

Le Dragoş, dont parle Urechi, n'est autre que le Drag, ou Νδράγος, dont nous venons de parler; seulement le chroniqueur intervertit l'ordre de la filiation, comme il l'a fait pour Bogdan et Laţco. D'après lui, Sas serait le fils et non le père de Dragoş. Voy. les tableaux généalogiques placés à la fin de ce volume.

Les descendants du voïévode roumain se maintinrent jusqu'au milieu du XVIe siècle, en possession d'une grande partie du Marmaros et, sous le nom de Rednik, sont encore les plus riches propriétaires de la vallée de la Mara. Voy. Bidermann, *Die ung. Ruthenen,* II, 1, 83.

Quant à la tradition qui fait venir du Marmaros les colons de la Moldavie, elle peut difficilement être révoquée en doute. M. Rösler lui-même, qui ne croit pas que les Roumains, c'est-à-dire des populations de langue romane, aient pu se maintenir sans interruption au nord du Danube, ne fait pas difficulté de l'admettre *(Rom. Studien,* 339). Pour nous, qui ne croyons pas possible que l'abandon de la Dacie par Aurélien ait été suivi d'une émigration complète de tous ceux des habitants de la province auxquels Rome avait réussi

Après Laṭco vint Bogdan, qui régna six ans.*)

à imposer sa langue et ses institutions, nous admettons sans peine que les montagnes du Marmaros furent le principal refuge des Roumains, à l'époque des invasions gotiques, bulgares et magyares. Dès l'année 1234, les Roumains du Marmaros possédaient un évêque du rite oriental (lettre du pape Grégoire IX au roi de Hongrie Béla IV, ap. Pray, *Annales regum Hung.*, I, 240; Fejér, *Cod. diplom.*, III, 1, 399; *Magazinu istoricu pentru Dacia*, III, 119). Bien qu'ils fussent assez nombreux pour avoir un évêque, et pour que le pape songeât à les convertir, on ne trouve d'eux aucune trace dans l'histoire, précisément parce qu'ils vivaient retirés dans les montagnes. Aujourd'hui encore presque tous les noms géographiques de la région du Bihar sont des noms roumains, que les Magyars eux-mêmes emploient; il en est de même dans une partie de la Transylvanie, tandis que les noms des villes et des villages, construits dans la plaine, portent rarement, soit dans le Marmaros, soit dans en Transylvanie, des noms d'origine roumaine (cf. Schmidl, *Das Bihar-Gebirge*; Wien, 1863, in -8, 116, 405; Jung, *Römer und Romanen*; Innsbruck, 1877, in -8, 283-307). Les futurs colons de la Moldavie purent ainsi vivre pendant plusieurs siècles en dehors des événements qui s'accomplissaient au pied des montagnes. Suivant la remarque judicieuse de Söllner (*Statistik des Grossfürstenthums Siebenbürgen*; Hermannstadt, 1856, in-8, I, 151; cf. Jung, *loc. cit.*, 284), le fait que les Roumains ont adopté le mot magyar *Erdély* (roum. *Ardeal*) pour désigner la Transylvanie, prouve, non pas qu'ils sont venus dans ce pays seulement après les Magyars, mais qu'ils n'en furent pas les maîtres politiques. Adonnés à la vie pastorale, ils pouvaient, sans descendre des montagnes, parcourir de vastes espaces, aller du Danube jusqu'en Transylvanie, dans le Marmaros et même au delà.

Nous avons réuni, sous forme d'appendice, à la fin de ce volume, tous les documents relatifs à la présence des Roumains dans les Carpathes au moyen-âge, ce qui nous dispensera d'entrer plus avant dans la discussion des origines roumaines. Nous devons revenir maintenant aux princes dont parle Urechi et nous efforcer d'en dresser une liste reposant sur des bases solides. Le défaut d'espace ne nous permettant pas de longues digressions nous n'entreprendrons pas de discuter

Дȣпъ Богдáн Водъ аȣ домнӥт Пéтрȣ Водъ,[a] фечȣрȣл лȣй Мȣшáт шѣсеспрезѣче áнй.

Пръ дȣпъ Мȣшáт аȣ домнйт фрáтесȣ Ромáн Водъ трӥй áнй.

Дȣпъ Ромáн Водъ аȣ стътȣт ла домнӥе Стефáн Водъ, кáре аȣ лȣáт дой фечȣрй, шй аȣ домнйт шѣпте áнй.[b]

le témoignage des historiens et nous nous bornerons à enregistrer les dates que nous fournissent les diplômes recueillis jusqu'ici.

On ne sait plus rien de Laţco après la bulle de 1372. Deux ans après, on voit figurer un autre prince. Un diplôme, daté de Bîrlad, le 3 juin 1374 (Hîşdău, *Foiţa de istoriă şi litter.*, Iaşĭ, 1860, in -16, II, 41) commence ainsi: "Милостию божиею мы къпазъ литовскый Юргъ Кориятовичъ воевода, господаръ земли молдавской (Jurg Korijatovič, par la grâce de Dieu, prince de Lithuanie, seigneur de Moldavie)." Ce Jurg, ou Georges, que notre chroniqueur appelle Iugă, était le troisième fils de Michel Korijat, prince de Novgorod et petit-fils de Gedymin, prince de Lithuanie. Olgerd, prince de Krevo et de Vitepsk, frère aîné de Michel Korijat, ayant à soutenir une guerre contre les Tatars, prit avec lui ses quatre neveux: Alexandre, Constantin, Georges et Théodore; et, pour les récompenser de leurs services, leur créa de petites principautés en Podolie. Georges abandonna la Podolie pour la Moldavie et réussit à remplacer Laţco sur le trône. Urechi (voy. ci-après p. 3o) prétend qu'il fut fait prisonnier par le prince de Valachie Mircea; Basilovits *(Notitia fundationis Theodori Koriatovits*, I (Cassoviae, 1799, in-4,) c. 11) raconte, au contraire, qu'il périt empoisonné à Suceava. M. Hîşdău (*Istor.*, I, 91) croit que Georges mourut entre le mois de juin 1374, date du diplôme dont nous venons de parler et le mois de mars 1375, date d'un diplôme d'Alexandre Korijatovič, qui lui succéda en Podolie (Акты Западной Россiи, I, 21). L'explication donnée par l'historien roumain est fort plausible, mais elle n'est pas absolument certaine. Si, en effet, l'on écarte la tradition rapportée par Basilovits, rien ne prouve d'une manière irrécusable que Georges ait péri en 1374 ou 1375. Urechi dit simplement qu'il tomba entre les mains de Mircea, mais n'ajoute pas qu'il fut mis à mort par le prince valaque. Il put très-bien être dépossédé à la fois de ses états de Podolie et

Après Bogdan vint Pierre, fils de Muşat, qui régna seize ans.

Après Muşat, son frère, Romain, régna pendant trois ans.

Après Romain, le pouvoir passa entre les mains d'Étienne, qui eut deux fils et régna sept ans.

---

de Moldavie, sans cependant perdre la vie. Son frère cadet, Théodore, fut lui-même obligé de quitter la Podolie, sur laquelle Alexandre et Constantin continuèrent seuls de régner; c'est alors que le roi de Hongrie Louis Ier lui conféra le duché de Munkács. (Šaranjevič, 188, 190; Fessler, *Geschichte von Ungarn*, bearb. von E. Klein, II, 144). En tout cas, un Georges Korijatovič, qualifié de duc de Slug (*comes slucencis*) est cité dans des diplômes de 1387 et de 1401 (*Invent.*, 250, 378). Rien ne prouve que ce Georges Korijatovič n'est pas le même personnage que le prince de Moldavie. C'est peut-être également à lui qu'il convient d'attribuer un diplôme non daté, mais qui paraît être de la fin du XIVe siècle (Cogălniceanu, Архіва ромънѣскъ, I, 14), dans lequel un Georges Korijatovič prend encore le titre de prince de Moldavie. M. Hîşdău (*Ist.*, I, 90) rapporte ce diplôme à un second personnage du même nom.

Le successeur de Georges Korijatovič est Pierre Muşat, qui paraît avoir été imposé à la Moldavie par le prince de Valachie Mircea, et que M. Hîşdău (*Ist.*, I, 92) croit avoir été lui-même d'origine valaque. En 1387, Pierre fait hommage au roi de Pologne Vladislas Jagellon (*Invent.*, 131; Dogiel, I, 597); l'année suivante, il prête à Vladislas une somme de 4000 roubles, et le roi lui garantit, à lui et à son frère Romain, en cas de non-paiement, l'usufruit de la possession de Halič (*Invent.*, 132; Dogiel, I, 597; Hîşdău, *Arch.*, I, 1, 177). Deux ans plus tard (1389), les ambassadeurs de Pierre figurent à la cour de Pologne (Dogiel, I, 587; Hîşdău, *Ist.*, I, 92).

Pierre Muşat est éloigné du trône entre 1389 et 1392. Le 30 mars de cette dernière année, son fils, Romain, »par la grâce de Dieu, grand autocrate et seigneur, dominant sur la Moldavie, depuis les montagnes jusqu'à la mer«, signe, avec ses deux fils, Alexandre et Bogdan, un acte de donation (Hîşdău, *Arch.*, I, 1, 18). En 1393, Romain prête serment au roi de

Йарэ че сева фи лукрат ын зилеле ачестур домнӥ ну се афлэ скрис немикэ, кыт ау домнит ей ᲁ҃з де анӥ; кунобщесэ кэ поате ау фост неашезэций ши декурынд, ши нау авут чине скріе; ниче вечиніи, карӥй немикэ нау лэсат неынсемнат нау щіот немикэ де дыншій сэ фіе скрис.

КАП В҃.

Домнїа фечӧрилур луй Стефан Водэ челуй дентэіу.

Ачест Стефан Водэ ау авут дой фечӧрӥ, кум сау поменит май сус, пре Стефан ши пре Петру; карій дупэ моартѣ тэтынисеу причинду́се пентру домніе, ау фугит Стефан, фрателе чел май маре, ла Казимир краюл лешеск, похтинд ажуторь ымпротива фрэціне́сеу луй Петру, ши сэй се плече ку тоатэ цара. Ӥар Петру ку ажуторь деля Унгурь ау апукат цара. Врынд Казимир, краюл лешеск, ка сэ добындѣскэ цара, ши сэ фіе пре воя луй Стефан Водэ, ӥау дат ӧсте, ши ау ынтрат ын царэ, ын зи ынтэй алуй юліе. Ши ынтэй ӥй мерџѣ ку нэрок; ӥарэ май апой ӥау амэџит

Pologne (*Invent.*, 132; Dogiel, I, 599), puis il disparaît de la scène pendant plusieurs années.

Dès 1394, le trône de Moldavie paraît avoir été occupé par Étienne. C'est, en éffet, le 18 février 1395 que le roi Sigismond accorde une récompense aux habitants de Braşov qui lui étaient restés fidèles dans une guerre »contra Stephanum terrae Moldaviae vayvodam« (Fejér, X, II, 294; *Transilvania*, 1872, 163). Pendant cette campagne de 1395, le comte des Széklers, Étienne, rendit au roi de grands services, que nous trouvons énumérés dans un acte de donation de l'année 1401 (Fejér, X, IV, 53) et qui prouve que la lutte fut des plus vives.

On ne trouve relatés nulle part les faits accomplis sous le règne de ces personnages, qui eut une durée totale de quarante-six ans. C'est peut-être qu'ils étaient de mœurs vagabondes, que leur passage fut rapide et qu'ils n'avaient personne pour écrire leur histoire. Nos voisins eux-mêmes, qui n'ont rien laissé dans l'ombre, n'ont connu aucun écrit relatif à ces princes.

CHAPITRE II.
Règne des fils d'Étienne Ier.

Étienne, ainsi qu'on l'a dit plus haut, eut deux fils, Étienne et Pierre, qui, après la mort de leur père, se disputèrent le pouvoir. Étienne, l'aîné, se réfugia chez le roi de Pologne Casimir et lui demanda du secours contre son frère Pierre, promettant de reconnaître avec tout le pays, la suzeraineté royale; mais Pierre, avec l'aide des Hongrois, réussit à s'emparer du trône. Le roi Casimir voulut faire la conquête de la Moldavie et la placer sous le gouvernement d'Étienne. Il lui donna une armée et pénétra lui-même dans la principauté, le premier jour de juillet. Il remporta d'abord quelques avantages,

---

Le dernier document ne fait pas connaître la date de la guerre de Moldavie, mais nous savons d'autre part, qu'Étienne de Kanizsa était précisément comte de Széklers en 1395 (Fejér, X, II, 274). Le prince Étienne figure encore, en 1395, dans un autre diplôme hongrois (Fejér, X, VIII, 401) et les archives de Cracovie possèdent peut-être encore les lettres d'hommage adressées par lui, cette même année, au roi de Pologne (*Invent.*, 133; Dogiel, I, 623).

En 1400, Romain parvint à remonter sur le trône, qu'il transmit à son fils Alexandre-le-Bon, mais nous parlerons plus loin des successeurs d'Étienne.

ай ностри, де ка8 б8гат ла кодр8, фіинд копачіи
жцжнаці пре л8нгъ др8м, ка8 с8рпат асупра лѡр, оунде
кѫци на8 періт де копачіи ка8 принс вій, пре карій
май апой ка8 р8ск8мпърат краюл Казимир. Фост8
ѫтре ачести робй ѡмени марй, Збигнев ши Тѫн-
ченски, фечѡр8л воевод8л8й де Крак8в, ши трей стъгърй а трей воеводжі: а Крак8в8л8й, ши[1]) а Сандоми-
р8л8й, ши а Лїѡв8л8й, ши нѡъ стъгърй боерещй.

Пръ литописъц8л[2]) ностр8 де фечѡрій л8й Стефан
Водъ, чѐ поменим май с8с, немикъ н8 скріе, че диче
къ д8пъ домнія л8й Стефан Водъ а8 домнит Югъ
Водъ, апой Алеѯандр8 Водъ, кареле сев8 помени май
жос. Пръ ной нам лъсат съ н8 ѫсемнъм ниче[3]) де
фечѡрій л8й Стефан Водъ, пентр8 къ поате съ фіе
адевърат, къ н8 пъртинъще кроникар8л Бїелскіе *) алѡр
съи, че[4]) скріе потикала че а8 петрек8т Стефан Водъ
к8 аж8торюл Лъшилѡр, де а8 періт к8 тоцій.**)

---

¹) Ши m. dans B. ²) B: *letopiseţul*. ³) B: *ci*.

   *) Bielski, 197. — Cet auteur dit bien que Nawoy Tęczyński
était fils du voïévode de Cracovie, André Tęczyński. Zbigniew
Oleśnicki appartenait à une autre famille; c'était, dit-on, l'aieul
de l'évêque de Cracovie Zbignew Oleśnicki, qui fut élevé au
cardinalat en 1439 et mourut en 1455.

  **) On voit que le chroniqueur roumain n'accueille qu'avec dé-
fiance le récit de Bielski; cette défiance ne nous paraît que
trop fondée. À la vérité, Bielski n'est pas le seul qui rapporte
l'histoire des fils d'Étienne; on la retrouve dans Długosz, dans
Kromer, dans Sarnicki, dans Stryjkowski et dans plusieurs
autres historiens polonais (voy. les renvois ap. Sinkai, Χρονικα,
I, 324, 328), mais il est impossible de la concilier avec les
documents certains que nous avons énumérés ci-dessus. Les
auteurs qui admettent l'authenticité de ce récit le placent en
1359 (sauf Calvisius, qui adopte la date de 1360 et Hofman,
qui donne celle de 1369), or les diplômes relatifs à la Moldavie

mais les nôtres lui tendirent un piége. Ils l'attirèrent auprès d'une forêt, sapèrent les arbres le long de la route et les firent tomber sur ses soldats. Ceux qui ne furent pas écrasés furent pris vivants et Casimir les racheta plus tard. Il y eut parmi ces prisonniers de grands personnages, [notamment] Zbigniew et Tęczyński, fils du voïévode de Cracovie. [Les Moldaves conquirent] aussi les étendards des trois voïévodes de Cracovie, de Sandomir et de Léopol, ainsi que neuf drapeaux de boïars.

Notre chronique ne mentionne par les fils d'Étienne, dont nous venons de parler; elle rapporte seulement que, après le règne d'Étienne, le pouvoir passa entre les mains de Iugă, puis d'Alexandre, dont il sera question plus loin. Nous n'avons cependant pas voulu passer cette histoire sous silence, car elle peut être vraie. En effet, le chroniqueur Bielski*) n'a pas montré de partialité envers ses compatriotes, en racontant la défaite subie par Étienne, malgré l'assistance des Polonais, qui périrent en masse.**)

---

ne citent que beaucoup plus tard un prince du nom d'Étienne. Les princes dont ils nous révèlent les noms jusqu'à la fin du XIVe siècle, sont les suivants: B o g d a n (1359), L a ț c o (1370, 1372), I u g ă (1374), P i e r r e M u ș a t (1387, 1389), R o m a i n, fils de Pierre (1392, 1393), É t i e n n é (1395), R o m a i n, pour la seconde fois (1400). Nous croyons, quant à nous, que les chroniqueurs polonais ont commis ici une confusion. Ils ont attribué aux fils d'Étienne la lutte qui eut lieu, en 1400, entre les deux fils de Pierre Mușat.

Étienne étant mort ou ayant été dépossédé, les fils de Pierre se disputèrent le pouvoir. Ivaško, l'aîné, implora contre son frère, l'assistance du roi de Pologne, Vladislas Jagellon; il lui promit que, s'il obtenait la couronne de Moldavie, il se reconnaîtrait son vassal et lui céderait la Bucovine; *(Invent.* 133; Dogiel, I, 600). Cependant Ivaško échoua et ce fut Romain, second fils de Pierre Mușat qui s'empara de la principauté. Tout nous porte à croire que le nouveau voïévode était ce même Romain qui avait occupé le trône en 1392

КА́П Г҃.

До́мнїа Ю́гъй Во́дъ ка́реле съ8 аретъа́т ма́й вре́дник к8 то́ате.

Ю́га Во́дъ а̀трек8та8 пре до́мнїй че́й трек8цїи деманиа́инте де дж҃нс,[1] къ а̀8 тримі́с ла патрїе́ршїа[2] де Ѡ̀хри́да ши̏ а̀8 л8а́т благословенїе ши̏ а̀8 п8с пи-трополи́т[*] пре Ѳеоктї́ст, ши̏ а̀8 десклека́т ѿра́ше прин ца́ръ, тѿт ла л8к8рй б8́не, ши̏ а̀ле́с[3] са́те, ши̏ л8к8 ф8к8т ѿкоале пенпрецю́р. Ши̏ а̀8 а̀чеп8́т адъ8р8и́ре ѿчи́нй прин ца́ръ ла воини́чй че фъчѣ́ ветежі́й[4] ла

---

[1] B: dênsul. [2] B: patriarhia. [3] B: au alesŭ. [4] B: vitezĭ.

et 1393. Son fils Alexandre, cité par le diplôme de 1393 (voy. ci-dessus p. 23), fut précisément son successeur, en 1401.

Romain ne jouit pas longtemps en paix de sa victoire. Le prince de Podolie, Swidrigałło, se jeta sur lui à l'improviste et le força de prêter l'hommage au roi de Pologne (octobre 1400). Malgré ces revers, Romain paraît s'être maintenu en possession de la principauté. Un diplôme du 18 novembre 1400, cité par Engel I, 74) nous apprend que, à cette date, il fit donation du village de Vicşani aux cinq fils de Dragomir: Théodore, Démètre, Pierre, Michel et Georges. Il mourut, selon toute vraisemblance, peu de temps après, car, au mois de juillet 1401, le trône de Moldavie était occupé déjà par Alexandre le Bon *(Acta Patr. Constant.*, II, 528-532). Le 12 mars de l'année suivante, ce nouveau prince prêta le serment de fidélité au roi de Pologne *(Invent.*, 133; Dogiel, I, 600).

Si l'on compare les faits que nous venons de rappeler avec ceux que rapporte Urechi, l'erreur commise par les chroniqueurs polonais est évidente. Comment supposer que, à quarante ans d'intervalle, il y ait eu, en Moldavie, deux histoires de frères ennemis absolument identiques? Dans les deux cas, le prince, dont on se dispute la succession, s'appelle Étienne; c'est l'aîné des deux frères qui s'adresse au roi de Pologne et c'est le plus jeune qui est vainqueur. Ces analogies ne

CHAPITRE III.

Règne de Iugă, qui se montra supérieur en tout [à ses prédécesseurs].

Iugă surpassa les princes qui avaient régné avant lui. Il envoya demander la bénédiction du patriarche d'Ohrida et plaça Théoctiste sur le siége métropolitain.*) Il fonda des villes, qu'il bâtit sur les meilleurs emplacements, et choisit, pour les fortifier, les villages [les plus faciles à défendre]. Le premier, il accorda des terres aux braves qui s'étaient distingués dans ses armées. Il

---

peuvent être fortuites; les deux récits doivent provenir d'une même source. Il a suffit qu'un seul historien eût commis une erreur de date pour que tous ceux qui sont venus après lui l'aient reproduite. Il ne semble pas, en effet, qu'au XVIe siècle même, les documents dont on pouvait se servir pour écrire l'histoire des premiers temps de la Moldavie aient été beaucoup plus nombreux qu'aujourd'hui. Si donc certains détails rapportés par les auteurs polonais sont authentiques, ces faits doivent, à notre avis, s'appliquer à l'année 1400. Telle a dû être aussi l'opinion de M. Šaranjevič, qui raconte la rivalité d'Ivaško et de Romain (Исторія, 291), mais ne fait aucune allusion aux prétendus fils d'Étienne. Wickenhauser *(Urkunden* p. 55) cite un diplôme du 24 février 1409, par lequel le voïévode Étienne fait donation d'un étang au monastère de Moldoviţa. Faut-il voir dans ce personnage le prince de Moldavie, qui aurait été détrôné en 1400, ou bien un de ses fils du même nom; c'est ce que nous ne nous hasarderons pas à décider.

*) Tout ce que le chroniqueur rapporte ici de Iugă est absolument inexact. On a vu ci-dessus (pp. 21-23) que Iugă ou Georges Korijatovič ne figure dans l'histoire de Moldavie qu'en 1374; or Théoctiste n'occupa le siège metropolitain de Suceava qu'un siècle plus tard. Il est cité dans deux diplômes de 1463 et 1470 (voy. Golubinski, 379). Du reste Urechi rectifie lui même, dans le chapitre suivant, l'erreur qu'il commet ici; c'est au prince Alexandre-le-Bon qu'il attribue la fondation de la hiérarchie moldave.

ѡщй. Шѝ а̂8 домнѝт до́й ӑнй шѝ ла̂8 л8а́т Мѝрчѣ [a] Во́дъ,*) до́мн8л м8нтенѣ́ск, ла сѝне.

КА̑П Д̑.

Домнíа л8й А̂леѯа́ндр8 Во́дъ чѣл б8н шѝ бъ̂трѫ́н.

Летопиѯѣ́ц8л но́стр8 чѣл молдовенѣ́ск скрíе къ а̂8 [b] фѡ́ст к8рс8л ӑнилѡр ҂ѕ҃чѯ къ̂нд а̂8 стъ̂т8́т до́мн А̂ле-ѯа́ндр8 Во́дъ чѣл б8н, іа̑р летопиѯѣ́ц8л чѣл лътинѣ́ск скрíе къ а̂8 фѡ́ст велѣ҃т8л ҂ѕ҃ч҃ка къ̂нд а̂8 стъ̂т8́т дѣ́нтре а̂чѣ́сте[1] ла домнíе А̂леѯа́ндр8 Во́дъ, ка́реле ꙗ̑тѫ́м да́тъ м8́лте л8кр8рй б8не а̂8 ꙗ̑чеп8́т афа́чере[2] ꙗ̑ царъ. [c] Фъ̂к8та8 до́ъ мънъстѝрй ма́рй ꙗ̑ Молдо́ва: Бѝстрица**) шѝ Молдо́вица***) шѝ лѣ҃8 ꙗ̑зестра́т к8 м8́лте са́те шѝ вечѝнй, шѝ к8 хълъщѣ́е[3] шѝ к8 вешмѝнте ск8́мпе ꙗ̑ лъ8нтр8[4] шѝ к8 ѡ̑доа́ре. Шѝ дъ̂къ са̂8 въѯ8́т л8-мина́т ꙗ̑ чѝнстѣ́ домнíей, ꙗ̑ до́й ӑнй а̂ домнíей са́ле, [d]

---

[1]) B: *acestia*. [2]) B: *a face*. [3]) B: *hĕlĕştae*. [4]) *înnăuntru*.

*) Nous adoptons le sens donné à ce dernier passage par M. Hîşdău (*Istor.* I, 91). — Le même auteur fait remarquer qu'en 1374 la Valachie était gouvernée par Radu et que Mircé, fils de Radu, ne monta sur le trône qu'en 1386, mais les fils des princes recevaient parfois la qualification de »voïévode«.

**) Le monastère de Bistriţa est situé dans le district actuel de Niamţ, en Moldavie. On n'y trouve plus aujourd'hui aucun vestige des constructions anciennes; c'est à peine si M. Odobescu, chargé en 1860 d'une mission spéciale, a pu y découvrir quelques fragments d'inscriptions du XVIe siècle. Voy. *Buletinulŭ Instrucţiunei publice*, I (Bucurescí, 1866, in-4), 137-143.

***) Le monastère de Moldoviţa était situé dans la Bucovine actuelle. On trouve la traduction de plusieurs diplômes d'Alexandre relatifs à Moldoviţa dans l'ouvrage de Wickenhauser (pp. 55-60). Ces diplômes sont datés des 31 octobre 6910 [1401], 18 novembre

régna deux ans et fut fait prisonnier par le prince de Valachie, Mircé.*)

CHAPITRE IV.
Règne d'Alexandre le Bon ou le Vieux.

Notre chronique moldave rapporte que ce fut en 6907 [1399] qu'Alexandre commença de régner, mais la chronique latine dit que l'on était en 6921 [1413] lorsque la principauté lui échut. Ce prince fut le premier à entreprendre beaucoup d'œuvres utiles. Il construisit deux vastes monastères en Moldavie, Bistriţa **) et Moldoviţa ***) et les dota d'un grand nombre de villages, de dépendances, d'étangs, et, à l'intérieur, leur donna des vêtements précieux et des objets sacrés. Il brillait depuis deux ans de tout l'éclat du pouvoir lorsque, plus vertueux et plus sage que les princes qui l'avaient précédé, plein

---

6917 [1408], 15 février 6918 [1410], 14 avril 6919 [1411], 14 avril 6923 [1415] et 17 mars 6928 [1418]. Le diplôme de 1409 existe en original à Czernowicz; ceux de 1407 et 1415 sont tirés d'un recueil formé en 1775, par Barthélemi Mazeran, hégoumène du monastère de Putna; ceux de 1410, 1411 et 1418 sont publiés d'après des traductions officielles exécutées, vers 1780, pour le colonel autrichien Metzger (voy. Wickenhauser, 6).

Lorsque la Bucovine fut séparée de la Moldavie et devint province autrichienne, le monastère de Moldoviţa possédait encore des biens immenses. Ces biens passèrent sous l'administration de l'état, après que Joseph II eut chassé les derniers moines (23 avril 1785); ils devaient être employés »pour le bien de la religion, du clergé et de l'humanité en général«, mais ils n'ont pas tardé à devenir l'instrument le plus puissant que le cabinet de Vienne ait eu entre les mains pour germaniser la Bucovine.

фіи́нд ма́й ѫтре́г ши́ ма́й кꙋ ми́нте дека́т че́й трекꙋ́ци ᵃ
ѫнаи́нтѣ домніе́й лꙋ́й, ши́ мꙋ́лте рѫвни́нд ши́ невои́нд
спре че́ле де фоло́с сꙋфлетꙋлꙋ́й сꙋ́ꙋ, а́дꙋсаꙋ кꙋ ма́ре
келтꙋа́лꙋ ди́н ца́рꙋ пꙋгꙋ́нꙋ*) сфи́нтеле мощі́й а¹⁾ мꙋ-
челꙋ́й мꙋ́ченик Іѡа́н Но́вій, ши́ лꙋ́ꙋ пꙋс ѫтрꙋ ѫ сꙋ
вести́тꙋ чета́те, чѣ є́сте ла ѡра́шꙋл Сꙋчѣ́вій кꙋ ма́ре ᵇ
чи́нсте ши́ похва́лꙋ, де фериреѣ домніе́й са́ле ши́ де
па́за ска́мнꙋлꙋ́й сꙋ́ꙋ. Де ве́й чєркꙋ̀ ла кꙋрци́ле Бескꙋ̀-
рачій**), ве́й афла̀ скри́с вїа́ца сфинці́ей са́ле, мїеркꙋ́рй
ши цо́й ѫ сꙋптꙋма́на Рꙋсалиилѡр; ²⁾ а́тꙋнче ла̀ слꙋвѣ́ще
то́атꙋ ца́ра ѫ сфꙋ́нта митрополіе ѫ Сꙋчѣ́вꙋ, оу̀ндей ᶜ
закꙋ сфи́нтеле мощі́й.***)

Ши́ кꙋ да́рꙋл де ѫцꙋлепчю́не чѣ а́вѣ де́ла мило-
сти́вꙋл Дꙋмнезе́ꙋ, прꙋви́нд ши́ взꙋꙋнд чи́нстѣ лꙋ́мій,
кꙋм се ка́де а̂ се пꙋрта́ре крꙋі́й, ѫпꙋра́ці́й ши́ до́мній
ѫ подо́аве ши́ ѫ ѡвичѣ́е де чи́нсте, сокоти́таꙋ ши́ ᵈ
ла аче́стꙋ ца́рꙋ мꙋ́кар кꙋ наꙋ май фи́ст кꙋꙋта́тѡ
ꙋлціі̆ чѣ аꙋ фи́ст до́мній де майна́йнте; ѫтꙋа да́тꙋ
аꙋ трими́с ла патрїерши́а де́ла рꙋсꙋри́т, де аꙋ лꙋоа́тꙋ³⁾
благословеніе †, ши́ аꙋ фꙋ́кꙋт митрополи́т ши́ і̂аꙋ да́т
скаон⁴⁾ ѡ сфꙋ́нтꙋ мꙋнꙋсти́ре ѫ ѡра́шꙋл Сꙋчѣ́вей сꙋ ᵉ
фіе митрополіе, лꙋ́нгꙋ кꙋртѣ домнѣ́скꙋ, дꙋ́ндꙋй мꙋ́лте

---

¹) B: *ale.* ²) B: *Rusaleloru̯.* ³) B: *luat.* ⁴) B: *scaun.*

*) C'est-à-dire du pays des Turcs. Les reliques de Saint Jean Novi furent apportées de Trébizonde.

) Miron Costin, dans une note ajoutée à la chronique d'Urechi, renvoie spécialement aux instructions du métropolitain Varlaam, instructions qui ne sont probablement pas autre chose que l'ouvrage intitulé: **Ка́рте ромꙋнѣ́скꙋ де ѫкꙋцꙋтꙋ́рꙋ, imprimé à Iassi en 1643 (Cipariu, *Principia de limba*, 106).

***) En 1630, lorsque Iassi devint la capitale de la Moldavie, les reliques de Saint Jean Novi y furent transportées. En 1686,

de zêle et d'empressement pour tout ce qui pouvait contribuer au salut de son âme, il fit venir, à grands frais, du pays des infidèles*), les saintes reliques du grand martyr Jean Novi, et les déposa, avec beaucoup de pompe et d'apparat, dans son célèbre château de Suceava, pour le bonheur de son règne et la garde de son trône. Si l'on parcourt les livres de l'Église**), on trouvera la vie de ce saint au mercredi et au jeudi de la Pentecôte; c'est alors que sa fête est célébrée par tout notre peuple dans la sainte métropole de Suceava, où reposent ses ossements sacrés.***)

Avec l'intelligence qu'il avait reçue de la miséricorde divine, il rechercha ce qui donne du prestige dans le monde et reconnut que les rois, les empereurs et les princes doivent être entourés d'un appareil et d'un cérémonial propres à inspirer le respect. Il tourna alors sa pensée vers notre pays, tandis que ceux qui avaient été princes avant lui n'y avaient pas songé. Le premier, il envoya demander la bénédiction du patriarche d'Orient; il nomma un métropolitain et lui assigna pour résidence un monastère, situé près du palais princier. Ce monastère devint la métropole et reçut en apanage un grand

---

pendant la guerre contre les Turcs, le prince Constantin Cantemir les confia au roi de Pologne Jean Sobieski, lequel les fit déposer dans l'église des Basiliens fondée par lui à Żolkiew. En 1783, sur les instances de l'évêque de Rădăuţi, Dosithée, et de la ville de Suceava, Joseph II les fit transporter de Żolkiew dans l'église métropolitaine de Suceava (voy. *Schematismus der Bukowinaer griechisch-orientalischen Diœcese für das Jahr* 1865, 16). C'était une faible compensation accordée aux moines roumains, au moment où l'empereur les dépouillait de leurs biens.

Aujourd'hui encore trois moines sont chargés de veiller sur les reliques de saint Jean Novi (*Schematismus*, 17).

сᲂ́ате шӏ ꙋ́чинӏ*) съ фӏ́е де послꙋшанӏ́е сфинтеӏ ми-ᵃ
трополӏ́й. Да́таꙋ шӏ ѿ са́мъ де цинꙋ́тꙋри ꙗ̑ є҆пархӏ́а
митрополит꙽ꙋлꙋ́й, фъкъ́ндꙋл є҆пит́роп лъцӏ́й. Ма́й фъкꙋ́таꙋ
шӏ а̑л до́еле¹⁾ є҆писко́п, дꙋ́пъ митрополи́т, ла сфꙙ̂нта
мънъстӏ́ре ꙗ̑ ѡ̑ра́ш ꙗ̑ Ро́ман, шӏ̑н дъ́де є҆пархӏ́е ѡ̑
па́рте де цинꙋ́тꙋри, пе сꙋ́бт мꙋ́нте ꙗ̑ цӏѡ́с. ᵇ

Ма́й фъкꙋ́таꙋ шӏ а̑л тре́иле є҆писко́п ла мънъ-
стирꙋ̂²⁾ Радꙋ́цӏ̈й, шӏ̑н є҆пархӏ́е і̑ꙋ́ꙋ да́т цинꙋ́триле дин
ца́ра³⁾ де сꙋ́с, деспре Ца́ра Лешь́скъ.

¹) B: *doilea*. ²) B: *monastirea*. ³) B: *partea*.

*) Nous avons déjà fait remarquer l'inconséquence de notre auteur, qui attribue successivement à Iugă puis à Aléxandre la fondation de la métropole moldave (voy. p. 29). Sans rechercher s'il ne s'est pas glissé quelque interpolation dans le chapitre III°, nous dirons que, selon toute probabilité, cette métropole date de l'avénement d'Alexandre-le-Bon. L'église catholique de Moldavie est par conséquent plus ancienne. En 1370, Laţco avait demandé et obtenu du pape Urbain V le démembrement du diocèse de Halič et l'érection d'un évêché à Siret (Raynaldi *Annales ecclés.*, ed Luc. VII, 183). Le Saint-Siége crut si bien que tout l'orient allait reconnaître la suprématie de l'église romaine que, par un bref daté de 1381, Urbain VI permit au supérieur des frères prêcheurs d'instituer trois nouveaux inquisiteurs, »unum videlicet in Armenia et Georgia, et alium in Graecia et Tartaria, ac alium in Russia et *Valachia Majori et Minori*« (Voy. *Supplem. ad histor. Russiae Monum.*; Petropoli, 1848, in-fol., 453). Nous ne savons rien de l'inquisiteur envoyé en Valachie et en Moldavie, mais l'évêché de Siret subsista; il est cité en 1382 (Fejér, *Cod. diplom.*, Ind., II, 193). En 1400, le dominicain Jean Sartorius, qui était placé à la tête de ce diocèse, obtint du pape Boniface IX l'autorisation de transporter son siége à Băcău (Engel, II, 114); cependant il continua de porter le nom d'évêque de Siret. Le prélat catholique, qui résidait en Moldavie était un des suffragants de l'archevêque de Halič. Ce dernier, qui, en 1411, échangea la résidence de Halič contre celle de Léopol, avait au dessous de lui cinq évêques diocésains: quatre en Pologne et en Petite-Russie, ceux de Chełm, de Kamieniec, de Włodzimirz et de

nombre de villages et de terres.*) Il plaça divers territoires dans le ressort du métropolitain, qu'il institua gardien de la foi.

Au dessous de ce prélat, il créa un second évêché au monastère de Roman; il lui donna pour circonscription la Basse-Moldavie, c'est-à-dire la région située au pied des montagnes.

Il créa, en outre, un troisième évêque, qui résida au monastère de Rădăuți et dont le diocèse comprit la partie supérieure de la Moldavie, vers la Pologne.

Kyjev, et un en Moldavie, celui de Siret (Theiner, *Monumenta vetera Poloniae et Lithuaniae;* Romae, 1860-64, in-fol., II, 5).

L'évêché de Siret ou de Băcău, sur lequel nous possédons des documents de 1439 *(Transilvania,* 1873, 81) et de 1476 (Hîșdău, ap. Esarcu, 11), fut réuni vers la fin de XVI° siècle au vicariat apostolique de Valachie et le titulaire porta dès lors le titre »d'episcopus Argensis et Bacoviensis«. Voy. *Col. lui Tr.,* VII (1876), 305; cf. *Ateneu'lu romanu,* I, 109 et Hîșdău, *Arch.,* I, 1, 170.

Mais si la hiérarchie catholique eut pour elle l'ancienneté, elle n'eut pas longtemps l'influence politique. Lorsque Pierre Mușat fit hommage au roi de Pologne, en 1387, ce fut le métropolitain de Kyjev qui tint la croix sur laquelle le prince roumain jura fidélité à son suzerain *(Invent.,* 131; Dogiel, I, 597). Ce métropolitain n'était pas, croyons-nous, le prélat catholique, que nous voyons mentionner en 1411; c'était un prélat grec-oriental; aussi peut-on penser que, s'il y avait eu alors un métropolitain en Moldavie, c'est lui qui aurait eu l'honneur de présider à cette cérémonie. Par contre, le diplôme déja cité du patriarche de Constantinople Mathieu, en date du 26 juillet 1401 *(Acta Patr. Constant.,* II, 528-532), parle de l'évêque de Moldo-Valachie, Joseph, et du prince Alexandre qui y est qualifié: »ὁ εὐγενέστατος μέγας βοεβόδας πάσης Μολδοβλαχίας, κῦρ Ἀλέξανδρος«. Cf. Golubinski, 375. Par un diplôme daté du 7 janvier 6915 [1407], le métropolitain Joseph, dont il vient d'être question, chargea Pierre Urecle, qui était sans doute un ancêtre du chroniqueur, de réunir les deux monastères de Niamț et de Bistrița sous l'administration d'un seul hégoumène (Hîșdău, *Arch.,* I, 1, 140).

Дакъ ау ашезат владичій,[1] лѣу фъкут чинсте маре, къ лѣу пус скаонеле дѣу шезут дён дирѣпта[2] домнулуй, май сус, адекъ май апроапе де домн, декът тоци сфѣтницій.

Токмитау ши боеріиле марй ю̆ сфат де кивернисѣла църій ши а пъмѫнтулуй Молдавіей*):

Логофѣт маре, цюдекътор ши алесътор де учинй, исправник пе ѿ самъ де ѿаменй де фрунте, чѐ сѫнт къртѐній ла царъ, ши цюдекътор тутурѿр[3] чине сѫнт къ стръмбътъцій ю̆ царъ, ши аузътор де самъ тутурѿр[3] исправничилѿр чѐ сѫнт ла къртѣ домнѣскъ.

Ворник маре ю̆ цара де цюс, цюдекътор тутурѿр дён[4] царъ [чине ау стримбътъцій]**), ши глобник де морцй де ѿм ши де шугубинй чѐ се факу ю̆[5] партѣ луй, ши ворник Бърладулуй.

Ворник маре де цара де сус, цюдекътор тутурѿр дён[4] царъ, чине ау стримбътъцій, ши глобник де морцй де ѿм ши де шугубинй чѐ се факу ю̆ партѣ луй, ши ворник Дорохоюлуй.

Пъркалаб де Хотин, ла марцине деспре Цара Лешѣскъ ши Къзъчѣскъ, цюдекътор тутурѿр ла ачѐл цинут.

Хатман, пъркълаб ши портар де Сучѣвъ, ши исправник пре тоате ѿщиле църій.

Постѣлник маре, дворбитор юнайнтѣ домнулуй, ши пъркълаб де Ꙗшй ши тълмачю ю̆ лимбй стръине.

[1]) B: vladicĭ. [2]) B: drépta. [3]) B: tutulorŭ. [4]) B: din. [5]) B: la.

*) Alexandre paraît avoir institué la hiérarchie moldave dès les premières années de son règne. Des diplômes du 15 février

Après avoir institué les évêques, il leur décerna de grands honneurs et leur donna des siéges à la droite du prince, plus hauts, c'est-à-dire plus rapprochés du trône, que ceux de tous les [autres] dignitaires.

Ce fut aussi Alexandre qui établit les grandes charges du conseil *(sfat)*, pour le gouvernement de la Moldavie, [savoir]*) :

Le *grand-logothète*, juge et arbitre dans les questions de propriété, chef de divers grands personnages, qui sont les courtisans en dehors de la capitale; magistrat auquel s'adressent ceux qui se plaignent de quelque injustice; chargé de surveiller tous les officiers qui sont à la cour du prince;

Le *grand-vornic de la Basse-Moldavie*, qui juge tous [les malfaiteurs]**) et qui est chargé de punir les homicides et les crimes commis dans son ressort; vornic de Bîrlad;

Le *grand-vornic de la Haute-Moldavie*, qui juge tous les malfaiteurs du pays et qui est chargé de punir les homicides et les crimes commis dans son ressort; vornic de Dorohoiŭ;

Le *porcolab de Hotin*, à la frontière de la Pologne et du pays des Cosaques; juge de tous ceux qui habitent cette région;

L'*hetman*, gouverneur et portier de Suceava et chef de toutes les armées du pays;

Le *grand-postelnic*, chargé du service auprès du prince; gouverneur de Iassi et interprète pour les langues étrangères;

---

et du 18 novembre 1410 (Wickenhauser, 56-57) parlent déjà du grand-stolnic Domocuș, du grand-păharnic Iliaș et du vestiaire Stan. Les mêmes textes distinguent également les grands et les petits boïars.

Les noms des dignités énumérées par Urechi seront expliqués dans le glossaire.

**) Nous rétablissons ces mots d'après le ms. publié par Ioanide.

Спатáрⁱ⁾ мáре ші старóсте де Чернъуцій; а ші ёсте ѡбичéю съсе ꙟбрáче ла ѕіле мáрй кȣ хаинъ скȣмпъ домнѣскъ, дворбитóр кȣ ꙗрме домнéщй ꙟчинс, ла спáтеле дóмнȣлȣй²⁾ ꙟтрȣ ачѣле³⁾ ѕіле.

Пъхáрник мáре ші пъркълáб ла Котнáр ші ла Хърлъȣ; ꙗре ѡбичѣю съ дирѣгъ дóмнȣлȣй, b ла ѕіле мáрй, ла мѣсе кȣ пъхáр.

Вистѣрник мáре, йспрáвник пре сокóтеле чѣ фáкȣ съсе ꙗ дéн⁴⁾ църъ, ші грижинд ші ꙟпърцинд лѣфе слȣжитóрилѡр, ші пъртътóр де грижъ а тоáтъ келтȣáла кȣрций ші а ѡаспецилѡр чѣр вéнй ꙟ църъ, c ші тоáте катастіжиле⁵⁾ църій ꙟ мъ́на лȣй.

Стóлник мáре, кȣ ѡбичѣюл ла ѕіле мáрй ші ла веселій домнéщй ꙟбръкáт ꙟ хаинъ домнѣскъ, ші вíне ꙟнаинтѣ бȣкáтелѡр домнéщй, ле токмѣще пре мáсъ ꙟнаинтѣ дóмнȣлȣй кȣ типсіиле,⁶⁾ ші дворбитóр d ꙟтрȣ ачѣле ѕіле.

Кóмис мáре, йспрáвник пре поводничй ші пре тóций кáй домнéщй, ші мѣрче ꙟнаинтѣ поводничилѡр ші а дóмнȣлȣй.

Меделничѣр мáре, кȣ ѡбичѣю ꙟбръкáт ꙟ e хаинъ домнѣскъ ла ѕіле мáрй, дворбитóр ла мáса дóмнȣлȣй ші пре фрипт́риле чѣ се адȣкȣ ꙟ мáсе.

Клȣчѣр мáре, йспрáвник пре бѣчюриле домнéщй, пре ȣ̂нт, пре міере ші пре колáчій чѣ вінȣ дела ѡрáше ла Нъскȣт. f

Слȣцѣр мáре, йспрáвник пре тоáте ѡборóачеле, чѣ се дáȣ ла кȣхнѣ домнѣскъ ші ла слȣжитóрій⁷⁾ кȣрций, де кáрне.

---

¹) B: *spătar*. ²) Nous adoptons la leçon de Ioanide, I, 106. AB portent: кȣ спáта домнȣлȣй, »avèc l'épée du prince.« ³) B: *într'acele*. ⁴) B: *din*. ⁵) B: *catastişele*. ⁶) B: *tipsiele*. ⁷) B: *slugitoriĭ*.

Le *grand-spătar et staroste de Cernăuți*, qui a coutume, les jours de fête, de revêtir de riches habits princiers et de se tenir derrière le souverain en portant des armes princières;

Le *grand-păharnic et porcolab de Cotnar et de Hîrlău*, qui, les jours de fête est chargé, de présenter la coupe au prince pendant le repas;

Le *grand-vestiaire*, qui administre [le produit de] tous les impôts levés dans le pays, surveille les employés et leur distribue leur traitement, préside à toutes les dépenses de la cour et des étrangers qui reçoivent l'hospitalité en Moldavie, et tient entre ses mains tous les livres de compte du pays;

Le *grand-stolnic*, qui, les jours de fête et de réjouissance à la cour, revêt des habits princiers, s'avance audevant des plats qui sont destinés au souverain, les pose sur la table devant lui, avec les assiettes, et fait le service ces mêmes jours;

Le *grand-comis*, qui a la haute-main sur les coureurs et sur tous les chevaux princiers et précède les coureurs ainsi que le prince lui-même;

Le *grand-medelnicer*, qui, suivant l'usage, revêt, les jours de fête, des habits princiers et sert le souverain pendant le repas, en lui présentant les rôtis apportés sur la table;

Le *grand-clucer*, intendant des celliers princiers, qui veille au beurre, au miel et aux gâteaux envoyés par les villes à l'époque de noël;

Le *grand-sluger*, qui s'occupe de l'approvisionnement de la viande pour la cuisine du prince et pour les serviteurs de la cour;

Житничѣр маре, исправник пре тоате ѿбороачеле де пъне чѣ се дау ла къртѣ домнѣскй ши ла слѫжиторій кѫрцій, ши ла ѿаспеций чѣ вину ꙟ царъ.

Вамеш маре, чѣ цине скълиле¹⁾ цѫрій пентру вѫми, ши аре ѿбичѣю де дуче дулчецй ши кофетурй, ꙟ зилеле марй ла маса домнѣскй, ши исправник пре негуциторй.

Шътрар маре пре кортурй домнещй, ши ꙟ ѿщй ши ꙟ алте кълй, ши пуртътор де грижъ тунурилѡр.

Ушѣр маре, пуртътор де грижъ тутурѡр солилѡр ши тълмачю стръинилѡр ла жудец.

Армаш маре, исправник ши пуртътор де грижъ пентру тоцй чей чѣ факу рѣу ши каду ла ꙟкисоарѣ цѫрій, пен темницъ; ши педещитор тутурѡр ачѣлѡра; ши чей жудекацй де моарте дацй ꙟ мъна луй съй ѿмоаре.

Ага*), исправник пре дъръбанй ши пре търгꙋ пре ѿшй жудец.

Логофѣт ал доеле,²⁾ хотъритор де ѿчинй ꙟ тоатъ цара.

Постѣлник ал доеле,²⁾ ꙟ тоатъ врѣмѣ дворбитор ꙟнаинтѣ домнѣскй, фечѡр де боѣр алес.

Логофѣт ал треиле, къртурар, скриитор буи, крединчос ла тоате таинеле домнѣскй, ши кѫрций, ѿрй ден царъ, ѿрй дела приетенй, де унде ар венй, тоате ꙟ мъна луй мѣргу; ши, ку ꙟвъцътура домнѣскй, дела джнсул ѣсу ръспунсуриле; ши печѣтѣ цѫрій ꙟ мъна луй; ши ѿрй че жудѣце ши ꙟдрептурй се факу ѿаменилѡр, фъръ печѣтѣ домнѣскй ну поту фи, карей ꙟ мъна логофѣтулуй ал треиле.

---

¹) B: scălele. ²) B: duoile.

Le *grand-jitnicer*, qui est chargé de l'approvisionnement du pain pour la cour et pour les serviteurs du prince, ainsi que pour les étrangers qui reçoivent l'hospitalité dans le pays;

Le *grand-vameş*, qui occupe les ports du pays pour y percevoir les droits de douane; qui, aux jours de fête, apporte les confitures et les bonbons sur la table du prince et qui est l'intendant du commerce;

Le *grand-şătrar*, préposé aux tentes du prince à l'armée et en voyage; maître de l'artillerie;

Le *grand-uşer*, qui prend soin de tous les ambassadeurs et sert d'interprète aux étrangers devant la justice;

Le *grand-armaş*, qui s'occupe de tous les malfaiteurs détenus en prison; qui veille à ce qu'ils subissent leur peine, et à qui les condamnés à mort sont remis pour qu'il les fasse exécuter;

L'*aga**), chef des dorobans, juge de la ville de Iassi;

Le *second logothète*, qui délimite les propriétés dans tout le pays;

Le *second postelnic*, qui est en tout temps de service auprès du prince et qui est le fils d'un boïar distingué;

Le *troisième logothète*, homme lettré, habile à tenir la plume; c'est le secrétaire intime du prince, entre les mains de qui arrivent toutes les lettres relatives aux affaires publiques ou privées, de quelque part qu'elles viennent; c'est lui qui y répond d'après les instructions du prince; il garde le sceau du pays. Aucun jugement, aucun arrêt d'appel ne peut sortir son effet s'il n'est revêtu du sceau princier, qui est entre les mains de ce troisième logothète;

---

*) Ce fonctionnaire, qui porte un nom turc, ne peut naturellement pas remonter jusqu'à Alexandre-le-Bon.

Постѣлничй ден ал дóиле ꙟнаинте, кꙋцй ва домнꙋл съ фáкъ; депринџꙋндꙋсе ла ачѣ чинсте, ѥсꙋ ши ла áлте чинстй май мáрй.

Спътáр ал дóеле ши ал трéиле: чел ал дóиле дворѣще ла мѣсе, кꙋнд нꙋ дворѣще чел мáре, ши ѥл ꙟбръкáт, ши кꙋ спáта ꙟчинс, ши кꙋ бꙋздꙋ- гáнꙋл ꙟмꙋнъ, ла спáтеле дóмнꙋлꙋй; ꙗр ал трéиле дворѣще песте тóатъ врѣмѣ.

Пъхáрникꙋл ал дóеле дꙋпъ дворба пъхáр- никꙋлꙋй челꙋй мáре дворѣще ла мáсъ ши диркѣще пъхáре кꙋ бъꙋтꙋрй ла дóмнꙋ.

Пъхáрникꙋл ал трéиле, ꙗръший кꙋнꙋ нꙋ ди- рѣще ал дóеле, де диркѣще ши ѥл ла мáсе дóмнꙋлꙋй. Ипрóчй.

КА́П Е.

Съборꙋл че сáꙋ адꙋнáт ꙟ Флорентина, óунде май апóй немикъ бꙋн нꙋ сáꙋ алéс.

Ꙟ áнꙋл ҂зц҃м, ꙟ зилеле ачéстꙋй Алезáндрꙋ Вóдъ, сáꙋ фъкꙋт собóр мáре ꙟ Флорентина, ка съ пóатъ ꙟпревнáре бисѣрика ръсъритꙋлꙋй кꙋ а апꙋсꙋлꙋй пентрꙋ мꙋлтъ неꙟгъдꙋинцъ ши приче пентрꙋ кáпетеле лѣцій. Ла кáре събóр жꙋꙋший патриáрхꙋл де Цариград ши ꙟпърáтꙋл Ӏѡáн Палеолóг, ши кꙋ мꙋлций епискóпй ши митрополиций аꙋ фꙋст. Ши ден цáра нóастръ ꙟкъ аꙋ

---

¹) B: *doile*. ²) B: *buzduganŭ*. ³) B: *la mână*. ⁴) B: *vorba*. ⁵) B: *Soborul*.

Le *second postelnic* et les autres *postelnics* dont le prince fixe le nombre; ces fonctions leur permettent de s'habituer au service et d'occuper ensuite des charges plus élevées;

Le *second* et le *troisième spătar*: le second sert à table, en l'absence du grand-spătar; il porte la livrée de la cour, ceint l'épée et tient le baton de commandement aux côtés du prince; le troisième fait le service en tout temps;

Le *second păharnic*, qui sert à table, quand le grand-păharnic a fait son service, et présente au prince la coupe et les boissons;

Le *troisième păharnic*, qui, à son tour, sert à table et donne à boire au prince, quand le second n'est pas de service; etc.

CHAPITRE V.
Du Concile tenu à Florence, [concile] où il ne se fit rien de bon.

En l'année 6940 [1432]*), sous le règne d'Alexandre, eut lieu à Florence un grand concile qui devait amener la réunion des églises d'Orient et d'Occident, entre lesquelles existent de nombreuses dissidences et de nombreuses querelles, au sujet des articles de foi. À ce concile assistèrent en personne le patriarche de Constantinople et l'empereur Jean Paléologue, ainsi qu'un grand nombre d'évêques et de métropolitains. De notre pays même

---

*) Il y a ici une erreur de date évidente. Ce ne fut qu'au commencement de l'année 1436, après la mort d'Alexandre-lé-Bon, que le pape expédia les invitations au concile.

фӯст тримѝс пре Григо́рїе Цáмблик.*) Ꙗ́ръ де́ла а́пȣс, а сѝнгȣр пáпа Христофо́р**) кȣ кардинáлїй, шѝ дѐн мȣ́лте ло́крȣрй архїепископїй, шѝ събѡ́р мáре де къѧȣгъ́рй. Шѝ дȣпъ мȣ́лтъ зъ́рвъ шѝ гъѧчѐвъ, немѝкъ бȣ́н нáȣ ѝспръвѝт, къ ꙗ́ ло́к де ꙟпревъ́наре мáй мáре деспърцѝре сάȣ фъкȣ́т, мъ́каръ къ ꙟпъръ́тȣл, де не́воѧ Тȣрчилѡр, ᵇ че́й сосѝсе ла кάп де ръмъсѐ́се нȣ́май кȣ нȣ́меле ꙟпъръ́т, ꙗ́ръ¹⁾ пре ꙟпрецю́р кȣпринсѐ́се²⁾ Тȣ́рчїй то́ате, пристенȣ́се ла то́ате кáпетиле³⁾ ѧȣ́ꙋїй пре воѧ пáпїй, нȣ́май съ дѐ агю́то́р ꙟпротѝва⁴⁾ връжмáшȣлȣй сέȣ, че́й шѝ фъгъдȣ́йсе. Ꙗ́ръ а́лтѹра, де токмáла чѐ фъкȣ́се, ѧέȣ ᶜ пърȣ́т къ́й стръмбътáте шѝ а̀сȣпръ́лъ бискричѝй ръсърѝтȣлȣй, къ то́ате ле ѧȣ́а́се пре во́ѧ лѡр, ꙗ́ръ е́й немѝкъ декъ́т а̀ȣ врȣ́т но́стрй⁵⁾ нáȣ примѝт. Чѐ а̀тъ́та

---

¹) B: *ără*. ²) B: *coprinsese*. ³) B: *capetele*. ⁴) B: *impotriva*.
⁵) B: *noştri*.

*) Urechi confond ici le concile de Constance (1414-1418) avec le concile de Florence, et le métropolitain de Moldavie avec celui de Kyjev. Le prélat dont il parle, Grégoire Țamblic, n'est autre que Grégoire Camblak, moine bulgare, qui fut hégoumène du monastère de Pantocrator en Moldavie et fut élu, en 1414, métropolitain de Kyjev. En 1418, Camblak fit le voyage de Constance, mais les auteurs ne sont pas d'accord sur le but qu'il poursuivait. Les uns disent qu'il voulait arracher le pape aux erreurs de l'église romaine; les autres pensent, avec plus de raison, qu'il rêvait l'union des deux églises. Il mourut en 1419. Voy. Šafařík, *Gesch. der südslawischen Lit.*, III, 119.

Ce qui explique l'erreur d'Urechi c'est que, en 1436, le métropolitain de Moldavie portait le nom de Grégoire. L'invitation au concile de Florence est en effet adressée, par le pape Eugène IV, »Gregorio archiepiscopo Moldoblachiae« (lettre datée du 6 des ides de mars 1435 [1436], ap. Rainaldi, *Ann. eccles.*, IX, 227). Grégoire, disait le pape, »Spiritus sancti lumine illuminatus, veritatem catholice fidei cognoscens, ad nostram et ecclesie romane unitatem et obedientiam redactus est« (Theiner, *Mon. Slav. merid.* I, 374). L'invitation d'Eugène IV ne

Grégoire Țamblic y fut envoyé.*) Quant à l'Occident, il fut représenté par le pape Christophe lui-même**), avec les cardinaux, les archevêques de diverses provinces et une grande assemblée de moines. Après beaucoup de bruit et de discussions, on n'aboutit à rien de bon: au lieu d'opérer la réunion des églises, on ne fit que rendre leur séparation plus grande. L'empereur, accablé par les Turcs, qui le serraient de si près qu'il n'était plus empereur que de nom et qui s'étaient emparés de tout le pays situé autour [de Constantinople], accepta cependant tous les articles de foi imposés par le pape, à la condition que celui-ci lui donnerait assistance contre ses ennemis, ce qu'il promit. Mais le marché qu'il avait conclu parut aux autres une atteinte portée à l'indépendance de l'église d'Orient, car [Jean] avait fait toutes les

---

parvint pas à celui à qui elle était adresée. Le prélat roumain mourut dans l'intervalle. Damien, son successeur, reçut la bulle pontificale, au retour d'un voyage de Constantinople, où l'avaient amené des démêlés avec l'empereur et avec le patriarche. Il repartit aussitôt pour la capitale de l'empire, accompagné d'un représentant du prince, nommé Neagogis, et d'un protopope (»ἦλθον ἐνταῦϑα ὁ μητροπολίτηϛτε καὶ πρέσβιϛ ὁ Νεάγωγιϛ καὶ ὁ πρωτοπάπαϛ«, dit Syropulos, *Vera Historia Unionis non verae inter Graecos et Latinos;* transtulit Rob. Creyghton; Hagae Comitis, 1660, in-fol., 45), mais il n'alla pas lui-même en Italie. Les deux personnages, qui s'étaient mis en route avec lui, continuèrent au contraire leur voyage et l'on trouve dans les travaux du concile la trace de leur présence. Neagogis figure parmi les laïques qui votèrent, dans la séance du 2 juin 1439, sur la question du *Filioque* (»ὕστεροϛ ὁ Νεάγωγιϛ, ὡϛ ἀπὸ τοῦ βοεβόδα τῆϛ Μολδοβλαχίαϛ«, Syropulos, 268). Le député ecclésiastique signa le décret d'union des 5 et 6 juillet 1439, et nous apprenons ainsi qu'il s'appelait Constantin: »πρωτοπαπᾶϛ Κωνσταντῖνοϛ καὶ τοποτηρητὴϛ Μολδοβλαχίαϛ«. Voy. W. von Goethe, *Studien und Forschungen über das Leben und die Zeit des Cardinals Bessarion*, I (Jéna, 1871, in-8), 84; — cf. Golubinski, 378.

**) On a lieu de s'étonner qu' Urechi n'ait pas connu le pape Eugène IV (1431-1447).

завистіе ау ăцицáт къ, ѫ лок де ѫпревнáре, ничй
съ ăузъ де нумеле пáпій шѝ а бисѣричій ăпусулуй,
сокотиндꙋ ѫ лок де кълкътоáрѣ лѐкцій. Зику къ ѫ-
чепътор шѝ ѫдемнътор ачестуй лукру съ фіе фост
Мáрко епископул де Ефес, кáреле ка оун даскал¹⁾ шѝ,
кум зику оуній, пентру писма²⁾ гречѣскъ, кꙋноскънд
къ ѫпресуръ пре ай нострй,³⁾ де нау примит шѝ ау
дат вѣсте ла тоцй ка съ ну примѣскъ неме⁴⁾ ачел
съборъ, мъкар къ ăлций тоцй ау фост пристънит шѝ
ау фост примит, че шѝ ачелꙋра ле да винъ къ ау
луат мъздъ.

Де кáре лукру, де ера маинаинте де ачел съборъ
неѫгъдуинцъ чева ѫтре ачѣсте бесѣричй, ера издѣжде
къ северъ токмѝ шѝ виръ венй ла ѫпревнáре; ĭаръ дупъ
ачел съборъ атъта уръчюне стътꙋ ѫтре амъндоу
бисѣричиле де ну се поту ведѣре ку дрáгосте, че оуна
пре ăлта хꙋлѣще шѝ дефáимъ, шѝ оуна пре ăлта ва
съ ѡ погоáре шѝ съ ѡ кáлче. Ръсъритꙋл есте ѫчепътор,
ăпусул ва съсе ѫналце, шѝ аша оуна ăлтїа ну ва⁵⁾ съ
дѣ кáле, кум Ръсъритул ку Апусул нау хй фост логодна
луй Христос.*) Че де ачѣсте дестулуй; съ не ѫтоарчем
ла але ноáстре.

Пентру пáчѣ ашꙋзáтъ чеу фъкут Алезáндрꙋ Водъ кꙋ краюл лешеск.

Алезáндрꙋ Водъ фъкутау прїетешуг мáре ку Лъшїй
шѝ легътуръ тáре ка, хїе ла че трѣбъ, оунул пре
ăлтул съ аюторѣскъ**); ниче сминтѣлъ нау фост,

---

¹⁾ B: dascăl. ²⁾ B: pizma. ³⁾ B: noștri. ⁴⁾ B: nime. ⁵⁾ B: vrea.

*) Comp. le jugement porté sur le concile de Florence, par le savent métropolitain grec-oriental de la Transylvanie, feu André Şaguna, dans son Історіа Бісерічеї ортодоксе (Сівіȣ, 1860, in-8), II, 1-5.

concessions et [les Latins] n'avaient rien admis de ce que les nôtres voulaient. [Les Orientaux] soulevèrent une telle opposition que, au lieu d'accepter l'union, ils refusèrent de plus entendre prononcer le nom du pape, ni de l'église d'Occident, qu'ils considérèrent comme ayant violé la foi. On prétend que l'auteur et l'instigateur de ce conflit fut l'évêque d'Éphèse, Marco; habile théologien, mais poussé, dit-on, par la jalousie grecque, il trouva que l'on violentait la conscience des nôtres; il les excita à ne pas accepter les décisions du concile, bien que tous les autres [prélats] les eussent admises, et accusa ceux qui s'y étaient soumis de s'être laissé corrompre.

Si le désaccord existait avant le concile entre les deux églises, on pouvait du moins espérer qu'elles parviendraient à s'entendre et à se réunir; mais, depuis le concile, une telle haine les a séparées qu'il ne leur a plus été possible de se regarder sans hostilité. Elles se maltraitent et se diffament mutuellement; chacune veut renverser et assujettir l'autre. L'Orient a commencé, mais l'Occident veut la suprématie; aucun ne veut laisser le champ libre à l'autre, comme si l'Orient et l'Occident n'étaient pas unis par le Christ.*) C'en est assez sur ce point; revenons à notre histoire.

De la paix durable que fit Alexandre avec le roi de Pologne.

Alexandre fit amitié avec les Polonais et conclut avec eux une alliance fort étroite; dans toute circonstance, chacun des contractants devait venir au secours de l'autre.**) Ce ne fut pas un vain engagement. Le roi

---

**) Le lien qui unit la Moldavie à la Pologne fut, en réalité, un lien de vassalité. Les archives de Cracovie possédaient encore au XVIIe siècle des lettres d'hommage adressées par Alexandre à Vladislas en 1402 (12 mars), en 1404, en 1407 (13 octobre)

кꙋ ꙗ̑тꙁ́й а̑ꙋ пофтӣт крáюл пре А̑леѯа́ндрꙋ Водъ ка [a]
съй тримӣцъ а̑жютóр а̑протӣва[1]) Крижа́чилѡр ла Прꙋсй.
Нӣче лáꙋ а̑мъцӣт кꙋ прїетешꙋгꙋл, къ а̑ꙋ тримӣс а̑жютóр
къꙁрець̆ молдовéнй, ка́рӣй а̑ꙋ фъкꙋт мáре иꙁбъндъ,
къ бътъндꙋсе кꙋ Крижа́чӣй а̑тꙁ́й съꙋ фъкꙋт а̑фꙋцй,
де і́ꙋ а̑шърát[2]) гонӣндꙋй спре ѿ пъдꙋре шй а̑да́тъ [b]
педестрӣндꙋсе лꙋ съцетáт кáй сꙋпт[3]) Нꙗ́мцй, де лꙋ
къꙋтáт а̑ да́ре дóс, шй а̑ченй а̑й нóстрй съꙋ а̑къꙁърáт
шй ма́ре моáрте а̑ꙋ фъкꙋт а̑трꙋ̑ншӣй.*) Дꙗ́че,[4]) дáкъ
съꙋ а̑тóрс а̑й нóстрй кꙋ иꙁбъндъ, ма́ре мꙋлцъмӣтъ
а̑ꙋ авꙋт А̑леѯа́ндрꙋ Водъ дела кра́ю. [c]

А̑вꙋ̑нд дꙗ́чӣй кра́юл лешéск а̑ръдӣкáре[5]) ѿасте
а̑сꙋпра лꙋй Жигмóнт, кра́юл оунгꙋрéск, пꙋсаꙋ ꙁълóг ла
А̑леѯа́ндрꙋ Водъ Снїа́тинꙋл шй Колóмꙗ шй тоáтъ По-
кꙋцїа шй а̑ꙋ лꙋáт а҃ де рꙋбле де а̑рџӣнт. Шй, а̑тра-
челаш а̑н, а̑ꙋ мꙋрӣт А̑леѯа́ндрꙋ Водъ, дꙋпъ че а̑ꙋ [d]
домнӣт ла҃в де а́нй шй ѿпт лꙋнй.**)

---

[1]) B: *împotriva*. [2]) B: *înşiratŭ*. [3]) B: *sub*. [4]) B: *Decĭ*. [4]) B: *ri-
dicare*.

et en 1419 (*Invent.*, 133, 134; Dogiel, *Cod. diplom.*, I, 600;
Fejér, *Cod. diplom.*, X, IV, 628). Un traité, intervenu, en 1412,
entre le roi des Romains, Sigismond, le roi de Pologne, Vladislas, et le grand duc de Lithuanie, Witold, reconnut provisoirement les droits de la Pologne sur la Moldavie (*Invent.*,
379; *Russisch-Livländische Urkunden*, gesammelt von K. E. Napiersky; St. Petersburg, 1868, in-fol. 141). Alexandre remplit
pendant trente ans les devoirs d'un fidèle vassal, puis il s'allia
contre son suzerain avec le propre frère de Vladislas, Swidrigałło, grand-duc de Lithuanie, et avec Paul de Russdorf,
grand-maître de l'Ordre Teutonique. Une trêve, suivie peu
de temps après d'une paix définitive fut conclue entre les
deux parties, à la date du 8 septembre 1431 (*Supplem. ad
histor. Russiae Monum.*; Petropoli, 1848, in-fol., 303-306;
Invent., 381). En 1433, Alexandre et son fils Étienne obtinrent
leur pardon du roi de Pologne (*Invent.*, 135).

éclama le premier l'assistance d'Alexandre, contre les Chevaliers Teutoniques. [Le prince] montra que son amitié n'était pas trompeuse; il envoya au secours [de Vladislas] des cavaliers moldaves, qui remportèrent de grands avantages. Dans une rencontre avec les Chevaliers, ils se mirent tout d'abord à fuir pour les tromper; ils les attirèrent dans une forêt, puis, mettant pied à terre, ils criblèrent de flèches les chevaux des Allemands. Ceux-ci durent prendre la fuite; alors les nôtres remontèrent à cheval et semèrent la mort dans les rangs ennemis.*) Les succès de nos soldats valurent à Alexandre de grands remerciements de la part de Vladislas.

Le roi de Pologne, ayant à faire la guerre au roi de Hongrie Sigismond, emprunta à Alexandre 1000 roubles d'argent et lui donna en gage Sniatyn, Kołomyja et toute la Pocutie. La même année, Alexandre mourut après avoir régné trente-deux ans et huit mois.**)

---

*) La bataille eut lieu en Prusse, près de Marienburg, ville forte que les Chevaliers Teutoniques avaient fondée en 1280 pour y établir le siége de leur ordre, et à laquelle ils avaient donné le nom de la Vierge, leur patronne. Voy. Długosz, I, II, 461; Kromer, 286. Les Chevaliers vaincus durent accepter le traité du lac de Mielno (27 septembre 1422). Voy. Dogiel, *Cod. diplom.*, IV, 110-115.

Cette campagne, à laquelle, d'après les historiens polonais, ne prirent part que 400 ou 500 cavaliers moldaves, ne fut qu'un épisode des guerres soutenues pendant plus d'un siècle par l'Ordre Teutonique contre la Mazovie, la Lithuanie et les pays voisins. La Pologne se trouva plus d'une fois entraînée dans la lutte, surtout depuis l'avénement de Vladislas Jagellon. Entre autres documents, on peut consulter à ce sujet les actes tirés des archives de Königsberg, qui ont été publiés dans le *Supplem. ad histor. Russiae Monum.*, 283-383, et dans les *Russisch-Livländische Urkunden* de Napiersky.

**) L'emprunt fait par Vladislas au prince de Moldavie n'eut pas lieu en 1433, année où mourut Alexandre, mais en 1411. Telle est du moins la date que le rédacteur de l'*Inventarium* (134) a cru pouvoir déterminer. La dette devait être remboursée au prêteur dans un délai de deux ans.

КАП 6.

Домнїа луй Илїаш Водъ ши алуй Стефан Водъ фечурїй луй Алеѯандру чел Бун.

Дупъ моартѣ луй Алеѯандру Водъ чел Бун, ау статут ла домнїе фїюсу[1] чел май маре, Илїаш Водъ, кареле ау примит ши пе фратесу[2] Стефан Водъ ла домнїе, ши легънд прїетешуг ку Лѣшїй леу ъторс Покутїа[3] ку тоате търгуриле, ши леу ертат ши банїй. Ъръ дупъ аѣѣа ау ътрат връжбъ ътре фрацй, къ Илїаш Водъ врънд съ ъмоаре пре фратесеу Стефан Водъ, ау фуџит Стефан Водъ ла Мунтенй.

Пнтѣюл Ръзбою чеу фъкут Стефан Водъ ку фратесеу Илїаш Водъ.

Скрїе лѣтописецул чел молдовенѣск къ, дакъ ау фуџит Стефан Водъ ла Мунтенй де фрика фрацънисеу, де аколо ау луат аџютор уасте, ши винънд[4] спре царъ, ъ ъшит ънаинте фратесеу Илїаш Водъ, ши лау гонит ден царъ. Ла локул че се кїамъ Лолонй дънд ръзбою, ау бируит Стефан Водъ пре Илїаш Водъ, ши ау апукат Стефан Водъ скаонул[5] църїй.*)

---

[1]) B: *fiul sĕŭ*. [2]) B: *fratele sĕŭ*. [3]) B: *Pocuţia*. [4]) B: *venindŭ*. [5]) B: *scaunul*.

*) Alexandre vivait encore au commencement de l'année 1433, mais, dès le 3 juin de la même année, Élie prête hommage au roi de Pologne (*Invent.*, 135; Dogiel, *Cod. dipl.*, I, 601; Fejér, *Cod. diplom.*, X, VII, 488). Élie figure encore comme partie contractante lors de la trêve conclue, le 13 septembre 1433, entre Vladislas, roi de Pologne, Samovit, duc de Mazovie, Boguslas, duc de Stulp, Balthasar de Slewen, maître de l'Ordre de Saint-Jean de Jérusalem, et le prince de Mol-

CHAPITRE VI.
Règne d'Élie et d'Étienne, fils d'Alexandre-le-Bon.

Après la mort d'Alexandre-le-Bon, le pouvoir passa aux mains d'Élie, son fils aîné, qui y associa son frère Étienne. [Le nouveau prince] fit amitié avec les Polonais, leur rendit la Pocutie avec toutes les villes qui s'y trouvent, et leur fit même remise de leur dette. La discorde se mit ensuite entre les deux frères; Élie voulut tuer Étienne et celui-ci dut s'enfuir chez les Valaques.

Première Bataille livrée par Étienne à son frère Élie.

La chronique moldave rapporte qu' Étienne, réfugié chez les Valaques par crainte de son frère, y obtint le secours d'une armée et s'avança vers la Moldavie. Élie vint à sa rencontre pour le chasser du pays; une bataille fut livrée près du village de Loloni. Étienne défit son frère et s'empara du trône.*)

---

davie, d'une part, et Paul de Russdorf, grand-maître de l'Ordre Teutonique, d'autre part (*Invent.*, 84; *Supplem. ad histor. Russiae Monum.*, 307-308); mais ensuite le roi de Pologne ne traite plus qu'avec Étienne. En 1433 (on ne sait malheureusement pas dans quel mois) Vladislas reçoit à Kołomyja l'hommage de ce prince (*Invent.*, 135); et, le 13 décembre, il lui confirme la possession de la Moldavie et de divers territoires s'étendant jusqu'au Dniestr (*Invent.*, 135; Dogiel, *Cod. diplom.*, I, 601; Fejér, *Cod. diplom.*, X, VII, 489). Ces divers documents nous permettent de placer vers le milieu de l'année 1433 la bataille perdue par Élie. Suceava était déjà au pouvoir d'Étienne au mois d'octobre (Hîşdău, *Arch.*, I, 1, 81).

Ал дóиле Рăзбóю.

Нȣ дȣпȣ мȣлтȣ врѣме, де ꙋзнóавȣ ау венитȣ Илїашȣ Вóдȣ кȣ ѡасте асȣпра фрȣцȣнисеȣ,¹) луи Стéфанȣ Вóдȣ, ꙗ̈ нїй ⹁ȣцмв, оу҆нде ꙗ̈у ешитȣ Стéфанȣ Вóдȣ ла Дȣрмȣ нéщй*), ꙗ сȣптȣмȣна а́лбȣ, луй ꙗ̈ зи ꙗ̈тȣй алуй Феврȣáрїе, ши джинд рȣзбóю витежȣ́ще ꙗ̈р ау бируитȣ Стéфанȣ Вóдȣ.

Рăзбóюл ал трéиле.

Дȣпȣ ачѣ́а, фȣрȣ зȣбáвȣ сау май испититȣ Илїашȣ Вóдȣ дѣу май ꙗ̈трáтȣ ꙗ цáрȣ кȣ ѡасте лешкȣскȣ ши ꙗ̈у ешитȣ ꙗ̈наинте Стéфанȣ Вóдȣ ла Подрáга**) ши ловиндȣсе ѡ̈шиле ау пердȣтȣ Илїашȣ Вóдȣ рȣзбóюл.***)

Рăзбóюл ал пáтрȣле.

Де изрóкȣ ера Стéфанȣ кȣ фрáтесȣ Илїашȣ, кȣ бине нȣ сȣ мȣнтуӓ де джинсул, ꙗ̈туичй ши сосїӓ де ꙗ̈зноавȣ

---

¹) B: *frăține-său*.

Nous ignorons où était située la localité indiquée par le chroniqueur. M. Cogălniceanu propose, sans doute d'après un de ses manuscrits, de lire *Lonești*, mais il n'y a pas plus de Lonești en Moldavie que de Loloni. M. Frunzescu (*Dicț.*, 269) adopte la forme de Lonești et consacre à cette localité un article, où il rappelle la bataille de 1433, mais il la qualifie de »locuință isolată în Moldova«, sans pouvoir en déterminer la situation.

*) Hameau dépendant de la commune de Gîrcina, arrondissement de Piatra, district de Niamț (Frunzescu, 157).

**) *Podriga*, hameau dépendant de la commune de Drăgușenii-de-jos, arrondissement de Bașău, district de Dorohoiŭ (Frunzescu, 365),

***) Les diplômes ne fournissent aucun renseignement sur les relations qu' Élie aurait eues avec la Pologne en 1433 et 1434. C'est avec Étienne que Vladislas traite pendant l'année 1434, et c'est à lui qu'il envoie Michel Buczacki, capitaine de Halič pour recevoir le serment de fidélité (*Invent.*, 136). Deux autres

Seconde Bataille.

Peu du temps après, en 6942 [1434], Élie marcha de nouveau, à la tête d'une armée, contre son frère Étienne. La rencontre eut lieu, la dernière semaine du carnaval, le lundi 1ᵉʳ février, à Dărmăneşti.*) Étienne engagea le combat avec impétuosité et remporta la victoire.

Troisième Bataille.

Sans prendre de repos, Élie chercha encore à pénétrer en Moldavie avec une armée polonaise. Étienne s'avança contre lui jusqu'à Podraga**); la bataille s'engagea; Élie fut vaincu.***)

Quatrième Bataille.

La fortune favorisait Étienne contre son frère; mais à peine lui avait-il échappé que celui-ci revenait à la charge

---

documents de la même année (*Invent.*, 136; Wickenhauser, 60) ne portent également que le nom d'Étiennê.

En 1435, la réconciliation s'opère entre les deux rivaux. Étienne pardonne à son frère (»veniam dat fratri suo majori«, dit l'*Invent.*, 136) et reçoit de lui en gage la ville de Chilie. Élie est associé au pouvoir et prête l'hommage au roi de Pologne au même titre que son vainqueur (*Invent.*, 136; Fejér, X, VII, 725). Le 15 septembre, Élie et Étienne signent ensemble un acte de donation (Hîşdău, *Arch.*, I, II, 18).

L'année suivante (19 septembre 1436), les boïars de Moldavie confirment le serment de fidélité fait par Élie au roi de Pologne. Quelques jours après, ce même prince signe seul un arrangement avec Vladislas, arrangement en vertu duquel il abandonne à la Pologne Hotin (Chocim) et plusieurs autres places, en compensation des dommages causés par Alexandre-le-Bon aux territoires de Kołomyja et de Sniatyn (*Invent.*, 136). On verra plus loin qu' Élie et son frère se partagèrent le pays, ce qui explique que l'on rencontre la même année des diplômes signés de chacun d'eux isolément et des diplômes où leurs deux noms se trouvent réunis.

ку ѡасте асупрѫй, кѫ їаръ ау венит Илїаш Водѫ ку ѡасте ѫ анул ҂зцмг ѫ д̃ зиле алуй аугуст; ший сау ловит ку Стефан Водъ ал патруле рѫнд ла Пипърещй.*) Че нъроку́л чел рѣу їарь нуй служи, кѫ їарь перду Илїаш Водъ ръсбоюл. Кум се зиче ший ла Скриптуръ: „Унде ну вӑ Думнезеу, ѡмул ну поате."

Ръсбоюл ал чинчеле.

Илїаш Водъ щиинду-се къзут цїус ну перду неде́ждѣ, че їарь стринсу ѡасте, ший ау ѫтратъ ѫ цара ѫ анул ҂зцме, ший ау ловит ал чинчеле рънд ку Стефан Водъ ѫтру цїуй, мартїе и. Че немикъ нау фолосит, кѫ нърокул луй чел прост їарь лау лъсат ѫ сминтѣлъ, де перду ръсбоюл, ший їа́у къутат їарьший а̃ се ѫтоарче ѫ Ца́ра Лешѣскъ. Їарь, дупъ ачѣа куръндъ врѣме, скрїе кѫ сау ѫпъкат Стефан Водъ ку фрате-сеу Илїаш Водъ ший сау ѫпърцит ку цара, кум сау скрис май цїус, ший ау домнит ѫпреунъ шѣпте ани. Їарь май апой луй Илїаш Водъ їау скос ѡкїй Стефан Водъ.

Їарь лѣтописецул чел лѫтинѣск де ачѣсте ръсбое а фечѣрилур луй Алеѯандру Водъ немикъ ну скрїе; че скрїе кѫ, дакъ ау венит Стефан Водъ ку ажютор мунтенѣск ший ау ѫпинс пре Илїаш Водъ ден цара, сау дус Илїаш Водъ ла краюл лешѣск. Дупъ ачѣа ау домнит Стефан Водъ нумай дой ани ший нѡуъ луни.

Їарь ной нам лъсат съ ну поменим де ръсбоеле ачѣстур дой фраци, кѫ поате фире адеуърат, де врѣме чѣу фост ауънд вражбъ ѫтре ей.**)

---

¹) B: їaг. ²) B: ci їaг. ³) B: s'ай. ⁴) A: март, qui doit être une abéviation.

*) Hameau dépendant de la commune d'Oprişăniĭ-de-sus, arrondissement de Branişte, district de Iaşĭ (Frunzescu, 356).

avec de nouvelles forces. Élie recommença l'attaque le 4 août 6943 [1435] et se battit une quatrième fois avec Étienne à Pipăreşti*), mais, poursuivi par sa mauvaise chance, il fut encore battu. Comme dit l'Écriture, »l'homme ne peut rien quand Dieu n'est pas avec lui.«

Cinquième Bataille.

Élie, voyant ses projets renversés, ne perdit pas espoir; il réunit encore une armée, en 6945 [1437], et se battit une cinquième fois avec Étienne le jeudi 8 mars, mais rien ne lui réussit. Avec sa mauvaise chance accoutumée, il eut encore le dessous, et, après la perte de la bataille, fut de nouveau forcé de se retirer en Pologne. [La chronique moldave] dit que, peu de temps après, Étienne se reconcilia avec son frère Élie, qu'ils se partagèrent le pays, ainsi qu'on le verra plus loin, et qu'ils régnèrent ensemble sept ans. Dans la suite, Élie aurait fait crever les yeux à Étienne.

La chronique latine ne rapporte rien de ces guerres entre les fils d'Alexandre; elle dit seulement qu' Étienne s'étant mis en campagne avec le secours de la Valachie et ayant chassé Élie de la Moldavie, celui-ci se retira chez le roi de Pologne. Étienne n'aurait ensuite régné que deux ans et neuf mois.

Quant à nous, nous n'avons pas voulu passer sous silence les guerres survenues entre les deux frères. Elles paraissent assez vraisemblables, quand on sait que ces princes vécurent en mauvaise intelligence.**)

**) Urechi a raison de faire des réserves quant à la véracité du récit qu'il emprunte à la chronique moldave. On va voir que les documents authentiques concordent d'une manière très-satisfaisante avec la relation des historiens polonais.

Ĭа̂рѫ кроникарул лешеск скрӏе кѫ, дакѫ ау гонит
Стефан Водѫ пре Ӏл́ӏаш Водѫ, сау дус Ӏлӏаш Водѫ
ла краюл лешеск, ла Владиславъ Ӏагелло, шӏ ау пофтӏт
ажютор сѫл дукъ ла домнӏе шӏ сѫй се плѣче тоатъ
цара. Че фѫрѫ зѫбавъ дела фрателе-су Стефан Водѫ
ау венит ла краюл солӏй ку даруꙋрй, пофтиндул де паче,
шӏ лау афлатъ ла Лѫнчиций,*) фѫгѫдуинд шӏ ел сѫ фӏе
плекатъ луй краю. Пентру каре лукру, мѫкаръ кѫ Ӏлӏаш
ау фост цӏинд ŵ сор' а крѫесӏй Софӏа,**) шӏӏ е̂рà краюл
май прӏатин фиӏндуй кумнатъ, че сфатул кунос кѫнд
пре Стефан Водѫ кѫй май де фолос цѫрӏй, пофтирѫ
пре краю сѫл ласе ꙗ̂ паче, шӏ сѫле цӏуре кѫ сѫле хӏе
лѡр ку крединцѫ, ꙗ̂рѫ луй Ӏлӏаш, сѫй дѣ хранѫ, шӏ
сѫ ѫ̂ибъ сокотинцъ кѫ, вѫзѫнд Стефан Водѫ кѫй ла
чӏнсте, сѫсе тѣмъ шӏ сѫ цӏе цюрѫмѫ̂нтул.

Il importe de remarquer que la »chronique moldave«
citée par notre auteur n'est pas la chronique de Putna; celle-ci
ne parle pas des guerres qui auraient eu lieu entre Élie et
Étienne.

*) C'est en effet à Lęczyca (à l'ouest de Varsovie) que Vladislas
reconnut solennellement Étienne comme prince de Moldavie,
à la date du 13 décembre 1433 *(Invent.,* 135; Dogiel, *Cod.
diplom.,* I, 601). Il est naturel de penser qu' Étienne avait
dû charger une ambassade spéciale de solliciter cette reconnaissance.

**) Sophie, dernière femme de Vladislas Jagellon, était la seconde
fille d'un seigneur au service du grand-duc Basile de Moscou,
André Oligmondovič. Vladislas la recherca en mariage après
la mort de sa troisièmme femme, Elisabeth, fille d'Othon
Pilecki, voïévode de Sandomierz (1420), mais André ne voulut
pas marier sa seconde fille avant d'avoir établi l'aînée, Julienne,
qui finit par épouser Ivan, prince de Bełz. C'est alors seulement que l'union projetée avec Vladislas put s'accomplir.
La reine de Pologne, qui s'appelait primitivement Sonka, prit
en recevant le baptême le nom de Sophie. Elle donna le

Le chroniqueur polonais raconte qu' Élie, chassé par Étienne, se réfugia chez le roi de Pologne, Vladislas Jagellon, en lui demandant du secours et promit de placer tout le pays sous sa suzeraineté, s'il l'aidait à recouvrer le pouvoir. Mais aussitôt son frère Étienne envoya au roi de Pologne des ambassadeurs chargés de présents, pour lui demander la paix. Ceux-ci rencontrèrent Vladislas à Lęczyca*) et lui promirent qu' Étienne, de son côté, lui ferait hommage. A la suite de cette démarche, et bien qu' Élie eût pour femme une sœur de la reine Sophie**) et que le roi eût naturellement des préférences pour son beau-frère, le conseil crut plus avantageux pour le pays de soutenir Étienne. Il pria donc Vladislas de le laisser en paix, à condition qu'il prêterait serment de fidélité aux Polonais, et de donner à Élie de quoi vivre, en ayant pour lui des égards qui inspirassent des inquiétudes à Étienne et l'obligeassent à tenir ses engagements.

---

jour aux trois fils du roi: Vladislas III, né en 1424, Casimir, né en 1426 et mort en bas âge, et Casimir IV, né en 1427.

Les historiens ne disent pas qu' André Oligmondovič ait eu une troisième fille, qui ait épousé le prince Élie de Moldavie, mais ils disent tous qu' Élie eut pour femme la sœur du roi de Pologne. Un acte cité par Dogiel (*Cod. diplom.*, I, 601) nous apprend que cette princesse s'appelait Manka mais d'autres actes de 1455 et de 1456 (*Invent.*, 138) lui donnent le nom de Marie; il est possible que Manka ait été son nom païen.

Nous avons dit que la reine Sophie était fille d'André Oligmondovič, en nous en rapportant au témoignage cité par M. Saranjevič (Исторія, 330; cf. 386), à qui nous avons emprunté les détails rapportés plus haut. Nous devons ajouter que M. V. Křížek (*Dějiny národů slovanských v přehledu synchronistickém;* Tábor, 1871, gr. in-8, t. XV), reproduit les tableaux généalogiques publiés par Pistorius en 1592, et donne pour père à la reine Sophie Jean de Kyjev.

Че луй Иліаш Водъ нуй сосіа пита луй краю, ши гънди ѣръ де домніе, ши ау врут съ ънтре ън царъ. Че лъу принс краюл ши лъу дат ла пазъ ън четатѣ Сиръкюлуй,*) ку думна ши ку тоатъ каса луй. Ѣръ Стефан Водъ ън Сучѣвъ ау цюрат луй краю ънаинтѣ солилwр; май апой, ка съ аратѣ службъ, ау рисипит пре w самъ де Тътари, карій ау фост ънтрат ла Подоліа съ праде ши ла Брацлав, ши w самъ вій ѣу тримис ла краю ла Сфидригейл.**) Дупъ ачѣ, кум съу поменит май сус, съу ънпъкат Иліаш Водъ ку фрътесу Стефан Водъ, ши съу ънърцит ку царa. Четатѣ Албъ ши Киліа ши тоатъ царa де цїwс съу венит луй Стефан Водъ; ѣр луй Иліаш Водъ Сучѣва ши Хотинул ку царa де сус, зикънд къ дупъ ачѣя ау фост легътуръ ку краюл лешѣск ши май маре, ши даруй ън тоци аній ѣу фост тримицънд Иліаш, ѣр краюл ѣу фост дат Халичюл, ка съший ціе аколо авѣръ.***)

---

¹) B: *iar*. ²) B: *eră*.

*) Sieradz, au nord-ouest de Breslau, appartient comme Lęczyca au duché de Kujawy, dans la Grande-Pologne. C'était le siége d'un palatinat.

Długosz (I, XII, 679), qui place ces événements en 1435, dit que la détention d'Élie eut lieu par suite d'une convention intervenue entre le roi de Pologne, d'une part, et les envoyés des princes de Valachie et de Moldavie, d'autre part. Les uns demandaient la mise en liberté du prétendant, les autres insistaient, au contraire, pour que le roi lui fermât le chemin de la Moldavie. Le chroniqueur ajoute: »Brevisculo tamen tempore haec sententia observata est. Nam Helias, conventione dissoluta, ex Siradiensi castro, quod tunc per Petrum Schaffraniecz palatinum Cracoviensem tenebatur, aufugisse convictus et nullo impediente in Walachiam divertisse, terramque Walachiae guerris et stragibus intestinis illico arsisse.«

La lutte ne se prolongea pas autant que Długosz le donne à entendre, puisque c'est dans le cours de l'année 1435 qu' Élie se réconcilia avec Étienne. Voy. ci dessus p. 53 en note.

Cependant Élie trouva que le pain du roi ne lui suffisait pas; il songea de nouveau à la principauté et voulut pénétrer en Moldavie. Vladislas le fit alors arrêter et le fit garder dans le château de Sieradz*) avec la princesse [sa femme] et toute sa maison. Étienne jura fidélité au roi à Suceava, en présence des ambassadeurs. Ensuite, pour témoigner de son dévouement, il dispersa une bande de Tatars qui était entrée en Podolie pour piller Bracław; il fit un certain nombre de prisonniers qu'il envoya au roi Swidrigałło.**) Plus tard, Élie, comme on l'a dit, se réconcilia avec Étienne et les deux frères se partagèrent le pays. Cetatea Albă, Chilie et toute la Basse-Moldavie échurent à Étienne, tandis qu' Élie eut Suceava, Hotin et la Haute-Moldavie. On ajoute que les liens [du pays] avec le roi de Pologne devinrent dans la suite plus étroits encore; qu' Élie lui envoya chaque année des présents et que le roi lui donna Halič, pour y conserver ses trésors.***)

**) Swidrigałło n'était pas roi, mais grand-duc de Lithuanie.

***) Kromer (313) dit qu' Élie prit, en 1436, l'engagement d'envoyer des présents au roi de Pologne et que ces présents constituaient un véritable tribut: »Qui quidem Elias incunctanter Leopolim veniens, in verba regis praesentis et habitu regis praesidentis una, cum proceribus suae partis juravit, vexilloque ritu solenni ad pedes regis abjecto, in fide et clientela ejus et omnium deinceps regum Poloniae semper se fore, et contra quosvis hostes summa ope ipsis affore professus est. Quo facto, rex eum sublevatum exosculatus est, proceribus vero Moldavis dextram dedit, tributumque centum equorum, totidem, sive ut volunt alii, quadringentorum sericorum pannorum, quae *camchae* [*cămaşe*] vulgo vocantur, totidem boum, ac ducentorum curruum *visonis*, sive *usionis*, piscis id praegrandis nomen est, cujus ferax est Danubius [*vize*], in singulos annos imposuit ....«

Les princes de Moldavie, vassaux de la Pologne, n'étaient pas pour cela garantis contre les prétentions des rois de Hongrie. Jean Hunyadi vint lui-même en Transylvanie, à la fin de

Пентру нище Тътари, чє у прѣдат цара ѫ доъ ръндўрй.

Скріє лѣтописєцул ностру къ ѫ аній ҂ЅЦМУ ноємвріє[1] Ки, ѫтратау ѫ цара ѡастє тътърѣскъ, дє ў прєдат ши ау арс пънъ ла Ботошєній, ши ау арс ши търгул Ботошєній. Ѫшиждерѣ ла анул дўпъ ачѣст прад, ѫ анул ҂ЅЦМИ декємвріє ѫ ві гаршій ау ѫтрат Тътарій ѫ цара де ўйѡс, дє ў прѣдат ши ау арс Васлўюл, ши Бърладул. Ѣръ литописєцул лътинѣск де ачѣстй Тътарй чѐ скріє май сус къ ау прѣдат цара, нємйкъ ну скріє.*)

Пентру ѡрбйрѣ луй Иліаш Водъ.

Домнйнд цара Иліаш Водъ, ѫпрєўнъ ку фратєсеу Стєфан Водъ, кънд ау фост ѫ аній ҂ЅЦНВ, ѫ лўна луй май, ѫнаинтѣ Рўсалилѡр, афлъ врѣме Стєфан Водъ ка съсе мънтўаскъ де фратєсеу Иліаш, ши съ ціє тоатъ цара жсўший, лау принс ши ау скос ѡкій. Дўпъ ачѣа ау домнйт Стєфан нўмай чинчй ань, ѣръ[2] ѫпреўнъ ку фратєсеу ау домнйт шѣпте ань.

КАП 3.

Домніа луй Роман Водъ фечўрул луй Иліаш Водъ.

Роман Водъ фечўрул луй Иліаш Водъ, ѫ анул ҂ЅЦНЅ неўпўтънд ръбда пъгънўтате ою̆нкюлуй сеў Стєфан

---

[1]) B: noemvre. [2]) B: éră.

l'année 1446, pour régler les rapports de la couronne hongroise avec la Valachie et la Moldavie (Schwandtner, *Scriptores*, II, 40; Fessler, II, 509). Les voïévodes n'étaient pas avares d'engage-

Des Tatars qui pillèrent la Moldavie à deux reprises différentes.

Notre chronique rapporte que le 28 novembre 6947 [1439], une armée tatare envahit la Moldavie, pilla et brûla tout jusqu'à Botoşenĭ et incendia cette place elle-même. L'année qui suivit cette incursion, le 12 décembre 6948 [1440], les Tatars pénétrèrent de nouveau dans la Basse-Moldavie, saccagèrent et brulèrent Vasluiŭ et Bîrlad. Cependant la chronique latine ne dit rien de ces Tatars, dont [notre chronique] raconte les dévastations.*)

Élie a les yeux crevés.

Élie gouvernait le pays de concert avec son frère lorsque, au mois de mai 6952 [1444], peu de temps avant la Pentecôte, Étienne trouva moyen de se débarrasser de lui et de réduire toute la Moldavie en son pouvoir. Il s'empara de lui et lui fit crever les yeux. Étienne ne régna plus ensuite que cinq ans; il en avait régné sept avec son frère.

CHAPITRE VII.
Règne de Romain, fils d'Élie.

En 6956 [1448], Romain, fils d'Élie, ne pouvant plus supporter les cruautés de son oncle Étienne, forma

---

ments, mais ne se faisaient guère scrupule de manquer à leur parole.
*) Długosz (I, XII, 706-708) raconte en effet l'invasion de la Podolie et de la Galicie par les Tatars en 1438, mais ne parle pas de leurs incursions en Moldavie. Hammer Purgstall *(Ge-*

Водъ, сау воровит ку ѿ самъ ден куртѣ домнѣск, ши ау принс пре оункюсеу[2] пре Стефан Водъ, ши ѣу тъат капул, ши сау апукат де домніе Роман Водъ,[*] ѣръ непутънд сѣши ѫгъдуаскъ ку върсуеу Петру Водъ пентру домніе, къ черка Роман съ ѡмоаре пре Петру, де ѣу кузтат луй Петру Водъ афуци ла Оунгурй[b] фъръ зъбавъ.[**]

---

[1]) B: *unchiul seŭ.*

schichte der goldenen Horde in Kiptschak; Pesth, 1840, in-8) n'en fait pas non plus mention; mais on voit par ce dernier auteur (pp. 390-391) qu'en 1438 et 1439 les Tatars furent constamment en guerre avec leurs voisins. Il est assez vraisemblable que la Moldavie ne resta pas plus que la Pologne en dehors de leurs attaques.

[*]) Nous avons relevé dans les documents authentiques les dates principales des règnes d'Élie et d'Étienne jusqu'en 1440 et l'on a pu voir que les diplômes confirment le récit des historiens polonais. Élie renouvelle l'hommage à Vladislas III en 1441, 1443 et 1444 (*Invent.*, 137; Dogiel, *Cod. diplom.*, I, 601). Si Étienne ne figure pas dans les lettres hommagiales, nous avons lieu de croire qu' elles se rapportaient uniquement à la Haute-Moldavie, qui était l'apanage d'Élie. Du reste, en 1442, les deux frères vivaient en bonne intelligence, puisque le 8 mai de cette année nous les voyons signer ensemble un acte de donation (Hîşdău, *Arch.*, I, 1, 74). Étienne continue de s'intéresser aux monastères de la Haute-Moldavie et fait des largesses personnelles aux moines de Pobrata (Hîşdău, *Arch.*, I, 1, 123) et de Moldoviţa (Wickenhauser, 61).

C'est à partir de 1442 que la discorde éclate de nouveau entre les deux frères; du moins nous n'avons rencontré aucun document postérieur à cette année où leurs deux noms fussent associés. La date assignée par Urechi à la mort d'Élie est très-probablement exacte. En 1444, Manka, ou Marie, sa femme, confie trois places fortes: Hotin, Czerun et Chmielów (sur le Dniestr) à Jean de Czyżów, châtelain et capitaine de Cracovie, et à Pierre Odrowąż, palatin et capitaine de Russie (*Invent.*, 136; Dogiel, I, 601). Il est évident qu' elle ne doit prendre ces dispo-

un complot avec quelques courtisans et s'empara de ce prince à qui il fit couper la tête.*) Il se saisit du trône, mais il ne put s'entendre avec son cousin Pierre au sujet du pouvoir; il voulut le tuer et le força de s'enfuir en toute hâte chez les Hongrois.**)

---

sitions qu'en raison de son veuvage. En tout cas, Élie a disparu de la scène en 1445. À cette date, nous rencontrons dans Dogiel (I, 601) la mention d'hommages prêtés au roi de Pologne par deux personnages qui prennent, chacun de son côté, le titre de »palatin de Moldavie«: Étienne et Alexandre. Au premier abord, les deux documents paraissent contradictoires, mais il n'est pas impossible de les concilier. Alexandre, fils d'Élie, avait fort bien pu succéder à son père, dès l'année 1445, dans le gouvernement de la Haute-Moldavie, tandis qu' Étienne ne régnait en réalité que sur l'autre moitié du pays.

On verra plus loin qu' Alexandre II obtint la couronne en 1449.

Mais, s'il est vrai qu' Alexandre II ait pu ressaisir un moment, en 1445, le pouvoir que son père avait possédé, il est certain qu' il ne le conserva pas longtemps. C'est à Iassi même qu' Étienne signa, le 25 juin 1447, le traité d'union et de confédération avec Casimir, grand-duc de Lithuanie (Dogiel devait le publier dans son tome IIIe; voy. I, 601). Il arriva bientôt lui-même au terme de sa carrière. L'acte du 25 juin 1447 est le dernier où nous trouvons son nom.

**) Nous n'avons pas rencontré de diplômes relatifs au Romain dont parle Urechi, mais il est mentionné par Długosz (II, XIII, 41) et par Kromer (333). Ce prince était fils d'Élie et, par conséquent, frère de cet Alexandre qui s'empara un instant du pouvoir en 1445. Długosz ajoute qu'il avait une sœur mariée à Vlad, prince de Valachie.

Pierre, le compétiteur de Romain, n'était pas son cousin, mais son oncle. C'était le troisième fils d'Alexandre-le-Bon (Kromer, 337, dit qu'il était bâtard). Il est cité pour la première fois, avec ses deux frères aînés, Élie et Étienne, et avec son frère cadet, Alexandre, dans un acte de 1429 (Hîşdău,

КА́П Ѯ҃.

Де домні́а лꙋй Пе́трꙋ Во́дъ, чѣ́8 да́т чета́тѣ Киліе́й¹⁾ Оу́нгꙋрилѡр, ши́ де мо́артѣ лꙋй Ро́ман Во́дъ.

А҆че́ст Пе́трꙋ Во́дъ, да́къ а҆8 прибежи́т ꙟ Ца́ра Оу́нгꙋрѣ́скъ ла лѣ́тꙋл ҂ꙁцн҃ꙁ, на́8 фъкꙋ́т зъба́въ, че²⁾ а҆8 да́т чета́тѣ Киліе́й¹⁾ Оу́нгꙋрилѡр, ши́ а҆жютори́т де Ꙗ́нн Хꙋні̏а́д, цінто́рꙋл Цъ́рій Оу́нгꙋрѣ́щй а҆8 вени́т кꙋ ѡ́асте, ши́ а҆8 ꙟпи́нс пре Ро́ман Во́дъ ден ца́ръ, дꙋ́пъ чѣ́8 домни́т Ро́ман Во́дъ оу́н а́н.*)

Ꙗ́ръ Ро́ман Во́дъ, фіи́нд съминціе́ депре мꙋ́мъ лꙋй Казимі́р краюл леше́ск, а҆8 нꙁꙋви́т ла джнсꙋл, ши́ фъкъ́нд жа́лобъ, а҆8 сфътꙋи́т съй ꙟпа́че, съ8 кꙋ търі́е съл пꙋ́іе ла домні́а цъ́рій. Ма́й а҆по́й а҆8 сокоти́т къ, де́й ши вꙋ́р ꙟпъка́ кꙋ Пе́трꙋ Во́дъ съ домнѣ́скъ ꙟпреꙋ́нъ, кънд ма́й а҆по́й вревнꙋ́л ден джншій съ нꙋ па́цъ ма́й ръ8 де кꙋм а҆8 пъци́т И҆лі́аш Во́дъ кꙋ фра́тесеꙋ Сте́фан Во́дъ, че а҆8 а҆ле́с сфа́т съл пꙋ́іе³⁾ кꙋ тъ́рі́е ла домні́е. Ши́ а҆8 ско́с краюл шла́хта рꙋсѣ́скъ, ши́ де́ла Премі́сла, де́ла Лꙋ́в, де́ла Хе́лм, ши́ де́ла

---

¹) B: *Chilia*. ²) B: *ci*. ³) B: *pună*.

Arch., I, 1, 121). Nous le rencontrons ensuite dans des diplômes de 1444 (*ibid.*, I, 1, 123) et de 1447 (*ibid.*, I, 1, 113). Un acte du 5 avril 1448, signé de lui (*ibid.*, I, 1, 153), contient, en faveur du monastère de Pobrata, des exemptions d'impôt qui ne pouvaient être accordées que par le prince régnant. On doit donc admettre qu'il était dès lors en possession du trône.

*) Il importe de rectifier la chronologie d'Urechi. La mort d'Étienne doit remonter à la fin de l'année 1447 (nous avons dit que le dernier acte où nous ayons vu figurer le nom de ce prince est celui du 25 juin 1447). Si, comme nous le

CHAPITRE VIII.

Règne de Pierre, qui livra aux Hongrois la ville de Chilie, et Mort de Romain.

Ce même Pierre, s'étant refugié en Hongrie en 6957 [1449] s'empressa de céder aux Hongrois la ville de Chilie et obtint du secours de Jean Hunyadi, régent du royaume. Il pénétra en Moldavie à la tête d'une armée et en chassa Romain, après un an de règne.*)

Romain, qui était par sa mère cousin du roi de Pologne Casimir, lui demanda un asile. Sur ses instances, le conseil fut d'avis qu'il fallait conclure la paix [entre les deux adversaires], ou rétablir [Romain] par la force sur son trône. Il réfléchit ensuite que si l'on opérait un rapprochement entre Pierre et Romain, l'un d'eux pourrait être encore plus maltraité par l'autre qu' Élie ne l'avait été par son frère Étienne; il crut, [en conséquence], qu'il valait mieux restaurer [Romain] par la force. Le roi

---

supposons, Pierre occupait le trône de Moldavie au commencement d'avril 1448 (voy. la note précédente), Romain n'avait pu exercer le pouvoir que pendant six mois.

Kromer (333) présente, il est vrai, les faits autrement. Il raconte que Romain était fils d'Élie et Pierre fils d'Étienne, et que chacun d'eux recueillit d'abord la succession paternelle (Romain aurait eu, par conséquent la Haute-Moldavie et Pierre la partie inférieure de la principauté). Malgré l'erreur commise par le chroniqueur relativement à la filiation des deux princes, il est possible que cette version soit la bonne et que la Moldavie ait été un moment divisée entre Romain II et Pierre II. L'existence des diplômes de Pierre en date du 22 septembre 1447 (Venelin, 108) et du 5 octobre 1447 (Hîşdău, *Arch.*, I, I, 113) s'expliquerait ainsi tout naturellement.

Подо́лїа; ши мѫтѹ́ша крáюлѹй, мáма лѹй Рóман Вóдѫ, а Жкѫ аѹ мéрс аколѡ̀, кѫрїа ґ̃аѹ дáт крáюл Колóмѣа сѫ ц҃іе, ши аѹ пѹрчéс ши крáюл кѹ ѿáсте, ши аѹ вени́т пѫнла Лїѡ́в. Ґ̃рѫ, дáкѫ аѹ ꙟцѫлéс кѫ Рóман Вóдѫ аѹ мѹри́т, ѿтрѫви́т де вѣрѹл сéѹ¹) Пéтрѹ Вóдѫ*), сáѹ лѫсáт де ачѣ кáле, ши аѹ тримúс ла Пéтрѹ Вóдѫ сóли ь сѫй фáкѫ цюрѫмѫ́нт ши сѫй дѣ пре Михáй Фечѡ́рѹл лѹй Жикмóнт**), кáреле фѹци́се дела крáюл ꙟтѣй ла кнѣзѹл Мазóвїей, апóй ла Прѹ́сй, ши ла Шлóнска,***) мáй апóй прин Ц҃áра Оунгѹрѣ́скѫ аѹ є҆ши́т ꙟ Молдóва. Да ачѣ́сте²) аѹ рѫспѹ́нс Пéтрѹ Вóдѫ сóлилѡр кѫ цюрѫ- с мѫ́нт сѫ фáкѫ гáтай; †) ґ̃áрѫ Михáй сѫл дѣ нѹй се кáде, пре чéла чѣѹ кѫзѹ́т ла джинсѹл, ка сѫ нѹши́ пáрѫзѫ креди́нца, ґ̃áрѫ ден ц҃áрѫ ꙟл вѫ гони́; ши дѹпѫ ачѣ́а сáѹ дѹ́с Михáй ла Тѫтáрй, ши мѹлтѫ пáгѹбѫ аѹ

---

¹) B: *věru sěŭ.* ²) B: *acestea*

*) Tous ces faits sont tirés de Długosz (II, XIII, 43), qui rapporte que Romain mourut le 2 juillet 1448.

**) Ce Michel était fils de Sigismond Korybut, prince de Lithuanie; il était, par conséquent, cousin issu de germain du roi Casimir IV. Voy. Kromer, 321 et Křížek, *Dějiny Národů slovanských,* tab. XIV.

Jean Hunyadi, qui s'occupa de régler les affaires de Moldavie, au moment où il entreprit son expédition contre les Turcs, écrivit au roi Casimir, le 2 août 1448, une lettre relative à Michel Zigmundovič. Non seulement, dit-il, il n'a pas donné l'hospitalité à ce prince, mais il ne sait pas même avec certitude où il se trouve; il croit seulement, qu'il s'est réfugié en Moldavie. En tout cas, le roi de Pologne peut être sûr que le régent de Hongrie ne prêtera les mains à aucune entreprise dirigée contre lui. Sokołowski et Szlujski, II, 42.

***) Le pays de Słońsk, auquel les historiens polonais donnent le nom de Słonci, Słonczici, Słonenczici, Solingy, etc., était situé entre la Mazovie et la Prusse. On trouve encore aujourd'hui sur la rive droite de la Vistule, entre Torun (all. Thorn) et

rassembla la noblesse de Russie, ainsi que celle de Przemyśl, de Léopol, de Chełm et de la Podolie. Sa tante, la mère de Romain, vint également en Pologne; Casimir lui abandonna la ville de Kołomyja et s'avança lui-même avec son armée jusqu'à Léopol. Mais, ayant appris que Romain était mort, empoisonné par son cousin Pierre,*) il abandonna son entreprise. Il envoya des ambassadeurs à Pierre pour [le sommer de] lui jurer fidélité et de lui livrer, Michel, fils de Sigismond,**) qui s'était enfui de Pologne, chez le prince de Mazovie, puis en Prusse, en Silésie, dans le pays de Słońsk,***) et était enfin arrivé en Moldavie par la Hongrie. Pierre répondit aux ambassadeurs qu'il était disposé à prêter le serment,†) mais qu'il était contraire à sa dignité de livrer Michel. Il ne pouvait, [disait-il], trahir un homme qui s'était réfugié chez lui, mais il l'expulserait du pays. Michel se rendit alors chez les Tatars et causa de grands

---

Chełmno (all. Kulm), un village appelé Słońsk (all. Schloncz). Cf. Šafařík, *Slovanské Starožitn.*, éd. 1863, II, 124.

†) Długosz (II, XIII, 43) raconte que Pierre vint en personne à la rencontre du roi de Pologne, qui se trouvait à Kamieniec, pour lui prêter l'hommage, mais que craignant pour sa vie, il se contenta de lui envoyer une ambassade composée de Neagoie (ce personnage est cité dans des diplômes de 1442, ap. Hîşdău, *Arch.*, I, 1, 123, de 1447, ap. Wickenhauser, 62 et peut-être aussi de 1458, *ib.*, 67) du logothète Michel (le même qui, dans la suite, se fixa en Pologne et reçut une pension du roi, voy. *Invent.*, 137-139, 259) et de deux autres boïars; lui-même retarda son voyage autant qu'il put. En arrivant à Hotin, il apprit que Casimir avait dû quitter Kamieniec. Il put alors se contenter d'un serment écrit. Ce récit est confirmé par les rédacteurs de l'*Inventarium* qui mentionnent le sérment prêté au roi par Pierre et par ses conseillers »apud Chocimum« (*Invent.*, 137; Dogiel, I, 601). Les actes authentiques donnent, comme Długosz, la date de 1448. Cette même année, Pierre fit une donation au monastère de Moldoviţa, donation dont le jour n'est malheureusement pas indiqué dans les extraits que nous avons sous les yeux (Wickenhauser, 63).

фъкꙋт лѣшилѡр. Іѡръ Пе́трꙋ Во́дъ, дꙋпъ чѣꙋ дат а Килїа Оунгꙋрилѡр,*) аꙋ домни́т оу́н а́н ши аꙋ мꙋри́т.**)

---

*) M. Hîşdău (*Ist.*, I, 4-6) a réuni un assez grand nombre de textes qui prouvent que, depuis la fin du XIVe siècle jusqu'au milieu du XVe, la Valachie s'étendit jusqu'à la mer Noire et que par conséquent la ville de Chilie n'appartient pas alors à la Moldavie. Cette ville, de fondation grecque, comme le nom seul l'indique (τὸ *Κελλίον*, ou τὰ *Κελλία*), fut au moyen-âge une place de commerce très-importante et, s'il est vrai que les princes de Valachie en aient été les légitimes seigneurs, ils furent plus d'une fois troublés dans leur possession par les attaques de leurs voisins. Moldaves, Polonais et Hongrois se disputèrent Chilie. Lors du traité conclu, en 1412 entre le roi de Pologne Vladislas, le grand-duc de Lithuanie Vitold, et le roi de Hongrie Sigismond, au sujet des affaires de Russie, de Podolie et de Moldavie (Engel, II, 117; Napiersky, *Russisch-Livländische Urkunden*, 141), Chilie fut réservé à la Hongrie et Cetatea-Albă à la Pologne. En 1435, Chilie était entre les mains des Moldaves, puisqu'Élie la céda à son frère Étienne, au moment où il fit la paix avec lui (*Invent.*, 136; Dogiel, I, 601.) Il est donc fort possible que Pierre II ait réellement possédé Chilie et qu'il ait livré cette ville aux Hongrois. Urechi a tiré son renseignement d'une chronique russe, dont le texte rapporté par Engel (II, 127) est malheureusement peu explicite: »Hic Petrus urbem Kelejam Ungris dedit.« Cf. Teleki, II, 44.

En admettant que les Hongrois aient alors possédé cette place, il est certain qu'ils ne la gardèrent pas longtemps, puisqu'elle était entre les mains des Valaques lorsqu' Étienne-le-Grand monta sur le trône. Voici comment on pourrait expliquer le retour de Chilie aux Valaques. Jean Hunyadi, le célèbre régent du royaume de Hongrie, était d'origine roumaine (voy. l'excellente dissertation de M. Bariţ, *Transilvani"a*, VI, 1873, 61) et il était uni par des liens de famille aux princes de Valachie et de Moldavie. D'une part, il avait marié une de ses sœurs, Marina, à Emmanuel d'Argeş, fils du prince de Valachie Dan, dont il plaça un autre fils sur le trône après avoir renversé Vlad Dracul (voy. le document cité par Cipariu, *Archivu pentru filologia si istoria*, 1870, n° XXXVI); d'autre part Długosz (II, XIII, 34) dit que Pierre II épousa lui aussi une sœur de Jean Hunyadi, laquelle était,

dommages aux Polonais. Quant à Pierre, après avoir donné Chilie aux Hongrois,*) il régna un an et mourut.**)

---

paraît-il, âgée de cinquante ans. Or Chalcocondyle (*Hist.*, ed. Bekker; Bonnae, 1848, in-8, 260) raconte que le Dan qui obtint d'Hunyadi la principauté de Valachie, le frère par conséquent d'Emmanuel d'Argeș, s'allia au prince de Moldavie (ἐπιγαμίαν ποιησάμενος), ce qui paraît signifier qu'il épousa une sœur de Pierre II. Par suite de ces divers mariages, la cession de Chilie put n'être qu'un simple arrangement de famille: Pierre abandonnait la ville à Hunyadi et celui-ci à son tour transférait ses droits à Dan.

Jean Hunyadi fait allusion aux liens de famille qui l'unissaient à Pierre Aaron dans une curieuse lettre adressée au roi de Pologne et datée de Megyes le 2 août 1448 (Sokołowski et Szlujski, II, 42). Après avoir protesté du désintéressement avec lequel il s'occupe des affaires de Moldavie, il ajoute: »Verum ex quo divino volente judicio, cujus motu humana non potest resistere fragilitas, ille Romanus woyewoda morbo finitus et morte extinctus est, alterque haeres Heliae woywodae superest, quem terra illa Moldaviae concernit aequo jure, restat meo judicio unum tenere modum, ita ut et praefatus Petrus woywoda suo justo jure potiatur et alter non privetur. Nec arbitretur S. V. me favore affinitatis justitiam velle opprimere, quam vita mihi comite semper pro viribus desidero promovere. Itaque ex quo tempus ad conficiendam ipsam pacem praesertim mei parte multum breve est, cum de caetero rebus, quas supra memoravi necessario oporteat intendere, igitur Excellentiae Vestrae praesentibus supplico attentissime, quatenus eadem pro bono pacis populi christiani praefatum Petrum woywodam in memorata terra Moldaviae, saltem usque ad reditum meum ex hoc opere, quod auxilio Dei prosecuturus sum, invadere et impedire aut in ipsa terra quavis occasione dampna, depopulationes, fugas, opressiones vel alia hujus modi non velit suscitare.« Jean Hunyadi promet que si, à son retour, il s'aperçoit que Pierre n'agit pas selon la justice, il cessera de le soutenir et deviendra son ennemi comme l'est Casimir lui-même.

**) Pierre II fut détrôné, mais il ne mourut pas alors; c'est ce même prince que nous retrouvons plus loin sous le nom de Pierre-Aaron. Il suffit pour le prouver de renvoyer à l'extrait du serment prêté par lui au roi de Pologne en 1456, tel

КА̀П Ѳ.

Де оу҆н Стє́фан Во́дъ ши дє Чюбъ́р Во́дъ.

Скрїє лѣтописє́цȣл чєл лъ̀тинє́ск къ, дȣ́пъ мо́артѣ лȣй Пєтрȣ Во́дъ, аȣ домни́т оу҆н Стєфан Во́дъ оу҆н а̀н ши аȣ мȣри́т. Ꙗ҆́ръ дȣ̀пъ а҆чєл Стє́фан Во́дъ аȣ домни́т Чюбъ́р Во́дъ. Ꙗ҆́ръ лѣтописє́цȣл чєл молдовинѣ́ск[1]) дє а҆чє́ст Стє́фан Во́дъ нємикъ нȣ скрїє, чє зи́чє къ, дȣ́пъ мо́артѣ лȣй Пєтрȣ Во́дъ, аȣ домни́т Чюбъ́р Во́дъ до̀ȣ лȣ́ни.*)

КА̀П І.

Домнїа лȣй А҆лєѯа́ндрȣ Во́дъ, фєчȣ́рȣл лȣй Илїаш Во́дъ, а̀ а̀нȣл ҂ѕ҃ц҃ѯ҃ѳ̀,[2]) ши Ръсбо́аєлє чє̀ ȣ а҆вȣ́т кȣ оу҆н фєчȣ́р ал сє́ȣ, а҆нȣ́мє Богда́н Во́дъ.

Домнии҆а А҆лєѯа́ндрȣ Во́дъ ца́ра, съȣ скȣла́т асȣ́пра лȣй фїю̀сєȣ Богда́н Во́дъ, а̀ а̀нȣл ҂ѕ҃ц҃ѯ҃в̀, а҆вгȣст а̀ к҃в, ши съȣ ловѝт кȣ та́тъсєȣ А҆лєѯа́ндрȣ Во́дъ ла Тъ̀мъшє́ни,**) а҆про́апє дє тъ̀ргȣл Ро́манȣлȣй, ши дȣ́пъ мȣлтъ

---

¹) B: *moldovenescŭ*. ²) La date de 6969 (1461) donnée par A et B est une faute évidente. D'après Urechi, Étienne II mourut en 1448; ses successeurs, Romain, Pierre et Étienne III (?) régnèrent chacun un an, et Ciubăr deux mois: c'est donc en 1451 que se place l'avénement d'Alexandre II. La date de 1454 donnée plus loin pour la bataille de Tămășeni concorde avec ce calcul. Nous verrons dans les notes qui suivent (p. 73) que le chroniqueur est encore ici dans l'erreur et qu' Alexandre II dut monter sur le trône dès l'année 1449.

qu'il est donné par l' *Invent.* (138): »Petrus, palatinus Moldaviae, more majorum suorum, Alexandri patris, Eliae et Stephani fratrum, praestat homagium et fidelitatem, etc.«

*) Le texte d'Urechi cité par Sinkai (II, 18) diffère absolument

CHAPITRE IX.
D'un nommé Étienne et de Ciubăr.

La chronique latine rapporte que, après la mort de Pierre, un nommé Étienne régna pendant un an, puis mourut. Après cet Étienne régna Ciubăr. Mais la chronique moldave ne dit rien d'Étienne; elle raconte seulement que, après la mort de Pierre, Ciubăr régna pendant deux mois.*)

CHAPITRE X.
Avénement d'Alexandre, fils d'Élie, en 6959 [1451] et Guerres qu'il eut à soutenir contre un de ses fils appelé Bogdan.

Tandis qu'Alexandre gouvernait le pays, son fils Bogdan, révolté contre lui, lui livra bataille à Tămăşeni,**) près de Roman, le 22 août 6962 [1454]. Après une lutte

---

de celui que nous donnons ici d'après M. Cogălniceanu. Il y est dit que, après la mort de Pierre, un nommé Étienne, aurait régné, non pas pendant un an, mais pendant un mois. Urechi rapporte le fait d'après une chronique latine qu'il ne désigne pas et l'on ne trouve, en effet, aucune mention de ce personnage ni dans Długosz, ni dans Kromer. — La mention de Ciubăr est empruntée à la chronique de Putna (voy. Hîşdău, *Arch.*, III, 22); Engel (II, 128) conjecture qu'il doit être identifié avec le Csupor qui aida Pierre dans son expédition en Moldavie. Ce Csupor s'appelait Pierre (Teleki, II, 44). Un autre membre de la même famille, qui fut voïévode de Transylvanie, portait le prénom de Nicolas (Sinkai, II, 19); un troisième enfin, Démètre Csupor de Monoszló (Teleki, II, 8), fut évêque de Zagreb (1458-1466) puis de Győr (1467-1480).

**) Tămăşeni (arrondissement de la Moldova, district de Roman) est aujourd' hui, d'après Frunzescu, une commune de 970 hab.

невойнцъ а̂у бирвит Богда́н Во́дъ пре А̂леӠа́ндрȣ Во́дъ. ͣ
Ши мȣ́лтъ мо́арте съ̂ у фъкȣт ѫ ẘасте̌ лȣй А̂леӠа́н-
дрȣ Во́дъ, ши ѫтраче́л рȣсвою а̂ȣ перит ẘамени де
фрȣ́нте: Ѡнчюл логофъ̑тȣл чел ма́ре, ши Ко́сте ши
Ѧндро́ник ши а̂лци. Ѩ̇съ мȣ́лци Ӡи́кȣ къ на̂ȣ фо́ст
Богда́н Во́дъ фечѡ́р кȣ кȣнȣні́е, че копи́л лȣй А̂леӠа́н- ͪ
дрȣ Во́дъ.*)

Кронникарȣл лъти́неск аче̑стъ пове̑сте ẘ скрі́е ши
Ӡи́че къ а̂че́ст Богда́н Во́дъ а̂ȣ вени́т кȣ ẘасте а̂сȣ́пра
лȣй А̂леӠа́ндрȣ Во́дъ, към съ̂у помени́т ма́и сȣ́с, ши
лȣ́у гонит ѫ Ца́ра Лешъ̑ꙋ́ска, дȣпъ че̑у домни́т па́- ͨ
трȣ а̂ни.**)

А̂леӠа́ндрȣ Во́дъ, да́къ а̂у фȣȣи́т ѫ Ца́ра Лешъ̑ꙋ́ска
кȣ дȣ́мнъса ши кȣ кȣко́ній сей, а̂у пофти́т дела кра́ю
а̂жюто́р, ши а̂у тримис кра́юл пре Іѡа́н Сина́вски кȣ
Ца́ра Рȣсъ̑ꙋ́ска, ши а̂ȣ ѧ̑пи́нс пе Богда́н Во́дъ, ши а̂ȣ ͩ
а̂пȣка́т Хоти́нȣл, ши Не̂мцȣл, ши Сȣче̑ва, ши а̂ȣ
а̂шеӠа́т пре А̂леӠа́ндрȣ Во́дъ до́м ла ска́он.¹)

Ѣ̑ръ Богда́н фъръ Ӡъба́въ а̂дȣнъ́нд ẘасте депе
ȣ́нде а̂ȣ пȣтȣ́т, а̂ȣ вени́т ши а̂ȣ ско́с пре А̂леӠа́ндрȣ
Во́дъ де́н ска́он,¹) ши ѩ̂р а̂ȣ стъ̑тȣ́т Богда́н Во́дъ ͤ

---

¹) B: *scaunй*.

*) Le logothète Onciu et le vestiaire Constantin sont cités dans un diplôme de 1442 (Hîşdău, *Arch.*, I, I, 123). Le ms. reproduit par Ioanid donne ce passage tout autrement. Il commence ainsi le chapitre relatif à l'avénement d'Alexandre: »Le logothète Minciol, Costantin, André, et plusieurs autres disent que Bogdan n'était pas fils légitime, mais bâtard d'Alexandre. Le chroniqueur latin raconte ainsi cette histoire et dit, etc.« Il y a une lacune dans le ms., ou tout au moins dans l'édition.

Relativement à Bogdan, il y a dans Urechi une grave erreur. Ce prince était le fils d'Alexandre Ier et non d'Alexandre II. Sa généalogie est nettement établie par un diplôme du 9 juillet 1466 (Hîşdău, *Arch.*, I, I, 144), où l'on voit

acharnée, Bogdan défit Alexandre, dont l'armée éprouva des pertes considérables. Dans cette bataille périrent des personnages illustres: le grand-logothète Onciu, Constantin, Andronic et d'autres. Beaucoup [d'auteurs] prétendent, du reste, que Bogdan n'était pas un fils légitime, mais un bâtard d'Alexandre.*)

Le chroniqueur latin rapporte cette histoire et dit que Bogdan, ainsi que nous l'avons raconté plus haut, marcha contre Alexandre à la tête d'une armée et le chassa en Pologne: Alexandre avait régné quatre ans.**)

Ce dernier, s'étant réfugié en Pologne avec sa femme et ses enfants, implora l'assistance du roi. Casimir envoya [à son secours] une armée russe commandée par Jean Sinawski, qui repoussa Bogdan, s'empara de Hotin, Niamţ et Suceava, et remit Alexandre sur le trône.

Sans perdre de temps, Bogdan rassembla des troupes partout où il put, vint à la rencontre d'Alexandre, qu'il

---

*) Étienne-le-Grand faire une donation au monastère de Pobrata en mémoire de son grand-père Alexandre-le-Vieux, de son père Bogdan et de sa mère Marie.

**) Il y avait peut-être dans le texte primitif d'Urechi »quatre mois« et non »quatre ans«. C'est en 1448 que Romain II fut empoisonné et que Pierre II monta sur le trône (voy. ci-dessus, p. 66) et c'est à la fin de cette même année, ou au commencement de 1449, qu'il conviendrait de placer le règne des deux princes fort problématiques que mentionne le chroniqueur: Étienne III et Ciubăr. Alexandre II ne paraît qu'en 1449; il figure dans trois chartes datées des 26 mai, 26 et 27 août (Wickenhauser, 63), puis il est supplanté par Bogdan II. L'avénement de ce dernier doit être placé fort peu de temps après le mois d'août, et la première expédition envoyée par Casimir pour soutenir les prétentions d'Alexandre en Moldavie eut lieu, non pas en 1450, comme le dit Długosz (II, XIII, 60), mais à la fin de 1449. On verra, en effet, plus loin que la seconde expédition polonaise fut organisée dès le commencement de l'année 1450.

домнїа́ лꙋй А̑леѯа́ндрꙋ Во́дъ.

до́мн ꙟ скаѡн.[1]) Де́чи А̑леѯа́ндрꙋ Во́дъ а̂ꙋ нꙁꙋи́т ла Лꙋ́кши, ши а̂ꙋ фъкꙋ́т жа́лобъ ла кра́ю пре Богда́н Во́дъ. Ꙗ̑р кра́юл а̂ꙋ фъкꙋ́т сфа́т чѐ въ фа́че кꙋ а̂че́стъ ца́ръ мишкътоа́ре ши неашеꙁа́тъ. Сфътꙋ́л оу҆́ний де зичѐ къ скоа́цъ до́мнїй съ нꙋ́й ма́й ла́се съ хі́е, ши съ пꙋ́їе жꙋ҆де́целе са́ле, ши съ ѿ фа́къ цинꙋ́— тꙋ́рй. Ꙗ̑р а̑лцїй зичѐ, ка́рїй е̑ра А̑протѝвъ,[2]) къ ма́й бѝне е҆́сте а̑ се а̂пъра̀ де Тꙋ́рчи де дꙋ́пъ пъре́теле а̑лтꙋ́а, дека́т де дꙋ́пъ а̑л сѣ́ꙋ. Ши а̂ша̀ а̑лесе́ръ пре Ѡ҃̑ꙁдрово́т ши пре Конїецпо́лски кꙋ ѡ̑а́сте, пе́нтрꙋ по́хта а̑ ѿ са́мъ де Молдове́нй съ дꙋ́къ пре А̑леѯа́ндрꙋ Во́дъ ла скаѡн,[3]) ка́рїй а̂ꙋ ско́с воеводі́а рꙋсѣ́скъ, ши а̂ꙋ а̂вꙋ́т ши де Молдове́нй гло́ате ма́рй.*) Ши, да́къ а̂ꙋ ꙟ̑тра́т ꙟ Молдо́ва кꙋ тре́й ѡ̑шй: Молдове́нїй кꙋ до́мнꙋл лѡ́р, кꙋ А̑леѯа́ндрꙋ Во́дъ, ши оу҆н по́лк де Подо́лїенй кꙋ Бꙋча́цкїе, ши а̑лтъ па́рте де ѡ̑а́сте е̑ра кꙋ Конїец— по́лски, ѡ̑а́стѣ а̂ꙋ трекꙋ́т Ни́стрꙋл ла Хоти́н, сꙋ́пт чета́те, къ е̑ра́ чета́тѣ Хотинꙋ́л пре мѫ́на ѡ̑амени́лѡ́р лꙋ́й А̑леѯа́ндрꙋ Во́дъ. Ꙗ̑р Богда́н Во́дъ е̑ра а̂тꙋ́нче ла Липове́ц.**) Лꙋ́кший, да́къ а̂ꙋ ꙟ̑цъле́с де джинсꙋ́л, а̂ꙋ врꙋ́т съ трѣ́къ Прꙋ́тꙋл скай дѣ̀ рꙋзбо́ю. Ꙗ̑р Богда́н Во́дъ нꙋ́ꙋ врꙋ́т скай дѣ̀ рꙋзбо́ю, сокоти́нд скай ба́це ла ло́кꙋрй стри́мте, ши ꙁъбъви́ндꙋй скай Флъмъꙁꙋ́кскъ.

---

[1]) B: scaunŭ. [2]) B: împotrivă. [3]) B: scaunŭ.

*) Ces détails et le récit de la bataille livrée par Bogdan aux Polonais sont tirés de Długosz (II, XIII, 60-63) et de Kromer 334, 335). L' *Inventarium* (258) nous a conservé les extraits de deux actes officiels qui confirment la relation dès historiens:
»Petrus Odrowąż de Sprowa, palatinus et capitaneus generalis Russiae et Przedborius Koniecpolski, castellanus Sandomiriensis, fidejubent incolis terrarum Russiae, pro rege Casimiro, quod eorum profectio in terram Valachiae ad auxilium Alexandro, palatino ejusdem terrae, contra Tartaros feren-

renversa, et ressaisit lui-même la couronne. Alexandre s'enfuit chez les Polonais et porta ses plaintes au roi contre Bogdan. [Casimir] délibéra avec ses conseillers sur ce qu'il devait faire d'un pays aussi remuant et où le pouvoir était aussi peu stable. Les uns lui conseillaient de chasser les princes et de n'en plus tolérer; d'installer son administration [en Moldavie] et de convertir ce pays en provinces polonaises. Les autres disaient, au contraire, qu'il valait mieux avoir pour défense contre les Turcs les remparts d'autrui que les siens propres. On chargea donc Odrovąż et Koniecpolski, conformément au désir exprimé par un certain nombre de Moldaves, de replacer Alexandre sur son trône, les armes à la main. Les deux chefs réunirent les troupes russes et reçurent des Moldaves eux-mêmes des forces imposantes.*) Ils pénétrèrent en Moldavie avec trois corps: les Moldaves sous leur prince Alexandre; un corps de Podoliens commandé par Buczacki et le reste de leurs troupes sous les ordres de Koniecpolski. L'armée passa le Dniestr à Hotin, au-dessous de la forteresse, qui était occupée par les partisans d'Alexandre. Bogdan était alors à Lipovăț;**) les Polonais en ayant été informés, voulurent passer le Prut et lui livrer bataille, mais Bogdan ne voulut pas accepter le combat. Il espérait entraîner l'ennemi dans des lieux escarpés, l'y retenir et l'y affamer. Il amena

---

dum, juri ipsorum officere non debet et quod regia majestas singulis super hastam consuetum stipendium quinque marcarum sit solutura. Datum in ripa fluvii Dniester, circa castrum Chocimense, anno 1450.

»Casimirus, rex Poloniae, acceptis ex palatinatu Russiae, de consensu et voluntate nobilium auxiliis in subsidium Alexandri, palatini Moldaviae, cavet omnibus incolis Russiae, quod quemadmodum haec sibi benevole praestita sunt, ita in consuetudinem hoc trahi non debeat. Datum Częstochówiae, post dominicam *Laetare* 1450.« Le dimanche de *Laetare* tombait en 1450 lé 15 mars.

**) Village du district de Vasluiŭ, arrondissement de Racova. Lipovăț est entouré aujourd'hui encore de vastes forêts.

Ашă că пуртат ден лок пънъ ла апа Бърлăдулуй; ăрă ел цине пъдуриле, ши тримете ку ăшълăчюне сол, ка ва съсъ плече луй краю ши съ факъ паче, цюрвиндуй з галбинй сăй де пре ан, ши ăкъ ши алте мулте дăрурй цюрзъ, нумай краюл съл апере де турчй.*)

Крезънд Лешй ачела кувънт, ау лъсат съ хие пре ăгăдуинца луй, ши сăу ăтурс. Ăръ[1] Богдан Водъ се ăскуцă ка сăй поатъ вънă унде ар путе; че симцинд ачесте ăменй луй Алезăндру Водъ, ау спус Лешилур съ нă се ăкръзъ, че[2] съсе пъзъскъ. Ăръ Лешй фиинд де ăшълăчюне куприншй,[3] нă бъгаръ ă самъ пънъ ау фъцут ун дiак[4] алуй Богдан Водъ ла ăасте лешескъ де леу спус. Ăтунче боiарй луй Алезăндру Водъ сфътуа съ ăкунцiоре пъдуре, ши съ хълъдуаскъ де мещершугуриле луй Богдан Водъ, кă ă пъдуре супускъсе ăасте. Даръ Лешй, фиинд държй, нау врут съ ăскулте; че ау ăтрат съ трекъ пъдуре, ши ау тримис ăнаинте кареле ку пъркълабул де Хотин ши ку джнсул тоцй Молдовенй ши ку Подоленiй.

---

[1]) B: *Ără*. [2]) B: *ci*. [3]) B: *coprinşĭ*. [4]) Le texte de Ioanid (p. 129) porte ici *diacon* (un diacre), mais Długosz (II, XIII, 61) dit bien: »notarius Bogdani«.

*) Długosz (II, XIII, 61) dit qu'une trève fut d'abord conclue entre Bogdan et les Polonais, puis qu'une semaine fut consacrée aux négociations pour la paix définitive. Le traité fut signé »sabbato ante festum nativitatis sanctae Mariae virginis«, c'est-à-dire le 5 septembre 1450. Les historiens ne sont pas d'accord sur les conditions imposées au prince roumain. D'après Długosz, Bogdan devait conserver la régence jusqu'à ce que le jeune Alexandre eût atteint l'age de quinze ans et s'engageait à verser chaque année pour le compte dudit

ainsi [les Polonais] à sa suite, jusqu' aux bords du Bîrlad. Tandis qu'il occupait les forêts, il envoya des ambassadeurs au roi pour le tromper, promettant de lui faire hommage et demandant la paix. Il s'engageait par serment à lui donner un tribut annuel de 7000 ducats, ainsi que plusieurs autres présents, à la condition que [Casimir] le défendrait contre les Turcs.*)

Les Polonais, ajoutant foi à ces paroles, acceptèrent ses engagements et reprirent le chemin [de leur pays]. Cependant Bogdan préparait ses armes pour leur donner la chasse là où il pourrait. Les partisans d'Alexandre en eurent vent et recommandèrent aux Polonais de se défier et de se tenir sur leurs gardes, mais ceux-ci, trompés par les mensonges de Bogdan, ne firent aucune attention [à ces avis], jusqu'au moment où un secrétaire de ce dernier vint à l'armée polonaise et leur fit le même rapport. Les boïars d'Alexandre conseillèrent de contourner la forêt [devant laquelle on se trouvait] et d'échapper ainsi aux artifices de Bogdan, qui y avait caché son armée. Les Polonais, dans leur témérité, ne voulurent rien écouter; ils entrèrent dans la forêt pour la traverser et envoyèrent en avant les chariots accompagnés par le préfet de Hotin, par tous les Moldaves et par les Podoliens.

Alexandre, entre les mains du roi de Pologne, une somme de 70.000 séquins. D'après Wapowski, dont le témoignage est rapporté par Długosz lui-même, la somme qui devait être payée à Casimir ne s'élevait qu'à 7.000 sequins. Bogdan devait du reste y ajouter un certain nombre de chevaux et de moutons. (Cf. Kromer, 335).

Bernard Wapowski, avait écrit une histoire universelle, depuis les temps les plus reculés jusqu' en 1535, année de sa mort. Il ne reste de ce vaste monument historique, qui eût peut-être jeté un jour nouveau sur les origines de la Moldavie, qu'un fragment allant de 1506 à 1535. Voy. Rycharski, *Literatura polska*, I, (Kraków, 1868, in-8), 216.

Пèнтр҄у рꙋсбо́юл лꙋй Богда́н Во́дꙋ кꙋ
а) Лѐшилѿр.

Кѫнд а́у фо́ст ꙟ мижло́кул пꙋдꙋрі́й, фꙋкꙋта́у нꙋвȣ́лꙋ ча́стѣ лꙋй Богда́н Во́дꙋ, ла ка́реле Лѐшилѿр; ши ꙟпꙋрꙋнд҄усе Лѐшій а́ба а́у скꙋпа́т кꙋ мȣ́лтꙋ пу́губа ши пери́ре. А̂по́й врѣнд сꙋ ꙗ́тре ши чѣла́лтꙋ ча́сте лешѣ́скꙋ, а́тȣ́нче сȣ́у и́вит тѻа́тꙋ ча́стѣ лꙋй Богда́н Во́дꙋ кȣ мȣ́лте стѣ́гȣрй ши бȣ́чюне, ши фꙋрꙋ кȣ́лꙋ- ри́ме, ꙗ́рꙋ мȣ́лтꙋ педестри́ме. Вꙋꙁѫ́нд а́чѣ́ста Лѐший, ей сȣ́у токми́т де рꙋсбо́ю, ши а́у бꙋга́т ꙟ мижло́к пре А̂леѯа́ндрꙋ Во́дꙋ. Ши сȣ́у тꙋмпла́т а́чѣст рꙋсбо́ю, а̂ шѣ́се ꙁй дꙋпꙋ па́чѣ чѣ се фꙋкꙋ́се ла Кра́сна, ши сȣ́у бꙋтȣт де ма́йнте де рꙋсꙋри́тул сѻарелȣ́й пѫнꙋ а́у ꙟнопта́т, пери́нд дентрамꙋндо́ꙋ пꙋрциле, пѫнꙋ а́у нꙋвꙋли́т ши глоателе де педестри́ме, ка́ре а́у фꙋкꙋ́т ла стримтѻ́аре ма́ре вꙋрса́ре де сѫнꙋe ꙟ Лѐшй, тꙋи́нд кꙋ кѻа́селе ви́неле ка́илѿр. Унде хатма́нїй лешѣ́щїй врѣнд сꙋ ꙟбꙋрбꙋтѣ́ꙁе пре а̂й сей, шȣ́у пу́с ши ей ка́петеле, а̂лес Пèтрꙋ Ѡꙁдрово́т,**) ши Некȣла́й Порава, ши Бȣча́цки. Ши би́рꙋа Богда́н Во́дꙋ де на́р фи да́т а̂жюто́р Молдове́нїй лꙋй А̂леѯа́ндрꙋ Во́дꙋ, ка́рїй трекȣ́се пꙋдȣ́рѣ кꙋ Подоле́нїй, пре ка́рїй ꙟй тримисȣ́се кꙋ ка́реле. А́чка сȣ́у вꙋртежи́т ла рꙋꙁбо́ю дꙋу да́т и́нимꙋ челѿрала́лцй чѣ ера пеитѻ́рй, ши а́у ꙟпи́нс пре ча́стѣ лꙋй Богда́н Во́дꙋ де у́нде а́у при́нс а̂фȣ- цире, ши ꙟпла́се пꙋдȣ́риле. Ши а̂шѣ кꙋ ветежі́а ꙗ́рꙋ а̂ Молдове́нилѿр а́у рꙋмас и̂ꙁбꙋ́нда ла Лѐшй,

---

¹) B: *al.* ²) B: *cea-altă.* ³) B: *eră.* ⁴) B: *den' ainte.* ⁵) AB: а̂пȣ́сул. Le texte de Kromer (p. 335) montre bien que ce mot ést une simple faute de copiste: »Pugnatum est a *mane* usque ad vesperum«. ⁶) B: *celor-alţĭ.* ⁷) B: *vitezia.* ⁸) B: *iar.*

Bataille livrée par Bogdan aux Polonais.

Quand ceux-ci furent au milieu de la forêt, l'armée de Bogdan s'élança sur les chariots des Polonais, qui se défendirent, mais n'échappèrent qu' après avoir éprouvé de grandes pertes. Le reste de l'armée voulut pénétrer dans le bois, mais alors les troupes de Bogdan se montrèrent avec force drapeaux et trompettes; il avait une nombreuse infanterie, mais pas de cavalerie. À cette vue, les Polonais se mirent en bataille et placèrent Alexandre au milieu d'eux. Le combat eut lieu le sixième jour après que la paix eut été signée à Crasna;*) commencé avant le coucher du soleil, il se prolongea jusqu'à la nuit close et l'on perdit beaucoup de monde des deux côtés. À la fin, des flots d'infanterie se jettèrent sur les Polonais et en firent un grand carnage dans un défilé, en coupant les tendons de leurs chevaux à coups de faux. Les capitaines polonais, qui voulaient animer leurs soldats, restèrent sur la place, notamment Pierre Odrowąż,**) Nicolas Porawa et Buczacki. Bogdan remportait la victoire si les Moldaves d'Alexandre, qui, avec les Podoliens, avaient traversé la forêt en escortant les chariots de l'avantgarde, n'étaient venus au secours [des Polonais]. Ils retournèrent au combat, rendirent le courage à ceux qui allaient succomber et repoussèrent l'armée de Bogdan, qui se mit à fuir et se dispersa dans les bois. Ainsi, grâce à la bravoure des Moldaves, la victoire demeura aux

---

*) La paix avait été signée le 5 septembre 1450; Długosz (II, XIII, 62) dit que la bataille fut livrée le lendemain dimanche 6 septembre. Il ajoute qu'elle eut lieu »in campo qui Krasnepolye appellatur, ad torrentem Krasni potok, prope oppidum Vaszlni [*l.* Vaszlui].« La Crasna, petit affluent dn Bîrlad, donne aujourd'hui son nom à un arrondissement du district de Vasluiŭ, dont le chef-lieu est Soleștĭ.

**) Jean Odrowąż, archevêque de Léopol, mourut, dit-on de chagrin, en apprenant la mort dĕ son frère. Voy. Długosz, II, XIII, 64; Kromer, 335.

чей чє пердѹсє рѫсбоюл, дентре карій мѹлцй алєшй перисе ꙟ рѫзбою: Нїеворскїе, Вїесковскїе, Давидовскїе ши алций мѹлций ка ачестїй.¹)

Дечи Алеѯандрѹ Водѫ кѹноскѫнд кѫ нѹ се вѫ путѣ ашеѕа ла скаѹн, кѫ пре врѫжмашѹл сеѹ пре Богдан Водѫ, мѫкар кѫ де ачѣ дат лѹ фѹст ꙟфрѫнт, гар ничи ѡ пагѹбѫ нѹй фѫкѹсе, кѫ Богдан Водѫ ши кѹ ѡаменїй сей, кѫмѹший єрѫ ꙟвѫцаци ѫцинѣре пѫдѹриле, мѫкар кѫ се рѫшкирасе ден²) рѫсбою, прин пѫдѹри гарши сѫѹ стринс ши сѫѹ тѫбѫрит, неперѫѕнд нѫдѣждѫ, ши сѫ ловѣскѫ пре Лѣший, цїиндѹй кѫ сѫнт слѫбиций де тѹт ажютѹрѹл; Ꙟцелегѫнд де ачѣста Лѣший денпреѹнѫ³) кѹ Алеѯандрѹ Водѫ, ши вѫѕѫндѹсе слаби, нѹ єрѫ недѣжде де ал доиле рѫнд сѫсе ловѣскѫ кѹ Богдан Водѫ, кѫ немикѫ лѹй Богдан Водѫ нѹй стрикасе, кѫ ден ѡастѣ лѹй пѹцини перисе, гар⁴) дела Лѣший кѹ тѹтѹл перисе. Дечи, вѫѕѫнд кѫ нѹ ле слѹжѫще норокѹл, нѹ сѫѹ апѹкат де скаѹн, ниче⁵) аѹ ашептат де ал доиле рѫнд рѫсбоюл, темѫндѹсе сѫ нѹй ловѣскѫ Богдан Водѫ фѫрѫ вѣсте кѹ ѡасте токмитѫ, ши вѹр петрѣче май рѫѹ декѫт ꙟтѫю. Че нѹмай сѫѹ бѹлѹчит денпреѹнѫ⁶) кѹ Алеѯандрѹ Водѫ, ши кѹ тоций сѫѹ трас май деграбѫ спре Цара Лешѣскѫ.*) Гар Богдан Водѫ вѫѕѫндѹсе кѹрѫцит де врѫжмашїй сей, сѫѹ ашеѕат ꙟ скаѹн.⁷)

Де ачѣсте рѫсбоае алѹй Алеѯандрѹ Водѫ кѹ алѹй Богдан Водѫ ла оѹне лѣтописице⁸) немикѫ нѹ скрїе, кѫ пре Богдан Водѫ ꙟл скрїю фечѹр⁹) лѹй Алеѯандрѹ Водѫ, ши кѹм сѫ хїе рѫмас пре оѹрма лѹй ла домнїе. Гар ла оѹнеле ꙟсвоаделе ноастре скрїе де рѫсбоаеле

---

¹) acestia. ²) B: din. ³) B: de'mpreună. ⁴) B: éră. ⁵) B: nici. ⁶) d'impreună. ⁷) B: scaunŭ. ⁸) B: unele letopisețe. ⁹) B: feciorul.

Polonais, qui avaient d'abord été battus. Ces derniers perdirent dans la lutte beaucoup de personnages distingués: Nieworski, Wieskowski, Dawidowski et plusieurs autres du même rang.

Cependant Alexandre reconnut qu'il ne pourrait s'affermir sur le trône et que, s'il avait battu cette fois-ci son adversaire, il ne lui avait fait aucun mal. [Il vit] que Bogdan et ses partisans, si habiles à se loger dans les forêts, avaient réussi, malgré leur défaite, à s'y réunir et, loin de désespérer, prenaient position pour tomber sur les Polonais, qu'ils savaient privés de tout secours. Les Polonais firent ces réflexions en même temps qu'Alexandre et se sentirent trop faibles pour se flatter d'être victorieux dans une seconde rencontre; ils n'avaient nullement ruiné les forces de Bogdan et ne lui avaient tué que peu de monde, tandis qu'eux-mêmes avaient été entièrement détruits. Reconnaissant donc qu'ils étaient mal servis par la fortune, ils renoncèrent à s'emparer du trône et n'attendirent pas une nouvelle bataille; ils craignaient que Bogdan ne les assaillît à l'improviste avec une armée réorganisée et qu'ils ne fussent plus malheureux encore que la première fois. Ils se réunirent à Alexandre et se retirèrent ensemble vers la Pologne.*) Bogdan, se voyant délivré de ses ennemis, prit possession du trône.

Quelques chroniques ne disent rien de ces batailles d'Alexandre avec Bogdan; elles font Bogdan fils d'Alexandre et son successeur à la couronne; cependant plusieurs de nos documents parlent de ces guerres comme

---

*) Kromer (p. 335) dit que Bogdan II se retira à Bîrlad: »Bogdanus sospes Barlotum, oppidi id nomen est, sese recepit.«

лӱр ка шӥ кроникар8л лешéск, н8май май прескȢрт. Че‑
ȗрй к8м ар хӥ фȗст, се токмéск8 кȥ ӥсбȅнда тȗт
а8 фȗст ал8й Богдан Водȥ, кȥ а8 рȥмас домн, дом‑
нӥнд дой ань.

КАП ӒІ.

Домнӥа л8й Петр8 Водȥ чéл8й пореклӥт Арóн.

Д8пȥ дой ань а домнӥей л8й Богдан Водȥ,*)
скрӥе лѣтописéц8л молдовенéск кȥ а8 венӥт фȥрȥ вѣсте
Петр8 Водȥ Арóн,**) шӥ а8 афлат пре Богдан Водȥ
ла сат ла Р8сéнй***) ден цїус де тȥрг8л С8чéвїй, шӥ
ла8 ловӥт винерй ӂ рȥвȥрсат8л зорилор ȗктомврїе
ЗІ ӂ ан8л ҂ЅЦЗг шӥ аколѡ ӥа8 тȥат капȢл л8й Богдан
Водȥ, деч҇й стȥт8 ла домнӥе Петр8 Водȥ Арóн.

Рȥскóюл л8й Алезандр8 Водȥ к8 ал8й Петр8 Водȥ ла Мовӥлȥ.

Скрӥе лѣтописéц8л чел молдовенéск кȥ, домнӥнд
Петр8 Водȥ Арóн, ӂ ан8л ҂ЅЦЗг, ӂ л8на л8й май, а8

---

*) On possède des diplômes de Bogdan II datés du 13 sep‑
tembre 1450 et du 10 janvier 1451 (Wickenhauser, 63, 64),
et, comme il avait dû monter sur le trône dans les derniers
mois de 1449, son règne dura effectivement deux ans. L'année
1451 paraît, du reste, avoir été marquée en Moldavie par de
nouvelles agitations. Długosz (II, XIII, 73) parle d'une demarche
faite auprès, du roi Casimir par les partisans d'Alexandre,
vers la fin du mois d'août: »Venerat in Schambor pro
eodem tempore relicta Heliac voievodae Moldaviae Maria,
Casimiri regis Poloniae matertera, cum omnibus baronibus
Valachiae partes filii sui Alexandri sequentibus. Hi magno‑
pere rogabant ut dignaretur eis ferre auxilium contra Bohdan
et prohibere spolia, quae in eorum possessionibus per Bohdan
et suos fierent. Quibus responsum est regem Casimirum velle

le chroniqueur polonais, bien qu'en termes plus brefs. Quoi qu'il en soit, [les historiens] sont d'accord sur un point, c'est que la victoire demeura à Bogdan, qui fut prince pendant deux ans.

CHAPITRE XI.
Règne de Pierre surnommé Aaron.

Bogdan régnait depuis deux ans,*) dit la chronique moldave, lorsque Pierre-Aaron entra [dans le pays] à l'improviste.**) Il rencontra Bogdan dans le village de Răuseni,***) au-dessous de la ville de Suceava, et le défit, à l'aube du jour, le vendredi 16 octobre 6963 [1455]. Bogdan eut la tête tranchée sur la place et Pierre-Aaron s'empara du pouvoir.

Rencontre d'Alexandre et de Pierre à Movila.

Au mois de mai 6963 [1455], rapporte la chronique moldave, Pierre-Aaron, qui occupait le trône, vit s'a-

---

ad omnia intendere, quae eorum profectum respiciunt, consilio praelatorum et baronum habito. Proinde duo ex illis irent ad conventionem parczoviensem, plenius responsum super petitis habituri.« La conférence de Parczów, à laquelle prirent part les préfets de Cracovie, de Posnań et de Sandomierz, fut d'avis que le roi devait s'entendre avec Bogdan, recevoir de lui le serment de fidélité et servir une simple pension à Alexandre. Sur ces entrefaites, on apprit en Pologne que Bogdan avait été assassiné par Pierre (Długosz, II, XIII, 80, 81).

**) Ce Pierre est le même Pierre II qui avait déjà occupé le trône en 1448. Les documents que nous citerons plus loin ne laissent aucun doute à cet égard.

***) Răuşeni est un petit village qui fait partie du district de Suceava dans la Bucovine actuelle; il compte à peine aujourd'hui 400 habitants.

венит Алеѯандру Воду, тату лѵй Богдан Воду, кѫ ⁽ᵃ⁾ шасте ᲂсѫпра лѵй Петру Воду Аарон, ши шаѵ дат русбою ла Мовиле.*) Че ¹⁾ норокѹл чел прост алѵй Алеѯандру Воду ниче айчѣ нѹл слѹжи сѫ ᲂзбѫндѣскѫ, къ, джнд русбою витежѫще де ѫбе ²⁾ пѫрциле, аѹ бирѹит Петру Воду пре Алеѯандру Воду. Взѫнд ⁽ᵇ⁾ Алеѯандру Воду кѫ аѹ пердѹт русбоюл, аѹ фѹџит ла Четатѣ Алба, ши аколѡ сѫѵ сѫвѫршит. Ӥр ³⁾ Петру Воду аѹ домнит дой ани.**)

---

¹) B: *Cĭ*.   ²) B: *ambe*.   ³) B: *Éră*.

*) Le mot *movilă*, qui désigne un tumulus (cf. p. 15), est très-répandu en Roumanie comme nom géographique. La localité à laquelle le chroniqueur fait allusion paraît être Movila, district de Dorohoiŭ, arrondissement de Herța.

**) Les historiens polonais, dont le récit est en général confirmé par les documents authentiques, ne parlent d'aucune bataille perdue par Alexandre. Celui-ci espérait que Pierre lui livrerait le trône ainsi qu'il l'avait promis; il vint jusqu'à Suceava, accompagnée de la princesse Marie sa mère, mais Pierre n'était pas d'humeur à céder la place qu'il avait conquise, et le jeune prétendant dut s'enfuir au plus tôt. Les Polonais, qui lui prêtaient main forte, furent contraints par la mauvaise saison de se retirer. Cependant cette expédition ne fut pas sans résultats pour Alexandre. Le préfet de Hotin, qui lui était fidèle, s'empara de Cetatea-Albă; il détenait déjà Niamț (Długosz, II, XIII, 81; Kromer, 337).

L'année suivante, Alexandre dut remporter de nouveaux succès; c'est lui du moins que nous trouvons en possession du pouvoir. Le 24 février 1452, il signe à Vasluiŭ un acte de donation en faveur du monastère de Bistrița (Hîșdău, *Arch.* I, 1, 141); le 8 avril, c'est à Suceava même qu'il signe un acte semblable au profit du monastère de Pobrata (*ibid.*, I, 1, 101). Au mois de janvier 1453, il fait encore des largesses aux moines de Moldovița et de Pobrata (Wickenhauser, 64; Hîșdău, *Arch.*, I, 1, 102); il est alors à Suceava, mais au mois d'avril suivant il est à Niamț (Hîșdău, *Arch.*, I, 1, 142).

vancer contre lui, avec une armée, Alexandre, père de Bogdan, qui lui livra bataille à Movila.*) La fortune, toujours contraire à ce prince, ne permit pas qu'il remportât la victoire. On combattit bravement des deux côtés, mais Pierre défit Alexandre. Celui-ci, se voyant vaincu, s'enfuit à Cetatea-Albă, où il finit ses jours. Quant à Pierre il régna deux ans.**)

C'est encore Alexandre qui, au mois de juillet, transmet au roi de Pologne la funeste nouvelle de la prise de Constantinople par les Turcs (Długosz, II, XIII, 116); enfin, le 23 septembre, il dépose le serment de fidélité entre les mains des envoyés de Casimir: »Alexander, palatinus Moldaviae, coram oratoribus regiis, magnifico Przedborio de Koniecpole, castellano sandomiriensi, et Joanne de Wisnicz, kmita sandomiriensi et premysliensi capitaneo, homagium praestat, promittitque se rursus more majorum suorum regi in terras Russiae venienti idem homagium praestiturum, in loco, ad quem vocatus fuerit, praesertim vero Cameniciae et Sniatyni« (*Invent.*, 137; Dogiel, I, 601).

Il est probable que Pierre II continuait d'occuper une partie du pays et qu'il faisait de temps à autre des retours offensifs. Des donations faites par lui au monastère de Moldoviţa à la date des 22 et 25 août et du 6 octobre 1454 (Wickenhauser, 64, 65) permettent de penser qu'à cette époque il aura obtenu un avantage au moins passager. C'est aussi Pierre II que le roi de Hongrie Ladislas paraît avoir eu en vue dans un diplôme du 30 janvier 1453 où il dit, en parlant des services rendus au royaume par Jean Hunyadi: »Ex quo opere huic regno ea accessit utilitas ut partium transalpinarum et Moldavie wayvode, qui adhuc progenitorum Nostrorum temporibus sacre hujus regni corone rebellando, Teucris se subjecerant, ipsius Johannis vayvodae tum consilio inducti tum metu concussi, rursum huic regno cum tota sua terra se restituerint, pristina fidelitatis obsequia Nobis usque in diem hanc exhibere obligati« (Teleki, X, 350). On peut croire que Pierre, beau-frère de Jean Hunyadi, n'épargnait pas les protestations de dévouement à la Hongrie.

Mais, si Alexandre II éprouva des revers entre 1452 et 1455, il n'en conserva pas moins le pouvoir; aux yeux des

Де ачест рзсбою ал8й Алеѯандр8 Вод̑ к8 ал8й Петр8 Вод̑ Арон, кроникар8л чел лешеск н8 скрїе.*)
Ачест Петр8 Вод̑ Арон а8 ꙟчеп8т ши а8 ꙟзводит ада бир Т8рчилѡр.**)

Polonais il ne cessa de passer pour le seul prince de Moldavie. C'est ce qui ressort avec évidence d'un nouveau serment prêté par lui au roi Casimir, dans la ville de Hotin, le 6 octobre 1455: »Alexander, palatinus Moldaviae, cum consiliariis suis, quorum nomina subscripta et sigilla litteris sunt appensa, coram Andrea Odrowąż et aliis proceribus, Casimiro regi fidelitatem suam obligat, promittitque se juramentum fidelitatis coram ipso rege praestiturum. Spondet item auxilia contra omnes hostes more majorum suorum. Matri suae Mariae, amitae regiae, de Sieroczko et Targowisko confirmat litteras usque ad aliam transactionem cum rege« (*Invent.*, 138; Dogiel, I, 602).

Ce fut le dernier acte d'Alexandre, qui mourut assassiné peu de temps après: »Alexander, filius Stephani [*l.* Eliae], Valachiae [*i. e.* Moldaviae] voievodatu, brachio et assistencia Casimiri, Poloniae regis, potitus, illico petulantiae et nimiae libidini atque ebrietati deditus, veneno ab his quorum uxores filiasque stuprasse afferebatur, extinctus est. In cujus locum, Petrus quidam, Valachus, qui filius naturalis Alexandri, quondam voievodae Valachiae dicebatur, surrogatus est. Quem etsi Casimirus rex a voievodatu excludere et quendam Lithuanum instituere nitebatur, bellis tamen Prussiae eum distinentibus, cogitata non valens perficere, Petrique praefati crebris precibus et legationibus expugnatus, eum in voievodatu Valachiae confirmat.« Długosz, II, XIII, 181, 182.

*) La chronique de Putna ne parle pas non plus de cette bataille de Movila.

**) Pierre II, demeuré seul en possession du trône par suite de la mort d'Alexandre, chercha tout d'abord à se mettre en sûreté du côté des Turcs, que la prise de Constantinople rendait plus terribles que jamais. C'est alors qu'allant lui-même au-

Le chroniqueur polonais ne parle pas de cette rencontre d'Alexandre et de Pierre-Aaron.*)

Ce fut ce Pierre qui le premier s'engagea à payer tribut aux Turcs.**)

---

devant des conquérants, il acheta la paix de Mahomet II, au prix d'un tribut annuel. Le traité fut conclu au milieu de l'année 1456: »[Petrus, palatinus Moldaviae], cum proceribus suis consentit super redimendam pacem a Turcis tributo duorum millium ducatorum. Datum Soczaviae, die 5 junii 1456« (*Invent.*, 139). La date de 1456 est celle qu'indiquent Kromer (352), Engel (II, 131), Hammer (*Hist. de l'Empire ottoman*, trad. par Hellert, III, 37); cependant un autre acte des archives de Cracovie, attribué à l'année 1455 semble contredire celui que nous venons de citer: »Imperator Turcarum regi Poloniae significat se pacem fecisse cum Petro, palatino Valachiae, et mandasse suis subditis ut non impediant negotiationem mari et terra« (*Invent.*, 143). On pourrait supposer un double traité intervenu entre Mahomet II et le prince moldave, mais cette hypothèse nous paraît d'autant moins probable qu'Alexandre II ne mourut qu'au mois d'octobre ou de novembre 1455 et que le sultan n'aurait probablement pas eu le temps, avant la fin de cette même année, d'engager des pourparlers avec Pierre II et d'en communiquer le résultat au roi de Pologne. Nous aimons mieux croire que le rédacteur de l'inventaire a commis une erreur et voici comment il nous paraît possible de l'expliquer. La lettre de Mahomet II était, selon toute vraisemblance, datée de l'an 860 de l'hégire; or cette année commençait le 11 décembre 1455 et finissait le 28 novembre suivant. L'archiviste, à qui nous devons la notice qui vient d'être rapportée, a pu chercher dans une concordance à quelle année de l'ère chrétienne correspondait la date musulmane et s'arrêter au premier des deux termes. On remarquera que le mois et le quantième ne sont pas indiqués dans l'extrait, ce qui permet de penser qu'il aura été rédigé après un examen très-rapide de la pièce originale. Nous devons avouer cependant que Gorecki (ap. Pistorius, III, 77; ap. Papiu, III, 212), assigne au traité qui nous occupe la date de 1455.

КА́П В҃І.

Де домнїа луй Стéфан Во́дъ чел маре шй чел бун, фечюрул луй Богдáн Во́дъ,*) шй де мулте шй минунáте рэзбоáе ꙟ домнїа луй чку фъкут ꙟ а́нул ҂зцѯє.**)

Дупъ дой а́нй а домнїей луй Пéтру Во́дъ А҆рон, рэдикáтусау дела Цáра Мунтенѣ́скъ Стéфан Во́дъ, фечюрул луй Богдáн Во́дъ, ку мулци́ме де ѡ́асте мун-

---

*) Voy. à la fin de ce volume la généalogie d'Étienne-le-Grand.
**) À quelle époque précise Étienne monta-t-il sur le trône? C'est une question fort difficile à résoudre. Les historiens polonais parlent vaguement des luttes dont la Moldavie fut le théâtre après la mort d'Alexandre II et paraissent avoir été assez mal renseignés sur des événements d'ailleurs fort confus.

Lorsque Pierre II eut obtenu pour la troisième fois la couronne, en 1455, il vit surgir devant lui, non pas un, mais deux compétiteurs. Tandis qu'Étienne combattait pour son propre compte, le roi de Pologne soutenait la cause d'un prince lithuanien: »quendam Lithuanum instituere nitebatur«, dit Długosz, dans le passage que nous avons rapporté ci-dessus (p. 87). Plus loin, le même auteur parle des trois adversaires qui se disputaient la Moldavie: Pierre, Étienne et Berenden, ou Berendeiŭ. Ce dernier est évidemment le prince lithuanien, dont nous venons de parler; il revendiquait la succession d'Alexandre-le-Bon, dont il était sans doute parent par les femmes. Cf. Miechowski, ap. Hişdău, Arch., I, II, 35.

Pierre fut d'abord le plus fort, mais pour s'assurer le trône, il ne craignit pas de sacrifier les intérêts et la dignité de son pays. À peine s'était-il condamné lui-même à payer un tribut aux Turcs (5 juin 1456), qu'il prêta serment d'obéissance au roi de Pologne (Suceava, 26 juin): »Petrus, palatinus Moldaviae, more majorum suorum, Alexandri patris, Eliae et Stephani fratrum, praestat homagium et fidelitatem, adhibito juramento, Casimiro regi et regno Poloniae, cui pollicetur assistentiam contra omnes hostes, nullius se subditum fore nisi praefati regis et coronae, illius commodo procuraturum,

CHAPITRE XII.

Du règne d'Étienne le Grand ou le Bon, fils de Bogdan,*) et des batailles aussi nombreuses qu' extraordinaires livrées pendant ce règne, qui commença en 6965 [1457].**)

Pierre-Aaron régnait depuis deux ans, lorsqu'Étienne, fils de Bogdan, sortit [tout-à-coup] de Valachie et pénétra dans le pays avec une armée considérable, com-

---

et de conatibus hostium certiorem facturum, in persona sua regi semper praesto futurum cum tota sua potentia, inscriptiones a praedecessoribus suis factas observaturum, cum nullo alio foedus initurum, homagium in persona sua in Colomia vel in Camieniec regi praestiturum, alienata bona recuperaturum, neque inscio rege et regno quidpiam alienaturum; si rex contra Prussos bellum geret, quadringentos hastatos equites missurum, nec non quadringentos boves daturum; contra Tartaros totis viribus regi militaturum; filios Szachmat, caesaris Tartarorum, regi extraditurum; legatos ad regem quotannis cum muneribus rege dignis, ratione pensionis homagialis missurum; Mariam, relictam olim Eliae Moldaviae palatini viduam, circa oppidum Sereth et villam Olchowiec aliasque villas dote illius oneratas conservaturum et in manus ejus quem Przedborius de Koniecpole, castellanus sandomiriensis, mittet assignaturum; de Chocim et Czecúry, quae doti ejusdem Mariae subjecta sunt, cum rege transacturum; Anastasiam, filiam ejus, secundum arbitrium regis nuptui daturum; ceteras differentias ad primum cum rege conventum differt.« (*Invent.*, 138; cf. Dogiel, I, 602). Kromer (352) a connu cet important document; (on voit même, par l'analyse qu'il en donne, que les lettres de Pierre II étaient écrites en ancien slovène, aussi au lieu d' »oppidum Sereth«, dit-il, d'après le texte, »possessionem territorii »*seretskitargensis* [Серецкіи Торгъ], sive fori Seretii«), mais il l'a daté par erreur de 1455 et il a fait de Pierre II le frère d'Alexandre II.

Ainsi la Moldavie par suite de l'ambition toute personnelle de son prince, se trouva triplement vassale des Hongrois, des Turcs et des Polonais. Il est probable qu'Étienne-le-Grand

тенѣскъ, ші ден цар ад8нацй, ші а8 атрат айче ¹⁾ «
ꙗ цар; ші слинд ²⁾ спре скабнꙋл С8чевій, ꙗ8 ешіт
ꙗнайнте Петрꙋ Водъ Арон, ла сат ла Жолдешій *) пре
Сирѣт, ла тинꙋ, ші ша8 дат расбою ꙗ ꙁіоа де
цївй мары, април вї, ші а8 ꙗфрънт Стефан Водъ пре
Петрꙋ Водъ Арон. Ші н8 се лꙁсѣ Петрꙋ Водъ к8
атѣта, че ꙗр ³⁾ са8 б8л8чіт ал дойле ранд ла Ꙍр-
бик, **) де са8 ловит к8 Стефан Водъ, ші ꙗр а8
иꙁбъндіт Стефан Водъ, къ а8 прінс пре Петрꙋ Водъ
Арон, ші ꙗ8 тъат капꙋл ***), д8пъ ч8е ф8ст домн

---

¹⁾ B: *aici*. ²⁾ B: *silindŭ*. ³⁾ B: *iar*.

ne manqua pas d'exploiter auprès des boïars la situation humiliante imposée au pays par son rival. Trois mois après le jour où Pierre II s'était engagé à payer une rente aux Turcs, Étienne était déjà en possession du pouvoir. Le 8 septembre 1456, étant à Piatra, il fait une donation au monastère de Bistriţa (Hîşdău, *Arch.*, I, 1, 154). Les batailles dont parle Urechi, si tant est qu'elles aient eu lieu, doivent donc être placées au milieu de l'été de 1456.

Nous devons nous arrêter ici sur deux autres documents, qu'il paraît au premier abord impossible de concilier avec ceux que nous avons cités. MM. Lăurian et Bălcescu *(Magazinu istoriku pentru Dacia*, I, 277) ont publié la traduction d'une lettre adressée par Étienne-le-Grand au patriarche d'Ohrida, au mois d'avril 6964, 4ᵉ indiction, pour lui annoncer la mort du métropolitain Bessarion; ils ont donné à cette lettre la date de 1456, mais l'erreur est flagrante; c'est 1457 qu'il faut lire. La 4ᵉ indiction ne commença que le 1ᵉʳ septembre 1456 et se termina le 31 août 1457; aussi la réponse du patriarche, écrite au mois d'octobre suivant, est-elle datée de 6965, 5ᵉ indiction.

L'autre difficulté porte sur un acte des archives de Cracovie. Le roi Casimir ayant donné un sauf-conduit à trois boïars moldaves (Michaeli cancellario, Duma et Theodoro fratribus, terrigenis et boiarinis moldaviensibus), le prince de Moldavie leur accorde, à son tour, la même faveur: »Stephanus, palatinus Moldaviae, ad instantiam regis dat salvum conductum Michaeli logopheto et fratribus ejus Duma et

posée de Valaques et d'hommes recrutés en Moldavie même. Il marcha sur Suceava, capitale [de la principauté]. Pierre-Aaron s'avança au devant de lui jusqu' au village de Joldeştĭ,*) situé sur les bord marécageux du Siret, lui livra bataille le jeudi saint, 12 avril, mais fut défait. Il ne se découragea cependant pas, reforma ses troupes à Orbic **) et livra de nouveau bataille. Étienne remporta la victoire pour la seconde fois et s'empara de son adversaire à qui il fit couper la tête.***) Pierre avait

<hr />

Theodoro. Datum Suczawiae, die 28 junii 1456« (*Invent.*, 138). C'est le 26 juin que Pierre II signait, dans la même ville son serment de fidélité à Casimir IV; il n'est pas probable qu'il ait été renversé le lendemain et que le surlendemain Étienne ait eu pris possession de la capitale et eût expédié déjà des actes administratis. Il faut donc supposer ou qu'on doit lire »Petrus«, au lieu de »Stephanus«, ou que la date a été mal transcrite. Cette dernière supposition est la plus probable. Le diplôme signé par Étienne était rédigé en ancien slovène comme le prouve le mot »logotheto«, au lieu de »cancellario«, qu'emploie l'auteur de la notice; il devait être daté d'après l'ère de la création du monde et cette date aura été mal lue, comme celle de la lettre au patriarche d'Ohrida.

La diversité des calendriers rend particulièrement difficile la chronologie des pays roumains.

Étienne mourut le 2 juillet 1504; Urechi et la chronique de Putna disent qu'il avait régné quarante-sept ans, deux mois et trois semaines, ce qui placerait son avénement au mois d'avril 1457. D'après une autre source, Étienne aurait régné quarante-sept ans et cinq mois (Ipsilanti, 17). C'est à dire qu'il était monté sur le trône au commencement de février 1457. Cette dernière version se rapproche des dates que nous fournissent les chartes.

*) Joldeştĭ est un hameau, qui dépend de la commune de Fîntane, arrondissement du Siret, district de Botoşanĭ.

**) Il y a dans l'arrondissement de Bistriţa, district de Niamţ deux hameaux du nom d'Orbic; l'un appartient à la commune de Bohuş, l'autre à la commune de Costişa.

***) Pierre II ne fut pas mis à mort par Étienne; il s'enfuit en Transylvanie où il se trouvait encore en 1462. C'est du moins au prince de Transylvanie que Mathias Corvin paraît avoir adressé, en 1462, la lettre suivante: »Audivimus Petrum, vaivodam

дой ăнй, дешй рѫсплѫтй мо́артѣ тѫтѫниcє8 ¹⁾, л8й
Богда́н Бо́дѫ.

Кѫнд са8 стрйнс ца́ра ла ло́к8л чѐ се ка́мѫ
Дирепта́те, *) шй а̂8 рѫдика́т до́мн пре
Стєфа́н Бо́дѫ.

Стєфа́н Бо́дѫ а̂8 стрйнс боа́рїй шй ма́рй шй мичй
шй ăлтѫ к8рте мѫр8нтѫ, ѫпре8нѫ к8 Ѳеоктіст ми-
трополи́т8л **) шй к8 м8лцй кѫл8ґѫрй, ла Дирепта́те,
шй а̂8 ѫтреба́т пре тѡцй: е́сте к8 воа т8т8рѡр
сѫле фі́е до́мн. А̂т8нче тѡцй к8 ой̂н гла́с а̂8 стрига́т:
„А̂ м8лцй ăнй дела Д8мнєзе́8 сѫ домне́шй!“ Шй к8
воа т8т8рѡр²⁾ ла8 рѫдика́т до́мн, шй ла8 пом8з8и́т
де домнї́е Ѳеоктіст митрополи́т8л. Шй де а́колѡ а̂8
л8оа́т³⁾ Стєфа́н Бо́дѫ скіптр8л цѫрїй Молдо́вїй, шй
а̂8 ме́рс ла ска́он8л⁴⁾ домне́ск ла С8ча́вѫ.

Де́чій Стєфа́н Бо́дѫ гѫтѝнд8се де ма́й ма́ри л8-
кр8рй сѫ фа́кѫ, н8 черк8 сѫ а̂ше́зѫ ца́ра, че де
рѫсбо́ае се гѫти́, кѫ а̂8 ѫпѫрци́т ѡ҆шій⁵⁾ сáле стѣг8рй,
шй а̂8 п8с хотно́цй шй кѫпита́нй, ка́ре то́ате к8
норо́к ла̂8 вени́т. ***)

---

¹) B: *tătăne-său.* ²) B: *tutuloru.* ³) B: *luatu.* ⁴) B: *scaunul.*
⁵) B: *ostei.*

moldaviensem, apud vos esse; unde, cum Nos certis ac ratio-
nalibus de causis eundem in curia Nostra libenter ad praesens
habere velimus, F. V. requirimus et hortamur quatenus dictum
Petrum vaivodam quamprimum pro singulari Nostra compla-
centia transmittatis. Erit id apud Nos vobis in favorem et ipsi
Petro vaivodae ad promotionem. (*Epistolae Mathiae Corvini,
regis Hungariae, ad pontifices, imperatores*, etc.; Cassoviae,
1764, pet. in-4, 48). — Le fait avancé par Urechi, l'exécution de
Pierre II, se retrouve dans la chronique de Putna (Hîşdău, *Arch.*,
III, 6). Une erreur semblable prouve bien que la partie de
cette chronique antérieure à la fondation du monastère de

régné deux ans. C'est ainsi qu' Étienne vengea la mort de Bogdan, son père.

Assemblée nationale tenue au lieu appelé Direptate;*) Étienne est proclamé prince.

Étienne assembla à Direptate les grands et les petits boïars, ainsi que la menue noblesse, le métropolitain Théoctiste**) et un grand nombre de moines. Il leur demanda si c'était la volonté générale qu'il fût prince; alors tous s'écrièrent d'une même voix: »Puisses-tu régner de longues années avec l'aide de Dieu!« Il fut proclamé d'un consentement unanime et fut sacré par le métropolitain Théoctiste. Il prit alors en main le sceptre de Moldavie et se rendit dans la capitale de la principauté, à Suceava.

Cependant Étienne, se préparant à faire de plus grandes choses, ne chercha pas à développer les institutions intérieures, mais s'occupa de préparatifs guerriers. Il distribua des drapeaux à ses troupes et leur donna des lieutenants et des capitaines. Tout cela se fit heureusement.***)

Putna, c'est-à-dire à l'année 1466, n'est pas l'œuvre d'un contemporain, mais n'est qu'une compilation sans valeur faite après coup. Il y a lieu de rectifier dans ce sens le commentaire de M. Hîşdău (*Arch.*, III, 21).

*) Nous avons vainement cherché Dreptate dans les dictionnaires géographiques. Comme nous le fait remarquer M. A. Lambrior, ce nom pouvait s'appliquer à un champ situé aux portes de Suceava dans lequel le successeur d'Étienne fut proclamé en 1504 (Esarcu, 103).

**) Nous parlerons plus loin du métropolitain Théoctiste, qui mourut en 1477, mais nous voulons, dès maintenant, relever une erreur qui a échappé à l'évêque Melchisedec. Cet auteur rapporte que Théoctiste fut sacré par Nicodème, archevêque de Serbie, en 1451 (*Chron. Rom.*, I, 57); or c'est seulement au mois d'avril 1457 qu'Étienne annonça au patriarche d'Ohrida la mort du métropolitain Bessarion et le pria de donner un nouveau chef à l'église moldave. Voy. ci-dessus p. 90.

***) En 1459, Étienne fit enfin la paix avec les Polonais. Une des

Кънд ау прѣдат Стефан Водъ Цара Съкуѣскъ.

Скріе лѣтописецул молдовинѣскъ[1], къ фіинд Стефан Водъ ѡм ръсбоиник, ши дѣпуруре тръгѫндул ынима спре върсаре де сѫнџе, ну се зъбови врѣме мултъ дупъ че се ашезъ ла домніе, че[2] ын ал чинчиле ан а[3] домніей сале, ын анул ¸ѕцѯѳ, ръдикатусау Стефан Водъ ку тоатъ путѣрѣ са, ши сау дус ла Ардѣл де у прѣдат Цара Съкуѣскъ. Ниче ау авут чине сѫй іасъ ынпротивъ,[4] че, дупъ мултъ прадъ че у фъкут, сау ынторс ку паче ынапой фъръ де ниче ѡ сминтѣлъ.*) Че де ачѣстъ повѣсте кроникарул чел лътинѣск немик ну скріе; ꙗке ши алте сѣмне мулте сѫнт каре ну ле ынсемнѣзъ; іаръ лѣтописецул ностру, мъкаръ къ скріе май пре скуртъ, ынсъ ле ынсемнѣзъ тоате.[5]

Ꙗръ ын ал шѣселе ан а домніей луй Стефан Водъ, ын анул ¸ѕцо, юліе ын кв, ау ловит пре Стефан Водъ ку ѡ пушкъ ынтрѡ глѣзнъ ла четатѣ Киліей.**)

Ꙗръ ын ал шѣптеле ан а домніей сале ын анул ¸ѕцоа, юліе ын е҃, шау луат доамнъ пре Евдокіа дела Кіев, сора луй Симеон ынпърат; іаръ кроникарул чел

---

[1]) B: *moldovenescŭ*. [2]) B: *ca*. [3]) B: *al*. [4]) B: *impotrivă*.
[5]) B: *pre tóte*.

conditions du traité fut que le roi de Pologne ne permettrait pas à l'ex-prince Pierre II de résider sur la frontière de Moldavie. (Dogiel, I, 602; Engel, II, 132; Sinkai, II, 34; Codrescu, IV, 382; Mitilineu, 16).

*) On a vu ci-dessus (p. 92) que Mathias Corvin s'était prononcé en faveur de Pierre II. Sinkai, (II, 37) suppose, non sans vraisemblance, que le roi de Hongrie voulait replacer son candidat sur le trône de Moldavie et que l'incursion d'Étienne en Transylvanie eut pour but de le prévenir. La chronique de Putna (ap. Hîşdău, *Arch.*, III, 16) est le seul document où il soit fait mention de cette campagne; elle dit qu'une bataille fut livrée le 3 juillet 1461.

Étienne pille le pays des Széklers.

D'après la chronique moldave, Étienne, qui était d'un caractère belliqueux et se plaisait aux luttes sanglantes, ne resta pas longtemps en paix après son avénement. La cinquième année de son règne, en 6969 [1461], il réunit toutes ses forces et pénétra en Transylvanie pour y piller le pays des Széklers. Il ne trouva pas de résistance et, après avoir fait beaucoup de butin, rentra tranquillement [en Moldavie], sans avoir été inquiété.*) Le chroniqueur latin ne dit rien de cette campagne. Il y a du reste beaucoup d'autres détails qu'il ne rapporte pas, tandis que notre chronique, plus abrégée cependant, les a enregistrés.

La sixième année de son règne, le 22 juillet 6970 [1462], Étienne fut atteint d'un coup d'arquebuse à la cheville, devant le château de Chilie.**)

La septième année, le 5 juillet 6971 [1463], il épousa Eudoxie de Kyjev, sœur de l'empereur Siméon. Le chro-

---

*) Comme le dit Urechi, le prince moldave ne rencontra aucune résistance. Le roi de Hongrie etait absorbé par ses négotiations avec l'Empire et avec la Bohème et les troupes qu'il avait laissées du côté de la Transylvanie surveillaient les mouvements des Turcs.

**) Urechi emprunte ce détail à la vieille chronique de Putna (Hîşdău, *Arch.*, III, 6). Du reste, d'autres historiens parlent de la première attaque dirigée par Étienne sur Chilie. D'après Chalcocondyle (206-215), Mahomet II entreprit en 1462 une campagne contre le prince de Valachie Vlad Țăpeș. Il franchit avec une flotte les bouches du Danube et forma deux corps d'armée, dont l'un devait pénétrer au cœur de la Valachie, tandis que l'autre menaçait la Moldavie. Étienne n'était pas en état de résister; pour écarter le danger il offrit au sultan de l'aider dans son entreprise et vint mettre le siége devant Chilie, mais la place put être secourue à temps par Vlad. Sur Chilie, voy. ci-dessus p. 68.

Urechi omet ici un fait important. En 1462, Étienne jura solennellement fidélité au roi de Pologne, avec lequel il avait fait la paix en 1459 (*Invent.*, 139, 140; Dogiel, I, 603).

лешеск скрїе кꙋ аꙋ фꙋ́ст Ѐвдокі́ѧ фáтꙋ лꙋй Сѷмеѡ́н ᵃ
 Ꙟпꙋрáт, ꙟ҃р нꙋ́ со́рꙋ.*)

Кꙋм аꙋ лꙋоáт¹⁾ Стефан Во́дꙋ Кіліѧ ши Четáтѣ А҃лбꙋ дела пꙋгáнй.

Ꙟ а҃нꙋл ҂ꙃц҃о҃г, ꙟ лꙋ́на лꙋй генáріе к҃г, адꙋнꙋ́нд
Стефан Во́дꙋ мꙋ́лтꙋ ѡ҃́асте де царꙋ, врꙟнд сꙋ рꙋс-ᵇ
кꙋмпере четꙋ́циле, кáре ле лꙋоáсе пꙋгáній дела а҃лци
до́мнй, погорйтаꙋ²⁾ кꙋ то́атꙋ пꙋтѣ́рѣ сꙋ спре четáтѣ
Кѵлі́ей, ши сосйнд мїѐркꙋрй спре џіꙋ̂й ³⁾ ла мѣ́ꙋꙁ но́апте,
аꙋ ꙟкꙋнџюрáт четáтꙋ; ꙟсꙋ џіꙋ̂й ³⁾ нꙋ сáꙋ апꙋкáт де
хáрц, ꙟр винерй де диминѣ́цꙋ аꙋ ꙟчепꙋ́т а бáтере ᶜ
четáтꙋ, ши аша то́атꙋ ꙃі́оа сáꙋ хꙋрꙋцй́т пꙟнꙋ ꙟ ⁴⁾
сáрꙋ. Ꙗ҃рꙋ, сꙋ́мбꙋтꙋ, се ꙟкинáрꙋ чей де́н ⁵⁾ четáте,
ши аꙋ ꙟтрáт Стефан Во́дꙋ ꙟ четáтѣ Кѵлі́ей; ши
аколо̂ петрекꙟ́нд трей ꙃи́ле, веселйндꙋсе ши лꙋꙋдꙟ́нд
пре Дꙋмнеꙁе́ꙋ, ꙟблꙋнꙁꙋ́ ѡ҃́аменій ꙟ четáте.**) ᵈ

Де аколо̂ ши ла Четáтѣ А҃лбꙋ аꙋ трáс, ши, мꙋ́лтꙋ
нꙋвáлꙋ фꙋкꙟнд, аꙋ добꙋндй́т ши Четáтѣ А҃лбꙋ.***)

---

¹) B: *luat*. ²) *pogorît-aŭ*. ³) B: *joi*. ⁴) ꙟ m. dans B. ⁵) *din*.

*) Il s'agit ici de Siméon Olelkovič, prince de Kyjev et vassal du roi de Pologne. Siméon succéda à son père en 1455 et mourut fort jeune encore en 1471. Les historiens ne parlent que de son fils Basile et de ses filles Aleksandra et Olelka (voy. Engel, *Geschichte der Ukraine*, in *Welthistorie*, XLVIII. Th., 36). Eudoxie devait donc être la fille d'Olelko Vladimirovič et, par conséquent, la sœur de Siméon et de Michel. Engel, qui aurait pu mieux que personne élucider la question, l'a laissé passer inaperçue dans son histoire de Moldavie (II, 134). Le texte d'Urechi, dont il avait une traduction latine sous les yeux, ne portait peut-être pas: Eudoxie »de Kyjev«, aussi a-t-il cru que Siméon était un empereur byzantin, bien qu'il n'y ait pas eu d'empereur de ce nom au XVᵉ siècle. Eudoxie est citée dans un diplôme du 9 juillet 1466 (Hiṣdău, *Arch.*, I, 1, 114). On voit dans ce document qu'elle avait alors deux enfants: Alexandre et Hélène.

niqueur polonais dit pourtant que [cette princesse] était fille et non pas sœur de Siméon.*)

Comment Étienne enleva aux infidèles Chilie et Cetatea-Albă.

Étienne voulut reprendre les places que les infidèles avaient conquises sur ses prédécesseurs. Le 23 janvier 6973 [1465] il se mit en route avec toute son armée vers Chilie. Il y arriva au milieu de la nuit du mercredi au jeudi et cerna la place. Il n'engagea pas l'attaque le jeudi; ce ne fut que le vendredi matin, qu'il commença à battre la forteresse. La lutte se prolongea jusqu'au soir et, le samedi, les assiégés capitulèrent. Étienne fit son entrée à Chilie; il y passa trois jours en réjouissances et en actions de grâces, et se concilia les habitants.**)

Il marcha ensuite sur Cetatea-Albă, dont il se rendit maître après avoir livré plusieurs combats.***) Il s'empara

---

**) Au moment où Mathias Corvin avait fait prisonnier Vlad Țăpeș (1462), le sultan avait placé sur le trône de Valachie Radu, propre frère de Vlad, et lui avait laissé la possession de Chilie (Długosz, II). Cette place appartenait donc aux Valaques et non pas aux Turcs. Długosz dit encore qu'Étienne se reconnut vassal du sultan, bien qu'il eût déjà prêté le serment de fidélité au roi de Pologne; il ajoute que ce prince, n'ayant pu réussir une première fois à emporter Chilie par la force, eut recours à la ruse. Étienne entra en relations avec les habitants, dont il connaissait les sympathies pour la Pologne, et ceux-ci lui ouvrirent eux-mêmes les portes. Le récit de Miechowski (ap. Hîşdău, *Arch.*, I, II, 35) n'est que la répétition de celui de Długosz.

***) A propos de la prise de Cetatea-Albă, M. Hîşdău (*Ist. crit.*, I, 9) fait observer qu'Urechi commet une grave erreur, parce que cette place n'avait jamais cessé jusque là d'appartenir à la Moldavie. Il est possible cependant que Cetatea-Albă ait été occupée par les partisans de Pierre II.

Шй аша амындоў четыциле кў мылтъ върсаре де сънџе‑
ле добънди, кареле лў ънтърйт кў бўкате шй, кў
слўжиторй, аў лъсат пре Исая шй пре Бўхтъ*)
пърkълабй ка съле грижъскъ; яр¹) Стефан Водъ съў
ъторс ла скаўнўл сеў, ла Сўчявъ.

Ярў ън ал зъчеле ан а домнией сале, ън анўл
҂ЅЦОД, юлйе ӏ, аў ънчепўт Стефан Водъ а зидире мъ‑
нъстиръ Пўтна ънтрў лаўда лўй Дўмнезеў шй а майчий
ноастре Нъскътоарей де Дўмнезеў.**)

Ръсбоюл лўй Стефан Водъ кў Мътйаш, краюл ўнгўреск.

Мътйаш, краюл ўнгўреск, биzўиндўсе пўтерий
сале шй мещершўгўлўй сеў, кў каре пре мўлцй ден
вечиний сей яў сърпат шй яў сўпўс, кареле де мўлте
орй ръсбоае фъчъ кў Търчий, шй кў норок ызбъндйа,
неавънд ниче ѡ причинъ дирѣптъ асўпра лўй Стефан
Водъ, че нўмай ка съл пўйе²) съ фйе сўпт аскўлтарѣ
лўй, ка съй фйе кўвънтўл деплин, кънд де мўлте орй
се лъўда Матйаш Краю къ къте ръсбоае фаче Стефан
Водъ, тоате кў пўтѣрѣ лўй ле фаче, шй де сўпт
аскўлтарѣ лўй фаче исбъндъ, шй врънд дече се лъў‑
даре, ка съ аръте³) къй адевърат, аў тримис солй ла

---

¹) B: éră. ²) B: pună. ³) B: arate.

*) Urechi reproduit les noms donnés par la chronique de Putna (Hîşdău, *Arch.*, III, 7). Les deux préfets s'appelaient en réalité Isaïe et Bucium; ils figurent tous deux, avec l'indication de leur qualité, dans un diplôme du 9 juillet 1466 (Hîşdău, *Arch.*, I, I, 115). Un autre diplôme de 1466, dont la date précise est inconnue, parle de Bucium, préfet de Chilie, mais cite également un boiar appelé Buhtea (*Ateneŭ lu romanu*, I, Iassii, 1861, in-8, 156).

**) Le monastère de Putna, le plus riche des couvents de l'ancienne Moldavie, est situé dans la Bucovine actuelle, district

ainsi de ces deux places, non sans grande effusion de sang; il y mit de l'artillerie et les confia à la garde d'Isaïe et de Buhtea,*) qu'il y laissa comme préfets avec une garnison. Quant à lui, il rentra dans sa capitale de Suceava.

La dixième année de son règne, le 10 juillet 6974 [1466], Étienne commença la construction du monastère de Putna, à la gloire de Dieu et de Notre-Dame, la mère de Dieu.**)

Guerre d'Étienne avec Mathias, roi de Hongrie.

Le roi de Hongrie, Mathias, qui comptait sur la force et sur l'habileté avec lesquelles il avait soumis plusieurs de ses voisins, avait livré aux Turcs un grand nombre de batailles dont il avait eu le bonheur de sortir vainqueur. Sans avoir le moindre grief contre Étienne, il voulut le contraindre à reconnaître sa suzeraineté. Il cherchait ainsi à réaliser ses paroles, car il s'était vanté qu'Étienne ne faisait aucune guerre sans sa permission et que toutes les victoires qu'il avait remportées, il ne les avait obtenues que comme son vassal. Pour montrer qu'il avait dit vrai, il envoya des ambassadeurs au prince

---

de Rădăuţĭ. Il est aujourd'hui bien déchu de sa splendeur passée et ne conserve rien de ses immenses terres, confisquées en 1786 par Joseph II. C'est à Putna que fut enterré Étienne-le-Grand ainsi que toute sa famille. Les inscriptions funéraires qui y ont été relevées (Cogălniceanu, *Apx.*, II, 301) présentent un grand intérêt; nous les citerons à leur date. Les portraits du fondateur et de son fils Alexandre, qui sont peints sur les murs de l'église, ont été reproduits par les soins de M. Alecsandrescu-Urechie dans l'*Ateneulu românu*, I (Bucuresci, 1867, in-8).

Le cartulaire de Putna devait faire partie de la publication de M. Wickenhauser, publication qui n'a malheureusement pas été continuée.

Стефан Водъ съй се ꙗкине. Ꙗръ Стефан нау примитъ. ᵃ
Дечй възѫнд Матіаш Краю волничіа лꙋй Стефан Водъ
къ нꙋ ѿ поате сꙋпꙋне, ау стринс¹⁾ мꙋлтъ ѿасте а съ
шй, ащютор лꙋѫнд дела ѫлцій, ау пꙋрчес, ѫ ѫнꙋл ҂ЅЦОЅ,*)
шй ау ешйт ѫ Молдова, шй зичѣ къ кꙋ кале мѣрџе
съ дꙋкъ ла скаон²⁾ ѫ Молдова домн пре Петрꙋ Водъ.**) ᵇ
Шй ау ешйт ла Тотрꙋш***), ноемврїе ди,†) де аколѡ
ау мерс ла Роман, ноемврїе ҟ.д., шй аколѡ съу ѿдихнйт
пѫнъ а шепте зи, прездѫнд шй жъкꙋнд. Ꙗръ а ѿпта
зи, декемврїе ѫ ҃Ѕ, ау апринс тѫргꙋл Романꙋл, шй
ау пꙋрчес спре Сꙋчѣвъ съ апꙋче скаꙋнꙋл. Шй май ᶜ
апой сокотй съ нꙋ рѫмѫе³⁾ врꙋн оунгю непипѫйт де
џнсꙋл, ау лъсат калѣ деспре Сꙋчѣвъ, оундел ащептъ
Стефан Водъ шй ау лꙋат спре Баїе,††) оунде ау сосйт
лꙋнй декемврїе ди; шй аколѡ ла Баїе, кꙋм нꙋ врѣ авѣ
ничй ѿ грижъ де ничй ѿ парте, ѫшй лъсъ ѿастѣ ᵈ
фѫръ ничй ѿ пазъ ла бъꙋтꙋрй шй ла жакꙋрй. Де
каре лꙋкрꙋ аꙋѫнд Стефан Водъ щире, шй принзѫнд
лимбъ, марцй декемврїе ҃Ѕі, ау апринс тѫргꙋл асꙋпра

---

¹⁾ B: *strîrsŭ*. ²⁾ B: *scaunŭ*. ³⁾ B: *rĕmână*.

*) Ce passage prouve bien que la chronologie d'Urechi a été modifiée après coup. L'expédition de Mathias Corvin en Moldavie eut lieu au mois de novembre 1467; or, d'après le calcul des Grecs, des Bulgares et des Russes, l'année 6976 avait commencé le 1ᵉʳ septembre précédent. Urechi avait certainement écrit ici 6976, car, plus loin, il dit que la seconde incursion d'Étienne dans le pays des Széklers eut lieu »la même année«, et cependant cette campagne ne peut être placée que dans les premiers mois de 1468. La correction apportée au texte est le fait d'un lecteur du XVIIᵉ ou du XVIIIᵉ siècle, qui vivant à une époque où l'année commençait au 1ᵉʳ janvier et où l'on se bornait à ajouter 5508 au chiffre de l'année vulgaire pour avoir la date d'après l'ère de Constantinople, aura cru que le mois de novembre 1467 correspondait à 6975 et non à 6976.

moldave pour lui réclamer l'hommage, mais celui-ci le refusa. Voyant qu'il ne pouvait ravir à Étienne son indépendance, Mathias réunit une nombreuse armée hongroise, à laquelle il joignit des auxiliaires étrangers; il commença les hostilités en 6975 [1467]*) et pénétra en Moldavie. Il annonçait l'intention de replacer Pierre sur le trône de la principauté.**) Il passa la frontière à Totruș***) le 19 novembre†) et gagna de là Roman, le 29 novembre. Il y resta une semaine à piller et à ravager; le huitième jour, 7 décembre, il incendia la ville de Roman et s'avança dans la direction de Suceava, pour s'emparer de la capitale. Mais, réfléchissant qu'il ne devait pas y avoir un coin de terre qu'il n'eût touché, il quitta la route de Suceava, où Étienne l'attendait, et se dirigea sur Baie,††) où il arriva le lundi 14 décembre. Une fois à Baie, il ne voulut pas avoir de soucis et laissa ses soldats boire et piller sans aucune surveillance. Étienne fut informé de ce qui se passait par les prisonniers qu'il interrogea et, le mardi 15 décembre, il mit le feu à la ville sur le dos de l'ennemi, qui n'était nullement sur ses gardes. À la pointe du jour,

---

**) Les historiens hongrois eux-mêmes disent que Mathias Corvin voulut punir Étienne d'avoir renversé Pierre II et d'avoir reconnu la suzeraineté de la Pologne et non celle de la Hongrie. Voy. Fessler, III, 55.

***) Aujourd' hui Trotuș, dans le district de Băcău. Ce village est situé sur la rivière du même nom, qui prend sa source en Transylvanie, au-dessus du col du Ghimeș et se jette dans le Siret à Domnești.

†) Le passage des Carpates au cœur de l'hiver était une entreprise fort imprudente, dont Éméric Zápolya s'était en vain efforcé de détourner le roi. Voy. Fessler, *loc. cit.*

††) Baie, au sud de Fîlticenĭ, district de Suceava, arrondissement de Moldova, n'est plus aujourd'hui qu'un bourg sans importance. C'était jadis, comme le nom l'indique (a.-slov. баня; magy. *banya*) le chef-lieu d'une exploitation minière. Les anciens princes roumains y recueillaient de l'or et y battaient monnaie.

лѡр, кꙋнд ѐй ѐра фꙋрꙋ де ниче ѿ грижꙋ; шй, фїйнд ᵃ
ѐй бецй, їꙋ ловит Стефан Водꙋ кꙋ ѡасте токмитꙋ
ꙟ рꙋвꙋрсатꙋл зорилѡр, лѐꙋ фꙋкꙋт мꙋлтꙋ моарте шй
перире ꙟ Оунгꙋрй, кꙋ ѐй нефїйнд токмицй де рꙋсбою,
немикꙋ де ꙗрме нꙋ сꙋꙋ апꙋкатꙋ че де фꙋгꙋ. Ниче
оурма сꙋ їꙋ карїй скꙋпа, кꙋ фїйнд ноапте де нꙋ ᵇ
цїа ꙟкотрѡ вѡр фаче, ꙟ тоате пꙋрциле рꙋтꙋчїа¹⁾.
Дѣче²⁾ лй вꙋна цꙋранїй ꙟ звоае шй прин мꙋнцй,
оунде врꙋ в̑.і перицй сꙋꙋ афлат.*) Май апой шй сингꙋр
Краю,³⁾ рꙋнит де сꙋцѣтꙋ фоарте рѐꙋ, аба аꙋ хꙋлꙋдꙋит
прѐн⁴⁾ потичй дѐꙋ ешит ла Ардѣл.**) Аша норочѣше ᶜ
Д8мнезѐꙋ пре чей мꙋндрй шй фалничй, пентрꙋ сꙋ
арѣте лꙋкрꙋриле ѡминещй, кꙋт сꙋнт де фраџиде⁵⁾
шй неадевꙋрате; кꙋ Д8мнезѐꙋ нꙋ ꙟ мꙋлцй че ꙟ пꙋцинй аратꙋ путѣрѣ са, ка нѣме сꙋ нꙋ се нꙋдꙋждꙋаскꙋ
ꙟ путѣрѣ са, че ꙟтрꙋ Д8мнезѐꙋ сꙋй хїе нꙋдѣждѣ, ᵈ
ниче фꙋрꙋ кале рꙋсбоае сꙋ факꙋ, кꙋ Д8мнезѐꙋ челѡр
мꙋндрй се пꙋне ꙟпротивꙋ.⁶⁾

Пре ачѣ врѣме авꙋнд Стефан Водꙋ прїетенїе кꙋ
Лꙋшїй аꙋ тримес⁷⁾ дин добꙋнда са шй краюлꙋй лешѣск
прин солїй сѣй. ᵉ

Їꙗрꙋ Матїаш, краюл оунгꙋрѣск, дакꙋ аꙋ скꙋпат,
де изнобавꙋ гꙋтисе ѡасте, ка сꙋ вїе⁸⁾ асꙋпра лꙋй Стефан

---

¹⁾ B: *rětăceaŭ*. ²⁾ B: *Deci*. ³⁾ B: *craiul*. ⁴⁾ B: *prin*. ⁵⁾ B: *fragede*.
⁶⁾ B: *împotrivă*. ⁷⁾ B: *trimisŭ*. ⁸⁾ B: *vină*.

*) Les détails abondent sur la bataille de Baie. On trouvera l'in-
dication des sources, d'une part, dans Sinkai (II, 53) et, d'autre
part, dans Teleki (III, 539) et dans Fessler (III, 56). Tous les
historiens polonais et même plusieurs auteurs hongrois racontent
que Mathias éprouva un véritable désastre; les autres historiens
hongrois, comme Turóczi et Buonfini, soutiennent, au contraire
que le roi de Hongrie, attaqué à l'improviste, finit par prendre le
dessus, se maintint dans Baie et put regagner la Transylvanie,
sans être inquiété. C'est naturellement cette dernière version

alors que [les soldats de Mathias] etaient ivres, Étienne les attaqua avec une armée en bon ordre et leur fit subir de grandes pertes. Les Hongrois, n'étant pas prêts pour le combat, ne cherchèrent pas leur salut dans les armes, mais dans la fuite. Ceux qui échappèrent ne purent même pas trouver leur chemin; la nuit les empêchant de voir où ils allaient, ils errèrent de tous côtés. Les paysans leur donnèrent la chasse dans les forêts et dans les montagnes, où l'on trouva environ 12.000 morts.*) Le roi lui-même, grièvement blessé d'une flèche, parvint à peine à s'échapper et à gagner la Transylvanie.**) C'est ainsi que Dieu traite les hommes fiers et arrogants, afin de montrer combien les choses humaines sont fragiles et mensongères. Dieu ne manifeste sa puissance que dans un petit nombre [d'élus]; personne ne doit compter sur sa propre force; c'est dans le seigneur qu'il faut mettre son espérance. On ne doit pas faire une guerre injuste, car Dieu résiste aux superbes.

Étienne, ayant alors des relations d'amitié avec les Polonais, envoya au roi de Pologne par des ambassadeurs une partie de son butin.

Le roi de Hongrie, Mathias, à peine échappé [au danger], prépara une nouvelle armée pour assaillir É-

---

qui est adoptée par le nouvel éditeur de Fessler, mais la première est beaucoup plus vraisemblable.

D'après les chroniqueurs polonais, Mathias était accompagné dans son expedition par Pierre II et par ce Berendeiŭ, dont nous avons parlé plus haut (p. 88). Pierre parvint à regagner la Pologne; Berendeiŭ fut tué à Baie. Voy. les notes de Miron et de Nicolas Costin, ap. Cogălniceanu, A, I, 120; B, I, 154.

**) Le 25 décembre 1467 Mathias Corvin avait déjà gagné l'intérieur de la Transylvanie. Un acte, signé par lui sous cette date à Szent-Miklós, accorde certains priviléges à un personnage du nom de Valentin, qui s'était distingué dans la campagne de Moldavie. *Transilvani'a*, 1873, 212.

Водъ; чи вииндуй¹⁾ алте гревтъци деспре Цара Чешѣскъ, съу аторс ла Чеши къ уастѣ съ. Атунчи ши краюл лешеск ѫцълегънд къ въ съ мѣргъ Матѣаш Краю асупра луй Стефан Водъ, ау тримис²⁾ соли кѣй въ да ажютор, дей въ требуй, ѫпротива³⁾ луй Матѣаш Краю; ши ѣр фи дат, де ну саре фи пъръсит де ачел гънд Мътѣаш Краю.

Пе ачѣ врѣме, ѫ ке алуй ноемврїе, съу съвършит Евдокїа, доамна луй Стефан Водъ.*)

Де⁴⁾ пръдарѣ Съкуилwр.

Скрїе лѣтописѣцул молдовинѣск,⁵⁾ къ ѫтрачѣлаш ан, дупъ ръсбоюл луй Стефан Водъ чѣу авут ла Баїе къ Матѣаш Краю,⁶⁾ съу ръдикат Стефан Водъ къ тоатъ путѣрѣ съ, врѣнд съ-ши ръскумпере стримбътътѣ чей фъкусе Унгурий къ Матѣаш Краю кънд венисе ла Баѣ, съу дус ла Ардѣл, ши мултъ прадъ ши робїе ау фъкут ѫ Цара Съкуѣскъ, неавънд чиней стъ ѫпротивъ,⁷⁾ ши къ паче съу аторс ѫнапой фъръ де ниче w смѣнтѣлѣ. Пентру ачѣстъ повѣсте, чѣ спуне къ ау пръдат Стефан Водъ Цара Съкуѣскъ, кроникарул чел лешеск немикъ ну скрїе.**)

---

¹) B: *venindu-ĭ*. ²) B: *trimesŭ*. ³) B: *împotriva*. ⁴) B: *Despre*. ⁵) B: *moldovenescŭ*. ⁶) B: *craiul*. ⁷) B: *împotrivă*.

*) L'épitaphe de cette princesse n'a pas été retrouvée comme celle des deux autres femmes d'Étienne. Elle ne put être enterrée au monastère de Putna, qui ne fut consacré qu'en 1467.

**) Les historiens polonais ne sont pas muets sur cette expédition, mais ils ne la placent avec raison qu'en 1469. On remarquera qu'Urechi en parle à peu près dans les mêmes termes que de la compagne de 1461 (voy. ci-dessus, p. 94).

tienne, mais d'autres difficultés, qui surgirent du côté de la Bohème, l'obligèrent à retourner vers ce pays avec ses troupes. À la nouvelle de l'attaque dont Étienne était menacé, le roi de Pologne lui avait envoyé des ambassadeurs pour lui offrir, en cas de besoin, du secours contre Mathias, et il lui en aurait donné si Mathias n'avait renoncé à ses projets.

Le 25 novembre de cette année [1467], mourut Eudoxie, femme d'Étienne.*)

Pillage [du pays] des Széklers.

La chronique moldave rapporte que, la même année, Étienne, peu après sa rencontre avec Mathias à Baie, voulut venger l'injure que les Hongrois et leur roi lui avaient faite en venant dans cette ville. Il se mit en marche avec toutes ses forces, passa en Transylvanie, fit beaucoup de butin et de prisonniers dans le pays des Széklers, où il ne trouva pas de résistance, et revint tranquillement en Moldavie sans avoir été inquiété. Le chroniqueur polonais ne parle pas de cet épisode relatif au pillage du pays des Széklers par Étienne.**)

Étienne paraît n'avoir eu d'autre but que celui de s'emparer de son ancien compétiteur Pierre II. Ce prince, établi sur la frontière de Moldavie, sous la protection des Hongrois, menaçait sans cesse la principauté d'une révolution intérieure. Étienne l'attira dans un piége et le fit mettre à mort. Voy. Długosz, II, XIII, 445; Miechowski, ap. Hîşdău, *Arch.*, I, II, 36; cf. Kromer, 397; Engel, II, 136; Teleki, IV, 151.

Par un acte daté du 6 mars (»feria 6. prox. ante dom. Laetare«) 1469, le voïévode de Transylvanie, Jean Pongrácz, donna l'ordre aux Saxons de prendre les armes (Fejér, *Suppl.*, IV, 199). Ces préparatifs étaient destinés à repousser l'agression des Moldaves (cf. *Transilvani'a*, VI, 1873, 224).

Кънд съу ѫпъкат Стефан Водъ ку Матеѣш, краюл оунгуреск.

Ну песте мултъ време, ау ѫчетат връжба ѫтре краюл оунгуреск ши ѫтре Стефан Водъ, къ, възънд ей къ връжмашу лор ши а тоатъ крештинътатѣ, Търку, ле стъ ѫ спате, ши асупра волничией туту-рур[1]) ѫтинде мрѣжеле[2]) сале ка съй купринъ ши, аръ тъндусе прїетин[3]) ку мулте кувинте ѫшълътоаре ши кътръ оунул ши кътръ алтул, ка съй здаръскъ, ши съ афле кап де приче, съ ѫчѣпъ зарвъ, сокотинд къ ѫтре ачѣле аместекътури исе вур ѫкина луй, пентру сале дѣіе ажютор, ши май апой ѣй въ плека супт[4]) жюгул сѣу, чи, възънд ачѣсте ѫшълъчюни Матіаш[5]) Краю ши ку Стефан Водъ, сау ѫпъкат ши сау ашезат; ши ѫкъ дупъ пачѣ ашезатъ ши легътури тарі чє фъкуръ амъндой, ау дървит Матѣш Краю пре Стефан Водъ доу четъци марі ла Ардѣл, ануме Балта ши Чичѣул.*)

Пентру нище Тътарі чѣу ѫтрат ѫ царъ.

Венитау мулціме де часте тътърѣскъ ши ау ѫтрат ѫ царъ съ праде, ѫ анул ҂ѕц҃ои. Цръ Стефан

---

[1]) B: *tutuloru̯*. [2]) B: *mrejile*. [3]) B: *prieten*. [4]) B: *sub*.
[5]) B: *Mateiașŭ*.

*) Malgré sa réconciliation avec Mathias Corvin, Étienne continua de reconnaître la suzeraineté du roi de Pologne. Nous avons déjà cité les termes de l'hommage qu'il rendit à Casimir en 1462; il renouvela son serment en 1468 et en 1470. Voici l'analyse de la lettre signée par lui à cette dernière date: »Stephanus, palatinus Moldaviae, promittit Casimiro regi fidelitatem, more antecessorum suorum, auxiliaque contra quosvis hostes pro viribus et consuetudine, et in persona sua, cum arcessitus fuerit, Cameniciam, Colomiam, vel Sniatynum, ad dandum jusjurandum se venturum, neque sine consensu regio bellum aliquod suscepturum« (*Invent.*, 140; Dogiel, I, 603).

Étienne fait la paix avec le roi de Hongrie Mathias.

Peu de temps après, finit la querelle entre Étienne et le roi de Hongrie. [Les deux princes] voyaient que leur ennemi et celui de toute la chrétienté, le Turc, était à leurs portes; qu'il enlaçait dans ses filets pour s'emparer d'eux tous les peuples encore indépendants, et qu'il protestait de son amitié par des paroles trompeuses envers les uns et envers les autres, afin de les exciter, de faire naître des sujets de discorde et de déchaîner des tempêtes, dans l'espoir que les peuples engagés dans ces luttes reconnaîtraient sa suzeraineté pour obtenir du secours, et se soumettraient ensuite à son joug. En présence de ces menées fallacieuses, Mathias et Étienne se réconcilièrent et vécurent en bonne intelligence.*) Après qu'ils eurent fait la paix et que des liens solides se furent établis entre eux, Mathias fit don à Étienne de deux grands châteaux situés en Transylvanie: Balta et Csicsó.**)

Des Tatars qui firent irruption en Moldavie.

En 6978 [1470], il survint une multitude de Tatars armés, qui envahirent le pays, pour se livrer au pillage.

---

*) En 1470, comme en 1468, Étienne ne vint pas en personne jurer fidélité à son suzerain. Kromer (396; cf. 399) dit qu'il craignait quelque mauvais procédé de Casimir: »Verum ille, cum alia multa, tum turcicae et hungaricae incursionis metum causificatus, revera autem falso nonnullorum regiorum consiliariorum indicio ne a rege caperetur deterritus, tunc non venit.« Cf. Długosz, II, XIII, 438.

**) Nous ne connaisons en Transylvanie aucune localité appelée Balta. Le seul village dont le nom se rapproche de Balta est Balda (magy. Báld), dans le comitat de Cluş (Kolozs vármegye), au sud-est de Mócs. Quant à Csicsó, c'est un village situé dans le pays des Széklers, au nord-est de Csik-Szereda.

Engel (II, 136) cite un acte relatif à la cession faite par Mathias au prince de Moldavie.

Водъ, принзънд де вѣсте, лъу ешит ънаинте ла ѿ дъмбравъ чѣ се кямъ ла Липинци, ăпроапе де Нистръ, ши съу ловит ку ѿастѣ съ, ăвгуст к҃, ши дънд ръсбою витежѣще ĭăу рисипит, ши мултъ моарте ши периреăу фъкут ънтръншiй, ши пре мулци ăу принс вiй, ши ле луъ тѿт плѣнул. Де каре лукру куноскънд Стефан Водъ къ ăжуторюл ну де аiурѣ ĭăу фѿст, чи нумай дела Думнезеу ши дела преквъръта маика сфинцiей сале, ши ку маре лăудъ ши йзбъндъ съу ънторс ънапои ла скăунул съу, ла Сучавъ.*)

Пентру сфинцирѣ мънъстирiй Путней.

Дакъ съу ънторс Стефан Водъ дела ачел ръзбою ку йзбъндъ чѣу фъкут дѣу бътут пре ачей Тътарй, спре лауда ăчѣа ăу мулцъмит луй Думнезеу, ши ăу сфинцит мънъстирѣ Путна, каре ĕра зидитъ де джнсул, септемврiе ă трiй, спре лауда преквратей Фечоарей Марiей, маичей домнулуй ностру Iисус Христос, ла каре сфинцънiе мултъ ăдунаре де кълугърй ăу фѿст, ши сингур Ѳеоктист**) митрополитул, ши Тарасiе***) ĕпископул, ăпреунъ лу Iосиф ăрхимандритул

---

¹) B: seu. ²) B: răsboiŭ. ³) B: carea.

*) Les historiens polonais nous donnent de curieux détails sur cette expédition qu'ils placent en 1469. Les hordes tatares, commandées par le prince Maniak, pénétrèrent à la fois en Pologne et en Moldavie. Une première colonne envahit les états de Casimir par Krzemieniec, Kuzmin, Czudów, Żytomierz et emmena, dit-on, dix mille hommes en captivité; une seconde colonne s'avanca jusqu' à Trębowla et se retira en se contentant de quelques prisonniers; la troisième, qui entrait en Moldavie, fut moins heureuse. Elle fut battue à deux reprises par Étienne, qui s'empara du propre fils de Maniak. Le chef tatar envoya au prince moldave cent ambassadeurs chargés d'obtenir par des menaces la mise en liberté de son fils. Étienne traita ces ambassadeurs avec une férocité qui

À cette nouvelle, Étienne marcha contre eux, [les atteignit] près d'une forêt appelée Forêt de Lipinți, non loin du Dniestr, et les assaillit avec son armée le 20 août. Il combattit avec tant de vaillance qu'il remporta la victoire. Il répandit la mort parmi eux, fit un grand nombre de prisonniers et leur reprit tous ceux qu'ils avaient emmenés en captivité. Étienne reconnut que, dans cette circonstance, il n'avait reçu de secours que de Dieu et de sa très-sainte mère, et il rentra dans sa capitale de Suceava, chargé de gloire et de butin.*)

De la consécration du monastère de Putna.

Étienne, de retour de cette campagne avec le butin qu'il avait conquis lors de sa victoire sur les Tatars, voulut remercier Dieu de son succès et, le 3 septembre, consacra à la gloire de la très-pure vierge Marie, mère de notre seigneur Jésus-Christ, le monastère de Putna, qu'il avait construit. À cette cérémonie assistèrent un grand nombre de moines. Le métropolitain Théoctiste**) y fut présent lui-mème, ainsi que l'évêque Tarasius***) et Joseph, archimandrite et hégoumène de Putna. On dit

---

était malheureusement dans les mœurs du temps. Le fils de Maniak fut d'abord exécuté en leur présence, puis quatre-vingt-dix-neuf d'entre eux furent mis à mort. Le centième eut les oreilles et le nez coupés, puis fut renvoyé vers son maître, pour lui porter la réponse des Moldaves. Voy. Długosz, II, XIII, 450; Miechowski, ap. Hîșdău, Arch., I, II, 36; Hammer-Purgstall, Gesch. der goldenen Horde, 403.

**) Théoctiste est cité dans un diplôme du 13 juin 6964 [1456] (Melchisedec, Chron. Rom. I, 114), mais nous croyons, contrairement à l'opinion de l'historien roumain, qu'il n'était alors que simple évêque de Roman et ne succéda au métropolitain Bessarion qu'en 1457 (cf. ci-dessus, p. 93). Théoctiste, devenu métropolitain, figure dans un certain nombre d'actes à partir de 1463 (voy. Golubinski, 379; Hîșdău, Arch., I, 1, 115). Nous rapporterons son épitaphe à l'annee 1477.

***) Tarasius, évêque de Roman, figure dans des diplômes de 1466 (Hîșdău, Arch., I, 1, 115) et de 1470 (ibid. III, 7). Cf. Melchisedec, Chron. Rom., I, 126-133.

шѝ ἑгȢменȢл ПȢтней. ЗѝкȢ кѫ аȢ фȢ́ст ла литȢ́ргїе а̂ркїепископи́й, преȯци̍ шѝ дїа́конй ᲈд ла жѫртфе́лник.

ПентрȢ завистїа̀ че́Ȣ а̂тра́т а̂тре Стефан ВȮдѫ шѝ а̂тре РадȢл ВȮдѫ, дȯмнȢл мȢнтене́ск, шѝ пентрȢ а̋рдере̑ БрѫилеЙ а̂ а̋нȢл ҂ӟцҁ҃и.

А̂трачѣле време́й аȢ а̂тра́т завистїе а̂тре Стефан ВȮдѫ шѝ а̂тре РадȢл ВȮдѫ, дȯмнȢл мȢнтене́ск; пре ѡ̂бичею̀л фѝрей ѡ̂мѝне́щй, де че̍ а̋ре, де че̍ пофте̋ще сѫ а̋ибѫ май мȢлт, нȢ сосїа̀ лȢй Стефан ВȮдѫ а̀ле са́ле сѣле цїе¹) шѝ сѣле сприжинѣ́скѫ, чѝ де лѫкомїе че́ле че нȢ е̑ра̀ а̀лȢй а̂кѫ врѣ сѣле кȢпринᲈѫ. СтрѝнсаȢ ца́ра шѝ слȢжитȮрїй сей, шѝ аȢ а̂тра́т а̂ Ца́ра МȢнтене̋скѫ, деȢ прѫда́т ма́рцинѣ, феврȢа́рїе а̂ к҃ᲁ, шѝ аȢ а̋рс БрѫилȺ ма́рци а̂ сѫптѫме́на а̋лбѫ.

Де тзїе́рѣ ка́петелѡр а̂ нѝще боïе́рй.

А̂ а̋нȢл ҂ӟцҁ҃о. генарїе ѯ҃і, аȢ тѫ́а́т Стефан ВȮдѫ пре Негрѝлѫ*) паха́рникȢл, шѝ пре А̋ле̋за**) стȯлникȢл, шѝ пре И̂са́л вȯринкȢл, а̂ тѫргȢл ВаслȢлȢй.***)

РѫзбȮюл дела СȮчй, кѫнд сѣȢ бѫтȢт Стефан ВȮдѫ кȢ РадȢл ВȮдѫ.

РадȢл ВȮдѫ, дȯмнȢл мȢнтене́ск, вѫᲈѫнд а̂тѣта прада̋ а̂ ца́ра сѫ, чей фѫ́кȢ́се Стефан ВȮдѫ, нȢ врȢт сѫ ла́сѫ²) сѫ нȢ́шй чѣрче стримбѫта́тѣ сѫ. Чй а̂де́с³)

---

¹) B: țină. ²) B: lase. ³) B: adese.

*) Le păharnic Negrila est cité dans un diplôme du 9 juillet 1466 (Hişdău, *Arch.*, I, 1, 115) et dans un autre diplôme de la même année, dont la date précise est inconnue (*Ateneu'lu romanu*, I, 1861, 156).

que, pendant la cérémonie, il y eut dans le sanctuaire soixante-quatre archevêques, prêtres et diacres.

De la querelle qui s'éleva entre Étienne et le prince de Valachie Radu, et de l'incendie de Brăila, en 6978 [1470].

Sur ces entrefaites il s'éleva une querelle entre Étienne et le prince de Valachie Radu. Suivant l'habitude des hommes, qui veulent toujours avoir plus qu'ils n'ont, Étienne n'était pas satisfait de conserver et de défendre ce qui lui appartenait; il voulait encore par ambition s'emparer de ce qui n'était pas à lui. Il réunit les troupes moldaves, ainsi que ses vassaux et, le 27 février, il entra sur le territoire valaque et ravagea la frontière. Le mardi de la dernière semaine du carnaval, il brûla Brăila.

Exécution de plusieurs boïars.

Le 16 janvier 6979 [1471], à Vasluiŭ, Étienne fit couper la tête au păharnic Negrila*), au stolnic Alecsa**) et au vornic Isaïe.***)

Bataille de Socĭ entre Étienne et Radu.

Le prince de Valachie Radu, voyant ses états dévastés par Étienne, voulut venger l'injure qui lui était faite; mais il arrive souvent que celui qui cherche à

**) Le vornic Isaïe est sans doute le personnage qu'Étienne avait créé préfet de Chilie, en 1465. Voy. ci-dessus, p. 98.
***) Nous n'avons trouvé le nom du stolnic Alecsa dans aucun des documents que nous avons eus à notre disposition.

сє тъмплъ чѐла чє въ сѫшй ꙟтоаркъ бътаѧ, де доуъ
ѡрй ѧл батꙋ; къ, стрингънд ѡастѣ съ шй вечинѣскъ,
аꙋ венйт асꙋпра лꙋй Стєфан Водъ, ꙗръ єл, ка оун
лєꙋ гата спре вънат, де сйрг съꙋ порнйт, шй ла
Сочй*) лєꙋ єшйт ꙟнайнте; шй дънд ръзбоюꙋ витє-
жѣще, мартїе¹) ꙟ з̃ велѣт ҂зцѻ, нꙋ май пꙋцйн дє
витежїа²) Молдовєнилѡр, карїй єра гата аꙋ съ моаръ
аꙋ съ ꙟꙁбъндѣскъ, декът де мешершꙋгꙋл лꙋй Стєфан
Водъ, Радꙋл Водъ аꙋ пїердꙋт ръзбоюꙋл кꙋ мꙋлтъ пагубъ де ай съй; къ пе³) тоцй ꙗꙋ тъат шй тоате
стѣгꙋриле Радꙋлꙋй Водъ лєꙋ лꙋат, шй пре мꙋлцй аꙋ
прйнс вїй, шй пре тоцй ꙗꙋ тъат, нꙋмай чєꙋ лъсат
вїй пре дой боєрй де чей марй, пре Стан*) логофѣтꙋл
шй Мирчѣ комисꙋл.**)

Де оун кꙋтремꙋр.

Ꙟтрачєсташй ан, авгꙋст к̃ѻ, съꙋ фъкꙋт оун кꙋ-
тремꙋр маре песте⁴) тоатъ цара, ꙟ времѣ чєꙋ
шеꙁꙋт домнꙋл ла масъ де прънꙁ.

Ꙗара ꙟ анꙋл ҂зцп, септємврїе ꙟ д̃і, адꙋсаꙋ Стєфан
Водъ пре Марїа дйн Магоп де ѡ аꙋ лꙋат шіе доамнъ.***)

---

¹) A: март. ²) B: vitezia. ³) B: pre. ⁴) B: preste.

*) Soci est un village du district de Suceava, arrondissement du Siret, formant commune avec Boureni, et Zav.

**) Le comis Mircé est cité dans un diplôme de Radu, à la date du 25 janvier 1471. (Venelin, 96). Quant au logothète Stan, il n'est mentionné dans aucun des actes qui nous sont connus. Le diplôme de 1471 donne au logothète de Valachie le nom de Démètre; un diplôme de Băsărab-le-Jeune l'appelle, en 1472, Vintilă (Venelin, 111). Dans ce dernier document, le comis Stan remplace, il est vrai, le comis Mircé; c'est peut-être le personnage auquel Urechi fait allusion.

***) La chronique de Putna (ap. Hîşdău *Arch.*, III, 7) nous fournit ici un renseignement précieux; elle dit que cette princesse était originaire de Mangopo, »où il y avait une principauté chrétienne, tributaire du khan de Crimée.« Mangup, Mankup

prendre sa revanche est battu une seconde fois. [Radu] réunit ses troupes et celles de ses voisins et marcha contre Étienne, mais celui-ci, comme un lion toujours prêt pour la chasse, s'ébranla tout-à-coup et vint à la rencontre [des Valaques] jusqu' à Soci.*) Le 7 mars 6979 [1471], il engagea vaillamment le combat et, grâce à son habileté non moins qu'au courage des Moldaves, qui étaient résolus à vaincre ou à mourir, il défit Radu et lui infligea de grandes pertes. Il lui tua beaucoup de monde, s'empara de tous ses drapeaux et fit un grand nombre de prisonniers, qu'il mit à mort; il ne laissa la vie qu' à deux grands boïars, au logothète Stan et au comis Mircé.**)

D'un Tremblement de terre.

Le 29 août de la même année, il y eut un grand tremblement de terre par tout le pays, au moment où le prince était à dîner.

En 6980 [1472], le 14 septembre au soir, Étienne mena [à l'autel] Marie de Magop, qu'il épousa.***)

Kale, Mankop ou Mangut était une forteresse située près de la mer d'Azov, à peu de distance de Simferopol. Cette place, dont il ne reste plus aujourd'hui que des ruines, fut au moyen-âge le siége d'une petite principauté; elle tomba au pouvoir des Turcs en 1492 ou 1493.

M. Semenov, à qui nous empruntons ces détails (Географическо-статистическій Словарь россійской Имперіи, III, 165), ajoute qu'en 1474 Isajko, prince de Mangup, maria sa fille au grand-prince Ivan Ivanovič. Nous nous demandons s'il n'y a pas ici une erreur. Ivan Ivanovič n'est autre qu' Ivan-le-Jeune, (né en 1458, mort en 1490; or les historiens disent que ce prince épousa Hélène, fille d'Étienne-le-Grand (Křížek, *Dějiny Národů slovanských*, tab. XXI). M. Semenov, ou l'auteur sur lequel il s'appuie, n'a-t-il pas confondu le mariage d'Étienne avec celui de son gendre? C'est une question que nous posons, sans être en état de la résoudre.

Voy. encore sur Mangup la *Tartaria* de Martin Broniovius, ap. Schwandtner, *Scriptores*, I, 822.

Ꙗл дóнле рꙁбóю ал8й Стéфан Вóдъ к8 Рá-
д8л Вóдъ ла Ꙋꙁвóр8л Ꙗпей, ан8л¹) ҂ꙁцпа.

Стéфан Вóдъ, ав҄нд ꙟнимъ ꙟпринсъ спре л8кр8ри
витежéщй, ꙗй пърѣ²) къ о҄уи ан чé на8 ав8т трѣкъ
де рꙁбóле къ аре м8лтъ паг8бъ, сокотинд къ ши
ꙟнимиле вóинничилⷬ҇ꙋ ꙟ рꙁбóлїе³) тръинд се аск8т8,
ши тр8да ши ѡстенѣла к8 каре съ депринсъсе⁴) ѡастѣ
а дóба витеж҄іе⁵). Стринсл8 де ꙟнполвъ⁶) ѡасте, ши
а8 л8ат пре Басараб Лаїѡт*) ка съл д8къ ꙟ Цара М8н-
тенѣскъ съл п8е дóмн.

Ён сокотѣще къ с8бт о҄уи копачю в8н къци се
мист8еск, са8 къть лад8 ꙟши ада́оце н8 н8май пър-
тътóрюл чи ши цара, кънд иꙁв8ъ ла джис8л ши ла
царъ ши дóмний чей стръиний съй д8къ ла домнíе,
ши⁷) к8 аж8тóр8л л8й ѣра к8 нъдéжде къ вѡр иꙁбънди.

Ши ꙟтръид Стéфан Вóдъ ꙟ Цара М8нтенѣскъ,
се гъти съ дѣіе рꙁбóю Рад8л8й Вóдъ. Дéчи, въꙁънд
Рад8л Вóдъ къ н8й въ п8тѣ стà ꙟмпотривъ, а8 дат
дóс к8 ѡастѣ сà, ши са8 д8с ла скъ8н8л съ8 ла Дъм-
бовицъ.

---

¹) A: Ꙗнꙋл. ²) B: *parea*. ³) B: *rěsboiŭ*. ⁴) B: *deprinsese*.
⁵) B: *e a doa vitezie*. ⁶) B: *de isnóvă*. ⁷) A: шꙋ.

*) Quel est le personnage désigné ici sous le nom de Laiot
Băsărab? C'est une question à laquelle il est fort difficile
de répondre. Engel (II, 138) ne connaît pas ce prince;
Sinkai (II, 58) le confond avec Vlad Țăpeș ou Țăpeluș; Vaillant (I, 243) l'identifie, au contraire, avec Vlad-le-Moine.
M. Hîșdău, qui a dressé un tableau généalogique des premiers Băsărabĭ (*Istor.*, I, 137) ne descend pas jusqu'à Laiot,
qu'il cite cependant (*ibid.*, I, 79), pour combattre des assertions inadmissibles de Cantemir. Quant à nous, qui n'avons
pas étudié spécialement l'histoire de Valachie, nous n'avons
pas la prétention de résoudre le problème et nous risquerons
une simple hypothèse.

Seconde Bataille d'Étienne contre Radu à Izvorul Apeĭ, en 6981 [1473].

Étienne, ayant l'esprit tourné vers les exploits chevaleresques, croyait qu'une année passée sans guerre lui causait un grave préjudice. Il pensait que le courage des soldats s'aiguise quand ils vivent dans les combats, et que les peines et les fatigues auxquelles une armée est habituée doublent sa valeur. Il réunit [donc] encore une fois ses troupes et prit avec lui Laiot Băsărab,*) qu'il voulait faire monter sur le trône de Valachie.

Pensez combien de plantes se développent au-dessous d'un bon arbre; quelle gloire s'acquiert non seulement le chef d'un état, mais son pays tout entier, quand les princes étrangers réclament le secours de ce souverain et celui de ses sujets pour recouvrer leur couronne, et quand un pareil secours suffit pour leur faire espérer la victoire !

Étienne, pénétrant en Valachie, prit ses dispositions pour attaquer Radu. Celui-ci vit qu'il ne pouvait résister; il opéra sa retraite avec son armée et gagna Dîmboviţa, sa capitale.

Le nom de Laiot ou Laiotă (cette seconde forme est celle que donne le texte de Ioanid, p. 139 et la chronique valaque de Constantin Căpitanul, ap. Lăurian et Bălcescu, *Magazinu*, I, 105) nous paraît être un diminutif de Vladislas; il nous est impossible cependant d'adopter l'opinion de Sinkai, car Vlad Ţăpeş fut retenu prisonnier en Hongrie jusqu'à l'année 1476. Voy. la note de la p. 124 et les notes relatives aux événements de l'année 1476.

Laiot est probablement le même personnage que Vladislas, fils de Dan, dont nous possédons un diplôme de 1456 (Hîşdău, *Arch.*, I, 1, 142) et que nous croyons retrouver, sous le nom de Băsărab, dans un diplôme de 1476 (Venelin, 118). Radu Negru eut deux fils: Dan Ier et Mircé II (Hîşdău,

Айче съ сокотим. Лѣтописецѩл чел лѫтинѣск спȣне [a]
къ, дакъ аȣ въꙁȣт Радȣл Водъ къ нȣ ва пȣтѣ [1)] ста
ѫпотрива лȣй Стефан Водъ, аȣ фȣџит ла четате;
ѣр [2)] лѣтописецѩл нострȣ скрие къ, дакъ аȣ сосит
Стефан Водъ ла марџине, ноемврїе ѫ и̅, аȣ ѫпърцит
стѣгȣриле ѡщїй сале пре Милков, ши дѣчїй саȣ ѫпре- [b]
ȣнат кȣ Радȣл Водъ ноемврїе ѫ и҃ӏ, џїѡй, ла локȣл

[1)] A: пȣте. [2)] B: eră.

Ist., I, 137); Dan Ier eut pour fils Dan II, à qui appartiennent des diplômes de 1424 (Hîşdău, *Arch.*, I, 1, 19) et de 1430 (*ibid.*, I, 1, 73; *Fóia Societăţiĭ Românismuluĭ*, II, 32), et qui fut le père de Vladislas IV; Mircé II, second fils de Radu, eut deux fils: Michel, cité en 1418 (Hîşdău, *Arch.*, I, 1, 118) et en 1419 (*Col. luĭ Tr.*, VI, 1875, 154), et qui paraît n'avoir pas eu de postérité, et Vlad II Dracul, dont nous possédons des diplômes de 1437 (Venelin, 78; *Fóia Societăţiĭ Românismuluĭ*, I, 294) et de 1441 (Venelin, 87), et qui fut le père de Mircé, de Vlad Ţăpeş et de Radu II.

Długosz (II, XIII, 508), la chronique de Putna (ap. Hîşdău, *Arch.*, III, 7) et Urechi disent que le prince qu' Étienne voulut détrôner au profit de Laiot s'appelait Radu. Nous croyons que c'est là une erreur. Radu, que Mahomet II plaça en 1462 sur le trône de Valachie (les événements de 1462 ont été longuement racontés par Chalcocondyle, 202-215, par Critobule, ap. Müller *Fragmenta Historicorum graecorum*, V, 143, et par le serbe Constantin Mihajlović, ap. Hîşdău *Arch.*, I, II, 8, et dans le Гласник, XVIII, 135), mourut en 1471 ou 1472. Sa mort, dont aucun historien n'a parlé, est mentionnée dans des annales serbes, dont il est difficile de mettre en doute l'exactitude: „То лѣто (҂ѕ҃цо҃и) оумрѣ Радоулъ воевода влашки" (Гласник, XI, 154). Un diplôme valaque du 3 avril 1472 (Venelin, 111) est effectivement signé de Băsărab-le-Jeune, fils de Băsărab-le-Bon, tandis qu'un diplôme du 25 janvier 1471 (Venelin, 95) émane de Radu, fils de Vlad. Băsărab-le-Jeune, portait peut-être le nom de Radu comme son père, mais nous croyons qu'il y a lieu de le distinguer du frère de Mircé et de Vlad III. On est fondé à supposer qu'Étienne-le-Grand voulut profiter de la mort de Radu pour installer en Valachie un prince de son choix.

Faisons ici une observation. La chronique latine dit que Radu, se sentant incapable de résister à Étienne, se réfugia dans la forteresse; notre chronique rapporte, au contraire, qu'Étienne atteignit la frontière le 8 novembre; qu'il distribua des drapeaux à ses soldats sur les bords du Milcov, et qu'il en vint aux mains avec

---

Le tableau suivant, que nous ne soumettons au lecteur qu'avec de grandes réserves, permet d'embrasser d'un seul coup d'œil la généalogie des Băsărabĭ :

Tugomir Băsărab, vers 1300.

Alexandre Băsărab, 131?—1360.

Vladislas Ier Băsărab, 1360—137?

Radu Ier, le Noir, Băsărab, 137?—138?

Nicolas Băsărab,

Dan Ier Băsărab 138?

Mircé II Băsărab cité 1388, 1399, 1406.

Dan II Băsărab, cité 1424, détrôné 1430; restauré 1446-1451.

Emmanuel d'Argeș (voy. ci-dessus, p. 68).

Michel Băsărab, 1418-1419.

Vlad II, le Diable (Dracul), prince 1430; tué 1446.

Vladislas IV dit Laiot Băsărab (?)

Mircé, tué 1446.

Vlad III, l'Empaleur (Țĕpeș), prince 1451; détrôné 1462; restauré 1476; meurt 1476.

Radu II, prince 1462; meurt 1471 ou 1472.

Băsărab-le-Jeune (Mlad), prince 1471 ou 1472; détrôné 1476; restauré 1476; meurt 1480 ou 1481.

Vlad V (le Moine?) 1480 ou 1481-1494.

Radu III 1494-1508.

Il reste une difficulté à éclaircir. Le diplôme de Băsărăb, fils de Dan, publié par Venelin, est daté de Gherghița, le 4 juillet 1476. Gherghița, aujourd'hui détruite, était située, dit Frunzescu, au-dessus de Buzău, à peu de distance, par conséquent, du district de Putna annexé par Étienne à la Moldavie, au commencement de l'année 1476 (voy. ci-après). Pour attribuer à Laiot Băsărab le document qui nous occupe il faut supposer qu'après la bataille de Rîmnic (13 janvier 1476) le prince avait réussi à se maintenir dans un coin du territoire valaque.

чè сè зи́чè Ку́рсул А́пей,*) ши́, да́нд ру́збою витèжѝще¹⁾ ᵃ
де жбе пърцѝле, съу бъту́т аколŏ пънъ ꙗ са́ру, а́шѝж-
деръ ши́ винерѝ ши́ съмбъта пънъ ꙗ са́ру. Їаръ
но́аптѣ спре думѝникъ²⁾ ау лъса́т Ра́дул Во́дъ то́ате
а́ле са́ле ꙗ та́бъръ, ши́ ау фугѝт ку то́атъ ŵастѣ
ла скаунул съу, ла Дъмбо́вица. Їар³⁾ Стèфан Во́дъ ᵇ
съу порнѝт дупъ джнсул ку то́атъ ŵастѣ, ши́ ꙗтра-
чêстъшй ду́нъ, ꙗ кг, ау ꙗкунцюра́т⁴⁾ четатѣ Дъм-
бовица**); ши́ ꙗтрачêа но́апте ау фугѝт Ра́дул Во́дъ
дин четате, лусъндуший пре до́амна сá Марѝа ши́ пре
фийкъса Воикѝца, ши́ тŏт чêу аву́т, ши́ съу дус ᶜ
ла Турчѝ. Їар⁵⁾ Стèфан Во́дъ ꙗ кд ачèстей лу́нй, ау
добъндѝт четатѣ Дъмбо́вица, ши́ ау ꙗтра́т ꙗтръ́нса,
ши́ ау луа́т пре до́амна Радулуй Во́дъ; ши́ пре фийкъса
Воикѝца ŵ ау луа́т шѝе до́амнъ,**) ши́ то́атъ аверѣ луй,
ши́ вистерѝиле⁶⁾ луй, ши́ хайнеле луй чêле скумпе, ши́ ᵈ
то́ате стѣгурѝле луй; ши́ аколŏ съу веселѝт трей зѝле,
ши́ дèчий съу ꙗторс ла Сучèвъ, дънд ла́удъ луй Дум-
незèу. Їаръ пре Бъсараб Лаиŵт луу лъсат домн ꙗ
Цара Мунтенѣскъ, ши́ ау домнѝт ŵ лунъ. Їаръ Ра́дул
Во́дъ ау фугѝт ла Турчѝ, ка съши́ ско́атъ ажютŏр ᵉ
дела ꙗпъра́тул турчèск, ши́ съши́ ръску́мпере домнѝа
ку путêрѣ лŏр.

---

¹) B: *vitezesce*. ²) B: *duminecă*. ³) B: *Ếră*. ⁴) A: ꙗнкуцюра́т.
⁵) B: *Ếră*. ⁶) B: *visteriele*.

*) Frunzescu place cette localité dans le district de Rîmnic Sărat, mais il ne dit pas à quel endroit.

**) La Dîmboviţa est la rivière sur laquelle est situé Bucarest; il n'existe en Valachie, au moins aujourd'hui, aucune ville de ce nom. Il est probable que la forteresse dont parle le chroniqueur n'est autre que Tîrgovişte, qui eut le titre de capitale jusqu' au commencement du XVIII° siècle. La Dîmboviţa passe à peu de distance de cette ville et donne son nom au district dont cette ville est actuellement le chef-lieu.

Radu, le jeudi 18, au lieu appelé Cursul Apeĭ.*) On se battit vaillamment des deux côtés jusqu'à la nuit; la lutte recommença le vendredi et le samedi durant toute la journée. Pendant la nuit du dimanche, Radu laissa dans son camp tout ce qu'il avait et s'enfuit avec son armée à Dîmbovița,**) sa capitale. Étienne le suivit avec toutes ses forces et, le 23 du même mois, cerna Dîmbovița. Dans la nuit du même jour, Radu abandonna la forteresse, où il laissa la princesse Marie, son épouse, sa fille Voichița, ainsi que tout ce qu'il possédait, et passa chez les Turcs. Le 24 novembre, Étienne s'empara de Dîmbovița et y fit son entrée. Il fit prisonnières la femme de Radu et sa fille Voichița, qu'il épousa.***) Il mit également la main sur tous les biens [de son ennemi], sur ses trésors, sur ses habits précieux et sur tous ses drapeaux. Il passa dans la ville trois jours, consacrés à des réjouissances, et retourna à Suceava, en rendant grâces à Dieu. Il laissa sur le trône de Valachie Laiot Băsărab, qui ne régna qu'un mois. Radu s'était sauvé chez les Turcs et avait sollicité le secours du sultan pour recouvrer son trône.

Cf. ci-dessus, p. 114; Engel, II, 138; Vaillant, I, 242. — D'après M. Berindeiŭ (*Revista Română*, I, 324), le nom de Dîmbovița s'apliquait au contraire à la forteresse qui défendait Bucarest.
***) Le récit d'Urechi a besoin d'être rectifié et complété. Il est bien vrai qu'Étienne-le-Grand épousa une fille de Radu, mais ce mariage n'eut lieu que plus tard. Marie de Mangup, que le prince moldave avait épousée en secondes, noces mourut le 19 décembre 1477 (Cogălniceanu, *Apx.*, II, 305); c'est alors seulement qu'il put songer à une nouvelle union. Urechi parle lui-même plus loin du mariage, mais il le place à tort en 1476.

Urechi, comme la chronique de Putna (ap. Hîșdău, *Arch.*, III, 7), ne parle que la princesse Voichița; Długosz (II, XIII, 508) donne au contraire deux filles à Radu, mais, à la fin de la même page, le même historien dit qu'il n'en avait qu'une.

Пр Стефан Водъ, дакъ ау сосит ла скаунул сеу, ла Сучевъ, ау тримис ла краюл лешеск соли, дзндуй вѣсте де рѕзбою ку норок чеу фѫкут ѫпротива[1]) Радулуй Водъ, фалиндусе къ ши четатѣ ши скаунул Дзмбовица ку тоатъ авѣрѣ ɪ̈ay луат, димпревнъ ку доамна ши фийкъса; ши ay тримис ши луй Краю дин[b] добанда са, ну пентру къ доар[2]) ay фост датор сай тримицъ, кѫм зик оуний къ ay фост супус Лѣшилор,[*]) чи пентру съл анбъ приетин[3]) ла невоїе ши ла трѣбъ ка ачѣ дей ва вени асупрѫй, кѫм сау ши тѫмплат, къ ѫтънчеши ɪ̈ay венит вѣсте кум Радул Водъ ay[c] ѫтрат ѫ Цара Мунтенѣскъ ку ωасте турчѣскъ; ши ачїаши ay тримис алци соли ла краюл де ау пофтит аютор ѫпротива[4]) Радулуй Водъ.

Рѕзбоюл Радулуй Водъ ку Бъсараб Водъ

Радул Водъ, дакъ ay луат аютор дела Турчи,[d] ay ѫтрат ѫ Цара Ромѫнѣскъ ку 6̃,Ӏ де Турчи фаръ алци лѣфичий чей адунасе, ши ay дат рѕзбою луй Бъсараб Водъ цїӣи ѫ кг декемврїе, ши лау ръскит ку тоатъ ωасте луй; кареле взѕндусе ѫпресурат де тоци връжмашїй сей[5]), ay изувит ѫръши ла Мол- [e] дова, ла стъпънул сеу[6]) Стефан Водъ.

Ѫтѫнче Турчий сау порнит пе оурма луй Бъсараб Водъ, ши ay венит пѫнъ ла Бърлад, ши ay стътут

---

[1]) B: împotriva. [2]) B: dóră. [3]) B: prieten. [4]) B: împotriva.
[5]) B: sĕi. [6]) B: sĕu.

[*]) Urechi, par principe, s'efforce de laisser dans l'ombre les liens de vassalité qui rattachaient Étienne à la Pologne. On a vu ci-dessus (pp. 95, 106) qu'il passait sous silence les serments de fidélité prêtés par le prince de Moldavie en 1462, 1468 et 1470; il est donc conséquent avec lui-même en disant qu'Étienne n'était aucunement obligé de partager son butin avec les Polonais.

Dès qu'Étienne fut rentré à Suceava, il envoya des ambassadeurs au roi de Pologne pour lui apprendre le succès de la campagne qu'il avait entreprise contre Radu, disant avec orgueil qu'il s'était emparé de la capitale du prince valaque, Dîmbovița, ainsi que de sa femme et de sa fille. Il expédia au roi une partie du butin, non pas qu'il fût vassal des Polonais, ainsi que le prétendent quelques auteurs,*) mais afin de s'assurer son amitié au cas où il aurait besoin de son assistance. Ce cas ne tarda pas à se présenter, car [Étienne] fut informé, au même moment, que Radu était entré en Valachie avec une armée turque; il dépêcha alors de nouveaux ambassadeurs à Casimir, pour lui demander du secours contre son ennemi.

Bataille livrée par Radu à Băsărab.

Après l'arrivée des auxiliaires ottomans, Radu pénétra en Valachie avec 15.000 Turcs, sans compter les mercenaires qu'il avait rassemblés. Il livra bataille à Băsărab le jeudi 23 décembre et le défit, lui et toute son armée. Celui-ci, se voyant serré de près par ses adversaires, se réfugia de nouveau en Moldavie, chez Étienne, son suzerain.

Les Turcs s'élancèrent alors à la poursuite de Băsărab et s'avancèrent jusqu'à Bîrlad. Le vendredi 24 dé-

---

Les ambassadeurs moldaves, Étienne Turculeț et plusieurs autres, arrivèrent à Wislica, où se trouvait Casimir, dans les premiers jours de l'année 1474. Le 16 janvier, ils lui remirent vingt-huit drapeaux pris aux Valaques, mais les fêtes qui eurent lieu à cette occasion ne durèrent pas longtemps. Trois jours après, un nouvel ambassadeur vint annoncer aux Polonais que les Turcs, amenés par Băsărab en Valachie, mettaient tout le pays à feu et à sang et menaçaient la Moldavie. C'est alors que le roi chargea Dobieslas Wisowski et Egidius Sohodolski de rétablir la paix entre les deux princes roumains. Voy. Długosz, II, XIII, 508; Kromer, 407.

ка оун зид, винерй декембріе КД, ши аша ау слобо- a
зит нъвръпій сей деу пръдат тоатъ цара, ши дъчій
съу ѫторс прин Цара Мунтенѣскъ.

Ѣръ краюл Лешеск ау тримис пре Домбецки, кастеланул де Белц, ши пре Соходолски,*) ка съй поатъ
ѫпъка, мъкар пър ла¹) ẁ време, пънъ ѫтралт ѫн, ши b
ѣу ѫвъцат краюл, де аре требуинцъ де ẁасте деграбъ,
съ ръдиче Бучецки тоатъ Подолія съ мѣргъ ѫтраютор луй Стефан Водъ.

Кънд ау луат Стефан Водъ четатѣ Телѣж-
ній, ши кънд съу бътут ку Унгурій, ку c
Цъпълуш Водъ, май апой ши ку Бъсъраб
Водъ.

Ѫ анул ЅЦПВ, ẁктомбріе ѫтѣю, ау луат Стефан
Водъ четатѣ Телѣжней,**) ши ау тъят капетеле пър-
кълабилѡр, ши, пре муіериле лѡр лѣу робит,***) ши
мулцй Цигани ау луоат, ши четатѣ ау арсѡ. d

Ѫтрачесташий луна, ѫ Ē зиле, ау фѡст ръзбою
ѫ Цара Мунтенѣскъ ку Унгурій†) ши ку Цъпълуш
Водъ, ши, ку аютор дела Думнезеу, ау изъбъндит
Стефан Водъ, ши ау бътут пре Унгурй ши пре²)
Цъпълуш ку ръзбою. e

Ѫтрачѣший луна, ѫ К̄, ау ръзбит ши пре²) Бъсъраб.††)

---

¹) B: *până la*. ²) B: *pe*.

*) Il s'agit de Dobieslas Wisowski ou Busowski, palatin de Bełz,
dont le nom se retrouve dans un acte de 1487 (*Inv.*, 267)
et d'Egidius Sohodolski. Voy. la note précédente.

**) Teleajna, village du district de Vasluiŭ, arrondissement central,
forme commune avec Butucărie, Chioaie, Ciofenĭ et Tătaranĭ.

***) Ces actes de barbarie étaient malheureusement dans les mœurs
du XVᵉ siècle; ils n'ont pas nui à Étienne dans l'opinion de

cembre, ils s'arrêtèrent et, restant immobiles comme un mur, lancèrent en avant leurs coureurs, qui pillèrent tout le pays. Ils rentrèrent ensuite en Valachie.

Cependant le roi de Pologne envoya Dąbecki, gouverneur de Bełz, et Sohodolski*) pour essayer de rétablir la paix et faire tout au moins conclure une trève jusqu' à l'année suivante. Afin d'avoir immédiatement une armée il chargea Buczaczki de lever tout le contingent de la Podolie pour porter secours à Étienne.

Étienne s'empare de la forteresse de Teleajnă; il se bat contre les Hongrois, contre Țăpăluș, puis contre Băsărab.

En 6982 [1474], le 1ᵉʳ octobre, Étienne s'empara de la forteresse de Teleajna,**) fit décapiter les commandants, enleva leurs femmes,***) ainsi qu'un grand nombre de Tsiganes, et mit le feu à la place.

Le 5 du même mois, il livra bataille en Valachie aux Hongrois†) et à Țăpăluș; Dieu lui donna la victoire; il défit les Hongrois et Țăpăluș.

Le 20 octobre, il fut vainqueur de Băsărab.††)

---

ses contemporains, qui ne lui ont fait qu'une réputation de galanterie. Voy. le curieux chant populaire ruthène publié par M. Hîşdău, ap. Esarcu, 14.

†) Les Hongrois, dont parle Urechi, ne sont pas des Hongrois, mais des Valaques. Le chroniqueur traduit inexactement le mot »Hongrovlaques« employé par les Slaves et les Grecs (cf. Hîşdău, *Ist.*, I, 9).

††) Il est évident que le Băsărab, battu par Étienne le 20 octobre, ne peut être Laiot Băsărab, qui n'avait pu se maintenir en Valachie et qui s'était réfugié en Moldavie chez son puissant

Де вестита изъбѫндѫ алꙋй Стефан Водѫ кꙋ Тꙋрчій ла Подꙋл Ыналт*) ла Васлꙋю.

Ын анꙋл ҂зцпг, Сꙋлтан Мехмет, Ынпѫратꙋл Тꙋрческ, Ынтрармѫнд ѡасте, р҃к де ѡамени, ши ѡасте тѫтѫрѣскѫ ши мꙋнтенѣскѫ, съ мѣргѫ кꙋ Радꙋл Водѫ, аꙋ тримис асꙋпра алꙋй Стефан Водѫ.**) Ꙗрѫ Стефан,

---

protecteur (voy. p. 119); il faut donc y reconnaître Băsărab-le-Jeune, fils de Radu, dont nous avons parlé p. 116.

Mais comment se fait-il qu'Étienne ait eu à combattre Vlad Țăpeș? Ce prince avait été détrôné et fait prisonnier par Mathias Corvin en 1462 (Kovachich, *Scriptores rerum hungaricarum minores*; Budae, 1798, in-8, I, 14); depuis lors il vivait en Hongrie. Faut-il supposer que Vlad fit, à la fin de 1474, une tentative pour remonter sur le trône de Valachie et qu'il fut repoussé par Étienne? Cette hypothèse paraît peu vraisemblable. Le terrible empaleur vivait alors tranquillement d'une pension que lui faisait le roi de Hongrie; c'est à lui du moins que nous croyons pouvoir rapporter un acte par lequel Mathias Corvin accorde un subside à »son fidèle Dracul« (Fejér., *Suppl.*, IV, 308; *Transilvania*, VI, 1873, 279). Comme nous le verrons plus loin, Vlad ne sortit de sa retraite que pour combattre les Turcs en 1475. Nous estimons donc que les deux noms de Țăpăluș et de Băsărab ne désignent qu'un seul personnage, Băsărab-le-Jeune.

*) Podul Înalt (le Haut-Pont) était sans doute un pont situé sur la Racova, un peu au-dessus de Vasluiŭ, où cette rivière se jette dans le Bîrlad. Les Turcs pénétrant en Moldavie avaient remonté la rive droite du Bîrlad, tandis que les Moldaves avaient dû prendre position sur les collines qui séparent la Racova du Stemnic.

Les historiens roumains donnent ordinairement à la bataille gagnée par Étienne le nom de bataille de Racova.

**) Étienne, qui s'attendait à une attaque, cherchait partout des alliés. Les Vénitiens, dont la puissance était directement menacée par les Turcs, déployèrent une grande activité pour venir en aide à la Moldavie et pour former une ligue puissante contre l'envahisseur. Les documents découverts par M. Esarcu dans les archives de Venise jettent un jour tout

De la mémorable victoire remportée par Étienne sur les Turcs à Podul Înalt,*) près de Vasluiŭ.

En 6983 [1475], le sultan Méhémet, empereur des Turcs, réunit une armée de 120.000 hommes, non compris les troupes tatares et valaques, pour marcher de concert avec Radu, et envoya [ces forces contre Étienne.**)

---

nouveau sur cette période de l'histoire roumaine; nous ne pouvons nous empêcher de les résumer.

Une lettre qu'Étienne écrivit de Vasluiŭ au pape Sixte IV, à la date du 29 novembre 1474, nous apprend que l'ambassadeur vénitien en Perse, Paul Omnebono, était venu le trouver de la part du chah Uzun-Hassan pour s'entendre avec lui au sujet d'une action commune contre le sultan. Étienne espérait que le pape ferait bon accueil à Omnebono, qui allait se rendre à Rome pour la même affaire et voudrait bien user de son autorité pour décider les princes chrétiens à prendre les armes (Esarcu, 23). Uzun-Hassan, à qui les Vénitiens avaient eu l'habileté de faire épouser une de leurs compatriotes, occupait alors les Turcs du côté de l'Orient; sa lettre, dont M. Esarcu a retrouvé une traduction latine (*Col. luĭ Tr.*, VII, 1876, 464), est un document des plus intéressants.

Omnebono ne se mit pas immédiatement en route pour Rome; il resta en Moldavie jusqu'à la fin de janvier ou même jusqu'au mois de février 1475. Le 6 mars suivant, il rendit compte de sa mission au grand-conseil de Venise et raconta les victoires qu'Étienne venait, de remporter et dont il avait été lui-même témoin. Le grand-conseil fut d'avis qu'il partît sans retard pour Rome, afin d'y continuer ses démarches et décida qu'une lettre de félicitation serait adressée au prince de Moldavie de la part de la république (Esarcu, 25).

Malheureusement pour les Roumains, le pape ne montrait pas tout le zèle qui eût été nécessaire pour la défense de la chrétienté. Le 31 mars 1475, Sixte IV répondit à Étienne que, faute d'argent, il ne pouvait lui accorder de subsides pour continuer la guerre (Hîşdău, ap. Esarcu, 9).

Nous reviendrons plus loin sur les négociations poursuivies entre la Moldavie et le saint-siége.

Вódъ авъ́нд ẅасте га́та ,м̄ ши Лѣший че́й венисе ͣ
ѫтрашютóр ку Бучѣцки ,в̄ дела Каꙁими́р Кра́ю,¹⁾ ши
Унгурій че́й добъндисе дела Мътїаш, кра́юл унгу-
рéск,*⁾ ,е̄, лъу еши́т ѫнаи́нте дин сус де Васлую,
ла Пóдул Ꙋна́лт; пре ка́рій ꙗу бируи́т Стéфан Вóдъ,
ну аша̀ ку ветежїа²⁾ кум ку мешершугул; къ ѫтъ́ю ᵇ
ау фѡст ѫвъца́т дѣу фѡст пържоли́т ꙗрба пéсте³⁾
тѡт лóкул, дъу слъби́т ка́й Турчилѡр чéй цынга́ши,
ши апóй ащютъ́нд ши путѣрѣ чѣ думнеꙁеꙗ́скъ, кум
се врà токми̂ вѡа лу́й Думнеꙁéу ку а̑ ѡаменилѡр,
аша̀ ꙗу куприи́нс пре ⁴⁾ Турчи ѡ нéгуръ, къ̂т ну се ᶜ
ведѣ у́нул ку а́лтул. Ши Стéфан Вóдъ токми́се
пучи́ней ѡа́мени деспре лунка Бърла́дулуй, ка съ̂й амъ-
ꙋ̂ѣ́скъ ку бучу́не ши ку тръмби́це, дъ̂нд сéмн де
рзбóю. Ѫту̂нче ѡа́стѣ турчѣ́скъ, ѫторкъ̂ндусе ла
гла́сул бучюнелѡр, ши ѫпъдекъ̂ндуй ши а̂па ши лунка, ᵈ
ши а̂коперѝ̂ндуй ши нéгура, тъ̂ ши сфърма̂⁵⁾ лунка
съ тркъ ла гла́сул бучюнелѡр. Ꙗ́ръ дин дѡс ꙗу
лови́т Стéфан Вóдъ ку ѡа́сте токми̂тъ ѫ ı̄ ꙁи́ле
алу́й Генарïе**⁾, у́нде ни́че ера̀ лѡк де а̂ши токми́ре
ѡа́сте,⁶⁾ ни́че де а̂ се ѫдерепта́ре; чѝ аша̀ е̑й ѫде-ᵉ
си́не тъ̂и̂ндусе, му̂лцй а̂у пери́т, ши му̂лцй принсу̂ръ
вій, педестри́ме; чѝ пре а̂чѣ́а пре тóцй ꙗу тъа̂т,***⁾

---

¹⁾ B: *Craiul*. ²⁾ B: *vitezia*. ³⁾ B: *preste*. ⁴⁾ B: *pe*. ⁵⁾ B: *sfărîmaŭ*. ⁶⁾ B: *óstea*.

*) Katona (*Hist. critica Regum Hungariae*, XVI, 14) a publié le texte d'un ordre de Mathias Corvin enjoignant au capitaine des Széklers, Michel Francsi, de conduire à Étienne un secours de 3oo hommes (cf. Engel, II, 138). Un extrait de la même pièce est cité, d'après Eder et Fejér, dans la *Transilvania* (VI, 1876, 279), avec la date de 1476.

**) Une lettre citée plus loin (p. 128) nous apprend que la bataille commença le mardi jour de la fête de saint Paul ermite (10 janvier) et se prolongea jusqu'au jeudi 12 janvier.

Celui-ci avait sur pieds 40.000 hommes, plus 2.000 Polonais, que le roi Casimir avait envoyés à son secours avec Buczaczki, et 5.000 Hongrois qu'il avait reçus du roi de Hongrie Mathias.*) Il vint à la rencontre des Turcs jusqu' à Podul-Înalt, au-dessus de Vasluiŭ et les vainquit, moins encore par sa bravoure que par son adresse. Il avait eu tout d'abord l'idée d'incendier l'herbe partout, pour affamer les chevaux déjà affaiblis des Turcs, puis les forces divines elles-mêmes vinrent à son secours, comme si la volonté de Dieu s'était unie à celle des hommes. Les Turcs furent entourés d'un tel brouillard qu'ils ne se voyaient pas les uns les autres. Pour les tromper, Étienne posta, du côté des marais du Bîrlad, quelques hommes munis de cors et de trompettes qui donnèrent le signal du combat; alors l'armée turque se tourna vers l'endroit d'où venait le bruit des instruments. Arrêtée par la rivière et par les marais, enveloppée par le brouillard, elle entreprit de couper les roseaux pour parvenir jusqu'aux trompettes. À ce moment, le 10 janvier,**) Étienne l'attaqua par derrière avec une armée en bon ordre. [Les Turcs] n'avaient de place ni pour se former en bataille, ni pour se développer; ils se massacrèrent mutuellement; beaucoup périrent. Un grand nombre de fantassins furent faits prisonniers, mais ils furent ensuite tous mis à mort.***)

***) On trouve dans les historiens polonais et hongrois de nombreux détails sur la victoire remportée par Étienne contre les Turcs. Nous n'insisterons pas sur ces témoignages, qui ont été réunis déjà par Sinkai (II, 59) et par Teleki (IV, 420-430); nous devons nous borner à citer les documents que ces auteurs n'ont pu connaître.

M. Esarcu a découvert, à la Bibliothèque Ambroisienne à Milan, deux curieuses relations de la bataille de Racova, écrites par des témoins oculaires. La première est une lettre latine, datée de Turda le 23 janvier 1475 et adressée par un anonyme à Mathias Corvin; la seconde est une lettre italienne, datée de Bude le 13 février 1475 et adressée par Leonardo da Oretona à Romano Roseto, agent du duc de Ferrare.

оу́нде пе оу́рмъ мовиле де чей мо́рции а̂у стрӥнс,
ши му́лци па́ши ши съну́ҟции а̂у перӥт; ши пе фе-

L'importance de ces documents nous décide à reproduire ici le premier, qui confirme et complète le récit d'Urechi:

»Novitates de Turcis allate ad Majestatem Regiam.

»Bassa Turchorum cum filio imperatoris Turcorum ac Alibech et nonnullis vayvodis, sub quorum conductu erant centum milia Turcorum et XX milia rusticorum cum securibus fossoriis et capisteriis pro viarum explanatione ac obsidione munitionum, qui venerant cum eis de Bulgaria, intravit Moldaviam. Stephanus autem, vaivoda moldaviensis, intelecto adventu Turcorum, undecumque potuit acquisivit auxilium a Siculis et aliis vicinis locis; ex Valachis autem suis moldaviensibus habuit quasi quinquaginta milia hominum, ex Hungaris armatis mille octingentos. Quibus congregatis, videns quod non posset Turcis occurrere in campis, retrocessit ad loca forciora et fecit comburere omnem provinciam, per quam erant venturi Turci, ne haberent victualia. Qui, dum aliquibus diebus penuria victualium laborassent et fatigati essent, faciebant tamen post se victualia deferre de Transalpina per currus et animalia, que non poterant eo tempore sequi. Deputaverunt septem vayvodas Turcorum ad rumpendas indagines pro recipiendis victualibus. Non remoti ibi erant Siculi et gentes Stephani vaivode; quibus iidem Siculi occurerunt ad pugnam et prostraverunt eos in quodam loco arto; ex alia parte iterum receperunt illa victualia que ducebantur post Turchos. Videntes autem quod fortuna eorum prosperaretur, in festo sancti Pauli primi heremite, quod erat feria tercia, de mane, toti exercitui Turcorum, in quadam stricta et lutuosa valle, ubi Turci propter vallis artum situm non poterant se ad conflictum bene extendere et alas dilatare, occurrerunt ad pugnam, contra quos, tercia feria die ac nocte, sic suo modo, feria quarta usque ad feriam quintam, sic fortiter pugnaverunt, sed non poterant movere exercitum Turcorum ex quo erat multitudo magna. Tandem, feria quinta, die lucescente fortissime, in eos prosiluerunt, multos ex eis occidendo sagitis et lanceis. Videntes Turci non posse resistere, terga verterunt; quos Valachi et Siculi ac Ungari insequentes maxima strage affecerunt, bassam Turchorum, filium imperatoris et Alibec cum nonnullis vayvodis Turchorum et plurimis Turcorum captivando. Ex alia parte, Bozorad major, qui erat

Les cadavres formèrent par la suite des tumuli. Plusieurs pachas et plusieurs porte-étendars furent tués; le

---

in quodam castro obsessus per Turchos, videns fugam Turchorum, de castro prosiluit et magna dampna Turcis fugientibus intulit, unde tota fortitudo Turchorum dissipata extitit. Super qua victoria Transilvania nunc in triumpho ducit dies suos. Ista Deus misericors nunc operatus est per humiles manus hominum in destrucione inimicorum Cristianorum.

»Ex Torda, feria tercia proxima ante festum conversionis sancti Pauli apostoli, anno 1475.«

Le Băsărab, dont il est ici question, devait être Vlad Țăpeș. L'agent du roi de Hongrie l'appelle »Bozorad major« pour le distinguer de Băsărab-le-Jeune. Un diplôme d'Étienne-le-Grand du 5 octobre 1480 (Hîșdău, *Arch.*, I, 1, 116) dit, il est vrai, que Țăpeluș accompagnait Ali-Beg et Skander-Beg dans leur expédition en Moldavie, mais, dans ce dernier document, le nom de Țăpeluș est apliqué au hasard au prince de Valachie. Vlad-Țăpeș prit part, en 1475, à la lutte contre les Turcs et ce fut sans nul doute pour récompenser les services qu'il avait rendus alors que Mathias Corvin et Étienne-le-Grand le replacèrent en 1476 sur le trône de Valachie.

La lettre de Leonardo da Oretona est d'accord avec la relation précédente. On y relève seulement un trait qui donne une haute idée de l'importance des prisonniers faits par Étienne et qui jette un jour curieux sur l'intimité des rapports qui existaient alors entre la Moldavie et la Hongrie: »Sapiate che el sono sta pigliati parechi, che volentera hanno voluto dare et pagare ducati ottanta millia per la loro testa, solamente per una persona. El ditto vayvoda non l'ha voluto lassare fin tanto che'l nostro signor re serà qui. Non se sa quello se farà deli ditti capitanei de'Turchi. Ala tornata del re se farà fine deli ditti.« *Col. luĭ. Tr.*, VII (1876), 424.

La victoire d'Étienne arrache à Długosz (II, XIII, 527) ce cri du cœur, que nous ne pouvons nous empêcher de rapporter: »O virum admirabilem, heroicis ducibus quos tantopere admiramur nihilo inferiorem, qui nostro tempore tam magnificam victoriam, inter principes mundi primus, ex Turcis retulit; meo judicio dignissimum cui totius mundi principatus et imperium et precipue munus imperatoris et ducis contra Turcum, communi christianorum consilio consensu et decreto,

чȢрȢл лȢй Ӥсáк[1]) Пáша*), дȢпȢ чє лȢ принс вĩȢ, лȢ ᶜ слобоӟúт. Ши пȢшчеле лȇȢ добȇндúт, ши стȇгȢри мáй мȢлте де ȢнА сȢтȢ áȢ лȢáт.

Дáкȗ ȗáȢ бȇтȢт пре[2]) Тȗрчи, áȢ лȢоáт ꙗ̈ ꙗ̈́мс дела Пóдȗл А҆налт пин пȗдȗре, ши áȢ є҆шúт ȢндеА пȗрчȇ́де а҆па Смилíй, ꙗ̈ ꙋ̈инȢ́тȢл ТȢтóвій**), áколȯ ꙗ̈ ᵇ лȇцȇ лȗр áȢ дáт лáȢдȗ лȢй ДȢмнеӟеȢ́ кȗ сáȢ вȗӟȢт є҆шúци ла лȢ́ме.

Ӥр[3]) Стéфан БóдȢ порнúтȢсаȢ дȢпȗ дȗншúй кȢ Молдовенíй сéй, ши а҆чéй ꙕ҇ де Лȇкшú, ши áȢ гонúт пе Тȗрчи пȗнȗ ꙗ̈ȢА трекȢт СирȇтȢл ла Ӥвнȗшȗúщй,***) ᶜ Ȣнде се кúамȗ БадȢл ТȢрчилȯр ши пȗнȗ áстȗӟй. Ши áколȯ дȇсȢпра СирȇтȢлȢй, ла мовúла чȇ ма́ре а̂ ТекȢчȢлȢй áȢ ѡ̈дихнúт трúй ӟúле. Ши ꙗ̈Ȣ венúт вȇсте дела старóстій де КрȗчȢна, чéй ӟíкȢ áкмȢ ПȢтна, кȗ РáдȢл БóдȢ вúне кȢ ѡ̈щи а҆сȢ́пра лȢй Стéфан ᵈ БóдȢ фȇрȗ вȇсте. Ши А҆трúстȇндȢсе Стéфан БóдȢ кȢ чúне а҆вȇ кȢ á́й сéй, áȢ рȗпеӟи́т ла ѡ̈щéнíй дéй стринцȇ де сȇрг. А҆тȢнче áȢ сосúт ши Шéндрȇ хáтмАнȢл, кȢм-

---

[1]) A: Ӥсáн; B: *Isan*, simple faute de lecture, comme le prouve la lettre d'Étienne-le-Grand. Voy. la note *) ci-dessous. [2]) B: *pe.* [3]) B: *Éră*.

aliis regibus et principibus catholicis in desidiam et voluptates aut in bella civilia resolutis, committeretur!«

Kromer (412) dit que le prince victorieux conféra la noblesse aux soldats qui s'étaient particulièrement distingués: »Plurimos autem agrestium Stephanus fortitudinis ergo in equestrem ordinem transtulit.« Le même auteur ajoute que le roi de Hongrie fut jaloux des succès remportés par les Moldaves, »dimissis quoquoversus literis, quibus jactabat a praefecto suo, Stephano palatino, Turcas profligatos esse.«

L'historien turc Hodža-Efendi a laissé une curieuse relation de cette bataille, dans laquelle il s'élève avec force contre »le maudit prince de Moldavie, qui dépassait le diable

fils d'Isak-Pacha,*) qui avait été fait prisonnier, fut mis en liberté. [Les Moldaves] s'emparèrent d'armes à feu et de plus de cent drapeaux.

Les Turcs vaincus descendirent à travers les bois au-dessous de Podul Înalt et n'en sortirent que vers la source de la Smilie, dans le district de Tutova; **) là, suivant les rites de leur religion, ils rendirent à Dieu des actions de grâce de ce qu'ils avaient revu la lumière du jour.

Étienne s'élança à leur poursuite avec ses Moldaves et les deux mille Polonais; il chassa les Turcs devant lui et les força de repasser le Siret à Ionășeștĭ,***) à l'endroit où se trouve le gué que l'on appelle encore le *Gué des Turcs*. Il se reposa pendant trois jours au bord du Siret, sur le grand tumulus de Tecuciŭ. Il y fut informé par les magistrats de Crăciuna, aujourd'hui Putna, que Radu marchait contre lui à la tête d'une armée pour le surprendre. Il ne dissimula pas ses inquiétudes à ceux qui l'entouraient et s'empressa de masser ses

---

même par son astuce et sa malice«. M. Hîșdău (*Arch.*, I, II, 31) a reproduit le passage de Hodža-Efendi d'après la traduction italienne de Bratutti (*Chronica dell'origine e progressi della casa ottomana;* Madrid, 1652, in-4, II, 297).

*) Étienne-le-Grand parle lui-même du fils d'Isak-Pacha dans la lettre que nous citerons plus loin (*Col. luĭ Tr.*, VII, 1876, 421).

**) La Semila, qu' Urechi appelle Smilie, prend sa source dans le massif des collines de Racova, à quelques kilom. à l'ouest de Vasluiŭ et court presque en droite ligne vers le sud; elle se jette dans le Bîrlad, un peu au-dessus de la ville du même nom. En descendant cette petite rivière, les Turcs évitaient le détour que le Bîrlad fait à l'ouest, vers Docolina.

***) Ionășeștĭ est une commune du district de Tecuciŭ, arrondissement de Necoreștĭ, au nord-ouest de Tecuciŭ. À la hauteur de ce village, le Bîrlad et le Siret ne sont séparés que par une distance de 15 kilom. environ.

нꙋтꙋл лꙋй Стефан Водъ кꙋ ѿ самъ де ѡший чѣꙋ фост рꙋмас ꙟнапой; ши Ꙟдатъший¹⁾ ши Костѣ пахарникꙋл кꙋ ълте ѡщий, че гониСЕ пре Тꙋрчий дей трекꙋСЕ Сирѣтꙋл, ꙗꙋ сосит. Ши авѫнд вꙋкꙋрїе Стефан Водъ де ай сей, кꙋм се афлърꙋ²⁾ тоций прецюр ел, ла лок де невоїе ши де грижъ, Ꙟдатъ ꙗꙋ рꙋпезит пре Шендрѣ хатманꙋл ꙟнаинтѣ ѡший мꙋнтенещий, кꙋ пꙋцинтей слꙋжиторй, ка ꙟ кип де стражъ. Ши дѫнд де ѡастѣ Радꙋлꙋй Водъ, фꙋрꙋ бирꙋиций де Мꙋнтений; ши аколѡ ꙗꙋ перит ши Шендрѣ хатманꙋл, май цїѡс де Рѫмник, оунде мꙋлт съꙋ поменит Мовила Шендрїй*); ши лꙋꙋ дꙋс де лꙋꙋ ꙟгропат ꙟ бисѣрика дин Долхещй**) лѫнгъ Татъсеꙋ.

Ꙟцълегѫнд Стефан Водъ къ адеврът Радꙋл Водъ кꙋ ѡастѣ съ ꙗй вине асꙋпръ, генарїе ꙟ г҃і зиле, ꙗꙋ трекꙋт Сирѣтꙋл, ши май сꙋс де Рѫмник шаꙋ дат рꙋзбою витежѣще, ши де ꙗмбе пърциле мꙋлт вѫрсаре де сѫнце сꙋꙋ фъкꙋт. Ши кꙋ врѣрѣ лꙋй Дꙋмнезеꙋ рꙋмасаꙋ избѫнда ла Стефан Водъ; ꙗрꙋ Мꙋнтений пердꙋръ рꙋзбоюл. Датаꙋ Стефан Водъ воїе ѡший сале съ праде ꙟ трей зиле кът вꙋр пꙋтѣ ꙟ Цара Ромꙋнѣскъ; ши прꙋдѫнд ѡщений адꙋсаꙋ мꙋлт добѫндъ. Ши зъбовинд Стефан Водъ аколѡ пѫнъ а се стринцере ѡщиле тоате, адꙋкѫнд ши пре мꙋлций дин боїерїй Църей Ромꙋнещий ши ълций ѡамений де

---

¹) B: îndată. ²) B: aflară.

*) Urechi confond cette rencontre avec la bataille qui eut lieu près de Rîmnic en 1481. Comme nous l'apprend la chronique de Putna (ap. Hîşdău, Arch., III, 8), c'est én 1481 et non en 1475 que Şendrea fut tué; il figure avec le litre de »portier de Suceava«, c'est-à-dire d'hetman (cf. ci-dessus, 36) dans un diplôme du 1ᵉʳ février 1481 (Hîşdău, Arch., I, 1, 75). Nous

forces. L'hetman Şendrea, son beau-frère, vint alors le rejoindre avec un certain nombre de soldats qui étaient restés en arrière, puis arriva le păharnic Costea avec d'autres troupes, celles qui avaient rejeté les Turcs audelà du Siret. Étienne se réjouit de voir tout son monde groupé autour de lui dans un moment d'inquiétude et de peine. Il dépêcha l'hetman Şendrea au-devant des Valaques, avec quelques hommes, comme pour faire une reconnaissance, mais ce détachement se heurta contre l'armée de Radu et fut taillé en pièces. Şendrea fut tué au-dessous de Rîmnic, à l'endroit où est resté célèbre le tumulus qui porte son nom.*) Il fut transporté à Dolheştĭ **) et enterré dans l'église, à côté de son père.

Etienne vit que l'armée de Radu s'avançait effectivement contre lui; le 13 janvier, il franchit le Siret et engagea vaillamment l'attaque au-dessus de Rîmnic. Il y eut des deux côtés beaucoup de sang répandu, mais Dieu permit qu'Étienne demeurât vainqueur; les Valaques perdirent la bataille. Étienne permit à ses troupes de piller pendant trois jours à volonté le territoire ennemi, et les soldats revinrent chargés de butin. Le prince resta dans ce lieu jusqu'à ce qu'il eût rassemblé toute son armée. Il y fit venir un grand nombre de boïars et de personnages distingués de Valachie, qui, tenant conseil avec les boïars et les notables moldaves, déci-

---

ignorons comment il était beau-frère d'Étienne; avait-il peut-être épousé cette princesse dont Urechi place la mort en 1478 (voy. ci-après)?

Le diplôme du 1ᵉʳ février 1481 cite le spătar Costea; nous ne savons si c'est le même personnage que le păharnic dont il est ici question.

**) La village de Dolheştiĭ-Marĭ, district de Suceava, arrondissement de Şomuz, forme commune avec Boura, Dolheştiĭ-Micĭ et Poiana-Răhtivanuluĭ.

фрунте, аколѡ ау пус пре аи сеи боіери ши ѡамени де чинсте дѣу воровит, ши ау токмит, дѣу деспърцит дин Милковул чел маре ѡ парте де пърѹу де вине пе[1]) лънгъ Ѡдобещи, ши трече де дъ ѫ апа Путний, ши ачела пънъ астъзи есте хотар Църей Молдовей ши Църей Ромънещи. Ѩр[2]) май ѫнаинте ера приче[b] ѫтре амъндоуъ църъле, къ Църа Мунтенѣскъ врѣ съ фіе хотарул сѣу пънъ ѫ апа Тротушулуй, ѩръ Молдовеній нуи лъсъ, пънъ ау врут Думнезеу де сау токмит аша. Ши ау доат[3]) Стефан Водъ четатѣ Кръчюна ку цинут ку тот, че се кѣмъ цинутул Пут-[c] ний, ши лау липит де Молдова,*) ши ау пус пъркълабій съи пре Вълчѣ ши пре Иван.**)

Ѫтунче ѫторкъндусе Стефан Водъ ши мергънд пре апа Бърладулуй ѫ сус, ши плъкъндуй локул ѫтре Бърлад ши ѫтре Васлую, ѫтру аче лаудъ ши букуріе[d] де избъндъ ку норок че-у бируит пре Турчи ши пре Мунтени, ау ѫчепут азидире бисерика сфънтулуй Иѡан Предитечй ѫ търг ѫ Васлую, дънд лаудъ луй

---

[1]) B: pre. [2]) B: Ерꙋ̆. [3]) B: luatꙋ̆.

*) Le district appelé par Urechi district de Craciuna ou de Putna est la région connue sous le nom de *Vrancea*. Les limites en étaient formées par une ligne partant du Milcov, s'étendant jusqu'au-delà d'Odobeștĭ et gagnant le Trotuș par Giariștea, Țifeștĭ, Satul-Nou, Crucea-de-Sus, Movilița, Păuneștĭ et Rugineștĭ. Il comprenait l'arrondissement actuel de Zăbrăuț presque en entier, la partie de l'arrondissement de Gîrle, qui s'étend depuis Odobeștĭ, en remontant le Milcov, jusqu'aux confins de la Transylvanie, enfin les villages dépendant de l'arrondissement de Răcăciunĭ, qui sont situés sur le Trotuș depuis Rugineștĭ jusques et y compris Cașin. Voy. Hîșdău, *Ist.* I, 10, 54-56.

**) Vîlcea est cité comme préfet de Cetatea-Nouă (Novograd) dans un diplôme du 22 mai 1476 (*Col. luĭ Tr.* VII, 1876, 559). On est tenté de croire que *Cetatea-Nouă* fut le nom donné

dèrent que l'on prendrait pour frontière un bras du Milcov qui passe à Odobeștĭ et va se jeter dans la Putna; c'est ce cours d'eau qui, aujourd'hui encore, sert de frontière à la Moldavie et à la Valachie. Il y avait auparavant des querelles entre les deux pays: la Valachie voulait s'étendre jusqu'au cours du Trotuș mais les Moldaves refusèrent d'accepter cette limite, jusqu'au jour où Dieu voulut que la question fût ainsi tranchée. Étienne s'empara de la citadelle de Crăciuna et de tout son territoire, que l'on appelle district de Putna;*) il l'annexa à la Moldavie et y établit comme gouverneurs Vîlcea et Ivan.**)

En s'en retournant, Étienne remonta le Bîrlad; il fut séduit par la beauté du pays qui s'étend entre les villes de Bîrlad et de Vasluiŭ et, dans la joie de son triomphe, pour remercier Dieu de l'heureuse victoire qu'il avait remportée sur les Turcs et sur les Valaques, il commença la construction de l'église Saint-Jean-le-

---

à Crăciuna par Étienne-le-Grand, quand il annexa cette ville à la Moldavie, mais un préfet de Cetatea-Nouă (en allemand Neuenburg), appelé Făt, est cité dans un acte du 13 septembre 1473 (Wickenhauser, 69), antérieur, par conséquent à l'occupation du district de Putna par les Moldaves.

D'après l'évêque Melchisedec (*Chron. Huș.*, 15; *Chron. Rom.*, 12) le nom de Cetatea-Nouă n'appartient pas à Crăciuna, mais à la forteresse de Smeredova fondée par Étienne-le-Grand pour protéger la ville de Roman. Cette interprétation soulève cependant aussi une difficulté. Urechi rapporte que Smeredova fut construite en 1483; or on vient de voir que Cetatea-Nouă est citée dès l'année 1473. Melchisedec, il est vrai, n'a connu ni ce diplôme ni celui de 1476.

On pourrait adopter notre hypothèse et concilier les deux textes en supposant qu'Étienne s'était emparé une première fois de la Vrancea en 1471, après la bataille de Soci. Voy. ci-dessus p. 113.

Думнезеу.*) Пре урмъ ау фъкут ши касе домнещи, кум се куноскъ ши пънъ астъзй.**) Ши ўлихнинд Стефан Водъ аколо ку ушиле сале, ши ръвнинд ку невоинцъ а се зидире бисерика, ши алте лукрурй че аратъ къ ау фъкут май пре урмъ,***) ши, ънторкъндусе ажюторул краюлуй лешеск ку мултъ добъндъ, ау тримис Стефан Водъ солій сей, де ау дус лу стегурй, аръ‑тънд витежіа¹) чеу фъкут ши іау мулцемит де ажютор.

Пентру нище Къзачй чеу венит ън царъ съ прѣде.

Ўдихнинд Стефан Водъ ла Васлую, іау венит де сърг ўлекарй дела Сорока кум Лободъ ши Наливайко хатманій къзъчещй ау ънтрат ън царъ ши прадъ. Ѥръ²) Стефан Водъ непутънд суферй пре непріетиній³) ай лъсаре съ стриче цара, ъндатъ ку ай сей ку къци ера, іау къутат амърцере; унде сау ши тъмпинат ку аче ўасте къзъческъ пре Рут ла Грумъзещй,†) фиинд Къзачй ън прадъ ръшкирацй, ши ловиндуй ноапте фъръ весте, ръмасеръ бирувицй Къзачій, ши Лободъ хатманул къзъческ фу принс де ўстъший луй Стефан Водъ. Ши гониндуй спре Нистру, Наливайко хатманул ши ку ў самъ де Къзачй ау дат съ трѣкъ

---

¹) B: *vitezia*. ²) B: *Éră*. ³) B: *neprieteni*.

*) L'église de Vasluiŭ a conservé le vocable de Saint-Jean-Baptiste, mais elle a été reconstruite plusieurs fois. Quant au palais d'Étienne-le-Grand, on n'en voit plus aujourd'hui que les ruines. Frunzescu, 517.

**) Dans l'entre-temps, Étienne revint à Suceava, d'où il adressa, le 25 janvier 1475, une circulaire aux princes chrétiens pour leur annoncer sa victoire sur les Turcs. Les originaux de cette pièce, écrite sans doute en ancien slovène, paraissent s'être perdus, mais M. Esarcu en a découvert à la Bibliothèque Am-

Précurseur sur la place de Vasluiŭ.*) Il bâtit ensuite le palais princier, comme on le voit encore maintenant.**) À Vasluiŭ, Étienne donna du repos à son armée et à lui-même; il pressa les travaux de son église et d'autres édifices qui témoignent à la postérité qu'il les a construits.***) Il renvoya au roi de Pologne ses troupes auxiliaires avec un riche butin, et chargea des ambassadeurs de lui porter 36 drapeaux, pour lui donner une preuve de ses hauts faits et le remercier des secours qu'il avait reçus de lui.

Des Cosaques qui vinrent piller la Moldavie.

Tandis qu'Étienne séjournait à Vasluiŭ, des couriers, venus de Soroca, lui annoncèrent tout-à-coup que Loboda et Nalivajko, hetmans des Cosaques, avaient pénétré en Moldavie pour s'y livrer au pillage.†) Il ne pouvait souffrir que le pays fût ravagé par l'ennemi; aussi marcha-t-il aussitôt contre les Cosaques avec les quelques troupes qu'il avait sous la main. Il les rencontra à Grumăzeștĭ sur le Răut,††) au moment où ils s'étaient disséminés pour faire du butin. Il les attaqua pendant la nuit à l'improviste et les défit. Ses soldats s'emparèrent de l'hetman Loboda. Étienne chassa Nalivajko et une partie des Cosaques dans la direction du Dniestr, les força de

---

broisienne à Milan deux traductions en italien barbare, qu'il a publiées dans la *Col. luĭ Tr.*, VII (1876), 420.

***) Urechi fait allusion aux inscriptions commémoratives placées sur les monuments.

†) Voici une des erreurs les plus singulières que nous ayons à relever dans la chronique attribuée à Urechi. Ce sont les Tatars qu'Étienne-le-Grand eut à combattre en 1476 (cf. la note de la p. 138); l'invasion des hetmans Loboda et Nalivajko n'eut lieu que cent vingt ans plus tard, en 1496. Voy. sur ce point Hîșdău, *Ionŭ Vodă*, 257.

††) Grumăzeștĭ, district de Niamț, arrondissement supérieur, forme commune avec Curecheștiĭ-de-Sus et Ghindăonĭ.

Нистру ¹), ши мулци сау ӂнекат,*) оунде ши ун полковник вестит алуй, ануме Жура сау ӂнекат, ши алций мулци; ши астузй есте де поменит ачел лок, дей зйк Вадул Журжий.**)

Ши де аколо сау ӂторс Стефан Водуӂ ши ау дескулекат таргул Яший, ши ӂ лауда луй Думнезеу

---

¹) B: *Nistrul*.

*) M. Esarcu a découvert à Venise un document qui jette un jour tout nouveau sur les événements militaires dont la Moldavie fut le théâtre en 1476. C'est une lettre adressée au pape par Balthasar de Piscia et datée de Bracław le 16 septembre 1476. Ce correspondant reproduit le témoignage de cinq jeunes Gênois, successivement prisonniers des Turcs et des Moldaves. Après la prise de Caffa, cent-vingt jeunes gens, choisis parmi les plus beaux de la ville, avaient été envoyés au sultan, mais, pendant la traversée, les prisonniers avaient massacré l'équipage, puis avaient abordé aux bouches du Danube, où ils espéraient recouvrer la liberté. À leur grand désespoir, ces malheureux fugitifs avaient été réduits en esclavage par les Moldaves, comme de simples Tsiganes, mais, après dix mois d'épreuves, les cinq jeunes gens dont nous parlons avaient réussi à gagner la Pologne. Ils purent raconter en détail tous les faits qui s'étaient passés sous leurs yeux. »Retulerunt enim,« dit B. de Piscia, quod, cum hoc anno de mense maij fama esset quod Bassaraba, Majoris Valachie dominus, cum suo exercitu hostiliter Minorem Valachiam intrare vellet, Stephanus, Inferioris Valachie voivoda, cum quadraginta milibus equitum tam nobilium quam rusticorum, qui per [*l.* pro] majori parte arcum, ensem et telum absque alia armatura portant, ad Danubij ripam se contulit, ibique de tabulis castrum de[?] mense junij hedificavit, ut facilius ipsius Bassarabe transitum impedire posset. Cum hec autem fierunt [*l.* fierent], de Turchorum adventu in Valachiam necnon Tartarorum fama fuit. In principio vero julij, circa mediam noctem, Ciuciavie, ubi hi adolescentes detinebantur captivi, nunciatum fuit Tartharos opidum Stephaneste, in Valachia situm, propre Ciuciaviam ad unam legalem dietam Russiam versus, invasisse multosque proceros [*sic*] captivasse sequentique die quo Tarthari Ciuciaviam timebantur venturi, per quendam fluvium Cerete vocatum, prope Ciuciaviam ad mediam legalem dietam, cum preda quindecim milium

traverser le fleuve et beaucoup se noyèrent au passage.*) Un lieutenant renommé de Nalivajko, Žura, périt avec un grand nombre d'autres, dans un endroit qui est resté connu sous le nom de *Gué de Žura*.**)

Étienne revint sur ses pas, fonda la ville de Iassi et, pour rendre grâce à Dieu, entreprit la construction

---

procerorum [*sic*] transiverunt. Uxor vero domini Stephani in castrum Gothin [*i. e.* Hotin] vocatum, quod prope urbem Camenizze ad mediam dietam etiam legalem situm est, cum omnibus thesauris se recepit. Est enim Camenizza opidum regis Polonie in Russia prope Valachiam situm. Cum autem Stephanus voivoda prefatus Tartharorum adventum resciret, dimisso presidio in castro juxta ripam Danubij hedificato, cui Sciandrus, ejus cognatus, cum mille equitibus preerat, cum reliquiis Tartharos per biduum insecutus, quos minime consequi potuit, interfecti tamen fuerunt ex Tartharis centum viginti quinque, qui predando a suis deviarunt. Tartharorum exercitus pro certo dicitur triginta milium equitum fuisse, duosque imperatores, ac unum dominum eis prefuisse. Dominus itaque Stephanus cum toto suo exercitu tristitia plenus ad Danubium, ut Turchis transitum prohiberet, redibat. Inter suos non defuerunt murmurationes, cum jam per duos menses eum in bello secuti fuissent, dicendo: Quid ad nos de hoc bello, cum nostras mulieres nostrosque filios Tarthari abduxerint? Cumque quosdam clam recedere intellexisset, timensque ne, si sic recederent in eo bello, eos postea habere non posset, habito consilio cum suis nobilibus, ad quindecim dies eos dimisit, ita tamen quod ad Danubium expost cum comeatu redire deberent. Stephanus itaque cum comitiva decem milium suorum nobilium remansit, prefatumque castrum ad Danubium repetiit.« *(Col. luĭ Tr.*, VII, 1876, 378).

Ce texte, dout nous reproduirous plus loin la suite, prouve que l'armée d'Étienne se composait surtout de milices. La noblesse seule formait une cavalerie permanente.

Voy. aussi, sur la campagne du prince de Moldavie contre les Tatars, Miechowski, ap. Hîşdău, *Arch.*, I, II, 36.
**) Il y a en effet sur la rive droite du Dniestr, à peu de distance au-dessus du confluent de cette rivière et du Jagorlyk, à 20 kil. environ au nord-est d'Orheiŭ (Orgejev) un village appelé *Žora*.

au început a zidire biserika lui sf. Nekulai;¹)*) și
de akolo au mers la skaunul său la Suceavă ku mare
poxală și birvuinț dela singur Dumnezeu de sus,
eșindui înainte mitropolitul, ku toți preuții,
aducând sfânta evangelie și cinstita kruce în mâ-
nile²) sale, ka înainte unui împărat și birvuitor
de limbi păgâne, de lau blagoslovit.

Atunce mare bukurie au fost tuturor domnilor
și krailor de pin prejur, pentru birvuința ceu
făkut Ștefan Vodă. Și dakă sau așezat la skaunul său la Suceava, în lauda lui Dumnezeu, au început
a zidire o înfrumusețat mânăstire,³) sfântul Di-
mitrie, ce este înaintea kurții domnești. Și sau
kunukat ku doamna Voikița, fata Radului Vodă. Eră⁴)
pre mâncăsa, doamna Radului Vodă, ku mare cinste
o au trimis la domnul său Radul Vodă, în Țara
Muntenească.

Războiul lui Ștefan Vodă kând său bătut ku Sultan Mehmet, împăratul turcesk și ku Munteni, la Valea Albă.

În anul §ЦПА, văzând Sultan Mehmet kâtu pă-
gubă au avut în partea sa de Ștefan Vodă, au so-
kotit singur să meargă să stropșască țara Moldoviei,
și săși ia cetățile înapoi Kilia și Cetatea Albă,
karele fusese mai nainte pre mânile lor.**) Și așa

---

¹) B: *Necolai*. ²) A: мънъле. ³) B: *monastire*. ⁴) B: *Éră*.

*) Cette église existe encore; elle est ornée de plusieurs tours et possède trois autels, sur lesquels on célèbre alternativement l'office. Voy. Frunzescu, 240.

**) Étienne s'attendait à une nouvelle attaque de la part des Turcs, aussi ne cessait-il de négocier avec les princes étrangers

de l'église Saint-Nicolas.*) Il rentra ensuite à Suceava, sa capitale, comblé d'honneurs et d'une gloire qu'il ne devait qu'au Très-Haut. Le métropolitain vint au-devant de lui, accompagné de tout le clergé, portant le saint évangile et la sainte croix, et lui donna sa bénédiction comme à un roi et au vainqueur des infidèles.

Tous les princes et rois du voisinage éprouvèrent une vive joie des victoires remportées par Étienne. Celui-ci, de retour dans sa capitale de Suceava, voulut honorer Dieu et jeta les fondements du beau monastère de Saint-Démètre, qui s'élève devant le palais princier. Il épousa Voichiţă, fille de Radu, et fit reconduire en grande pompe la mère de Voichiţă à son époux, le prince Radu, en Valachie.

Bataille livrée à Étienne par le sultan Méhémet, empereur des Turcs, et par les Valaques, à Valea-Albă.

En 6984 [1476], le sultan Méhémet, réfléchissant aux pertes qu'Étienne avait infligées à son armée, résolut de se mettre lui-même en campagne pour anéantir la Moldavie et pour reprendre les villes de Chilie et de Cetatea-Albă, qui avaient été précédemment en son pouvoir.**) Il s'avança avec une multitude de Turcs;

---

pour se ménager des alliances. Tandis qu'il entretenait des relations suivies avec le saint-siège par l'intermédiaire des agents vénitiens, il pressait Mathias Corvin de le faire profiter des subsides du pape. Le roi de Hongrie envoya en Moldavie trois ambassadeurs chargés de traiter: Dominique, prévôt du chapitre d'Alba Iulia, Gaspard Hatvani et Michel Pesti (Długosz, II, XIII, 534). Les ambassadeurs avaient pour mission d'imposer au prince la suzeraineté hongroise. Quoi qu'en dise Długosz, Étienne dut se soumettre; espérant faire entrer

ав пврчес кв мвлциме де Твpчй, оvнде Стефан Водъ
мвлт сав невойт съ ивй ласъ съ треaкъ Двнъpѣ, чи

Mathias dans ses vues, il n'hésita pas à prêter le serment
de vassal. On le voit par un curieux diplôme du roi de
Hongrie, daté de Bude le 15 août 1475: »Recognoscimus
per presentes quod, quia fidelis Noster, spectabilis ac magnificus Stephanus, vayvoda terre Moldavie, ab disvasione
rediit, Nosque veluti dominum suum naturalem recognovit
ac Nostre Majestati et sacre Corone Nostre fidelitatem debitam
promisit, Nos igitur ipsum ad gratiam et benevolentiam regiam accepimus, una cum filiis, boyaronibus et tota provincia
Moldaviensi ac omnibus habitatoribus ejus. Et, ex quo idem
Stephanus vayvoda promisit ea omnia facere erga Nos et
sacram Coronam Nostram, que sui predecessores vayvode de
jure vel consuetudine facere tenebantur, Nos propterea ipsum,
filios, boyarones ac totam patriam ipsius in suis juribus, pri-
vilegiis, libertatibus, juxta quod divi Hungarie reges facere
tenebantur, conservare et manutenere promittimus..... Nos
etiam promittimus eundem Stephanum vayvodam protegere
propria in persona Nostra, si necesse fuerit, nisi fuerimus in
majoribus causis regni Nostri occupati, et tunc ei subsidium
et favorem ex regno Nostro juxta posse Nostrum impendere
promittimus. Super metis etiam provincie Moldavie cum provincia Transalpina secundum antiquos terminos et consuetu-
dines per predecessores vayvodas possessos et tentos, utrumque
vayvodam, tam scilicet Stephanum vayvodam Moldaviensem
quam Vlad Transalpinum, secundum privilegia Alexandri et
Myrse, utriusque partis vayvodarum, a regibus obtenta con-
firmamus...« (Teleki, XI, 540).

Les concessions faites par Étienne au roi de Hongrie
se rattachaient étroitement aux négociations qu'il poursuivait
avec le pape; elles ne furent pas sans résultat. Sixte IV
pressa Mathias de ne pas laisser écraser par les Turcs un
prince qui reconnaissait la suzeraineté hongroise. À la date
du 3 novembre 1475, le roi répondit que la guerre de Bohème ne lui avait pas permis de prendre les armes contre
les infidèles, mais qu'il allait sans retard s'efforcer de frapper
un grand coup: »Post ubi vero ceteris hostibus pacem sive
pacis inducias dedi, mox ad conflandum exercitum paran-
damque classem in Histro sive Danubio me converti, cujus
apparatus solo auditu, imperator ipse tota hac estate cum

Étienne fit tous ses efforts pour l'empêcher de traverser le Danube, mais ne put y réussir. Assailli, d'un côté,

---

maximo exercitu in imo loco campestri fixus mansit, non parum hujuscemodi expectatione fatigatus, expensas plurimas fecit, praesidia in locis finitimis multa locavit et, qui Transalpinas fere sibi subjugaverat, Moldaviam invasurus retracto pede in suis mansit. Utroque itaque et terrestri et navali coadunato exercitu in nomine Dei nostri Vestrae Sanctitatis mandata humiliter suscipiens, jam aliquot dierum iter perfeci properoque ut non solum Moldavum, cui cum sit mihi subditus teneor, sed et quascumque possum christianas provincias a nephando vastatore defendam« (Esarcu, 76).

Malgré les préparatifs du roi de Hongrie, Étienne, qui pressentait le danger, continua d'insister auprès du pape pour obtenir des secours directs. Sixte IV, lui promit une partie de l'argent des indulgences (voy. une bulle des ides de janvier 1476 ap. Raynaldi, X, 571), mais ne se pressa pas de tenir parole. Le prince de Moldavie, craignant que la cour de Rome ne fût mal disposée envers lui parce qu'il appartenait à l'église orientale, admit dans son conseil un prélat catholique et affecta le plus grand zèle pour les intérêts de l'église latine. Ces détails nous sont connus par une importante lettre de Sixte IV, datée du 20 mars 1476. Voici en quels termes s'exprimait le pape: »Accepimus literas Tuae Nobilitatis, dilectosque filios Petrum in decretis baccalarium et Cataneum Januensem, consiliarios Tuos, quos cum literis ipsis misisti, benignissime audivimus, intelleximusque ex eis desiderium tuum de provisione moldaviensis ecclesiae, cui ipsum Petrum praefici supplices in pastorem, quem commendatissimum habebimus, maxime propter Tuam excellentem virtutem et praeclara in rempublicam christianam merita. Caeterum, dilectissime fili, licet pro his quae gloriose et pientissime fecisti et facias potius gratulari virtuti et laudi tuae quam te excitare oporteat, tamen quia gloriam tuam cum publica authoritate augere desideramus, hortamur ut de bono in melius perseveres et toto pectore defensioni et propagationi fidei sanctae incumbas. Nullibi virtus et magnanimitas tua versari decentius potest, ex nulla re veriorem et magis perennem gloriam consequi. Res tuae contra infideles Turcas, communes hostes, sapienter et fortiter hactenus gestae tantum claritatis tuo nomini addiderunt

нăȣ пȣтȣт, къ Тътăрій де ѿ парте, Тȣрчій де алтъ
парте невъаинд, йăȣ къȣтăт нȣмай адăре кăле Тȣр-

ut in ore omnium sis et consensu omnium plurimum lauderis. Noli igitur defatigari, sed, sicuti facis, victoriam tibi ab Alto concessam prosequere, ut a Deo praemium aeternum et ab hac sancta apostolica sede commendationem uberius consequaris.« (Hîşdău, ap. Esarcu, 11).

Quinze jours plus tard, le 3 avril, le pape écrivit à Étienne une nouvelle lettre pour lui annoncer qu'il avait nommé le bachelier Pierre à l'évêché de Siret et de Băcău (voy. p. 34 la note consacrée à cet évêché) et que, par une faveur spéciale, il le dispensait des annates. Sur d'autres points, la réponse de Sixte IV était malheureusement moins satisfaisante. Le pontife déclarait qu'il avait envoyé au roi de Hongrie toutes les sommes disponibles pour la guerre contre les Turcs, mais il promettait de réserver à l'avenir un subside spécial pour le prince de Moldavie («aliquid Tuae Nobilitati particulariter decernere curabimus«) et l'engageait à continuer la lutte comme par le passé (Hîşdău, ap. Esarcu, 11).

Ces assurances ne contentèrent nullement les envoyés d'Étienne, qui, en passant à Venise, exposèrent au sénat de la république les griefs qu'ils avaient contre le pape. Leurs déclarations, consignées dans les registres du conseil, nous apprennent que le pape avait promis des subsides, non point sur les ressources ordinaires de la dîme et du vingtième, qu'il avait engagées d'avance en faveur de la Hongrie, mais sur des ressources nouvelles, qu'il s'agissait de créer et qui étaient par conséquent fort incertaines. Ils étaient également choqués de ce que le saint-siége considérait la Moldavie comme un fief de la Hongrie. »Iter[um] comparantes«, dit le procès-verbal, »declarare nixi sunt Stephanum praedictum regi Hungariae in nullo esse suppositum, sed dominum provinciae et gentium suarum; perseveraturum in bello si subvenietur, sin aliter consulturum per alium modum rebus suis, etc., sicut per serenissimum dominum ducem distinctius est huic consilio relatum.« Il était difficile aux agents moldaves de soutenir que la Moldavie était absolument indépendante de la Hongrie, après qu'Étienne s'était reconnu vassal de Mathias Corvin; cependant les Venitiens sentirent le danger des rivalités entre les princes chrétiens et résolurent de faire de nouveaux efforts pour empêcher une entente des Moldaves

par les Tatars, de l'autre, par les Turcs, il dut laisser le passage libre à ces derniers. Il se tourna contre les

---

avec les Turcs. Le sénat décida qu'il recommencerait ses démarches auprès du pape et qu'il enverrait à Étienne un ambassadeur spécial pour l'exhorter à prendre patience (Esarcu, 31).

La mission sur laquelle le sénat fondait ses espérances fut confiée à Emmanuel Gerardo, secrétaire de la république, qui dut se mettre en route avec les ambassadeurs moldaves. Le 17 mai, Gerardo reçut ses instructions du doge André Vendramino. Il était chargé d'offrir à Étienne l'alliance des Vénitiens et de lui faire connaître les démarches qu'ils avaient faites à Rome en sa faveur. Il devait rester en Moldavie jusqu'à ce qu'il en fût expressément rappelé et devait mettre à profit son séjour dans ce pays pour en étudier la situation, évaluer les forces qu'il pouvait opposer aux Turcs, et se rendre compte des relations d'Étienne avec Mathias Corvin. Avant tout, Gerardo devait empêcher le prince de s'entendre avec les infidèles et s'efforcer de dissiper les doutes qu'il pouvait avoir conçus sur la sincérité des Vénitiens. Si, par exemple, Étienne paraissait inquiet de ce que les Tatars eussent récemment envoyé une ambassade à Venise, il était urgent de lui représenter que ces relations n'avaient d'autre but, de la part de la république, que celui de former une ligue générale contre les Turcs, et que d'ailleurs l'ambassade tatare avait manifesté, à l'égard de la Moldavie, les sentiments les plus amicaux. Le doge recommandait, en outre, à Gerardo de se tenir en relations constantes avec l'agent vénitien à la cour de Hongrie, afin que, par son intermédiaire, il pût au besoin demander à Mathias Corvin, pour la Moldavie, une partie des subsides alloués par le pape. Il était donc nécessaire qu'il fût en bons termes avec le roi de Hongrie lui-même et, si les envoyés moldaves, qu'il allait accompagner, traversaient les états de ce prince, il devait profiter de l'occasion pour plaider auprès de lui la cause de la Moldavie, qui était, en même temps, celle de la Hongrie. La seule concession que la république eût à réclamer d'Étienne était relative au patriarche de Constantinople. C'était un allié que les Vénitiens avaient intérêt à ménager; aussi demandaient-ils que sa juridiction fût reconnue par les Moldaves comme par les populations grecques-orientales de la Russie et de la Pologne. Gerardo devait offrir au prince de Moldavie, comme témoignage d'amitié, une pièce de drap d'or (Esarcu, 35).

чнлѡр. Сау апукат де Тътарй, шй пре лѐсне бирү-
йндүй, ї-ау гонит пънъ Нистрү. Врѐ да ръсбою шй
Тү́рчилѡр, чй, възънд ататa тү́рчиме кү Ѫпъратул,
шй мулциме де ѡасте кү педестрӣме шй кү пү̈шчй
(шй жкъ ѫл сфътуа боерий съсе дѐ ла лок стримт,
де нъй въ̀р пү̀тѐ бирүй, жкай съсе апе́ре шй ну а́ибъ
сминтѐлъ), ѫто́рсусау дү̀у ѫтрат спре мунций, оу́нде
шау але́с лок де ръсбою ла стримтоа́ре, ла Валѐ Албъ,
оу́нде се кїамъ акму Ръсбоенӣй депре ачел ръсбою
чеу аву̀т Молдовенӣй кү Тү́рчӣй.*) Шӣ педестрӣндусе
ѡ̀астѐ ка съ ну издъждуаскъ де фоу́г чӣ нумай ла
арме, шау дат ръсбою луни Юлие Ѫ к͞s, шй мултъ
врѐме трэи́нд ръсбоюл неале́с, де абе пърциле ѡстено-
ницй; шй Тү́рчӣй тот адүогѫ́ндусе кү ѡ́асте проас-
пътъ, їа̀р 1) Молдовенӣй ѡбосицй шй невӣндусе ажүтор
ниче де ѡ парте, ау пикат ну фӣеще кум, чй пънъ
ла моа́рте се апъ̀ра, ниче бирүйцй де арме, чй строп-
шицй де мулцимѐ Тү́рчилѡр. Ау ръмас исбънда ла
Тү́рчӣй, шй атата де мулцй ау перит кът ау избӣт
поана де трү̀пүриле челѡр перицй оу́нде ау фост ръсбоюл, шй мулцй дин боерий чей марй ау пикат, шй
витежӣй 2) чей 3) бүнй ау перит кү тотул ату́нче. Шӣ
фу скъ̀рбъ ма́ре ѫ тоатъ цѐра, шй тутурѡр дом-
нилѡр шй краилѡр де пинпрежюр, дакъ ау аузит къ
ау къзу́т Молдовенӣй сұпт мъна пъгънилѡр.

---

¹) B: *era*. ²) B: *vitezii*. ³) A: *чiй*.

Telles étaient en résumé les instructions que le doge
donnait au secrétaire du conseil. On ne peut s'empêcher
d'admirer l'activité, la prévoyance de ces hommes d'état vénitiens. Pour sauver la république, menacée par les Turcs
d'une décadence prochaine, ils cherchaient des alliés chez les
Hongrois, chez les Moldaves, chez les Tatars et jusque chez
les Persans. Rien n'échappait à leur vigilance, de même

Tatars, dont il eut facilement raison, et les rejeta sur le Dniestr. Il voulait également livrer bataille aux Turcs, mais, quand il eut vu les infidèles commandés par leur empereur, avec une armée immense, aussi forte en artillerie qu'en infanterie, il partagea l'avis de ses boiars, qui lui conseillaient de combattre dans des défilés afin que les Moldaves, si la victoire leur échappait, pussent au moins se défendre et ne pas être écrasés. Il rebroussa chemin, entra dans les montagnes et prit position pour le combat dans le défilé de Valea-Albă, au lieu appelé aujourd'hui Răsboienĭ, en souvenir de la lutte qui eut lieu entre les Moldaves et les Turcs.*) Il fit mettre pied à terre à ses soldats, pour qu'ils ne fussent pas tentés de chercher leur salut dans la fuite, mais ne comptassent que sur leurs armes, et engagea le combat le 26 juillet. Longtemps la bataille resta indécise; les deux partis s'épuisaient, mais les Turcs recevaient continuellement des troupes fraîches, tandis que les Moldaves, harrassés de fatigue, n'avaient à espérer de secours de nulle part. Ils se défendirent, avec un courage extraordinaire, jusqu'à la mort, et furent plutôt accablés par le nombre que vaincus par la force des armes. La victoire demeura aux Turcs. Il y eut tant d'hommes tués que leurs ossements blanchirent la campagne où l'on s'était battu. Un grand nombre de boiars succombèrent; les braves les plus renommés périrent jusqu'au dernier. Il y eut une grande désolation dans tout le pays et jusque chez les rois et les princes des pays voisins, quand on apprit que la Moldavie était tombée entre les mains des infidèles.

---

qu'aucune difficulté ne les rebutait. Quel contraste avec le spectacle offert par le saint-siége, comme si le pape n'eût pas dû prêcher une nouvelle croisade!

*) Le village de Răsboienĭ, dont le nom signifie »le lieu de la bataille«, ainsi qu'Urechi le fait déjà remarquer, est situé dans le district de Niamţ, arrondissement central; il dépend de la commune d'Uscaţi.

Ѫтрачѐл рескою а҃у кѫѕу҃т Стѐфан Вода депе кла́-
рїш҃с, чи Д҃умнеѕе҃у ла҃у ферит де ну са҃у вѫтѫма́т.
І҃ар Турчїй са҃у ѫто́рс спре Су҃чавѫ ши а҃у арс
тѫргул, ши апо́й са҃у ѫвѫртежит ѫнапо́й прѫда́нд
ши арѕѫнд цѐра.*)

І҃ар,¹⁾ да́кѫ а҃у ешит непрїе́тинїй²⁾ дин цѐрѫ, а҃у
стри́нс Стѐфан Вода трупуриле чѐлор мо́рци мовила҃,
ши а҃у зиди́т дѣ҃супра ѡаселор ѡ бисѐрикѫ ка́ре трѫ-

---

¹⁾ B: *Ерă*. ²⁾ B: *neprietenii*.

*) M. Cogălniceanu (*Арх.*, I, 70) a écrit un récit de la bataille de Valea-Albă ou de Răsboieni, qui est un de ses meilleurs travaux historiques. Aux auteurs qu'il cite et à ceux qu'indique Sinkai (II, 68) il faut ajouter le passage de la chronique turque de Saad-el-Din, reproduit, d'après la traduction de Bratutti, par M. Hîşdău (*Arch.*, I, II, 31).

On a vu par la curieuse lettre de Balthasar de Piscia, dont nous avons donné la première partie (p. 138), qu'après l'invasion des Tatars, Étienne avait licencié pendant quinze jours les milices, qui formaient le gros de son armée, et n'avait gardé auprès de lui que le contingent fourni par la noblesse; il paraît que ses soldats, las de toujours combattre, désespérés surtout d'avoir vu leurs familles enlevées par les Tatars, ne revinrent pas au jour fixé, et que les Turcs durent la victoire à cette désertion. Voici, du reste, la suite de la lettre de Balthasar de Piscia:

»Cum autem Iuga visternicus, capitaneus domini Stephani (voy. sur ce personnage les diplômes des 23 avril 1466, ap. Hîşdău, *Arch.*, I, II, 7; 9 juillet 1466, *ibid.*, I, 1, 115; 13 septembre 1472, ap. Wickenhauser, 69; 22 mai 1476, in *Col. luĭ Tr.*, VII, 1876, 560; 5 octobre 1480, ap. Hîşdău, *Arch.*, I, I, 116; cf. un acte de 1466 sans indication de mois in *Ateneŭ'lu romanŭ*, I, 115), post primam partem Danubii cum mille equitibus Turchorum adventum observando staret, ecce percursores Turchorum forsitan centum, quos ipse prostravit, apparuerunt, quorum vestigia magna Turchorum manus paulo post secuta est, quam ut prefatus Iuga visternicus vidit, in fugam se convertit ad castrum. Dominus autem Stephanus, cum sui non redissent ut promiserant, videns se Turcho multo

Pendant la bataille Étienne tomba de cheval, mais Dieu le préserva de toute blessure.

Les Turcs se dirigèrent vers Suceava et mirent le feu à la ville, puis ils se retirèrent, en livrant tout le pays au pillage et à l'incendie.*)

Quand l'ennemi fut sorti de la Moldavie, Étienne rassembla les restes des morts dans un tumulus et con-

---

imparem, demisso castro, se cum suis decem milibus in quandam silvam juxta opidum Vaslui vocatum, ad similem dietam prope Danubium, se contulit; Turchi vero castrum illud melius muniverunt, ibique per biduum vel triduum paussa facta, paulatim per Valachiam processerunt ad decem miliaria italica in diem itinerando. Inhabitantes civitatem Vaslui ad superiores partes Valachie anté Turchorum transitum se receperunt. Orator vero regis Polonie, qui cum Turcho in suo exercitu aliquandiu fuerat, Ciuciaviensibus intimavit Turchum cum magno exercitu Danubium transiise, ac Bassarabam, Magne Valachie dominum, cum suo etiam exercitu, secum habere; ex qua re Ciuciavienses valde perteriti se ad fugam prepararunt. Prefatus vero Stephanus, prefatam silvam reli[n]quens faciemque Turchorum fugiens, opidum Vaslui combussit omniaque alia opida, ad que Turchum fugiendo se recipiebat, Turco eum prosequente, similiter incineravit. Incineravit itaque opida seu civitates istas, Iassum scilicet, Baccum, Romanbazar et Bagnam. Incole vero illarum urbium, cum Turchorum adventum multo ante rescissent, cum multis bonis se ad tuta loca receperunt; alii Ungariam, alii Russiam versus iter fecerunt, maxime Ciuciavenses, cum ad urbem Romanbazar Turchum constitutum sciverunt. Dominus Stephanus, collocato presidio in opido Ciuciaviensi, nocte irruendo in Turchos, in quandam parvam silvam per mediam dietam ab urbe Bagna distantem se recepit, sequentique die, a Turchis silva circumdata, commisso prelio per Valachum, pauci ex Valachis evaserunt. Ipse Stephanus tandem cum quindecim vel viginti equitibus in Sinathin [*l.* Sniathin], castrum regis Polonie, se recepit, ibique qui talia mihi narravit dixit se dominum Stephanum cum paucis vidisse in quadam taberna comedentem.« *Col. lui Tr.*, VII, 1876, 379.

ѣще пѫнъ астѫзй ла Ресвоїєни,*) Ѫтрȣ поменирѣ ачелѡр сȣфлете.

Дȣпъ потикала лȣй Стефан Водъ, чѣȣ пердȣт рѫсвоюл, де сѫрг аȣ стринс ѡасте чѣȣ пȣтȣт деграбъ ши сӑȣ дȣс дȣпъ Тȣрчи, ши ӏ̈аȣ аџюнс трекѫнд Дȣнѫрѣ, ѫ врѣме де мѣзъ зи, ши ловиндȣй фѫръ вѣсте, ӏ̈аȣ стрикат дѣȣ плекат ӑфȣџире, лȣсѫнд плѣнȣл ши тот чѣȣ фост прѫдат. Ӏ̈ѫръ Стефан Водъ лѣȣ лȣӑт плѣнȣл тот, ши сӑȣ ѫторс ѫнапой кȣ извѫндѫ.**)

* * *

*) Le monastère de Răsboieni est situé à côté du tumulus élevé par Étienne. L'inscription que l'on y voit encore est datée du 8 novembre 1495; M. Cogălniceanu en a publié la traduction (*Apx.*, I, 87).

**) Étienne se retira à Kamieniec en Pologne pour y reformer son armée, tandis que 200.000 Turcs assiégeaient Suceava. Le sultan, qui dirigeait les opérations en personne, avait amené avec lui un fils de Pierre II, qu'il voulait proclamer prince de Moldavie. Nous ignorons le nom de ce prétendant; c'était peut-être le prince Élie, fils de Pierre II, que le roi de Pologne fit décapiter en 1501 (voy. Miechowski, ap. Hîşdău, *Arch.*, I, II, 40).

Balthasar de Piscia dit, à la fin de la lettre que nous avons citée, qu'il apprend de divers côtés que les Turcs viennent de subir un échec. Le prince valaque Dracul, qui se trouvait en Hongrie, aurait franchi les Carpates et aurait infligé de grandes pertes à l'armée ottomane; tel est du moins le bruit qui courait à Kassó (Kaschau) et à Léopol. »Post omnia scripta«, ajoute le correspondant,« venit quidam Slesita de Hungaria, qui mihi dixit se Agrie [Eger, Erlau], XXV^a Augusti, in presentia reverendissimi domini Agriensis vidisse fieri ignes ac cantari *Te Deum laudamus*, quia Stephanus, Moldavie voivoda, prostraverat XIII milia Turchorum prope …tana… quoque vidit legi litteras quas regia majestas reverendissimo domino Agriensi miserat. Interrogatus de tempore quando fuit facta prostratio, dixit se ignorare. *Col. lui Tr.*, VII, 1876, 380.

Les faits sur lesquels le correspondant du pape n'était pas encore bien renseigné, nous sont connus par d'autres

struisit au-dessus une église qui existe encore à Răsboieni*) et conserve la mémoire des victimes.

Aussitôt après sa défaite, Étienne se hâta de rassembler tout ce qu'il put trouver de troupes et marcha sur les pas des Turcs. Il les atteignit au moment où ils passaient le Danube et les attaqua à l'improviste au milieu de la journée. Il les dispersa, les mit en fuite, les força d'abandonner leurs prisonniers et tout ce dont ils s'étaient emparés. Il s'en retourna avec les prisonniers delivrés et avec tout le butin.**)

---

historiens. La Moldavie avait été si affreusement dévastée que les vainqueurs eux-mêmes n'y trouvèrent plus de subsistances. Mahomet dut abandonner le siége de Hotin et de Suceava, et repasser le Danube. Le voïévode de Transylvanie, Étienne Báthori, qui surveillait les mouvements des Turcs, crut le moment venu pour tomber sur leurs derrières. Il leur fit subir de grandes pertes et se rendit maître de la Valachie. Băsărab, qui avait combattu du côté des Turcs s'enfuit en toute hâte. Mathias Corvin, dans une lettre dont nous parlerons plus loin, dit que ce prince perfide réussit à passer en Turquie; un autre document, que nous citerons à la fin de cette note (p. 155), nous apprend que le fils de Radu parvint peu de temps après à ressaisir le pouvoir.

Báthori lui-même annonça aux habitants de Sibiu (Nagy Szeben, Hermannstadt) la victoire qu'il avait remportée, par une lettre datée des environs de Bucarest le 11 novembre 1476: »His novitatibus avisare possumus quod, Deo nobis propitio, perfidum Bosarab de regno Transalpino expulimus et jam ipsum regnum pro majore parte apud nos est, quia omnes boiarones nobiscum sunt, demptis duobus, qui scilicet in brevi sunt venturi, sicque erecto uno bono castello in Thergavisthya ad Bokorysthia divertimus, cui in propinquo sumus« (Teleki, XI, 575).

Mathias Corvin, de son côté, ne manqua pas de communiquer au pape la nouvelle du succès remporté par l'armée hongroise. »Divina favente clemencia«, lui écrivit-il vers la fin de l'année 1476 (on ne sait au juste à quelle date), »post turpem Thurcorum imperatoris fugam de Moldavia unus exercitus meus, quem adversus ipsum Thurcorum imperatorem

Ла ачел рѫскою чѣсȣ фóст ла Бѣлѣ Албѫ, аȣ фóст «
ши Бѫсѫрáб Бóдѫ кȣ Мȣнтéний Ѫтраџютóр Тȣрчилѡр,

> habebam antequam vayvoda Moldaviae supervenisset, Bozorad
> vayvodam Transalpinum cum praesidiis Thurcorum et multis
> aliis, circiter decem et octo milia hominum expeditorum, quos
> ipse Bozorad tam de reliquis ipsius imperatoris quam etiam
> de Bulgaria sibi astiverat, invasit et, fugato ipso Bozorad,
> exercitus suus adeo per meum fusus est quod pauci admodum
> evaserunt, qui vel cesi vel capti non fuerint. Qui quidem
> Bozorad, post suam fugam et suorum profligacionem in
> quamdam arcem suam, quae in regno illo et arte et natura
> municior erat, ingressus, sentiens quod capitanei mei ipsum
> vehementer insequerentur, nil arci illi fidens, relicto in ipsa
> praesidio, clantulum ab ea aufugit et Thurciam intravit. Meus
> vero exercitus, qui circiter sexaginta milium hominum erat,
> absque ulla cunctatione arcem ipsam obsidione cinxit et paucis
> admodum diebus eam obtinuit, sicque, profligato Bozorad,
> regnum illud, ex quo ad Moldaviam securus Thurcis ingressus
> patebat, jam ad manus meas devenit, et Dragula, capitaneus
> meus, vir inprimis Thurcis infestissimus et admodum belli-
> cosus, de mea voluntate et disposicione, per incolas regni
> illius Transalpini in vayvodam solita solemnitate est assumptus.«
> (Esarcu, 79).

Mathias n'oublia pas de récompenser Báthori. Par un diplôme daté du 5 juin 1477, il lui conféra de vastes domaines. On lit dans le document original: »Turcorum imperator, qui christianorum sanguine satiari nequit, Nostram senciens occupacionem, coactis et adunatis undique viribus et copiis, maxima cum manu regnumque et provinciam Nostram Moldavie cum ope et adjutorio perfidi Bozorad, vayvode parcium Transalpinarum regni Nostri, qui a Majestate Nostra et sacra Corona defecerat, subintravit et totam ferme eam provinciam dicioni sue subjugavit. Cui cum propter prefatas curas et occupationes Nostras subito personaliter occurrere et obviare non poteramus Majestatis Nostre in persona, ipsum comitem Stephanum de cetu aliorum fidelium Nostrorum elegimus, qui solita sua usus virtute et industria, cum auxilio et ope certorum fidelium Nostrorum, prefatum Turcorum imperatorem fudit et in turpem fugam convertit, provinciamque ipsam liberam et Nobis pacatam reliquit, tandem vero, fugato et expulso de Moldavia ipso Turcorum imperatore, de Nostra com-

À cette bataille de Valea-Albă, Băsărab combattit du côté des Turcs, avec les Valaques, mais il fut vive-

> missione et speciali mandato, se et gentes suas adversus predictum Bozorad wayvodam et provinciam Transalpinam convertit, ibique ipsum Bozorad simul cum reliquiis Turcorum, quos imperator ipse pro presidio et defensione ipsius Bozorad et provincie illius Transalpine locaverat, similiter fudit et profligavit, ac de ipsa provincia turpiter effugere coegit et alterum wayvodam, quem nos eligeramus, in eadem provincia fideliter reliquit.« (Teleki, XII, 23).
> Cf. Długosz, II, XIII, 546-548; Sinkai, II, 65; Fessler, III, 115.
> L'ambassadeur vénitien, dont nous avons parlé, Emmanuel Gerardo, fut témoin des revers éprouvés par Étienne-le-Grand et de la retraite forcée des Turcs. Il en rendit compte à son gouvernement par une dépêche expediée de Braşov dans le courant du mois d'août 1476, dépêche qui n'a malheureusement pas été retrouvée. M. Esarcu a, par contre, découvert et publié la réponse que lui fit le grand conseil de Venise à la date du 8 octobre. Avant tout Gerardo fut invité à temoigner au prince de Moldavie les sympathies de la république: »Volumus et tibi mandamus ut de detrimento recepto indolere nostro nomine et postea de Turci discessu deque recuperata provincia et dominatu gratuleris cum omnibus illis verbis quae utrique parti et affectui nostro in utramque conveniant, ut non vulgariter sicut plerumque fit, sed ex animi sententia gravate ferre videamur quamcumque incommoditatem ejusdem domini, et e diverso ex intimo cordis affectu gaudere et laetari omni prosperitate, commodo et exaltatione.« L'ambassadeur devait, en même temps, exciter Étienne à continuer la guerre contre les Turcs et lui faire savoir que, à la demande des Vénitiens, le pape et le roi de Hongrie s'engageaient à lui donner des subsides (Esarcu, 44).
> Trois mois plus tard, le 10 janvier 1477, le grand-conseil qui avait reçu de Moldavie des informations plus circonstanciées, confirma les instructions qu'il avait données précédement à Gerardo, le chargea de féliciter de nouveau Étienne, ainsi que Báthori et que Vlad Dracul (c'est-à-dire Vlad Țăpeș), le nouveau prince de Valachie. L'ambassadeur vénitien avait surtout pour mission de pousser à la guerre contre les Turcs. Le grand-conseil lui recommandait de ne pas rester à Suceava,

ПРЕ КА́РЕЛЕ ТО́ЦЙ ДО́МНЇЙ ДЕ ПИНПРЕЦЇО́Р А҃Л КꙊВѪНТᲆ҄
ДЕ РѪꙊ, ꙀИКѪ́НД Кᲆ НА́Ꙋ ФО́СТ А҃ТРАЩЮТО́Р КРꙊ́ЧЇЙ ШЍ
КРЕЩЇ́НИЛѠР, ЧЍ ПѪГѪ́НИЛѠР ШЍ ДꙊШМА́НИЛѠР.

---

mais, autant que posible, d'accompagner Étienne, afin de se mieux renseigner sur l'état du pays (Esarcu, 47).

Presque en même temps, le 17 mars, le gouvernement vénitien chargeait son ambassadeur à Rome, Jacques de Medio, de renouveler ses démarches auprès du pape, de lui représenter l'importance de la Moldavie et de solliciter pour Étienne un subside d'au moins 10.000 ducats. La république consentait, au cas où le pape en exprimerait le désir, à faire l'avance de cette somme sur la contribution qu'elle s'imposait en faveur des armées chrétiennes (Esarcu, 51).

Le lendemain, 18 mars, le grand-conseil fit expédier des instructions de plus en plus pressantes à l'agent vénitien en Hongrie, Antoine Victuri, pour qu'il agît de nouveau auprès de Mathias Corvin en faveur du prince de Moldavie et travaillât au rétablissement des bonnes relations entre l'Allemagne, la Pologne et la Hongrie (Esarcu, 69).

Le pape, malgré toutes ses promesses, se montrait peu disposé à venir au secours des Moldaves, mais les Vénitiens ne se laissaient pas rebuter par la froideur du saint siége. Le 10 et le 18 avril, ils expédièrent à Jacques de Medio des nouvelles de Hongrie avec des dépêches plus pressantes encore que les précédentes (Esarcu, 57, 60).

Le 8 mai 1477, le grand conseil reçut un ambassadeur moldave, appelé Jean Ţamblic, qui était l'oncle même d'Étienne. Ce personnage exposa en langue grecque l'objet de sa mission. Il était chargé de remercier les Vénitiens et de leur faire connaître les derniers événements dont la Moldavie avait été le théâtre. La défaite subie par Étienne avait été causée, disait-il, par la mollesse et la mauvaise foi des princes voisins, qui n'avaient pas tenu leurs engagements envers lui. De plus, les Turcs avaient eu pour alliés les Tatars et les Valaques; le prince surpris n'avait eu à leur opposer que les boïars de sa cour (cf. la lettre de Balthasar de Piscia citée ci-dessus, p. 148). Les Vénitiens, par l'envoi de leur ambassadeur et par la promesse d'un subside, lui avaient seuls rendu le courage. Il avait pu, d'accord avec le roi de Hongrie, envahir la Valachie, chasser le fils de Radu (»quel infidel Basaraba«) et

ment blâmé par tous les princes du voisinage de ce qu'il n'avait pas porté secours à la croix et aux chrétiens, mais aux infidèles et [à ses propres] ennemis.

---

mettre sur le trône »un altro signor christian, zoè el Drachula«, en lui laissant une garde composée de 200 Moldaves, mais, après la retraite de l'armée d'occupation, Băsărab était revenu et avait tué son rival (»trovelo solo et amazolo, et cum lui forono morti tuti li mei, excepto diexe«). L'agent vénitien ayant voulu retourner en Italie, malgré la rigueur de l'hiver, pour hâter l'envoi des secours promis, Étienne n'avait pas laissé échapper cette occasion de remercier la république par l'organe d'un envoyé spécial. Ţamblic avait mission d'aller jusqu'à Rome, mais les Moldaves avaient peu d'espoir dans l'intervention du pape et n'attendaient rien que des Vénitiens. Le danger était pressant, car les Turcs préparaient une nouvelle campagne, à cause de Chilie et de Cetatea-Albă (»io tegno, el Turco iter vignerà contra de mi in questa saxon per le do terre soe Chieli et Monchastro, le quale li sono molto moleste«).

Le grand-conseil répondit en assurant encore une fois Ţamblic de ses sentiments amicaux (Esarcu, 62-68).

Les relations des Vénitiens avec la Moldavie finirent par porter ombrage au roi de Hongrie, dont l'ambassadeur porta les réclamations auprès de la république (27 octobre 1478). Le motif apparent de ses plaintes était une trève de six mois conclue par Venise avec les Turcs. Le grand-conseil répondit que la trève lui avait été imposée par la situation de l'Italie et qu'elle était intervenue assez à temps pour épargner un desastre à la Hongrie. »Del Vulacho,« ajouta-t-il, »non volemo altro judice che la Maestà Regia, la qual sa che sempre nui strecta et efficacemente li recommandassemo dicto Vulacho come valente inimico del Turco et come quello che erà in grande pericolo, andandoli el Turcho adosso cussi potente come lui andò. Et se lo ricomandassemo al pontefice non fù già cossa non devuta et non ben honesta, et anche existimata per nuy utile et necessaria al reame de Hungaria, essendo quello vassalo et membro de dicto reame. Et se li mandassemo nostro messo, non fò per altro fine ni cum altro studio, se non per tenerlo in fede et devotione de la Regia Maestà et in favor de le cosse christiane, dubitandose o de

Ѫ ан8л ҂ƨџп҃є, ноємврїє и҃, пристъвитѹсѧ Ѳеоктист митрополитѹл Сѹчевїй.*)

Ѫтрачелаш ан, декемврїе а҃і, пристъвитѹсѧ доамна Марїѧ че ера дела Мангоп.**)

Ѫ ан8л ҂ƨџп҃ƨ, юнїе к҃в, а8 ѫчеп8т Стефан Вод ѹзидире четатѣ Килїей, ши ѿ а8 съвършит ѫтрачелаш ан юлїе ѫ ƨ҃і.***)

Ѫтрачелаший ан ши ѫтрачѣсташий л8н, юлїе к҃ƨ, пристъвитѹсѧ Богдан Вод, фечїѡр8л л8й Стефан Вод.†)

Ѫтрачесташ ан, ав̾г8ст и҃, пристъвитѹсѧ кнѣжна.††)

Ѫ ан8л ҂ƨџп҃х, ноємврїе ƨ҃і, пристъвитѹсѧ Петр8 Вод, фечїѡр8л л8й Стефан Вод.†††)

la soa oppressione et extinctione o de partito suo cum le Turcho« (Esarcu, 73).

Le même document nous apprend que les Vénitiens avaient effectivement envoyé des subsides au prince de Moldavie et que, sur ce point encore, Mathias Corvin avait élevé une voix jalouse, mais il n'était pas difficile à la république de réfuter les prétentions de la Hongrie.

*) Voy. sur ce prélat Golubinski, 379. Cf. ci-dessus, pp. 29, 93, 109.

Théoctiste ne mourut que le 20 janvier 1478; son épitaphe, qui se voit encore au monastère de Putna est ainsi conçue:

Благочестивꙑй Господарь Земліи Молдавскои Іѡн Стефан Воевод, сꙑнъ Богдана Воеводꙑ, оукраси гробъ сен ѿцѹ нашемѹ митрополитѹ Сѹчавскомѹ преѡсфешенномѹ Ѳеѡктистѹ, иже преставися влѣто ҂ƨџп҃є ѫ к҃ иан̾арїе.

»Le pieux seigneur de la Moldavie, Jean Étienne, voïévode, fils du voïévode Bogdan, a fait faire ce monument à notre père le très-saint métropolitain de Suceava, messire Théoctiste. Il mourut le 20 janvier 6985 [1478].«

Nous reproduisons ce document tel qu'il a été donné par S. Gheorghiescu (ap. Cogălniceanu, Арх., II, 312) et nous laissons à cet auteur la responsabilité du texte slovène. Nous écrivons seulement 6985 au lieu de 6958, qui est une simple faute d'impression.

En 6985 [1477], le 8 novembre, mourut Théoctiste, métropolitain de Suceava.*)

La même année, le 19 décembre, mourut la princesse Marie, celle qui était originaire de Magop.**)

En 6986, [1478], le 22 juin, Étienne commença la construction de la forteresse de Chilie, qu'il termina le 17 juillet de la même année.***)

La même année, le 25 du même mois de juillet, mourut Bogdan, fils d'Étienne. †)

La même année, le 8 août, mourut la princesse.††)

En 6987 [1479], le 15 novembre, mourut Pierre, fils d'Étienne.†††)

**) Voici l'épitaphe de cette princesse au monastère de Putna (Cogălniceanu, *Apx.*, II, 305).

Влѣто ҂ѕцпє, мѣсѧца декемв. ѳі прєставиѧ благочестивая раба божїа Марїа, госпожда благочестиваго Іѡанна Стефана воєводы, господарѣ Zємли Молдавскои, съіна Богдана воєводы.

»L'an 6985 [1477], le 19 décembre, est morte la pieuse servante de Dieu, Marie, épouse du pieux voïévode Jean Étienne, seigneur de la Moldavie, fils du voïévode Bogdan.«

***) Il saute aux yeux qu'il ne pouvait être question que d'une simple réparation. C'est sans doute à la même époque que l'architecte grec Théodore fut chargé d'augmenter les fortifications de Cetatea-Albă. Voy. l'inscription publiée par Hîşdău, *Arch.*, I, 1, 178.

†) Bogdan, ou plus exactement Bogdan-Vlad, est cité dans des actes du 9 octobre 1466 (Wickenhauser, 67), du 13 septembre 1472 (*ibid.*, 70), du 22 mai 1476 (*Col. lui Tr.*, VII, 1876, 560) et du 20 avril 1479 (Codrescu, II, 249).

††) Quelle est cette princesse? Il ne peut être question de la femme d'Étienne, puisqu'Urechi vient de parler de Marie de Magop; il ne s'agit pas non plus de la mère du prince, morte avant le 9 juillet 1466 (Hîşdău, *Arch.*, I, I, 114). C'est peut-être la femme de Bogdan.

†††) Pierre est cité dans des diplômes du 19 août 1472 (Hîşdău, *Arch.*, I, 1, 124), du 13 septembre 1472 (Wickenhauser, 69), du 22 mai 1476 *(Col. lui Tr.*, VII, 1876, 560) et du 20 avril 1479 (Codrescu, II, 249). Pierre était plus âgé que Bogdan, comme le prouvent les actes de 1476 et de 1479.

Ръсбо́юл де́ла Ръ́мник, кънд съ̆8 бъ̆тъ̆т Стѐфан Во́дъ к8 Цъпълъ́8ш Во́дъ, ѫ̀ ӑ́н8л зп҃а ю́лїе ѫ̀ и҃.

Фо́ста8 ръсбо́ю ѫ̀ Ца́ра М8нтене́скъ, де съ̆8 бъ̆тъ̆т Стѐфан Во́дъ к8 Цъпълъ́8ш Во́дъ ла Ръ́мник, ши к8 мила л8й Д8мнезе́8 ши к8 р8́га Пречи́стїй ши ӑт8-т8рѡр сфи́нцилѡр, ши к8 р8́га ма́рел8й м8ченик Проко́пїе, а̑8 бир8и́т Стѐфан Во́дъ, ши мꙋ́лци М8нте́нй а̑8 пери́т, ши то́ате стꙗ́г8риле лѣ̑8 л8а́т, ши мꙋ́лци боѥ́ри а̑8 пика́т; ши пре Цъпълъ́8ш жъ л8 при́нс ви8, ши ꙗ̑8 тъ̆а́т ка́п8л. Де́ла Стѐфан Во́дъ жъ а̑8 пика́т ѡ́аменй де фр8́нте, боѥ́ри. Ши а̑8 п8с Стѐфан Во́дъ до́мн Цъ́рїй М8нтене́щй пре Вла́д Во́дъ Кълꙋ-гъ́р8л, ка́реле май а̑по́й а̑8 фъ̆к8т виклешꙋ́г а̑с8пра л8й Стѐфан Во́дъ, пе́нтр8 къ диде́съ¹) а̑жюто́р Тꙋр-чилѡр, кънд а̑8 ме́рс дꙋ̑8 л8а́т четъ̆циле ши а̑8 пръда́т цѐра. Ꙗ́ръ Стѐфан Во́дъ, д8пъ ръсбо́юл к8 норо́к чѐ8 фъ̆к8т, к8 ма́ре ла́8дъ съ̆8 ѫ̀то́рс ла скъ8н8л сѣ̑8 ла С8чѣ́въ.

Зйк8 оу̑́нїй съсе фі́е а̑ръта́т л8й Стѐфан Во́дъ сфъ̆нт8л м8ченик Проко́пїе ѫ̀блъ̆нд дꙗ́с8пра ръсбо́юл8й кълъ́ре ши ѫ̀трарма́т ка оу̑н витѣ́з, фі́нид ѫ̀тражюто́р л8й Стѐфан Во́дъ, ши дънд бъ̆лхъ̆в ѡ́щий са́ле. Е́сте де креза́т а̑че́ст к8въ́нт, къ дакъ съ̆8 ѫ̀то́рс Стѐфан Во́дъ к8 то́атъ ѡ́астѣ съ̑, к8 ма́ре ла́8дъ, ка оу̑н бир8ито́р ла скъ8н8л сѣ̑8 ла С8чѣ́въ²), а̑8 зиди́т би-сѣ́рикъ ѫ̀тр8 н8́меле сфъ̆нт8л8й м8ченик Проко́пїе, ла са́т ла Баде́8цй, ка́ре трѣ́ѥще ши пъ̆нъ а̑стъ̆зй.*)

¹) B: *didese*. ²) B: *Sucéva*.

Les deux frères moururent à deux mois seulement de distance, ainsi que nous l'apprend leur épitaphe qui se voit encore au monastère de Putna (Cogălniceanu, *Арх.*, II, 306).

Сій гробъ соуть рабы божій Вогдана и Петра, сыне Іѡн Сте-

Bataille de Rîmnic, où Étienne lutta contre Vlad Țăpeș, le 8 juillet 6989 [1481].

Il y eut une guerre en Valachie; Étienne se battit contre Vlad Țăpeș à Rîmnic et, par la grâce de Dieu, par l'intercession de la sainte Vierge et de tous les saints, [en particulier] du grand martyr Procope, il remporta la victoire. Les Valaques perdirent beaucoup de monde; tous leurs drapeaux leur furent enlevés; un grand nombre de boïars succombèrent. Vlad Țăpeș lui-même fut fait prisonnier et eut la tête tranchée. Du côté des Moldaves il y eut aussi parmi les morts plusieurs boïars de distinction. Étienne établit sur le trône de Valachie Vladle-Moine, qui plus tard se rendit coupable de trahison envers lui, car il s'unit aux Turcs quand ils vinrent prendre les villes [de la Moldavie] et piller la principauté. Après avoir remporté cette victoire, Étienne revint à Suceava, sa capitale.

Quelques [auteurs] racontent que le saint martyr Procope apparut à Étienne, parcourant à cheval le champ de bataille, armé comme chevalier, et qu'il combattit pour lui, en augmentant l'ardeur de ses soldats. Ce récit mérite confiance, car Étienne, après être rentré en vainqueur et avec grande pompe dans sa résidence de Suceava et y avoir ramené toutes ses troupes, construisit au village de Bădăuți, sous le vocable de saint Procope, martyr, une église qui existe encore aujourd'hui.*)

Фана воеводы господарѣ Земли Молдавскои, иже преставишеся, Богдан влѣт[о] ҂ѕ҃ц҃пз, мѣсяца юлїа к҃ѕ; Петръ влѣто ҂ѕ҃ц҃пн, октомвр҃ а҃.

»Ici sont les tombeaux des serviteurs de Dieu Bogdan et Pierre, fils de Jean Étienne, voïévode, seigneur de Moldavie. Ils sont décédés: Bogdan le 26 juillet 6987 [1479], Pierre le 1er octobre 6988 [1479].«

Voy. les tableaux généalogiques placés à la fin de ce volume.

*) Bădăuți est situé au sud-est de Rădăuți, au confluent de la Suceava et de la Sucevița.

Пéнтру Цѫпѫлȣш Вóдѫ нȣ скрíȣ тóцй лѣтрȣн кип; оуній зйк кѫ аȣ прйнс Стéфан Вóдѫ пре Рáдȣл Вóдѫ, кáреле аȣ фóст ѫницѫтóр де пѫгáнй асȣпра крештинилѡр. Шй ꙗȣ ажютáт шй Брашовéнїй тѫйнд пре Тȣрчй; шй, лȣѫнд Цѣра Мȣнтенѣскѫ, аȣ лѫсáт пре Цѫпѫлȣш ѫ лóкȣл сéȣ. Чи ѡрй кȣм аȣ фóст, тóт се токмéскȣ кѫ аȣ фóст ȣзвѫнда ла Стéфан Вóдѫ.*)

Le *Schematismus der Bukowinaer griech.-orient. Diöcese* nous apprend que ce village possède encore une église de saint Procope.

*) Rien n'est plus confus que cette période de l'histoire de Valachie, parce que les noms de Vlad, de Radu, de Băsărab et de Țăpeș sont tour-à-tour appliqués à des personnages différents. Voici comment il nous paraît possible de concilier les renseignements que nous avons entre les mains.

Après la victoire remportée sur les Turcs par Étienne Báthori au mois de novembre 1476, le prince de Valachie, que nous croyons être, non pas Radu, mais Băsărab-le-Jeune (voy. le tableau généalogique que nous avons donné ci-dessus p. 117) fut dépossédé et dut chercher un refuge chez les Turcs. Les Hongrois, d'accord avec le prince de Moldavie, firent remonter sur le trône Vlad l'Empaleur, qui était retenu prisonnier en Hongrie depuis 1462. Malgré le secours d'une garde moldave, Vlad ne réussit pas à se maintenir. Son adversaire sortit tout-à coup de sa retraite, le surprit et le tua. Ces événements se passaient dans les derniers jours de l'année 1477 (voy. p. 155).

Miechowski (ap. Hîşdău, *Arch.*, I, II, 37), dont le récit est très-bref, donne cependant sur la mort de Vlad-l'Empaleur un détail qui ne se trouve pas ailleurs: »Eodem anno [1476], rex Mathias Hungariae Wladislaum Draculam voievodam Bessarabiae, annis prope duodecim in captivitate tentum, restituit et in Bessarabiam remisit, qui fraude servi sui, currendo in equis velocibus decapitatus occubuit.«

Băsărab, vainqueur de son oncle, se maintint au pouvoir environ quatre ans. C'est à lui notamment que nous croyons pouvoir attribuer un diplôme donné à Bucarest le 3 avril 1480 et signé de Băsărab, fils de Băsărab-le-Bon (Venelin, 121).

L'année suivante, Băsărab a disparu de la scène. On ne voit plus figurer qu'un prince appelé par les historiens Vlad

Quant à Vlad Țăpeș, tous [les historiens] ne sont pas d'accord sur son compte. Quelques uns disent que le prince dont Étienne s'empara fut ce Radu qui avait excité les infidèles contre les chrétiens ; [ils ajoutent] que les habitants de Brașov l'aidèrent à tailler les Turcs en pièces et qu'après s'être emparé de la Valachie, il laissa Vlad Țăpeș à la place de Radu. Quoi qu'il en soit, Étienne remporta la victoire ; c'est un point sur lequel tout le monde est d'accord.*)

Țăpeș, mais qui, en réalité, devait être le fils de l'Empaleur. C'est de ce prince qu'il est question dans une lettre adressée par Étienne Báthori aux habitants de Hermannstadt, le 30 avril 1481: »Licet Czypelles, wayvoda partium Transalpinarum, gentes et populos regni sui ea ratione levaverit ut ad castrum Kyllye ad expugnandum idem castrum, ire haberet, tamen nunc idem Czypelles cum universo populo et gentibus suis sub Alpibus constitueretur, expectando Turcorum adventum. Qui quidem Turci postquam advenerint, statim has partes Transsilvanicas subintrare intendunt, quorum conatibus, auxilio Dei, obstare intendimus« (Teleki, XII, 173; cf. *Col. lui Tr.*, V, 1874, 127).

La campagne entreprise par Étienne-le-Grand en 1581 eut sans doute pour objectif d'empêcher les Valaques de s'unir aux Turcs. Le récit d'Urechi est malheureusement des plus confus; il mêle aux faits rapportés par la chronique de Putna (ap. Hîșdău, *Arch.*, III, 8) les détails donnés par Długosz à propos de la guerre de 1476, par exemple, l'enrôlement des paysans pour combler les vides de l'armée, l'intervention des habitants de Brașov et la prise du prince de Valachie (voy. Długosz, II, XIII, 562). Tous ces faits paraissent s'être passés à la fin de l'année 1476 (et non en 1477, comme le dit Długosz par inadvertance); au contraire c'est bien en 1481 qu'il convient de placer la mort de l'hetman Șendrea, que notre chroniqueur a le tort de rapporter à l'année 1475 (Voy. ci-dessus p. 132).

Vlad, fils de Vlad, ne fut pas détrôné par Étienne; c'est à lui que nous attribuons les diplômes du 1er juin 1483 (Venelin, 124), du 5 juin 1483 (Hîșdău, *Arch.*, I, I, 37), du 23 avril 1486 (*Col. lui Tr.*, VII, 1876, 468), du 7 janvier 1490 (Hîșdău, *Arch.*, I, I, 66), du 26 juillet 1490 (*ibid.*, I, I,

Минзнȃт лȣкрȣ, дȣпȣ потикȃла лȣй Дентꙃю, чела че нȣ авѣ воиничий де ѡласте, чи стринцѣ пȣсторїй дин мȣнций ши аргȃцїй дей Ѫтрармȃ, амȣ гȃрȣ се рȣдикȣ дѣсȣпра бирȣиторилѡр! Чел че Ѫтꙃю се ведѣ кȥ аȣ пердȣт цѣра, ȃкмȣ де домнїй алтора ши цѣра ши лȣцѣще!

Ѫ анȣл ҂зЦЧі Стефан Водȣ аȣ Ѫчепȣт ȃзидире четȃтѣ дела тȣргȣл Романȣлȣй, че се кїамȣ Смередова.*)

Кȃнд аȣ лȣат Бајзит, сȣлтȃнȣл тȣрческ, Килїа ши Четȃтѣ Албȣ.

Ѫ анȣл ҂зЦЧв сȣлтȃн Бајзит, Ѫпȣрȃтȣл тȣрческ, кȣ маре ѡщи аȣ Ѫтрȃт Ѫ цѣрȣ ши аȣ бȣтȣт Килїа ши Четȃтѣ Албȣ,**) Ѫкȣ ши кȣ Влад Водȣ Кȣлȣгȣрȣл,

---

du 3 septembre 1491 (Venelin, 129), du 30 décembre 1492 (Engel, I, 183; *Transilvania*, 1874, 28) et du 16 mars 1494 (*Fóia Societăţii Romănismulŭ*, I, 1870, 156).

Nous avons tout lieu de croire que le Vlad dont nous venons de parler n'est autre que le prince appelé par Urechi Vlad-le-Moine (Vlad Calugărul). Un document cité par Engel (I, 185) vient confirmer notre hypothèse. Le 16 septembre 1493, Ladislas de Losoncz et Barthélemi Drágfi, voïévodes de Transylvanie, écrivent de Szépmező aux capitaines des Széklers pour leur annoncer une invasion des Turcs et parlent du prince de Valachie Calugărul: »Certiores jam vos facimus quod perfidissimi Turci, cum maxima multitudine ingentique apparatu et manu forti, assumptis etiam secum Kalagyor Vaivoda ac universis Valachis Transalpinibus, regnum hoc omni procul dubio hostiliter subintrarunt, quia in metis nostris inter Alpes latitant . . .« Cf. *Transilvania*, 1874, 29.

*) Smeredova, confondue par Melchisedec avec Cetatea-Nouă (cf. p. 135), était située près de Roman, au confluent de la Moldova et du Siret. On y voyait encore il y a quelques années des ruines assez importantes, qu'un propriétaire cupide a fait abattre pour utiliser les matériaux. Voy. Frunzescu, 448.

**) Voy. sur ces événements Kromer, 424; Miechowski, ap. Hîşdău, *Arch.*, I, II, 37, ainsi que les divers auteurs cités par Sinkai (II, 76-78) et par Teleki (V, 298).

Spectacle admirable, lui qui, après avoir été pour la première fois vaincu, n'avait plus pour soldats, ses braves, mais avait été réduit à enrôler les pâtres des montagnes et les valets de charrue, ce fut lui qui prit les armes contre ses vainqueurs! Un prince, qui semblait avoir perdu son pays, l'agrandit en y joignant des domaines étrangers!

En 6991 [1483], Étienne jeta les fondements de la forteresse de Smeredova, dans le district de Roman.*)

Bajazet, sultan des Turcs, s'empare de Chilie et de Cetatea-Albă.

En 6992 [1484], le sultan Bajazet, empereur des Turcs, pénétra en Moldavie et bombarda Chilie et Cetatea-Albă.**) Le prince de Valachie, Vlad-le-Moine, de

---

L'historien florentin André Cambini, qui nous a laissé une relation très-détaillée du siége de Cetatea-Albă, prétend qu'Étienne, se sentant trop faible pour résister, négotia avec le sultan et consentit à lui payer un tribut annuel: »Bajazith ... in persona con le genti terrestri savviò per la via della Burgaria alla volta del Valacho, il quale habita nella parte inferiore verso il Ponto Eusino, et, intrato ne' paesi suoi, scorsone et depredato gran parte, il signore del paese, conosciuto le forze sue non essere bastanti ad difenderlo contro a uno tanto impeto, determinò tentare se per via dell'accordo si poteva salvar, confidatosi assai nella clementia et bontà di Bajasith, della quale per tutti li paesi vicini sendo sparta la fama haveva ripieno li animi de'popoli a sperar di lui bene. Et mandato suoi oratori con grande segno di humiltà ad domandare la pace et uditoli Bajasith benignamente, senza dificultà s'indusse a concedergnene et, fatto di patto che li dovessi pagare l'anno certa quantità di danari in segno di tributo, lo ricevette nella protettione sua« (Cambini, *Libro della origine de'Turchi et imperio delli Ottomani*; Firenze, 1537, in-8, 49-51, ap. Hîşdău, *Arch*, I, II, 56).

Il ne semble pas qu'il soit intervenu entre les Turcs et les Moldaves un arrangement ayant le caractère indiqué par l'auteur italien, car Bajazet passa le Danube, s'empara de Chilie

домнѫ мѫнтенѣск, кѹ Мѹнтѣнїй, чѣѹ мѣрс ѫтраџютóр
Тѹрчилѡр, кѫм сѫѹ ꙁис мáй сѹс кѫ áѹ фѫкѹт виклешѹг
ѫсѹпра лѹй Стéфан Вóдѫ, ꙗ стѫпѫнѹсеѹ, дѣѹ дáт
áџютóр Тѹрчилѡр; ши мїéркѹрй ѫ Ді алѹй юлїе аѹ
лѹáт четáтѣ Килїа, ѫ ꙁилеле лѹй Ивáшкѹ ши алѹй
Мáꙁим пѫркалáвїй.*)

Ѫшѝждерѣ ѫтрачéсташй áн, áвгѹст е, аѹ лѹáт
ши Четáтѣ Áлбѫ,**) ѫ ꙁилеле лѹй Гéрман ши Іѡáн
пѫркалáвїй.***) Ши áр фи áпѹкáт ши áлте четѫцй, кѫ
Стéфан Вóдѫ ла гóл нѹ ѫдрѫꙁнїа¹) сѫ ꙗсѫ, чи нѹмáй
ла стримтóаре невоїа де ле фѫчѣ сминтѣлѫ, чи вѫ-
ꙁѫнд Тѹрчїй áџютóрѹл лѹй Стéфан Вóдѫ дела Цѣра
Лешѣскѫ чéй венисѫ,²) сáѹ жсѹший Крáюл, кѫм скрїѹ
ѹнїй кѫ áѹ трáс дела Рѹсїа ши дела Литфа цѣра
тóатѫ, де се стрѝнсесе³) ѡамéнй де трѣбѫ мáй мѹлт
де ҂в, ши трекѫнд Крáюл кѹ дѫншїй Нистрѹ сѹпт
Хáличй, áѹ венит ла Коломѣа де шáѹ пѹс тáбѫра,
ѹнде ши Стéфан Вóдѫ áѹ мéрс де сáѹ ѫпреѹнáт кѹ

---

¹) B: îndrěsnea. ²) B: ce venise. ³) B: strîmsěse.

et vint mettre le siége devant Cetatea-Albă (»Moncastro«).
Après une résistance héroïque, cette ville dut ouvrir ses portes,
mais elle obtint une capitulation honorable. Les Turcs occupèrent ainsi au nord du Danube une position dont Mahomet II
avait déjà reconnu toute l'importance: »Aussi longtemps,
disait-il, que les Valaques posséderont Chilie et Cetatea-Albă et
les Hongrois Belgrade, je ne pourrai venir à bout des chrétiens.« Voy. le curieux récit du serbe Constantin Mihajlović,
traduit de polonais en roumain par Hîşdău (Arch., I, II, 10)
et en serbe par J. Šafařík (Гласник, XVIII, 137).

*) Ivaşcu avait d'abord pour collègue dans le gouvernement de
Chilie le boïar Neag (voy. le diplôme du 13 septembre 1472
ap. Wickenhauser, 69, et le diplôme du 22 mai 1476 dans
la Col. luĭ Tr., VII, 1876, 560); il figure avec Maxime dans
des actes du 5 octobre 1480 (Hîşdău, Arch., I, I, 116) et du
1er février 1481 (ibid., I, I, 75).

qui nous avons dit ci-dessus qu'il trahit Étienne, son suzerain, en passant du côté des Turcs, se joignit avec les Valaques à l'armée de Bajazet. Le mercredi 14 juillet, ce dernier s'empara de Chilie, qui avait alors pour gouverneurs Ivașcu et Maxime.*)

Le 5 août de la même année, il s'empara également de Cetatea-Albă,**) dont Germain et Jean étaient alors gouverneurs.***) Il aurait encore occupé d'autres places, car le prince de Moldavie n'osait pas se risquer en rase campagne et s'efforçait d'attirer l'ennemi dans des défilés où il pût le perdre, mais les Turcs virent qu'Étienne avait reçu des secours de la Pologne. Suivant quelques auteurs, le roi en personne réunit tous les contingents de la Russie et de la Lithuanie et, après avoir levé les soldats dont il avait besoin, plus de 20.000 hommes, passa avec eux le Dniestr au-dessous de Halič, et s'avança jusqu'à Kołomyja, où il établit son camp; il y eut une entre-

---

**) D'après Fessler (III, 151) la prise de Chilie eut lieu le 26 juillet et celle de Cetatea-Albă le 17 août. Hammer (trad. Hellert, IV, 12) donne les dates du 5 juillet et du 9 août.

En 1483, Mathias Corvin avait conclu avec Bajazet une trêve de cinq ans, à la condition que le sultan n'attaquerait aucune province chrétienne; aussi le roi de Hongrie s'empressa-t-il de protester contre l'invasion de la Moldavie, d'autant plus qu'il considérait ce pays comme une dépendance de son royaume. Les Turcs répondirent que la Moldavie n'avait pas été nominativement comprise dans la trêve. Mathias, ne pouvant obtenir satisfaction, tourna sa colère contre l'archevêque de Kalocsa, Pierre Várdai, son chancelier, qu'il accusa d'avoir maladroitement rédigé le traité. Várdai fut jeté en prison et ne recouvra la liberté qu'après la mort du roi. Voy. Teleki, V, 298; Fessler, III, 151.

***) Germain et Jean sont cités dans les diplômes du 5 octobre 1480 (Hîşdău, Arch., I, I, 116) et du 1er février 1481 (ibid., I, I, 75).

Крáюл, ꙟ ă҆н҃8л ҂ѕ҃ц҃ч҃г, септéмврі́е а҃;*) шѝ тóа́те чк8 а҆в8т мáй де тркбх а҆8 хотꙋрі́т. Мáй а҆пóй шѝ ѡ҆спꙋтáта8 пе ¹⁾ Стéфа҅н Вóдꙋ, шѝ ҂г҃ ѡ҆а́мень і҆а҆8 дáт де ѡ҆́а́сте, к8 кáрій сꙋ8 ꙟтóрс Стéфа҅н Вóдꙋ ла Молдóва,

---

¹) B: *pre*.

*) La prise de Chilie et de Cetatea-Albă par les Turcs causa encore plus d'inquiétude en Pologne qu'en Hongrie. Casimir IV se hâta d'envoyer Timothée Volodimirovič auprès du grand-prince de Russie Jean Vasiljevič pour lui annoncer la fâcheuse nouvelle et le presser de se joindre aux Polonais afin de secourir la Moldavie. Le grand-prince renvoya en Pologne un agent qui ne conclut rien, Jean Kutuzov (voy. le document publié dans les Акты относящіеся къ исторіи западной Россіи, I, 1844, 107 et reproduit en traduction roumaine par Codrescu, III, 83).

Cependant le temps pressait. Étienne, réduit à ses propres forces, subit toutes les exigences des Polonais. Il se rendit lui-même à Kołomyja, pour prêter au roi le serment de fidélité. Cette cérémonie eut lieu avec grande pompe le 10 septembre 1485 »feria secunda proxima post festum nativitatis virginis gloriosae Mariae«). Un peu après l'heure de midi, Casimir, en costume de couronnement, monta sur un trône et tous les hauts dignitaires du royaume se rangèrent à ses côtés. Étienne fut alors amené. Il était à cheval, accompagné de ses boïars (»cum omnibus suis armigeris, boiaris vulgari eorum lingua dictis«); l'un de ses officiers portait une bannière en soie rouge sur laquelle les armes de Moldavie étaient peintes en or. Le prince mit pied à terre, fléchit le genou et, inclinant la bannière nationale en signe de respect, prononça les paroles suivantes:

»Clementissime mihi rex, ego Serenitati Vestrae homagium facio et praesto cum omnibus terris et hominibus meis et peto tuitionem Serenitatis Vestrae et circa jura in jureque meo et dignitatibus conservari.«

Il se releva et, portant la main sur une croix, il ajouta:

»Gratiosissime rex, ego homagium praesto et juro ac etiam promitto fideliter, sine dolo et fraude, Vestrae Serenitati successoribusque Serenitatis Vestrae regibus et sacrae Coronae regni Poloniae, cum omnibus terris, baronibus et hominibus meis, fidelitatem esseque fidelis et obediens Serenitatis Vestrae

Règne d'Étienne-le-Grand. 167

vue avec Étienne le 1ᵉʳ septembre 6993 [1485]*) et prit tous les arrangements nécessaires. Il offrit ensuite un festin à Étienne et lui donna un corps de 3.000 hommes. Celui-ci revint en Moldavie avec ces troupes, réunit à son

---

successoribus et Coronae Poloniae regni. Sic me Deus adjuvet et sancta Christi crux!«

Le roi repondit: »Nos te et terras tuas in Nostram protectionem recipimus et circa omnes dignitates et jura omnia terrarum tuarum tanquam palatinum Nostrum relinquimus«, puis il embrassa son vassal et reçut de lui la bannière de Moldavie, qu'il remit au maréchal de Pologne.

Après le prince, ce fut au tour des boïars de jurer fidélité au roi: »Nos, barones vasalli et tota terra Moldaviae, praestamus homagium, nostro et totius communitatis terrae Moldaviae nomine, serenissimo principi domino Casimiro et successoribus regibus Poloniae promittimusque et juramus omnem fidelitatem, subjectionem et obedientiam in perpetuum Serenitati Suae, regno et regibus Poloniae. Ita nos Deus adjuvet et sancta Christi crux!«

La relation originale a été publiée par Prilusius (Przyluski) dans le recueil intitulé: *Leges seu Statuta ac Privilegia regni Poloniae* (Cracoviae, 1553, in-fol.) et par Pistorius (I, 254); elle a été reproduite par M. Hîşdău (*Arch.*, I, II, 23). Cf. Kromer, 425.

Étienne ne se contenta pas d'établir ces relations intimes avec la Pologne; il poursuivit l'idée d'une coalition contre les infidèles. Après avoir fait hommage à Casimir, il dépêcha au grand-prince de Russie un agent spécial, Jean Turcul, pour le presser d'entrer dans la ligue. Jean Vasiljevič expédia de son côté en Moldavie un jeune boïar appelé Fedka, qui fut attaqué par des voleurs en traversant la Pologne, puis un second envoyé, appelé Procope. En même temps un nouvel échange d'ambassades eut lieu entre la Pologne et la Russie. Le roi se fit représenter par Zenko; le grand-duc par Théodore Manzurov. Toutes ces négociations n'eurent qu'un médiocre résultat. Les Russes pressèrent les Polonais d'agir, mais ne se montrèrent pas disposés à entrer en campagne. Casimir, de son côté, déclara que le prince de Moldavie était son vassal et qu'il saurait bien le défendre. Voy. Акты, I, 108; Codrescu, III, 84.

ши̂ а̂превн҂нд ѿастѣ чѣ стрѫинѫ ку а̂ сѫ, пре му́ате а
локурй а́у сминтӥт пре Турчй, де лѣу кѫутѫт а̂ е̂ший́ре
дин цѣрѫ.

А̂ша̀ Стѐфан Во́дѫ а́у курѫцӥт цѣра де врѫж-
маший, ѧ̈рѫ четѫциле каре лѣу луа́т Турчӥй, Килı́а ши̂
Четѫтѣ Албѫ, ну а́у путут сѫ ле май ско́атѫ де ла b
Турчӥй, кѫ е́й а̂найнте де чѣу е̂шӥт дин цѣрѫ, лѣу
грижӥт ку ѡ́амень, ку пу́шче ши̂ ку букате дѣцӥю̂нс;
ши̂ а̂ша̀ а́у рѫма́с пре мѫна Турчилѡр пѫнѫ а́стѫ҂й.

Чи̂ пѫнѫ а̂ се сфѫтуӥре Стефан Во́дѫ ку крáюл
лешѣ́ск, оу́нде се а̂дуна́се ла Коломѣ́а, ѧ̈р¹) дин џ̈ѡс c
вени́се Хро́ет*) ку Турчӥй пѫнѫ ла Сучѣ́ву, ши̂ а́у
арс тѫргу́л, септе́мврı̈е а҃і, луи ши̂ ма́рцй; ши̂ де
а̂колѡ̀ сау а̂то́рс, прѫдѫнд ши̂ арзѫнд цѣра.**)

Ши̂ ду́пѫ ачѣ́а, ѡ̂кто́мврı̈е а҃і, сау пристѫвӥт ар-
хӥмандрӥтул чѣу фо́ст а̂тѫю е̂гумен а̂ мѫнѫстӥрѣ d
Путнӥй.

---

¹) B: eră.

*) Quel était ce personnage? C'est un point qu'il nous a été impossible d'élucider. Il est probable, comme le fait remarquer Sinkai (II, 80), qu'il y a ici une erreur dans Urechi. Le chroniqueur dit d'abord que Chroet ou Chroiot commandait une armée turque; plus loin, au contraire, il en fait un général hongrois. Il est d'autant plus difficile de concilier ces deux versions que la Moldavie vécut en paix avec la Hongrie pendant les années qui nous occupent.

Le seul document historique où il soit parlé de Chroiot est la chronique de Putna (ap. Hișdău, Arch., III, 8), qui l'appelle Chromot et ne lui-donne pour soldats que des Turcs, aussi bien en 1485 qu'en 1486. Cependant le nom de Chromot n'a rien de turc; c'est probablement un dérivé de Hrom ou Chrom, qui signifie »boiteux« dans toutes les langues slaves (Daničic, Рјечник, III, 433, cite la forme Хромићь comme nom propre dans un texte de 1401). Bien qu'une foule de renégats serbes ou bulgares aient servi dans les armées otto-

armée les soldats étrangers, dispersa les Turcs en plusieurs rencontres et les força de sortir du pays.

Étienne parvint ainsi à purger la Moldavie d'ennemis, mais il ne put reprendre les places que les Turcs avaient conquises, Chilie et Cetatea-Albă. Avant de quitter le pays, les Turcs les avaient approvisionnées d'hommes, d'artillerie et de vivres, en sorte que ces villes sont restées jusqu'aujourd'hui entre leurs mains.

Tandis qu'Étienne conférait avec le roi de Pologne à Kołomya, où il était venu le trouver, Chroet,*) à la tête d'une armée turque, s'avança par la Basse-Moldavie jusqu'à Suceava, qu'il incendia, le lundi et le mardi 19 [et 20] septembre. Il se retira ensuite en mettant le pays à feu et à sang.**)

Peu de temps après, le 19 octobre, mourut l'archimandrite qui avait été le premier hégoumène du monastère de Putna.

---

manes à la fin du XVe siècle, nous avons peine à voir dans Chroiot un général turc. Nous sommes plutôt disposé à y reconnaître le chef de ces mercenaires bohèmes, qui, d'après Miechowski, attaquèrent Étienne près de Kołomyja: »Stephanus, palatinus Valachiae, juramentum fidelitatis cum suis boyariis regi Kazimiro in Kołomya oppido Russiae praestitit; ubi nonnulli stipendiarii bohemi, qui noctu exercitum praefati Stephani palatini invadentes depraedati fuerant, rege mandante, capite truncati sunt« (Hîşdău, *Arch.*, I, II, 37). Urechi, suivant toujours la chronique de Putna, dit effectivement que Chroiot eut la tête tranchée.

Cet épisode obscur de l'histoire de Moldavie fait le sujet d'un poëme bien connu de Constantin Negruți, *Aprodul Purece* (Pumnul, *Lepturariŭ rumînesc*, IV, I, 243-255). Negruți a tiré de son imagination les détails les plus circonstanciés sur la rencontre d'Étienne avec Chroiot et M. Vaillant (I, 257) n'a pas hésité à les reproduire dans un ouvrage qui a la prétention d'être sérieux.

**) L'armée turque qui envahit la Moldavie en 1485 était commandée par Ali-Paša, gouverneur de la Roumélie. Voy. Hammer, trad. par Hellert, IV, 14.

Рэсбоюл лȢй Стефан Водъ кȢ Малкочю шӥ кȢ ТȢрчiй ла КатлабȢга.

Стефан Водъ, ӂтрачесташ ӑн, дакъ ȃȢ скос врꙑжмъшiй дин царъ шӥ дакъ ȃȢ ръчит времѣ, шӥ каiй ТȢрчилѡр ȃȢ слъбит, ȃȢ ловит пре Малкочю*) ла КатлабȢга,**) ӂ ƅ҃і зиле алȢй ноемврiе, дȢ топит тоатъ ẅастѣ ТȢрчилѡр. Ӂтрачѣстъ бȢкȢрiе, дакъ съȢ ӂтѡрс ла скȢнȢл сѣȢ ла СȢчѣвъ, пȢсȢ ал дѡиле архимандрит ӂ мꙑнъстирѣ ПȢтнiй.

Рэсбоюл кꙑнд съȢ бътȢт Стефан Водъ кȢ Хрѡiот, пре¹) Сирѣт ла Шкѣiе.

Ӂ ȃнȢл ҂зч҃д венитаȢ Хрѡiот***) кȢ ẅасте деѡ ОỳнгȢрiй асȢпра лȢй Стефан Водъ, кꙑрȢъ ȃȢ ẻшит Стефан Водъ кȢ ẅасте ӂнаинте ла Шкѣiе пре Сирѣт,†) шӥ дꙑнд рꙑсбою внтежаще²) де ӂмбе пърциле ӂтрѡ лȢй, мартiе ӂ е҃, ȃȢ пердȢт Хрѡiот ръсбоюл шӥ

---

¹) B: pe. ²) B: vitezesce.

*) Voici comment les annales turques racontent cette campagne:
»Deinde Alis Chadumes Eunuchusve Bassa, qui beglerbegus erat europeae Rumiliae, cum europaeis copiis et Portae Pretoriive militibus silichtaris et ispahi-oglanis et akenziis aut volonibus europaeis, padischachi Baiasitis permissu, per Valachiam (minor intelligitur) in Carabogdaniam sive Moldaviam irruit, cum XXX vel XL millibus hominum, eamque regionem flammis et ferro depopulati, sub finem mensis ramasanis Hadrianopolim redierunt, anno IↃ CCC XC [1486]. Sultanus inde Baiasites, initio mensis muharenis salvus et incolumis se Constantinopolim contulit, ut illic ad aliquod tempus maneret. Frater autem Alis begi Michaloglii, europeae Rumiliae beglerbegi, cui nomen erat Ischender begus Michaloglius, itemque Balis begus Malcozoglius, una cum Valachiae militibus ingressi Carabogdaniam, bis terve regionem universam feliciter pervagati sunt opimisque cum spoliis discesserunt.« Leunclavius,

Bataille livrée par Étienne à Malkoč et aux Turcs à Catlabuga.

La même année, après que l'ennemi eut été chassé du pays, quand la saison se fut mise au froid et que les chevaux des Turcs commencèrent à être affamés, Étienne battit Malkoč,*) à Catlabuga,**) le 16 novembre, et réussit à détruire toute l'armée ottomane. Il était encore dans la joie de cette victoire quand il revint à Suceava, sa capitale, et nomma le second archimandrite du monastère de Putna.

Bataille entre Étienne et Chroiot à Scheie, sur le Siret.

En 6994 [1486], Chroiot,***) à la tête d'une armée hongroise, vint attaquer Étienne; celui-ci s'avança au-devant de lui jusqu'à Scheie sur le Siret.†) On se battit vaillamment des deux côtés, le lundi 6 mars, mais Chroiot, vaincu, perdit son armée, et sa défaite lui coûta la vie.

Historiae musulmanae Turcorum de monumentis ipsorum exscriptae Libri XVIII (Francofurti, 1591, in-fol.), 595. Cf. Hammer, IV, 15.
  La famille Malkoč, dont le nom signifie »bélier«, a joué un rôle important dans l'histoire des Turcs.
**) Le nom de Catlabug appartient a un grand lac situé entre Ismail et Chilie, ainsi qu'à une petite rivière qui vient s'y s'y déverser. Deux villages situés sur les bords du lac s'appellent également Catlabug. Voy. Frunzescu, 102.
  La chronique de Putna (ap. Hîşdău, *Arch.*, III, 8) dit que la bataille livrée le 16 novembre 1486 eut lieu à Racova, c'est-à-dire probablement dans le lieu même où Étienne avait battu les Turcs onze ans auparavant. Voy. ci-dessus p. 125.
***) Voy. plus haut (p. 168) la note que nous avons consacrée à Chroiot.
†) Scheie, district de Roman, arrondissement du Haut-Siret. M. Frunzescu (423) dit qu'il s'y trouve un beau palais. Cf. Vaillant, I, 397.

ѡастѣ, май апо́й шѝ ка́пзл; Ꙗсъ кꙋ ма́ре примѣждїе
лꙋй Стефан Водъ, къ и҄са́ꙋ порни́т ка́лꙋл дѣ́ꙋ кꙋꙁꙋ́т
цїѡ́с, кѫ́т пꙋци́н а́ꙋ фо́ст съ ꙗ҄ка́пꙁ ꙟ мѫ́нꙋле [1]) врѫж-
ма́шилѡр сѣ́й. Май апо́й Хро́їѡт фїи́нд при́нс вїю де
Стефан Водъ, и҄а́ꙋ тꙁа́т ка́пꙋл.

Ꙟ а́нꙋл ҂зцч҃и а́ꙋ мꙋри́т шѝ краюл ꙋ҄нгꙋрѣ́ск,
ка́реле ма́ре нꙋме де ветежіе [2]) ша́ꙋ лꙁса́т пе ꙋ҄рмъ,
къ нꙋ нꙋма́й кꙋ Нѣмцїй шѝ кꙋ вечи́нїй сѣй рꙁско́лїе
кꙋ норо́к фѣ́че, чѝ шѝ кꙋ Тꙋрчїй мꙋ́лте трѣ́бй а́ꙋ
а́вꙋт шѝ де мꙋ́лте ѡ҄рй и҄а́ꙋ бирꙋи́т. Ꙗ҄ръ пе ꙋ҄рма
лꙋй стꙁтꙋ́ краю Владисла́в.*)

---

[1]) B: mâni-le. [2]) B: vitezie.

*) Après la mort de Mathias Corvin, le roi de Bohème, Vladislas, et le roi des Romains, Maximilien, se disputèrent le trône de Hongrie. Le plus puissant personnage du royaume, Étienne Zápolya, se prononça en faveur du premier, mais Maximilien essaya de lui disputer la couronne par les armes. Le prince autrichien remporta sur la frontière occidentale de la Hongrie des avantages marqués, et put croire qu'il obtiendrait la victoire définitive. Pour combattre, en Transylvanie même, l'influence de Zápolya, il lui suscita un rival dans la personne d'Étienne-le-Grand, qu'il investit de pleins pouvoirs sur cette province. Ce détail curieux, dont nous ne croyons pas que les historiens roumains aient jamais parlé, nous est connu par une lettre que Maximilien adressa de Gratz aux états de Transylvanie le 11 août 1490. Après avoir sommé les prélats, barons, nobles et comtes, les villes et villages et les recteurs et gouverneurs de reconnaître son autorité, il ajoutait: »Misimus propterea ad illustrem Stephanum, waivodam Moldavie, fidelem nostrum dilectum, qui Nostram favet justicia [sic] Nobisque tanquam domino suo et Hungarie etc. regi adheret, illique commisimus ut vos omnes et singulos, qui clarissimo juri Nostro ac Nobis tanquam vero et indubitato domino et regi Hungarie adherere et fidelitatis juramentum prestare volunt, in Nostram regiam obedienciam proteccionemque recipiat vosque et singulos ex vobis, Nostro nomine, armis et potencia, tanquam fideles Nostros dilectos protegat et defendat, donec

Étienne ne fut pas sans courir de grands dangers; son cheval emporté s'abattit, et il fut sur le point de tomber aux mains de l'ennemi. Chroiot, qu'il avait fait prisonnier, eut la tête tranchée par son ordre.

En 6998 [1490], mourut le roi de Hongrie, qui laissa après lui une grande réputation de bravoure, car non seulement il combattit avec succès les Allemands et ses autres voisins, mais il eut encore affaire aux Turcs, et plus d'une fois remporta sur eux la victoire. Il eut pour successeur Vladislas.*)

---

et quousque Nos personaliter, ut in brevi speramus, vobiscum comparebimus, vobis et cuilibet vestrum regalis benignitatis Nostre graciam et benivolenciam uberius exhibituri. Quare vos omnes et quemlibet vestrum requirimus et hortamur ac precipiendo mandamus ut ipsi Stephano waivode, Nostro nomine, pareatis et obediatis ac in singulis vestris necessitatibus vestrum refugium ad eum habeatis, prout ab Anthonio Siebenbürger, familiari Nostro fideli dilecto clarius intelligetis, cui plenam credencie fidem adhibete et taliter ergo [*l.* erga] Nos ostendere velitis, prout vos pro vestra erga Deum religione facturos non dubitamus. In quo rem Nobis facietis gratissimam, graciosis favoribus et beneficiis erga vos et quemlibet vestrum recognoscendam et memoria Nostra nunquam abolendam.« (Firnhaber, *Beiträge zur Geschichte Ungarns unter der Regierung der Könige Wladislaus II. und Ludwig II.*, 34; extr. de *l'Archiv für Kunde österreichischer Geschichtsquellen*, 1849, II).

Lorsque Vladislas l'eut emporté sur Maximilien, Étienne se rapprocha de lui et finit même par entretenir avec lui des relations intimes. Les fragments de compte cités par Engel (II, 147) nous en fournissent la preuve. On y voit que, en 1494, le prince de Moldavie obtint de la Hongrie un subside de 1.000 florins, prélevés sur les revenus de la Transylvanie. L'année suivante, Vladislas vint lui-même à Hermannstadt et fut complimenté par des ambassadeurs d'Étienne, auxquels il fit diverses largesses (111 florins le 2 août, 18 florins le 2 septembre, etc.) Cf. Sinkai, II, 91.

Ӕтрачéсташ ӑн ӑȣ мȣрѝт Іѡа́н, фечю́рȣл ӕмп-ᵃ
ра́тȣлȣй де Мѻск, непѻ́тȣл лȣй Стéфан Вѻ́дъ.*)

Ӕръ ӕ а́нȣл ˏ҃ЗД, ю́ліе ӕ к҃Е, ръпосáтаȣ Ӑлеѯа́ндрȣ
Во́дъ, фечю́рȣл лȣй Стéфан Вѻ́дъ, шѝ л-аȣ ӕгропа́т
ӕ мънъстѝрѣ Бѝстрицїй, лънгъ стръмѻ́шȣл сéȣ Ӑле-
ѯа́ндрȣ Вѻ́дъ.**) ᵇ

Ръсбо́ю лȣй Стéфан Вѻ́дъ, кънд с-аȣ бътȣ́т
кȣ Ӑлбéрт кра́юл, ла кѻ́дрȣл Космѝнȣлȣй,
ӕ а́нȣл ˏ҃ЅЕ.

Ӑлбéрт, кра́юл лешéск, фїѝнд ӑлéс де цáръ кра́ю
дȣпъ Казимѝр та́тъсеȣ, аȣ оу҆ита́т прїетешȣ́гȣл тътъ-ᶜ
несеȣ чѐ авѣ кȣ Стéфан Вѻ́дъ. Нȣ фъчѣ ѡ҆а́сте ӕпо-
трѝва пъгънилѡр, ка́рїй ӕ то́ате пърцѝле фȣлцерá шѝ
тръснїа кȣ а́рмеле лѡр ка тȣ́нетȣл, въсънд съ́нцеле
крешинилѡр шѝ стропшѝнд волничїа тотȣрѡ́р, ӕмȣл-
цѝнд лъцѣ лȣй Мехмéт чѐ спȣрка́тъ; чѐ гъндѝ каᵈ
съший ара́те¹) ветежѝа²) ӑсȣпра Молдо́вїй, сокотѝнд къ
прѣлѣсне ѡ҆ ва сȣпȣ́не, шїѝнд къ де мȣ́лте ѡ҆рй се
ӑжюта́ръ Молдо́ва дела кра́їй лешéщй.***) Шѝ стрин-
гъ́нд ѡ҆а́сте, а҆чéл кра́ю аȣ скѻс кȣвъ́нт къ ва съ
мѣргъ ла Тȣ́рчй, съ гѻ̀ шѝ съ десба́тъ Чета́тѣᵉ

---

¹) B: arate. ²) B: vetezia.

*) Une fille d'Étienne, appelée Hélène (elle est citée dans un
  diplôme de 1466, ap. Hîşdău, *Arch.*, I, 1, 114), avait épousé
  Jean-le-Jeune, fils et héritier du tsar Jean III. De ce mariage
  naquirent deux fils: Jean, qui d'après Urechi, mourut en 1488,
  et Démetre, mort en 1509 sans postérité. Jean-le-Jeune lui-
  même, né en 1458, mourut en 1490. Voy. Karamzin, Исторія,
  éd. 1844, VI, 226. Cf. Hîşdău, *Arch.*, III, 60; Křížek, *Dějiny
  národů slovanských*, tab. XXI.

**) Alexandre, fils d'Étienne-le-Grand, est cité en 1466 (Hîşdău,
  Arch., I, 1, 114), en 1467 (Wickenhauser, 66), en 1472 (Hîşdău,

La même année, mourut Jean, fils de l'empereur de Moscovie, petit-fils d'Étienne.*)

En 7004 [1496], le 25 juillet, mourut Alexandre, fils d'Étienne. Il fut enterré au monastère de Bistriţa, auprès de son aïeul Alexandre.**)

Bataille entre Étienne et le roi Albert dans la forêt de Cosmin, en 7005 [1497].

Albert, ayant été élu par la diète roi de Pologne, après Casimir, son père, oublia les relations d'amitié que ce dernier avait entretenues avec Étienne. Loin de faire des expéditions contre les infidèles, qui tonnaient et éclataient de toute part comme la foudre, qui répandaient le sang des chrétiens et foulaient aux pieds la liberté de tous [les peuples], pour propager la loi impure de Mahomet, il voulut montrer sa vaillance aux dépens de la Moldavie et s'imagina qu'il lui serait facile de la soumettre, vu que les Moldaves avaient plus d'une fois reçu des secours des rois de Pologne.***) Il réunit une armée sous le prétexte d'aller combattre les Turcs et de leur reprendre de vive force Cetatea-Albă et Chilie,

---

Arch., I, I, 124), en 1473 (Wickenhauser, 69), en 1479 (Codrescu, II, 249), en 1487 (Melchisedec, Chron Rom., I, 136, 147) et en 1495 (Melchisedec, Chron. Huş., 15). Son portrait, qui orne l'église de Putna, a été reproduit en chromolithographie par les soins de M. Alecsandrescu Urechie (Atheneul roman, revista periodică, I, 1867, 393).

***) Comme le remarque Sinkai (II, 94), il serait trop long de réunir tous les témoignages relatifs à la campagne de 1497. Nous nous bornerons donc à renvoyer aux auteurs cités par l'annaliste roumain, puis à la chronique de Putna (ap. Hîşdău, Arch., III, 9), à Kromer (431), à Miechowski (ibid., I, II, 37), à Istvánfi (33) et à Fessler (III, 263), et nous indiquerons seulement en note les points sur lesquels Urechi s'écarte des autres historiens.

А́лбъ ши Килі́а, ка́ре четъ́ци ле лъа́се де́ла Стефан
Во́дъ Сълта́н Баазе́т;*) ши ꙗ́къ а́даоўѣ¹⁾ де спърі́а
пре ꙗ́й се́й, ꙁнкъ́нд къ Тꙋ́рчій местекъ́ци кꙋ Молдове́ній въ́р съ треакъ ла Подо́лїа, ши лѣꙋ дъ́т ши́ре
ка то́ци съ ꙗ̂къ́личе ши съ̂се ꙗ̂преꙋ́не кꙋ дъ́нсꙋл ла
Лїꙋ́в, ши ⷶꙋ трнме́с²⁾ со́ли ла Стефан Во́дъ де ꙗ̂ꙋ
дъ́т ши́ре съ̂се гъ̆тъ̀зе съ ме́ргъ кꙋ дъ́нсꙋл съ ба́тъ
Килі́а ши Четъ́тѣ Албъ, ши съ̂й гъ̀тъзе ста́цій ши
хра́нъ де ѡ̂́асте. Де ка́ре лꙋ́крꙋ ⷶꙋ пъ̆рꙋ́т би́не лꙋ́й
Стефан Во́дъ, ши кꙋ бꙋкꙋ́ріе ма́ре ⷶꙋ прими́т пре
со́ли, къ́чи ⷶꙋ фъкꙋ́т ѡ̂́асте а̂сꙋ́пра връжмъ́шꙋлꙋ́й съ̆ꙋ,
нꙋма́й чѣꙋ зи́с къ ва вени а̂коло̂ ла ло́к кꙋ ѡ̂́астѣ
съ, съ́пт Килі́е.

Кꙋноскъ́нд сфе́тничій лꙋ́й Кра́ю, але́с е̂пископі́й,
гъ̆ндꙋ́л лꙋ́й къ ва съ фъ́къ ѡ̂́асте а̂сꙋ́пра лꙋ́й Стефан
Во́дъ, мꙋ́лт ꙗ̆ꙋ а̂дꙋ́с а̂ми́нте, ши́й зичѣ съ нꙋ фъ́къ
ѡ̂́асте а̂проти́ва дрепта́цій, съ ꙗ̂то́аркъ мъ́ніа лꙋ́й
Дꙋмнезе́ꙋ спре ꙗ̂́съл. Ꙗр³⁾ е̂л де гъ̆ндꙋ́л съ́ꙋ нꙋ съ̂ꙋ
лъса́т, че ꙗ̂къ зичѣ а̂че́лꙋр е̂писко́пій а̂й се́й: „Во́ꙋ
въ ꙗ̂́сте лꙋ́крꙋ бисе́рика съ пъзи́ци, ꙗ̂р⁴⁾ нꙋ де ръс-

---

¹) B: adăoge. ²) B: trimisŭ. ³) B: Ĕră ⁴) B: eră.

*) En 1495 le roi de Hongrie Vladislas eut à Leutschau (Löcse, Levoča) une entrevue avec son frère Jean-Albert, roi de Pologne. Le bruit courut, dit Istvánfi, que l'attaque dirigée par les Polonais contre la Moldavie fut le résultat de cette entrevue: »Fama, vel callide ab regibus dissimulata, emanavit Vladislaum Alberto frati eo in colloquio concessisse ut praetextu belli turcici, arces Achilleam et Moncastrum in Moldavia, qua Tyras flumen, nunc Nester appellatus in Istrum illabitur, sitas, quae a Paiazete Turcarum principe, sub induciis, vivente adhuc Matthia rege, furtim captae erant, recuperare sibique retinere liceret, idque consilium de industria Ungaros celasse, quod ii Moldaviam omnem et eas praecipue arces a Carolo et Ludovico ac Sigismundo regibus restauratas munitasque, quod inscriptiones saxis portarum incisae

places que le sultan Bajazet avait enlevées à Étienne.*)
Pour effrayer son monde, il ajoutait que les Turcs, alliés
aux Moldaves, voulaient envahir la Podolie. Il donna
l'ordre à tous ses soldats de monter à cheval et de se
réunir avec lui à Léopol. En même temps, il envoya
des ambassadeurs à Étienne, l'invitant à se joindre à lui
pour aller bombarder Chilie et Cetatea-Albă et à préparer
pour l'armée polonaise des stations et des vivres.
Étienne reçut ces nouvelles avec satisfaction et témoigna
aux ambassadeurs la joie qu'il éprouvait de voir le roi
préparer une expédition contre ses ennemis. Il promit
de se rendre avec son armée sous les murs de Chilie.

Les conseillers d'Albert, les évêques en particulier,
sachant qu'il se proposait de porter ses armes contre
Étienne, lui firent des remontrances et le détournèrent
d'une guerre injuste, qui attirerait sur lui la colère de
Dieu; mais il ne renonça pas à son projet. »Votre affaire«,
répondit-il à ses évêques, »c'est de garder l'église; vous
n'avez pas à vous occuper de la guerre. Vous n'entendez
rien à mes desseins, que je suis seul à connaître; car, si
je pensais que les habits dont je suis vêtu connussent

---

hodieque testantur, ad se et regnum Ungariae pertinere affirmarent, nec si decreto cessuri viderentur.« Istvánfi, 23.

La suite des événements montra bien que Jean-Albert n'avait agi que du consentement de son frère. Étienne ayant été assisté par les Turcs contre les Polonais, Vladislas considéra la participation des Turcs à une guerre dirigée contre la Pologne comme une violation de la trève que la Hongrie avait conclue avec la Porte en 1493, et fit des représentation, à Constantinople. Il y envoya un ambassadeur chargé de rappeler au sultan que la Moldavie avait été comprise parmi les dépendances de la couronne de Hongrie: »regnum Moldaviae in primis quoque literis pacis inter dominia regiae Majestati subjecta commemoratum et specificatum.« Voy Pray, *Annales Hungariae*, IV, 272; Engel, I, 186; Fessler. III, 264.

воаіе съ грижнцй, къ гъндъл мїеъ вой нъл щицй, че немай ёъ сингър, къ, дъкшй причъкпе къ хаина депре мине щіе гъндъл мїеъ, ѫ фок ѿ ѡш бъга!" *) Дъче мълцй дин воїерій лешещй сокотїа къ фаче ѫдъдинс съ пїаръ ѿастъ тоатъ, към аъ шй ешит май апой ла дънсъл шй зикътоаръ: "Ѫ зилеле лъй Ѡлбрехтъ шлъхта аъ перит." **)

Де аѫъста Стефан Бодъ, принзънд въсте дела Оунгърй към Ѡлбрехтъ въ съй віе асъпръй къ ѿасте, къ ничи Оунгърй нъ ѯра въкъробшй съ къдъ домніа Молдовей пре мъна Лъкшилѡр, мъкаръ къ Ласлъ8, краюл оунгъреск, чей зичъ лешъкще Владислав, ѯра фрате лъй Ѡлбрехтъ, краюлъй лешеск, че се нъмїа оунгъркще Албертъ, тримисаъ Стефан Бодъ соли ла краюл лешеск пре крединчїѿшій воїерй сей, пре Тъзутъл логофътъл***) шй пре Ӏсак¹) внстерникъл, †) ка съ поатъ кънѡаще

---

¹) AB: Ӏсаи, faute de lecture évidente, puisque les diplômes, d'accord avec le texte de Ioanid, portent tous Ӏсак.

*) Kromer (432) raconte ainsi ces détails: »Ipse [Johannes Albertus], cum Sigismundo fratre et peditatu mercede conducto mature profectus, Praemisliae substitit aliquandiu dum copiae conveniunt. Ibi eum Creslaus Curosvancius, cancellarius et illo ipso tempore, post obitum Petri Mossinii sive Bninii, episcopus wladislaviensis designatus, suo et Friderici cardinalis nomine convenit, ab instituto revocans. Quem rex durius increpitum abire et sacerdotem sacrorum non belli curam gerere jussit; se vel subuculam suam concrematurum esse si eam consilii sui consciam esse sciret.«

Urechi reproduit le mot de Bielski (435): »Y z tąd on rym: Za krola Olbrachta wygubiona schlachta.«

**) Jean-Albert avait pour confident son ancien précepteur, le florentin Philippé Buonaccorsi, dit Callimaque, qui lui conseilla de restreindre les priviléges de la noblesse et de faire prévaloir l'autorité royale en Pologne, comme Louis XI l'avait fait en France. La haine que les gentilshommes polonais avaient vouée à Callimaque fit qu'on attribua à ses conseils

mes projets, je les jetterais au feu.« *) Une foule de boïars polonais pensèrent, en conséquence, que le roi voulait la ruine complète de l'armée, et plus tard, en effet, l'on dit de lui: »La noblesse a péri sous le règne d'Albert.«**)

Étienne apprit par les Hongrois qu'Albert songeait à l'attaquer, car les Hongrois ne voyaient pas sans déplaisir que le gouvernement de la Moldavie tombât entre les mains des Polonais, bien que le roi de Hongrie László (appelé en polonais Vladislas) fût le frère du roi de Pologne Olbracht (appelé en hongrois Albert). Il envoya au roi deux fidèles boïars, le logothète Tăut***) et le vestiaire Isaac,†) afin de sonder ses intentions, mais ceux-ci ne purent rien apprendre. Albert, dans sa dissi-

---

la guerre de Moldavie et que l'on accusa le roi d'avoir de propos délibéré envoyé à la mort les chefs de toutes les grandes familles du royaume. Voy Cureus, *Gentis Silesiae Annales* (Witebergae, 1571, in-fol.), 217; cf. Kromer, 431 et Miechowski, ap. Hîşdău, *Arch.*, I, II, 40.

***) Voici la liste des diplômes dans lesquels nous avons rencontré le nom du logothète Tăut, successeur de Thomas: 22 mai 1476 (*Col. luĭ Tr.*, VII, 1876, 559); 20 avril 1479 (Codrescu, II, 249); 5 octobre 1480 (Hîşdău, *Arch.*, I, I, 116); 15 octobre 1487 (Melchisedec, *Chron. Rom.*, I, 137); 20 avril 1488 (*ibid.*, I, 148); 13 mars 1489 (Hîşdău, *Arch.*, I, I, 155); 15 octobre 1490 (*ibid.*, I, 1, 156); 26 février 1491 (*ibid.*); 20 janvier 1494 (Melchisedec, *Chron. Huş.*, 15); 14 novembre 1498 (Melchisedec, *Chron. Rom.*, I, 151); 15 novembre 1498 (Wickenhauser, 72); 17 février 1502 (*Fóia Societăţiĭ Romănismuluĭ,* I, 394); 26 août 1503 (Wickenhauser, 73). Enfin, le 20 mars 1510, Tăut signe le traité de paix conclu entre le roi Sigismond et Bogdan (Hîşdău, *Arch.*, I, II, 155). Il a pour successeur Isaac, cité en 1512 et 1513, puis Trotuşanu.

†) Le vestiaire Isaac semble avoir suppléé d'abord le vestiaire Boldur. Celui-ci, qui figure avant 1490 (voy. les diplômes du 15 octobre 1487, ap. Melchisedec, *Chron. Rom.*, I, 136 et du

чєва дєла Краю, чєй воа съ фáкъ, кáрій нимúкъ нáȣ кȣноскȣт, кȣчє крáюл кȣмȣшй ꙗвла кȣ ꙟшѣлѣчюнє, ӑскȣнꙁѫнд кȣвѫнтȣл, прє сóлй кȣ вȣкȣрїє ꙗȣ примúт, шй дáрȣрилє чєй тримéсъсє[1] Стéфан Вóдъ кȣ мȣлцȣмúтъ лȣ лȣáт, шй сóлилѡр ꙗрѫш ӑчéла[2] рѫспȣнс ӑȣ дáт, кȣм є́стє мєргѫтȣ́р ла Тȣ́рчй. Мáй ӑпóй шй сóлій сéй ӑȣ тримúс ꙗр ла Стéфан Вóдъ сѫй ꙟтѫрѫ́скъ кȣвѫнтȣл, ꙗр[3] є́л ӑȣ ꙟтóрс ѡастѣ спрє Покȣ́тїа.[4]

Ꙟцѫлєгѫ́нд Стéфан Вóдъ кȣм Крáюл сє ӑпрóпїє кȣ ѡастє ла мáрџинє, ꙗр ӑȣ тримúс сóлй ꙟнаинтѣ лȣй Крáю прє Тѫȣ́тȣл логофѫ́тȣл шй прє Ӥсáк[5] вистéрникȣл кȣ мȣ́лтє дáрȣрй; шй лáȣ тѫмпинáт пєстє Нúстрȣ, шй ꙗ́ȣ ꙟкинáт дáрȣрилє, шй ꙗрѫши кȣ дрáгостє лȣ примúт. Шй дȣ́чій ӑȣ трєкȣ́т Нúстрȣ пєла Михѫлчéний ꙟ чѣ́ста пáртє кȣ тóатъ ѡастѣ сѫ, шй ӑȣ венúт ла Коцмáнй.*) Ӓколѡ шáȣ дескоперúт тóатъ виклєнїа чѣ ӑскȣнсъ, къ ӑȣ прúнс прє Тѫȣ́тȣл логофѫ́тȣл шй прє Ӥсáк[5] вистéрникȣл дєй бѫгъ ꙟ ѡбѣ́зє, шй ꙗ́ȣ тримúс дє ꙗ́ȣ ꙟкúс ꙟ Лїѡв.

Ꙗр[3] Стéфан Вóдъ, дáкъ ӑȣ ꙟцѫлéс дє ӑчѣ́ста (дéнтрȣ úскóаделе чѣ ӑвѣ́ ꙟтрє ѡастѣ лєшѣ́скъ, сѫ

---

[1]) B: *trimisĕse*. [2]) B: *acelaşĭ*. [3]) B: *eră*. [4]) B: *Pocuţia*. [5]) AB: Ӥсáн.

13 mars 1489, ap. Hîşdău, *Arch.*, I, I, 155), reparaît le 26 février 1491 (*ibid.*, I, I, 156). Quant à Isaac, il est cité dans les diplômes des 15 octobre 1490, 14 et 15 novembre 1498 et 26 août 1503 (voy. les renvois ci-dessus). Un personnage appelé Isaac, qualifié de »capitaneus Novogrodensis«, est au nombre des plénipotentiaires moldaves chargés en 1510 de signer la paix avec la Pologne; nous ignorons s'il doit être confondu avec le vestiaire. Il est, en tout cas, probable que le capitaine de Novograd, (voy. sur cette forteresse, p. 134) devint ensuite logothète (voy. les diplômes du 8 décembre 1512,

mulation, accueillit les ambassadeurs avec empressement, témoigna sa gratitude pour les présents qu'ils lui avaient apportés de la part d'Étienne, et leur répéta qu'il ne voulait combattre que les Turcs. Il envoya ensuite des ambassadeurs à Étienne, pour lui confirmer ses paroles et, en même temps, dirigea son armée vers la Pocuție.

À la nouvelle que le roi s'avançait avec ses troupes vers la frontière, Étienne lui envoya de nouveau le logothète Tăut et le vestiaire Isaac, ses ambassadeurs, avec de nombreux présents. [Les deux boïars] rencontrèrent Albert au-delà du Dniestr et lui offrirent les présents, qu'il reçut encore avec bienveillance. Le roi passa le Dniestr au-dessous de Mihălceni, avec toutes ses forces, et s'avança jusqu'à Coțmani;*) il découvrit alors toute sa méchanceté cachée; il s'empara du logothète Tăut et du vestiaire Isaac, les fit mettre aux fers et les envoya en prison à Léopol.

Étienne apprit par les espions qu'il entretenait dans l'armée polonaise pour se renseigner sur les mouvements

---

ap. Melchisedec, *Chron. Rom.*, I, 154, et du 5 mars 1513, ap. Hîșdău, *Arch.*, I, II, 121). C'est peut-être encore le même Isaac qui, retiré des fonctions publiques, figure en tête des boïars dans un acte de 1518 (Wickenhauser, 76).

*) Il y a au sud-ouest de Cernăuți un village de Mihalce; une autre localité, située au sud de la même ville, porte le nom de Mihuceni, mais nous ne connaissons de Mihălceni, sur les bords du Dniestr, ni en Bucovine, ni en Podolie. Nous croyons qu'Urechi appelle ainsi Mikulińce, petite ville qui s'élève sur la rive droite du Siret, à peu de distance, au sud, de Tarnopol. Le roi de Pologne, qui avait formé son armée à Léopol, dut suivre la route de Tarnopol par Złotców, et passer par Mikulińce, Trębowla et Czortków en descendant le Seret. À partir de Czortków, la route moderne s'éloigne du Seret, gagne Tłuste et franchit le Dniestr à Zaleszczyki. Coțmani est situé précisément au nord de la Bucovine, à mi-chemin entre Zaleszczyki et Cernăuți.

шіе краюл ꙟкотрѡ мѣрце кꙋ ѽастѣ лешѣскъ), кꙋм
краюл Лꙋ Викленйт, шй вйне ꙋсꙋпра Лꙋй, шй ꙋ трекꙋт шй Нѣстрꙋ кꙋ ҂п҃ де ѽасте, пре скрисоаре, фъръ алтъ ꙋдꙋнътꙋръ, де сърг, ꙋ тримйс ꙟ тоате пърциле ꙟ царъ, съй стрйнгъ ла търгꙋл Романꙋлꙋй.*)

Ѥр¹⁾ Алберт ꙋ шегꙋт кꙋ ѽастѣ шѣпте зйле ла Коцманй; чй пънъ а се стрйнџе ѽасте Лꙋй Стефан Водъ, шй пънъ ꙗ венйт ꙋжютор, къ шй краюл оунгꙋрѣск ꙗ тримйс ҂в҃і де ѽасте кꙋ Бирток, воеводꙋл Ардѣлꙋлꙋй, чè ера кꙋскрꙋ Лꙋй Стефан Водъ,**) шй дела Радꙋл Водъ***) ꙗкъ ꙗ венйт ꙋжютор ѽасте мꙋнтенѣскъ; шй пънъ а се стрйнџере²⁾ ѽастѣ тоатъ ла оунь лок, ꙗръ Алберт ꙋ пꙋрчес кꙋ ѽст ѣ дела Коцманй шй ꙋ ловйт ла Шипйнцй.†)

Дечй, въгънд Стефан Водъ къл ꙟпресоаръ връжмашйй сей, ꙋ токмйт стръжй, шй ꙋ тримес³⁾ ꙟпротйва Лѣшилѡр ка съ ціе вадꙋл ла Прꙋт, ла Чернъꙋцй. Ѥръ Стефан Водъ ꙟ к҃ де зйле ꙋлꙋй авгꙋст, дꙋминикъ, ꙋ ешйт дйн Сꙋчѣва спре търгꙋл Романꙋлꙋй, кꙋ тоатъ ѽастѣ Лꙋй, шй ꙟтрачѣ зй ꙗꙋ адꙋс лимбъ стража Лꙋй шѣсе Лѣшй; дйнтрачѣа пре трйй ꙋ тримес³⁾ ла ꙟпъратꙋл Тꙋркꙋлꙋй, ꙗр¹⁾ пре трйй ꙗꙋ спънꙋꙋрат.

---

¹) *Ĕră* ²) B: *stringere*. ³) B: *trimisŭ*.

*) Comme nous l'apprend la lettre de Balthasar de Piscia, que nous avons citée ci-dessus (p. 139), la Moldavie n'avait pas alors d'armée permanente. Étienne-le-Grand fit toutes ses campagnes avec de simples milices, qu'il convoquait au moment du danger.

**) Ce Birtok n'est autre que Barthélemi ou Berthold Drágfi, qui en 1493, fut nommé voïévode de Transylvanie et comte, des Széklers (voy. ci-dessus p. 162; cf. le diplôme cité par

de roi et de ses troupes, qu'Albert l'avait trahi, qu'il s'avançait sur lui et qu'il avait passé le Dniestr avec 80.000 hommes. Aussitôt, il envoya des lettres par tout le pays et, sans réunir autrement son armée, la convoqua droit à Roman.*) Le roi de Pologne s'arrêta une semaine à Coțmanĭ, mais jusqu'à ce qu'Étienne eût rassemblé ses troupes, jusqu'à ce qu'il eût reçu le secours de 12.000 hommes que lui-amena le voïévode de Transylvanie Birtok, son allié par les liens du sang,**) de la part du roi de Hongrie, ainsi que l'armée auxiliaire valaque envoyée par Radu;***) jusqu'à ce qu'il eût, [en un mot], concentré toutes ses forces sur un point, Albert avait quitté Coțmanĭ et avait attaqué Şipinți. †)

Étienne, se voyant pressé par ses ennemis, établit des postes d'observation et envoya [un détachement] à la rencontre des Polonais, afin d'occuper le gué du Prut à Cernăuțĭ. Le dimanche 27 août, il sortit de Suceava et se dirigea vers Roman avec toute son armée. Le même jour, un de ses postes lui amena six prisonniers polonais; il en envoya trois à l'empereur des Turcs et fit pendre les trois autres.

Friedrich Firnhaber dans ses *Beiträge zur Geschichte Ungerns unter der Regierung der Könige Wladislaus II. und Ludwig II.*; Wien, 1849, in-8, 168). Ce personnage, dont le nom est souvent cité (voy. notamment Istvánfi, 34-40, et, dans le *Corpus Juris Hungarici*, la loi de 1495 *in fine* et celle de 1498, art 22 et *in fine*), était d'origine roumaine; c'était un descendant de Drágoș. Notre chronique nous apprend qu'il était allié à la famille d'Étienne-le-Grand. Nous ne pouvons préciser les liens de parenté qui existaient entre eux et nous le regrettons, car il serait curieux de savoir comment s'étaient réunies les deux familles princières de Moldavie, celle de Dragoș et celle de Mușat.

Voy. les tableaux généalogiques placés en appendice.
***) Il s'agit de Radu III (1494-1508). Voy. p. 117.
†) Şipenița, sur la rive gauche de la Servița, près de la route de Coțmanĭ à Cernăuțĭ.

Дє́чи краю́л лєшє́ск а҄у вени́т ку то́атѫ путѣ́рѣ сѫ ла чєта́тѣ Суче́вїй, ду́мѝникъ, септе́мврїє к҃д, ѩ҄р͞ марци, ꙟ к҃ѕ, де кѫ́трѫ сѣ́рѫ, а҄у ꙟ҄чєпу́т а҄бА́тєрє чєта́тѣ. Ши а҄ша а҄у бѫту́ѡ трє́й сѫптѫмѫ́ни ши зі́уа ши но́аптѣ, ши нєми́къ на҄у фоло́си́т, нѫдѫждуи́нд кѫй сева̀ ꙟ҄кинѫ́ цѣ́ра, пе́нтру кѫ ли сє су́прѫа́сє ку Стє́фан Во́д ꙟ҄тру а҄тѣ́тє рѫзбо́аѥ фѫрѫ ѡ҄ди́хнѫ ши фѫрѫ мѫсу́рѫ чѣ фѫчѣ́, де ку то́цїй сє бѫтѣ́. Пѫ́р цѣ́ра сокотїа̀ къ, де ну̀ лі́й ꙟ҄думѫнѫ́ ку а҄л сє́у, да́р ку стрѫи́ну́л ма́й му́лт нелѫгдуи́нцъ лє ва̀ фи. Ши ꙟ҄кѫ взу́нд а҄тѣ́та прѫ́дъ ши рѫси́пъ чє фѫчѣ́ ѡ҄а́стѣ лєшѣ́скѫ ꙟ цѣ́ръ, де ꙟ҄блА прин пѫду́рй де кѫу҄тѫ прѫ́зй ши жа́кури, си́лїа то́цй де сє стри́нцѣ ла Ро́ман, у҄ндє лє єра̀ вилїа́гул. А҄ша цѣ́ра стринга҄н-ду̀сє, ѩ҄рѫ дин чєта́тє кѫт пу́тѣ сѫ а҄пѫра̀; ши чє рѫси́пїа ꙟ҄кши́й ку ну́шчєлє зі́уа, ѩ҄р͞ но́аптѣ токмїа̀ ши ꙟ҄тѫрїа̀, де єра̀ му́нка лѡ҄р ꙟ҄зуда́р. Пѫ́р прє а҄фа́рѫ у҄ндє ши а҄флА ꙟ҄кши́й рѫсипи́ци дрє́пт хра́нѫ, ꙟ҄й лєга̀, ꙟ҄й тѫїа̀ де ну̀ єра̀ во́лничй сѫ ѩ҄сѫ, ни́чє ꙟ҄трѡ па́ртє; ма́й му́лт стрика̀ шіє дєкѫ́т че́лѡр ꙟ҄кши́й, кѫ ꙟ҄ то́атє зи́лєлє ли сє а҄двоу҄цѣ́ ли́пса ши флѫмѫнцю́нѣ. Де́чи фі́инд ꙟ҄кши́й ку́принши де а҄тѣ́тє нєво́й, при́нсєръ а҄ грѫи́рє рє́у де кра́юл лѡ҄р, ꙟ҄тѣ́ю ку та́инѫ, ѩ҄рѫ а҄по́й ꙟ гу́ра ма́рє; а҄л винуа̀ кѫ а҄у ве́нит фѫрѫ ка́лє, де ѩ҄у а҄ду́с ка сѫй пїа́ръ прє то́ций, ши скотїа̀ то́атє сѫмнєлє кѫ́тє сє фѫ́курѫ рѣ́лє, кѫ а҄у фо́ст лѡ҄р де а҄рѫта́рє сѫ фі́є кончє́нїа лѡ҄р. Кѫ ꙟ҄тѫй ꙟ цѣ́ра лѡ҄р ꙟ҄трун пѫру́у дє нєми́къ са҄у ꙟ҄нєка́т у҄н пово́дник а҄лу́й Кра́ю; ши кѫнд а҄у фо́ст єши́т дин Лїѡв, бо́й ка́рїй пу́ртѫ єрбѫ́рїа дє вѫ́нт ма́рє са҄у риси́пит де ну̀ путѣ́ сѫй стри́нг. А҄шижде́рѣ у҄н

---

¹) B: éră. ²) B: adăogia.

Le dimanche 24 septembre, le roi de Pologne arriva sous les murs de Suceava, suivi de toutes ses forces et, le mardi 26, vers le soir, en commença le bombardement. Il le continua jour et nuit pendant trois semaines, mais sans résultat. Il espérait que le pays se donnerait à lui pour se délivrer d'Étienne, qui, sans trêve ni repos, était en guerre continuelle avec tous les peuples; mais les Moldaves pensèrent que s'ils avaient des difficultés avec leur propre prince, ils auraient encore bien plus à souffrir d'un prince étranger. Quand ils virent que l'armée polonaise livrait le pays aux exactions et au pillage, se glissait sous les bois pour voler et pour faire du butin, tous s'efforcèrent de rejoindre Roman, où ils étaient convoqués. Tandis que le pays se levait, la garnison de Suceava faisait tous ses efforts pour se défendre; elle réparait et fortifiait pendant la nuit les endroits que les Polonais avaient atteints avec leurs canons pendant le jour, de sorte que ceux-ci prenaient une peine inutile. En dehors de la place, quand [les Moldaves] trouvaient des [ennemis] disséminés en fourrageurs, ils les liaient, les tuaient, leur coupaient toute retraite. [Les assiégeants] eurent ainsi à souffrir plus que les assiégés, car chaque jour augmentait chez eux les privations et la famine. Les Polonais, se voyant dans une situation aussi critique, se répandirent en invectives contre leur roi, d'abord tout bas, puis ouvertement. Ils l'accusaient d'avoir envahi [la Moldavie] sans juste motif et de ne les y avoir amenés que pour se débarrasser d'eux. Ils passaient en revue tous les mauvais présages d'où ils avaient pu conclure qu'ils marchaient à leur perte. Avant même qu'ils eussent quitté leur pays, un cheval de main du roi s'était noyé dans un ruisseau de rien; à leur sortie de Léopol, les bœufs qui traînaient le fourrage avaient été dispersés par un coup de vent et il n'avait plus été possible de les réunir; un paysan atteint de folie s'était mis à crier à pleine voix: »Courez à votre perte, car vous ne reviendrez pas!«; un gentilhomme avait été foudroyé

церáн чє нєбунисъ дє кáп ау фóст стригу́нд ꙟ гу́ра
мáрє ши зичѣ: „Ду́чєцивъ спрє пєйрѣ вóастръ, къ
ну вєци мáй вєни!" Ши прє оу́н шлєхтичю лу́у дє-
ту́нáт сунт кóрт, ши ві кáй ал у́й. Мáй апóй ши оу́н
пóпъ дє алóр, служи́нд ла литургíє, ау скъпáт кумини-
ку́ту́ра лор ци́ѡс.*) Ши áлтє сѣмнє рѣ́лє сáу аръту́т
дє проорочíа тóци къ ва фи сфъ́ршиту́л лор ку рє́у
ши ку амáр, ку́м сáу ши тъмплáт, къ взу́нд крáюл
ату́тє кувинтє рѣ́лє дє джисул дєла ѡастѣ са, сє
тєму́ ка съ нул пъру́сѣскъ, ши є̂л съ ку́зу ꙟ мъ́нулє¹)
връжмáшилор сéи. Сáу ацю́нс ку сóлíй фру́цинєсу́,
луй Владислáв, кру́юл оу́нгурѣск, ка съ̂й апáчє, къчи
сосисъ ши ацютóрул оу́нгурѣск ла Стєфáн Вóдъ. Ши
áша Биртóк,²) воєвóдул Ардє́лулу́й, чє вєни́сє ку ацютóрул оу́нгурѣск, ау триміс сóлíй сéи ла Áлбѣ́рт Крáю
съ̂й спу́іє къ ва вєни сингур пєнтру пáчє; ши прє
Стєфáн Вóдъ ку му́лтє кувинтє луу ругáт съ фáкъ
пáчє ку крáюл лєшѣ́ск. Ши áша ау ꙟтрáт ла мижт-
лóкул лор ши сáу ду́с ла крáюл лєшѣ́ск, дє ꙗу ꙟтъкáт
ꙟтрачѣ́ст кип, ка съсє ꙟтóаркъ прє оу́рма прє ³) оу́ндє
ау вєні́т, съ ну мáй стри́чє цѣра прє áлт лóк. Ши
ау дъруи́т Стєфáн Вóдъ ку му́лтє дáруи прє Биртóк,²)
воєвóдул Ардє́лулу́й, ши сáу ꙟтóрс ꙟку́у трєку́т ꙗрушꙟ
ла цѣ́ра луй.

Ꙟтóрсул луй Крáю дєла Су́чѣ́вв.

Ату́нчє Ѡлбрѣ́хт, крáюл лєшѣ́ск, фíинд дє инимъ
рѣ́у бóлнав, ау дáт сємн дє ꙟтóрс анапóй, дє кáрє
сємн тóци є̂ра букурóши су́л áуу, съсє ꙟтóаркъ дєла
ату́та флъмънцíонє ла кáсєлє лóр. Ши ꙟ ѡ̂і зи́лє ал у́й

---

¹) B: mânile. ²) AB: Биртóс. ³) B: pe.

sous sa tente avec ses douze chevaux; enfin un de leurs prêtres, célébrant la messe, avait laissé tomber l'hostie par terre.*) Il y eut encore d'autres présages qui leur firent prédire à tous que l'entreprise finirait mal et serait pour eux une source d'amertume, ce qui arriva en effet. Le roi, voyant quels fâcheux propos se tenaient sur son compte dans l'armée, craignit que ses soldats ne prissent la fuite en l'abandonnant et qu'il ne tombât lui-même entre les mains de ses ennemis. Il s'adressa aux ambassadeurs de son frère, le roi de Hongrie Vladislas, et leur demanda de s'entremettre pour le rétablissement de la paix, car Étienne avait reçu du secours des Hongrois. Alors Birtok, voïévode de Transylvanie, qui avait amené les auxiliaires hongrois, envoya des agents au roi et lui fit dire qu'il viendrait en personne pour traiter; en même temps, il pressa Étienne de se décider à faire la paix. Devenu ainsi l'arbitre des deux parties, il se rendit auprès du roi de Pologne et lui fit accepter la paix, avec cette clause qu'il opérerait sa retraite en suivant le chemin par lequel il était venu et ne ravagerait pas le reste de la Moldavie. Étienne offrit un grand nombre de présents au voïévode de Transylvanie, qui se retira et rentra dans son pays.

Le roi [de Pologne] quitte Suceava.

Le roi Albert, malade de ressentiment, parut se disposer au retour. Tous ceux qui apprirent cette nouvelle se réjouirent à la pensée que, après avoir tant

---

*) Tous ces prodiges sont énumérés dans le même ordre par Miechowski (ap. Hîşdău, *Arch.*, I, II, 37). L'historien polonais rapporte cependant l'histoire du fou d'une manière un peu différente: »Praeterea quidam Sropski, genere nobilis, alioqui pauci sensus, Leopoli iteratis vicibus, nostros succubituros non sine terrore exclamabat.«

ѡктомврїе, цїѡй, слѫ ꙟторс Краюл дела Сꙋчѣвѫ; шѝ
нѫꙋ мерс пре¹⁾ калѣ че венисе, чи пре ѫлтѫ кале,
пре¹⁾ оунде ера цера ꙟтрѣгѫ, спре кодрꙋл Козминꙋлꙋй.
Симцинд Стефан Водѫ кѫ Лѣшїй нѫꙋ мерс пре¹⁾ оунде
венисе чи спре кодрꙋл Козминꙋлꙋй мергꙋ, ꙗдатѫ аꙋ
тримис дꙋпѫ Краюл де лѫꙋ похтит сѫ нꙋ ꙗ спре
кодрꙋ, чи пре оурма пре оунде аꙋ венит, кѫ апой,
вѫзѫнд черѫ пагꙋба че се ва фаче де ѡастѣ лешѣскѫ,
нꙋ ва пꙋтѣ рѫбда, че вѫр врѣ сѫший ꙗпере але сале,
де оунде поате сѫсе ꙗице де ꙋзноавѫ вре оуй лꙋкрꙋ
рѣꙋ, кареле ва стрика ши пачѣ. Чи Краюл май кꙋ-
кꙋрос ера де дрептꙋл сѫ мергѫ сѫ ꙗсѫ ꙟ цера са;
нѫꙋ бѫгат сѣмѫ, чи шѫꙋ пꙋзꙋит калѣ спре кодрꙋл
Козминꙋлꙋй. Дечи, Стефан Водѫ, фїйнд ꙟхербѫнтат
де рѫскою, сокотинд кѫ аре врѣме де ашй рескꙋм-
пѫраре стрѫмбѫтатѣ депре чела че нѫꙋ кѫлкат нꙋ
нꙋмай пачѣ чѣ вѣкїе, чѣꙋ авꙋт домнїй Молдовїй кꙋ
краий лешѣшй, чи ши цꙋрѫмѫнтꙋл ши пачѣ че ле-
гасѫ ꙟтꙋнче декꙋрѫнд, токмина сѫсе ꙟтоаркѫ пре
оунде венисе, дечй ꙟ ꙗица ши ꙗютόрꙋл чей венисе
де Тꙋтиндерѣ, ши ѡастѣ сѫ тоатѫ гата, стрїнсѫ
ши ѡдихнитѫ, вѫзѫнд добѫнда депре чей флѫмѫнзй
ши слѫбицй, аꙋ тримис ꙟнайнте ка сѫ апꙋче калѣ
ла кодрꙋл Козминꙋлꙋй сѫ таїе сѫ ѡ ꙟцинкꙋе
ка сѫ ѡ поатѫ порни сѫ кѫзѫ асꙋпра ѡщий, дакѫ
вѫр ꙟтра Лѣшйй ꙟ пѫдꙋре. Ꙗрѫ сингꙋр Стефан Водѫ
кꙋ тоатѫ ѡастѣ аꙋ трас дꙋпѫ дѫншїй, ши кꙋ дѫꙋѫ
мий де Тꙋрчи. Ши а патра зи ꙗꙋ ꙗюнс ꙟтрѫнд ꙟ
пѫдꙋре, цїѡй, кꙋ ѡктомврїе, ши лꙋѫнд ꙗютор дела
Дꙋмнезѣꙋ, ши кꙋ рꙋга сфинцїей сале Пречистїй ши
а сфѫнтꙋлꙋй марелꙋй мꙋченик Димитрїе, ꙗꙋ ловит

---

¹) В: *ре*.

souffert de la famine, ils allaient rentrer dans leurs foyers. Le 19 octobre, le roi quitta Suceava, mais, au lieu de suivre le chemin par lequel il était venu, il prit un autre chemin qui traversait la partie de la Moldavie restée en dehors de l'invasion, et se dirigea vers la forêt de Cozmin. Étienne, informé que les Polonais, au lieu de suivre la même route que lors de leur arrivée, marchaient vers la forêt de Cozmin, fit courir après le roi pour le prier de ne pas traverser les bois, mais de reprendre le chemin par lequel il était venu, car les Moldaves, voyant les dégâts que l'armée polonaise ferait dans leur pays, ne seraient pas disposés à les tolérer et voudraient défendre leurs biens; il pourrait surgir ainsi de nouvelles difficultés, qui viendraient rompre la paix. Le roi, préférant suivre la ligne droite pour rentrer plus tôt dans ses états, ne prit pas garde [à cet avertissement] et continua sa route vers la forêt de Cozmin. Alors Étienne, toujours prêt à combattre, crut que le moment était venu de venger l'injure que lui faisait [ce conquérant], qui foulait aux pieds, non seulement les liens d'amitié existant depuis longtemps entre les princes de Moldavie et les rois de Pologne, mais encore le traité de paix qu'il venait de signer et le serment qu'il avait prêté de reprendre le chemin par lequel il était venu. Il fut encore excité à la vue des secours qui lui étaient arrivés de toute part et de son armée prête à marcher, formée en bon ordre, reposée de ses fatigues; [enfin] il songea au butin qu'il enleverait à une armée epuisée et affamée. Il envoya en avant [un détachement], qui dut prendre le chemin de la forêt de Cozmin et saper les arbres, afin de pouvoir ensuite les pousser et les faire tomber sur les soldats ennemis s'ils entraient dans les bois. Étienne lui-même, avec toute son armée et deux mille Turcs, se mit à la poursuite des Polonais. Le quatrième jour, [qui était] le jeudi 26 octobre, il les atteignit, au moment où ils pénétraient dans la forêt, et, avec l'aide de Dieu, par l'intercession de la sainte Vierge et du

дин тоате пърциле ший, нъравинд копачий чей Ацинаций а̀
а̀супра лор, мулт часте лешѣскъ а̀у перит, оуний де
ѿшени, алций де церани че ле купринсъсе калѣ ка
ку ѿ мрѣжъ, ший алций де копачий ацинаций. А̀ша
перзънд пушчеле ший лъсънд стѣгуриле, кареле тоате
лѣу а̀дунат Стефан Водъ, а̀ръ Лѣший чине а̀котрѡ b
а̀у путут, а̀ша съу рисипит прин пъдъре, оунде пу-
цинй а̀у скъпат а̀фаръ. Ший сингр Краюл ку пуциней
че ръмъсъсе стрингъндусе, съу а̀дунат Ѫтрун ѿкол
ла сат ла Космин, ший де а̀колѡ бълучиндусе а̀у ешит
ла Чернъуци. Ѩр 1) часте луй Стефан Водъ ку джиший c
де а̀семенѣ меруѣ бътъндусе ший тъиндусе, къ́т ниче
а̀чей пуциней Лѣший че ѣшисе дин кодру ну врѣ фи
скъпат, де ну саре фи а̀кѫркат а̀й ностри ѫ кареле
кръещи ший боѣрещи, де лѣу а̀делунгат врѣмѣ де
фууит.
d

Ший а̀кулѡ а̀у венит вѣсте луй Стефан Водъ към
вине ший а̀лтъ часте лешѣскъ ѫтрацютор луй Краю,
ший а̀тунче а̀у кемат 2) пре Болдур *) ворникул, ший ѩ̀у
дат часте, ший лѣу тримис ѫпротива а̀чей ѿсти 3), ший
а̀у зис съ ле дѣ ръсбою. Ший а̀ша Болдур ворникул, e
лунд часте де а̀жюнс, а̀у трекут Прутул ѫпротива
а̀чей ѿсти 3), съмбътъ съра, ший думиникъ диминѣцъ,
ѿктомврїе ко, лѣу дат ръсбоюл, ший ѩ̀дат ѩ̀у рисипит
ку а̀жюторул луй Стефан Водъ; ший мулт върсаре
де сънџе съу фъкут а̀тунче ѫ часте лешѣскъ ла сат f
ла Ленцещи,**) оунде се куноску ѿкопъриле Лѣшилѡр

---

¹) B: *Éră*. ²) B: *chiamatŭ*. ³) B: *oştĭ*.

*) Boldur, qui eut d'abord le titre de vestiaire (voy. ci-dessus, p. 179, note †), est cité comme vornic le 15 octobre 1490 (Hîşdău, Arch., I, I, 156). Il paraît avoir suppléé alors le vornic Dragoş,

saint martyr Démètre, leur infligea une défaite complète, en renversant sur eux les arbres qui avaient été entaillés d'avance. Un grand nombre d'hommes périrent sous les coups de [nos] soldats; d'autres furent frappés par les paysans qui leur barraient le passage et les prirent comme dans un filet; d'autres enfin furent écrasés par les arbres. Les Polonais perdirent leurs canons et leurs drapeaux, dont Étienne s'empara; ils s'enfuirent à la débandade dans les bois et bien peu réussirent à trouver une issue. Le roi lui-même, rassemblant les quelques troupes qui lui restaient, les massa dans l'enceinte d'une maison du village de Cozmin, les reforma et parvint à gagner Cernăuți. Cependant l'armée d'Étienne s'avançait, battant et tuant tous ceux qu'elle rencontrait. Les rares Polonais qui étaient parvenus à sortir de la forêt n'auraient pu échapper, si nos soldats ne s'étaient trouvés arrêtés par les voitures du roi et de ses boïars, et si cet obstacle n'avait donné à l'ennemi le temps de fuir.

Le prince de Moldavie reçut alors la nouvelle qu'une nouvelle armée polonaise venait au secours du roi; aussitôt il manda le vornic Boldur, lui donna des troupes et l'envoya au-devant de cette armée, avec l'ordre de l'attaquer. Boldur prit avec lui des forces suffisantes et, marchant à la rencontre des envahisseurs, il passa le Prut, le samedi soir. Le dimanche matin, 29 octobre, il leur livra bataille et les eut bientôt défaits, grâce à la protection de Dieu et à la bonne étoile d'Étienne. L'armée polonaise éprouva de grandes pertes, auprès du village de Lențești,**) où l'on reconnaît encore aujourd'hui les

---

que l'on retrouve le 26 février 1491 *(ibid.)* et auquel il avait définitivement succédé le 20 janvier 1494 (Melchisedec, *Chron. Huș.*, 15). Boldur est cité en outre le 14 novembre 1498 (Melchisedec, *Chron. Rom.*, I, 151) et le 15 novembre de la même année (Wickenhauser, 72).

**) Lențești est situé sur la rive gauche du Prut, presque en face de Cernăuți.

фэкуте де атунче ши пынъ астъзй. Ши немикъ нау шютъ краю де венире ꙋщїй ꙋчкъ ниче де перире ей.

Ши ꙟтрачѣаши дꙋминикъ, трѣкънд краюл Прꙋтꙋл ла Чернъуцй, ꙗꙋ ловит ѡ самъ де ꙗсте алꙋй Стефан Водъ де ꙗꙋ рѫсипит ши ꙗꙋ тѫѣт кѫт абїа ꙗꙋ скѫпат жеꙋши краю кꙋ пꙋцинѣ ꙗсте де а са. Ши де аколѡ трекѫнд краю спре цѣра са, прин мꙋлте локꙋрй ꙗꙋ ловит молдовенїй, алес краюл, ши пре чей скъпацй динтрачел пожар, дкꙋ перит май тоцй, къ Мазꙋрій, ꙟторкъндꙋсе съ дѣ рѫсбою ши съ ꙗпере пре краю ши пре чей скъпацй, датꙋ асꙋпра лꙋй Болдꙋр ворникꙋл, де каре сꙋ поменит май сꙋс къ ера тримис кꙋ ꙗсте ꙟпротива ꙋщій лешещй че венїа ажꙋтор лꙋй краю, ши маре перире ꙗꙋ фъкꙋт ꙟтрѫнший ла Шипиницй, кѫт пꙋцинй ꙗꙋ скѫпат ꙟ ꙗстѣ че ера стринсъ лѫнгъ краю. Ши аша краюл кꙋ мꙋлтъ невоїе стрекꙋрѫндꙋсе ꙗꙋ трекꙋт ла Снїатин, ши де аколѡ ꙗꙋ слобозит ꙗсте пе акасъ кѫтъ рѫмѫсѣсе, ꙗр ел съꙋ дꙋс ла Лїѡв.

Чертарѣ челѡр марй.

Дꙋмнезеꙋ чел дирепт, чел че ꙟкрътъ недиреитатѣ ши ꙟналцъ дирептатѣ, кꙋ кѫтъ чертаре педеꙋсеще пре чей че калкъ цюрѫмѫнтꙋл, къ ꙟачест лꙋкрꙋ нꙋ асꙋпра пѫгѫнилѡр чи асꙋпра крещинилѡр ꙗꙋ рѫдикатъ рѫсбою! Нꙋ да ажꙋтор челꙋй че нꙋ авѣ ѡдихнъ де Тꙋрчи чи врѣ съ слꙋбѣскъ пре чел че се лꙋптъ кꙋ врѫжмашꙋл крещинилѡр, кърꙋа тревꙋа съй дѣе тоци ажꙋтор; че Дꙋмнезеꙋ ла толтъ лифа ши невоѣ лꙋꙋ адꙋс пре ачел че мерцѣ кꙋ атѫта фалъ съ стропшѣскъ

---

[1]) B: *Craiul.*

retranchements élevés par elle. Le roi ne sut rien ni de la venue ni de la perte de cette armée.

Le même dimanche, Albert passa le Prut à Czernowitz, mais il fut attaqué et battu par un détachement moldave. On lui tua tant de monde que c'est à peine s'il put échapper lui-même avec quelques troupes. Le roi reprit le chemin de son pays, mais, dans un grand nombre d'endroits, les Moldaves l'atteignirent et s'acharnèrent contre lui et contre ceux qui s'étaient sauvés du désastre; la plupart périrent. Les Mazours, revenant en arrière pour combattre et pour protéger le roi et les survivants, se heurtèrent contre le vornic Boldur, qui, ainsi que nous l'avons raconté ci-dessus, avait été envoyé avec des troupes contre l'armée polonaise destinée à secourir Albert. Ils furent taillés en pièces au village de Şipinţi*); quelques uns seulement purent rejoindre l'armée qui s'était ralliée autour du roi. Celui-ci se fraya un passage à grand' peine et gagna Sniatyn, d'où il congédia ce qui lui restait de soldats; il se rendit ensuite à Léopol.

Punition des orgueilleux.

Avec quelle rigueur le Dieu, qui poursuit l'injustice et qui exalte la justice, punit ceux qui violent leurs serments! Ce n'était pas en effet contre les infidèles, mais contre les chrétiens qu'Albert avait pris les armes. Loin de secourir celui à qui les Turcs ne laissaient aucun repos, il avait voulu affaiblir [le prince] qui luttait contre l'ennemi [commun] des chrétiens et à qui tous auraient dû venir en aide. Mais Dieu le réduisit à une complète détresse [ce roi], qui, dans son orgueil, voulait

---

*) Voy. sur Şipinţi p. 183, note †.

ший съ калче цѣра, чела че ꙟтꙁю ниче таина сѣ нꙋ
ѿ врѣ съ ѿ спѣїе нимꙁрꙋй, че фѫкꙋсе кꙋвѫнт кꙋ
мѣрџе съ ѣ Килїа ши Четатѣ-Ѫлбъ, ши ꙗкъ адаоџѣ
де зичѣ кꙋ, дѣр џи хаина депре дѫнсꙋл гѫндꙋл лꙋй,
ѿ ѫр бꙁгѫ ꙟ фок. Ѩр[1]) май ѫпой ниче ай съй нꙋл
бꙁгѫ ꙟ самъ, че є҄рѣ ꙟ завистїа челѡр де касъ ши[2])
ꙟ батжокора[2]) тꙋтꙋрѡр. Аша, ши чинстѣ дѣн ꙁи
ꙟ ꙁи микшꙋрѫндꙋисе, де иним рѣ пꙋцин де нꙋꙋ
мꙋрит.

Де капетеле чѣле де фрꙋнте а Лꙗшилѡр чѣ сꙋ афлат перицй.

Афлѫтꙋсꙋꙋ ла ачест рѫсбою*) перицй ѡамени де
фрꙋнте дела Лꙗши: дой фрацй Тинченски, ши Миколай[3])
воїевода рꙋски, ши Гаврїил дѣн Марѫвиц ши Хервѡр;
ашиждерѣ дой фрацй Гротов, Хꙋмицки, ши Мꙋрдѣлїѡ,
ши ѫлцій мꙋлцй: чиней поате скрїе дѣмꙁрꙋнтꙋл пре
тоцй? Ѫлцій аꙋ кѫꙁꙋт ла робїе, кꙋмꙋй Тꙋчински
Збигнев, подкомѡр де Кракꙋꙋ, Брохоцки, Гарговицки

---

[1]) B: *Éră*. [2]) B: *batjocurea*. [3]) Ioanid: *Nikolae*.

*) Ces personnages moururent dans la rencontre du 26 octobre, comme on le voit par le texte de Miechowski: »Prima luce 26 octobris, quae fuit feria quinta ante Simonis et Judae, a Thurcis et Valachis aliisque, quorum supra meminerim, per woievodam tanquam fidefragum, ictum foedus minime observantem, clam sumministratis, in eadem silva per suffragia nemoralium impedimentorum agressi, percussi fusique erant, inter quos plures de domo [ictibus] bipennium corruerunt, precipue Nicolaus palatinus Russiae et Gabriel heres in Morawicze, ambo de Thanczin, qui perierunt, Joannes Sbignei, de eodem Thanczin, succamerarii graccoviensis et capitanei Marieburgensis filius, qui Thurciam adductus erat, postea per fugam liberatus.« Miechowski, ap. Hîşdău, *Arch.*, I, II, 39.

opprimer et accabler notre pays. Il ne voulait confier ses secrets à personne, alors qu'il méditait de porter la main sur Chilie et sur Cetatea-Albă; il ajoutait que, si ses habits pouvaient pénétrer sa pensée, il les jetterait au feu; et maintenant ses propres soldats n'avaient plus pour lui aucun respect; il était en butte aux reproches de sa famille et au mépris de tous. De plus en plus déconsidéré chaque jour, peu s'en fallut qu'il ne mourut de chagrin.

Des principaux chefs polonais qui furent trouvés parmi les morts.

Dans cette bataille*) plusieurs grands personnages polonais furent trouvés parmi les morts: deux frères Tenczyński, Nicolas, voiévode de Russie, et Gabriel de Morawica et Herbor, puis deux frères Grotów, Humicki et Murdelio, et une foule d'autres. Qui pourrait les énumérer tous? D'autres furent réduits en esclavage, par exemple Zbignew Tenczyński, sous-intendant de Cra-

---

Les détails donnés par Kromer (434) sont un peu différents: »Recognitis copiis, complures de nobilitate polonica et russica desiderati sunt, partim caesi, partim capti. Et Stephanus quidem plus quam barbarica crudelitate usus, quotquot in potestatem suam redegerat, omnes in conspectu suo trucidari jussit; quos autem Turcae aut Tattari ceperant in servitutem abegerunt. E quibus Joannes Tencinius, Petrus Prochnicius et nonnulli alii aliquanto post postliminio reversi sunt. De Odrovanzo, palatini Russiae filio, dubitatum est a plerisque et etiamdum vixit. Post decimum octavum annum, is demum rediit et a matre ad nomen filii reducis temere, ut creditum est, laetitia gestiente receptus et ad possessionem paternorum bonorum admissus, ignavam ac degenerem vitam deinceps in crapula et compotationibus assiduis egit, ne figura quidem et habitu corporis vero illi Odravanzo, quem admodum multi memoria recolebant, similis.«

ший алцїй. Пре оуній ѩ8 фост спн̃ѕȣра́т ѡй но́стрй
пе кѫ́те до́й де пѫ́р, кѫ ѩ8 фост ѫ̃мблѫ́нд пре а́чѣ
врѣ́ме пѫро́ший ка ший Нѣ́мцїй; ший а́лте батжо́кȣрй
мȣлте лѣ8 фѫкȣт, де се поменѣ́ще ший пѫ́нѫ а́стѫзй
реȣта́тѣ че лѣ8 фост фѫкѫ́нд.

Ѩ́рѫ Стефан Во́дѫ, дȣ́пѫ йȣбѫ́нда кȣ норо́к че ȣ
фѫкȣт ла а́чѣл рѫсбо́ю, сѫ8 ѫ̃то́рс ѫ̃напо́й ла скаȣ̃нꙋл
сѣ8 ла Сȣча́вѫ кȣ ма́ре ла8дѫ ка оу̃н бирȣй̃то́р, мȣл-
цемѝнд лȣй Дȣмнезе8 ший ма́йчїй Прѣ́чистїй. Ший ɑ̑8
сфинцѝт ший ѫ̃фрȣмȣсеца́т бисѣ́рика чѣ8 фост зидѝтѫ
де дѣ́нсȣл пре нȣ́меле сфѫнтȣлȣй Ма́релȣй Мȣченик
Димитрїе, дѫ́нд ла́8дѫ сфинцїей са́ле, ѫ̃ тѫ́рг ѫ̃ Сȣ-
ча́вѫ, че ѣ́сте ѫ̃найнтѣ кȣрцилѡр домнѣ́щй, ка́ре трѫ-
ѣ́ще ший пѫ́нѫ а́стѫзй.*)

Зѝкȣ оу̃ній сѫ̃се хі́е а̑рѫтат лȣй Стефан Во́дѫ ла
а́чѣл рѫсбо́ю сфѫ́нтȣл мȣченик Димитрїе кѫла́ре ший
ѫ̃трарма́т ка оу̃н витѣ́з, дѫ́нд а̑жюто́р ший вѫлф
лȣй Стефан Во́дѫ ший ѡ̇щїи лȣй, че ѣ́сте де а̑ ший
крѣ́дере, де врѣ́ме че ѩ8 зидѝт бисѣ́рикѫ ѫ̃фрȣмȣсе-
ца́тѫ.**)

Дȣ́пѫ а̑чѣ́ѩ да́таȣ Стефан Во́дѫ кȣвѫ́нт ла тоа́тѫ
цѣ́ра, ѡ̇шѣ́нїй сѫ̃се стрѝнгѫ ла Хѫрлѫ8 ла зі́оа сфѫ̃н-
тȣлȣй Николай. Ший а̑дȣнѫ́ндȣсе ѫ̃трача̑ зи кȣ то́цїй
ла Хѫрлѫ8, фѫкȣ̃тȣлȣ8 ѡ̇спѫц тȣтȣрѡр боїе́рилѡр ший
тȣтȣрѡр витѣжилѡр сѣй, ший кȣ да́рȣрй скȣ̃мпе ѩ8
дѫрȣѝт пре дѣ́нший. Ший де а̑ко́лꙋ ѩ8 слобозѝт дȣ
мѣрс чинѣшй пре а̑ка́сѫший, ѫ̃вѫцѫ́ндȣй пре то́цй сѫ дѣ
ла8дѫ лȣй Дȣмнезе8, пѣ́нтрȣ кѫ тоа́те пȣтѣ́риле сѫнт
дела Дȣмнезе8 де сȣс.

---

*) Urechi nous apprend (p. 141) que ce monument avait été
construit en 1475. Une des quatre églises de Suceava porte
encore le vocable de saint Démètre.

covie, Brohocki, Gargowicki, etc. Quelques uns furent pendus par nos soldats, deux à deux par les cheveux, car ils portaient alors les cheveux longs comme les Allemands. On fit encore aux Polonais d'autres outrages, si bien qu'on se rapelle encore les cruautés dont ils furent alors victimes.

Après l'heureuse victoire qu'il avait remportée dans cette campagne, Étienne rentra dans Suceava, sa capitale, avec la pompe d'un triomphateur, et rendit grâces à Dieu et à la Vierge immaculée. Il consacra et embellit l'église qu'il avait construite à Suceava, sous le vocable de saint Démètre, pour honorer la mémoire du grand martyr. Cette église, située devant le palais princier, existe encore de nos jours.*)

Quelques uns racontent que, pendant cette campagne, saint Démètre, à cheval, armé comme un guerrier, apparut à Étienne et lui donna secours et protection, à lui et à ses soldats. Cette histoire est vraisemblable, du moment qu'Étienne éleva une belle église à saint Démètre.**)

Étienne donna ensuite à tous les contingents du pays l'ordre de se réunir à Hîrlău le jour de saint Nicolas. Ils se trouvèrent tous au rendez-vous le jour indiqué. Le prince offrit alors un grand festin à ses boïars et à ses braves et leur fit de riches présents. Après cela, il les congédia et leur permit de rentrer chez eux, en leur recommandant de remercier Dieu, vu que tout pouvoir vient du Dieu d'en haut.

**) Le chroniqueur a déjà raconté un miracle semblable, qui aurait eu lieu en 1481. Voy. ci-dessus pp. 158-159.

Кънд ау предат Малкочй Цѣра Лешѣскъ.

Ꙟ ăн8л ҂ѕ҃ѕ; март ꙟ а҃і, ау ꙟтрат Малкочй ꙟ Цѣра Лешѣскъ ку м8лтъ м8лциме де Т8рчй; шй нау фост чине лѣ стà ꙟпотривъ, че м8лтъ прадъ шй робіе ау фъкут, шй ау ажюнс пънъ май сус де Лїѡв к҃є де поприщй; шй де аколѡ сау ꙟторс прадънд цѣра шй аружънд, къ се ведѣ къ д8пъ ачел ръскою фъръ норок че фъкусе Лѣшій ку Стефан Водъ, въ фи перирѣ лѡр.*)

Кънд ау прадат Стефан Водъ Цѣра Лешѣскъ.

Ꙟтрачелаш ан ҂ѕ҃ѕ, юніе к҃в, Стефан Водъ, врънд сăшй ꙟтоаркъ деспре Лѣшй стримбътатѣ сà, стрънсау цѣра шй ау ꙟтрат ла Подоліа шй ла Р8сй. Трек8тау шй де Лїѡв пънъ ла Ланц8т ѡрашул, ла апа Вислока, тоате сателе аружънд шй прадънд. Арсау ѡрашул Премисла, Радумнѣ, Преволска, Ланц8тул шй ѡ четате Теребул, шй м8лте авери ау луат динтр8нса, шй м8лцй жоимирй ау скос, шй пре тоцй їау тъат, шй май м8лцй ау арс ꙟ четате. Шй четатѣ Б8чечюл м8лтъ невоїе ау ав8т; шй Подхаецул ау арс.

Шй м8лцй ѡамени, бърбацй шй мϫїерй шй копій, їау луат робй, май м8лт де ѡ с8тъ де мій, че їау ашеѕат Стефан Водъ ꙟ цара сà, де шй пънъ аст8зй тръкуіе лимба р8скъскъ ꙟ Молдова, алес пре унде їау дескълекат. Ꙗръ Стефан Водъ, прадънд шй ар-

---

*) Voici comment Leunclavius raconte cette expédition:
»Posteaquam sultanus Baiasites de hoc motu Russorum accepisset, sanzacatum Silistrae, Messiche Bassa remoto, Bali Bego Malcozoglio commisit, eique mandavit ut, excursione Russorum in regiones instituta, longe lateque cuncta diriperet.

Malkoč pille la Pologne.

Le 11 mars 7006 [1498], Malkoč entra en Pologne avec une multitude de Turcs; personne ne pouvant lui résister, il fit beaucoup de butin, et enleva un grand nombre d'esclaves. Il s'avança jusqu'à 25 milles de Léopol, portant par tout le pays le ravage et l'incendie. On put voir que la guerre malheureuse faite à Étienne par les Polonais leur avait porté un coup de mort.**)

Étienne pille la Pologne.

Le 22 juin de la même année 7006 [1498], Étienne, désireux de venger l'injure qu'il avait reçue des Polonais, réunit ses milices et pénétra en Podolie et en Russie. Il dépassa Léopol et s'avança jusqu'à Lańcut, sur la Wisloka, ravageant et incendiant tous les villages. Il brûla les villes de Przemyśl, Radymno, Przeworsk, Lańcut; il brûla également le château de Tereb, où il s'empara de grandes richesses et de beaucoup de soldats, qu'il fit mettre à mort, sans parler de ceux qui périrent dans les flammes. Le château de Buczacz eut beaucoup à souffrir; celui de Podhayce fut détruit par le feu.

Étienne reduisit en esclavage plus de cent mille habitants: hommes, femmes et enfants, qu'il établit dans ses états, de sorte que, de nos jours encore, on entend parler russe en Moldavie, là surtout où il fixa [ces pri-

---

Itaque, collectis ille de sua provincia copiis, par Valachorum agros in Russorum fines irruit, praedam coegit amplissimam, suos collocupletavit e spoliis, hostium ditiones ferro et igni depopulatus est et, nullo ab eis accepto detrimento, reversus, anno muhametano DCCCCII [1497].« *Historiae musulmanae*, 1591, 639.

ꙁѫнд цѣра, сѫв ѫторс ѫнапой кꙋ маре добѫндѫ, шѝ фѫрѫ ниче ѡ смынтѣлѫ ѫꙋ трекꙋт Нистрꙋл ѫн чѣста парте ла Халичй, шѝ ѫꙋ прѫдат, шѝ пе дечѣста парте, шѝ ѫꙋ венит ла скаꙋнꙋл сѣꙋ ла Сꙋчѣвꙋ, кꙋ маре бꙋкꙋріе шѝ бирꙋинцѫ.*)

---

*) L'incursion d'Étienne-le-Grand en Pologne est ainsi racontée par Miechowski: »Sequenti anno [*i. e.* 1498], in principio Maii, Turci, Thartari et Valachi juncti, Russiam irrumpentes, plurimam stragem in hominibus crudeliter fecerunt: jacebant passim in viis et campis occisi. Omnia oppida sub montibus et in medio circa Leopolim et Przemisliam, usque ad oppidum Canczugam [Lańcut] incenderunt, vastarunt et diruerunt, et tempore modico commorati, cum maxima praeda salvi discesserunt. Haec novitas, quam die Mercurii, sedecima Maii, Graccoviam esset delata, non parum omnem statum terruit, etiam nonnullos fugae accinxisset nisi vel timor vel spes a rege prohibuisset.« (Miechowski, ap. Hîşdău, *Arch.*, I, II, 40).

Le récit de Kromer, dont le chroniqueur roumain s'est plus particulièrement inspiré, contient plus de détails; en voici le début:

»Stephanus, acceptam ab ipso injuriam bellumque sibi immerito illatum ulcisci satagens, primo vere insequentis anni [1498] cum expeditis suorum Valachorum Turcarumque ac Tattarorum copiis in Podoliam et Russiam invasit, et prae-tergressus Leopolim arcem urbemque munitam, ad Canciugam oppidum et Vislocum amnem longe lateque populabundus excurrit et ingentem cunctae Poloniae terrorem incussit, nemine ad arcendum hostem neque parato neque animato, sed cunctis ad fugam spectantibus et non modo in munitiones, verum etiam in avios montes atque sylvas sese abdentibus, unde tamen plurimi mortales utriusque sexus et omnis aetatis atque ordinis a perscrutantibus cuncta hostibus et fugientium vestigia persequentibus extracti, in miserabilem servitutem abducti ac distracti sunt, ita ut Thracia, Macedonia, Scythia et Asia russis mancipiis implerentur. Supra centum millia hominum abacta esse tunc feruntur cum innumerabili gregum, armentorum et omnis generis praeda. Praemislia, Radimnum, Jaroslavia, Praevorscum et complura alia ignobiliora oppida cum innumerabilibus pagis direpta et incensa. Unum operae precium tunc a nostris factum est quod Cracovia metu pro-

sonniers]. Après avoir pillé et brûlé le pays, le prince s'en retourna, chargé d'un immense butin; il passa le Dniestr sans difficulté en-deçà de Halič, ravagea cette partie du pays, et rentra dans sa capitale de Suceava, dans la joie du triomphe.*)

---

pinqui periculi a latere septemtrionali turribus, propugnaculis, pinnis, vallo fossaque, Rudava flumine in ea inducto, munitior et magnificentior effecta est, submotis etiam longius plerisque suburbanis aedificiis, quae moenibus urbis e propinquo imminebant. Neque vero hic tunc Russiae et Podoliae malorum finis fuit, nam Tattari praeda apud Tauricam deposita, mense Julio iterum immani excursione easdem regiones divexarunt . . . .« (Kromer, 435).

En 1499 les Polonais eurent à subir une nouvelle invades Turcs. Kromer la raconte en ces termes: »Nec ita multo post, sub fine novembris, septuaginta millia Turcarum per Walachiam in Russiam se effuderunt, omnem eam oram, quae ad Nestrum et circum Haliciam, Zidacioviam, Drohobiciam et Samboriam est, ferro et igni vastantes et praedas agentes. Neque progrediendi et debacchandi modum ullum sibi statuissent, nemine sese ipsis objiciente, nisi coelitus Deo, sicut creditum est, miserante populum suum, repressi atque adeo oppressi essent. Derepente enim intensum frigus et gelu extitit, et nix tanta decidit ut circumsepti undique Turcae neque progredi neque regredi possent. Et insolens id novumque hominibus illis pariter et jumentis, mitiore caelo natis et educatis, accidebat. Ita jumentis plerisque omnibus frigore et fame confectis, hominum quoque supra quadraginta millia alsisse et obriguisse memorantur. Multi reperti postea, qui interfectis equis in uteros eorum exenteratos calentes etiamtum sese illatebraverant, sed nullo operae precio. Statim enim calor artus vita et sanguine destitutos deserebat. Reliqui cum sese utcumque tamen explicassent et in Moldaviam evasissent, Stephano palatino et Valachis, Polonorum insequentium habitum mentitis et locorum opportunitate utentibus, divexati et contrucidati sunt, ita ut vix decem millia Istro transmisso salva evaserint. In religionem haec res cessit Turcis, ita ut sibi persuaderent, gentem polonam atque russam divinitus defendi et vindicari. Itaque non temere deinceps eam gentem bello sibi lacessendam et infestandam esse existimarunt.« (Kromer, 435). Cf. Mie-

Пентру венире Лешилор де ал доеле рѫнд ꙟ цѣрѫ.

Ꙟ ань ҂зн, ꙟ луна луй март[1]) ꙟ аі зіле, Ѡлбрехт, краюл лешеск, въꙋѫнд прада ши стрикѫчюнѣ чей фѫкусе Стефан Водѫ ꙟ цѣра луй, ну вру сѫ ласе, чи ау стринс ѡасте, ши ау ꙟтрат ꙟ цѣрѫ, ши ау принс ѫпрѫдаре ши ѫстрикаре цѣра пѫн ла Ботошені. Ꙗрѫ Стефан Водѫ, дакѫ ау ꙟцѫлес, стрѫнсау де сѫрг ѡшиле сале, ши ау ешит ꙟнаинте ачей ѡши лешещй, де ꙗу дат рѫзбою ла тѫрг ла Ботошені. Ши ку воа луй Думнезеу ау пердут Лешій рѫзбоюл, ши рѫмас[2]) избѫнда ла Стефан Водѫ, ку мултѫ вѫрсаре де сѫнџе дин ѡастѣ лешѣскѫ. Мулци ау перит, ши мулци ау луат вій ꙟ робіе. Ꙟсѫ де ачѣстѫ бѫтѫліе ну скріе лѣтописецул лешеск, ꙗр чел молдовенѣск скріе де ачест рѫзбою ал луй Стефан Водѫ, чѣу аву ку Лѫшій ла Ботошени, прекум поменѣще май сус.*)

Ꙟпѫкѫчюнѣ луй Стефан Водѫ ку краюл лешеск.

Ꙟ ань ҂зѳ, Стефан Водѫ, лѫсѫнд ꙟнима чѣ непрїетинѣскѫ, сау ꙟпѫкат ку краюл лешеск, ши маре токмалѫ ау легат, ну кѫ доарѫ сау темут де путѣрѣ лор, каре се испитисе ши рѫзбою фѫкусе ши ку Лѫшій ши ку Турчій, ши де мулте ѡри ꙗй бируисе, ка ши ку алци мечѣшй де пинпрегюр авѫнд сфадѫ, ничи ѡдатѫ ну сау плекат; че пентру сѫ куноаскѫ

---

[1]) B: *martie.* [2]) B: *rĕmase.*

chowski, ap. Hîşdău, *Arch.,* I, ii, 40; Istvánfi, 45: Leunclavius, *Historiae musulmanae,* 1591, 639.

Les Polonais viennent pour la seconde fois dans le pays.

En 7008 [1500], le 11ᵉ jour du mois de mars, le roi de Pologne, Albert, voyant combien Étienne avait fait dans le royaume de ravage et de butin, ne voulut pas se tenir pour battu, mais réunit son armée et se jeta sur la Moldavie, qu'il se mit à piller et à dévaster jusqu'à Botoșenĭ. À cette nouvelle, Étienne rassembla immédiatement ses troupes et marcha contre l'ennemi, auquel il livra bataille à Botoșenĭ. Dieu permit que les Polonais fussent défaits et qu'Étienne demeurât vainqueur, après avoir infligé de grandes pertes à ses adversaires. Beaucoup furent tués; beaucoup furent pris vivants et réduits en esclavage. La chronique polonaise ne parle cependant pas de cette bataille, tandis que la chronique moldave raconte la lutte qu'Étienne eut avec les Polonais à Botoșenĭ; c'est son récit que nous avons reproduit.*)

Étienne conclut la paix avec le roi de Pologne.

En 7009 [1501], Étienne dépouilla ses sentiments d'hostilité; il fit la paix avec le roi [Albert] et conclut avec lui un traité solennel. Ce ne fut pas la peur qui le détermina, lui qui avait fait ses preuves, qui avait combattu les Polonais et les Turcs et les avait plus d'une fois vaincus, et qui, malgré ses querelles avec d'autres états du voisinage, ne s'était jamais soumis à eux; mais il voulut faire savoir à toute la chrétienté que ce n'était pas lui qui avait commencé [les hostilités]. Ce n'était en effet, pas lui qui avait pris les armes contre

---

*) Nous ne connaissons pas la chronique moldave dans laquelle Urechi a puisé des faits certainement erronés (voy. la note suivante); la chronique de Putna ne contient rien de semblable.

тоатъ крещинътатѣ къ нъй фост дентру[1) дънсъл
ънчепътура, къ нъй рудикат ѣл ънтъю асупра луй Краю,
че Краюл фъръ кале ши фъръ щире ъу венит асупра луй,
де унде съу ънторс ку рушине. Май апой ка съ арате
къ май мулт поате съ стриче ѣл луй Краю, ъу ънтрат
де ѣу арс търгуриле ши ѣу ловит поданий; ниче ъу
авут чине съй стѣ ънаинте, че ку маре дъбъндъ съу
ънвъртежит ън цара съ ън Молдова. Ши, дѣу венит
Краюл ку юасте ън Молдова, добъндъ ъу адус луй
Стефан Водъ, къ съу ъмплут де жакуриле лешещй.
Ашиждерѣ, дѣу мерс Стефан Водъ ън Цара Лешѣскъ,
ку плин съу ънторс ън цара съ. Ъръ ла паче прѣ лесне
се прїими, ка съл конобаскъ къ фие ла че ъл въръ
черка, ѣсте гата, ши ла паче ши ла гълчѣвъ. Дѣче
пачѣ ѡ авут легат ънтрачеста кип, ка съй фие де
ажютор ъмпротива фие кърий непрїетин; ѣръ при-
бѣгїй де ъбе пърциле съ нуй прїимѣскъ. Ъръ,2) де саре
ънтъмплъ вре унул домн а Молдовїй съ ѣсъ де невоїъ
турчилор ън Цара Лешѣскъ, съл примѣскъ ши ън тот
кипул съ невоїаскъ съл ашъзе ла домние. Ашиждерѣ
домний Молдовїй дѣпъруръ съ аибъ урекй дескисе
деспре Тюрк съ дѣ щире луй Краю де гъндуриле лѡр.
Ъръ цюдеката челор ку стримбътате дела мърцине
съсе факъ де ъмбе пърциле ла мърцине.*)

---

1) B: *pentru.* 2) B: *Ěrǎ*

*) Ici encore Urechi commet une erreur de date. Étienne-le-Grand, après avoir tiré vengeance du roi de Pologne, sentit renaître en lui son ancienne haine contre les Turcs; il barra le chemin aux débris de l'armée de Malkoč et se rapprocha des Polonais. Sur l'initiative du roi de Hongrie des conférences pour la paix s'ouvrirent à Cracovie. Des représentants de la Pologne, de la Hongrie, de la Lithuanie et de la Moldavie prirent part aux négociations qui, au té-

le roi, tandis qu'Albert sans raison, sans rien dire, s'était jeté sur lui et s'était retiré avec sa honte. Par la suite, afin de montrer qu'il pouvait faire encore plus de mal à ce prince, Étienne était entré [en Pologne], avait incendié les villes et frappé [les habitants] de contributions ; il n'avait trouvé personne en état de lui résister et il était revenu dans sa principauté avec beaucoup de butin. Albert avait envahi de nouveau la Moldavie avec une armée, mais il n'avait fait qu'y amener une proie pour Étienne, car le pays avait été rempli des dépouilles des Polonais. De même, lorsque le prince moldave avait pénétré en Pologne, il en avait ramené du butin et des prisonniers. Il fut cependant tout disposé à faire la paix, pour montrer que, dans toutes les querelles qu'on pouvait lui susciter, il était prêt pour la paix comme pour la lutte. Le traité fut conclu de telle manière que [les Polonais] devaient donner du secours [aux Moldaves] contre leurs ennemis et qu'aucune des deux parties ne devait accueillir les transfuges de l'autre. S'il arrivait qu'un prince de Moldavie fût contraint par les Turcs de passer en Pologne, [les Polonais s'engageaient] à lui donner asile et à faire tous leurs efforts pour le rétablir sur le trône. De leur côté, les princes de Moldavie devaient surveiller les Turcs et faire connaître au roi leurs entreprises. [Il était convenu que] ceux qui commettraient des violations de frontière seraient jugés par les deux parties, à la frontière même.*)

---

moignage de Miechowski (ap. Hîşdău (*Arch.*, I, II, 40), traînèrent en longueur. Le traité fut enfin signé au mois d'avril 1499. Nous en possédons un texte publié, par ordre du roi Albert, le 15 avril de cette année (le lendemain de la fête des saints Tiburce et Valérien). Voy. Dogiel, *Cod. dipl.*, I, 603 ; Sinkai, II, 96 ; Codrescu, IV, 387 ; Mitilineu, 19. Cf. *Invent*, 140.

Le traité conclu avec la Pologne n'est pas le seul document qui prouve qu'Étienne avait toujours pour principal objectif une ligue contre les Turcs. Dans le temps même où il signait la paix avec Jean-Albert, il poursuivait d'actives né-

Де оун Пѐтрȣ Во́дъ чє а̃ȣ тъа́т ка́пȣл Кра́юл лешѐск.

Ꙗ҇ а҇нȣл ҂зѳ а҇ȣ тримѐс[1]) Стѐфан Во́дъ со́лїй сѐй ла Кра́юл лешѐск, ла съѝм, пофтѝнд прѐ токма́ла шѝ легъ́тȣра чѐȣ а҇вȣ́т ка съй дѐ прѐ Пѐтрȣл Во́дъ, фечїȣ́рȣл лȣ́й Ѝлїѐш Во́дъ, къ а҇ȣ симцѝт къ прѐ мȣ́лцй до́мнй шѝ боїѐрй лешѐщй ѝй ъ҇то́рсъсє спрє сѝнє, шѝ ѝй ъ҇демнъ̀ съ фа́къ ѡ҇а́стє а҇сȣ́пра лȣ́й Стѐфан Во́дъ, ка съ а̃ домнїа́ дѐла ды́нсȣл, шѝ сє цюрȣ̀ съсє пла́чє кȣ то́атъ ца́ра съпт а҇скȣлта́рѣ Лѣшилѡр. Дє ка́рє лȣ́крȣ мȣ́лт сфътȣ́йръ ъ҇ съѝм, къ мȣ́лцй е҇ра̀ лȣ́й Пѐтрȣ Во́дъ а҇нпъръто́рй. Ма́й а҇по́й сокотѝръ къ нȣ кȣ́мва ѕȣдъре҇скъ́ прє Стѐфан Во́дъ съ́лє фі́є а҇стрика́рє па́чѣ, пѐнтрȣ чє шѝ е҇́й сє гъ́тїа съ мѣ́ргъ ла Прȣ́сй. А҇тȣ́нчє а҇ȣ тъа́т ка́пȣл лȣ́й Пѐтрȣ Во́дъ, ла тъ́рг ла Чихѡ́в, ъ҇наѝнтѣ со́лилѡр лȣ́й Стѐфан Во́дъ.

А҇чѐста е҇ра̀ Пѐтрȣ Во́дъ чє са́ȣ поменѝт ма́й сȣс къ лъ́ȣ гонѝт Стѐфан Во́дъ дѐн ца́ръ шѝ са́ȣ дȣс ъ҇ Ца́ра Ѹ҇нгȣрѣ́скъ, шѝ а҇ȣ лȣа́т Стѐфан Во́дъ домнїа́.*) Ѝръ е҇л фїѝнд ъ҇ Ца́ра Ѹ҇нгȣрѣ́скъ а҇ȣ ъ҇демна́т

---

[1]) B: *trimisŭ*.

gociations avec la Russie et la Lithuanie. Il envoya d'abord au tsar Jean III Vasiljevič deux ambassadeurs (Théodore, fils d'Isaïe, et Alexandre), pour engager ce prince à se réconcilier avec son gendre, Alexandre, grand-duc de Lithuanie. Le tsar répondit par ses ambassadeurs Ivan Bersen et Balica, que c'était à son beau-père à tenir les serments qu'il avait faits. Cette première tentative ayant échoué, un autre agent roumain, Constantin, alla porter en Lithuanie des paroles de paix, auxquelles le grand-duc répondit par l'organe de son envoyé Bohusz. Les pièces originales qui nous sont parvenues nous montrent qu'Étienne n'usait de son influence sur ses voisins que pour les presser de s'unir à lui contre les Turcs.

D'un prince appelé Pierre, que le roi de Pologne fit décapiter.

En 7009 [1501], Étienne envoya des ambassadeurs au roi de Pologne, [qui tenait] la diète, pour le prier, au nom de la paix et de l'alliance qu'ils avaient conclues ensemble, de lui livrer le prince Pierre, fils d'Élie, qui, d'après ce qu'il avait appris, avait gagné à sa cause beaucoup de seigneurs et de boïars polonais et les excitait à prendre les armes contre Étienne, pour lui enlever le trône, s'engageant, d'avance par serment à se reconnaître vassal des Polonais, lui et tout le pays. On délibéra longuement à ce sujet au sein de la diète, car un grand nombre [de membres] se faisaient les défenseurs de Pierre. Ils réfléchirent enfin qu'il ne fallait pas provoquer de la part du prince de Moldavie une rupture du traité de paix, vu qu'ils se préparaient eux-mêmes à attaquer les Prussiens. Ils firent alors trancher la tête à Pierre, dans la ville de Czchów, en présence des ambassadeurs d'Étienne.

Ce [personnage] est le même prince Pierre, de qui l'on a raconté ci-dessus qu'Étienne l'avait chassé de ses états et qu'il s'était réfugié en Hongrie, abandonnant le pouvoir à son rival.*) Tandis qu'il était en Hongrie, il

---

Il étendait son action diplomatique jusque chez les Tatars de la Crimée, et il entrait en relations avec le khan Mengli-Geraj.
 Voy. Акты относящіеся къ исторіи западной Россіи, I, (1846), 182; Codrescu, III, 75; Hîşdău, *Arch.*, I, II, 75. Cf. Sanuto, I, 203.

*) Urechi renouvelle et aggrave encore les erreurs précédemment commises par lui au sujet de Pierre II. Nous avons dit (p. 105) que ce prince avait été surpris et mis à mort en 1469; il s'agit ici de son fils, Élie. Voici, d'ailleurs comment ces faits sont rapportés par Miechowski: »Anno Domini 1501, rex Albertus, in Marcio, ex conventione Piotrkoviensi in Graccoviam divertens, Heliam Valachum, ut fertur, heredem Valachiae, propter violatas litteras suas, de consilio consiliariorum

прє Мътієш, Крáюл Оунгурéск, де сáу ръдикáт ку ẅасте асупра луй Стефан Водъ ла Баiа, ши тоатъ ẅастѣ iáу топи́т, кум сáу поменит, къ áвъ áу скъпáт Крáюл Мътiєш. Iаръ, дáкъ áу муритъ Мътiєш, Крáюл Оунгурéск, пердý Петру Водъ нъдѣждѣ де á се мáй áжютори́ре дела Крáюл Оунгурéск. Въхънд ши връжкал чє ътрáсе ътре Лѣшιй ши ътре Молдовéнιй, áу сокоти́т къ ътре ачѣле áместекътуриi въ путѣ сѣши фáкъ ши ел лок ла Молдовá, ши съ добъндїскъ цáра:

> suorum in Czchów, in praesentia nunctiorum Stephani voevodae Valachiae decollari jussit. Fuit autem Helias filius olim Petri competitoris Stephani in principatu Valachiae.« Hîşdău, *Arch.*, I, ɪɪ, 40. Cf. Kromer, 438.
>
> L'erreur d'Urechi provient de Bielski, qui s'exprime ainsi (p. 441): »Przyiechali też posłowie y od wojewody wołoskiego Stephana na ten seym, prosząc aby mu według przymierza Krol wydał zbiega Piotra syna wojewody pierwszego Heliasza, dla tego iż się sadził na hospodarstwo Wołoskie...«
>
> Les Polonais ne pouvaient qu'obtempérer aux moindres désirs d'Étienne. On voit, en effet, par une dépêche de l'ambassadeur florentin à la cour de Pologne, en date du 29 juin 1500, que, malgré le traité signé avec Jean-Albert, le prince de Moldavie conservait envers ses voisins une attitude menaçante et se tenait prêt à profiter dans son intérêt personnel des querelles survenues entre la Pologne et la Russie: »Il Valacho asì non dorme; è a confini con tutto el suo potere, anchora ch'abbi confederatione e juramento con Poloni, se ne teme per l'amista ha col Moschovita. Stimo, se vedrà de fare qualche fatto relevato, non si penserà ponto, perchè, come sapete, è savio.« (Esarcu, 83).
>
> On voit par la correspondance diplomatique du temps qu'Étienne était alors l'arbitre des destinées de l'Europe orientale et que son nom était partout entouré du plus grand respect (cf. Esarcu, 85-86). Ainsi, le 28 mars 1502, un envoyé moldave arrive à Venise; aussitôt le grand conseil le reçoit et lui confère la dignité *d'eques auratus* (Esarcu, 87).
>
> Les Polonais et les Vénitiens n'étaient pas les seuls qui eussent à compter avec Étienne. Ayant eu à se plaindre des Russes, il leur fit subir, en 1502, une grave humiliation. Le

détermina le roi Mathias à venir attaquer Étienne à Baie, [où le prince de Moldavie], comme on l'a raconté plus haut, détruisit toute son armée, au point que Mathias lui-même n'échappa qu'avec peine. Après la mort de ce dernier, Pierre perdit toute espérance d'obtenir des secours de la couronne hongroise. Quand il vit la querelle qui s'était élevée entre les Polonais et les Moldaves, il pensa qu'à la faveur de ces complica-

---

tsar de Moscou, Jean Vasiljevič, avait envoyé en Italie une mission composée de Démètre Larev et de Nicéphore Česnikov pour engager et ramener en Russie des ouvriers habiles, appartenant aux différents corps de métiers. Larev et Česnikov s'aquittèrent de leur mandat, mais, comme ils traversaient le territoire moldave pour retourner en Pologne, Étienne les fit arrêter, eux et les ouvriers qui les accompagnaient. À la nouvelle de cet affront, le tsar mit tous ses agents en mouvement pour obtenir la liberté des prisonniers. Michel Nardukov, secrétaire de l'ambassadeur de Russie près du khan de Caffa, alla solliciter des explications du prince, mais il fut mis à mort par les Moldaves. Jean pria le khan de Noga et le khan de Caffa d'intervenir auprès d'Étienne, mais toutes ses démarches furent vaines. Les ambassadeurs russes ne recouvrèrent la liberté qu'après deux ans de captivité (voy les documents publiés dans les Чтенія въ Обществѣ исторіи и древностей россійскихъ при Московскомъ Университетѣ, 1847, n° 3, et traduits en roumain par Codrescu, III, 88-96).

Quelle qu'eût été la condescendance des Polonais, Étienne ne tarda pas à leur chercher de nouveau querelle et à les menacer encore d'une rupture. Il se rapprocha de la Hongrie et se laissa comprendre par le roi Vladislas dans la trève que celui-ci conclut avec les Turcs, au mois de février 1503, et dans le traité de paix du 20 août de la même année (Sanuto, II, 56, 81). Vladislas, qui avait précédemment usé de son influence sur son frère Jean-Albert, pour qu'il vécût en paix avec la Moldavie, agit dans le même sens auprès de son frère Alexandre, successeur de Jean-Albert. Il envoya un ambassadeur auprès d'Étienne, afin d'aplanir les difficultés pendantes (Sanuto, II, 60), mais le prince de Moldavie avait déjà lancé les Tatars contre la Pologne. Voy. les notes des pp. 212 et 213.

сăу лэсáт де Оýнгэрй, шй ăу трекýт ăн Цáра Ле-
шéскъ, оýнде шй кáпул шăу пýс, кум сăу поменйт
май сýс. Де моáртѣ ачéстуй Пéтру Вóдъ ну скрíу
тóций ăтрунъ кип, къ летопиcéцул молдовенéск скрíе
къ, дáкъ ăу венйт Стéфан Вóдъ ку ỹосте мунте-
нéскъ, сăу ловйт ку Пéтру Вóдъ пре Сирéт ла Дол-
жéщй, шй ал дóиле рэнд ла Ôрбйк, оýнде тóт ăу
йзбэндйт Стéфан Вóдъ шй ăу прйнс пре Пéтру Вóдъ,
шй ĭăу тэат кáпул. Ĭaр кроникáрул чел лэтинéск
скрíе къ, дáкъ ăу бируйт Стéфан Вóдъ пре Пéтру
Вóдъ, ăу изгонит Пéтру Вóдъ шй ăу трекýт ла Оýн-
гурй, шй де ачй тóате пре рэнд, кум скрíе май сýс.
Чй ỹрй кум ăу фóст, се токмéску къ йзбънда ăу
фóст ла Стéфан Вóдъ, ĭар луй Пéтру Вóдъ ĭăу тэат
кáпул.

Де моáртѣ луй Ăлбéрт, крáюл лешéск.

Ăн áнул ҂зд, Ăлбéрт, крáюл лешéск, гэтйндусе ку
мáре ỹосте съ мéргъ асýпра Прусилwр, нáу съвыршйт,
че ăу мурйт.*) Ĭaр пе урмъ фэкэнд църа сфáт пре
токмáла лwр, ăу ридикáт пре Ăлезáндру, фрáтеле луй
Ôлбрéхт ла круíе,**) кáреле, ку ¹⁾ пáчъ че фэкусе Стéфан
Вóдъ ку фрáтесеу Ôлбрéхт, де ну вре фй апукáт
моáртѣ, кум се вă арэтà май жóс, мулт рисипъ
цéрилwр се вре хй фэкут.

Ăн áнул ҂зі престъвитусау Паисíе, архимандрйтул
шй ӗгуменул мънъстйрій Пýтний. Ăтрачéсташй áн,
áвгуст д, приставйтусау Ăѳанáсíе Бóлсун: амэндóй
лэудáцй де вíацъ буни шй курáтъ; кáрій ăн вíаца

---

¹) AB: ку кáреле пáчъ. Cette leçon, qui nous paraît inintelligible, se retrouve même dans Ioanid, I, 162.

tions il pourrait se frayer un chemin en Moldavie et reprendre possession du pays; il quitta la Hongrie et passa en Pologne, où il risqua sa tête, comme nous venons de le dire. Tous [les historiens] ne sont pas d'accord au sujet de ce Pierre. La chronique moldave rapporte qu'Étienne, ayant envahi la principauté avec une armée valaque, livra bataille à Pierre sur le Siret, à Doljeștĭ, et, une seconde fois, à Orbic; qu'il remporta la victoire, s'empara de son adversaire et lui fit trancher la tête. La chronique latine dit au contraire que Pierre, défait par Étienne, se retira chez les Hongrois, et ajoute toutes les circonstances que nous avons racontées. De toute manière, [les historiens] s'accordent à reconnaître qu'Étienne fut victorieux et que Pierre fut décapité.

Mort du roi de Pologne Albert.

En 7009 [1501], le roi de Pologne Albert prépara une grande armée pour aller attaquer les Prussiens, mais il ne put achever [ses dispositions], et mourut.*) Après sa mort, il y eut, conformément à la constitution, une assemblée du pays, qui proclama roi Alexandre, frère d'Albert.**) Ce prince, malgré la paix conclue par Albert avec Étienne, aurait causé de grands dommages aux [deux pays], si la mort n'était venue le surprendre, comme on le verra plus loin.

En 7010 [1502], mourut Païsius, archimandrite et hégoumène du monastère de Putna. Le 4 août de la même année, mourut Athanase Bolsun. Tous deux étaient renommés pour la sainteté et la pureté de leur

---

*) Jean-Albert mourut d'apoplexie le 17 juin 1501.
**) Alexandre était prince de Lithuanie.

лѫр нꙋ лѣꙋ лиџѝт чѣле чѐ се кѫде вїѐцїй пꙋсторѐщй аѳѫчере.*)

Кꙋм ау луáт Стéфан Вóдъ Покꙋтïа¹) дела Лѣшй.

Стéфан Вóдъ, фïйнд ка ꙋн лéꙋ гáта де апꙋкáт, чѐ нꙋл пóате нѝме ꙟблѫнзѝ, шѝ луй ѡдѝхна ѫлтꙋꙗ ꙟй пърѣ кꙋ пáгꙋбъ, ау ꙟтрáт кꙋ ѡáсте ꙟ Цѣра Лешѣскъ, шѝ ау прѫдáт Покꙋтïа¹), шѝ ѡ ау луáт, шѝ зичѣ кѫ ачéл ѡлáт лꙋ луáт Лѣший дела Молдовéнй фѫрѫ кáле.**) Ꙗтꙋнчй Крáюл, дꙋпъ чѣꙋ фѫкꙋт сфáт пéнтрꙋ Покꙋтïа¹) чѐ ѡ луáсе Стéфан Вóдъ, ау стрѝнс ѡáсте пре²) бáнй шѝ ѡ ау тримѝс дꙋѣ ꙟтрáт ꙟ цѣрѫ, шѝ мꙋлтъ пáгꙋбъ ау фѫкꙋт,***) шѝ атѫта сау фóст сꙋпърáт ла ꙟй нóстрй, пънъ сау ругáт кꙋ тóцïй луй Стéфан Вóдъ дѣꙋ ѥшѝт дела Покꙋтïа¹), ꙗсъ мáй мꙋлт де бóалъ чѣꙋ áвꙋт де подáгрïе, шѝ четѫцѝле чѣꙋ луáсе лѣꙋ ꙟтóрс.†)

---

¹) B: *Pocuția*. ²) B: *pe*.

*) Nous ne savons rien de ces deux personnages. Le second est appelé Bonsul dans le ms. imprimé par Ioanid.

Les détails relatifs aux hégoumènes de Putna manquent dans la vieille chronique de Moldavie, où l'on s'attendrait le plus à les rencontrer, puisque ce document a dû être rédigé par des moines de Putna. M. Hîşdău (*Arch.*, III, 20) suppose avec beaucoup de vraisemblance qu'ils s'y trouvaient primitivement, qu'Urechi les a même empruntés à cette source, mais que le traducteur polonais les a supprimés.

**) Voici dans quels termes Kromer raconte l'expédition d'Étienne en Pocutie: »Illa autem aestate [1503], Tattari Tauricani Podoliam et Russiam rursus hostili incursione vexarunt, a Stephano palatino Moldavorum, ut creditum est, concitati. Ipse quidem, immisso in Russiam finitimam exercitu, tractum omnem inter Nestrum amnem et Sarmaticos Montes, quem Pocuce vocamus, nemine repugnante, ac ne expectante quidem quicquam ejusmodi, subegit, sive, ut ipse dictitabat, de sua di-

vie; ils n'omirent jamais rien de ce que doivent faire de bons pasteurs.*)

Comment Étienne enleva la Pocutie aux Polonais.

Étienne, comme un lion prêt à saisir [sa proie] et que rien ne peut apprivoiser, croyait que le repos qu'il laissait aux autres lui portait préjudice à lui-même. Il entra en Pologne avec une armée, pilla la Pocutie et s'en empara. Il prétendait, que les Polonais avaient injustement enlevé ce territoire aux Moldaves.**) Alors le roi, ayant pris l'avis de son conseil au sujet de la province dont Étienne s'était rendu maître, leva une armée de mercenaires et l'envoya en Moldavie où elle commit de graves déprédations.***) Il traita si durement nos [compatriotes] qu'ils durent tous prier Étienne d'abandonner la Pocutie; mais ce fut plutôt la goutte dont il souffrait qui força le prince de Moldavie à restituer les villes qu'il avait prises.†)

---

tione injuste prius distractum, recepit.« Kromer, 442. Cf. Bielski, 446.

Le roi de Pologne savait qu'Étienne était le véritable instigateur de l'invasion tatare, aussi appela-t-il son peuple à combattre à la fois les Tatars et les Moldaves. Voy la proclamation datée de Cracovie, le 17 septembre 1503, ap. Raczyński, *Cod. diplom. Lithuaniae*, 195-197.

***) »Per id tempus [1504] Moldavia infestata et vexata est a nostris, ita ut Stephanus e munitionibus pocucensibus praesidia deducere coactus sit, praesertim cum ipse gravissimo pedum dolore affligeretur, quo ad extremum confectus, haud ita multo post extinctus est, vir magnitudine animi, astu, peritia rei militaris et rebus contra Turcarum, Ungarorum et Polonorum reges ac Tattaros feliciter gestis omni aevo memorabilis.« Kromer, 442.

†) Comme on le verra par un passage de Kromer cité plus loin (p. 226), les historiens polonais ne s'entendent pas sur le point de savoir si les Moldaves restituèrent alors la Pocutie, ou s'ils la conservèrent jusqu'au commencement du règne de Bogdan.

Де мо́артѣ лꙋй Стефа́н Во́дъ.

Ꙟ а́нꙋл ҂зїв, нꙋ мꙋлт врѣ́ме да́къ са́ꙋ ꙟто́рс Стефа́н Во́дъ дела Покꙋ́тїа¹⁾ ла скаꙋ́нꙋл сѣ́ꙋ, ла Сꙋ- ча́вв, фїи́нд бо́лнав ши сла́б де а́нй, ка о́ꙋн о́м че е҆ра́ ꙟтра́тъца а́нй, ꙟ патрꙋ́зечй ши ша́пте, то́т ꙟ ръз- бо́ае ши ѡ҆стенѣ́ле ши неѡ҆дйхна̀ ꙟ то́ате пъ́рциле де се бътѣ̀ кꙋ то́цїй, ши дꙋ́пъ мꙋ́лте ръзбо́аїе кꙋ норо́к чѐꙋ фъ́кꙋт, кꙋ ма́ре жа́ле а҆ꙋ ръпоса́т, ма́рцй ю́лїе ꙟ в̃.*)

---

¹) B: *Pocuția*.

*) Les précieux documents recueillis par Marino Sanuto nous permettent de suivre les progrès de la maladie qui emporta le prince de Moldavie.

En 1502, Étienne était soigné par un médecin vénitien appelé Mathieu Muriano; d'après les conseils de ce personnage, il chargea un autre Vénitien, qu'il avait également pris à son service, Démètre Purcivij, de se rendre en Italie et d'en rapporter des médicaments (lettre d'Étienne au doge Léonard Lauredano, datée de Suceava le 8 décembre 1502, reçue à Venise le 16 février 1503, ap. Esarcu, 88; Sanuto, II, 44). À la dépêche du prince, Muriano joignit une lettre particulière pour le doge. Cette pièce est si curieuse que nous croyons utile de la reproduire en entier:

„*Serenissime Princeps et Domine excellentissime, humili commendatione premissa.*"

»La causa che per avanti non habbi scripto a la Sublimità Vostra è stata la infirmità grave ho patito dal primo zorno de auosto che zonsi in Muldavia, per tutto octubrio proximo passato. Non obstante *tamen* la malatia grande, a di 22. auosto, io fò a la visitation de questo illustrissimo signor duca Stefano et fici l'oficio di fedel servidor per parte di la Signoria Vostra, con quella forma di parole che se convien a uno tanto signore come è questo; lo qual ave gratissimo con demostration e parole molto amicabele, infra le qual disse: »Io non o voluto mandar a tuor medico in alcuna parte del mondo, salvo da li amici mei, li qual son certo me amano.«
»E dissemi *etiam:* »Io sono circondato da inimici da ogni

Mort d'Étienne.

En 7012 [1508], peu de temps après être rentré à Suceava, sa capitale, de son expédition en Pocutie, Étienne, malade et affaibli par l'âge, comme un homme qui depuis quarante-sept ans passait sa vie au milieu des combats et des fatigues et, sans jamais se reposer, combattait de tous les côtés contre tous [ses voisins], [Étienne], qui avait remporté tant de victoires, succomba, au milieu de la désolation [générale], le mardi 2 juillet.*)

---

banda e ho auto bataie 36 da poi che son signor de questo paese, de le qual son stato vincitor de 34, e do perse.«

»Ad intelligentia de la Sublimità Vostra io nararò le condition degne de questo illustrissimo signor, del fiolo, de li subditi e del paese, e poi le novità seguite et quelle che per zornata sequita tra questi signori septentrionali.

»Quanto a la persona del prefato signor, l'è homo sapientissimo, degno de molta laude, amato molto da li subditi per esser clemente et justo, molto vigilante et liberale, prosperoso de la persona per la età sua, se questa infirmità non lo havesse oppresso; ma spero in Dio farli gran zovamento. Per quanto posso comprender per le cose principiate, lo filio, signor Bogdan Vayvoda, inmita le vestigie del signor suo padre; modesto quanto una donzela, è valente homo, amico de le virtù e de li homeni vertudiosi, zovene de anni 25 incirca. Li subditi, tuti valentomini et homeni da fati, e non da star so li pimazi, ma a la campagna. Questo illustrissimo signor pol far homeni da fatti 60 milia: a cavalo 40 milia, zoè 40 milia e pedoni 20 milia. El paese si è fruttifero et amenissimo e ben situado, habondante de animali e de tutti fruti, da oio in fora. I formenti se semena de april e de mazo e rachoiese de auosto e de septembrio; vini de la sorte de Friol; pascoli perfeti. Potrià star in questo paese cavali 100 milia e più. De qui a Constantinopoli se va in xv o xx zorni; perhò reverentemente aricordo a la Sublimità Vostra che di qui se potrià strenzer li fianchi a questo perfido can turco; et, per quanto me referisse molti homeni degni et merchadanti che vien da Constantinopoli, li Turchi ha gran paura de questo signor e de li cristiani, per la via di questo paese. Da novo la illustrissima Signoria de questo signor

Ѥрà ачест Стефан Водъ ѿм нȢ маре ла стат, а мънїѡс, шй деграбъ върсà сънџе невиноватъ; де мȢлте

ha recuperato molti castelli e vilazi de le man de la Maestà del re de Polana, questo mexe de octubrio proximo passato, li qual *antiquitus* erano stà occupati per quello regno (sur l'expédition d'Étienne en Pocutie, voy. ci-dessus, p. 213). *Item* li Tartari sono corsi in Lituania e Polonia nel ditto mese et hanno menato via 40 milia anime. *Item* la guerra aspra pur persevera tra la Maestà del re de Polana e'l duca de Moscovia, signor de la Rossia; e li suo ambassatori, per non poter passar, ancora sono in questa terra et hanno bona compagnia da questo signor (voy. ci-dessus p. 209 en note). *Item* in questi confini et region propinque erano do signori tartari potenti; uno se chiamava imperador de Noga, l'altro imperador de Crin. Quello de Noga era amico de la Maestà de re del Polana, e quello de Crin del duca de Moscovia; et questo perchè el prefato signor duca tien uno suo fradello in prexon, acciò non lo cazi da la signoria per esser homo de la sorte, che era el fradello dil Turcho. Unde questo imperador de Crin per far cosa grata al duca de Moscovia se mosse contra lo imperador de Noga al improvisto et hallo cazado de la signoria, lo qual con poca zente se n'è fuzito et andato ad un altro Tartaro, suo parente, molto possente, lo qual è molto distante da queste regioni. Al presente questo imperator de Crin, lo qual è rimasto victorioso, pol far da ottanta in cento milia cavali, ed a maritato una sua fiola nel fiol del Turcho, lo qual è signor de Caffa, per la qual parentela el Turcho li ha mandato molti presenti et de gran valuta, tra li qual, come referisse uno judeo lo qual è venuto de li haver visto, uno pavion de grandeza incredibile e molto ornato de cose de gran valuta, et dice che pol star solto lo persone da mille insuso: Idio sconfonda e Turco e lui! *Amen.* Per la qual colegation e parentella questo illustrissimo singnor se dubita molto far movesta alcuna contra el Turcho, perchè subito el Tartaro li sarià a le spalle, ma el ce un passo per mezzo Caffa, se chiama Pericop, dove diese milia cavali tegnerià la posanza dil Tartaro, che non potrià passar in qua a li danni de li christiani.

»Al presente, serenissimo Principe, non ho altro de novo da significar a la Sublimità Vostra, ma, mentre starò in queste

Règne d'Étienne-le-Grand. 217

Ce prince était un homme de taille moyenne, facilement irritable et prompt à verser le sang innocent. Il lui

---

regioni, sempre sarò vigilante in dar aviso a la Serenità Vostra de le cose me parà degne de aviso. *Nec plura.* In felice stato per molti anni Idio conservi la Serenità Vostra, a la qual *iterum humiliter* me ricomando. *Date Sozavie in Moldavia, die 7. dezembris 1502. Excellentissime Sublimitatis Vestre servitor:* Matheus Murianus, artium et medicine doctor.« Esarcu, 90; Sanuto, II, 44.

Un mois plus tard, le 5 janvier 1503, Muriano écrivit de nouveau une longue lettre au doge, mais ne l'entretint que des affaires de Pologne (Sanuto, II, 62); ce fut la dernière communication du médecin vénitien, qui tomba malade et mourut peu de temps après. Étienne voulut lui donner un successeur et s'adressa encore aux Vénitiens. Sa lettre, datée de Temeș, le 9 des calendes d'août (24 juillet) 1503, nous apprend que Muriano recevait un traitement annuel de 400 ducats, somme énorme pour cette époque.

Le médecin demandé aux Vénitiens se fit attendre; aussi, le 16 octobre suivant, le prince, dont la maladie s'aggravait, écrivit-il une nouvelle lettre au doge Lauredano. Le vornic *(cubicularius)* Théodore, dont le nom a déjà été cité (voy. plus haut, p. 206), fut chargé de porter cette dépêche à Venise. Il fut reçu par la seigneurie le 21 décembre, et lui exprima les sentiments amicaux d'Étienne et de son fils Bogdan (Esarcu, 96; Sanuto, II, 101.

Théodore était passé par Bude dès les premiers jours de novembre (Sanuto, II, 99). Le roi de Hongrie Vladislas, informé des démarches faites par le prince de Moldavie, écrivit, de son côté, à la république de Venise, sous la date du 9 novembre, pour la presser d'envoyer à Étienne un médecin capable (Sanuto, II, 103).

Théodore voulut engager un praticien célèbre, Georges de Piémont, mais le principal du collège des médecins refusa de le lui donner. Il eut à choisir entre Jérôme de Cesena et Alexandre de Vérone; il donna la préférence à Jérôme, auquel il promit une pension annuelle de 500 ducats, et quitta Venise dans les premiers jours de janvier 1504 (Esarcu, 99, 100; Sanuto, II, 107).

Quelle que fût la hâte de Théodore, la maladie d'Étienne avait fait des progrès qui ne permettaient plus d'espérer sa

ѡрй ла ѡспѣце ѡморіа¹⁾ фърѫ жѹдец. Йрѫ, ѧтрег
ла мѝнте, неленево́с, шѝ лѹкрѹл сѣѹ щїа сѫл а̂ко́пере;
шѝ оу́нде нѹ кѹцета́й а̂коло̀ ѩл а̂фла́й. Да лѹкрѹрй
де рѫзбо́аѥ ме́щер, оу́нде ѥ́ра нево́їа ѧсѹшй се вѫрїа²⁾,
ка вѫзѫ́ндѫл а̂й сѣй сѫ нѹ ѧдѫрѫптѣзе. Шѝ пе́нтрѹ
а̂чѣ́а ра́р рѫзбо́ю де нѹ бирѹа́. А̂шѝждерѣ, шѝ оу́ндел
бирѹа́ а̂лцій, нѹ пердѣ нѫдѣ́ждѣ, кѫ щїѝндѹсе кѫѹт
жо́с се рѫдика́ дѣ́сѹпра бирѹито́рилѡр. Йрѫ дѹпѫ
мо́артѣ лѹй, шѝ фі́юл сѣѹ, Богда́н Во́дѫ, оу́рма лѹй лѹа́се
де лѹкрѹриле витежѣ́щй, кѫм се тѣ́мплѫ: дѝн по́мѹл
бѹн шѝ ро́адѫ бѹ́нѫ се фа́че.

А̂гропа́таѹ пре Стѣ́фан Во́дѫ ѩ мѫнѫстѝрѣ Пѹтна,*)
кѹ мѹлтѫ жѣ́ле шѝ плѫ́нцере тѹтѹрѡ́р лѫкѹито́рилѡр
цѣрїй, кѫт плѫнцѣ то́цй ка дѹпѫ оу́н пѫрѝнте а̂лѡр,
кѫ кѹно́щѣ то́цй кѫ сѫѹ скѫпа́т де мѹлт бѝне шѝ
а̂пѫра́ре. Че дѹпѫ мо́артѣ лѹй, ѩй зѝчѣ сфѫ́нтѹл
Стѣ́фан Во́дѫ, нѹ пе́нтрѹ сѹфлет чѣ ѥ́сте ѩ мѫна лѹй
Дѹмнезе́ѹ, кѫ ѥл ѫнкѫ а̂ѹ фо́ст ѡ̂м кѹ пѫка́те, чѝ
пе́нтрѹ лѹкрѹриле са́ле чѣ́ле витежѣ́щй, ка́реле нѝмене
дѝн до́мнй нѝче ма́й на́ѝнте нѝче дѹпѫ а̂чѣ́а нѹ лѫѹ
а̂цюнс.

Фо́стаѹ маинаѝнте де мо́артѣ лѹй Стѣ́фан Во́дѫ
ѧтрачѣ́лашй а̂н ѩ́рнѫ грѣ шѝ церба́сѹ, кѫт нѫѹ ма́й
фо́ст ѩ́рнѫ ка а̂чѣ́а нѝче ѡ̂да́тѫ. Йр песте ва́рѫ а̂ѹ

---

¹) B: *omora* ²) B: *vira*.

guérison. Dès le 30 mars, un médecin vénitien, établi en
Hongrie, Léonard de Massari, écrivait de Bude à la seigneurie,
en lui faisant pressentir la fin prochaine du prince. Quatre
mois plus tard le même personnage fournit à ses compatriotes
les détails les plus circonstanciés sur la mort d'Étienne et sur
sur la situation de la Moldavie. Nous reproduirons sa lettre
plus loin, p. 223.

arrivait parfois de tuer sans jugement pendant un festin. Intelligent, actif, il savait cacher ses projets; on le trouvait là où on l'attendait le moins. Passé maître dans les choses de la guerre, il se jetait lui-même, s'il le fallait, dans la mêlée, pour que les siens ne fussent pas tentés de reculer; aussi livra-t-il peu de batailles où il ne remportât l'avantage. Quand même la victoire restait à ses adversaires, il ne perdait pas courage; au moment où on le croyait terrassé, il se relevait contre les vainqueurs. Après sa mort, son fils Bogdan suivit ses traces héroïques, de même qu'un bon arbre produit un bon fruit.

Étienne fut enterré au monastère de Putna,*) au milieu du deuil et des larmes de tous les habitants du pays, qui pleuraient en lui un père. Ils comprenaient qu'ils avaient perdu leur bienfaiteur et leur défenseur. Après sa mort, on l'appela saint Étienne, non pas à cause des vertus de son âme, qui est entre les mains de Dieu, car ce fut un homme chargé de péchés, mais à cause de toutes les grandes choses qu'il avait faites. Aucun prince, ni avant lui, ni depuis, ne les a égalées.

Cette même année, avant qu'Étienne fût enlevé, il y eut un hiver rigoureux et des gelées telles qu'on n'en vit jamais de semblables. Il y eut pendant tout l'été de

---

*) Voici, d'après M. Cogălniceanu (*Apx.*, II, 3o3), le texte de l'épitaphe d'Étienne au monastère de Putna:

Благоуестнкый господннъ Іѡн Стефан Воевода, божїею мнлостию господарь Zемли Молдавской, сынъ Богдана Воевод[а] ктнтор[ъ] и създател[ь] светѣй ѡбнтѣлн сен, иже zде лежнт[ь], и преставнса къ вѣунымъ[ъ] ѡбнтѣлемъ[ъ] влѣто ҂zѕі.

»Le pieux seigneur Jean Étienne, voïévode, par la grâce des Dieu, prince de Moldavie, fils de Bogdan, fondateur et bienfaiteur de ce saint monastère, repose ici. Il a quitté [ce monde] pour les demeures éternelles en 7012 [1504].

фост плой грѣле ши повоаїе де апе, кът съв фъкут мулт ънекаре.

Домнитау Стефан Вodъ ӎ҃з де аний, в҃ лъни ши г҃ съптъмъни, ши ау зидит ӎ҃д де мънъстири ши бисеричй*); ши ера ънсуши цитор песте тоатъ цѣра.

Ер¹) ънаинтѣ съвърширеи сале, кематау влъдичий, ши тоци сфетничий сей, боїери мари, ши алций тоци къци съв прилежит, аръшъндуле към ну вур путѣ цинѣ цѣра, прекум ѡ ау цинут ел; чи сокотинд декът тоци май путерник пре Турк ши май ънцълепт, ау дат ънвъцътуру съсе ъкине Туркулуй.

КАП Г҃І.
ДЕ ДОМНІА ЛУЙ БОГДАН ВОДЪ ЧЕЛ ѠРБ ШИ ГРОЗАВ, ФЕЧЇѠРУЛ ЛУЙ СТЕФАН ВОДЪ, ЧЕЛУЙ БУН, ӠН АНУЛ ҂ӠВІ, ЮЛЇЕ.

Дупъ моартѣ луй Стефан Водъ, ку воа тутурур лъкуиторилур цѣрій²) ау ръдикат домн пре Богдан Водъ, фечїорул луй Стефан Водъ,**) пуцин деспърцит де фирѣ тътъне-су, къ де ну ау фъу ажунс аний, їаръ лукрури мари ау ъпукат.

---

¹) B: *Éră*. ²) B: *țĕreĭ*.

*) Nous n'avons pas liste de ces fondations pieuses, mais les textes cités par Wickenhauser permettent de se faire une idée des libéralités d'Étienne. M. Pumnul *(Privire ræpede preste treĭ sute treĭ-spreḑece de'n proprietæțile așá numite Moșiile mînæstiresci, de'n carile s'a format mærețul fund relegiunariŭ all Bisćricei dreptcredincĭoase ræsæritene d'en Bucovina;* Cernæuți, 1865, in-8, 135), énumère 49 diplômes relatifs aux seuls monastères de Pătrăuți, Moldovița, Putna, Voroneț et Homor, tous situés sur le territoire de la Bucovine actuelle.

grosses pluies; les rivières débordèrent et il en résulta de grandes inondations.

Étienne régna quarante-sept ans, deux mois et trois semaines; il avait construit quarante-quatre monastères et églises.*) Il régna en maître sur tout le pays.

Sentant sa fin approcher, il fit venir les évêques et tous ses conseillers, les grands boïars et les autres personnages qu'il fut possible du réunir; il leur dit qu'ils ne pourraient défendre la Moldavie comme lui l'avait défendue et, réfléchissant que de tous [ses ennemis] les Turcs étaient les plus puissants et les plus habiles [politiques], il leur suggéra l'idée de reconnaître la suzeraineté des Turcs.

CHAPITRE XI.

Règne de Bogdan, le Borgne, ou le Hideux, fils d'Étienne, [à partir de] juillet 7012 [1504].

Après la mort d'Étienne, Bogdan, son fils, fut élevé au trône du consentement de tous les habitants du pays.**) [Ce prince] fut à peine inférieur à son père, car, bien que les années lui aient manqué, il fit cependant de grandes choses.

**) Étienne-le-Grand avait eu, à notre connaissance, sept enfants, savoir:

1º Alexandre cité en 1466 (Hîşdău, *Arch*, I, 1, 114), en 1467 (Wickenhauser, 66), en 1472 (Hîşdău, *Arch.*, I, 1, 124), en 1473 (Wickenhauser, 69), en 1476 [?] (voy. *Col. luĭ Traian*, VII, 1876, 559), en 1479 (Codrescu, II, 249), en 1487 (Melchisedec, *Chron Rom.*, I, 136, 147) et en 1495 (Melchisedec, *Chron. Huş.*, 15); mort en 1496 (voy. ci-dessus p. 174);

2º Hélène, citée en 1466 (Hîşdău, *Arch.*, I, 1, 114); mariée à Ivan-le-Jeune, fils du tsar Ivan III; morte en 1505 (*ibid.*, III, 60;) *Fóia Societăţĭi Românismuluĭ*, II, 155-173.

Богдан Водъ, дакъ ау статут домн, ау сокотитъ ѫтѣю сѫши ѫтърѣскъ лѹкрѹриле кѹ мещіешій, ши

3º Pierre, cité en 1472 (Hîşdău, *Arch.*, I, 1, 124), en 1473 (Wickenhauser, 69), en 1476 (*Col. luĭ Traian*, VII, 1876, 559) et en 1479 (Codrescu, II, 249); mort le 1ᵉʳ octobre 1479 (voy. ci-dessus p. 159);

4º Bogdan, ou Bogdan-Vlad, cité en 1466 (Wickenhauser, 68), en 1473, (*ibid.*, 69) et en 1476 (*Col. luĭ Traian*, VII, 1876, 559); mort le 26 juillet 1479 (voy. ci-dessus, p. 159);

5º Marie, mariée au prince Théodore Sanguszko de Wiżnica; morte en mai 1518 (Hîşdău, *Arch.*, III, 59; *Col. luĭ Traian*, I, nº 45);

6º Bogdan, ou Bogdan-Vlad, né après la mort du premier Bogdan (1479) et par conséquent fils de la princesse de Valachie (Mathieu Muriano dit, en 1502, que ce prince était un jeune homme d'environ vingt-cinq ans, voy. ci-dessus, p. 215); cité, avec Alexandre, en 1487 (Melchisedec, *Chron. Roman.*, I, 136) et en 1488 (*ibid.*, I, 147); cité, comme fils unique d'Étienne, en 1496 (*ibid.*, I, 151), en 1498 (Wickenhauser, 72) et en 1503 (*ibid.*, 73); élu prince en 1504; mort le 18 avril 1517;

7º Pierre Rareş, fils naturel, élu prince en 1527, et dont il sera parlé plus loin.

Étienne-le-Grand associa Bogdan au pouvoir, aussi voit-on que l'ambassadeur moldave envoyé à Venise en 1503 complimente la seigneurie au nom du voïévode et de son fils (Esarcu, 96; Sanuto, II, 101).

Il ne s'agissait alors que d'initier aux affaires l'héritier présomptif du trône; mais le dernier acte du prince mourant fut de faire proclamer solennellement son fils. Une correspondance du médecin vénitien Léonard de Massari, dont les papiers de Marino Sanuto contiennent une analyse détaillée, nous fait connaître la manière dont cette proclamation eut lieu. Il s'était formé en Moldavie deux partis; les uns voulaient porter à la couronne le fils qu'Étienne avait gardé auprès de lui, c'est-à-dire Bogdan; les autres, au contraire, se pononçaient en faveur d'un autre fils d'Étienne, qui avait été envoyé auprès du sultan. Léonard de Massari ne cite pas le nom de ce frère de Bogdan, mais il est évident que ce ne pouvait être que Pierre Rareş. Selon toute vraisem-

À son avénement, Bogdan voulut d'abord conso-
lider sa situation en face des états voisins et se faire

---

blance, Pierre etait plus âgé que Bogdan (bien que le médecin vénitien considère ce dernier comme l'aîné) et ses partisans pouvaient croire que l'expérience rachèterait chez lui
le défaut de la naissance. Il paraît aussi que, d'après les anciennes lois roumaines, un prince défiguré devait être exclu
du trône (voy. Gratiani, *De Despota Vallachorum principe*;
Varsaviae, 1759, p. 23, cité par Hîşdău, *Fóia Societăţiĭ Românismulŭ*, II, 167), or on a vu que Bogdan était borgne.

Quoi qu'il en soit, voici les passages relatif à la Moldavie
de l'extrait conservé par Sanuto. La lettre de Léonard de
Massari est datée de Bude le 24 juillet, 22 jours seulement
après la mort d'Etienne:

»Come Stefano, vayvoda di Moldavia erra morto et quel
regno esser sta tutto sottosopra per far provision che'lnon
pervegna in le man dil Turcho, et tutti quelli zorni fonno
sopra di questo et erano per far cavalchar le zente versso
quelle bande, et za bombarde erano messe in hordine per man-
darle; questo perchè il re volea che'l fiol qual è in Moldavia
et è il primogenito fosse signor, et non quello che è apresso el
Turcho. Et qui erra fama che exercito di 60 milia persone
dil Turcho veniva per occupar la Moldavia, et per questo il
regno erra in grande tribulatione, et za erra comesso a Transilvani et *precipue* a Siculi, li qualli vano *ad bellum per capita*, che tutti fosse a cavallo et a confini di Valachia, azò
che possesseno socorer, se Turchi volesseno occupar ditta
Valachia et in presentiar se mandava zente; *tamen* crede che
non sarà bisogno perchè el fiol che erra in Valachia è stà
creato vayvoda *vivente patre* et tutti li cridò fidelità. Il modo
è questo: si andò esso Stefano, impiegado le gambe et, *ali-
qualiter* reducte, in un momento se comenzò a largar le piage;
et come ha inteso li medici pronosticono esso esser spazato
et li deno el fuogo a le piage et per consejo di maestro
Hironimo da Cesena, medicho, el qual andò questo anno
mandato per la Signoria, et uno zudio medico del imperator
di Tartari. *Statim inter principales barones orta est dissensio*
di elezer el novo signor; alcuni voleano el fiol che erra apresso
di lui, alcuni voleano l'altro, erra apresso el gran Turcho,
et ambe factiones certabant de pari. Tandem questo vene
a le orechie de Stefano vayvoda el qual erra *propinquus*

сѣший арѣте¹) нуме кѹн. Пре дведцѫтѭра тѫтѫнесеѹ, лѹй Стефан Водѫ, тримисаѹ ла Ѫпѫрѫциѩ Тѹрчилѡр пре Тѫѹтѹл логофѣтѹл чел маре кѹ слѹжиторй, педестриме, дѫрѫбанй, дѣѹ дѹс бирѹл, зѣче пѹнцй де банй, шй сѣѹ ѫкинат кѹ тоатѫ цера ла сѹлтан Сѹлеиман, ѫпѫратѹл тѹрческ. Ѩрѫ ѫпѫрѫциѩ де бѹкѹріе маре, кѹ драгосте ѩѹ примит, шй аѹ дѫрѹит тоцй банйй Тѫѹтѹлѹй, логофѣтѹлѹй челѹй маре, шй ѩѹ адѹс ѫ церѫ, шй сѣѹ апѹкат кѹ ачей банй дѣѹ зидит ѡ искѹситѫ бесѣрикѫ ѫ сат ѫ Бѫлинѣшй, пе Сирѣт, ѫ цинѹтѹл Сѹчѣвій, каре трѣѣще шй пѫнѫ ѫстѫзй.

Ѫтрачѣшй врѣме, тримисаѹ солій сѣй шй ла Краюл лешѣск, ѫтралте трѣбй, ка сѫ пофтѣскѫ пе сора лѹй Краю, пре Єлисафта, шй сѫй ѫтоаркѫ Тесмѣница шй Чишибѣс, каре ле ѡприсе тѫтѫсеѹ²) шй нѹ ле ѫторсѫсе. Чи мѹма лѹй Краю нѹѹ примит сѫсе факѫ ачест лѹкрѹ, кѫче нѹ ера де лѣкѹѣ папій; нѹмай чѣѹ мѹлцѫмит кѫтрѫ солй пентрѹ чѣѹ ѫторс ачѣле тѫргѹрй; ѩрѫ пентрѹ логоднѫ аѹ ѫдѣлѹнгат ѫтралт дат.*)

---

¹) B: arate. ²) B: tătâne-sĕŭ.

morti; el qual, cossì come in vita et sanità, *ita* in morte monstrò esser et terribile et prudente, *quia, cum intellexit dissensionem, statim fecit se portare in campum* (le champ dont il est ici question était probablement le lieu appelé Direptate, où Etienne-le-Grand avait lui-même été proclamé; cf. ci-dessus, p. 93), dove erra tutti li soi; *et principes factionis utriusque* li fè pigliar tutti et li fè morir. *Tunc habuit orationem*, che lui cognosse che'l hè per morir *in brevi* et che'l non pol più reger et defenderli, *ita* che lui non voleva altro *nisi* che lhor elezesseno uno signor, el qual paresse alhor che fosse più atto a rezerli et defenderli da li inimici et che esso non proponeva più uno fiol che l'altro. Alhora tutti elexeno el fiol primogenito che erra apresso di lui, quello el qual lui volleva; *et sic* esso *iterum* si fè portar

une réputation avantageuse. D'après les conseils qu'il avait reçus de son père Étienne, il envoya le grand-logothète Tăut chez les Turcs, avec une suite de valets d'armée, fantassins et cavaliers, pour porter au sultan Soliman [*lis.* Bajazet], empereur des Ottomans, un tribut qui s'élevait à dix bourses. Les Turcs, pleins de joie, reçurent le grand-logothète avec empressement et lui firent présent de tout l'argent, qu'il remporta en Moldavie et dont il bâtit une belle église au village de Bălineștĭ, sur le Siret, dans le district de Suceava. Cette église existe encore.

Dans le même temps, Bogdan envoya également des ambassadeurs au roi de Pologne, pour lui demander entre autres choses, la main d'Élisabeth, sa sœur, et pour lui restituer Tyśmienica et Ciesybies, [places] que son père avait occupées et n'avait pas rendues. La mère du roi ne permit pas que ce projet s'exécutât, parce que [Bogdan] n'appartenait pas à l'église du pape. [Le roi] remercia les ambassadeurs de ce que Bogdan rendait les deux villes, mais fit à la demande en mariage une réponse dilatoire.*)

---

fora et messe el fiol *in sedia sua*, et fè zurar tutti fidelità, et *sic ante mortem creavit filium vayvodam*. Poi tornò in lecto et in do zorni *reddidit spiritum* et poi morite. Lo ambasador dil fiol è zonto ogì qui, et *fertur* che'l non sia vero de Turchi et che resterà costui vayvoda et non serà guerra; che Idio voglia, perchè, *si esset aliter* et che Turchi pigliasse quel locho, Polonia et Hongaria saria spazata et *ex consequenti tota Italia* et Cristianità... Item come *post scripta* ha ricevuto una lettera di mano di maistro Hironimo di Cesena sopra nominato. Li scrive el fiol è stà electo vayvoda, e cognoscendo lui e li baroni non esser stà difetto de li medici, hanno promesso de remandarli tutti honorifici. Vero è che un barbier di Buda è stà remandato et el miedego zudio de l'imperador di Tartari; ma esso mistro Hieronimo dubita non esser retenuto de li, e lo prega fazi il re scriva una lettera in sua recomandatione, e che'l prega il nostro secretario; e cussi la farà far et manderala per l'ambassador e li . . . ." (Esarcu, 102; Sanudo, II, 126).

*) Voici comment Kromer rend compte de la démarche faite par Bogdan:

Кӫнд ау прѣдат Богдан Водъ Покуціа.¹)

Дупъ соліа динтѣй²) чеу тримис Богдан Водъ ла Краюл лешеск пентру соруса,³) ну ау пердут нъдѣждѣ, къ ꙟцълегънд къ мума фетій ши алуй Краю ау мурит, ꙟдатъ ау пофторит соліа, сокотинд къ дупъ моартѣ бътрѫній, ну ва фи чине съй стѣ ꙟпотривъ; чи Краюл ꙗр ау ꙟдѣлунгат пе алт, къ ведѣ пре соруса³) къ ну ва съ мѣргъ дупъ Богдан Водъ, къче ера прѣгрозав ла фацъ ши ꙍрб де уй ꙍкю. Деч, възънд Богдан Водъ къ ку вине нушй ва фолоси, чи сокоти съшй рѫскумпере рушинѣ са ку сѫнце невиноват; ши, лъсънд йнима чѣ пріетинѣскъ,⁴) де арме съу апукат, ши стрингъндўшй тоатъ цѣра, ау ꙟтрат ꙟ Цѣра Лешѣскъ, ши ау ловит Покуціа,¹) ши ау ус ꙍаменій сей ꙟ ꙗ; ꙗръ ѣл прѣдънд съу ꙟторс ꙟнапой.

Възънд Лѣший пагуба чѣ ле фъкусе Богдан Водъ, ну суферир, чи стринсър ꙍасте ку лѣфъ, ши пре ꙍамений луй Богдан Водъ чей лъсасе ꙟ Покуціа¹) ꙗу ꙟпинс ꙟнапой. Ши ꙟтрачел рѫсбою ау перит дой фраци, фечіꙍрй де боꙗрй лешѣщй, фечіꙍрій луй Трус.*)

Ши дечи ау ꙟтрат ꙍастѣ лешѣскъ ꙟ цѣра Молдовій, дѣу фъкут мулт пагубъ ши пейре, ши

¹) B: Pocuția. ²) B: d'ântêiŭ. ³) B: soră-sa. ⁴) B: prietenească.

»Nec multo post [1505], rex Alexander vigore membrorum in una parte soluto, quem morbum paralysin Graeci vocant, Radomia Cracoviam, post medium Junium, apportatus est. Quo subsecuta est eum legatio Bogdani Moldavorum palatini, quae tunc Radomiam advenerat. Postulabat autem Bogdanus conjugium Elizabethae sororis regiae, et quo facilius id impetraret, Thysmeniciam et Cessybiesos territoria regi reddebat. Ipsene autem ea post mortem patris Polonis ademerit, ut memorat Vapovius (voy., sur l'histoire de Wapowski, p. 77 ci-dessus), an a patre adempta, quemadmodum vult

Bogdan pille la Pocutie.

L'insuccès de l'ambassade que Bogdan avait envoyée au roi [de Pologne] pour solliciter la main de sa sœur ne lui fit pas perdre l'espérance. Il apprit que la mère d'Alexandre et de la princesse était morte, et aussitôt il fit partir une nouvelle mission, avec la pensée que la mort de la vieille [reine] aurait fait disparaître tous les obstacles; mais le roi, voyant que sa sœur ne voulait pas épouser Bogdan, parce qu'il était trop laid et qu'il était borgne, l'ajourna encore à une autre fois. Le prince de Moldavie vit qu'il ne pourrait réussir et résolut de venger dans le sang innocent l'affront qui lui était fait. Il abandonna son attitude amicale, et prit les armes. Il leva toutes les forces du pays et fit invasion en Pologne. Il s'empara de la Pocutie, où il mit des garnisons à lui, puis se retira, en se livrant au pillage.

Quand les Polonais virent les déprédations commises par Bogdan, ils ne purent les souffrir. Ils formèrent une armée de mercenaires et chassèrent les gens qu'il avait laissés en Pocutie. Dans cette rencontre périrent deux frères appartenant à la noblesse de Pologne, les fils de Trus.[*])

L'armée polonaise entra ensuite en Moldavie, entraînant avec elle la mort et le pillage. Elle porta la déva-

---

Miechoviensis, retinuerit, an vero quae non habuerit quidem in potestate, sed quasi sua repetere posse et velle videbatur, donanda sibi esse duxerit, non satis constat. Ea quidem certe donabat quae retinere non poterat, ut benignitate illa, quae nihilo ipsi constabat, regis et Polonorum studia promovere[n]tur. Abnuebant puella et mater barbaricum foedi ac lusci hominis connubium, nec tamen repulsa irritare placebat hominem et ex amico hostem facere. Itaque pro numere quidem gratiae actae Bogdano, de conjugio vero ambiguum responsum datum.« Kromer, 444. Cf. Bielski, 448.

[*]) Les deux frères s'appelaient en réalité Strusz. Voy. la note suivante.

а̂8 прѣда́т пѣи҃ ла Ботошéнй, принꙃѫ́нд пре ѿ сѣмꙃ
де боїéрй де цѣ́рꙋ, шѝ ѫ мꙋнї́а пéнтрꙋ чéй до́й
фра́цй чѣ́8 перѝт ѫ рꙋꙃбо́ю, пре то́цй ї̃а̃8 тꙋа́т ѫ
Камéницꙋ.*)

Богда́н Во́дꙋ са́8 и҆спитѝт шѝ а̂ трі́а¹⁾ ѿарꙋ дѣ́8
тримѝс со́лй ла Кра́юл лешéск, до́арꙋ ѿр пꙋт'ѣ сꙋ фа́кꙋ
ѫтрꙋ́н кѝп сꙋѝ дѣ́ Кра́юл пре со́рꙋса?²⁾**) Е́͡арꙋ Кра́юл
а̂8 фꙋ̆гꙋ̆дꙋ̆ѝт, ꙗ́сꙋ ѫтра̂чéст кѝп, кꙋ Богда́н Во́дꙋ сꙋ
ціе лѣ́цꙋ́ѣ а̂8й Кра́ю шѝ сꙋ фі́е плека́т Кра́илѹр ле-

---

¹) B: *treia*. ²) B: *soră-sa*.

*) Le début de ce récit est conforme à celui de Kromer, mais
l'historien polonais ajoute divers détails omis par le chroniqueur roumain: »Quatuor millia mercenariorum militum decreto comitiorum in Russiam missa, Pocuce sub signis ingressa
sunt, profligatisque ac depulsis sexcentis Valachis praesidiariis,
territorium omne non multo majore negocio quam erat amissum
recuperarunt. Deinde Moldaviae fines infestis incursionibus vexarunt, ubi duo Strussi fratres, adolescentes nobiles et bellicosi,
decus Russicae nobilitatis, cum ala quinquaginta equitum
longius provecti, cum in longe plures Valachos forte inci-
dissent, audacius quam par erat cum eis congressi, a multitudine hostium oppressi sunt. Ac Felix quidem in praelio
fortiter dimicans cecidit; Georgius vero dum fratri laboranti
per medios hostes animose invectus fest opem, suffosso equo,
ad terram defluxit, ibique captus et ad palatinum deductus,
cum octo aliis, tyranno inspectante, capite plexus est. Sed
non inulta mors eorum Valachis mansit. Postridie enim ejus
diei nostri hostem victoria recenti exultantem consecuti et
adorti, magna strage ulti sunt. Caesus praefectus Chocimensis
(en 1503 les deux préfets de Hotin étaient Théodore et Negrilă,
voy. Wickenhauser, 73); Copacius (ce nom paraît être une
simple traduction du nom de Luca Arbure, préfet de Niamţ
en 1472, portier de Suceava en 1499, 1503 et 1518 (voy.
Wickenhauser, 69-76), et que Bogdan, dont il avait été le
précepteur, fit mettre à mort en 1523) vero, dux exercitus
Valachici, fuga elapsus est.« Kromer, 445; cf. Bielski, 440.
Le chroniqueur polonais constate ensuite que Miechowski
et Wapowski ne sont pas d'accord sur l'issue de cette campagne

station jusqu'à Botoșenĭ, s'empara d'un certain nombre de boïars du pays et, dans l'exaspération causée par la mort des deux frères, qui avaient succombé dans la lutte, les fit tous périr à Kamieniec.*)

Bogdan se risqua une troisième fois à envoyer une ambassade au roi de Pologne, dans l'espoir qu'elle trouverait peut-être le moyen d'amener Alexandre à lui donner sa sœur.**) Celui-ci promit, mais à la condition que Bogdan adopterait la même religion que lui et prêterait hommage

---

Il paraît certain cependant que la paix fut rétablie grâce à la médiation du roi de Hongrie, qui chargea deux agents envoyés à Constantinople, Osvald Korlatkovič et Barnabé Bélai, de passer par la Pologne et la Moldavie, et d'interposer leurs bons offices entre les deux parties (Istvánfi, 52).

**) Un contrat de mariage en forme fut signé à Lublin, le 16 février 1506 par les ambassadeurs moldaves: le logothète Jean Tăut, le vestiaire Isaac et le pitar Jean. Par ce traité Bogdan s'en remettait au roi pour fixer la date et le lieu de la cérémonie. Il était convenu que le roi y assisterait ou se ferait remplacer, en cas d'empêchement, par des dignitaires ecclésiastiques et laïcs. Le prince de Moldavie s'engageait à fonder une église consacrée au culte catholique, à entretenir un évêque du rite latin et à envoyer une ambassade au pape pour lui exposer que ce mariage avait été conclu pour le plus grand bien de la chrétienté.

Cet acte a été publié *in extenso* par le comte T. Dzia-łyński dans le vaste recueil qu'il a fait paraître sous le litre suivant: *Acta Tomiciana. — Epistole, Legationes, Responsa, Actiones, Res geste serenissimi principis Sigismundi, ejus no-nominis primi, regis Polonie, magni ducis Lithuanie, Russie, Prussie, Masovie domini, sub rev. Mathia Drzewiczki, episcopo Premisliensi, Petro Tomiczki, Joanne Chojensi, Samueli Macie-jouski, epis. Cracoviensibus, cancellariis regni Polonie, scripta; per Stanislaum Gorski, Cracov. et Plocen. Canonicum, ejusdem Petri Tonicii, post serenissime Bone Sfforcie, regine Polonie, secretarium collecte et in tomos XXVII digeste.* [Posnaniae, 1852-1860], 8 vol. in-fol. Voy. I, App., 19. Cf. *Invent.*, 140.

Nous allons faire, pendant les années qui vont suivre, de fréquents emprunts à cette collection.

шéшй. Шй к8рѫнд а̂т8ичешй тѫмплѫнд8се мóартѣ а̂ л8й Крáю, Жикмóнд нá8 плинн́т фѫгѫд8и́нца.*)

Рѫсбóюл л8й Рáд8л Вóдѫ к8 Богдáн Вóдѫ.

Пре лчѣ врѣ́ме Рáд8л Вóдѫ, дóмн8л М8нтенéск, неавѫ́нд ни́че ŵ причинѫ а̂с8пра л8й Богдáн Вóдѫ, сá8 ск8лáт к8 тóатѫ п8тѣ́рѣ сà**) шй к8 Рóман Прн̇-кáг8л,***) дé8 а̂трáт а̂ цѣ́рѫ, шй а̂8 прѫдáт, шй а̂8 áрс цин8́т8л П8тнїй, шй пе де чéѧ пáрте де Сирéт, де м8́лтѫ прáдѫ шй пейре а̂8 фѫк8́т, шй сá8 а̂тóрс фѫрѫ де ни́че ŵ сминтѣ́лѫ.

А̂ áн8л҂зеї҃, взѫ́нд Богдáн Вóдѫ кѫтѫ пáг8бѫ ѧ̂8 фѫк8́т Рáд8л Вóдѫ а̂ цѣ́рѫ, нá8 с8фери́т, чи̇ а̂8 сокотн́т сѫ̇шй реск8́мпере стримбѫтѫтѣ́ мáй к8 а̂с8пр8, 8́на пéнтр8 скѫ́рбѫ шй пáг8ба чей фѫк8́се Рáд8л Вóдѫ, áлта шй пéнтр8 витежіѧ чè а̂вè, кѫ сокоти́нд кà сѫ н8 пáрѫ н8́меле чéл де витежíе кà сѫ ѕи́кѫ мецїéшїй кѫ а̂8 м8ри́т шй éл к8 тáтѫсе8. Ск8лáт8сá8 к8 тóатѫ п8тѣ́рѣ сà, шй а̂8 трáс а̂тражt8́тор шй Сѫк8́й,†) шй а̂8 а̂трáт а̂ Цѣ́ра М8нтенѣ́скѫ пѫ̀нѫ ла

---

*) Alexandre mourut, à l'âge de 45 ans, le 19 août 1506. Les conseillers ecclésiastiques et laïcs du royaume de Pologne envoyèrent aussitôt une ambassade à Bogdan pour lui annoncer cet événement et pour le prier de ne rien faire qui pût augmenter les embarras ordinaires de l'interrègne. Voy. les instructions données aux ambassadeurs, dans les *Acta Tomiciana*, I, 5, et dans Hișdău, *Arch.*, I, 1, 59.

**) L'attaque de Radu était préméditée depuis quelque temps; il avait même voulu entraîner les Polonais à se joindre à lui contre les Moldaves. Les envoyés polonais, dont nous venons de parler, devaient en effet informer Bogdan que le roi défunt avait repoussé les propositions d'alliance offensive que le prince de Valachie lui avait faites.

***) Les historiens ne nous apprennent pas qui était ce Romain. Constantin Căpitanul (ap. Lăurian și Bălcescu, *Magazinu isto-*

aux rois de Pologne. La mort d'Alexandre arriva peu de temps après, et Sigismond ne tint pas la promesse.*)

Campagne de Radu contre Bogdan.

Vers cette époque, Radu, prince de Valachie, sans avoir aucun motif d'en vouloir à Bogdan, mit toutes ses forces en campagne contre lui.**) Avec Romain le fugitif,***) il envahit la Moldavie, qu'il pilla; porta l'incendie dans le district de Putna et dans la région située au-delà du Siret, se livrant à la déprédation et au carnage, et se retira sans être inquité.

En 7015 [1507], Bogdan, qui voyait les ravages exercés par Radu dans la principauté, ne voulut pas les tolérer, et résolut de lui faire payer ses violences avec usure, d'abord pour se venger de la désolation et des dommages que celui-ci avait causés en Moldavie, et aussi pour [montrer] sa propre vaillance. Il craignait en effet, de perdre sa réputation de bravoure et de faire dire aux princes du voisinage qu'il était mort en même temps que son père. Il se mit en campagne avec toutes ses forces, appela les Széklers à son secours †) et, le

---

riku, I, 111) voit en lui un simple boïar moldave. Il nous paraît plus probable que c'était un descendant de Pierre II; c'était peut-être un frère de cet Élie que le roi de Pologne avait fait décapiter en 1501, à la demande d'Étienne-le-Grand. Voy. ci-dessus, p. 207.

†) Chacun des deux adversaires tâchait de se concilier le roi de Hongrie, dont l'influence était prépondérante jusqu'en Pologne. Il semble toutefois que Bogdan eût pris les devants; il avait dès l'année précédente, envoyé le porcolab Bernard en ambassade auprès de Vladislas (voy. le document cité dans la *Col. luï Tr.*, V, 1874, 128). Le prince de Valachie avait suivi cet exemple; un de ses agents était à Bude au mois de juin 1507 pour solliciter la médiation hongroise (Sanuto, II, 147); il y vint lui-même quelque temps après, et resserra les liens qui rattachaient la Valachie à la Hongrie (Istvánfi, 56).

Рътезаци,*) ла мовила Къатіи,**) де чеіа парте де Ръмник, ки ѡктомврїе, ши ау стътут аколѡ ѕѣче ѕиле, дѣу прѫдат ши ау арс дин Милков пънъ ѫ Ръмник, ши ѫ џіѡс пе ꙁмбе пърциле пънъ ла Сирѣт. Ши аколѡ дела Радул Водъ лау тимпинат сол, оүн кълугър ануме Максимїан, фечіѡрул луи Деспот, думнул сърбеск,***) ши съу ругат луи Богдан Водъ съ факъ паче ку Радул Водъ, пентру къ сънт¹⁾ крещіини ши де ѡ съминцїе. Деч Богдан Водъ, въꙁънд ругъминтѣ дела ачел кълугър, ау фъкут паче пентру воіа луи, ши ау тримис сол ла Радул Водъ. Ши атунчи Радул Водъ ку боїерій сеи ау џурат пе сфънта Евангѣліе ка съ фіе паче неклинтитъ, ши хотарул чел бътрън пре²⁾ оүнде ау фост ау лъсат, ши съ ѫтоаркъ Радул Водъ тоатъ прада ши ардерѣ кътъ фъкусъ ѫ Џѣра Молдовіи ла цинутул Путний, ши съу ѫторс Богдан Водъ ку паче.†)

Кроничиле чѣле лешещй де ачѣсте доуъ повещй,³⁾ чѣу мѣрс Радул Водъ ку Роман Прибѣгул дъу прѫдат цинутул Путний, ши кум ау мѣрс Богдан Водъ ѫ

---

¹) B: *suntŭ*. ²) B: *pe*. ³) B: *povestĭ*.

*) Retezați est un village du district de Rîmnicul-Sărat, arrondissement de Rîmnicul-de-Sus, commune de Bogza.

**) Căiata dépend, comme Retezați, de la commune de Bogza.

***) Georges Branković, fils d'Étienne et d'Angéline, porta le titre de despote en 1498 et en 1499, puis embrassa l'état ecclésiastique. Aprés avoir passé trois ans au monastère de Krušedol, qu'il avait fondé et où il prit le nom de Maxime, il émigra en Valachie. Le succès de son ambassade auprès de Bogdan lui fit conférer la dignité de métropolitain, qu'il abandonna peu de temps après. Il revint en Sirmie, reprit un moment le titre de despote, puis retourna en Valachie, où il fonda le fameux monastère d'Argeș. Il mourut à Krušedol le 18 jan-

28 octobre, s'avança en Valachie jusqu'à Retezați,*) près du tumulus de Căiată,**) au-delà du Rîmnic. Il s'y arrêta dix jours pour piller et brûler la région située entre le Milcov et le Rîmnic, et descendit sur les deux rives [de cette dernière rivière] jusqu'au Siret. Il reçut en cet endroit un ambassadeur de Radu; c'était un moine appelé Maxime, fils de Despote, prince des Serbes.***) Celui-ci pria Bogdan de faire la paix avec Radu, disant qu'ils étaient tous deux chrétiens et qu'ils appartenaient à une même race. Bogdan céda aux prières du moine, consentit, pour l'amour de lui, à faire la paix, et envoya des ambassadeurs à Radu. Le prince de Valachie et ses boïars jurèrent alors sur le saint évangile qu'il y aurait une paix inébranlable [entre les deux pays]. Les frontières furent maintenues telles qu'elles existaient, mais Radu dut restituer [la valeur de] tout ce qu'il avait pris et brûlé en Moldavie dans le district de Putna. Bogdan se retira ensuite paisiblement.†)

Les chroniques polonaises ne racontent pas ces deux incidents: l'invasion faite par Radu en compagnie de Romain le fugitif pour piller le district de Putna et l'in-

---

vier 1516. Sa mémoire est restée en grande vénération chez les Serbes et chez les Roumains qui ont fait de lui un saint.

La vie de Maxime, écrite par un contemporain, a été publiée par M. A. Vukomanović dans le Гласник, XI (1859), 125-129, et reproduite par M. Hîşdău, *Arch.*, II, 65-68.

Cf. Šafařík, *Geschichte der südslawischen Literatur* (Prag, 1864-1865, in-8), III, 122; *Les Serbes de Hongrie* (Prague, 1873, in-8), 44.

†) Nous n'avons pas le texte du traité conclu par Bogdan avec Radu, mais nous possédons le texte d'un arrangement intervenu entre la Valachie et les Saxons de la Transylvanie (Engel, I, 187; Fejér, *Suppl.*, V, 345). On voit par les relations des ambassadeurs vénitiens que la médiation de la Hongrie ne fut pas étrangère au rétablissement de la paix (Sanuto, II, 148).

Цѣра Мунтенѣскъ асупра Радулуй Водъ, немикъ нуа Ꙗсѣмну, ниче се афлъ скрис.*)

Ла анул ҂зѯі, дупъ Паший, ау ръпосат Радул Водъ, домнул мунтенеск, ший ау стътут ла домніе Михнѣ Водъ, каре ау тъат боіерій.**)

Дупъ ачѣа, ла анул ҂зѯі, апріліе ҃і҃ю, сау преставит Давід митрополитул.***)

Кънд ау прѣдат Богдан Водъ Цѣра Лешѣскъ, ший ау ажюнс пън ла Лїѡв, ꙟ анул ҂зѯі.

Дупъ мулте солій чѣ тримесѣсе Богдан Водъ ла Краюл лешѣск пентру сорѫса Єлисафта, пре каре ѡ ау чершут, ший, възънд къ ну въ съи ѡ дѣ, ау сокотит къ аре врѣме сѣший ръскумпере рушинѣ са деспре Краюл лешѣск ку сънце невиноват, ший ау ꙟчепут астринцере ѡасте. Че възънд Краюл унгурѣск връжба чѣ ꙟтръс ꙟтре дънший, ший съмцинд къ Богдан Водъ фаче ѡасте асупра Лѧшилѡр, ау тримис сол пре Стефан Телецни†) ка съи поатъ ꙟпъка, чи нимик нау фолосит, къ Богдан Водъ ау припит ку ѡастѣ, ший ау трекут апа Ниструлуй, винерй юніе ҃к҃а, ший ау ꙟтрат ла Руси ꙟ Подоліа, ший съмбътъ ау сосит ла Каменицъ; ший де аколѡ ау слободит ѡастѣ съ прѣде¹) цѣра, дѣндуле вину, къ нау лъце пентру стримбътъцй чѣ факу, алта пентру къ въ съший ръскумпере Покуціа,⁸) а трейа ший пентру сора луй Краю Єлисафта, чей ѡ цюрууйсе

---

¹) B: prade.

*) En disant que ces faits ne sont racontés nulle part, Urechi n'a en vue que les historiens étrangers, car il copie lui-même presque textuellement la chronique de Putna (Hîșdău, Arch., III, 9).

cursion faite par Bogdan en Valachie pour combattre Radu; on ne les trouve écrits nulle part.*)

En 7016 [1508], après Pâques, mourut Radu, le prince de Valachie, et Mihnea, celui qui massacra les boïars, monta sur le trône.**)

Après cela, le 1ᵉʳ avril 7017 [1509], mourut le métropolitain David.***)

Bogdan pille la Pologne et s'avance jusqu'à Léopol (7017 [1509]).

Après les diverses ambassades que Bogdan avait envoyées au roi de Pologne pour demander la main de sa sœur, il vit que celui-ci ne voulait pas la lui donner. Il crut le moment favorable pour venger dans le sang innocent l'injure que le prince polonais lui avait faite, et se mit à réunir une armée. Le roi de Hongrie, qui connaissait leur querelle, apprit que Bogdan avait levé une armée pour combattre les Polonais. Il envoya en ambassade Étienne Telecni†) pour tâcher de réconcilier [les deux parties], mais [cette démarche] fut sans résultat. Bogdan se hâta de mettre son armée en mouvement; passa le Dniestr, le vendredi 29 juin, et entra chez les Russes en Podolie. Il atteignit Kamieniec, le samedi, et lança ses troupes dans le pays pour s'y livrer au pillage. Il prétexta [premièrement] que [les habitants du territoire envahi] commettaient des injustices, sans aucune bonne

---

**) Radu mourut bien en 1508 (voy. Sinkai, II, 115). Ce prince éclairé avait introduit l'imprimerie dans ses états. Il fit imprimer, par le moine Macaire, un livre liturgique, dont la souscription a été reproduite dans la *Revista română*, I, 819. Pour le remarquer en passant, ce livre manque à la bibliographie de Šafařík.

***) Ce métropolitain n'est cité ni par Golubinski ni par Melchisedec.

†) Il faut lire Étienne Telegdi. Voy. Istvánfi, 56, 63.

Алеѯáндру Крáюл. Дечи аруꙋнд ши прꙋдꙋнд цѣра, сѫ́ꙋ трáс ла Лїѡв, ши ау бꙋтутъ тꙋргул ши пуцин де нꙋ лау добꙋндит; ши зикꙋ кꙋ сꙗнгур Богдáн Водꙋ ау ловит кꙋ сулица ꙟ поáрта Лїѡвулꙋй, кáре сéмн сꙗ кꙋноáше ши áстꙋзи, ши ниче Лꙗший нꙋ тꙋгꙋдꙋéск; ши ау прꙋдáт ꙟпрецюр, ши ау ꙗрс претꙋтиндерꙗ, ши ау ꙗрс Рохáтинул ѡрáшул, ши мꙋлтꙋ áвере ау лꙋáт. Ꙗтꙋнчꙗ[8]) ау лꙋáт ши клопотул чел мáре дела Рохáтин, ши лау пꙋс ла митрополїе ꙟ Сꙋчꙗвꙋ, ши мулци церáни ши боꙗри ау робит, ши домнїй лѡр зикꙋ кꙗ принс, ши кꙋ мáре избꙋндꙋ сꙋу ꙟторс ла скáунꙋл сꙗу ла Сꙋчꙗвꙋ, фꙋрꙋ де ниче ѡ сминтꙗлꙋ, ши робилѡр чей адꙋсꙋсе дин Цѣра Лешꙗскꙋ лꙗу ꙟпꙋрцит ꙟ цѣра сá.*)

Дꙋпꙋ ачꙗа шáу лꙋáт дóамнꙋ дин Цѣрꙋ, ши ау фꙋкꙋт пре Стефан Водꙋ чел тꙋнꙋр.**)

Дꙋпꙋ изꙋбꙋндꙋ кꙋ норóк чꙋ фꙋкꙋт Богдáн Водꙋ ꙟ Цѣра Лешꙗскꙋ, ꙗтꙋй венѝ дела Думнезеу ѡсинда[1])

---

[1]) B: *osândă*.

*) Sigismond prévoyait l'attaque de Bogdan. Dès le 1er août 1508, il exprimait au roi de Hongrie, son frère, les inquiétudes que lui inspiraient les préparatifs belliqueux du prince de Moldavie: »Nunciatum enim est Nobis quod paratum habet apud se ex Turcia militem, legesque et ritus turcicos in terra illa inducere conatur« (*Acta Tom*, I, 27). Bogdan n'engagea cependant les hostilités qu'au commencement de l'été de l'année suivante; les récits concordants de Wapowski, (voy. le *Fragmentum, Sigismundi senioris, regis Poloniae, res gestas, Cromeri Descriptione posteriores, continuans*, imprimé à la suite du traité de Kromer: *Polonia, sive de situ et gente Polonorum*; Coloniae; 1589, in fol., 540; Sinkai, II, 116) et de Stanislas Gorski (*Acta Tom.*, I, 32; Hîşdău, *Arch.*, I, II, 184) nous permettent de suivre en détail les événements de cette campagne. Le tableau chronologique inséré dans les *Acta Tom*. (I, 46) place l'investissement de Kamieniec le 17 juin et non le 30, comme le fait notre chroniqueur. Bogdan ne pouvant

foi, secondement qu'il allait recouvrer la Pocutie, troisièmement [qu'il n'avait pas obtenu] la sœur du roi, qu'Alexandre lui avait promise solennellement. Brûlant et pillant la contrée, il s'avança jusqu'à Léopol, bombarda la ville et peu s'en fallut qu'il ne s'en rendît maître. On raconte que Bogdan lui-même enfonça sa lance dans la porte de Léopol; on en voit encore aujourd'hui des traces. Les Polonais ne contestent pas [ce fait]. [Le prince] dévasta les environs et mit partout le feu; il brûla Rohatyn et fit beaucoup de butin. Il prit la grande cloche de Rohatyn et la plaça à la métropole de Suceava. Il enleva un grand nombre de paysans et de boïars, fit même prisonniers les seigneurs du lieu, et rentra avec de riches dépouilles à Suceava, sa capitale, sans avoir été inquiété. Il cantonna dans la principauté les esclaves qu'il avait ramenés de Pologne.*)

Il épousa ensuite une femme du pays et engendra Étienne-le-Jeune.**)

Après l'heureuse incursion qu'il avait faite en Pologne, [le prince] reçut tout-à-coup une punition de Dieu.

---

emporter cette place, incendia les environs, puis il se dirigea vers Halič et mit le feu aux faubourgs situés près de la citadelle. Ce fut alors qu'il tenta de surprendre Léopol. Après un combat de trois jours sous les murs de la ville, les Moldaves perdirent leur plus gros canon, démonté par un boulet; le grand-maître de leur artillerie fut tué. Avertis que Sigismond marchait contre eux, ils levèrent le siége. Le 6 juillet (*Acta Tomiciana*, I, 46), ils brûlèrent Rohatyn et firent prisonniers Raphaël Haliczki et son frère; ce sont ces personnages qu'Urechi appelle les »seigneurs du lieu«.

**) Le mariage de Bogdan n'eut lieu que le 15 août 1513 (*Acta Tomiciana*, II, 227), or Étienne-le-Jeune, son fils, avait onze ans, en 1516 (*Acta*, III, 60) et, par consequent, était né en 1505. C'était l'époque où Bogdan recherchait l'alliance de la princesse Élisabeth de Pologne, d'où l'on peut conclure qu'il n'avait contracté alors aucune union légitime et qu'Étienne-le-Jeune était né hors mariage.

асупрѫ, кум грѣеще шй пророкул Давід: „Лак ау скурмат шй ау сѫпат, шй вѫ кѫдѣ ꙟ гроапа чеу фѫкут"*); кѫ ну ера Богдан бине ꙟшйт дин Цѣра Лешѣскѫ, ꙗтѫ Краюл, стрингѫнд ꙟоасте де грабѫ, ау силйт сѫ апуче пре Богдан Водѫ ꙟкѫ ꙟ цѣра са, шй нау путут де боала чѣ авѣ, чй ау тримис пре хатманул сѣу, пре Каминецки, воеводул де Кракуу. Че пѫнѫ а осире хатманул, ꙗр Богдан Водѫ, ау трекут Ниструл ꙟ чѣста парте, сау ашедат ла скаунул сѣу, ла Сучѣвѫ, шй ау слобозйт ꙟшиле пе акасѫ, неавѫнд щире де ꙟоастѣ лешѣскѫ. Дѣчй Каминецки хатманул, вѫзѫнд кѫ нау апукат пре Богдан Водѫ ла мѫрџине, ау ꙟтрат фурѫ де вѣсте ꙟ цѣрѫ ꙉзі, юлїе, шй ау прѫдат Чернѫуцїй, Дорохоюл, Ботошѣнїй шй Стефѫнѣщїй, неавѫнд чине ле стѫ ꙟпотривѫ, шй аша кум лѣу фост воꙗ ау прѫдат. Шй ун Вашко ꙟаречине де ай ностри, авѫнд мѫнїе прѣ алт Вашко че ꙗу фост луат муꙗрѣ, сау ꙟкинат ла Лѣшй, шй ꙗу пуртат претутиндерѣ, щйнд кѫ нуй чине ле стѫ ꙟпотривѫ¹)**) де прѫдат шй ау арс; шй врѫжмашул сѣу курварул ꙟкѫ лау принс вїю, шй лау ꙟцѫпат. Ꙗр Краюл луй Вашко, пентру аче службѫ, ꙗу дат ун сат ануме Хотница супт Ꙗрославъ, де лау цинут пѫнѫ ла моартѣ луй.

Дакѫ сау ꙟторс ꙟоастѣ лешѣскѫ ꙟапой, тримисау Краюл лешѣск Жикмонд ла Краюл унгурѣск

---

¹) B: împrotiva.

*) Ps. VII, 16. — Le texte roumain a été traduit sur le latin de la vulgate: »Lacum aperuit et effodit eum, et incidit in foveam quam fecit.«

**) Wapowski ne parle pas de Vaško, mais il trace un tableau effroyable des ravages exercés par les Polonais:

»Equitum turmae levioris armaturae ad partes Moldaviae penitiores emissae longe et late ad Crolow [?] et Cutnari

Comme dit le prophète David: »Il a ouvert une fosse et l'a creusée, et il est tombé dans la fosse qu'il avait faite.«*)
Bogdan n'avait pas encore complètement évacué la Pologne que le roi, ayant réuni en toute hâte une armée, tenta de le rejoindre avant qu'il eût quitté le royaume. [Sigismond] fut retenu par une maladie, mais il confia [le comman dement de] l'expédition à son hetman Kamienieczki, voïévode de Cracovie. Avant que celui-ci l'eût atteint, Bogdan repassa le Dniestr, reprit possession de Suceava, sa capitale, et licencia ses troupes; il ignorait [le mouvement de] l'armée polonaise. Cependant Kamienieczki, voyant qu'il ne trouvait pas Bogdan à la frontière, entra secrètement en Moldavie, au mois de juin 7017 [1509], dévasta Cernăuți, Dorohiŭ, Botoșenĭ et Stefănești, sans rencontrer d'adversaires, et put à son gré se livrer au pillage. Un de nos compatriotes appelé Vaško, irrité contre un autre Vaško, qui lui avait enlevé sa femme, fit hommage aux Polonais et les conduisit partout [dans le pays], sûr qu'ils ne trouveraient pas de résistance.**) Ils se livrèrent au pillage et à l'incendie; firent prisonnier le séducteur, ennemi [du transfuge], et l'empalèrent. Le roi, pour recompenser les services de Vaško, lui donna un village appelé Hotnica, près de Jaroslav, qu'il conserva jusqu'à sa mort.

Après que l'armée polonaise eut effectué sa retraite, le roi Sigismond envoya [un ambassadeur au] roi de

---

[Cotnarĭ] usque populationem extenderunt. Non aetas, non sexus profuit cuiquam; cruore madebant omnia: Ciarnowce [Cernăuți], Scepincae [Șipinți], Dorohunium [Dorohoiŭ] Botusany, Tirasowce [?], Stepanowce [Stefănești], Choczim [Hotin], et alia pleraque oppida, cum villis et curiis palatini excidio data . . .« *Fragmentum*, 541.

Un personnage appelé Vaško figure dans un diplôme de 1518 (Wickenhauser, 76).

Владислáв съ неволскъ сѫй фáкъ пáче кȣ Богдáн Вóдъ, [a]
шіинд къ Богдáн Вóдъ ва врѣ сѫшй ꙟтоáркъ мáй
кȣ асȣпръ депре дѫншій; кȣм сáȣ шй тъмплáт, къ
Лѣшій ꙟнкъ бине дин църъ нȣ ешисе, ꙗр Богдáн
Вóдъ кȣ ѡ сѣмъ де ѡáсте че пȣтȣсе стрѝнџе деграбъ,
аȣ ашюнс пре ѡáстѣ лешѣскъ ла трекътоáрѣ Нис- [b]
трȣлȣй, шй, дѫнд ръсбóюл, де ѫмбе пърцѝле мȣлтъ
моáрте сáȣ фъкȣт, шй пре ѡ сѣмъ де боіерй вій,
невътъмáцй ꙗȣ принс, ꙟтрънд несокотѝцй де ѡáстѣ
лешѣскъ, áдекъ логофѣтȣл шй ȣн хомéлник, кърора
нȣме нȣ ле пȣтéм афлà, фъръ нȣмай à Кърстій, Пе- [c]
трика, шáфърȣл Добрȣстъмп.*) Май апóй сáȣ дȣс
Лѣшій ꙟтрéцй къцръ Крáюл лѡр, шй ачіешй ꙟче-
пȣръ а ꙟблáре съ фáкъ пáче; шй аȣ легáт пáче ꙟтра-
чéст кип, ка де ѫмбе пърцѝле съ ꙟтоáркъ пáгȣбиле,
нѝче съ май хíе зáрве ꙟтре дѫншій. [d]

Кънд аȣ прѫдáт Тътáрій ꙟ май мȣлте рънѫрй цѣра Молдóвей.

Ꙟ áнȣл ҂зꙅі Бéт Герéй Сȣлтáн, фечіѡрȣл Хáнȣ-
лȣй, фъръ де вѣсте кȣ мȣлцѝме де Тътáрй пе тре́й

---

*) Wapowski (*Fragmentum*, 541) donne des détails plus précis sur les pertes de l'armée moldave: »Victa est hostium pertinacia; Valachorum, Turchorum ac Tartarorum acies aperte inclinare coepit; postremo fusi fugatique sunt. In fuga caesi plurimi, capti ex gentis illius primoribus, qui ordines ductarunt, triginta, ex aliis inferioris ordinis aliquot centena; ex quibus Nicolaus Camenecius, Cracoviensis palatinus, omnium copiarum dux, quinquaginta gladio percussit, in ultionem et recompensam Polonorum totidem quondam apud Trebowliam arcem per Stephanum Moldaviae palatinum captorum et apud Podhaice, aliam arcem, pari modo, abscissa gladio cervice, peremptorum. Eorum interitum hodie tumulus editus e terra

Hongrie Vladislas, pour le prier de travailler au rétablissement de la paix avec Bogdan. Il savait bien que celui-ci voudrait lui faire payer avec usure ses déprédations; ce fut en effet ce qui arriva. Les Polonais n'avaient pas encore complètement évacué le pays lorsque Bogdan, avec quelques troupes réunies en toute hâte, se jeta sur eux, au passage du Dniestr. La bataille s'engagea; de part et d'autre il y eut de grandes pertes. Un certain nombre de boïars, qui avaient pénétré sans réflexion au milieu de l'armée polonaise, furent faits prisonniers, sans avoir été blessés, [entre autres], le logothète et un intendant. Nous ne pouvons retrouver leurs noms, excepté ceux de Cîrstie, de Petrica et de l'intendant Dobrustîmp.*) Les Polonais, n'étant pas inquiétés, retournèrent ensuite vers leur roi et commencèrent à faire des démarches en vue de la paix. Les conditions du traité furent que les deux parties s'indemniseraient mutuellement de leurs pertes et qu'il n'y aurait plus de querelles entre elles.

Les Tatars ravagent la Moldavie à plusieurs reprises.

En 7018 [1510], le sultan Bet-Geraj, fils du khan, envahit à l'improviste la Moldavie, de trois côtés diffé-

---

congestus testatur; quo aliquando Nicolaus Camenecius conspecto illachrimans, votum vovisse fertur non prius se quieturum quod totidem Valachos pari mortis genere trucidaret; quod tunc ea inclita apud Tyram amnem victoria exsolvit. Capti sunt illustres ex Moldavis viri Mathias logophetus, cancellarius Kyersa, magnus dispensator Petrika et Dobrostephus, qui cum aliis captivis et hostium exuviis ad Sigismundum regem Leopolim sunt deducti.«

Les *Acta Tomiciana* (I, 33) énumèrent ainsi les principaux captifs: »Captivorum insignes erant triginta, inter quos magistratibus praestabant: Logoffet Humiennik, Kyrsza, magnus dispensator, Petrica et Dobrosteph.«

лок8рй а8 ѫтрáт ѫ цѣрх, шй а8 прѣдáт дела Ѡрхею пѫнх ла дорохою шй пе Пр8т ѫ с8с, дѣ8 фхк8т м8лтх робíе шй плѣн. Мáй апóй с8лтáн8л, фíинд схцетáт фóарте рх8, а8 м8рíт.*)

Nous ne savons rien du Mathias dont il est ici question; il est certain seulement que ce n'était pas le grand-logothète de Moldavie, mais un boïar de second rang.

Luc Cîrjă, à qui plusieurs documents donnent le titre de *humiennik*, c'est-à-dire de *jitnicer*, est cité en 1518 (*Acta*, IV, 153; Mitilineu, 37), en 1519 (*Acta*, V, 90) et en 1523 (*Acta*, VI, 226; Hîşdău, *Arch.*, I, 1, 9).

Petrica est cité en 1498 (Wickenhauser, 73); il fut, en 1514, membre de la commission mixte chargée de statuer sur les plaintes réciproques des habitants de la frontière polono-moldave (*Acta Tom.*, III, 161).

Des diplômes de 1513 (Hîşdău, *Arch.*, I, 1, 120) et de 1515 (*ibid.*, I, 1, 57) mentionnent un Petrică, porcolab de Roman, qui, en 1517 et en 1518, était porcolab de Novograd (*ibid.*, I, 1, 28; Wickenhauser, 76). Un Petrica, staroste de Cernăuţi, fut, en 1519, l'un des plénipotentiaires moldaves qui traitèrent avec la Pologne (*Acta,* V, 90; Hîşdău, *Arch.*, I, II, 1; Mitilineu, 42). Était-ce le même personnage?

Nous ne savons rien de Dobrustîmp.

*) Au début des hostilités, Sigismond avait sollicité le secours de la Hongrie; il avait même confié à Stanislas Gorski une mission spéciale (*Acta Tomiciana*, I, 41). Lorsque Bogdan se vit trahi par la fortune, il accepta lui-même la médiation qui lui était offerte. Une trêve fut conclue au mois de novembre (*Acta Tomiciana,* I, App., 34; *Invent.*, 141) et des conférences pour la paix définitive s'ouvrirent à Kamieniec. La Pologne y fut représentée par Stanislas de Chodecz, maréchal du royaume, Jean de Lasko, chancelier, Georges Krupski, gouverneur de Bełz, et l'archidiacre Pierre Tomiczki; la Hongrie eut pour mandataires Oswald de Charlacz, főispán de Komarom, et Barnabé Bélay, ban de Severin; enfin les plénipotentiaires moldaves furent le logothète Tăut, les porcolabs Théodore et Isaac, et le pitar Ivaşcu. Le traité fut signé au mois de janvier 1509 (*Invent.,* 141; Dogiel, I, 606; Mitilineu, 25). Il fut convenu que les deux parties se restitueraient réciproquement le butin qu'elles avaient fait, que Bogdan remettrait au roi les lettres relatives à son mariage projeté

rents. Il dévasta [le pays] depuis Orheiŭ jusqu'à Dorohoiŭ et remonta le Prut, faisant beaucoup de captifs et de butin. Bientot après, le sultan, grièvement blessé d'une flèche, vint à mourir. *)

---

avec la princesse Élisabeth, et le tiendrait au courant des mouvements faits par les Turcs. Outre ces stipulations, il devait y avoir entre la Pologne et la Moldavie amitié perpétuelle et liberté de faire le commerce. Deux graves questions étaient réservées à la décision du roi de Hongrie, celle des frais de guerre et celle du prétendant Pierre. Ce personnage, que nous retrouverons plus loin sous le nom de Pierre Rareş, était un fils naturel d'Étienne-le-Grand, qui s'était retiré en Pologne et affichait des prétentions au trône de Moldavie; aussi Bogdan désirait-il qu'il fût expulsé.

Dès que le traité eût été signé, Tomiczki et Krupski partirent pour la Moldavie, afin de recevoir le serment personnel du prince (*Acta Tomiciana*, I, 46). Bogdan, qui se trouvait à Iassi prit par écrit les engagements les plus formels (*Invent.*, 141; Dogiel, I, 610) et se mit en mesure d'exécuter les conditions qu'il avait acceptées. Il chargea quatre boïars, Théodore, Ivaşcu, Luc et Dragoş, de restituer à la Pologne les prisonniers et le butin. Ces envoyés arrivèrent à Cracovie le 16 mars, et le roi de Pologne fit mettre immédiatement en liberté les captifs moldaves (*Acta Tomiciana* I, 33). Le 20 mars, Sigismond ratifia solennellement la paix (*Acta Tomiciana*, I, 56; Hîşdău, *Arch.*, I, II, 154; Mitilineu, 31).

Quant aux questions soumises à l'arbitrage du roi de Hongrie, la Moldavie et la Pologne rivalisèrent de zèle pour obtenir de lui une décision favorable. Tomiczki, envoyé par Sigismond auprès de Vladislas, devait intercéder secrètement en faveur du prétendant Pierre. On n'avait pas encoré oublié en Pologne l'exécution d'un prince moldave, que Jean-Albert avait condamné à la requête d'Étienne-le-Grand (cf. ci-dessus, p. 207); cette exécution, loin d'avoir été profitable au royaume, n'avait fait qu'augmenter l'arrogance d'Étienne; aussi la Pologne devait-elle simplement s'engager à ne pas favoriser les entreprises du rival de Bogdan. L'expulser, c'était s'exposer au danger de le voir soulever les Tatars et les Turcs (*Acta Tomiciana*, I, 71). Nous ignorons quel fut l'agent chargé par le prince de Moldavie de combattre auprès de Vladislas

Ĩɑ́р¹⁾ ꙟ҆ а́нꙋл ҂зѕ҃і, феврꙋа́рїе, мїе́ркꙋрй ꙟ҆ сꙗ́птꙋ-
мꙗ́на а́лбꙋ, аꙋ мꙋрі́т Марі́а до́амна лꙋй Стє́фан Бо́дꙋ
шй кꙋ чи́нсте ѡ аꙋ ꙟ҆гропа́т ꙟ҆ мꙗ҆нꙋстир꙽ѣ²⁾ Пꙋ́тнїй.*)

Ꙟ҆трачє́лашй а́н аꙋ мꙋрі́т шй Тꙋ́ꙋ́тꙋл логофꙗ́тꙋл.**)

Ꙟ҆ а́нꙋл ҂зѕ҃і, аꙋ ꙟ҆тра́т Тꙋтарі́й кꙋ Мє́ндли Гє́рей
ха́нꙋл ꙟ҆ Цꙗ҆́ра Лешꙗ҆́скꙋ, шй аꙋ прꙋда́т пꙗнꙋ ла Вѝлна, ѳ
де мꙋ́лтꙋ па́гꙋбꙋ аꙋ фꙋ́кꙋ́т шй мꙋ́лцй ро́бй аꙋ лꙋа́т.***)

---

¹) B: *Éra*. ²) B: *monastirea*.

les arguments de Tomiczki; nous savons seulement qu'un ambassadeur moldave fut envoyé en Hongrie (Sanuto, II, 201) et remporta un véritable succès diplomatique. Vladislas décida que le prétendant Pierre ne pourrait rester en Pologne, et que la Moldavie ne serait pas tenue de payer les frais de la guerre (*Invent.*, 141).

*) Cette princesse, que notre chroniqueur appelle à tort Voichiţa dans deux précédents passages (pp. 119, 141), mourut en 1509, comme nous l'apprend son épitaphe qui existe encore au monastère de Putna:

„Сьи гробъ єст Марїй госпожи, дъщи Радоула воєводⷶ[л], госпожа господиа Стєфана воєводы господарь земли Молданскои, иже прѣставися къ вѣуппнымъ ѡбитєлымъ лѣто ҂зѕ҃і.

»Ici est le tombeau de dame Marie, fille du voïévode Radu, épouse du prince Étienne, voïévode, seigneur de Moldavie, qui a été transférée à la demeure éternelle en 7017, [1509].« Cogălniceanu, *Apx.*, II, 305.

**) Voy. sur Tăut la note de la p. 179. Cf. Lăurian şi Bălcescu, *Magazinu*, I, 135.

***) Cette invasion eut lieu, non pas en 1513, mais en 1510. Voici le récit de Wapowski, qu'Urechi ne fait qu'abréger:

»Mendligeres Caesar.... exercitum sexaginta millium equitum comparavit et eum, Boristene ac Tyra amnibus transmissis, ad Valachiam Moldaviam vastandam sub signis misit, quam longe et late barbarica feritate atrocissime ferro et igne est populatus. Septuaginta quatuor millia hominum ex Moldavia immanissimi Tartari in servitutem perpetuam abduxerunt. Hac sola clade in ea expeditione affecti quod Bethikarei, Mendligeri Caesaris filius, omnium copiarum dux, in Tyrae amnis transitu, cum Tartarorum quattuor millibus et multis captivis, violentis aquarum vorticibus cum natante equo abreptus, de-

Au mois de février 7019 [1511], pendant la dernière semaine du carnaval, mourut Marie, femme d'Étienne; elle fut enterrée en grande pompe au monastère de Putna.*)

La même année mourut le logothète Tăut.**)

En 7021 [1513], les Tatars avec leur khan Mengli-Geraj, envahirent la Pologne, qu'ils pillèrent jusqu'à Wilno. Ils firent beaucoup de ravages et emmenèrent un grand nombre d'esclaves.***)

---

mersus est. Ex Moldavis Copacius, vir fortis, et magni apud suos nominis, Tartaros abeuntes secutus, in insidias lapsus ac undique a Tartaris circumdatus, cum septingentis Valachis fortibus viris victus concidit; trecenti qui acceptae cladi superfuerant per medios erumpentes hostes, aegre fuga salvati. Miserabili terrae suae vastatione Bogdanus palatinus consternatus, Joannem Moldaviae thesaurarium cum collega (il s'agit du vestiaire Isaac et de son interprète Dracia; — voy. plus loin) ad Sigismundum regem oratores misit auxiliares copias contra Scythas Tartaros, si rursus, ut timebat, redirent, implorans. Supplicavit insuper ut oratoribus suis in Moscoviam ad Basilium ejus gentis principem liber per Lituaniam pateret transitus. Utrumque Moldavi oratores a Sigismundo rege obtinuerunt, si necessitas ingrueret, auxiliaribus promissis copiis, legatique Moldavi in Moscoviam transire permissi.« Wapowski, *Fragmentum*, 545.

Les *Acta Tomiciana* nous fournissent le commentaire détaillé de l'historien polonais.

Le 7 septembre 1510, Sigismond écrit à Bogdan et l'engage à surveiller les Tatars; il regrette que l'agent moldave Dracia ne lui ait pas soumis un plan d'action. À la même date, le roi de Pologne prescrit à Stanislas Lanczkoroński, capitaine de Kamieniec, et à Othon de Chodecz, palatin de Podolie, de s'entendre avec Bogdan sur les mesures à prendre (*Acta*, I, 103-105). Il était trop tard pour empêcher l'ennemi de traverser le Dniestr; en réponse à ses lettres, Sigismond apprend les pertes subies par les Moldaves. Le 3 novembre, il écrit à Bogdan, pour lui exprimer ses regrets, et donne l'ordre au palatin de Podolie de tout préparer pour la défense (*Acta*, I, 121). Quelques jours après, le vestiaire Isaac (voy. sur ce personnage ci-dessus, p. 179 note †) et l'interprète Dracia arrivèrent à Cracovie et proposèrent au roi un plan

Ашиждерѣ пре аче врѣме, Бет Герей, фечїѹрѫл хӑнѹлѹй, аѹ ӂтрат ӂ Молдова дѣѹ прѫдат цѣра пѫнѫ ла Ӑшй, шй аѹ арс тѫргѹл шй цинѹтѹл Кѫрлигѫ-тѹрїй,*) шй аѹ ацюнс шй пѫнѫ ла Дорохою, шй пѫнѫ Стефѫнещй; ӗр алцїй аѹ прѫдат ӂ цїѡс ла Лѫпѹш-на**) шй ла Кигечю;***) шй де сѫрг врѣнд сѫ ӗсѫ кѹ робїй, мѹлте сѹфлете ӂ Нистрѹ аѹ ӂнекат шй робй шй де ай сей. Ӗр¹⁾ Богдан Вод тримисаѹ пре Копачю,²⁾ хатманѹл сеѹ,†) кѹ ѡ мїе де слѹжиторй, шй несминтиндѹсе аѹ дат рѫсбою, шй аѹ кѫзѹт де ай ностри ѱ; ӗр т аѹ скѫпат (ѯка, авгѹст ке). Ӗр¹⁾ Тѫтарїй³⁾ кѹ пагѹбѫ май мѹлтѫ де апѫ декѫт де ѡасте авѫнд, саѹ ӂтѡрс ла Перекоп.

Ӗр¹⁾ Богдан Вод, ӂгрозиндѹсе де аче пагѹбѫ, ӗр аѹ тримис ла Краюл лешеск солй дѣѹ чершѹт аютор ӂпротива Тѫтарилѡр, де вѡр врѣ сѫ вїе де ӗзноавѫ, сѫсе апере;††) алта пентрѹ сѫй слободѫ

---

¹) B: Ĕră. ²) AB: Корпачю. Wapowski et Ioanid donnent la bonne leçon. ³) A: Татарїй.

d'action. Il s'agissait de remettre en liberté un prince tatar, que les Polonais retenaient prisonnier, et de favoriser ses prétentions au khanat de Perekop, après s'être assuré de son amitié (*Acta*, I, 123). Sigismond répondit par de bonnes paroles, mais ne se décida pas à sortir de sa réserve. Il s'efforça cependant de donner satisfaction à Bogdan sur diverses questions pendantes (*ibid.*, I, 125-127).

*) Il n'y a plus aujourd'hui en Moldavie de localité appelée Cărligătura, mais un arrondissement du district de Iassi, dont le chef-lieu est Tîrgul-Frumos, porte encore ce nom.

**) Lăpuşna, sur la rivière du même nom, est situé dans la Bessarabie, au sud-ouest de Chişinău [Kišinjev]. Ce n'est plus aujourd'hui qu'un village, mais c'était autrefois une ville assez importante, qui est marquée sur toutes les anciennes cartes de la Moldavie.

***) Tigheciŭ, appelé de même par Cantemir Kiegecz (*Descriptio Moldaviae*, éd. de l'Académie roumaine, p. 29) est un chef-

Dans le même temps, Bet-Geraj, fils du khan, pénétra en Moldavie, dévasta le pays jusqu'à Iassi, brûla la ville et le district de Cărligătura*) et s'avança jusqu'à Dorohoiŭ et Stefănești, [tandis que] d'autres hordes saccageaient le bas pays, Lăpușna**) et Chigheciŭ.***) Il voulut emmener à la hâte ses captifs, mais, à la traversée du Dniestr, il eut beaucoup de noyés, tant parmi ses prisonniers que parmi ses troupes. Bogdan dépêcha l'hetman Copaciŭ,†) avec un millier de miliciens; celui-ci engagea l'action sans hésiter, mais nous perdîmes 700 hommes; il n'en échappa que 300 (25 août 7021 [1513]). Les Tatars, à qui le fleuve avait fait plus de mal que notre armée, s'en retournèrent à Perekop.

Bogdan, effrayé de ce désastre, envoya de nouveaux ambassadeurs au roi de Pologne pour lui demander du secours contre les Tatars, afin qu'il pût se défendre s'ils recommençaient leur incursion.††) Il [sollicita] aussi pour

---

lieu d'arrondissement dans le district de Cahul, aujourd'hui cédé à la Russie.

†) L'hetman Copaciŭ, dont le nom est altéré dans les deux éditions de M. Cogălniceanu, est probablement le même personnage que Luc Arbure, porcolab de Niamț, puis portier de Suceava, c'est à dire hetman, dont il est parlé plus loin. Arbure est cité dans plusieurs diplômes (voy. notamment les actes de 1472, ap. Wickenhauser, 69; de 1498, *ibid.*, 72, et ap. Meschisedec, *Chron. Rom.*, I, 151; de 1503, ap. Wickenhauser, 74; de 1513, ap. Hîșdău, *Arch.*, I, II, 120; de 1517, ap. Hîșdău, *Arch.*, I, I, 27; de 1518, ap. Wickenhauser, 75; de 1520, ap. Melchisedec, *Chron. Rom.*, I, 155). *Copaciŭ* (alb. *kopač*) et *Arbure* (lat. *arbor*) sont synonymes et peuvent être considérés comme un même nom. La forme *Arbure* pouve que, dès le XVIe siècle, les Roumains ont été enclins à refaire les mots latins qu'ils ont perdus. Cette même tendance se remarque dans le Psautier du diacre Coressi, où l'on est surpris de ren contrer des mots comme *agru* (lat. *ager*).

Il a été fait mention d'Arbure p. 228 *in fine*, où il faut lire Étienne-le-Jeune au lieu de Bogdan.

††) Nous avons parlé déjà de ces ambassadeurs, qui étaient le vestiaire Isaac et Dracia. Voy. ci-dessus p. 345, en note.

со́ли съ турки ла Моск; ши пентру то́атей фъкъ « пре во́іе.*)

Ашиждеръ ѫтрачелаш ан **) ау май ѫтрат Тътарій ку о́асте маре ѫ църъ деу фъкут мултъ пагубъ ши прадъ; ши ѫторкъндусе ѫнапо́й іау ловит Богдан Во́дъ ку о́асте проа́спътъ, ши ау ско́с тотъ плънул дела дънший.***)

---

*) Les envoyés du roi de Pologne se joignirent à ceux du prince de Moldavie pour aller demander au duc de Moscovie des secours contre les Tatars. Le roi de Hongrie, informé du départ de cette mission, voulut y adjoindre, en son nom, Émeric Csobár, mais ce personnage ne put arriver en temps utile à Cracovie (voy. la lettre de Sigismond à Vladislas, en date du 23 mars 1511, dans les *Acta Tomiciana*, I, 153).

**) C'est en 1512 que se place cette nouvelle invasion. En comptant d'après le calendrier grec, on peut dire qu'elle eut lieu »la même année« que la précédente (l'année 7020, qui avait commencé le 1 septembre 1511, ne se termina que le 31 août 1512). Nous avons déjà fait remarquer qu'il y a une erreur dans notre texte et qu'il faut lire 7020 au lieu de 7022.

***) L'ambassade moldave avait à peine quitté la Pologne que Sigismond eut connaissance des préparatifs faits par les Tatars. Il écrivit aussitôt à Bogdan (26 novembre 1511) et se prépara sérieusement à la guerre (*Acta Tomiciana*, I, 127-129). Il convoqua la diète à Piotrków pour lui demander des subsides et des hommes, et se tint en communication avec Bogdan, auquel il envoya Georges Krupski (15 février 1512). Cet agent devait assurer la Moldavie de l'amitié des Polonais, et chercher les moyens d'expliquer les dispositions prises par le roi. Sigismond ne songeait, en effet, qu'à la défense de ses propres états. Sous prétexte que la Podolie ne pouvait nourrir une armée, il concentrait ses troupes autour de Léopol (*Acta*, I, 144, 146). Au fond, malgré une alliance apparente, il régnait toujours une certaine défiance entre lui et Bogdan. Le 4 mars, le roi charge Krupski de protester auprès du prince contre l'augmentation des droits perçus aux frontières de Moldavie (*Acta*, I, 148); le 2 avril, il juge bon de défendre aux prêtres russes d'aller recevoir les ordres ecclésiastiques en Moldavie (*ibid.*, I, 154; Hîșdău, *Arch.*, I, 1, 142). Ce n'est pas tout. Tandis qu'il consent à fournir des secours à la principauté

ses ambassadeurs le libre passage en Moscovie. Ces diverses choses lui furent accordées.*)

La même année,**) les Tatars envahirent une seconde fois le pays avec une grande armée, se livrèrent à la dévastation et firent beaucoup de butin, mais, comme ils se retiraient, Bogdan se jeta sur eux avec des troupes fraîches et leur enleva tout ce qu'ils avaient pris.***)

---

dans le cas où elle aurait à supporter une attaque sérieuse, il lui refuse du plomb, »quia tunc Serenitas Tua«, écrit-il à Bogdan, le 7 avril, »eodem plumbo male et ad detrimentum Nostrum usa fuit, cum ei petenti ad exornandam ecclesiam dederamus« (*Acta*, I, 156).

Pendant plusieurs mois, l'armée polonaise resta sous les armes, attendant l'ennemi, qui ne se montrait pas. Un instant les Polonais crurent les Tatars disposés à faire la paix et à leur donner des otages; le roi chargea même Isaac, lorsque ce personnage revint de Moscovie, d'en aviser Bogdan (lettre du 6 mai, dans les *Acta*, I, 175). Il fallut bientôt reconnaître que ces dispositions pacifiques étaient une ruse de Mengli-Geraj, qui rêvait au contraire de nouvelles conquêtes. Selim, fils de Bajazet, s'était révolté contre son père, et le khan de Perekop, dont il avait épousé la fille, avait été entraîné à le soutenir. Mengli-Geraj voulait s'emparer de la Moldavie et en faire la base de ses opérations contre les armées turques de la péninsule. Sigismond, averti du danger, convoqua tous les hommes obligés au service militaire (15 mai) et consentit à joindre ses forces à celles des Moldaves. Un rapprochement sensible s'opéra entre lui et Bogdan. »Videtur Nobis«, écrivait-il, le 7 juin, à Stanislas Lanczkoroński, capitaine de Kamieniec, »quod voievoda Valachie rectius nunc quam antea Nobiscum agit. Itaque et benevolentia et crebra scriptione et humaniore compellatione in fide et amicitia Nostra retinendus est et in necessitate auxilio Nostro et vestro non est deserendus . . .« (*Acta*, I, 197). Dans l'intervalle, les Tatars s'étaient mis en mouvement. »Tartarus . . . quadraginta millium equitum exercitum in Moldoviam misit, contra quem Bogdanus, palatinus Valachiae, suis ad arma concitatis, cum auxiliaribus Polonorum atque Ungarorum copiis intrepide processit. Sigismundus siquidem, Poloniae rex, quatuor equitum polonorum millia, armis egregie instructorum, Bogdano palatino in auxilium transmiserat, Stanislao Lanscoronio et Tworowski

Кънд аȣ венит Трифъилх кȣ ẃасте оўнгȣ-рѣскх асȣпра лȣй Богдан Воду.

Ла анȣл ҂зкв, Феврȣаріе кз, ла ал зѣчеле ан а домніей лȣй Богдан Вода, фърȣ вѣсте аȣ венит оўн

---

ducibus; ex Ungaria sexcenti venerant sclopetarii pedites, equites septingenti« (Wapowski, *Fragmentum*, 547). Au moment où l'ennemi passait le Dniestr, une diversion favorable se produisit. On apprit que les Nogaïs avaient envahi la Crimée et que, pendant l'absence des Tatars, ils avaient emmené en captivité un grand nombre de femmes et d'enfants. Mengli-Geraj dut renoncer à son entreprise et regagner au plus vite ses états. Bogdan poursuivit les hordes qui se retiraient, les atteignit près de Bracław, et leur fit des prisonniers. Nous ignorons la date précise de cette rencontre, mais nous croyons pouvoir la placer dans les derniers jours du mois de mai 1511; Sigismond venait d'en recevoir la nouvelle au moment où il écrivait la lettre à Lanczkoroński dont nous avons cité un passage.

Le roi de Pologne, pour reconnaître la conduite loyale de Bogdan, lui donna l'autorisation de faire venir de Pologne du drap et du plomb, sans payer de droits de douane à la sortie, et souscrivit à toutes ses requêtes (*Acta*, I, 199-200). Quelques mois plus tard, il invita les princes de Moldavie et de Valachie aux fêtes célébrées à l'occasion de son mariage (8 février 1512) et chargea Jacques Seczinowski d'une mission auprès de Bogdan (*Acta*, II, 11-12).

Cependant l'insuccès de la campagne de 1511 n'avait pas découragé les Tatars. Selim avait enlevé à son père Chilie et Cetatea-Albă; il occupait ces deux places et son alliance donnait à Mengli-Geraj toute liberté pour se jeter sur la Pologne. Sigismond, à bout de ressources, demanda du secours aux Hongrois; il écrivit des lettres pressantes à son frère Vladislas et à l'archevêque d'Esztergom (*Acta*, II, 13). Dès que les états furent réunis, il leur proposa des mesures énergiques. »Indubia jam necessitas in promptu est«, leur écrivait-il à la date du 8 mars, »hostibus tam prope in finibus regni hibernantibus, praecipue donec adhuc voievodam Valachie in subsidium habere possumus. Qui quidem voievoda sine dubio cum eisdem Tartaris, desperatione adductus, pacem facere cogetur, et se nobis hostem, ut ante fuit, facere, ubi cogno-

Trifăilă attaque Bogdan, à la tête d'une armée hongroise.

Le 27 février 7022 [1514], pendant la dixième année du règne de Bogdan, un nommé Trifăilă, qui se disait

---

verit nos in defensione ordinanda hésitare vel procrastinare« (*Acta*, II, 43). Bogdan, tiraillé entre les Polonais, d'un côté, les Turcs et les Tatars, de l'autre, peu satisfait de ses relations avec le nouveau prince de Valachie Mihnea (voy. *Acta* II, 52), n'osait, en effet se prononcer en faveur de Sigismond. Voyant dans Selim son plus redoutable adversaire, c'est avec lui qu'il négocia. Tandis que le roi de Pologne réclamait de nouveau l'intervention de la Hongrie pour rétablir le bon accord entre les voïévodes de Valachie et de Moldavie et pour les maintenir dans la ligue chrétienne (*Acta*, II, 51-58), Bogdan conclut une trêve avec les Turcs, se réservant jusqu'à la Saint-Georges pour la transformer en paix définitive (*Acta*, II, 63).

Sigismond tenta un dernier effort pour empêcher au moins le prince moldave de traiter avec les Tatars, et lui écrivit deux lettres personnelles (6 et 20 avril), mais Bogdan avait les mains liées. Les Polonais se trouvèrent seuls en face des Tatars; heureusement ils étaient en état de tenir la campagne; le 28 avril, ils remportèrent une grande victoire à Wisnewecz (*Acta*, II, 73-79). Bogdan dépêcha Luc Dracia pour porter au roi ses félicitations (*Acta*, II, 112), mais Sigismond était peu disposé à lui pardonner ses tergiversations. Il lui adressa une lettre de reproches, lui rappelant ce que la Pologne avait fait l'année précédente pour la Moldavie (26 mai). Bogdan dut alors révéler les engagaments auxquels il venait de souscrire. »Voievoda Moldaviae, respondens literis Nostris, quibus auxilium ab eo poscebamus,« écrit Sigismond à l'archevêque de Jean de Lasko,« profitetur se, tanquam jussus esset a Selimbegh, quod pacem cum Tartaro Precopensi fecerit. Et jam nunc bellum gerit adversus voievodam Montanie...« (*Acta*, II, 93). Les Polonais, par représailles, profitèrent de ces hostilités; ils excitèrent tant qu'ils purent le prince de Valachie contre son voisin de Moldavie; Sigismond lui-même fait connaître ce détail dans une lettre à Vladislas (*Acta*, II, 125). Bogdan conclut alors avec Selim un traité dont les Roumains, jusqu'au jour de leur complet affranchissement ont cherché à se prévaloir dans leur relations avec

Трифѹілъ, чє сє фѫчѣ фєчіѡр дє дóмн, кȢ ѿастє а дін Цѣра Ѹнгѹрѣскъ, ꙗрна кънд ѥра тóці ѿшєніі

la Porte. Nous ne possédons pas le texte complet de cette capitulation, mais un résumé, que le logothète Nicolas Costin nous a conservé, nous en fait connaître les principaux articles. Le sultan reconnaissait l'indépendance de la Moldavie, y permettait le libre exercice de la religion chrétienne et lui garantissait l'intégrité de son territoire, sans que les Turcs eussent le droit de s'y établir. Par contre, les princes devaient recevoir l'investiture de la Porte et lui envoyer, à titre de tribut annuel, 4000 ducats turcs, 40 faucons et 40 hases pleines (Mitilineu, 35).

C'est probablement à ce traité que Laurent Miedzieleski, ambassadeur polonais auprès de Léon X, fait allusion, en 1514, quand il constate que les princes de Valachie et de Moldavie sont tributaires des Turcs. Le même personnage évalue, il est vrai, à 8.000 ducats le tribut payé par les Moldaves (*Acta*, III, 170).

À la suite de ses négociations avec les Turcs, Bogdan put se croire en sûreté. En 1513, il se décida enfin à contracter mariage. Nous ignorons à quelle famille appartenait la princesse de son choix; nous savons seulement qu'elle s'appelait Rocsanda (voy. un acte de 1515 cité par Hişdău, *Arch.*, I, 1, 157) et que la cérémonie nuptiale eut lieu le 15 août en grande pompe. Sigismond avait désigné pour l'y représenter Stanislas de Chodecz, maréchal de Pologne, mais apprenant que ce personnage était mal vu du prince de Moldavie, il confia au dernier moment l'ambassade à Georges Krupski d'Orchów, capitaine de Bełz, et le chargea de porter à Bogdan en présent, cent-vingt peaux de zibelines et trois pelisses de martre (»tres quadragene sobellorum bonorum et tres pellicee bone mardurine«). — Voy. dans les *Acta Tom.*, II, 226-227, la correspondance échangée à ce sujet.

Pendant les fêtes du mariage, les Tatars envahirent la Moldavie, comme ils avaient envahi la Pologne au moment du mariage du roi, et lui firent subir de sérieuses pertes (*Acta*, II, 245). Sigismond s'empressa d'envoyer à Bogdan l'expression de sa condoléance (lettre du 19 septembre). Il ne pouvait rien, disait-il, contre les Tatars, qui venaient de conclure une trêve avec lui, mais les Turcs étaient des ennemis encore plus terribles, et il cherchait à s'entendre avec le roi de Hongrie en vue d'une action commune.

fils de prince, envahit à l'improviste [la Moldavie], avec une armée levée en Hongrie. On était en hiver, dans

---

L'année suivante est effectivement remplie par les négociations de Sigismond avec les Hongrois et les Moldaves. Pierre Tomiczki, qui passe à Bude le mois de décembre 1513 et le mois de janvier 1514, représente à Vladislas le danger que court la Moldavie. Les Turcs ont réussi à renverser le prince de Valachie; ne feront-ils pas de même dans le pays voisin? Pour eviter de tirer l'épée, il serait nécessaire d'obtenir que les deux principautés fussent comprises dans les trèves conclues entre la Pologne et la Hongrie, d'une part, et les Turcs, de l'autre (*Acta Tom.*, II, 267-269).

Vladislas et Sigismond, décidés à marcher étroitement unis, chargent, l'un, Blaise Bárlay, l'autre, Georges Krupski, de se rendre auprès du sultan pour y régler à nouveau la question des trèves. Les deux ambassadeurs doivent s'entendre d'abord avec les princes de Valachie et de Moldavie (voy. les documents cités dans les *Acta Tom.*, III, 25-27, 57-58 (lettre mal placée), 42, 44, 55, 96).

Sigismond était d'autant plus désireux d'arriver à une entente qu'il avait une querelle avec les Russes. Bogdan avait proposé sa médiation que le roi n'avait pas cru devoir accepter. Voici en quels termes le roi chargeait Krupski de s'en expliquer auprès du voiévode:

»Intimaverat etiam Tua Magnificencia per me Sue regie Majestati quod se mediatorem pro pace facienda inter ducem Moscoviensem et Suam Majestatem ponere velit, dummodo ea esset Sue Majestatis voluntas. Respondet autem Sua Majestas Tue Magnificencie, quod oblationem istam grato animo acceperit, et non dubitat Sua Majestas quod Magnificencia Tua dextere eam rem agere cum dignitate Sue Majestatis posset, dummodo ille ad servanda pacta et federa constans et fidelis esset, sed experta est Sua Majestas perfidiam ipsius et instabilitatem« (*Acta Tom.*, III, 27.)

Heureusement pour la Pologne, Sigismond remporta sur les Russes une grande victoire et reprit toutes les places qu'il avait perdues, sauf Smolensk (fin d'octobre 1514; voy. *Acta*, III, 246). Tranquille de ce côté, il s'occupa de régler pacifiquement avec la Moldavie les querelles incessantes auxquelles donnaient lieu les vexations infligées aux marchands par les agents douaniers des deux pays. La question était depuis longtemps pendante (voy. *Acta*, I, 199; II, 111, 227, 254; III,

пре ла кáселе лѹ́р. Че симцѝнд ай ностри́, сa҃ȣ стри́нс
деграбъ дин къци́ ʌȣ пȣтȣт, ши шa҃ȣ дáт рѫсбо́ю
ла под дин цїѡс де Васлȣ́ю; ши Афрънгъндȣй ай
ностри́, ꙗ҃ȣ топѝт пре тóци, ши принџъ҃нд вїȣ пре
а҃чел Трифȣ́ил лáȣ дȣс Анаи́нтѣ лȣй Богдáн Воа҃дъ,
ши ꙗ҃ȣ тѣ́ꙗ́т кáпȣл.*)

И҆́р а҃ ꙗ҃нȣл ҂ƷКД, мáртїе а҃ і҃, а҃ȣ мȣри́т Ласлȣ̑ȣ
Крáюл оу҆нгȣрéск.**)

А̑ ꙗ҃нȣл ҂ƷКЕ, ноéмврїе а҃ н҃, сa҃ȣ а҆рѫтáт сѣмн мáре
пре чéр, къ а҃ȣ стрѫлȣчи́т деспре мїáзъ ноáпте къ
о҃ун кип де ѡ҃м, дѣ҃ȣ стѫтȣ́т мȣ́лтъ врѣ́ме, ши ꙗ҃р
сa҃ȣ а҆скȣ́нс.

А̑шиждерѣ кȣрѫ́нд дȣпъ а҃чел сéмн, А̑трачкъ̏ши
лȣ́и, сa҃ȣ фъкȣ́т кȣтрéмȣр мáре де пъмѫ́нт, А̑трѹ
лȣ́ни.

Де моáртѣ лȣ́й Богдáн Воа҃дъ.

И҆́рѫ а҃ ꙗ҃нȣл ҂ƷКЕ, а҆прѝл а҃ иі҃, рѫпосáтаȣ Богдáн
Воа҃дъ чел Ѡ҆рб ши грозáв, фі́юл лȣй Стéфан Воа҃дъ,
ла о҃ун чѣ́с де поа́пте, А̑ тѫ́рг А̑ Хȣ́ши, нȣ кȣ пȣци́нъ
лáȣдъ пéнтрȣ лȣкрȣ́риле витежéщи чѣ҃ȣ фъкȣ́т. Къ
нȣ а҃ веци́й ши а҃ ѡ҆спѣ́це петрéчѣ, чи́ ка о҃ун стрѫ-
жѣ́р а҃ тоáте пѫ́рциле привегїа̀, ка сѫ нȣ се цир-
вѣ́скъ цѣ́ра чей рѫмѫсѫ́се дела тáтъ сéȣ. Ши домни́нд

19, 56, 96, 108, 114, 141, 161, 279, 286), mais elle était
difficile à résoudre. La principale difficulté venait sans doute
de ce que les Moldaves réclamaient Kołomyja, restée en la
possessions de Polonais (*Acta*, IV, 109).

Les papiers de Tomiczki permettent de suivre pour ainsi
dire jour par jour les négociations de la Pologne avec la Moldavie. Nous remarquerons toutefois, en passant, que plusieurs
des documents qui y sont contenus sont mal placés ou mal
attribués. Les importantes lettres de Sigismond qui se trouvent
pp. 225-226 du tome Ier devraient venir après la p. 180; la
lettre du 13 décembre (I, 237) ne peut avoir été adressé à
Bogdan, etc.

la saison où les soldats ne quittent pas leurs foyers; cependant les nôtres formèrent une armée de tous ceux qui purent être réunis et livrèrent bataille aux [agresseurs], près du pont situé en aval de Vasluiŭ. Nos soldats les défirent, les taillèrent en pièces et s'emparèrent de Trifăilă, qui fut conduit à Bogdan et qui eut la tête tranchée.*)

Le 10 mars 7024 [1516], mourut le roi de Hongrie Ladislas.**)

Le 8 novembre 7025 [1517], on aperçut un grand prodige dans le ciel. On vit luire du côté du nord comme une forme humaine, qui se montra longtemps, puis disparut.

Peu de temps après ce prodige, le même mois, un lundi, on ressentit un grand tremblement de terre.

Mort de Bogdan.

Le 18 avril de cette même année 7025 [1517], mourut Bogdan le borgne ou le terrible, fils d'Étienne, à une heure du matin, dans la ville de Huşĭ, couvert de gloire pour toutes ses prouesses. En effet, il ne passait pas son temps à boire et à manger, mais il veillait sans cesse de tous côtés, pour ne pas laisser porter atteinte au pays qu'il avait reçu de son père. Pendant son règne,

---

*) Nous n'avons trouvé nulle part de renseignements sur Trifăilă. Nous supposons que c'était un agent de Pierre Rareş, fils naturel d'Étienne-le-Grand, que les Polonais avaient interné à Marienburg. Voici en effet ce que Sigismond écrivait à ce personnage le 12 novembre 1514. »Non sumus bene contenti quod Tu ab isto loco in quo te collocavimus, ut quietus et tutus maneres, noxias hominibus divagationes ac discursiones hinc inde facis, de quibus apud Nos dicitur. Relatum enim Nobis est quod Tu auxilio te his jungere soles, qui de patrandis homicidiis sunt solliciti« (*Acta Tom.*, III, 252).

**) Vladislas mourut le 13 mars 1516 à Stuhlweissenburg (Székes Fehérvár, Stojni Biograd).

а҃і а́ни ши а҃ лу́ни, ши г҃ сэптэмэ́ни, му́лте лукру́ри а бу́не а́у фэку́т, ши ку ма́ре чи́нсте лау ынгропа́т ын мэнэсти́рѣ Пу́тна.*)

Йа́р че се ва́ фи лукра́т ын ло́нтру сау ын цѣ́рэ ла ной де́спре па́ртѣ цюде́целур ши а дрептэ́ций ну афлэ́м; че куноа́шем, кэ у́нде ну́с пра́виле, дин во́ѣ b до́мнилур му́лте стримбэтэ́ци се фа́к.

КАП. Д҃І.

Де Домнíа луи Стефан Водэ чел тэнэр, фечїо́рул луи Богда́н Водэ, непо́тул луи Стефан Водэ чел бун, ын а́нул ҂зке, апри́л.

Ду́пэ моа́ртѣ луи Богда́н Водэ ау рэма́с ла домнíе фíюл сэу Стефан Водэ, чей зи́к чел тэнэр, ши лау мирузи́т Ѳеокти́ст митрополи́тул ын тэ́ргул Сучѣвій.**)

---

*) Voici, d'après Cogălniceanu (*Арх.*, II, 307), l'épitaphe de Bogdan au monastère de Putna:

Сън ест гробъ благочестиваго господина Іѡн Богдан воевода господарь Земли Молдавской, сына Стефана воеводы ктитора стен ѡбители сен, иже преставися къ вѣчному ѡбителе, влѣто ҂зке, мѣсяца апр. к, въ полуночи.

»Ici est le tombeau du pieux seigneur Jean-Bogdan, voïevode et hospodar de Moldavie, fils du prince Étienne, fondateur de ce monastère, qui mourut en 7025 [1517], le 20 du mois d'avril, à minuit.«

**) Étienne n'était pas l'unique fils de Bogdan. Un acte du 5 mars 1513 (Hîşdău, *Arch.*, I, II, 119) nous apprend que le prince de Moldavie avait alors trois fils: Jean-Étienne, Pierre et Élie. Un diplôme du 20 avril 1515 (*ibid.* I, 1, 157) porte, il est vrai, Jean, Étienne, Pierre et Élie, mais il y a dans le texte une faute de copiste évidente; il faut lire: Іѡаніа Стефана au lieu de Іѡаніа и Стефана. Les princes régnants portaient toujours le nom de Jean et ce nom était parfois donné à l'héritier présomptif du trône (M. Hîşdău a publié,

qui dura douze ans, trois mois et trois semaines, il fit beaucoup de bonnes actions. Il fut enterré en grande pompe au monastère de Putna.*)

Nous ignorons ce qui aura été fait tant à l'étranger que chez nous, en ce qui concerne le droit et la justice, mais nous savons que, dans les pays qui ne possèdent pas de législation, la volonté des princes est cause de bien des excès.

CHAPITRE XIV.
Du règne d'Étienne-le-Jeune, fils de Bogdan petit-fils d'Étienne-le-Bon, [commençant] en avril 7025 (1517).

Après la mort de Bogdan, le pouvoir échut à son fils Étienne, surnommé le jeune, qui fut sacré par le métropolitain Théoctiste, dans la ville de Suceava.**)

---

sur les titres princiers en Moldavie et en Valachie, un article que nous regrettons de ne pas avoir sous les yeux: *Buletinulŭ Instrucțiuneĭ publice*, II, 24-29). Élie, cité dans le diplôme du 20 avril 1515, mourut peu de temps après. Un acte du 26 décembre 1517 (Hîşdău, *Arch.*, I, 1, 27) ne mentionne plus qu'Étienne et Pierre; il en est de même des documents de l'année 1518 (Wickenhauser, 75), notamment du traité conclu entre la Pologne et la Moldavie (Dogiel, I, 610; *Acta Tom.*, IV 153; Mitilineu, 36). Nous avons lieu de supposer que les trois fils dont nous venons de parler étaient enfants naturels (cf. p. 237).

Le jeune prince appelé à porter la couronne de Moldavie était né vers 1505; il avait onze ans en 1517, lors de son avènement. Ce détail nous est connu par une dépêche de Pierre Tomiczki au palatin de Sandomierz, dépêche que le comte Dzialiński rapporte à l'année 1516, bien qu'elle soit certainement de 1517. Le vice-chancelier de Pologne fait en effet allusion à la mort récente de Bogdan et aux efforts faits par Pierre Rareş pour enlever le trône à Étienne: »Significavit dominus capitaneus Camenecencis Majestati Regiae post mortem olim Bohdani, voievode Moldavie, Stephanum ejus filium, un-

Єр ꙟ ал дѻиле ан, ҂зкѕ, Август иі, ау ꙟтрат ь Алеу Сѫлтан*) ку Тътарій дела Перекоп, шы ау трекут Ниструл фъръ въсте, шы ау трас спре Прут, де съу

> decim annos natum, omnium illius terre consiliariorum et nobilium consensu ad voievodatum esse ascitum, qui jam de assumptione sua ad sedem paternam, Majestatem Suam per literas fecit certiorem et oratores insignes se huc propediem missurum promisit. Petrus ille noster Moldavus, qui asservatur in Prussia, supplicat plurimum ut cum venia Majestatis Sue ire ad fines regni possit; sperat enim se facile, dum illic esset, benivolentiam hominum de terra Moldavie sibi conciliaturum et brevi eadem terra potiturum; vero Majestas Sua, memor federum qui illi sunt cum regno Hungarie et que etiam juravit, non servare eundem Petrum in damnum terre Moldaviensis, non vult permittere illi ut faciat aliquid turbationis in terra illa. Veretur enim ne ea causa excitet contra se et dominia sua Hungaros et Moldavos« (*Acta Tom.*, IV, 60).
>
> Étienne envoya Cîrjă en ambassade à Wilno, puis à Cracovie pour annoncer au roi son avénement et protester de son dévouement à la Pologne. Sigismond déclara que le prince et son jeune frère Pierre devaient prêter le serment de fidélité et renouveler ce serment à l'époque de leur majorité. Il désirait en outre que la Moldavie reconnût une fois de plus la liberté du commerce pour les marchands polonais. A ces conditions, la Pologne entretrendrait en Podolie un corps d'armée auxiliaire, prêt à marcher contre les Tatars et et contre les Turcs. Par la même occasion le roi fixa au 1er juillet 1517 (»pro feria II. post festum S. Petri et Pauli apostolorum proxima«) la réunion de la commission internationale chargée de statuer sur les petites querelles sans cesse renaissantes à la frontière de Podolie (*Acta Tom.*, IV, 153).
>
> Étienne ne songeait pas à se soustraire au serment de fidélité. Son ambassadeur dut être d'autant plus explicite sur ce point, qu'il était sans doute chargé de réclamer à la Pologne la restitution de Kołomyja. Nous voyons en effet dans les instructions données par Sigismond à Mathieu Drzewicki, évêque d'Inowrocław, qu'il envoyait en Hongrie, une allusion à cette question délicate: »Terram Colomicnsem, licet predecessores nostri et nos in possessione habemus, nolentes tamen de eo in suspenso esse, aget Pietas Vestra quo, uti conventum erat, mitterentur ad fines nuncii ex regno Hungarie et Terra Moldaviensi, qui cum nostris hanc rem

La seconde année [de son règne], le 18 août 7026 [1518], le sultan Alp*) entra [en Moldavie] avec les

---

discernerent, et ut tempus missionis ipsius designarent et voievoda Moldavie certior fieret« (*Acta Tom.*, IV, 109).

L'ambassadeur moldave en déclarant qu'Étienne était disposé à rendre hommage au roi de Pologne, demandait que Sigismond s'engageât par serment à défendre la Moldavie et à respecter son indépendance. Les Polonais trouvèrent cette prétention excessive, mais ne repoussèrent que la forme même du serment. Un envoyé de Sigismond fut chargé de s'expliquer à ce sujet auprès d'Étienne. Après l'avoir assuré de l'amitié du roi et lui avoir rappelé qu'une armée de secours stationnait constamment en Podolie, il devait aborder la question du traité: »Quamvis anno superiori (ce détail ne permet pas d'attribuer la pièce à l'année 1517, comme le fait le comte Dzialiński) per me Vestra Magnificentia multis verbis Sue Majestati suam vicissim amicitiam declaravit, quodque in omnibus actionibus Sue Majestati adherere statueret et in omni sua necessitate et periculo, si quid a paganis immineret, cum omnibus rebus suis ad Suam Majestatem declinare vellet, voluitque ut singulari juramento id Sua Majestas denuo confirmaret, quod Sue Majestati non videbatur opus esse faciendum cum prius nulla unquam in parte immutabit, nec immutare intendit...« Au fond, Sigismond n'avait pas grande confiance dans les promesses d'Étienne; il lui reprochait d'entretenir des relations avec les ennemis de la Pologne; aussi le priait-il, pour preuve de son bon vouloir, de donner un sauf-conduit aux ambassadeurs chargés par le sultan de confirmer la paix avec le royaume (*Acta Tom.*, IV, 152).

L'invasion des Tatars et le mariage de Sigismond avec Bonne Sforza (19 août 1518) vinrent interrompre les négociations, qui ne furent reprises que vers la fin de l'année. Parmi les personnages qui assistèrent aux noces royales nous voyons citer l' »orator palatini Valachie«, avec une suite de neuf chevaux (*Acta Tom.*, IV, 309, 327); cet ambassadeur était un agent moldave.

Le métropolitain Théoctiste, qui d'après notre chroniqueur, sacra Étienne-le-Jeune, n'est mentionné ni par Golubinski ni par Melchisedec. Peût-être Urechi cite-t-il par erreur le nom du métropolitain mort en 1477. Voy. ci-dessus, p. 156.

*) Le khan de Crimée était alors Mohammed Geraj, fils de Mengli Geraj, qu'il avait remplacé en 1514 (voy. Hammer-Purgstall,

свнт пънла Шербанка,*) дѐн сѐс де Стефънещй, шй а съ8 лпъкат ънръдаре църа. Че норок8л чел бън ал8й Стефан Водъ, съ8 прилежит к8 ўасте гата ꙟ г8ра Коровей дин щиос де Стефънещй, шй а8 дат вѣсте шй църий де сирг съсе стринг; шй дакъ съ8 въл8чит съ8 свнт ꙟ сѐс, шй а8 тримис Стефан Водъ b пре Петре Кърабъц ворник8л**) шй к8 тоций Жосений.¹)
Шй дакъ а8 трек8т Прут8л к8 аж8тор8л л8й Д8мнезе8, л8й диминѣца, ꙟ ръвърсат8л зорилор, фъръ вѣсте а8 ловит пре Татари, неавънд ѐй грижъ де о8на ка ачѣа; шй к8 норок8л л8й Стефан Водъ ѝа8 ръсбит, шй м8лци Татари а8 перит, шй м8лци ꙟ Прут съ8 ꙟнекат, шй ꙟ Чюхр8 ***) съ8 фост ꙟглод8ит, шй пре м8лци а8 принс вий, ашиждерѣ шй пре дой мързачий мари, анбме Тамиш шй Биказ. Шй пре къций а8 ремас ѝа8 гонит песте къмп, тъинд8й d шй сищетънд8й, пънъ Нистр8, о8нде, Фиинд ꙟкосиций каий лор, м8лци ꙟ Нистр8 съ8 ꙟнекат. П8май С8лтан8л к8 п8цинтей а8 скъпат, ꙟсъ шй ѐл рънит ꙟ кап. Аша съ8 ꙟторс к8 м8лтъ паг8бъ шй неире шй р8шине; шй къций а8 скъпат, шй ачей педѣстрй e шй фъръ арме. Ѝар Стефан Водъ съ8 ꙟторс к8 маре

---

¹) Le texte publié par Cogălniceanu est ici peu satisfaisant. Il porte que Bogdan envoya Cărăbăţ, sans dire où. Le ms. suivi par Sinkai est plus explicite: »Tătarii bolucinduse se suia în sus pe Prut; iară Stefan Vodă aŭ trimis pre Carabuţul vornicul cu Giosenii *de au trecut Prutul,* şi aŭ lovit pre Tărtari, etc.« (Sinkai, II, 144). Le texte de Ioanid (I, 190) est encore plus précis: »Si daca s'aŭ bulucitŭ, suindu-se pe Prutŭ în susŭ, au trimisŭ pre Petrea Cărăbăţŭ vornicu şi cu toţi Giosenii *să treacă Prutulŭ; şi, dac'aŭ luatŭ învăţătură,* şi aŭ trecutŭ Prutulŭ, etc.« La conparaison avec la chronique de Putna (Hişdău, *Arch.,* III, 10) montre que ces deux dernières versions sont préférables.

Histoire, IV, 349). Le nom cité par Urechi, Alp, ou Elp (le Fort ou le Vigoureux), fut porté successivement par plu-

Tatars de Perekop, passa le Dniestr à l'improviste, se dirigea vers le Prut et, s'avançant jusqu'à Şerbanca,*) en amont de Stefăneştĭ, se mit à piller le pays. La bonne fortune d'Étienne voulut qu'il se trouvât avec une armée toute prête au confluent de la Corovie, en aval de Stefăneştĭ. Il ordonna la convocation immédiate des milices et, les ayant réunies, remonta le Prut et détacha le vornic Pierre Cărăbăţ**) avec tous les hommes de la Basse-Moldavie. [Cărăbăţ] passa la rivière, et avec l'aide de Dieu, un lundi matin, dès l'aube, se jeta à l'improviste sur les Tatars, qui n'étaient pas en garde contre une pareille [attaque]. Grâce à la bonne chance d'Étienne, ceux-ci furent défaits; beaucoup se noyèrent dans le Prut; [d'autres] s'enfoncèrent dans [les marais du] Ciuhru.***) Un grand nombre furent faits prisonniers, notamment deux chefs infidèles, Tamiš et Bikaz. [Les Moldaves] poursuivirent les restes de l'armée dans la campagne, les massacrant à coups de sabre et de flèches. Quant les Tatars arrivèrent au Dniestr, leurs chevaux étaient épuisés et beaucoup se noyèrent dans la rivière. Le sultan parvint seul à s'échapper avec quelques soldats, encore était-il blessé à la tête. [L'ennemi] se retira ainsi, après avoir subi de grandes pertes en butin et en hommes et s'être couvert de honte; les

---

sieurs princes, entre autres, par le célebre Alp-Arslan, fils de Togrul-Beg; il paraît avoir été pris aussi par les khans de Crimée. Istvánfi (p. 87) dit en parlant de la mort de Selim, gendre de Mengli Geraj: »Successit Selymo unicus filius ex Praecopite Tartari principis Alpii Sulthani filia genitus Sulimanus...«

*) Şerbanca est sur la rive gauche du Prut, tandis que Stefăneştĭ est sur la rive droite. Les cartes russes modernes portent Šerbaki.

**) Pierre Cărăbăţ était vornic de la Basse-Moldavie (voy. la chronique de Putna, ap. Hîşdău, *Arch.*, III, 10). Il remplissait encore les mêmes fonctions en 1523 (*Acta Tom.*, VI, 325).

***) Le Ciucor ou Čugur est une petite rivière qui se jette dans le Prut au-dessous de Costeştĭ, par conséquent en amont de Stefăneştĭ, d'où Étienne avait fait partir ses troupes pour exécuter leur mouvement tournant.

лъадъ; шӥ ау порончӥтъ тутуръор боѥрилоръ съсе стрӥнгъ
ѫ Хърлъу, ла зіуа сфънтулуй мученикъ Димитріе; шӥ
аколѡ дакъ съу адунатъ, ѡспъце шӥ букуріе маре ау
фостъ, шӥ пре тоцӥ витѣжіӥ ѥу дъруйтъ Стефанъ Водъ;
шӥ дупъ ачѣа шау луатъ шіе доамнъ.*)

Де моартѣ луй Бъсърабъ Водъ.

Ѫ анул ҂зл, септѣмвріе ѕі, престъвитуслу Бъсърабъ Водъ, домнул мунтенѣскъ, шӥ съу апукатъ съ
домнѣскъ уӥн Туркъ ануме Мехмѣтъ, че се тръцѣ дӥн
семинціа луй Бъсърабъ Водъ. Че пентру лъцѣ луй
чѣ ѫтунекатъ, ѡаменій съу скърбитъ де дънсул, шӥ
мулцӥ дӥнтре дъншій се испитіа съ ѫпуче домніа,
алесъ прибѣгій карій де мултъ ашепта уна ка ачѣста;

*) Wapowski nous apprend que le corps auxiliaire cantonné par Sigismond en Podolie avait porté secours aux Moldaves: »Mense inde Augusto Tauricani Tartari, Borystene et inde Tyra amnibus superatis, magno impetu in Moldaviam irruperunt. Quindecim erant equitum millia, qui magnam Moldaviae partem atrociter ferro et igne sunt populati. Multa hominum millia in potestatem redacta in servitutem adducebantur, cum Bogdanus [*lis.* Stephanus] Moldaviae palatinus, tribus millibus equitum Polonorum, qui in contigua Podolia limites regni custodiebant, ad se in auxilium accersitis, Moldavisque ad arma concitatis, Tartaris jam cum praeda abire parantibus a tergo cum valido exercitu affuit. Nec Tartari, conspecto hoste, multitudine sua freti, detrectavere certamen. Structa utrinque acie concursum est, Tartaris pro praeda, Moldavis et Polonis pro vastatae terrae vindicta fortiter diminicantibus. Cessit postremo victoria Moldavis Polonisque; fusi fugatique, ac omni praeda exuti Tartari. Haec victoria Sigismundo regi et reginae Bonae nunciata, communibus hostibus superatis et caesis, incredibilem eis laetitiam attulit, et pro praestita de Scythis hostibus victoria, Deo optimo maximo gratiae actae« (Wapowski, *Fragmentum*, 571).

La victoire remportée par Étienne était la meilleure preuve de ses dispositions amicales envers la Pologne; dès lors Sigismond ne fit plus difficulté de souscrire aux demandes de la Moldavie. D'une part, les représentants du jeune prince

survivants n'avaient plus ni armes ni chevaux. Étienne s'en retourna glorieusement et convoqua tous ses boïars à Hîrlău le jour de la fête du saint martyr Démètre. Quand ils furent réunis, il y eut de grands festins et de grandes réjouissances; Étienne fit des présents à tous ses braves. Il contracta ensuite mariage.*)

De la mort de Băsărab.

En 7030 [1521], le 15 septembre, mourut Băsărab, prince de Valachie. Il fut remplacé sur le trône par un Turc, appelé Mehmet, qui était de la famille de Băsărab, mais dont les Valaques s'éloignèrent, à cause de sa religion de ténèbres. Plusieurs d'entre eux cherchèrent à s'emparer du pouvoir, surtout les réfugiés qui

renouvelèrent, au sein de la diète de Cracovie, l'alliance conclue jadis avec la Pologne (*Invent.*, 142); d'autre part, le roi, dans un acte solennel, daté de Wilno le 4 décembre 1518, prit l'engagement de maintenir l'amitié existant entre les deux pays, d'assurer à Étienne et à ses successeurs la possession du trône, de leur donner aide et assistance contre tous leurs ennemis, de ne tolérer en Pologne les intrigues d'aucun prétendant moldave, d'accorder, en cas de besoin, un asile au prince et à sa famille, enfin de le faire profiter des informations recueillies par les agents polonais sur les mouvements des nations ennemies. Par contre, il était entendu que la Moldavie participerait à la guerre projetée contre les Turcs, entretiendrait toujours avec la Pologne des rapports de bon voisinage et n'apporterait pas d'entraves au commerce.

Le négociateur qui avait obtenu pour la Moldavie cet heureux résultat était Luc Cîrjă, comme nous l'apprend le préambule du diplôme de Sigismond: »Quia cum magnificus dominus Stephanus, voievoda Terre Moldaviensis, amicus sincere Nobis dilectus, sedem patris sui olim magnifici Joannis Bohdani voievode assecutus, a Nobis per suum nobilem Lucam Kirsza, oratorem et officialem suum qui *kumiennik* dicitur, postulasset ut cum eo antiqua federa et inscriptiones... innovaremus, etc.« Voy. le texte complet dans les *Acta Tom.*, IV, 153; dans Dogiel, *Cod. dipl.*, I, 610; dans Sinkai, II, 138, et dans Mitilineu, 36. Ce dernier auteur a, dans sa traduction, fait de l'ambassadeur et de »l'officier appelé *kumiennik*« deux personnages différents.

ШЙ ЙТРЕ МУЛТЕ ЙМЕСТЕКЙТУРЙ АУ АШЕЗАТ ДОМН ПРЕ
РАДУЛ ВОДЙ КЙЛУГЙРУЛ.*)

*) Nous ne pouvons faire incidemment l'histoire de la Valachie, mais il est nécessaire de donner au moins quelques indications relatives aux princes qui s'y succédèrent au commencement du XVIᵉ siècle. Radu III mourut en 1508 (voy. ci-dessus p. 235). L'auteur de la Vie du patriarche Niphon dit qu'il fut enterré au monastère de Deal (Hîșdău, *Arch.*, I, ii, 140). Le trône passa ensuite à Mihnea, que la Vie de Niphon (*ibid.*) et la chronique de Valachie (cf. Sinkai, II, 116) prétendent avoir été fils de l'armaș Dracia, mais qui était en réalité fils de Radu; une souscription reproduite dans la *Revista română* (I, 819) ne permet pas de révoquer le fait en doute. Mihnea fut tué à Hermannstadt, le 12 mars 1510, par son oncle Danciu, fils de Vlad III l'Empaleur, et par Démètre Jakšić (voy. les documents cités par Engel, I, 194 et par Sinkai, II, 124); il eut pour successeur Vlad VI, fils de Vlad, cité dans la souscription d'un Октоихъ de 1510 (Гласник, XLIV, 253) et dans un diplôme du 27 décembre 1511 (*Fóia Societății Romănismulŭ*, I, 46).

A quelle famille appartenait le nouveau prince? Un contemporain, le moine Gabriel, auteur de la Vie du patriarche Niphon, dit que Vlad était frère de Radu (voy. Hîșdău, *Arch.*, I, ii, 141 et 143), mais il est probable qu'il n'était que son neveu. Nous le croyons fils de Vlad V, que nous regardons lui-même comme le fils de Vlad III l'Empaleur. Le nom de Vlăduță, que lui donnent les historiens roumains, indique que c'était un jeune homme, et n'aurait pas convenu au fils d'un prince mort en 1476.

Quoi qu'il en soit, Vlad VI fut reconnu par la Hongrie, de préférence à Mircea, fils de Mihnea, et prêta le serment de fidélité. Engel (I, 197) rapporte d'après Eder, le commencement de l'acte publié à cette occasion: »Nos Wlad, Dei gratia woyvoda transalpinus,... cum egregiis boyaronibus ac nobilibus Nostris, recognoscimus quod quia dominus noster gratissimus Wlad[islaus] rex, una cum illustrissimo ejus primogenito rege Ludovico, Nos in regno paterno et haereditario transalpino gratiose confirmavit, ideo, vestigiis praedecessorum nostrorum sequi cupientes, omni fidelitate sacrae Coronae et regi Wladislao inservire et adesse perpetuo volumus.«

n'attendaient qu'une occasion semblable. Après diverses complications, Radu-le-Moine fut installé prince.*)

Vlad VI fut renversé, au commencement de l'année 1512 par les boïars alliés aux Turcs; le biographe de Niphon (ap. Hîşdău, *Arch.*, I, II, 143) rapporte que Mohammed-Paša, qui commandait les Turcs, le tua de sa propre main.

Le rival heureux de Vlad, Neagoie, fils de Băsărab-le-Jeune, était en possession du trône le 25 juillet 1512, comme nous l'apprend la souscription d'un évangeliaire achevé d'imprimer à cette date (*Revista română*, I, 815; Šafařík, *Gesch. der südslaw. Lit.*, III, 256); nous renverrons à Engel et à Sinkai pour les détails de son histoire.

Neagoie mourut le 15 septembre 7030 [1521]. Son inscription funéraire qui se voit encore dans l'église de Curtea d'Argeş, confirme la date donnée par Urechi. La même inscription nous apprend qu'il avait régné neuf ans et demi (voy. Reissenberger, *L'Église du Monastère épiscopal de Kurtea d'Argis en Valachie*; Vienne 1867, in-4, 43).

Les deux fils de Neagoie, dont l'aîné s'appelait Théodose étaient encore des enfants; aussi la régence fut-elle confiée à Preda Băsărab, fils du grand-vornic Pîrvul. Constantin Căpitanul croit que Preda était frère de Neagoie et par conséquent fils de Băsărab-le-Jeune (*Magazinu istoriku*, I, 158), mais la filiation que nous indiquons est attestée par la souscription d'un ms. exécuté pour Preda lui-même, en 1521 (*Revista română*, I, 728). Cependant les boïars réfugiés en Moldavie se prononcèrent en faveur d'un personnage que la chronique valaque appelle Radu-le-Moine, tandis que le roi Louis II, dans une lettre que nous allons citer, lui donne le nom de Dragomir-le-Moine. Ce nouveau prétendant eut facilement raison de Preda, qui fut défait et tué près de Tîrgovişte, mais il fut vaincu à son tour par Mohammed-Bey, gouverneur de Nicopoli, et tomba sous les coups d'un cousin de Preda, le comis Bădica. Le fils de Neagoie aurait dû régner en paix, mais Mohammed-Bey, s'empara de lui et de sa mère Despina, et les envoya de l'autre côté du Danube.

Voici en quels termes le roi Louis II expose ces faits dans une lettre écrite au roi de Pologne Sigismond, vers la fin de l'année 1521: »Magnum quoque ex partibus Transalpinis nostrae Transilvaniae ac toti regno instat periculum. Nam cum defuncto patri Bazorab, vayvodae transalpino, filius Theodosius puer, nostro consensu successisset, emersit in ea provincia quidam ex vaivodarum genere, qui puerum dominium (?) privaturus bellum eidem intulit. Non procul erat eo tempore Mehmetbegus Turcorum praefectus, qui cognitis his quae in Transalpinis agebantur, ut vaivodam sibi faceret obnoxium, cum aliquot Turcorum millibus Theodosio tulit auxilium, proelioque cum hostibus collato, eum qui provinciae dominatum affectabat occidit, puerumque cum matre et patris majorumque suorum thesauro et optimis quibusdam tormentis bellicis, ad numerum triginta duorum, in Turci transtulit dominium et potestatem. Hujuscemodi autem est Mehmetbegus usus arte et perfidia. Simulabat se puerum velle paternae sedi ac dominationi restituere, atque ita restituere ut postea tutus esse posset. Quum igitur ad Tergovisciam, oppidum celebre Transalpinae provinciae, ubi vaivoda habet domicilium, cum matre, opibus et tormentis, Theodosius pervenisset, praeter opinionem, navibus quae ad hoc ipsum paratae in Danubio erant imponuntur, et Nicopolin, quo in loco hodie quoque detinentur, sunt deducti. Itaque Mehmetbeg cum Turcis rerum summam in Transalpinis hoc tempore obtinet, etsi Valachi seditionibus intestinis et factionibus et tumultu universam concitarunt provinciam. Alter enim alterius bona hostilem in modum vastat ac diripit. Quin etiam in Transilvania, ex hoc provincia per Turcos nuper et Valachos facta incursione, Siculorum nostrorum villae aliquot in praedam sunt versae....« (Engel, I, 200).

On remarquera que le roi de Hongrie ne parle pas de Preda; par contre, une autre lettre de Louis II, adressée aux habitants de Hermannstadt, à la date du 26 octobre 1521 (Engel, I, 202; Sinkai, II, 146) nous révèle le nom du moine qui l'avait emporté: »Ex litteris vestris intelleximus non sine ingenti molestia calamitatem illam quam calager ille Dragamir Theodosio vayvodae transalpinensi intulit. Qui quidem Theodosius cum sit legitimus heres et per Nos quoque confirmatus vayvoda transalpinensis, statuimus ei in omnem eventum quo citius fieri poterit succurrere, et jam wayvodae Nostro transilvano commisimus ut opem illi ferat ad advertendam hanc hostilitatem.«

Mohammed-Bey, qui sous prétexte de porter secours à Théodose, avait usurpé le pouvoir, fut pendant une année environ maître absolu de la Valachie. Constantin Căpitanul dit même qu'il intrigua auprès du sultan pour se faire reconnaître expressément comme prince. Alors les boïars renoncèrent à leurs querelles et portèrent au trône Radu IV d'Afumaţĭ, fils de Radu III et par conséquent frère de Mihnea. Radu IV avait épousé Rocsanda, fille de Neagoie et de Despina. Cette généalogie est nettement établie par l'épitaphe de Radu au monastère d'Argeş (Reissenberger, 42).

Le bey de Nicopoli n'était pas d'humeur à céder le pouvoir à un chrétien. Tandis qu'il envoyait la veuve et les fils de Neagoie mourir obscurément à Constantinople, il engagea la lutte avec Radu. Vaincu à Glubavĭ(?), puis à Clejanĭ (district de Vlaşca), il ne se laissa pas décourager. Une troisième rencontre lui fut plus favorable; il défit Radu, qui dut se réfugier en Transylvanie. Des secours de Jean Zápolya permirent au prince valaque de recommencer la lutte; il fut vainqueur à Grumaţĭ(?), mais comme il allait prendre possession de sa capitale, il fut surpris par les Turcs et contraint de retourner en Transylvanie. Deux boïars illustres, Neagoie Tătarul et le portier Stanciu, périrent dans la bataille.

Zápolya résolut de tenter un dernier effort en faveur de son protégé. A la tête d'une armée de 30.000 hommes il pénétra en Valachie près de Rucăr (district de Muştel) et marcha sur Piteştĭ. Les Turcs, qui ne s'attendaient à rien moins qu'à une attaque, prirent la fuite.

Cette campagne dut avoir lieu en 1523, bien que les annales magyares de Verancsics la placent en 1524. Le même historien ajoute que Valentin Török, François Bodó et d'autres braves s'y distinguèrent, et que la bataille fut livrée près de Tîrgovişte (*Monumenta Hungariae historica*; II. Osztály: Irók, III, 20; cf. au sujet des arrangements intervenus entre Zápolya et le prince de Transylvanie, Katona, *Historia critica*, XXII, 123).

Radu n'était pas encore au terme de ses aventures. En possession du trône, il dut prêter hommage au sultan; il partit pour Constantinople et fut retenu prisonnier par les Turcs. La principauté fut donnée par Soliman à un personnage du nom de Vladislas, dont nous possédons un diplôme daté de Giurgiu le 24 juillet 1524 (Hîşdău, *Arch.*, I, 1, 104). Nous ignorons d'où venait ce Vladislas; en lisant le diplôme dont nous venons de parler, diplôme où il est fait une donation au monastère d'Argeş, on ne peuţ douter qu'il n'appartînt à la famille Băsărab. Le même document est contresigné du grand-ban de Craiova Pîrvul.

Radu parvint cependant à ressaisir le pouvoir peu de temps après. Au mois de septembre 1526, il eut la gloire

Ꚍ а҃ нꙋл ҂зл҃, март к҃, аꙋ прнвнцнт Шꚍрпе по- ᵃ
стéлникꙋл де фрӏка лꙋй Стéфан Вóдъ.*)

Кꙋм аꙋ пернт Арвꙋре хатманꙋл шн кꙋ
фечӏѡрӏй лꙋй.

Ꚍтрачéсташ ан, ꚍ лꙋна лꙋй апрнл, ꚍ четатѣ
Хърлъꙋлꙋй аꙋ тъiат Стéфан Вóдъ пре Арвꙋре хат-ᵇ
манꙋл, пре каре зпк съл фӏе афлат ꚍ виклéнӏе.**) Ӏар
лꙋкрꙋ адевърат нꙋ се щӏе; нꙋмай атѣта пꙋтéм кꙋ-
нóаще, къ норóкꙋл фӏе оꙋнде аре завпстӏе, алéс оꙋ
ѡм ка ачéла чѐ крескꙋсе Стéфан Вóдъ пе палмеле лꙋй,
авънд атѣта крединцъ, шн ꚍ тинерéциле лꙋй Стéфан ᶜ
Вóдъ тóатъ цѐра ѡкърмꙋӏа оꙋнде мꙋлци връжмашн
исъꙋ афлат, де кꙋ мꙋлте кꙋвинте рѣле лъꙋ дꙋꙋкат
ꚍ оꙋрéкиле дóмнꙋсеꙋ. Чè пꙋрꙋрѣ тинерӏй се плѣкъ
шн крéдꙋ кꙋвинтеле чѣле рѣле а похливꙋитóрилѡр
(ꚍвꙋꙋтóрилѡр). Шн ачѣ платъ аꙋ лꙋат дела дꙋн-ᵈ
сꙋл, ꚍ лóк де дъꙋчкъцъ амар, пéнтрꙋ невоинца лꙋй чѣ
маре, къ нпче жъдекат,¹⁾ нпче доведит, аꙋ пернт.
Де каре лꙋкрꙋ мꙋлци динтре воиéрӏй цѐрӏй спънмън-
тънд ꙋсе, аꙋ ꚍчепꙋт асокотире кꙋм въръ лꙋа шн ѐн
платъ дела Стéфан Вóдъ ка шн Арвꙋре хатманꙋл, ᵉ
къ нꙋ мꙋлтъ врѣме ꚍтрачéлаш ан аꙋ тъiат Стéфан
Вóдъ шн пре фечӏѡрӏй лꙋй Арвꙋре, пре Тóадер шн
пре Никита.

---

¹) B: *giudecatŭ.*

d'achever la belle église d'Argeş (voy. les inscriptions publiées
par Reissenberger, 42). Il fut détrôné à la fin de l'année
1528, par le vornic Neagoie et le postelnic Drăgan (Sinkai,
II, 149), et mourut le 4 janvier 1529 (Reissenberger, 43).

*) Le postelnic Şerpe est cité dans un diplôme du 5 mars
1513 (Hişdău, *Arch.,* I, II, 119), dans un document du 23 décembre 1517, qui contient des renseignements sur sa famille

En 7031 [1523], le 20 mars, le postelnic Şerpe, se réfugia [à l'étranger] par crainte d'Étienne.*)

L'hetman Arbure est mis à mort avec ses fils.

La même année, au mois d'avril, Étienne fit trancher la tête dans la forteresse de Hîrlău, à l'hetman Arbure, dont il avait, dit-on, surpris la trahison.**) On ne connaît pas la vérité [sur ce point]. Tout ce que nous pouvons savoir c'est que partout l'envie s'attache à la fortune. Cela est vrai surtout d'un homme tel [qu'Arbure], qui avait élevé Étienne dans ses bras, qui jouissait de son entière confiance, et qui, pendant la minorité du prince, gouvernait tout le pays. Il se fit ainsi beaucoup d'ennemis, qui glissèrent leurs calomnies dans les oreilles d'Étienne, car les jeunes gens se laissent toujours entraîner et croient les mauvais rapports des flatteurs. Au lieu d'un bon traitement, il reçut pour toutes ses peines une triste recompense; il fut mis à mort sans jugement et sans preuves. Cet évènement épouvanta un grand nombre de boïars moldaves, qui se demandèrent si le prince ne leur ferait pas subir le même sort qu'Arbure, car, peu de temps après, la même année, Étienne fit mettre à mort les fils d'Arbure, Théodore et Nicétas.

(*ibid.*, I, 1, 27), dans un diplôme de 1518, sans indication de mois (Wickenhauser, 75), enfin dans des actes du 9 janvier 1519 (Hîşdău, *Arch.*, I, 1, 37) et du 28 juillet 1520 (Melchisedec, *Chronica Romanului*, I, 158). Sa présence en Pologne donna lieu, en 1523, à des négociations entre Étienne et Sigismond (*Acta, Tomiciana*, VI, 318, 324).

**) Nous avons déjà parlé d'Arbure appelé précédemment par Urechi Copaciŭ (cf. p. 247). Nous résumons dans les notes qui suivent les négociations auxquelles il est probable qu'il présida pendant la minorité d'Étienne.

Le diplôme du 28 juillet 1520 (Melchisedec, *Chronica Rom.*, 156) concerne une donation faite par Arbure à son neveu Dragoş dela Poartă, et prouve qu'à cette date l'hetman n'avait pas encore perdu la faveur du prince.

Рȣдикáтȣсѧ боїéрїй Молдóвїй пре дóмнȣсеȣ Стéфан Вóдъ.

Ꙟ ănȣл ͵зл҃в, септéмврїе з҃, възънд боїéрїй Молдóвїй ши лъкȣитóрїй цéрїй моартѣ лȣй Ӑрбȣре хáтманȣл, апóй ши а̀ фечїо̂рилѡр лȣй, щїинд къ̀т бине áȣ авȣ́т Стéфан Вóдъ дела дъ̀ншїй, ши май апóй кȣ чè плáтъ лȣ̀ плъ̀тит, кȣ тóцїй сáȣ ꙟтристáт де връжмъшїа лȣй Стéфан Вóдъ, сокотинд къ̀ ши е̂й вѝѡр лȣà а̂чѣ плáтъ, чѣ̀ȣ лȣáт ши Ӑрбȣре хáтманȣл; кȣ тóцїй сáȣ рȣдикáт асȣ́пръй, че нимикъ нáȣ испръвит, къ чéлȣй фрикóс ши спъймъ̀нтáт, щїиндȣ́ши перирѣ̀ дъ̀пȣ̀рȣ̀рѣ ꙟнаинтѣ о̂чилѡр, ниче о̂ȣн лóк де ѿдихнъ н̂ъй ниче ̂и̇нима де ръсбóю. Ши възъ̀нд къ лȣй Стéфан Вóдъ ı̈áȣ венит цѣра ꙟтрацютȣ́р, сáȣ ръсипит пинтрáлте цѣ́рй, лъсъ̀ндȣ́ши ѡ̂чинилѣ ши кáселе. А̂̂прȣ пре Кóсте пъркълáбȣл,*) ши пре Ивáшко логофѣ́тȣл, ши пре Симa вистéрникȣл, ши пре áлцїй мѫлцй ̂ı́áȣ принс вїй, ши лèȣ тъїáт кáпетеле ꙟ тъ̀рг ꙟ Рóман.

Ꙟтрачéсташ ăн,**) ꙟторкъ̀ндȣсе ѡ̂ сѣмъ де ѡ̂áсте тȣрчéскъ ден цѣра Лешѣ́скъ, чѐ ꙟблъ ла прáдъ, лèȣ ѐшит Стéфан Вóдъ ꙟнайнте пре áпа Прȣтȣлȣй ла Тарасъȣцй;***) ши дин д҃ де ѡ̂амень пȣцини áȣ хъ̀лъдȣ́ит ла цѣ́ра лѡр. †)

---

*) Constantin, porcolab de Niamț, est cité dans les diplômes où nous avons relevé déjà le nom de Șerpe (voy. ci-dessus p. 268); nous ne savons rien de ses compagnons d'infortune, Ivașcu et Simon.

**) Cette rencontre eut lieu pendant l'été de 1523; nous en parlerons plus loin.

***) Le village de Tărăsăuți est situé sur la rive gauche du Prut au-dessous du confluent de la Rîchitna neagră, près de la frontière de la Bucovine actuelle.

†) Urechi s'écarte ici de l'ordre chronologique et ne donne qu'une idée assez inexacte des négociations qui eurent lieu pendant

Les Boïars moldaves se soulèvent contre leur prince Étienne.

En 7032 [1523], le 7 septembre, les boïars de Moldavie et les habitants du pays, qui avaient vu la mort de l'hetman Arbure et de ses fils, et qui savaient tout le bien qu'Étienne avait reçu d'eux et comment il les en avait récompensés, consternés de la rigueur du prince et craignant d'être traités par lui comme Arbure l'avait été, se soulevèrent tous contre lui. Ils ne réussirent pas, car l'homme craintif et épouvanté, qui a toujours devant les yeux la mort dont il est menacé, ne peut prendre du repos et n'a pas non plus le cœur disposé au combat Quand ils virent, que les milices venaient au secours d'Étienne, ils se sauvèrent dans d'autre pays, abandonnant leurs terres et leurs maisons. Le porcolab Constantin,*) le logothète Ivaşcu, le vestiaire Simon et beaucoup d'autres tombèrent vivants entre les mains du prince, qui les fit décapiter dans la ville de Roman.

La même année,**) Étienne marcha contre un corps de troupes turques qui, en revenant de Pologne, se livraient au pillage. [Il rencontra l'ennemi] sur le Prut, à Tarasăuc;***) sur les 4000 hommes qu'il comptait, bien peu rentrèrent dans leur pays. †)

---

les premières années du règne d'Étienne. Nous pouvons, grâce aux *Acta Tomiciana*, compléter son récit.

Nous avons déjà parlé des relations amicales qui s'étaient établies entre la principauté et la Pologne, ainsi que du traité d'alliance conclu entre Étienne et le roi Sigismond, au mois de décembre 1518 (voy. p. 263); un nouveau traité, réglant toutes les questions relatives aux conflits de juridiction qui s'élevaient sans cesse sur la frontière, fut signé, au mois de juillet de l'année suivante, par les plénipotentiaires polonais: Othon de Chodecz, palatin de Galicie et staroste de Hotin, de Kołomyja et de Sniatyn, et Nicolas Iskrzicki, stolnik de Podolie,

Пе́нтру па́че кȣм ау фъкȣт Стефан Во́дъ кȣ Кра́юл леше́ск.

Пре аче́ле вре́мй Жикмо́нд Кра́юл леше́ск, ау тримис со́лй ла Стефан Во́дъ пофтинд ка съ по́атъ

et les plénipotentiaires moldaves: Grinkovič et Talaba, starostes de Hotin, Ivaneş »şetrar«, Cîrjă »humienic« et Petrică, staroste de Cernăuţi (*Acta Tomiciana*, V, 90; Hîşdău, *Arch.*, I, II, 1; Mitilineu, 42). Le roi Sigismond, pour répondre à l'attitude pacifique de la Moldavie, tenait la main à l'exécution des engagements pris par son gouvernement envers Étienne; il surveillait en particulier le prétendant Pierre Rareş: »Non vult Majestas Sua«, écrit, en 1520, le vice-chancelier P. Tomiczki à Stanislas Kościelecki, palatin d'Inowracław,« ut Petrum Valachum ex castro dimittat Vestra Magnificia; non satis enim ei fidit Sua Majestas postquam jam alias ad ejus hostem profugerat« (*Acta Tom.*, V, 143). Dans le même ordre d'idées, le roi exigeait que le palatin de Kamieniec, Stanislas Lanczkoroński, tînt compte des réclamations faites par les Moldaves (*Acta*, V, 273). De leur côté, les conseillers d'Étienne informaient leurs voisins de tous les mouvements des Tatars (*Acta*, V, 272, 586, et négociaient d'un commun accord avec les envoyés de Crimée (*Acta*, V, 175).

Ces bonnes relations durèrent jusqu'à l'année 1522, année où le prince de Moldavie, alors âgé de seize ans, paraît avoir pris en main la direction des affaires. Étienne commença par reprocher au roi de Pologne d'avoir donné asile à deux réfugiés moldaves, Isaac (était-ce le logothète dont nous avons parlé ci-dessus, p. 179?) et Bîrlan, qu'il accusait de conspirer contre son trône. Sigismond répondit qu'il ignorait la présence dans ses états de ces deux boiars et qu'il ne favoriserait en rien leurs entreprises (*Acta*, VI, 24). Il était d'autant plus disposé à ménager Étienne qu'il craignait une attaque des Turcs et désirait amener une alliance entre tous les peuples chrétiens. Il chargea un envoyé spécial de s'entendre à cet effet avec la cour moldave (*Acta*, VI, 54), mais le jeune prince qu'il tâchait de s'attacher, était incapable de suivre une ligne de conduite droite et honorable. Étienne tergiversa et députa auprès du roi des ambassadeurs dont la duplicité choqua les Polonais (*Acta*, VI, 86). Un incident sur lequel nous ne possédons pas de détails, contribua peut-

Étienne fait la paix avec le roi de Pologne.

Vers cette époque, le roi de Pologne Sigismond envoya des ambassadeurs à Étienne, le priant de laisser

être à aigrir les esprits de part et d'autre. Il avait été question d'un mariage entre le prince de Moldavie et une fille naturelle de Sigismond, mais le roi arrêta brusquement les négociations et déclara qu'il ne consentirait pas à cette union (*Acta*, VI, 119). Luc Cîrjă, chargé par Etienne, en 1523, d'une mission en Pologne, déploya une grande habileté pour justifier les hésitations de son maître (*Acta*, VI, 226; Hîşdău, Arch., I, 1, 9), mais son éloquence ne parvint pas à faire revenir la cour de Cracovie de ses mauvaises impressions. D'ailleurs, au moment même ou Cîrjă protestait de l'attachement du prince à la Pologne et à la cause chrétienne en général, on apprit que les boïars moldaves s'étaient révoltés contre le joug odieux d'un tyran de dix-sept ans.

Sigismond chargea deux grands dignitaires: Laurent Miedzileski, évêque de Kamieniec, et Georges Krupski, châtelain de Cracovie, de se rendre en Moldavie et d'insister auprès d'Étienne pour qu'il se réconciliât avec ses boïars. Les deux ambassadeurs devaient particulièrement faire observer au prince que les conseils de la Pologne étaient tout-à-fait désintéressés et que le roi ne cherchait que le bien de son allié (*Acta*, VI, 284). Mais comment faire écouter le langage de la raison à un fou qui ne voulait rien entendre? Les envoyés polonais échouèrent, et l'évêque Miedzileski fut retenu prisonnier, au mépris du droit des gens (*Acta*, VI, 307). La situation devenait intolérable dans la principauté; les boïars, pour se délivrer d'un odieux oppresseur, priaient le roi d'intervenir, et menaçaient de se donner aux Hongrois ou aux Turcs (*Acta*, VI, 308). Sigismond crut devoir réclamer le concours de son neveu, le roi de Hongrie Louis II.: »Quid geratur in Moldavia,« lui écrivit-il, »ut voievoda ille sua insolentia et furore se et suos it perditum, Vestra Majestas jam a nuncio suo, qui nuper hic erat, abunde intelligere potuit. Nos his angustis temporibus timentes ne qua ultione nostra, id quod semper veremur, provincia illa celerius in potestatem hostis nostri communis deveniret, cogimur magnas injurias ipsius voievode dissimulare« (*Acta*, VI, 308). Afin d'éviter la guerre, le roi de Pologne réclamait les bons offices des Hongrois et comptait sur eux pour obtenir la mise en liberté de

авѣ негȣцитóрїй кáле дескѝсъ дѝн цѫрá лȣй съ трѣккъ
ла Цѫрá Тȣрчѣскъ, шѝ съ фíе ѫтрȣнá ѫсȣпрá Татá-
рилшр.[1] Їáр[2] Стéфан Вóдъ ашѝждерѣ аȣ тримíс
сóлїй сéй ѫтрȣ ѫтърíрѣ прїетешȣгȣлȣй, шѝ съ тримíцъ
ла мáрџине съ фáкъ лѣџе чéлшр кȣ стримбътъцїй, шѝ
съй слобóдъ сóлїй сéй съ трѣккъ ла Мóск. Дéчѝ де
афáчере лѣџе ла мáрџине аȣ фъгъдȣѝт, їáр ла Мóск
съ трѣккъ сóлїй прѝн цѫрá лȣй нȣ лъсáт, пéнтрȣ
нелшеȣáрѣ чѐ авѣ кȣ Мóсквл.*)

---

[1]) B: *Tătariloru*. [2]) B: *Ěră*.

Miedzileski. Non seulement Étienne retenait l'ambassadeur prisonnier, mais il menaçait de s'allier aux Turcs pour attaquer Sigismond (*Acta*, VI, 317). Il exigeait qu'on lui livrât Şerpe, le boïar fugitif. Son attitude aggressive effraya les conseillers du roi de Pologne, qui furent d'avis, sinon de livrer Şerpe, du moins de l'expulser du royaume, pour ne pas avoir à repousser une invasion (*Acta*, VI, 318).

Cependant, grâce aux démarches de Louis II (*Acta*, VI 344), Miedzileski parvint, vers la fin de l'année 1523, à recouvrer sa liberté, et rentra en Pologne. Sigismond, après avoir reçu le rapport, de son ambassadeur consulta Şerpe lui-même sur le parti qu'il convenait de prendre. Le boïar moldave fut d'avis que, si les Polonais et les Hongrois ne prenaient pas l'initiative d'une intervention, les Turcs entreraient, au printemps, dans la principauté, car Étiene n'avait pas d'autre ressource que de les appeler. Il émit l'opinion que le roi ferait bien de réunir secrètement les refugiés et de choisir de concert avec eux un candidat au trône de Moldavie (*Acta*, VI, 324).

Un agent roumain appelé Tomşa, que Sigismond avait envoyé en Basse-Moldavie et qui s'etait rendu auprès des boïars réfugiés à Braşov, en Transylvanie, rapporta des renseignements qui confirmèrent les avis de Şerpe (*Acta*, VI, 325), mais, comme les Hongrois recommandaient la modération et la patience (*Acta*, VI, 344) et que les Turcs venaient d'envahir la Podolie et la Russie, le roi ne voulut rien faire qui pût amener une rupture. Il reconnut bien vite les avantages de cette sage politique. Les Turcs, à qui les Polonais n'avaient

les marchands traverser librement ses états pour se rendre en Turquie, et de s'unir à lui contre les Tatars. De son côté, le prince de Moldavie députa au roi des ambassadeurs pour fortifier leurs relations [mutuelles] d'amitié, et lui demanda l'envoi [d'une commission] à la frontière pour y juger les contestations, ainsi que la permission pour ses agents de passer en Moscovie. [Sigismond] promit de faire statuer sur les questions en litige à la frontière, mais, en raison de sa querelle avec le Moscovite, ne permit pas aux envoyés de traverser le royaume.*)

---

fait eprouver que des pertes légères, parvinrent à repasser le Dniestr, avant que Nicolas Firlei les eût atteints; Étienne eut alors une bonne inspiration et fit vaillamment son devoir. »Qui, dum per propinquam Moldaviam breviore itinere ad Istri ostia transire parant,« dit Wapovski (*Fragmentum*, 588), »Moldavi, habitu et armis polonicis instructi, abeuntes a tergo ferociter aggressi, praeda omni exutos ad internecionem caeciderunt. Alia Turcorum agmina per Podoliam ad Tyrae amnis ostia et Moncastrum seu Bialogrodum pervenere, quos equitatus polonus insectatus, extrema exercitus carpebat, cum caede et captivitate multorum.«

Le prince de Moldavie annonça aussitôt sa victoire à Sigismond par un envoyé spécial (*Acta*, VII, 43). Ce fut une consolation pour les Polonais, qui traversaient alors de rudes épreuves, car aux Turcs succédèrent les hordes tatares, plus nombreuses et plus terribles encore (Wapowski, *loc. cit.*).

Urechi place la victoire d'Étienne avant ses négociations avec la Pologne au sujet des conflits qui s'élevaient sur la frontière; il suit en cela Wapowski (*Fragmentum*, 590). Nous avons rétabli l'ordre des faits d'après les *Acta Tomiciana*.

*) Étienne, après la défaite qu'il avait infligée aux Turcs, se croyait plus fort que tous ses voisins et les traitait avec mépris »Ex hoc incluso exemplo responsionis moldavice«, ecrivait Pierre Tomiczki à Luc Gorski, le 22 août 1524,« ... Vestra Magnificencia facile cognoscet quo in pretio apud ipsum Moldavum simus, ob ignaviam nostram, que modum et facultatem defensionis nobis ademit« (*Acta*, VII, 61). Cette arrogance brouilla encore une fois le prince avec les Polonais, qui décidément avaient perdu toute confiance en lui. Sigismond,

Кънд ау прѣдат Стефан Водъ чел Тънър Цѣра Мунтенѣскъ.

Ꙟ анул ҂зѯд феврꙋарїе є, Стефан Водъ симцїндусе пентру вълфа ку норок че аве ла ръсбоїе,*) стрїнсау цѣра ши ку маре оурџїе ау ꙟтрат ꙟ Цѣра Мунтенѣскъ асупра Радулуй Водъ,**) ши ау прѣдат цѣра пънъ 1) ла Търгушоръ;***) ши ниме нау кутеѕат съй стѣ ꙟпотривъ. 2) Че ку паче ау невоит Радул Водъ де ау потолит симецїа. Дечїй сау ꙟторс Стефан Водъ ꙟнапой фъръ де ниче ѡ сминтѣлъ.

Ꙟтрачесташий врѣме, септемврїе к, ꙟ анул ҂зѯє, престъвитусау Петру Водъ, фечїѡрул луй Богдан Водъ, фрателе луй Стефан Водъ челуй Тънър. †)

Пентру моартѣ луй Стефан Водъ челуй Тънър.

Ꙟтрачесташ ан, ҂зѯє генарїе дı, ръпосатау Стефан Водъ чел Тънър, фечїѡрул луй Богдан Водъ, ꙟ четатѣ Хотинулуй, ши ку чинсте лау ꙟгропат ꙟ мънъстире 3) ꙟ Путна,††) каре есте зидитъ де мошул сеу

---

¹) B: *pănă*. ²) B: *împrotivă*. ³) B: *monăstire*.

voulant envoyer un ambassadeur à Constantinople, le fit passer par la Hongrie, malgré la longueur du chemin, pour qu'il ne fût pas exposé à des vexations de la part d'Étienne (*Acta*, VIII, 278). À chaque instant, la cour polonaise craignait d'avoir à lutter contre une coalition des Moldaves et des Turcs (*Acta*, VII, 66, 158).

*) Nous ignorons les raisons qui amenèrent la lutte d'Étienne contre les Valaques. Il est probable toutefois que ces derniers avaient donné asile à des réfugiés politiques, dont le prince réclamait l'extradition.

**) Sur Radu, voy. ci-dessus p. 267.

***) Tirgușorul-Vechiŭ, dans le district de Prahova.

Étienne-le-Jeune pille la Valachie.

En 7034 [1526], le 5 février, Étienne, entraîné par son ardeur guerrière et par les succès qu'il avait remportés,*) réunit les milices et pénétra en Valachie avec une grande impétuosité, à la rencontre de Radu.**) Il livra le pays au pillage jusqu' à Tîrguşor;***) personne n'osa lui résister; Radu chercha au contraire à calmer sa colère en faisant la paix. Étienne, se retira donc sans avoir été aucunement inquiété.

Vers le même temps, le 20 septembre 7035 [1526], mourut le prince Pierre, fils de Bogdan et frère d'Étienne-le-Jeune. †)

Mort d'Étienne-le-Jeune.

La même année, le 14 février 7035 [1527], Étienne-le-Jeune, fils de Bogdan, mourut dans la forteresse de Hotin. Il fut enterré avec pompe au monastère de Putna,††) fondé par son grand-père, Étienne-le-Bon. Il avait régné

---

†) Pierre est cité dans des diplômes de 1513, Hîşdău, (*Arch.*, I, II, 119), de 1515 (*ibid.*, I, 1, 157), de 1517 (*ibid.*, I, 1, 27), de 1518 (Wickenhauser, 75) et de 1519 (Hîşdău, *Arch.*, I, 1, 37). Cf. note **) p. 256.

††) Voici, d'après Cogălniceanu, l'épitaphe que Pierre Rareş plaça sur le tombeau d'Étienne au monastère de Putna:

Благочестивый и христолюбивый Іѡн Петръ Воевода, господаръ земли Молдавскои, оукраси гроб сїй... своемѹ Стефанѹ Воеводы, иже преставися къ вѣчнымъ ѡбителем, влѣто ҂зле, мѣсяца генарія к.

»Le voïévode Jean Pierre, le pieux et chrétien prince de Moldavie, a élevé ce tombeau à son [neveu], le voïévode Étienne, qui a émigré vers les demeures éternelles, le 12 janvier 7035 [1527].« Cogălniceanu, *Арх.*, II, 309.

Cette inscription permet de rectifier la date donnée par Urechi.

Стєфан Водъ чєл бѫн. Ши аѹ домнит д̃ ани ши д̃ лѹни. Скріе ла ѹн лѣтописєцъ молдовинѣскъ¹⁾ дє зїчє къ прє ачєст Стєфан Водъ лаѹ ѿръвит доамна са.

Ачєст Стєфан Водъ ѫнтрѹ тот сѫмѫна кѹ фирѣ мошѹсѹ, лѹй Стєфан Водъ чєлѹй бѫн, къ ла рѫскоаїє ѫй мєрцѣ кѹ норок къ тот ӥсбѫндїа, ши лѹкрѹл сєѹ ѫл цїа ал пѹртѫ, мъкар къ ера тѫнѫр дє зилє, ши ера ѹм мѫнїос, ши прѣ лєснє върсѫтор дє сѫнцє.

КАП ЕI.

Домнїа лѹй Пєтрѹ Водъ Рарєш, фєчїорѹл лѹй Стєфан Водъ чєлѹй бѫн ѫ анѹл ҂зле, гєнар к̃.*)

Боїєрїй ши цєра, дѹпъ моартѣ лѹй Стєфан Водъ чєл тѫнѫр, съѹ стринс ши съѹ сфътѹит прє чинєши вѹр алѣцє сѫлє хіє домн; къ прє ѡбичєюл цєрїй нѹ сє кѫдѣ алтѹїа сѫ дѣ домнїа фѫрѫ дє кѫрѹїа нѹ врѣ фи сѫмѫнцъ дє домн. Ши искодинд ѹнѹл дє алтѹл, съѹ афлат ѹнѹл дѣкѹ мѫртѹрисит къ аѹ ѫцѫлєс дѫн- трѹ митрополитѹл чє съѹ съвѫршит май ѫнаинтє дє Стєфан Водъ, ши фїнд болнав Стєфан Водъ ла Хотин, аѹ лъсат кѹвѫнт, дє сє ва съвѫрши єл, съ нѹ пѹіє прє алтѹл ла домнїє, чи прє Пєтрѹ Мъжѫрѹл чє лаѹ порєклит Рарєш, дѹпрє нѹмєлє мѫерїй чєѹ фост дѹпъ алт барбат²⁾ тѫрговѫцъ дин Хѫрлъѹ, ши лаѹ кїємат Рарєш. Ши аша прє Пєтрѹ афлѫндѹл, ши адєвєринд, кѫй дє ѡсѹл лѹй Стєфан Водъ, кѹ тоцїй лаѹ рѫдикат домн.*) Ши ѫпѹкѫндѹсє дє домнїє, нимє нѹ пєрдѹт

---

¹) Le texte de Ioanid (I, 194) est tout différent: Лѣтописѣ- цѹлѹ чєлѹ молдовєнѣскѹ скрiє къ. ²) B: *bărbat*.

9 ans et 9 mois. Il est dit dans une chronique moldave que ce prince fut empoisonné par sa femme.

Étienne tenait en tout de la nature de son grand-père, Étienne-le-Bon. Il était heureux dans les combats, où il remportait toujours la victoire, et savait faire lui-même ses affaires, tout jeune qu'il fût, mais il était trop enclin à la colère et versait trop facilement le sang.

CHAPITRE XV.
Règne de Pierre Rareş, fils d'Étienne-le-Bon, [commençant] le 20 janvier 7035 (1527).*)

Après la mort d'Étienne, les boïars et les milices s'assemblèrent et délibérèrent sur l'élection du prince. D'après l'usage du pays, le pouvoir ne devait être conféré qu'à un [personnage] du sang princier. Comme [les membres de la réunion] cherchaient à s'éclairer mutuellement, quelqu'un affirma avoir en-tendu dire au métropolitain mort avant Étienne, que ce prince, malade à Hotin, avait déclaré que, s'il mourait, on ne devait placer personne autre sur le trône que Pierre, Măjarul, appelé Rareş, comme sa mère, femme d'un marchand de Hîrlău, nommé Rareş. Ils découvrirent ainsi ce Pierre et, ayant acquis la preuve qu'il était bien du sang d'Étienne, le proclamèrent prince d'une voix unanime.**) Dès qu'il fut en possession du pouvoir, il donna de bonnes espérances à chacun. Il rétablit par-

---

*) Il faut lire 20 février, puisqu' Étienne-le-Jeune ne mourut que le 14 février.

**) Pierre Rareş n'était pas un inconnu, comme le prétend Urechi. On a vu ci-dessus (pp. 243, 255, 258, 282) qu'il aspirait depuis longtemps au trône de Moldavie et qu'Étienne-le-Jeune avait

нӡдѣждѣ; кѫ паче ши ѡдихнѫ ѥра тѹтѹрора, ши кѫ оўн пѫстор кѹи че стрѫжѹкще тѹрма сѧ, аша ѫ тоате пѫрциле сале стрѫжѫїа,*) ши привегїа, ши се некоїа сѫ ѧзцѣскѫ чѣѹ ѫпѹкат; кѫ немикѫ дѫн че сас ашеӡат ла домнїе нѹѹ ӡѫбовит, че де рѫскоїе сас ѫпѹкат, ши ла тоатей мерцѣ кѹ норок.

Кѫнд аѹ прѫдат Петрѹ Водѫ Цѣра Сѫкѹіаскѫ.

Ѫ анѹл ҂ѕлѕ, ѫ ал дойле ан а домнїей сале, Петрѹ Водѫ аѹ рѫдикат ѡасте маре асѹпра Сѫкѹилѹр ла Цѣра Оўнгѹрѣскѫ; ши шаѹ ѫпѫрцит ѡастѣ ѫ доѹѣ нѫлкѹри, ши пре доѹѣ потичй; ши дакѫ аѹ ѫтрат ла Сѫкѹй, ѫ тоате пѫрциле їаѹ спарт, ши їаѹ рисипит, ши ѡрашеле лѣѹ жѫкѹит, ши пре тоци їаѹ сѹпѹс, ши їаѹ плекат шіе, ши кѹ паче сас ѫторс ла скаѹнѹл сѣѹ ла Сѹчѣвѫ.**)

à plusieurs reprises demandé à Sigismond l'extradition de ce rival dangereux. Pierre avait pour lui les boïars réfugiés en Pologne, en sorte que son élection était concertée d'avance. D'après la chronique de Putna (ap. Hișdău, *Arch.*, III, 11), la proclamation du prince eut lieu à Hîrlău.

Pierre prit immédiatement en main la direction des affaires. On a de lui un diplôme daté de Huși le 15 mars 1527 (Melchisedec, *Chron. Huș.*, 17).

*) Le premier acte de Pierre fut de se faire reconnaître par la Pologne. Il envoya deux de ses boïars, Vlad, porcolab de Hotin, et Thomas Barnowski, porcolab de Cernăuți, à la diète de Piotrków, et les chargea de renouveler les anciens traités d'alliance et d'amitié entre les deux pays. Les deux ambassadeurs s'acquittèrent de cette mission et, le 13 décembre 1527 (jour de sainte Lucie), le roi Sigismond publia solennellement les stipulations intervenues entre lui et ses voisins. Il s'engageait à défendre les Moldaves contre les Tatars et leurs autres ennemis, et comptait de même sur leur assistance dans le cas où la Pologne serait attaquée. S'il se formait une coalition contre les Turcs, Pierre s'engageait à en faire partie, mais le roi, prenant en considération la position difficile faite

tout la paix et la tranquillité et, tel qu'un bon pasteur qui veille sur son troupeau, il garda et surveilla toutes ses provinces.*) Il s'efforça d'accroître le domaine qui lui etait échu, et, dès qu'il fut monté sur le trône, il fit sans retard des préparatifs guerriers. Tout lui réussit heureusement.

Pierre pille le pays des Széklers.

En 7036 [1528], la seconde année de son règne, Pierre dirigea une grande armée contre les Széklers de la Hongrie. Il divisa cette armée en deux corps et la fit partir par deux chemins [différents]. Ayant pénétré chez les Széklers, ils les dispersa, les mit en déroute de tous côtés, dévasta leurs villes, les soumit et les força de reconnaître son autorité, puis il rentra paisiblement à Suceava, sa capitale.**)

---

au prince de Moldavie, promettait de ne pas considérer comme une marque d'hostilité de sa part le secours qu'il se verrait obligé de donner aux Turcs, même contre la Pologne. On trouvera tous les articles du traité dans Dogiel, *Cod. dipl.*, I, 613, et dans Mitilineu, 46.

**) Urechi ne nous fait pas connaître les causes de cette expédition qui nous sont révélées par d'autres historiens contemporains. Depuis la mort de Louis II, Jean Zápolya et Ferdinand d'Autriche se disputaient la couronne de Hongrie. Au commencement de l'année 1528, la cause de Ferdinand avait fait de notables progrès; un de ses généraux, Valentin Török pénétra en Transylvanie, et, de concert avec l'évêque d'Alba Iulia (Karlsburg) Nicolas IV Gerendi, avec Pierre Perényi, Étienne Majláth et Marc Pemflinger, combattit les partisans de Zápolya. Le prince de Moldavie, qui tenait pour ce dernier, se crut alors fondé à intervenir; il voulait surtout faire valoir ses droits sur les deux places que Mathias Corvin avait cédées à Étienne-le-Grand (cf. ci-dessus, p. 107). Voici en quels termes Paul Jove raconte cette campagne: »Petrus Perenus Valentinusque Thuracus, praecipui Joannis duces, ad victorem transierant et, ut externo regi operam fidemque probarent

Пре ачѣ врѣме ау оуру́и́т Петру Воду мънъстир҄ъ Поброта, нума́й пъ́нъ ӂ ӂумътате.*)

Ꙗл дѡи́ле ръсбо́ю чѣу фъку́т Петру Воду ку Съку́їй дѐн сѡс де Брашѣу.

Ꙟтрачѐсташ а҄н, ду́пъ чѣу пръда́т Петру Воду Цѣра Съку́ѣскъ, тримѝс ау Ӏ҄нꙁш¹⁾ кра́юл оунгурѣск, со́лий ла Петру Воду де ла́у похті́т съй хіе ꙟтражу́тѡр ꙟпотрѝва²⁾ ѡ̀ са́мъ де до́мнїй оунгурѣщїй, ка́рїй нꙋ̀ врѣ съй се плѣче, шїй ц҄юру́їй ѡ̀ра́шул Би́стрица ку то́т ц҄инꙋ́тул дѝнтрачѣ цѣръ; шѝ а҄лтеле ꙗй фъгъдуѐ ка́й ва̀ да̀, ну́май дѣй ва̀ съпу́не сѡ́бт аску̀нтарѣй ау҄й. Бъꙁа̀нд Петру Воду по́хта ау҄й Ӏ҄нꙁш¹⁾ Кра́ю, оуна пѐнтру ц҄юру҄инца, а́лта пѐнтру прїетешу́гул чѐл аву́ ꙟпрѐну, Ꙟда́тъ ау гъти́т ѡ̀а́сте, шѝ ау трими́с пре Гро́ꙁѣ вѡр-

---

¹) B: Ianoş. ²) B: improtiva.

oppida Transylvaniae quae Joannis praesidio tenebantur circumductis copiis expugnabant. Sed Moldavus, foedum id facinus praevertente fortuna, inexpectatus hostis in Transylvaniam irrupit, utpote qui Cizovio Cechillaeque timendum putaret. quae oppida ab Vladislao Ludovicoque regibus repetita atque oppugnata meminerat. Ferdinandum quoque Germaniae copiis et Caroli fratris opibus fretum, longe maximum sibique obiter metuendum Pannoniae regem futurum existimabat, vel ob id maxime quod Solymanus, persici belli cogitationibus occupatus, nequaquam grave bellum pro christiano rege suscepturus esse videretur. His de causis, Moldavus Austrianos oppida passim expugnantes, non longe a Braxovio in Barzae campis adortus, tumultuario atque improviso pugnae genere profligavit et, quo major et clarior victoria redderetur, omnibus etiam tormentis exuit. Nec mora, Joannes ea hostium clade magnopere laetatus, per legatos inexpectati atque ideo summi beneficii Moldavo gratias agit, postulatque magnis precibus atque promissis ut sibi ad repetendum regnum adesse velit.« *Pauli Jovis Novocomensis Opera* (Basileae, Perna, 1578, in-fol.), II, 466; Hîşdău, Arch., II, 31. Cf. Fessler, éd. Klein, III, 435.

A la même époque, Pierre éleva le monastère de Pobrota, mais seulement jusqu'à la moitié.*)

Seconde Guerre entreprise par Pierre contre les Széklers, [qui habitent] au-dessus de Braşov.

La même année, après que Pierre eut pillé le pays des Széklers, le roi Jean de Hongrie lui envoya des ambassadeurs pour lui demander du secours contre un certain nombre de seigneurs hongrois qui ne voulaient pas le reconnaître. [Jean] s'engagea à lui donner dans ce pays la ville de Bistriţa et tout son territoire; il lui fit encore d'autres promesses, pour le cas où il soumettrait [les rebelles] à son autorité. Pierre n'eut pas plus tôt connu le désir du roi que, en raison de la promesse qui lui était faite et de ses relations d'amitié avec Jean, il prépara une armée et en donna le commandement

---

Le Cizovium dont parle Paul Jove est Csicsó. La seconde place cédée à Étienne-le-Grand était Cetate de Baltă (Küküllővár, Kockelburg, Cechilla), dans le comitat de Tirnava ou Küküllő (notre note**) de la p. 107 doit être corrigée dans ce sens).

*) Il ne s'agit ici que d'un agrandissement ou d'une réparation. Le monastère de Pobrata existait déjà au XVe siècle. Cf. pp. 62 et 84 ci-dessus.

Malgré les travaux qu'il avait entrepris à Pobrota, c'est à Putna que Pierre Rareş fit enterrer sa femme, morte peu de temps après. Voici, d'après Cogălniceanu (*Apx.*, II, 308), l'épitaphe de cette princesse:

Благоүестивыи христолюбивыи Іѡн Петрү Воевода, господарь Земли Молдавскои, оукраси гробъ сїи госпожи своеи Марїеи, иже престависѧ въ вѣчныѧ обителѧм, лѣто ҂ЗЛЗ мѣсѧца юни КИ. Вѣчнаѧ еи памѧт.

»Le pieux et chrétien prince Jean Pierre, seigneur de Moldavie, a élevé ce tombeau à Marie son épouse, qui a été transférée dans les demeures éternelles en 7037 [1529], le 28 du mois de juin. Que son souvenir soit éternel!«

никꙋл чел маре, ши пре Барновскꙋй хатманꙋл,*) карій «
ера май крединчїѡшй дин боїерїй сей; ши аꙋ авꙋцат
ѡ самъ де ѡасте съ трѣкъ пре дрꙋмꙋл Брашꙋлꙋй, ѣр
ѡ самъ де ѡасте пре дрꙋмꙋл Сꙋчевїй, съ ꙗтре май сꙋс
ꙗ Цѣра Оунгꙋрѣскъ. Ѣр¹) Оунгꙋрїй деграбъ дешептъи-
дꙋсе ка дин сомн, симцинд къй ꙗпресоаръ връжмашїй, ь
де съргѹ сꙋ гатит де рꙋсбою, ши нꙋ ашѫ де ѡастѣ
ден сꙋс се грижїѫ, ка де чѣ ден жос, авꙋинд къ
винꙋ асꙋпра лѡр. Ши свꙋлъндꙋсе мꙋлцй домнй дин
Ардѣл, ши алцїй карїй ера гата съ моаръ пентрꙋ
мошїиле сале, ши мꙋлте пꙋшчй ши арме лꙋънд кꙋ
сине, сꙋ апропїат ден сꙋс де Брашꙋ ѡасте де ѡасте;
ши ꙗхербънтаций аскꙋцинд оунꙋл спре алтꙋл армеле, ши
се аратѫ връжмашилѡр сей бꙋлꙋчиндꙋсе чинеши ла
ай сей; ши гатиндꙋсе Съкꙋій де рꙋсбою, ѣр Молдовенїй шіинд ажꙋтор нꙋмай дела Дꙋмнезеꙋ, ашѫ сꙋ ᵈ
ловит кꙋ дꙋншїй; ши дънд рꙋсбою витежѣще мꙋлтъ
моарте сꙋ фъкꙋт де ꙗбе пърциле. Май апой възънд Оунгꙋрїй динтратата пейре, къ аꙋ пердꙋт рꙋсбоюл,²) лъсатаꙋ тоате армеле ши пꙋшчеле, кꙋ чѣ
чѣ авѣ издъжде съший мънтꙋїаскъ³) капетеле, аꙋ дат ᵉ
дос афꙋцире, ши мꙋлцй ден домнй аꙋ пикат ла аꙙ
Бъръсїй. Ѣр дꙋпъ рꙋсбою мꙋлтъ прадъ фъкънд, сꙋ
ꙗторс кꙋ иꙁбъндъ ла домнꙋл лѡр Петрꙋ Водъ.

Ѣр чей ден сꙋс чѣꙋ ꙗтрат пе дрꙋмꙋл Сꙋчевїй, ꙗ
нꙋ май пꙋцинъ иꙁбъндъ аꙋ фъкꙋт, прѫдънд ши ар-ᶠ
зънд, ши кꙋ паче сꙋ ꙗторс.

---

¹) B: *éra.* ²) B: Nous adoptons la leçon légèrement modifiée de Ioanid (p. 196). AB portent: късънд Оунгꙋрій ататъ пейре.
аꙋ пердꙋт рꙋсбоюл. ³) AB: мистꙋіаскъ.

*) Le grand-vornic Grozea ou Grozav est cité dans un acte du
17 mars 1529 (Melchisedec, *Chron. Rom.*, I, 160); il figure

au grand vornic Grozea et à l'hetman Barnowski,*) ceux de ses boïars en qui il avait le plus de confiance Il dirigea un corps de troupes sur la route de Braşov et un autre sur la route de Suceava, qui devait pénétrer en Hongrie plus au nord. Les Hongrois, arrachés, pour ainsi dire, tout-à-coup à leur sommeil, se virent serrés de près par l'ennemi et se disposèrent à la lutte. Ils redoutaient moins l'armée du nord que celle du sud, qui, d'après ce qu'on leur annonçait, marchait droit sur eux.

Un grand nombre de seigneurs transylvains et d'autres gens, prêts à mourir pour [la défense de] leurs domaines, se levèrent, avec beaucoup d'armes et d'artillerie, et s'avancèrent au-dessus de Braşov, en sorte que des deux côtés on se toucha. Dans leur fureur, ils aiguisaient leurs armes en se menaçant mutuellement; on se montrait à l'adversaire en se serrant chacun auprès des siens. Les Széklers se préparaient au combat; quant aux Moldaves, ils n'attendaient de secours que de Dieu; telle était leur disposition au moment où ils en vinrent aux mains. Ils engagèrent vaillamment le combat; il y eut de part et d'autre un grand carnage. Enfin les Hongrois reconnurent par toutes les pertes qu'ils avaient faites qu'ils avaient perdu la bataille. Ils abandonnèrent les armes et les canons, avec lesquels ils avaient eu l'espoir de sauver leur vie. Beaucoup de seigneurs tombèrent dans l'eau de la Bîrsa. [Les Moldaves] se livrèrent au pillage après le combat et retournèrent vers leur prince, Pierre, chargés de butin.

Le corps de troupes qui avait pénétré [en Hongrie] par la route de Suceava, ne fit pas moins de butin. Il saccagea et brûla [le pays], puis se retira tranquillement.

---

comme porcolab de Roman dans un acte du 3 mars 1530 (Hîşdău, *Arch.*, I, 1, 132).

Barnowski, hetman ou portier de Suceava, cité plus haut (p. 280) comme ambassadeur en Pologne, est mentionné dans les mêmes diplômes.

Аȣзінд Ї̌нɤш¹⁾ Крáю чè сáȣ лȣкрáт, мȣ́лт сáȣ
вȣкȣрáт; ши́ пре лѫнгъ жȣрȣ́инца Дентѫю чéи жȣрȣи́се
Би́стрица, ши́ áлте ѡрáше áȣ мáи дáт лȣ́и Пéтрȣ Во́дъ.
Атȣ́нче Пéтрȣ Во́дъ тримѝсáȣ съ ꙗ̀ а́нкле четѫ́ци
чéи фъгъдȣ́исе. Ꙗр²⁾ Бистричéнїи нȣ сȣферѝръ ни́че
кȣм съ а́ибъ є̀и стрѫ́инй мáи мáрїй лѡр, шѝ жꙋк꙯ъ ᵇ
Ѫдемнáръ³⁾ ши́ áлте четѫ́ци, áдекъ Брашѡ́вȣл⁴⁾ ши́ а́лтеле
ди́нпрецȣ́ръ, лепъдȣи́ндȣсе де Ї̌нɤш¹⁾ Крáю. *)

Пéтрȣ Во́дъ ла трѝиле рѫ́нд áȣ прѫдáт Цѣра Оу̌нгȣрѣ́скъ.

Вѫзѫ́нд Пéтрȣ Во́дъ къ Бистричéнїи нȣ вѡр съл̀
примѣ́скъ пре дѫ́нсȣл, ни́че жъдѫ́цѐ дела дѫнсȣл, ꙗкъ
ши́ де крáюл лѡр се лѣпъдъ, кїáр кȣ си́не сáȣ порни́т
кȣ тоáтъ ѡ̌астѣ́ сà, кȣ мáре ѡу́рџïе асȣпра лѡр: ши́
стрингѫ́ндȣй кȣ невоîе дèн тоáте пърцѝле ши́ кȣ фок
ѫ̌грозѝндȣи, вѫзѫ́нд невоîа́ чè лѣȣ вени́т асȣ́пръ, ꙗ́р
є̀и сáȣ ѫ̌кинáт, ши́ а́ȣ прими́т мáй мáре дела дѫ́нсȣл.
Мáи а́по̀и кȣ мȣ́лте дáрȣрй фȣ дъȣи́т Пéтрȣ Во́дъ,

---

¹⁾ B: *Ianoş*. ²⁾ B: *Ĕră*. ³⁾ A: Ѫдемнѣ́ръ. ⁴⁾ B: *Braşoul*.

*) Paul Jove raconte cette expédition aussitôt après la précédente:
»At ille [Petrus], successu rerum seipso ferocior, nequaquam
alieno commodo victoria utendum ratus, invadendae Transylvaniae consilium capit, confisus maxime tormentis de hoste
captis, nam aeneis atque muralibus antea caruerat, quum exi-
libus et ferreis rudique artificio fabrefactis uteretur, quae circa
oram ponticam navigantibus extorta, aut parvo empta pretio
comparasset. Primo itaque impetu Vestricium, insigne oppidum,
occupatum est, atque eodem terrore pagi aliquot in potestatem
sunt redacti; postremo ii omnes qui irrumpenti denegato
commeatu hostiles animos ostendissent, gravibus affecti incom-
modis infesti victoris vim atque saevitiam senserunt. His extemplo cognitis, Joannes ditionis suae injurias deprecatur, id
nisi incepto absistat, Solymanum iniquo animo laturum ostendit, sibique demum reddi Vestricium postulat, sed id quidem

Le roi Jean éprouva une grande joie en apprenant ce qui s'était passé. En dehors du premier engagement qu'il avait pris envers Pierre, il lui donna encore d'autres places. Alors le prince envoya prendre possession des villes qui lui étaient promises, mais les habitants de Bistriţa ne voulurent pas accepter des maîtres étrangers; ils entraînèrent [à la résistance] plusieurs villes, Braşov et d'autres places voisines, qui se prononcèrent contre le roi Jean.*)

Pierre pille pour la troisième fois le pays des Széklers.

Pierre, voyant que les habitants de Bistriţa ne vouloient le recevoir ni lui ni les fonctionnaires nommés par lui et se révoltaient également contre leur roi, marcha en personne contre eux, avec une grande impétuosité, à la tête de toutes ses troupes. Il les pressa vivement de tous côtés et les épouvanta par le feu. Quand ceux-ci se virent réduits à l'extrémité, ils se soumirent et reconnurent son autorité. Pierre reçut beaucoup de pré-

---

humaniter. Neque enim tum gravius succensendum existimabat ne ferocis importunique hominis vim iniquissimo rerum suarum tempore acrius exagitaret. Ad ea autem ingenio suo utens Moldavus amice quidem respondere, prolixe admodum adventus sui causas referre, et quo demum periculo pro aliena salute atque potentia conflixerit jactanter enarrare. Postremo dicere se ejus animi non esse, ut cuiquam vel insigne beneficium oblectari velit, verum a regia dignitate minime alienum arbitrari, si Joannes in victoriae praemium beneficiique memoriam id oppidum ab se manu captum, Cizovioque propinquum condonaret, vel ipsius Solymani exemplo, cujus liberalitate Pannoniae regnum acceperit. Sed paucos demum post dies Moldavus, sive quod supra spem ea expeditione profecisset, vel quod Solymani nomen in ea causa offendere vereretur, abacta ingenti omnis pecoris praeda, in Valacchiam rediit.« *Pauli Jovii Opera*, éd. de 1578, 466; Hişdău, *Arch.*, II, 32.

ШЙ КȢ МАРЕ ДОБѪНДѪ, КȢ ТОАТѪ ѶАСТЬК ЛȢЙ СѦȢ ꙘТОРС
ЛА СКАȢНȢЛ СЭȢ ЛА СȢЧѢВѪ.*)

*) Cette troisième expedition eut lieu en 1529, tandis que Soliman envahissait la Hongrie. Divers historiens roumains racontent que Pierre Rareș conclut alors un nouveau traité avec le sultan, mais l'authenticité du document rapporté par Mitilineu (p. 51) est loin d'être démontrée. L'allusion faite par l'éditeur au logothète Tăut, mort en 1511 (voy. ci-dessus, p. 245) rend à elle seule ses explications fort suspectes.

Que le prince de Moldavie ait ou non conclu avec le sultan la capitulation qui lui est attribuée, il n'en est pas moins certain qu'il fut alors l'allié des Turcs, dont Zápolya reconnaissait la suzeraineté.

Pierre pénétra en Transylvanie vers le mois d'octobre. Les annales gravées dans l'église de Brașov portent, à la date de 1529, les mentions suivantes: »Pugna ad oppidum Marimburgum [Marienburg, magy. Földvár, roum. Feldioara], in terra Barczensi [au nord de Brașov], cum Moldavis gesta die mille Martyrum [21 octobre.] Petrus, wayvoda Moldaviae, oppido Prasmar [Prázsmar, all. Tartlau, district de Brașov] ignem subjicit, pridie Simonis et Judae [27 oct. 1529]; tandem obsidet civitatem Coronensem [Brașov, Brassó, Kronstadt], atque, postridie Simonis et Judae, arcem Coronensem igne expurgat et diripit.« Schwandtner, *Scriptores rerum hungaricarum*, éd. 1768, III, 212.

Le 31 octobre, Pierre, étant dans le voisinage de Brașov, écrivit aux habitants de Bistrița pour les sommer de se rendre à lui: »Petrus wajvoda, Dei gratia dominus regni Moldaviensis. Prudentes et circumspecti fideles nobis sincere dilecti, non est vobis incertum [quod] serenissimus dominus Johannes rex Hungariae, dominus noster clementissimus, [ob] obsequia diversa Nostra civitatem Bistriciae cum comitatu suo magnificenter Nobis condonavit. Ut non possumus considerare quo pacto estis adeo rebelles et Nobis consentire recusatis, arbitramur ex temeritate vestra et rebellione vestros [*sic*] amittere proles. Et jam sciatis pro certo nos obsidere civitatem Brassoviam; unam turrim eorum fortissimam ingeniis, Deo dante, obtinuimus et a fundamento dilapidabimus et omnes in ea praesidentes vinculis torquemus, et civitatem autem, Deo duce, habebimus . . .« *Transilvani'a*, 1874, 120; cf. *Col. lui Tr.*, V (1874), 129.

sents et rentra, chargé de butin, avec toute son armée, à Suceava, sa capitale.*)

Le 14 décembre, Pierre, qui était à Braşov même, renouvela ses menaces : »Petrus waivoda, Dei gratia dominus Terrae Moldaviensis. Prudentes et circumspecti, fideles subditi Nobis dilecti, credimus Nos vos latere castrum Balvanyos in suditionem Nostram a regia majestate domino Nostro clementissimo Johanne rege dotatum adjecisse, et est in potestate domini Nostri. Et deinde pugnatores Nostri venerunt obsidendi et pugnandi causa et eripiendi civitatem Bistrichias, ita, Deo dante, veluti infidelibus accipiant in (et?) imponant ditionem Nostram. Et, si quid contradixeritis, tunc vineas vestras a radicibus dissecent et civitatem vestram circum circa, donec Nos illuc ibimus, subjiciant, et, si ad manus Nostras concedere nolueritis, vos una cum pueris vestris detruncari ac decolari castellani Nostri debeant...« *Ibid.*

Nous n'avons pas de détails sur la prise de Bistriţa ni sur les événements qui suivirent, mais Pierre Rareş paraît avoir eu à lutter contre les Turcs et contre les Valaques, dont la noblesse transylvaine implora le secours. Les annales de Braşov disent à la date de 1530: »Turca Mahomet et wayvoda Transalpinae, cum ingenti Turcarum et Walachorum exercitu, ad obsidendam civitatem Brassoviensem veniunt, igne provinciam vastant, hinc per nemus Zedinense [all. Zeiden, magy. Feketehalom, roum. Cotlea, dans le district de Braşov] Transylvaniam ingressi, uxores, filias, jobagiones nobilium, per quos vocati fuerant, abducunt. Horribilis pestis (Schwandtner, éd. 1768, III, 212).« Miles, cité par Sinkai (II, 160), ajoute que Pierre fut battu et obligé d'opérer sa retraite; en tout cas, une lettre adressée par le vestiaire de Moldavie, Mathieu, aux habitants de Bistriţa ne permet pas de douter que les troupes moldaves n'aient eu à supporter de rudes privations. Cette lettre, datée de Bálváyos-Váralya (roum. Unguraş), dans le comitat de Szolnok intérieur, à l'ouest de Bistriţa, est conçue dans des termes assez humbles; elle contraste singulièrement avec les deux lettres que nous avons reproduites ci-dessus: »Egregie et circumspecte nobis sincere dilecti, post salutem salutem. Cum noveritis quod dominus noster generosissimus praesentes habet indigentias ad Rodna, praecipue pane et vino, quare petimus et, in persona domini nostri generosissimi, nihilominus comittimus et mandamus quatenus, mox et statim visis praesentibus, triginta cur-

Пе́тру Водъ а̂у пръда́т Покуті́а лъ Цѣра Лешѣскъ.

Ꙟ а́нꙋл ҂зл҃ꙋ*) А́вгꙋст, ꙟтрача̑сте ръскола́їе кꙋ норо́к симецїндꙋ́се Пе́труъ Водъ, гѫндита́ꙋ съ фа́къ ръскою̀ шѝ кꙋ Лѣшїй; шѝ пꙋи́нд причи́нъ ка съ нꙋ зи́къ кꙋй фъръ ка́ле, тримиса́ꙋ со́лй де по̑фтѣ ка съ̀й ꙟтоа́ркъ моши́а са̀ Покꙋті́а, ка́ре ѿ а́ꙋ фо́ст взꙋ́дꙋт до́мнилѡр мо́шилѡр се́й. Че Лѣшїй нꙋ сокотїа̀ къ чѣ́ре кꙋ ка́ле, че здъркѣ́ще ло́к де при́че, ни́чей деде́ръ чꙋ́ꙋ по̑фти́т, че съꙋ а́тѡрс соли́й фъръ и̂спра́въ. Дъ́че Пе́труъ Водъ, взꙋ̑и́нд къ кꙋ ругъми́нтѣ нꙋ по̑а̑те ско́лате моши́а са̀, гѫнди́ кꙋ са́бїа съ ѿ ѩ̑; де ка́ре лꙋ́кру а̂принзꙋ́ндꙋсе де мѫ́нїе ни́нима луй Пе́труъ Водъ, де си́рг а̂ꙋ стрӥ́нс ѿа̑сте де ръскою̀, ши а́ꙋ ꙟтра́т ꙟ Цѣра Лешѣскъ, дъ́кꙋ пръда́т Покꙋті́а, шѝ а́рсъ са́теле шѝ търгꙋ́риле ꙟпрецїѡ́р: Коло́мѣ, шѝ Снїатинуа, Тисме́ница пъ́нла Хали́чй претꙋтиндерѣ̀, шѝ кꙋ ма́ре и̂збѫ́идъ съꙋ а́тѡрс ꙟнапо́й фъ́р де ни́че ѿ смины́къ.

Ꙟтрача̑а а́узи́ндꙋсе ла Крáю а́чѣ́стъ пра́дъ чꙋ̑ фъкꙋ́т Пе́труъ Водъ, а́ꙋ тримӥ́с Краюл пре Тарно́вский хатмана́л кꙋ ѿа̑сте. А̂туˊнче се́мн ма́ре са́ꙋ а́ръта́т пе че́р, шѝ а́ꙋ стъ́туˊт му́лтъ врѣ́ме, шѝ а̂тꙋ́нчешѝ а́ꙋ трекꙋ́т Лѣшїй Ни́ступа спре Покꙋті́а ка съ сколц пре Молдове́нй, пре ка́рій лѫ̑ лъса́се Пе́труъ Водъ съ ці́е ѿрáшеле съ фі́е а̂пъра́ре; шѝ ꙟ ві҃ локꙋ́рй а́ꙋ а́вꙋ́т ръскою̀. Че взꙋ̑и́нд лй но́стрӥ му́лцимѣ̀ де алѡр а́ꙋ тримӥ́с ла до́мнуˊл сѣ́ꙋ Пе́труъ Водъ съ ле ві́е ꙟтра-

---

rus ubi propius potestis disponere velitis, ad victualia quoad necesse erit portanda, famulis domini nostri generosissimi ad Rodnam portare fideliter debeant et velint. Igitur in praemissis secus ne feceritis quoniam bene scitis ut dominus noster generosissimus tam a nobis quam a vobis fidelissimum servitium optabit, igitur fideliter servare unanimiter

Pierre pille la Pocutie, en Pologne.

Au mois d'août 7037 [1529],*) Pierre, enhardi par ses campagnes heureuses, pensa à faire aussi la guerre aux Polonais. Pour avoir un prétexte et afin qu'on ne dît pas qu'il [les attaquait] sans motif, il envoya des ambassadeurs demander la restitution de la Pocutie, qui lui appartenait comme ayant été vendue aux princes ses ancêtres. Les Polonais trouvèrent que cette demande n'était pas fondée et [s'aperçurent] qu'il leur cherchait querelle; ils lui répondirent donc par un refus, et les ambassadeurs s'en retournèrent sans avoir rien conclu. Pierre vit qu'il ne pouvait recouvrer ses domaines par des prières et qu'il lui fallait tirer l'épée pour les prendre. Le cœur enflammé de colère, il réunit tout à coup une armée prête à combattre et pénétra en Pologne. Il ravagea la Pocutie, brûla les villages et les villes voisines: Kołomyja, Sniatyn, Tyśmienica, tout, [en un mot], jusqu'à Halič; il se retira ensuite, avec un grand butin, sans avoir été inquiété.

Quand le roi [de Pologne] apprit les dévastations auxquelles Pierre s'était livré, il envoya l'hetman Tarnowski avec une armée. Alors on observa dans le ciel un signe qui se prolongea longtemps; ce fut à ce moment que les Polonais franchirent le Dniestr et entrèrent en Pocutie, pour en chasser les Moldaves que Pierre avait laissés comme garnison dans les villes. On se battit en douze endroits différents. Les nôtres, à la vue de la multitude [d'ennemis] qui les assaillait, envoyèrent demander du secours, à leur prince, car ils allaient être

---

velimus. Ceterum dominationibus vestris bene valere optamus. Datae in castro Balvanyos, feria secunda in die Magdalenae [22 juillet], in anno Domini 1530. Nos Mathias, vysternek seu thesaurarius generosissimi Petri vaivodae de Molduva« (*Transilvania*, 1874, 121; cf. *Col. luĭ Tr.*, V (1874), 129).

*) Il faut lire 7039 et 1531. Voy. la note qui suit.

жуторъ, къ ау невоіе де ѿастѣ лешѣскъ. Шй фіинд ᵃ
сѫпт Ѡрбетин ѿастѣ лешѣскъ, ау сосит ши Петру
Водъ ку ѿастѣ са чѣ ѡдихнитъ. Атунче Ѫцълегъндъ
Тарновски хатманул пентру Петру Водъ, мулт ау
стътут ѫ гъндури ка съ ласе табъра ку пушче ку
тот, ши ел съ фугъ; май апой легънд табъра, де ᵇ
рушине съу апукат де ръсбою (къ де мулте ѡри
унде пиерде ѡмул нъдѣждѣ, ши де фрикъ май апой
се ѫтоарче ѫ витежіе), ши мулт време бътъндусе
ку маре върсаре де сънџе де ѫбе пърциле, ѫсъ май
мулт Молдовеній ку мулте ране ѫкрунтаци, нау май ᶜ
путут суфери, че ау дат кале Лѣшилѡр, ши съу
дат ѫнапой.*)

---

*) Urechi ne fait ici que résumer le récit de Wapowski: »Cometes die prima Augusti in coelo apparere coepit, quo duce
mille ducenti equites Poloni Tyrum [*lis.* Tyram] seu Nestrum
amnem transeuntes, Moldavos qui in Pokuce pro praesidio
erant aggressi, postea quam duodecies diversis locis cum hostibus decertassent, iis victis, fusis ac fugatis, Pokuce provinciam ad regnum Poloniae retraxerunt. Post eam victoriam
Joannes Tarnovius, omnium copiarum dux, cum exercitu Pokuce ingressus, haud procul a Gwosdecia arce, cum sex millibus Valachorum conflixit, et eos post cruentam caedem
egregie superavit Gwosdeciamque arcem, ejectis inde Moldavis,
recuperavit ac Polonorum praesidio firmavit. Paucos hic Joannes Tarnovius dies immoratus, retro abire coeperat, cum
nunciatum est Petrum palatinum Moldaviae cum ingenti duorum et viginti millium exercitu tormentisque bellicis, magna
celeritate adventare et, jam fines regni ingressum, haud procul inde castra metatum esse. Polono duci quatuor duntaxat
erant hominum millia equitum et peditum; quae copiae in
comparatione hostilis exercitus admodum erant exiguae, censebantque plurimi ut, hoste non expectato bombardisque
regiis relictis, accelerato gradu Tyram amnem et Haliciam
versus abirent, hostemque cum fremitu in se venientem eo modo
eluderent. At Tarnovius, ingentis animi vir, qui ad nullius
unquam hostis conspectum territus fuit, praeceps abeundi
consilium detestatus: Absit, inquit, ut tormenta regia fidei

accablés par les forces polonaises. Tandis que les troupes royales étaient sous les murs d'Orbetin, Pierre arriva avec une armée toute fraîche. Tarnowski, apprenant que le prince moldave approchait, fut en proie à une grande incertitude; [il se demanda] s'il n'abandonnerait pas son camp et toute son artillerie pour prendre la fuite, mais enfin, mû par [un sentiment de] honte, il leva le camp et se prépara au combat. Souvent chez l'homme qui a perdu l'espérance la peur fait place à l'héroïsme. La lutte se prolongea; des deux côtés beaucoup de sang fut répandu, mais les Moldaves, éprouvés par de nombreuses blessures, ne purent plus résister; ils cédèrent la place aux Polonais et se retirèrent.*)

---

meae concredita ego deserere debeam. Hic a me in vestigia vel si cum omni sua potentia palatinus Moldaviae veniat, hostis expugnandus vincendusque, aut fortiter moriendum erit. Ea voce Poloni animati ad conflictum alacres se praeparabant. Castra inde communiri sunt coepta partim vallo et fossa, partim curruum circumductione; pedites sclopetarii prae curribus dispositi erant; equites gravis et levis armaturae in medio stabant. Joannes Tarnovius ordines obequitare ac incredibili alacritate, tanquam jam vicisset, Polonos adhortari non cessavit, cum Petrus Moldaviae palatinus terrribili belli apparatu et cum ingentibus copiis appropinquare coepit castraque sua ex adverso collocavit, bombardas circiter quinquaginta longo ordine plantavit, cui nulla major cura inerat, quam ne Poloni, copiarum suarum magnitudine consternati, fuga elaberentur; propterea copias omnes suas per turmas divisas in Polonicorum castrorum circuitu consistere jussit. Castra inde oppugnari coepta et bombardae horrendo sono reboabant, ictibus magna ex parte irritis. Horis circiter quinque castra Polonica sunt oppugnata, majore multo Moldavorum clade quam Polonorum, apud quos peritiores erant bombardarum magistri, certioreque ictu Moldavos prosternebant. Pedites etiam sclopetarii prae curribus innumeros perimebant, ut subinde Moldavi retrocedere sint coacti et ardor eorum languesceret. Quo conspecto, Tarnovius dux porta una equitatum Polonorum in hostem emisit. Non minori animo Polonos in se irruentes Moldavi excepere. Accensa pugna, certatum est acriter, hic et inde plurimis cadentibus. Tarnovius

Тарно́вски ха́тманꙋл лешѐск, дѹпѓ ꙇзбѫ́нда чѐ фѫ-
кꙋ́се, аꙋ лꙋа́т ѻ҆́астѣ ла Покꙋ́тїа, ши є҆́л сау дꙋс ла

laborantibus subsidia submittere ducemque egregium et militem subinde fortissimum se demonstrabat. Stetit pugna per sesquialteram ferme horam ancipiti Fortuna et aequo Marte, cum Tarnovius, ultimo connixus, universas copias in hostem immisit, quem bombardae, altera castrorum porta patefacta certissimo ictu magna strage feriebant. Non tulere ferocissimum Polonorum impetum Moldavi; sensim primo retrocedere et inde praecipiti ac aperto cursu fugere coeperunt. Polonus victor fugentes insequi ac trucidare non cessavit; caedes in fuga ingens edita. Palatinus in colle edito stabat, eventum pugnae expectando; at ubi suorum sistere aciem non posse animadvertit, mutato equo et ipse saluti fuga consuluit. Parum etiam abfuit (tanto ardore cum Poloni insequebantur) quin in eorum veniret potestatem. Equus in luto haeserat; elapsus tamen est, adjutus a suis et pernicitate equi avectus. Moldavorum castra capta ac direpta sunt; bombardae omnes in Poloni ducis venere potestatem.

»Contigit haec inclyta Polonis victoria de Moldavis apud Olbertinum vicum, die vigesimo secundo Augusti, cometa, nocte quae praecesserat, splendidius solito fulgente, qui inde altera a victoria die disparuit, ut credibile fit eam stellam victoriam Polonis, cum hostium pernicie et terrore, Pokuciaeque recuperationem portendisse.« (Wapowski, *Fragm.*, 605-606).

La victoire de Sigismond fut célébrée à l'envi par les historiens et les poëtes polonais. Voici les titres des principales pièces publiées à cette occasion:

1. Descriptio duorum certaminum, quae Serenissimi & Illustriss. Sigismundi Regis Poloniae milites, cum Petro Ion Palatino Moldaviae, & cum eius exercitibus Deo optimo adiutore habuerunt. *Absque nota*. 1531. In-4.

Cette description est précédée d un avis au lecteur, en tête duquel se trouve le nom de l'auteur: Stanislaus Sachariae, Italicus.

Panzer, *Annales typographici*, IX, 151.

2. Threnodia | Valachiae. || Operuit confusio faciem meam. | Psal. 68. | *Cracouiae apud. Hie. Viet.* M. D.

L'hetman Tarnowski, après sa victoire, laissa son armée en Pocutie et s'en alla vers le roi. Les Polonais,

---

XXXI. In-4 de 4 ff. non chiffr., impr. en belles lettres italiques.

Au titre, un bois qui représente une femme voilée versant des larmes.

Au v° du titre est une épitre en prose latine à Jean Tarnowski. Cette épitre est précédée du nom de l'auteur: A. Cricius ou Krzycki.

Le poëme se compose de 90 vers hexamètres. Il est suivi de trois distiques »de insigniis ipsius d. comitis.«

Biblioth. nat. de Paris, Y. 3422.

3 Parmeno. De triumpho ad Obertinum.

Cette pièce est citée sommairement par M. Estreicher dans son projet de Bibliographie polonaise du XVe et du XVIe siècle. Le savant bibliothécaire de Cracovie doit en donner une description détaillée dans son ouvrage définitif.

4. Victoria || Sereniss. Poloniæ Regis || contra Vayeuo-dam Muldauię Tur || cæ tributarium & subditum, ||. 22. Augusti parta. || ╋ || 1513 — [In fine:] *Louanij, ex officina Rutgeri Rescij.* || *An. M. D. XXXI.. XII. Cal. Nouêb.* In-4 de 4 ff. non chiffr.

On lit à la fin de la pièce: *Datum Bruxellis, in curia Caesareae Majestatis 24. Septembris anno Domini M. D. XXXI per reverendum dominum Joannem Dantiscum, c. episcopum Culmensem.*

La suscription est précédée d'une epigramme signée: Hilarius Bartelephus, Ledaeus.

Biblioth. nat. à Paris. — Biblioth. Thysius à Leyde.

5. La tresgrand Victoire du roy de Pologne. *Anvers, Pietersen,* 1531. In-4.

Traduction de la relation de Dantiscus. Cette edition est citée par M. Estreicher dans sa *Bibliografia polska XV.-XVI. stólecia.*

6. La grand Victoire du tresillustre Roy de Poloine contre Veyuode duc de Muldauie, tributaire & subiect au grand Turc, faicte le XXII. iour daoust, lan mil cinq cens trête & vng, translatee de latin en francois. *Imprimee a Paris a lescu*

Крáюл. Темѫндѹсе съ нѹ май віе Молдовéній съ прáде, áѹ фóст сокотѝт Лѣ́шій съ ѫтре ѥй маннаѝнте съ прáде ѫ Молдóва; шѝ áшá áѹ ѫтрáт ѡ́ сáмъ де Лѣ́шій съ прáде, де кáрій пѹцѝній áѹ хъладѹѝт, къ принꙋъндѹле де вѣ́сте Молдовéній, áѹ дáт áсѹпра лѹ́р де і́áѹ тъі́áт шѝ і́áѹ ръсипѝт.*)

Ѫтрачѣа І́нѹш Крáюл ѹнгѹрéск, въꙋъ́нд áчѣсте áместекъ́тѹрй ѫтре Лѣ́шій шѝ ѫтре Молдовéній, ѫ́бла ла мижлóк къ́м въ съй ѫпáче;**) че немѝкъ náѹ фолосѝт, къ нѹ і́áѹ пѹтѹ́т ѫпъкá, пъ́н náѹ мáй ѫтрáт ѡ́áстѣ́ лешѣ́скъ съ прáде, пре кáрій і́áѹ áконерѝт ѡ́áстѣ́ Молдовенѣ́скъ ла Тарасъѹцѝй, де náѹ скъпáт нѝме де ѥ́й.***) Ѫтѹ́нче де існоáвъ І́нѹш Крáю, ѫ́блъ́нд

---

de Basle, lan M. D. XXXI, le quatorziesme de Nouembre. In-4 goth. de 4 ff., dont le dernier est blanc au v⁰.

On lit à la fin: *Donné a Bruxelles en la cour de l'Empereur, le XXIIII. de septembre l'an mil cinq cens trente cinq.*

Brunet, II, 1699.

Dès que Sigismond apprit la victoire remportée par Tarnowski, il chargea Jacques Willamowski d'en porter la nouvelle à Soliman et de solliciter son intervention pour forcer Pierre Rareş à respecter la paix. Le sultan accueillit favorablement cette ambassade et intima l'ordre à son vassal de donner satisfaction au roi de Pologne (Wapowski, *Fragm.*, 606; *Invent.*, 145).

*) Wapowski (*Fragm.*, 607) nous donne quelques détails sur les incursions des Polonais en Moldavie: »Quia palatinus Moldaviae agnatam ferociam, post acceptam cladem prae se ferre videretur, bellumque reparare nunciaretur, mandatum equitum magistris, qui in Pokuce pro praesidio relicti erant, ut Moldaviam sub signis ingressi incursionibus infestarent, ferroque et igne depopularentur. Poloni Moldaviam ingressi magnam inde praedam abegerunt. Cumque id aliquoties prospere fecissent, unus equitum magister cum una ala equitum est periclitatus insidiisque, dum cum praeda retro abiret, circumventus, in hostium venit potestatem. Alii magistri equitum in acceptae cladis ultionem repetitis incursionibus Moldaviam

dans la crainte que les Moldaves ne vinssent de nouveau se livrer au pillage, résolurent de prendre les devants et de venir ravager la Moldavie. Un corps de troupes pénétra dans [la principauté] pour la dévaster; mais peu des envahisseurs parvinrent à s'échapper; à la nouvelle de cette attaque les Moldaves, se jetèrent sur eux, les tuèrent ou les dispersèrent.*)

Cependant, le roi Jean de Hongrie, voyant les complications survenues entre les Polonais et les Moldaves, s'interposa pour rétablir la paix entre eux.**) Ses efforts furent infructueux. Avant qu'il réussît à les réconcilier, l'armée polonaise fit encore une incursion pour se livrer au pillage, mais les troupes moldaves l'enveloppèrent à Tărăsăuți, si bien que pas un homme ne put se sauver.***) Alors le roi Jean, recommença ses tentatives de

---

atrociter vastarunt; magna Moldavis damna intulerunt, et per hoc bello exitiali Moldavia ardebat.«

**) D'après Wapowski (p. 607), Zápolya aurait proposé sa médiation. Il envoya auprès de Pierre Rareș l'évêque de Transylvanie Jean Statilius pour le décider à demander la paix. Un autre agent, François, prévôt du chapitre d'Alba Iulia, se rendit à Cracovie porteur de lettres de Statilius et du prince de Moldavie; ce fut lui qui négocia la trève.

Si Zápolya épousait ainsi les interêts du prince roumain, celui-ci, de son côté, soutenait la cause du prétendant hongrois. Le 21 janvier 1532, le roi Ferdinand écrit d'Innsbruck à Charles-Quint et lui rend compte d'une conférence tenue entre ses partisans et ceux de son rival: »Han acordado«, ajoute-t-il, »otra en un lugar que se llama Werenhida, para el dia de Sant Gregorio, que es a XII de março, en la qual se han de juntar todos, assi los de mi parte come de Juan de Scepusio [Zápolya], y con ellos los dos waybodas de Walaquia y Moldavia, los quales vienen con ynvencio de dicho Juan de Scepusio para dar mas calor y animo a los Ungaros, prometiendo que les ayudaran a cobrar los confines, para atraellos por esta via a su devocion« (*Magyar történelmi Emlékek*, I. Osztály, I, 151).

***) »Anni novi initio qui fuit humanae salutis tricesimus secundus supra quindecies centesimum, mille equites Poloni ex Pocuce Moldaviam sub signis ingressi, dum hostilem terram urerent

ла мижлокул лур, ѣу Апукат пѫну ѫ чинчи луни; ѣру май апой ау май делунгат паче пѫну ла оун ѫн.

Аделунгѫндусе паче дин зи ѫ зи ѫтре Лѣший ши ѫтре Молдовений, ну рѫбдару Лѣший карїи ера ку ѡасте ла марчине де пазу, че ау ѫтрат ѫ церу ла Молдова дѣу прудат, ши ау арс ла Чернууци ши алте сате пѫну ла Ботошени, нелувѫнд Молдовений ниче ѡ грижу, фиинд паче легату. Вузунд Молдовений ачестъ кулкаре де лѣше ши амуцинтуру, ну суферира, че ку тоций се гутиру су ѫтре ла Подолїа су праде, ши шіау дат кувунт сушии потковескукаїй, кау фост гарна голу ши гецоасу. Ши дакъ ау мерс ау арс Червона, ши Угелница, ши сау апукат де Чарнокожинци.

Принзунд де вѣсте Лѣшіи, ку Молдовений ау ѫтрат ла джиший де прадъ, де сургъ сау гутит де русбою, ши сау булучит, ши ау ешит ѫнаинтѣ Молдовенилору ла апа Сирѣтулуй; ши дѫнд русбою витежѣще аша ау стринс пре Лѣши, ку немикъ де арме ну гундїа, че де фугу су скапе. Ши дѫнд ѫ Сирѣт, мулци сау ѫнекат; пре мулци ау тѫіат ши ау ѫиус дѣу перит май мулци де в̃ ѫ русбою, фуру робиці ши руниці. Периту у боїери алеши дентре джиший Венгдински, Пилѣцки, ѣру пре Влидѣш лау принс вїу, фуру алци мулци некуноскуци; ши аша ѣру фу пузунда ла Молдовений.

---

vastarentque, subito et insperato a Valachis apud Tirasouce profligati sunt. Ducenti circiter ex eis perempti et capti sunt, alii fuga salvati..« Wapowski. *Fragm.* 607.

médiation et fit conclure une trêve de cinq mois, qui fut ensuite prolongée jusqu'à un an.

La paix continuait au jour le jour entre les Polonais et les Moldaves, lorsque les Polonais qui étaient en observation sur la frontière furent pris d'impatience; ils envahirent notre pays, la Moldavie, pour le dévaster, et brûlèrent les environs de Cernăuţĭ, ainsi que d'autres villages jusqu'à Botoşenĭ. Les Moldaves, qui avaient confiance dans la paix, n'étaient pas sur leurs gardes. Quand ils virent cette violation des traités, cette perfidie, ils ne voulurent pas la supporter; ils se préparèrent tous à entrer en Podolie pour y piller. Ils s'entendirent pour ferrer leurs chevaux, car la terre était gelée sans être couverte de neige. Ils se mirent en marche brûlèrent Czerwień*), Jagielnica et s'emparèrent de Czarnokożince.

Quand les Polonais apprirent que les Moldaves avaient pénétré chez eux pour y faire du butin, ils se préparèrent aussitôt au combat, se réunirent et vinrent à la rencontre de l'ennemi jusqu'au Siret. [Les nôtres] engagèrent vaillamment la lutte, et serrèrent les Polonais de si près que ceux-ci ne songèrent plus à se battre, mais cherchèrent leur salut dans la fuite. Beaucoup tombèrent dans le Siret et se noyèrent; beaucoup furent percés de coups ou taillés en pièces. Il périt dans la bataille plus de 2000 hommes, sans parler des prisonniers ni des blessés. Les Polonais perdirent des boïars distingués: Węglinski et Pilecki, puis Wlidesz, qui fut fait prisonnier, et beaucoup d'autres qui restèrent inconnus. Ce fut ainsi que la victoire demeura cette fois encore aux Moldaves.

---

*) Czerwień ou Czerwonogród était un simple château situé en Podolie.

Кѫнд ау венит Султан Сулейман ѫмпѫра-
тул турческ асупра луй Петру Водѫ ку
тоатѫ путѣрѣ са, ши Мунтений ку домнул
сеу, ши Ханул ку Тѫтарій, ши Тарновски
хатманул ку ѡасте лешѣскѫ, ѫ анул ҂зм҃s,
Септембріе к҃.

Вѫзѫнд Лѣший мулта неѫгѫдуинцѫ ши марѣ завистіе чѣ ѥсте ѫтре домній Молдовій ши ѫтре крѫіа
лѡр, ши шіинд кѫ цѣра Молдовій ѥсте супт мѫна
Турскулуй, стрѫнсусау ку тоцій де сау сфѫтуит се
тримицѫ сол ла ѫпѫратул ку жалобѫ, скѫшй чѣ луче
ку Петру Водѫ; ши алесерѫ де тримисерѫ сол маре
пре Крѣсковски, кастеланул де Брѣску, кѫ сѫ спуіе
ѫпѫратулуй кѫ, де нул ва рѫдика дин цѣрѫ ши дин
домніе, ѣлъ вѡр скоате ѥй ку ѡасте; кѫ ну май пот
суфери рѫутѫциле чеу искат ѫтре дѫнший. Туркул,
дупѫ пуцинъ врѣме, ѫцѫлегѫнд кѫ Лѣший се рѫдикѫ
ку тѫріе маре асупра луй Петру Водѫ, ши темѫн-
дусе ка сѫ ну іа цѣра, ши сѫ аибѫ май мултъ гѫл-
чѣвъ ши пагубъ ку дѫнший, декѫт ку Петру Водѫ,
де ѡасте ау порончит сѫсе грижѣскѫ, ши ла Тѫтарй
ау тримис ка пре ѡ врѣме сѫ ѫтре ѫ цѣра Молдовій.
Ашиждере ши ла Мунтеній ау тримис сѫсе гѫтѣскѫ
де ѡасте. Зику кѫ ши дѣн цѣрѫ ау мерс пре тайнѫ
жалобъ ла ѫпѫрѫціе; де каре лукру, ѫпѫратул май
вѫртос ау сокотит сѫл скоацѫ, ка сѫ ну се липѣскѫ
ла алте пѫрци, сѫй ѫкине цѣра.*)

---

*) Il y a ici dans notre chronique, comme dans la chroni-
que de Putna (Hîşdău, *Arch.*, III, 11), une lacune qu'il
importe de combler. Les années 1532 à 1539 virent en effet
surgir de nombreuses complications dans l'histoire de la Moldavie.

Pierre est attaqué par le sultan Soliman et toutes ses forces, par les Valaques et leur prince, par le khan et les Tatars, par l'hetman Tarnowski et l'armée polonaise (20 septembre 7046 [1537]).

Les Polonais, voyant la profonde hostilité, la rivalité acharnée qui existait entre le royaume et les princes de Moldavie, et sachant que le pays moldave était placé sous la suzeraineté du Turc, tinrent une assemblée générale et décidèrent qu'ils enverraient au sultan un ambassadeur avec mission de le prier de demander justice contre Pierre. Ils choisirent pour grand ambassadeur Kretkowski, capitaine de Brześć, et le chargèrent de déclarer au sultan que, s'il ne voulait pas déposer Pierre, ils le chaseraient les armes à la main, vu qu'ils ne pouvaient souffrir les perfidies qu'il avait commises contre eux. Le Turc, peu de temps après, fut informé que les Polonais marchaient contre Pierre avec de grandes forces; il craignit qu'ils ne s'emparassent du pays et qu'il n'eût subir de leur part plus de difficultés et de pertes que de la part du prince de Moldavie. Il donna l'ordre à son armée de se préparer et envoya chez les Tatars pour qu'ils fissent en même temps [que lui] invasion en Moldavie. Il manda également aux Valaques de se disposer à la guerre. On dit que le sultan reçut en secret une supplique des Moldaves, et que ce motif le décida principalement à chasser Pierre, de peur qu'ils ne s'attachassent à d'autres voisins et ne reconnûssent la suzeraineté d'un autre maître.*)

A la suite des réclamations que le roi de Pologne lui avait adressées, Soliman, qui se disposait à entreprendre une nouvelle campagne contre la Hongrie, chargea Aloïs Gritti, le célèbre aventurier vénitien qui était devenu son favori, du règlement des affaires moldaves. Gritti quitta Constantinople le 26 février 1532, prit la route d'Andrinople et se rendit tout droit en Valachie. Un de ses officiers, Francesco della

Ши́ то́ате а҆чѣ́сте пе ѿ врѣ́ме са́ѹ тѫмпла́т. Кѫ́нд Тарно́вскіи ха́тманѹл леше́ск кѹ ма́ре ѡ҆а́сте трекѹ́се

Valle, de Padoue, à qui nous devons une précieuse relation des événements qui vont suivre (*Magyar törtenelmi Tár*, III, 9-60), fait un récit détaillé des honneurs que l'envoyé du sultan reçut à Tîrgoviște de la part du prince Vlad. Gritti s'était fait précéder du pacha de Silistra, qui s'était rendu directement en Pologne et avait prié le roi de déléguer des commisaires à la frontière de Moldavie pour le réglement des questions pendantes (Wapowski, 607). Il ne s'arrêta lui-même que peu de temps en Valachie et poursuivit son voyage: »Si fermò quivi il mio signore per alquanti giorni,« dit Francesco della Valle (*loc. cit.*, 23), »e poi determinò di passare nel paese di Pietro Vayvoda, signore di Moldavia, overo Valachia superiore, come vogliam dire, il qual paese confina con Tartari, con Polloni et con la Valachia inferiore, detta di sopra. Egli faceva questo viaggio per esser a parlamento con esso Pietro, et, cavalcato per due giornate, fu avisato dalle sue guardie, che sempre cavalcavano inanzi assicurando la strada, che non dovesse passar piu oltra, perchè esso Pietro haveva preparato una imboscata di quindeci milia cavalli con animo di tagliarne tutti a pezzi; la qual cosa intendendo il mio signore et havendola per nova certa, [fu] deliberato di dar volta, dove che tutta quella notte et il giorno sequente cavalcassimo ritornando verso Tragovista. Il signore di quella città, inteso questo da messagieri del mio signore, gli venne in contra con grandissima cavalaria, ma, non essendo seguitato dal nemico, non gli fu bisogno del suo aiuto. Poichè non riuscì il suo disegno a Pietro Moldavo secondo il suo malanimo, finse di maravigliarsi che mio signore fusse così in fretta ritornato indietro, et mandò suoi oratori a ritrovarlo sino in Tragovista con molti presenti per grattificarsi, offerendogli appresso se medesimo et il suo potere. Il mio signore, non meno accorto che prudente, raccolse gl'oratori lietamente et accettò i donni volentieri, facendone segno d'allegrezza et contracambiolo di quatro belissimi cavalli turchi, di molte cere bianche lavorate, di zuccheri fini et di molte belle vesti d'oro et di seta, presentando ancora agl'oratori particolarmente di belissimi presenti, alli quali poi con cortesissime parole diede licenza.«

Gritti renonça momentanément à son expédition en Moldavie, mais n'en garda pas moins un secret ressentiment contre

Toutes ces choses se passèrent à la fois en 7047 [1539]. Tandis que l'hetman polonais Tarnowski passait

le prince qui avait tenté de le surprendre. Il passa en Transylvanie, convoqua la diète à Vizakna pour le 14 juillet, puis se rendit à Bude, où Zápolya dut lui reconnaître le titre de capitaine général du royaume.

Cependant Pierre Rareș, brouillé avec les Polonais et avec les Turcs, n'était pas sans inquiétude pour l'avenir; il eut l'idée de solliciter l'appui du grand-prince de Moscou. Nous savons qu'un agent russe, Ivaško Jelizarov Sergijevič, qui avait été chargé le 3 mai 1532, d'une mission en Crimée et en Moldavie, revint à Moscou le 7 novembre 1533 en compagnie d'un ambassadeur moldave appelé Iușcu.

Celui-ci priait Basile Ivanovič d'appuyer Pierre auprès du sultan, dans sa querelle contre les Polonais (Codrescu, III, 101). La tâche était fort ingrate et le grand-prince de Russie ne paraît pas s'être empressé d'intervenir. La Porte était fort irritée contre Pierre; le grand-vizir, croyant qu'il s'était réfugié en Pologne, écrivit une lettre au roi Sigismond, pour le sommer de lui livrer, mort ou vif, le prince rebelle (*Invent.*, 146).

Dans l'intervalle, Gritti était rentré à Constantinople, mais il n'y séjourna que peu de temps. Soliman lui donna l'ordre de retourner en Hongrie, où Zápolya et Ferdinand d'Autriche continuaient à se disputer le pouvoir. Les Turcs étaient toujours favorables au premier, malgré les actes d'humilité que son compétiteur s'était cru obligé de faire envers le sultan, mais les grands seigneurs hongrois changeaient de maître, suivant leur intérêt du moment, et le pays était désolé par les exactions des gens de guerre (voy. Fessler, éd. Klein, III, 464-472).

Le 18 juin 1534, Gritti quitta Constantinople, accompagné de 2.000 hommes de pied, de 2.000 cavaliers et de 200 janissaires. Il se dirigea, comme en 1532, vers Tîrgoviște, où des envoyés du prince de Moldavie vinrent le féliciter: »Vennero gli oratori di Pietro Moldavo a trovar il mio signore,« dit Francesco della Valle (*loc. cit.*, p. 37), et gli portarono molti presenti, offerendogli per nome suo la persona, danari, genti et quanto gli faceva bisogno. Ringratiò infinitamente sua signoria essi oratori, et per loro mandò a donare il Moldavo quatro belissimi cavalli turchi, richissimi vestimenti

Нѣстрꙋл ла Хотѝн, шѝ четѣтѣ ⰰчепꙋсе а̂бѣтере ⰰ̂ а̂нꙋл ҂зм҃з, а̂шептѫнд шѝ пре А̂вгꙋст Крáю, кáреле

d'oro et di seta, et molti zachari fini, presentando anco particolarmente essi oratori di belissime vesti di seta.«

De Tîrgovişte, Gritti se rendit à Braşov [Kronstadt]; il y fut complimenté, au nom de Ferdinand, par Gotthard Kun et Étienne Majláth, mais ne reçut pas l'hommage d'Émeric Czibak, que Zápolya avait institué prince de Transylvanie. Czibak ne se crut cependant pas assez pas fort pour engager la lutte, et jugea prudent, quelques jour, après, d'aller faire sa cour au représentant du sultan. Il était trop tard; les gens de Gritti le surprirent à Felmér, dans la nuit du 12 au 13 août, et le mirent à mort. Cet assassinat fut le signal d'un soulèvement général en Transylvanie. Le neveu de Czibak, Nicolas Patóczki, prit la tête du mouvement; Kun et Majláth eux-mêmes se joignirent à lui, et bientôt 40.000 hommes furent réunis autour de Hermannstadt. Gritti n'eut que le temps d'entrer dans Megyes, dont il ferma les portes. Il envoya demander du secours à Pierre Rareş et au pacha de Smederevo [Semendria], mais le secours ne vint pas. Les 12.000 chevaux expédiés par le prince de Moldavie se joignirent aux assaillants (Francesco della Valle, *loc. cit.*, p. 42). Les habitants de la ville tournèrent également leurs armes contre les Turcs. Gritti n'eut plus d'autre ressource que de fuir. Il réussit à envoyer un messager jusqu'au chef des Moldaves, qui lui promit aide et assistance, à lui et à ses fils.

Laissons maintenant la parole à Francesco della Valle et reproduisons le curieux récit qu'il nous fait des derniers moments de son maître (comme nous l'avons fait précédemment, nous corrigeons dans la mesure du possible les fautes grossières qui déparent l'édition donnée par l'Académie hongroise). »Uno di quelli suoi servitori che gl'erano appresso gli dimandò dove voleva andare, dicendogli che non dovesse andar nelle mani di Moldavi, perchè sapeva bene quanto gl'erano nemici, ricomandogli l'imboscata che, l'anno passato, com'è detto di sopra, havevano fatta per tagliarlo a pezzi con tutti i suoi. Egli gli rispose che all'hora era altro tempo et, per testimonio del tutto, gli diede nelle mani la littera del capitanio de' Moldavi, che già gli portò quel Turcho. Acciò la legesse; la qual era scritta in latino, et era di questo tenore: »Signor Gritti, venite fuori sicuramente con li vostri figliuoli, con la vostra robba et con li vostri servitori et con

le Dniestr près de Hotin, avec une grande armée, et commençait à battre la place, en attendant le roi Auguste,

---

cui vi piace, perchè vi promettiamo per Dio, per la vergine Maria, per li quattro elementi, per il panne, per il vino, per la nostra scimittara, che voi venirete sicuro et sicuramente sarete accompagnato dove volete voi. In fede della qual promessa vi mandiamo questa nostra lettera, sigillata del sigillo di Pietro Moldavo, nostro signore.« Letta che ebbe la littera, il servittore la rittornò a sua signoria illustrissima, il qual se la pose nella scarsella del dulimano, et quello gli replicò: »Sono hormai quattr'anni, signore, ch'io vi servo nella felicità; mi pareria incarico grandissimo in questa accersita hora abandonar[vi]; però, quello che sarà di vostra signoria illustrissima sarà anco di me.« Et così s'uscì fuori della città, ne altri vi restò che non uscisse con tutta signoria che'l magnifico messer Giovanni Gritti.

»Fuora della porta della città, a banda sinistra, lungo la strada, era una pallude, et, a banda destra, essa murraglia, lunga un bon tiro d'archobuggio. Come fossemo giunti in fine della murraglia, vedesimo tutto il campo de'nemici et massime quello di Moldavo, che era, come si è detto, alloggiato da quella banda, parte delli quali, li Moldavi come Ongari, disordinatamente scalavano le mura della città et parte entravano dov'era cadutta la murraglia. Veduti che fumo dalli nemici, ne venne in contra un soldato a cavallo correndo. Il mio signore voltosi a Turcho che era con noi et gli dimandò se lo conosceva et egli disse di no; et soggiunse: »Fermiamoci et vediamo quello che vol dire.« Giunto che fu appresso sua signoria, gli menò d'un pugno sopra la spalla et, voltato il cavallo con impeto, gli tirò di testa la beretta di gibellini. Al chè sua signoria non fece ne potè far diffesa alcuna, perchè era debile dall'infirmità, et quell'era il giorno della sua febre quartana, che fu ancho l'ultimo di sua vita. Visto quest'atto così villano, diedi animo alli ragazzi con parole, che mi ajutassero a dar a quel cane, et così a un tempo l'artai col cavallo et, con lo stocco passandolo di banda in banda, lo gittai in terra, et li ragazzi adesso con le scimittare lo tagliarno in pezzi. Il mio signore, volto a noi, gridava in lingua turchescha: »*Ingitima, ingitima!*« che vol dire: »Non fate, non fate«; et noi: »Ritorniamo, signore, nella città; [siamo] traditi!« Egli constantissimo rispose: »Costoro sono qui per me e non per voi; ritornavi tu, che ti salverai, et,

ау венит пъила Лїωв нȢ кȢ пȢцїнъ пȢтѣре; Тътарїи «
де алтъ парте ꙟплȢсе цѣра де робїе ши прѫда;

se Dio ti da gracia che tu torni a Venetia, riferisci al povero vecchio tutto quello ch'haverai veduto.«

»Così dicendo, li Moldavi venivano a gran corso verso noi, et io, vedendo che le mie forzze non erano bastanti a difender sua signoria dalle mani di tanti soldati che parevano luppi arabiati, presi partito di fugir nella città, et così feci con grandissimo pericolo della vita. Fu egli preso da quelli e condotto alle sue tende. Vennero poi gl'Ongari per torlo dalle mani di Moldavi, perchè così tra loro erano convenuti, et il resto della preda che facesssero li Moldavi, fosse sua. Parve molto strana cosa al mio signore che li Moldavi gli mancassero di fede et di quanto gli havevano assicurato, et se ne dolse assai, promettendo loro dapoi, se lo conducevano a salvamento, come gli havevano promesso, darabbe loro cento millia ducati. Quelli gli risposero che non potevano far altro che darlo in mano agl'Ongari, perchè così erano convenuti, et egli si sopragiunse: »Guardate bene quello che voi fatte, perchè havete a sapere ch'io rappresento la persona di Solimano, et queste sono le commissioni ch'io ho da lui.« E tutto a un tempo le colse della scarsella del dulimano, et le mostrò loro. Quelli gli le tolsero et non gli le tesero più, ma subito lo consignarono in mano degl'Ongari, li quali lo condussero al padiglione di Steffano Majlato et di Gottardo Con. Dove giunto, quelli signori gli dimandorono la causa per la qualle egli haveva fatto amazzare il vescovo (Istvanfi, p. 198, dit qu'Émeric Czibak était évêque de Nagyvárad (Oradea Mare, Grosswardein), mais ce personnage n'avait jamais reçu les ordres ecclésiastiques, et comme nous l'apprend le *Schematismus cleri dioecesis Magno-Varadinensis*, il avait simplement usurpé les biens de l'évêché, après la bataille de Mohács); egl' gli rispose che non haveva mai commesso tal homicidio, ma che era ben vero che lo voleva preso e non morto, per saper la causa che l'haveva mosso a sollevar li popoli di Transylvania contra di se. Li soldati ongri, a guisa di cani arrabiati, gridavano ad alta voce: »Fate, fate morir questo Turcho!« Et Majlato all'hora gli dette la nuova della sua morte; al qual rispose: »Guardate bene il fatto vostro, perchè ognuno di voi sa ch'io rappresento la persona di Solimano, et sono poi stato eletto dalla maestà del re Giovanni et da voi altri signori et baroni del

qui s'avança jusqu'à Léopol avec des forces imposantes, les Tatars, d'un autre côté, firent dans le royaume des

> regno, general governatore et capittano del[l'] esercito, et poi da Solimano confirmato; per il chè, dovete esser certi che Solimano se la trovrà hora a grande incarco et riputterà che quest' ingiuria sia stata fatta alla sua persona, et vorrà con le sue armi vendicarla, la qual cosa sarà con grandissimo danno del regno d'Ongaria, et voi ne sarete stati caggione. Però siate contenti di lasciarme tornar in Constantinopoli perch'io vi prometto dar, oltra la preda che havete, ducento millia scudi.« Mailato crudele gli rispose: »Questi signori vogliuno che moriate, et egli humanamente gli disse: »*Sanguis meus super vos et super filios vestros*; però si ti est *amor Dei, cito expediatis*. Ma prima siate contenti ch'io pigli gl' ordini di santa chiesa; acciò mora christianamente.« Gli quali ghe li concesser, poi et questo consignò in mano d'alcuni suoi che lo facessero morire; ne all'hora vi era alcuno che volesse viderlo. Si fece poi inanzi un certo carrattiero et gli disse: »Signore, se mi volete donare le calze ch'egli ha in gamba io gli taglierò la testa.« Al qual subito fu concessa la gracia, et egli inhumano con una scimittara gli la tagliò.«

La tête de Gritti fut envoyée à Pierre Rareş. Le bourreau improvisé, qui s'était emparé de ses chausses, y trouva une foule de bijoux précieux, qu'il vendit à Patóczki. Les Moldaves firent prisonniers 200 Turcs qui avaient percé l'armée hongroise et les firent périr dans les supplices. Les deux fils de Gritti furent amenés à Pierre Rareş, qui fit noyer l'un et décapiter l'autre.

L'histoire de Gritti a été longuement racontée par Istvánfi et par divers autres auteurs (voy. Sinkai, II, 168; Fessler, éd. Klein, III, 474); diverses relations imprimées aussitôt après la catastrophe de Megyes la firent connaître en Europe. Nous citerons une de ces relations dont M. Charles Schefer a bien voulu nous communiquer un exemplaire:

Warhafte Geschicht || Wie herr Ludouico Griti von Con-|| stantinopel in die Walachey ankom || men, und in Sybenbür-gen er-|| schlagen ist den 28. || Septembris. || 1534. *S. l.*, in-4 goth. de 2 ff. de 33 lignes à la page.

Quand la première émotion causée par la mort de Gritti fut passée, les Hongrois réfléchirent avec inquiétude aux

Тѹрчїй тречѣ Дѹнѵрѣ. Мѧй дїн лѹѹнтрѹ, кѹноскѫнд ꙋ
боѥрїй шй цкра ла чѣ вйне лѹкрѹл, се сфѫтѹйа, шй

graves conséquences que cet événement pouvait avoir pour
eux. Ils pensèrent que la colère de Soliman retomberait sur
le roi Jean, dont Majláth et Kun n'avaient été que les agents;
beaucoup d'entre eux se rallièrent au prétendant autrichien.
Le prince de Moldavie fut un des premiers à négocier avec
Ferdinand. Celui-ci envoya en Transylvanie deux agents,
Reichensdorfer et Émeric Nagy, qui, le 24 avril 1535, conclu-
rent avec Pierre Rareş un traité d'alliance. Le prince reconnaissait la suzeraineté de la Hongrie et promettait de se joindre
au roi, lui et tous ses boïars, en cas de guerre avec les Turcs,
ou avec les Tatars; il promettait en outre de s'opposer autant
que possible au passage des Turcs à travers ses états, de ne
pas payer au sultan un tribut plus élevé que le tribut antérieur, et s'engagerait, s'il parvenait à secouer le joug des Turcs
à rester le vassal des Hongrois; à ces conditions Ferdinand
se déclarait prêt à le réintégrer par les armes dans ses états,
s'il venait à en être chassé par les Turcs, et lui reconnaissait
la possession de Csicsó, Küküllővár, Bálványos-Várallya (en
roum. Unguraş) et Bistriţa (Pray, *Annales*, IV, 277; Katona,
XX, 941 et 1289; *Transilvani"a*, 1874, 129; Fessler, éd. Klein,
III, 477).

Pierre, se croyant sûr du côté de la Hongrie et sachant
que le sultan était absorbé par une guerre avec la Perse, se
prit de querelle avec les Polonais. Il pilla la Pocutie, cette
province si souvent ravagée, puis, pour justifier ses procédés
violents, il envoya au roi Sigismond, dans le courant du mois
de décembre 1535, un ambassadeur appelé Abraham, qui
demanda la convocation de la commission mixte moldave
et polonaise à Hotin. Une ordonnance royale du 5 janvier
1536 fixa cette convocation au 26 mars suivant (Engel, II,
175; Sinkai, II, 170).

Cependant Zápolya avait regagné du terrain en Transylvanie. Les Széklers, qui lui étaient fidèles, mécontents de
l'arrangement intervenu entre Pierre Rareş et Ferdinand, se
jetèrent sur Bálványos-Várallya (Unguraş) et s'en emparèrent, le jour de l'Ascension. Trois semaines plus tard, toute
la Transylvanie était en armes; le 27 juin, la Moldavie fut
envahie (voy. les annales citées par Sinkai, II, 171). François Lázár, capitaine des Széklers, accusé d'avoir entretenu
des intelligences avec Pierre fut mis à mort (voy. un passage

prisonniers et du butin, et les Turcs passèrent le Danube. A l'intérieur, les boïars et les miliciens virent de quelle

---

d'Antoine Verancsics dans les *Magyar történelmi Emlékek;* 2. osztály; Irók, II, 43).

Ce revirement inattendu décida le prince de Moldavie à ouvrir de nouvelles négociations. Il envoya un de ses boïars, probablement le vestiaire Mathias, dont le nom figure dans deux actes du 22 mars 1535 (Hîşdău, *Arch.* I, 1. 83; Melchisedec, *Chron. Huş,* 18), auprès de Zápolya, qui se trouvait alors à Nagyvárad (Oradea Mare, Grosswardein).

L'ambassadeur de Charles-Quint en Hongrie, Jean Wese, archevêque de Lund, nous donne, dans une dépêche datée de la même ville le 6 septembre 1536, de curieux détails sur l'agent de Pierre Rareş. »Hic adest,« dit-il, »thesaurarius vayvodae Moldaviae, principis certe potentissimi... Hic idem thesaurarius secreto me sepius convenit et rogat ne pacem cum isto Joanne vayvoda concludam. Dominum suum ad quamcumque meam requisitionem venturum cum triginta aut quadraginta millibus militum optimorum, et Transilvaniam dabit in manus Romanorum regis et, quando Majestas Vestra contra Turcarum [imperatorem] terrestri itinere aliquid incipere velit, obtulit dominum suum Majestati Vestrae inserviturum cum sexaginta aut octoginta milibus militum optime instructorum. Contraxi cum homine isto magnam amicitiam, et dedi ordinem ut unus alteri continuo scribere possit. Est in veritate homo modestissimus, optimus, praeterea prudens et satis circumspectus in rebus gerendis, ita ut sibi similem in hoc regno non invenerim. Nihil studet quam ut hinc hastive expediatur; ideo quod venerit, sive non, indifferens est. Venerat enim pro recuperatione cujusdam castri quod unus ex subditis istius vayvodae hiis diebus proximis a domino suo interceperat.« (*Magyar történelmi Emlékek,* I, osztály: Okmánytárak, I, 367; Hîşdău, *Arch.,* I, 1, 48).

La mission confiée à l'agent moldave était plus importante qu'il ne l'avouait, puis qu'il s'agissait d'amener un rapprochement entre Pierre Rareş et Zápolya. Ce résultat fut obtenu. La Moldavie eût pu jouir alors de quelque tranquillité, mais le prince qui la gouvernait ne pouvait se résigner au repos. A peine réconcilié avec Zápolya, il ressuscita son ancienne querelle contre les Polonais, se livra à de nouvelles entreprises contre la Pocutie et poussa le khan des

оунѕл ку ѫлтул черка сфа́т чѐ вќр пѫтъ̀к̀ фа́че, ка сх
по́лтх хулуду̀й де ѫтѫ́те неко́й чѐ са̀ѕ ѫциц́ат ѫ̀ цъ̀ркз,
шѝ рӥсйпх̀ асупра лю̀р.¹) Ӑчкесте то́ате дакх аѕ ѫтра́т
ла оуре́киле лй Петру Бо́дх, шѝ ма́й върто́с Хъ̀рк
келарѕ́л га́ѕ спс̀, кх̀м шѝ цъ̀ра се воровх́ише ка сх̀л
пхрхсх́скх, мх̀лтх скх̀рбх аѕ ѫтра́т ла и́нима лй,
кх ѫ̀котръ̀й вре ѫ̀то́арче ѡастх́ май ѫ̀тх́ю, но пѫтх̀к̀
куно́лше; кх Лкшій венйсх ку тх̀ріе, пѫтх̀крхк Тхр-
кулй ма́ре, мулцӥмх шѝ юцӥмх Тхтарилюр неюпрйтх;²)
че́сти де́й ло́нтру сла́бй шѝ плй́нй де виклешу̀г. Че
дей тоате шаѕ ле́с кх ай се́й де саѕ сфхтуйт сх
ажу́нгх ла Ӕ̀нхш краюл оунгуре́ск сх̀л ѫпа́че ку Лкший,
шѝ сх ѫ̀то́аркх ѡастх аѕупра Тхтарилюр, кх¹) дей
пѫтх́к бирѕ́й, га́р пре Ту́рк пре лкене ѫ̀л ва ѫ̀пука̀.
Че сфа́тул мх̀кар кх̀туй де бу̀н, оу̀н лукру чйй дей

---

¹) Le texte donné par Ioanid (p. 201) nous paraît meilleur: *de atâtea nevoi ce s'au aţiţatŭ prin ţărrĭ, de s'au strănsŭ o grămadă de răutate şi răsipă asupra lor.* — ²) Nous adoptons la leçon de Ioanid. AB: portent: пѫтх̀кр Тх̀ркулй ма́ре мулцӥме, шѝ юцӥмх Тхтарилюр неюпритх. ³) AB: кл.

Tatars à envahir les états de Sigismond (Engel, II, 178; Sinkai, II, 171).

Ces manœuvres, ces tergiversations continuelles amoncelèrent sur la tête de Pierre un orage terrible. Soliman, rentré en Europe, reportait son attention vers les événements de Moldavie; quelques protestations que le prince eût pu lui faire, il n'avait pas dû oublier la mort de Gritti; sa vengeance n'avait été que retardée. Dès l'année 1537, il avait négocié avec la Pologne au sujet des réfugiés moldaves. Nous ne pouvons malheureusement qu'indiquer d'une manière toute sommaire deux pièces qui seraient de nature à jeter beaucoup de jour sur les négociations poursuivies alors. Ces deux pièces, jadis conservées aux archives de Cracovie sont ainsi analysées par les rédacteurs de l'inventaire: »Idem [Solimanus] coram eodem [Sigismundo] conqueritur de injuriis ab Ukrainensibus

catastrophe ils étaient menacés; ils délibérèrent et se demandèrent l'un à l'autre ce qu'on pourrait faire pour se délivrer de tous les maux qui agitaient le pays et de la ruine [qui s'appesantissait] sur eux. Toutes ces [menées] vinrent aux oreilles de Pierre; le porte-clefs Hîrea notamment lui dit que la milice songeait à se détacher de lui. Une grande désolation entra dans le cœur [du prince], qui ne savait de quel côté il devait tourner d'abord son armée. Les Polonais étaient venus en grandes forces, le Turc disposait d'une puissante armée, la multitude tatare marchait avec une rapidité que rien ne pouvait arrêter; les Moldaves étaient faibles et pleins d'astuce. Au milieu de ces difficultés, [Pierre] prit avec ses conseillers le parti de s'adresser au roi Jean de Hongrie pour qu'il le réconciliât avec les Polonais. Il pourrait ainsi diriger son armée contre les Tatars, et, s'il était vainqueur, il lui serait facile de s'entendre avec le

---

et Valachis transfugis illatis, tum requirit satisfactionem praestandam. Anno 1537. — Idem ab eodem repetit Theodorum palatini Valachiae fratrem, ejusque liberos et facultates, ac ceteros Valachos profugos« (*Invent.*, 147). Nous n'avons pas réussi à découvrir si véritablement Pierre avait un frère appelé Théodore.

Enfin l'orage éclata contre la Moldavie. Le 9 juillet, Soliman quitta Constantinople et se dirigea vers le Danube à la tête d'une armée de 150.000 hommes. Auprès de Iassi, qu'il réduisit en cendres, il rallia les Tatars commandés par le khan Sashib-Geraj. La suite des événements est connue par le récit d'Urechi. Ajoutons seulement que Zápolya, informé à temps des préparatifs du sultan et pensant qu'il pouvait avoir le projet de se jeter sur la Hongrie, avait réuni en Transylvanie environ 100.000 hommes commandés par les voïévodes Étienne Majláth et Émeric Balassa. C'est l'avant-garde de cette armée que Pierre dut traverser dans sa fuite.

On consultera, sur la campagne de 1538, P. Jove (éd. cit., II, 469; Hîşdău, *Arch.*, II, 35-41), Istvánfi (219-223), Engel (II, 178), Sinkai (II, 172), Fessler (éd. Klein, III, 490) et Hîşdău (*Din Moldava* I, 13-16, 29-32, 46-48, 61-64, 79-84).

вѡіа лꙋй Дꙋмнезеꙋ нꙋ се пѡате скꙑмба; мꙑкар кꙑ
пре Ӕвгꙋст краюл лешеск лꙋ ꙟпꙑкат Ӏӑнꙑш краюл
ꙋнгꙋреск, ши ремꙑсꙑсе фꙑрꙑ грижꙑ дентраколѡ, ӥр
ѡастеа тꙑтꙑрꙑскꙑ ши пꙋтꙑреа ꙟпꙑрꙑціей тꙋрчещӥ,
ка ꙋн похою деграбꙑ че вине, лꙋ акоперйт, де ӥꙋ
кꙑꙋтат алꙑсаре тот, ши сꙑꙋ дат спре мꙋнте пꙑрꙑсйт
де тѡатꙑ слꙋжба че авѣ.

Вꙑзꙑнд Петрꙋ Вѡдꙑ кꙑ лꙋ ꙟпресꙋрат врꙑжмашӥй
де тѡате пꙑрциле, ши ӑй сей лꙋ пꙑрꙑсйт тоцй, лꙑ-
сатаꙋ скаꙋнꙋа, ши сꙑꙋ дат спре мꙋнцй, ꙋнде кꙋноc-
кꙑнд кꙑ ниче аколѡ нꙋ се ва пꙋтѣ мистꙋй, аꙋ сокотйт сꙑ трѣкꙑ ла Цѣра Ꙋгꙋреcкꙑ. Ши аша
ꙟфлꙑндꙋшй кале дескйсꙑ прен тꙑрг прен Пӥатрꙑ, аꙋ
трекꙋт пре лꙑнгꙑ мꙑнꙑстйрѣ Бйстрйцій, ши лꙑсꙑн-
дꙋсе ка сꙑ пѡатꙑ чеваши ѡдйхнй ꙟ мꙋнте дꙑсꙋпра
мꙑнꙑстйрйй, вꙑзꙋтаꙋ ꙋнде ка ꙋн рою ден тѡате пꙑрциле ꙟкꙋнцюратꙑ мꙑнꙑстйрѣ, ка сꙑꙵл пѡатꙑ прйнде.
Дѣче кꙋносꙑнд ел ачѣсте, аꙋ ꙟкꙑлекат пре кал, ши
сйнгꙋр аꙋ фꙋгйт сꙑ хꙑлꙑдꙋаскꙑ, ꙟ ӥӥ зйле Септемврӥе,
ꙟтрꙑнд ꙟ мꙋнте ꙟтрадꙑнк. Фꙑрꙑ дрꙋм, фꙑрꙑ повацꙑ,
аꙋ дат ла стримтꙋрй ка ачѣле, де нꙋ ꙕра ниче де кал
ниче де педестрꙋ; че аꙋ кꙑꙋтат алꙑсаре калꙋл. Ши аша
ꙟ шѣсе зйле аꙋвлꙋйндꙋсе прен мꙋнте, флꙑмꙑнд ши
трꙋдйт, аꙋ немерйт ла ꙋн пꙑрꙋꙋ ꙟ Цӥѡc, аꙋ дат пе
нйще пꙑскарй, карій дакꙑ ӥꙋ лꙋат сѣма, кꙋ драгосте
лꙋ прймйт. Ӥрꙑ Петрꙋ Вѡдꙑ ꙟфрикошйндꙋсе де ѣй,
сꙑꙋ спꙑмꙑнтат; ӥрꙑ ѣй кꙋ жꙋрꙑмꙑнт сꙑꙋ жꙋрат
ꙟнаинтей кꙑм ꙑй вꙋр хи кꙋ дирептате, ши немйкꙑ
сꙑсе тѣмꙑ. Ӥрꙑ ел лꙋꙵ дат лꙋр ҃е де галбенй бӑнй
де аꙋр; ши вꙑзꙑнд ѣй галбенйй кꙋ бꙋкꙋрӥе ӥꙋ лꙋат,
ши лꙋ дꙋс ла ѡтакꙋл лꙋр, де лꙋ ѡспꙑтат кꙋ пꙑне
ши кꙋ пѣще фрйпт, ѡспец пꙑскꙑреск де че мꙑнкꙑ
ши ѣй. Ши, дакꙑ аꙋ ꙟсерат, лꙋ ꙟбрꙑкат кꙋ хайне

Turc. Mais, quelque bons que soient les conseils, ils ne peuvent changer ce qui arrive par la volonté de Dieu. Le roi Jean de Hongrie ménagea bien un rapprochement entre le roi Auguste de Pologne et le prince, qui fut délivré de crainte de ce côté, mais celui-ci fut débordé par l'armée tatare et par les forces de l'empire turc, comme par un déluge subit; il fut contraint de de tout quitter et dut se retirer dans les montagnes, abandonné de tous ses serviteurs

Pierre, voyant que les ennemis le pressaient de toutes parts et que les siens l'abandonnaient, quitta sa capitale et se dirigea vers les montagnes, mais il pensa que là même il ne pourrait subsister, et résolut de passer en Hongrie. Il trouva le chemin ouvert par la ville de Piatra et passa près du monastère de Bistriţa. Il s'y arrêta pour pouvoir se reposer un peu sur les hauteurs, qui le dominent, mais il vit que le monastère était entouré de tous côtés d'un essaim [de gens] qui cherchaient à s'emparer de sa personne. Dès qu'il eut reconnu la situation, il monta à cheval et, seul, le 18e jour de septembre, il tenta de se sauver par la fuite et se jeta au fond de la montagne. Hors des chemins frayés, sans guide, il rencontra des défilés tellement étroits qu'il ne pouvait y passer ni à cheval ni à pied; il fut obligé de quitter son cheval. Pendant six jours il se cacha dans la montagne; accablé par la faim et la fatigue, il descendit vers une rivière et y trouva des pêcheurs, qui ayant su qui il était, l'accueillirent amicalement. Le prince, craignant [qu'ils ne le trahissent], était saisi de terreur, mais ceux-ci s'engagèrent par serment devant lui à agir avec droiture, [déclarant] qu'il n'avait rien à craindre. Il leur donna 70 ducats en monnaie d'or; quand ils virent ces ducats, ils les prirent avec joie et conduisirent [Pierre] dans leur étable; ils lui servirent du pain et du poisson grillé, repas de pêcheurs, [composé] de ce qui était leur nourriture. Quand le soir fut venu, ils le revêtirent d'habits grossiers comme ils en portaient, lui mirent sur la tête un bonnet rond et le conduisirent

пр҃расте де алѹр, ши ї҃аѹ дат комѫнак ѫ кап, ши лаѹ скос ла Ардѣл. Ши фїинд ѡ҃асте оу҆нгѹрѣ҃скѫ де стра́жѫ ла ма́рџине, ї҃аѹ ѫтреба́т пре ди́ншїй че ѡ҃амени сѫ́нт; ей а҆ѹ зис: сѫ́нтем пѫскарі. Ши аша а҆ѹ трекѹ́т прен стра́жа оу҆нгѹрѣ҃скѫ, ши нимене нѹ лаѹ кѹноскѹ́т. Дѣче пѫска́рій лаѹ дѹс ла ка́са оу҆нѹй боі҆ѣрин оу҆нгѹрѣ҃ск, ка́реле а҆ѹ фост а҆вѫ́нд прїетешѹ́г ма́ре кѹ Пе́трѹ Во́дѫ; че пре до́мнѹл нѹ лаѹ а҆фла́т а҆ка́сѫ, нѹма́й пре џопѫнѣ҃са лѹй; ши пре та́инѫ спѹ́серѫ ей де Пе́трѹ Во́дѫ; ка́рѣ ѫџѫлегѫ́нд де Пе́трѹ Во́дѫ, кѹ дра́госте лаѹ приміт ла ка́са ей, ши ї҃аѹ фѫкѹ́т ѡ҃спѫц. Ї҃ар оу҆н воинік ѡ҃аре чине че фѹсѫ́се а҆про́д ла Пе́трѹ Во́дѫ, прилежи́ндѹсе ѫтраче́л сат, фїи́нд скѫпа́т ши ел динтраче́ле рѫѹтѫ́ци, ї҃й спѹ́серѫ лѹй де пѫска́рій а҆чі҃а че вени́се ден мѹ́нте, ши цій҆нд ел кѹ Пе́трѹ Во́дѫ а҆ѹ ѫтра́т ѫ мѫнц ши нимик¹) де джн҃сѹл нѹ се щі҃е, ши кѹџетѫ́нд ѫтрѹ йнима са кѹм ѫр пѹтѣ҃ ѫџѫлѣ҃це че́ва де до́мнѹл сѫѹ, а҆ѹ мерс ла пѫска́рій сѫй ѫтрѣ҃ке; ши, да́кѫ ї҃аѹ вѫзѹ́т, ѫда́тѫ а҆ѹ кѹноскѹ́т пре до́мнѹл сеѹ Пе́трѹ Во́дѫ, ши а҆ѹ кѫзѹ́т де ї҃аѹ сѫрѹта́т пичї҆а́реле. А҆тѹ́нче вѫзѫ́нд Пе́трѹ Во́дѫ пре кредни́чі҃ѹаса слѹга са, мѹлт сѫѹ вѹкѹра́т ши сѫѹ мѫнгѣе́т, ши мѹ́лте кѹви́нте де та́инѫ ї҃аѹ воровит, ши, ѫблѫн҃зі́ндѹсе йнима, а҆ѹ а҆дормі́т пѹцинте́л. Ниче зѫба́вѫ мѹ́лтѫ фѫкѫ́нд, пѫ́нѫ а҆ѹдихни́ре Пе́трѹ Во́дѫ, ї҃ар а҆чѣ҃ џопѫнѣ҃сѫ а҆ѹ гѫти́т лѣ҃гѫн кѹ кай, ши в҃і воини́чій ѫтрарма́ци; ши, да́кѫ лаѹ дешепта́т, а҆ѹ шезѹ́т ѫ лѣ҃гѫн нѹмай кѹ а҆че́л а҆про́д, ши а҆ѹ мерс пре ло́кѹрй фѫ́рѫ де дрѹ́м, пѫ́нѫ а҆ѹ соси́т ла ка́са оу҆нѹй боі҆а́рин оу҆нгѹрѣ҃ск, ка́ре ши а҆че́ла е҆ра прїе́тин лѹй Пе́трѹ Во́дѫ; ши а҆че́ла да́кѫ лаѹ вѫзѹ́т, кѹ дра́госте лаѹ приміт

---

¹) B. *nimica*.

vers la Transylvanie. L'armée hongroise était de garde sur la frontière; on leur demanda qui ils étaient; ils répondirent: »Nous sommes des pêcheurs«, et ils traversèrent ainsi la garde hongroise, sans que personne eût reconnu le prince. Les pêcheurs le menèrent dans la maison d'un boïar hongrois, qui avait eu avec Pierre des relations d'amitié. Ce boïar n'était pas chez lui; ils trouvèrent seulement sa femme, à qui ils découvrirent en secret qui était [l'étranger]. Celle-ci, en apprenant le nom de Pierre, le reçut affectueusement dans sa maison et lui prépara un repas. Un soldat, qui avait été huissier chez le prince et qui se trouva dans ce village, après avoir échappé aux mêmes rigueurs, entendit parler des pêcheurs qui étaient venus des montagnes; il savait que Pierre s'était jeté dans ces montagnes et qu'on n'avait plus de ses nouvelles; aussi, pensant du fond de son cœur qu'il pourrait avoir quelques renseignements sur le sort de son maître, il se rendit auprès des pêcheurs pour les interroger. Dès qu'il les vit, il reconnut Pierre, son seigneur, et se précipita à terre pour lui baiser les pieds. La vue de ce fidèle serviteur réjouit beaucoup le prince et le consola; il lui parla longuement en secret, et, son cœur étant devenu plus calme, il put dormir un peu. Sans perdre de temps, pendant que Pierre reposait, la dame du lieu fit préparer une litière portée par des chevaux et escortée de 12 hommes armés. On réveilla le prince, qui s'assit dans la litière avec cet huissier et l'on passa par des endroits où il n'y avait pas de route, jusqu'à ce qu'on fût arrivé à la maison d'un boïar hongrois, qui, lui aussi, était l'ami de Pierre. En le voyant, celui-ci le reçut affectueusement lui servit à manger et fit immédiatement préparer une litière à six chevaux. Il fallait se hâter, car les troupes qui composaient la garde hongroise venaient enfin d'apprendre que le prince avait passé au milieu d'elles sans qu'elles l'eussent reconnu, et elles étaient parties à sa recherche, dans l'espoir de l'atteindre. Mais Dieu, qui veille sur tous ceux qui le prient avec confiance, protégea

ши лъу ѡспътат, ши ꙟдатъ ꙗу гътит лѣгꙟи ку шѣсе
кай, къ лок де зъбавъ ну ера, къ дѣн урмъ прин-
съсе де вѣсте ѡастѣ че ера ла стража унгурѣскъ,
кум Пéтру Водъ ау трекут пéнтре дꙟшїй, ши ну
лау кунocкут, ши сау порнит дупъ дꙟсул ал черка,
ка съл поатъ ажюнџе. Че Думнезѣу, чела чей ѡкър-
муитор тутурор челѡр чей се роагъ ку крединцъ,
ау акоперит пе Пéтру Водъ, ши ау дат кале дескисъ;
ши, мергꙟнд ку невоинцъ, ау сосит ла Чичéу, ши
съмбътъ ꙟ ръсърита сóарелуй, Септéмврїе ҃ки, ау
ꙟтрат Пéтру Водъ ꙟ четáтѣ Чичéулуй ши ау ꙟкис
пóрциле. Ꙟръ чей чел гонїа дѣн урмъ, възꙟнд къ
ау хълъдуит Пéтру Водъ динаинтѣ лѡр, сау ꙟторс
ꙟнапóй.

Áколѡ плꙟнџере ши тꙟнгуйре ера де дóамна съ
Елéна, ши де фїий сей, де Илїаш ши Стефъницъ,
ши де фїйкъса Руксáнда, ши де алцїй късашїй, пéнтру
мултъ скъ́рбъ че ле венѝсе асупръле, щїйндусе дѣн
къ́тъ мъри́ре ау къзут ла атъ́та педѣпсъ. Дéчїй
Пéтру Водъ ау ꙟтрáт ꙟ бисѣрикъ де сау ꙟкинáт,
мулцъмѝнд луй Думнезéу къ лау избъвит де мъ́неле
връжмашилѡр сей.

Ꙟръ Султáн Сулейм́ан, ꙟпърáтул турчéск, ку
ѡастѣ съ ꙟ урма луй Пéтру Водъ ла Молдóва, мултъ
прáдъ ши скъдéре фъкꙟнд цъ́рїй ши кълкꙟндуѡ, ау
ажюнс пъ́нъ ла Сучéвъ, ку мáре ур́џїе ши педѣпсъ
тутурѡр лъкуитóрилѡр.

Pierre et fit qu'il trouva le chemin libre. Il marcha aussi rapidement qu'il put et arriva jusqu'à Csicsó. Le 28 septembre, au lever du soleil, il fit son entrée dans la ville, dont il ferma les portes. Ceux qui étaient à sa poursuite, voyant qu'il leur avait échappé, s'en retournèrent.

Á Csicsó, [le prince] se répandit en pleurs et en lamentations au sujet de sa femme Hélène, de ses fils Élie et Étienne, de sa fille Rocsanda et des autres personnes de sa maison, sur qui tant de maux étaient venus s'abattre. Il savait de quelle hauteur il était tombé dans ces tribulations. Cependant il entra dans l'église et se prosterna, en remerciant Dieu de ce qu'il l'avait arraché aux mains de ses ennemis.

Quant au sultan Soliman, empereur des Turcs, qui, avec son armée, avait poursuivi Pierre en Moldavie, il foula le pays, se livra au pillage et à la dévastation et arriva jusqu'à Suceava, ce qui causa une grande colère et une grande désolation à tous les habitants.

КАП ЗІ.
Домніѧ луй Стефан Водъ пореклит Лъкустъ.

Прѣдѣнд ши стропшинд цѣра Султан Сулеиман, Ѫпъратул турческ, ши фіинд цѣра беженитъ спре мунціи, съу стринс влъдичіи ши боіерій ла сат ла Бадеуци, ден сус де Сучѣвъ, де съу сфътуит ку тоцій, че вор фаче де аѩка невоїе че ле венисъ асупръ. Май апой де тоате шъу алес сфат ка съ тримицъ солй ла Ѫпъратул ку маре ругъминте ши плънцере съй ерте; ши аша ъу алес динтре дъншій пре Трифан Чіѡлпан, де лъу тримис сол ла Сучѣвъ ла Ѫпъратул, де съу ругат де паче, ши шъу чершут домн. Де каре лукру възънд Ѫпъратул ругъминтѣ лѡр, съу милостивит, ши ѩу ертат; ши ъу тримис ла дъншій ку Чіѡлпан пре ун чѣуш маре ку крединцъ, де ѩу кіемат пре тоцй ла Ѫпъратул ѫ Су- чѣвъ, карій ку маре фрикъ ъу мерс ши ъу кързут ла пичіѡареле Ѫмпъратулуй; пре карій ѩу ертат Ѫпъратул ши ку драгосте ѩу примит, ка пре нище робй ай сей. Ши лѣу пус домн пре Стефан Водъ, фечіѡрул луй Алекандру Водъ, ши ел съу ѫвъртежит ѫнапой ку мултъ добъндъ, денпреунъ ку тоатъ ѡастѣ луй. Ши дечій Стефан Водъ ку влъдичій ши ку боіерій ъу петрекут пре Ѫпъратул пънъ ла Дунъре; ши аколѡ ъу ѫторс Ѫпъратул пре тоцій робій ши плънул кът съу афлат де фацъ, ши бирул ѩнк лъу ертат, ши дечій ъу трекут Дунърѣ;*) ѩр Стефан Водъ съу ѫторс ла скаунул ѫ Сучѣвъ.

---

*) Paul Jove (*Opera*, II, 469) et Istvánfi (p. 221) disent qu'Étienne était frère de Pierre Rareș; c'est là une erreur manifeste puis qu'Étienne-le-Grand n'eut aucun fils qui portât

CHAPITRE XV.
Règne d'Étienne, surnommé Lăcustă.

Tandis que le sultan Soliman, empereur des Turcs, pillait et pressurait le pays, la population s'étant retirée dans les montagnes, les évêques et les boïars se réunirent au village de Bădăuți, au-dessus de Suceava, pour délibérer en commun sur ce qu'ils feraient dans la situation critique où ils se trouvaient. A la fin de leurs délibérations, ils décidèrent qu'ils enverraient des ambassadeurs au sultan pour le prier et le supplier de leur faire grâce. Ils choisirent donc parmi eux Trifan Cioplan, qu'ils déléguèrent comme ambassadeur à Suceava, près du sultan, pour solliciter de lui la paix et lui demander un prince. Leurs prières adoucirent Soliman, qui leur pardonna et envoya vers eux, avec Ciolpan, un grand tchaouch, porteur de lettres par lesquelles ils étaient tous appelés auprès du sultan à Suceava. Ils s'y rendirent en tremblant et se jetèrent aux pieds du sultan, qui leur fit grâce et les reçut avec bonté comme ses esclaves. Il leur donna pour prince Étienne, fils d'Alexandre[*], et s'en retourna, chargé d'un immense butin, avec toute son armée. Étienne, les évêques et les boïars l'accompagnèrent jusqu'au Danube; là, Soliman leur restitua tous les prisonniers et tout le butin qu'il avait encore entre les mains; il leur fit même remise du tribut[**]. Ensuite il passa le Danube. Étienne regagna Suceava, sa capitale.

---

son nom. Un ms. cité par Sinkai (II, 179) fait du prince roumain un fils de Bogdan, c'est-à-dire qu'il le confond avec Étienne-le Jeune, mort en 1527. La filiation indiquée par Urechi est confirmée par Bielski, lequel désigne le successeur de Pierre Rareș sous le nom de »Stefan Alexandrowicz.« L'Alexandre, dont il est ici question devait être le fils aîné d'Étienne-le-Grand, mort en 1496 (voy. ci-dessus p. 175). Cf. Hîșdău dans la *Fóia Societății Românismulŭ*, II, 168.

[**] Cantemir (*Opere*, III, 296) prétend, au contraire, que Soliman en rendant la liberté à ses prisonniers exigea qu'ils lui livrassent les trésors du prince détrôné.

Пентр8 мулте невой чк8 петрек8т Петр8 Водъ де Оунгурй, ѫ четатѣ Чичеула, шй пурчедеркъ съ ла Цариград, ѫ ан8л ҂зми, генаріе.

Фіинд Петр8 Водъ ѫ четатѣ Чичеулуй, мулте педиѱсй шй невой ай веніа асупръ неприетиній сей, къ н8 н8май дела чей струйнй, че шй дела ай сей авѣ педѣкуз, дела чей чей мил8ис шй боїерйскъ ѫ домніа л8й, дела чей чк8 нъдъжд8йт съй фіе к8 бине шй к8 прийнцъ ла врѣме ка ачка. Къ ѫт'ю Симеон пъркълаб8л, кареле ера п8с де Петр8 Водъ сокотитор шй токмитор, де маннлайнте врѣме, четѣцій ачеа, ѫпревнъ к8 владика Анастасіе,*) гъндйнд р'у8 ла инима лор асупра домн8л8й се8 Петр8 Водъ шй съл оморе, шй съй ꙗ кап8л съл тримицъ ла Стефан Водъ че ера домн ѫ Молдова. Сокотіа

---

*) Nous devons suppléer au silence de notre chroniqueurs quant aux événements qui remplirent le règne d'Étienne Lăcustă. Le premier soin de ce prince fut de s'assurer l'amitié des Polonais. Il conclut avec Jean Tarnowski, chargé par Sigismond d'une mission en Moldavie un traité portant rénovation des stipulations jadis intervenues entre les rois Vladislas et Casimir et les princes Étienne-le-Grand et Bogdan-le-Borgne. Nous possédons le texte de ce traité publié à Cracovie le 20 février 1539 (Dogiel, *Cod. dipl.*, I, 617; Sinkai, II, 176; Mitilineu, 53; — cf. *Invent.*, 142).

Les affaires de Moldavie donnèrent lieu, pendant l'année 1539, à d'actives négociations entre le sultan et la Pologne; malheureusement les pièces relatives à ces négociations n'ont pas été publiées et nous ne les connaisons que par l'inventaire des archives de Cracovie, dont nous transcrivons les notices:

1. »Vesirii Ibrahim Bassae ad Sigismundum regem Poloniae Litterae de damnis Petro palatino factis. Anno 1539« *Invent.*, 147).

Des peines que Pierre eut à endurer dans la ville de Csicsó, chez les Hongrois, et de son départ pour Constantinople au mois de janvier 7049 [1537].

Pierre, étant dans la ville de Csicsó, eut à endurer beaucoup de tribulations et de peines de la part de ses ennemis; il dut en subir non seulement de la part des étrangers, mais aussi de ceux qui l'entouraient, de ceux à qui il avait fait du bien et qu'il avait anoblis pendant son règne, de ceux dont il n'aurait attendu dans ces circonstances que de bons offices et des sentiments favorables. Tout d'abord, le porcolab Siméon, que le prince avait précédemment nommé gouverneur et justicier de la ville, et l'évêque Anastase *) conçurent de coupables projets contre leur maître. Ils s'entendirent pour s'emparer de lui et pour envoyer sa tête au prince Étienne qui régnait en Moldavie. Ils espéraient ainsi se mettre en honneur

---

2. »Solimani ad eundem Sigismundum regem pro refusione damnorum circa Oczakoviam illatorum, tum quod Poloni cum tormentis et cohortibus multis ad dislimitationem, Turcae vero paucissimo numero comparuerunt. Item de molendino a Petro, palatino Valachiae, in fundis Poloniae exstructo pleniorem informationem vult habere. Anno 1539« (*ibid.*).

3. »Item ejusdem ad eundem regem pro refusione damnorum itidem illatorum ad Oczakoviam a subditis regis, tum de Szefirio invasore, nec non de molendino controverso, per Petrum, palatinum Valachiae, in fundis polonicis exstructo. Anno 1539« (*ibid.*).

Il saute aux yeux que l'auteur de ces notices a écrit par erreur Pierre au lieu d'Étienne, mais, cette rectification une fois faite, il n'est pas aisé de se rendre un compte exact des questions en litige. La situation des moulins construits par le prince de Moldavie sur le territoire polonais fut précisément réglée par le traité du mois de février 1539.

*) Melchisedec (*Chron. Huş.*, Appendice, 108) avoue n'avoir pu découvrir aucun document relatif à cet évêque Anastase. Nous ne savons rien non plus de Siméon.

кѫ вѹр добѫндй чйнсте дела Стéфан Вóдъ, че Дѹмнезе́ѹ чéл дирéпт, чéл че ҥіе йнимиле шй гѫндѹриле тѹтѹрѡр, ҥіѹтаѹ шй сфатѹл ачéстора, шй фѫрѫ вóїа сфинціей сáле ниче о҄ун лѹкрѹ нѹ се йспрѫвѣ́ше. Де кáре лѹкрѹ принзѫнд де вѣсте Пéтрѹ Вóдъ, шй ҥіинд кѫ вѹр сѫл ѡмóаре, силитаѹ кѹ мещершѹг де їаѹ скóс дéн четáте, шй їаѹ гонйт Пéтрѹ Вóдъ пéнтрѹ ачѣст фáптъ.

Де норóк éрà Пéтрѹ Вóдъ ѫтрáцере невóй де непріéтиній сéй, кѫ бйне де о҄уна нѹ се мѫнтѹїà, алтай се гѫтїà; кѫ скѫпѫнд делà врѫжмáшій сéй делà Молдóва, пре стрáжа о҄унгѹрѣ́скѫ дѣ́де, шй де áколѡ стрекѹрѫндѹсе пре тáйнѹ, шй ѫтрѫнд ѫ четáтѣ Чичéѹлѹй, спре врѫжмáшій сéй немерй; шй бйне де ачéстій нѹ сàѹ мѫнтѹйт, їáтъ сосй дела Ѣ́ншѹ Крáю ѡásте о҄унгѹрѣ́скѫ, кáрій аѹ ѫкѹнцюрáт четáтѣ де тóате пѫрциле. Взѫнд Пéтрѹ Вóдъ виклешѹ́гѹл лѡр, шй невóїа чéй венйсе асѹпрѫй, сàѹ ѫкинáт лѡр, шй аѹ дáт четáтѣ О҄унгѹрилѡр, кáрій, дáкѫ аѹ добѫндитѡ пре сáма лѡр, мѹлтъ пáкосте шй педѣ́псѫ фѫчѹ́ лѹй Пéтрѹ Вóдъ, кѫ ѫлѹй Пéтрѹ Вóдъ чѣ́ѹ фóст, аѹ лѹáт тóт О҄унгѹрій, шй кѹ немйкъ вóлник нѹ éрà; áлéс де Маилáт, дóмнѹл Ардѣ́лѹлѹй, мѹлтъ невóїе аѹ авѹт де дѫнсѹл.

Петрекѫнд Пéтрѹ Вóдъ ѫ четáтѣ Чичéѹлѹй, кѹ мѹлтъ скѫрбъ шй невóїе ѫтрѹн áн шй шáсе лѹнй, нѹ мáй пѹтѹ сѹферй резтѫциле шй педѣ́пса чéй фѫчѣ О҄унгѹрій; сàѹ сокотйт ка сѫсе десбáтѫ де сѹпт стѫпѫнирѣ лѡр, шй сàѹ сфатѹйт кѹ дóамнѫса Еле́на, сѫ тримйцѫ кáрте кѹ мáре жáлобъ шй плѫнцере лà сѹлтáн Сѹлейма́н, ѫпѫрáтѹл тѹрчéск, ка сѫй се фáкѫ мйлѫ сѫл éрте, плекáндѹшй кáпѹл сѹпт сáбїа ѫпѫрáтѹлѹй, шй ка сѫ тримйцѫ кѫрцй лà Ѣ́ншѹ, крáюл

auprès d'Étienne, mais le Dieu juste, qui connaît les cœurs et les pensées de chacun, sut quel projet ils avaient formé; or rien ne peut s'accomplir que par sa sainte permission. Pierre fut informé du complot et apprit qu'on voulait l'assassiner; il tâcha par quelque ruse de faire sortir les conjurés de la ville et les bannit pour leur crime.

Le sort de Pierre était d'avoir à souffrir de ses adversaires; il n'avait pas plutôt échappé à l'une de leurs entreprises qu'une autre se préparait. S'étant soustrait à ses adversaires en Moldavie, il s'était heurté contre la garde hongroise; il avait réussi à la traverser en secret, et à pénétrer dans la ville de Csicsó, mais il y avait rencontré des ennemis. A peine eut-il évité leurs coups qu'il vit arriver une armée hongroise, envoyée par le roi Jean, qui entoura la place de tous côtés. En présence de cette perfidie et des peines qui l'accablaient, le prince se soumit et rendit la place aux Hongrois. Quand ceux-ci s'en furent rendus maîtres, ils firent subir à Pierre une foule d'outrages et de mauvais traitements. Ils s'emparèrent de tout ce qui lui avait appartenu et lui enlevèrent toute liberté. Il eut particulièrement à souffrir des mauvais procédés du prince de Transylvanie Majláth.

Pierre passa un an et demi dans la ville de Csicsó, plongé dans le chagrin et dans les peines. A la fin, il ne put plus endurer les rigueurs et les mauvais traitements dont les Hongrois l'accablaient, et forma le projet de se soustraire à leur suzeraineté. De concert avec Hélène, sa femme, il résolut d'envoyer à l'empereur des Turcs, au sultan Soliman, une lettre de supplication et de

оу̑нг8ре́ск, ка съл слобо́аз ден церъ съ мерг ла Ѫпърѫціе, ши съ сл8ж́еск Порцій Ѫпърат8л8й. Ши, шіинд скрисо́аре съреск, до́амна Еле́на а̂8 скрис ла Ѫпърат8л к8 ма́ре жа́лобъ ши плъ́нцере, ши ш̂ а̂8 пече́т8йт, ши ш̂ а̂8 да́т ла Пе́тр8 Во́дъ. Ӏаръ Пе́тр8 Во́дъ ш̂ а̂8 слобози́т ден пре ш̂ Ферѐстръ афа́ръ, лѫнг зи́д8л чета́цій ши а̂8 кема́т пре ш̂ сл8́гъ а̂ съ крединчіѡ́асъ че е̂ра́ сръб8, ши и̂а̂8 ар8та́т ка́ртѣ, ши ла̂8 ѫв8ца́т ѫ та́инъ съ и̂а ка́ртѣ ши съ ш̂ д8къ ла мѣ́на Ѫпърат8л8й т8р-че́ск. Ка́реле, ѫв8цът8́ра л8а̂нд, а̂8 ме́рс ши а̂8 л8а̂т ка́ртѣ, ши са̂8 д8с ла Царигра́д, ши а̂8 ти́нс ка́ртѣ ла мѣ́на Ѫмпърат8л8й. Ӏаръ Ѫпърат8л, чети́нд ка́ртѣ ши взъ́нд а̂тѣ́та жа́лобъ ши плѫнцере а̂л8й Пе́тр8 Во́дъ, са̂8 к8м зик о̑уни́й, пе́нтр8 лъкомі́а т8рче́скъ (къ Т8́рк8л в8к8ро́с8й фі́е к8й съл приме́скъ, н8май съй се плѣ́че, ши съй де ба́ни), са̂8 милости́вит Ѫмпъ-ра́т8л ши ла̂8 е̂рта́т к8 в8к8рі́е, ши ла̂8 прими́т, взъ́нд къй се плѣ́кѫ. Ши ꙗ̂да́тъ а̂8 порончи́т д8 скри́с ка́рте ла Ӏа́н8ш, кра́юл оу̑нгъ́реск, съ слобо́зъ пре Пе́тр8 Во́дъ съ мергъ ла Ѫпърѫціе, ши а̂8 три-ми́с со́л де ѡ̂лак ла Кра́ю. Ӏаръ кра́юл на̂8 възъ́т ѫ сѣ́мъ к8в8́нт8л Ѫпърат8л8й, ниче а̂8 слобози́т пре Пе́тр8 Во́дъ. А̂торкѫ́нд8се со́л8л к8 ачѣ соліе дела кра́ю ла Ѫпъра́т8л, а̂8 ши ма́й тримис пѫнъ де ше́се ѡ̂ри Ѫпърат8л ла кра́ю, похти́нд съ ла́се пре Пе́тр8 Во́дъ съ мергъ ла Ѫпърѫціе. Ӏаръ Оу̑нгърий ниче ѫнтр8н кип н8 врѣ съл ла́с, дъндъй винъ, къ фіинд до́мн ѫ Молдо́ва Пе́тр8 Во́дъ, м8лт а̂с8прѣла а̂8 а̂в8т Оу̑нгърій деспре дънс8л, ши зкъ а̂дзоцѣ дел фъчѣ ноткіа́гош, зикѫ́нд къ а̂ре мошій ши ѡ̂чине а̂пре-ю́нъ к8 дѫнший. Ӏаръ ма́й пре оу̑рмъ, а̂ шкъ́пте ѡ̂аръ, а̂8 тримис Ѫпъра́т8л со́ли ла кра́ю, к8 хокі́мврй, а̂д8-кѫ́нд8й а̂ми́нте ши де о̑уне ши де а̂лте; ши а̂біа

désespoir dans laquelle il demandait sa grâce, plaçant sa tête sous le sabre impérial; il le priait d'écrire au roi Jean de Hongrie et de solliciter pour lui la permission de sortir des états du roi et de se rendre dans ceux de Soliman pour servir la porte impériale. La princesse Hélène, qui savait écrire le serbe, rédigea la lettre au sultan, avec force supplications et lamentations; elle la cacheta et la remit à Pierre. Celui-ci la lança par une fenêtre, du haut du château, en sorte qu'elle alla tomber au pied du mur extérieur, puis il appela un fidèle serviteur, qui était Serbe, lui montra la lettre, et lui dit en secret qu'il devait la prendre et la porter à l'empereur des Turcs. Le serviteur obéit; il alla prendre la lettre, partit pour Constantinople et remit la missive entre les mains du sultan. Soliman lut la lettre; la vue des supplications et des pleurs de Pierre, ou, suivant d'autres, l'avidité turque (car le Turc reçoit de bon cœur quoi que ce soit, pourvu que l'on se reconnaisse son vassal et qu'on lui donne de l'argent) fit qu'il s'adoucit. Il pardonna volontiers au prince et accepta l'hommage que celui-ci voulait lui faire. Il ordonna aussitôt d'écrire une lettre au roi Jean de Hongrie pour qu'il laissât Pierre libre de se rendre sur le territoire impérial, et l'envoya au roi par un courrier. Jean ne s'inquiéta pas de la demande du sultan et ne mit pas le prince en liberté. Le courrier rapporta ces nouvelles du roi à l'empereur, qui envoya vers lui jusqu'à six fois, en le priant de permettre à Pierre de se rendre dans l'empire. Les Hongrois ne voulaient en aucune façon le laisser aller; ils l'accusaient de leur avoir fait souffrir beaucoup de violences, tandis qu'il était prince de Moldavie; ils ajoutaient qu'ils lui donnaient le rang de baron *(nagyságos)* et disaient qu'il possédait conjointement avec eux des domaines et des terres. Enfin, pour la septième fois, le sultan envoya au roi des ambassadeurs munis d'ordres formels, et lui remit diverses choses en mémoire; aussitôt [Jean] délivra [son prisonnier], afin que la parole impériale eût tout son effet. Alors Soliman envoya à Pierre l'ordre

лъу слобоӡи́т пре ꙃи́са Ѫпъръту́луй, ка съ фі́е депли́н. *a*
Де́чїа ау тримѝс Ѫпъра́тул хо́ким ла Пе́тру Во́дъ, ка съ мѣ́ргъ ку крединцъ́ ши́ съ ну́ се тѣ́мъ. Вӡу́ѫнд Пе́тру Во́дъ ата́та адевери́нцъ де́ла Ѫпъра́тул, съу букура́т фо́арте, ши́ ѵ́нимай съу весели́т, кунос кѫнд къ ку́м се ръди́къ ши́ се риси́пѣше ѡ͂ него́ръ Ѫту- *b* некъ́тъ, а́ша ши́ е͗́л се куръцѫ́ще де скѫ́рба че́й ӡача́ ла и́нимъ. Ши́ гъти́ндусе де ка́ле, ау еши́т ден четъ́тѣ Чиче́улуй, ѫ лу́на луй Генарїе, ѫтрꙋ ду- ми́никъ, лъсѫндуши́ до́амна ши́ коко́нїй, ши́ ау пурче́с ла Цариград. Ату́нче му́лтъ жа́ле ши́ плѫ́нцере ла *c* Ѫпъръци́тул лѡ́р. Ѡ͂ръ Пе́тру Во́дъ, да́къ ау трекут Дуна́ръ, ату́нче ау мълцъми́т луй Думнеӡе́у, къ лу́ ӣӡбъви́т ден мѫна Унгурилѡр, ши́ мергѫ́нд ла Цариград шъу плека́т ка́пул ла пичїѡ́реле Ѫпъра́тулуй, пре ка́реле ку ма́ре букурі́е лу́ прими́т Ѫпъра́тул. *d*

---

*) Paul Jove, qui, nous l'avons dejà remarqué, fait d'Étienne Lăcustă un frère de Pierre Rareș, raconte ces faits autrement: »Stephanus, ubi fratrem deditum in potestate Joannis esse didicit, per legatos Solymanum orat ut Petrum sibi tradi imperet: eo enim vivo Moldaviam nunquam dicto parentem, nunquam pacatam, nunquam externo aut intestino bello vacuam fore. Nec mora, Solymani literis frequentibusque nunciis deposcitur; Joannes jus et aequum datae fidei proponit, negat se tantum sceleris admissurum ut miseri sponteque dediti salutem prodat; id autem Solymani imperio cui parendum esse fateretur se daturum, ut Petrus, quo omnis amittendi regni metus Stephano demereretur, tam diu quam Solymanus vellet in eadem custodia permaneret. Postremo quum severioribus literis repeteretur, quod jam purpurati ea cunctatione laedi majestatem existimarent, medium ac ob id Petro admodum salutare consilium sumpsit, rescribens se Petrum non captivi more, sed legati nomine Byzantium cum insigni comitatu transmissurum, ut coram objecta crimina diluat et, si fas sit, veniam quoque impetret, modo Solymanus a magnitudine animi erga prostratum seque imprimis religione datae

de venir vers lui avec confiance et sans aucune crainte. Quand le prince vit quelles assurances le sultan lui faisait, il se réjouit fort et son cœur fut rempli d'allégresse. De même qu'un nuage sombre s'élève et se dissipe, il pensa qu'il allait être délivré de l'affliction qui pesait sur lui. Après avoir fait ses préparatifs de départ, il sortit de Csicsó, un dimanche du mois de janvier, et, laissant sa femme et ses enfants, prit le chemin de Constantinople. Il y eut, au moment de la séparation beaucoup de soupirs et de larmes; cependant, après avoir traversé le Danube, Pierre remercia Dieu de l'avoir tiré des mains des Hongrois. Il arriva ainsi à Constantinople et courba la tête aux pieds du sultan, qui le reçut avec de grandes démonstrations de joie.*)

---

fidei obstrictum, non incertam clementiae et lenitatis spem praebeat.

»Non discessit ab humanitate Solymanus, utpote qui servandae fidei necessitudinem honestissimo excusationis nomine apud regem vel tacitus probaret nobilemque illum expetitum magnis regibus, sed raro oblatum a Fortuna, clementiae laudis fructum decerpere cuperet. Itaque non obscura significatione confirmatis amborum animis, Petrus suis opibus studioque Joannis exornatus Byzantium mittitur, commendatus prae caeteris purpuratis Luphtibeio, cui ampliora dona detulerat, ut praepotentem ex aula patronum sibi in dicenda causa compararet. Dedit et gemellos uniones superbi piri magnitudinem adaequantes, qui ex Grittea praeda fuisse dicebantur, ut his pro inauribus Solymani filia, Rostani desponsata, in nuptiis ornaretur. His sibi conciliatis, ubi admissus est, adeo luculenter causam dixit ut quum susceptorum a se bellorum causas atque successus, aerarii inopiam, Gritti causam, fratris et procerum dolos ac antiqua jura finium cum Polonis enarrasset, veniamque supplex petisset, indigne mulctatus a Fortuna videretur. Erat enim ejus viri excellens bello virtus, quanquam ingentibus vitiis atque sceleribus aequaretur, militaribus Turcarum animis ad admirationem spectata grataque, usque adeo ut purpurati vel nulla largitione corrupti virum fortem, tantis

Пентрȣ мо́артѣ лȣй Стéфан Во́дѫ Лѫкȣстѫ.

Стéфан Во́дѫ, домнинд ла Молдо́ва, нȣ пȣцинѫ грижѫ авѣ, щиинд пре врѫжмашȣл сѣȣ Пéтрȣ Во́дѫ вïю, кареле май де демȣлт авѣ скоасѫ аверѣ сѫ ши до́амна кȣ копïïй ла Чичеȣ ѫн Цѣра Оўнгȣрѣскѫ, кȣм сѫȣ поменит май сȣс. Май апо́й, ѡвеличинд кѫ ши дакѫ аȣ мéрс ла ѫмпѫрѫцïе éсте ла чинсте маре, ачѣсте то́ате éра ка ѡ гïа́цѫ ла инима лȣй Стéфан Во́дѫ.

Ѫн зилеле ачéстȣй до́мн Стéфан Во́дѫ, аȣ фо́ст фо́амете маре, ши ѫн Цѣра Молдо́вïй ши ла Цѣра Оўнгȣрѣскѫ, кѫ аȣ венит лѫкȣсте мȣлте дȣȣ мѫнкат то́атѫ ро́ада; ши пéнтрȣ ачѣа лаȣ порéклит ши ïаȣ зис Лѫкȣстѫ Во́дѫ. Ӏ̆ар май апо́й ȣрѫндȣл то́атѫ кȣртѣ ши боïéрïй, сѫȣ воровит ѡ сѣмѫ де боïéрй ден кȣртѣ лȣй, анȣме Гѫнéщïй ши Ѫрбȣрéщïй, ши ла ашернȣтȣл лȣй, ȣнде ѡдихнïа, лаȣ ѡморит, ѫн чéтатѣ Сȣчéвïй.

Ӏ̆ар ѫнчепѫтȣра ачéстȣй лȣкрȣ ȣрит ши неквïо́с сѫȣ фѫкȣт дела Михȣл хатманȣл*) ши дела Тротȣшан логофѣтȣл,**) кариï сѫȣ воровит ѫнтрȣ скрѫ, ка нище

---

illustrem casibus, neque impotenti Fortunae invictum animum concedentem omnino defensuri crederentur. Verum Solymanus, suspenso judicio, neque damnavit reum neque penitus absolvit, ne Joannis nomen abruptae fidei contumelia sigillaret, vel ipse parum sceleribus insensus abjecta severitate videretur.

»Itaque Moldavus in Peram, Ligurum coloniam, est relegatus, beneficio quidem ingenti, quum ibi nequaquam obversantibus Turcis ad leniendum exilii dolorem alendamque spem recuperandi regni cum christianis hominibus versaretur. Erant ei, praeter numerosam familiam, plures Hungari comites liberaliter instructi; Graeci quoque, quibus cum religionis ritus erat communis, et mercatores Italici, Turcaeque item, ut epulando vinum potarent, domum ejus frequentabant, ita ut vir ille comitate cunctis obvius, principalis aulae speciem referret.«
P. Jovii *Opera*, 1578, II, 470.

Règne d'Étienne, surnommé Lăcustă.

De la mort d'Étienne Lăcustă.

Le prince Étienne, qui régnait en Moldavie n'était pas sans avoir de grandes inquiétudes; il savait que Pierre, son ennemi, était vivant et que depuis longtemps il avait réuni ses trésors, sa femme et ses enfants à Csicsó, en Hongrie, ainsi qu'on l'a dit plus haut. Quand Étienne apprit que [Pierre] était allé auprès du sultan et qu'il était comblé d'honneurs, cette nouvelle fut comme une glace sur son cœur.

Du temps de ce prince, il y eut une grande famine en Moldavie et en Hongrie; il était venu des légions de sauterelles, qui avaient mangé la récolte; aussi donna-t-on à Étienne le surnom de *Lăcustă* (Sauterelle). Comme il était détesté de toute sa cour et des boïars, plusieurs personnages de la cour, les Gănești et les Arbure, conspirèrent contre lui et le mirent à mort, dans la ville de Suceava, tandis qu'il était couché dans son lit.

La première pensée de cet acte vilain et impie remontait à l'hetman Mihu*) et au logothète Trotușanu**) qui, un soir, semblables à des bourreaux ou à des loups

---

*) Mihu, ou Michel, est cité comme porcolab de Hotin dans des diplômes du 17 mars 1528 (Melchisedec, *Chron. Rom.*, I, 162) et du 3 mars 1530 (Hîșdău, *Arch.*, I, 1, 132), et comme hetman ou portier de Suceava dans des diplômes du 11 avril 1533 (Wickenhauser, 79) de 1534 (*ibid.*, 80) et du 22 mars 1535 (Hîșdău, *Arch.*, I, 1, 83; Melchisedec, *Chron. Huș.*, 19).

**) Trotușanu paraît avoir succédé à Isaac en qualité de grand-logothète (cf. ci-dessus, p. 179); ce titre lui est donné dans des diplômes du 26 décembre 1517 (Hîșdău, *Arch.*, I, 1, 28), de 1518 (Wickenhauser, 77), du 9 janvier 1519 (Hîșdău, *Arch.*, I, 1, 37) et du 28 juillet 1520 (Melchisedec, *Chron. Rom.*, I, 157). Pierre Rareș le dépouilla de sa dignité qu'il conféra à Théodore. Trotușanu figure, en effet, comme simple boïar dans des diplômes du 11 avril 1533 (Wickenhauser, 78), de 1534 (*ibid.*, 80) et du 22 mars 1535 (Hîșdău, *Arch.*,

тирании ши лупи тврбаци, съ вънъце ѡаіа чъ несло бивъ, ѧдекъ пре Стефан Водъ; ши дънд ѫвцътѫръ слѹџилѡр сале, ка тоций съсе ѫтрармъце, ши пѹин дѹле ши цюрѫмѫнт съле фіе кѹ дрептате, сѫѹ порнит кѹ тоций, ши ѫтрѹн фоишор сѹс ѫ четате оунде ѡдихніа аѹ рѫсипит оуша, ши нештиѧнд Стефан Водъ немикъ де ачеста, сѫѹ скѹлат, фиѧнд нѹмай кѹ кѫмеша; ѩръ ей кѹ тоций ка ниште леи сѫлбатичи, аѹ нъвълит асѹпрѫй, ши мѹлте ране фѫкѫндѹй, лѫѹ ѡморит, ши лѫѹ скос афаръ. Ачестъ платъ аѹ лѹат Стефан Водъ дела чей чей милѹисе, кѫрѡра май апой дела Дѹмнезѣѹ кърѫндъ време лѣѹ венит ѡсиндъ, ши аѹ лѹат платъ ши ей пентрѹ моартѣ лѹи Стефан Водъ Лѫкѹстъ.

Ачест Стефан Водъ аѹ домнит дои ани ши трей лѹни.*)

КАП 31.

Домніа лѹи Алеѯандрѹ Водъ Корнѣ.

Ачей лей сѫлбатичи ши лѹпи ѫкрѹнтаци, Михѹл хатман ши Тротѹшан, денпреѹнъ кѹ алций карій ерѫ потривничій лѡр, дакъ ѡморирѫ пре Стефан Водъ, кѹ тоций аѹ рѫдикатъ домн пе оун Алеѯандрѹ Водъ, чей зичѣ Корнѣ, кареле фѹсесе атѹнчѣ портар ла четатѣ Сѹчевій, ѩръ маинаинте аѹ фост слѹгѫ ла Михѹл хатманѹл; ши дакъ лѫѹ рѫдикатъ домн іаѹ пѹс нѹме Алеѯандрѹ Водъ.

I, 1, 83; Melchisedec, *Chron. Huş.*, 19). Étienne Lăcustă, qu'il devait trahir, lui rendit la dignité de logothète. Il prend ce titre dans un diplôme du 24 mai 1539, portant confir mation d'une donation faite par lui au monastère de Moldo viţa (Wickenhauser, 81).

enragés, formèrent le projet d'attraper cette innocente brebis, c'est-à-dire Étienne. Ils ordonnèrent à leurs serviteurs de prendre tous des armes, leur firent prêter serment de leur être fidèles, et partirent ensemble. Ils enfoncèrent la porte d'un pavillon situé au haut de la ville, où le prince était couché. Étienne, qui ne savait rien du complot, se leva sans autres vêtements que sa chemise; alors [les conjurés] se jetèrent sur lui comme des lions sauvages, le criblèrent de blessures, le tuèrent et le précipitèrent au dehors. Telle fut la récompense qu'Étienne reçut de ceux à qui il avait prodigué ses faveurs; mais ceux-ci furent bientôt après frappés de la punition de Dieu et expièrent à leur tour la mort d'Étienne Lăcustă.

Ce prince avait regné deux ans et trois mois.*)

CHAPITRE XVI.
Règne d'Alexandre Cornea.

Après la mort d'Étienne, l'hetman Mihu et Trotuşanu, ces lions sauvages, ces loups dévorants, se réunirent avec leurs partisans, et tous ensemble élevèrent au trône Alexandre, surnommé Cornea, qui était alors portier de la ville de Suceava et qui avait été auparavant serviteur de l'hetman Mihu. Ils le proclamèrent prince sous le nom d'Alexandre.

---

*) Étienne Lăcustă, étant monté sur le trône au mois de septembre 1538, sa mort doit être placée à la fin de l'année 1540. Cependant M. Hîşdău (*Arch.*, I, 1, 125) a publié un diplôme, en date du 5 juin 7059 [1541], par lequel Étienne fait donation à l'évêque de Rădăuţi, Métrophane, d'une vigne ayant appartenu au spătar Georges, dont les biens avaient été confisqués pour cause de trahison; mais il y a dans ce document une erreur évidente puisque, au mois de juin 1541, Pierre Rareş, ainsi qu'on le verra plus loin, était déja rentré en possession de la principauté.

Într'acĕ врѣме Султа́н Сулеима́н, Ꙟпъра́тул тур- ческ, гътиндусе съ мѣргъ ла Ѡдрію, ау пурчес ку тоа́тъ путѣрѣ са, ши дакъ ау ажунс ла Ѡдрію Ꙟцъ- легънд де а́тѣте а́местекъту́рй че се фак ꙟ Цѣра Мол- дови́й, ши ну се поате а́шеза цѣра, ау сокоти́т чѣ ва фа́че съ поатъ токми а́чѣст цѣръ. Ꙟтуйнчъ ав у врѣме ши Пе́тру Во́дъ де чершу домни́а ла мошіа са ꙟ Молдо́ва, каре їѡ журуисе Ꙟпъра́тул де маинайнте врѣ́ме, ꙗкъ кънд вени́се ден Цѣ́ра Оунгурѣ́скъ ла Цариград. Ши де а́чѣста пре во́їе ꙗ́у фост; ши ꙟда́тъ ꙗу да́т стѣ́г де домнїе ла Молдо́ва; ши ау тримі́с пре крединчїо́сул сѣу Имбрѣ́ Ага*) ку иничѣрй ши ку мултъ ѡа́сте турчѣ́скъ, ка съ ду́къ пе Пе́тру Во́дъ ла скаунул Цѣ́рій Молдо́вій. Ши лу́ънд ажуто́р дела Думнезе́у, Пе́тру Во́дъ ау пурчес спре Дристо́в ꙟ з̃ зи́ле алуй Генарїе, ши дакъ ау трекут Дуна́рѣ, ау соси́т ла Бръила. Ши а́колѡ токминду́ши ѡа́стѣ ка съ мѣ́ргъ а́супра луй Алеза́ндру Во́дъ, ꙗ́тъ ши боїерій Цѣ́рій Молдо́вій принсеръ де вѣ́сте, къ домни́а ѣсте да́тъ луй Пе́тру Во́дъ, ши ау соси́т ꙟ Бръила. Ꙟцъ- легънд де а́чѣста ку тоцій ау пъръси́т пре Алеза́ндру е Во́дъ, ши лъу лъса́т ꙟ Четъ́тѣ Но́уъ, Ꙟпревнъ ку Михул хатманул ши ку Троту́шан логофѣ́тул, ши ку Петра́шкѡ ши Кра́снеш, ши Ко́сма. Ꙗ́ръ а́лцїй тоцій съу ду́с де съу а́кина́т ла до́мнул сѣу Пе́тру Во́дъ, ши съу руга́т съй ꙗ́рте де грешѣ́ла лу́р. Възънд Пе́тру Во́дъ а́тъ́та ругъмі́нте дела цѣ́ръ, ꙗ́у ꙗ́рта́т пре тоцїй, ши ку дра́госте ꙗ́у прими́т, ши лъу зі́с съ фі́е ꙟ паче ши ꙗ́рта́цй де тоа́те грешалеле лу́р, къ́те ꙗ́у фъку́т ѡа́ре кънд. Ꙗ́ръ ѣй ку тоцїй стри- га́ръ зикъ́нд: „Ꙟ мулцй а́ний съ домнѣ́щй ку паче!" Ши у ꙗ́ръ зи́серъ: „Би́не ай вени́т ла скаунул тъу, до́мнул ностру чеа динтѣ́ю!" Ши мултъ букурі́е ши веселі́е

Cependant, le sultan Soliman, empereur des Turcs, s'était préparé à marcher sur Andrinople et s'était mis en route avec toutes ses forces. En arrivant à Andrinople, il apprit que de nombreuses complications s'étaient produites en Moldavie et que le pays ne pouvait rester en paix; il réfléchit à ce qu'il ferait pour y rétablir l'ordre. Pierre eut alors l'occasion de réclamer le gouvernement de sa principauté de Moldavie, ainsi que Soliman le lui avait promis auparavant, quand il était arrivé de Hongrie à Constantinople. [Le sultan] accéda à sa demande, lui remit aussitôt l'étendart princier de Moldavie et envoya son fidèle imbre aga,*) à la tête des janissaires et d'une nombreuse armée turque, conduire le prince dans la capitale de la Moldavie. Pierre, ayant imploré la protection de Dieu, partit pour Silistrie le 7 janvier; il passa le Danube et arriva à Brăila. Comme il disposait son armée pour attaquer Alexandre, les boïars de Moldavie apprirent que la principauté lui avait été donnée et qu'il était arrivé à Brăila. A cette nouvelle, tous abandonnèrent Alexandre, qu'ils laissèrent à Cetatea-Nouă avec l'hetman Mihu, le logothète Trotuşan, Petraşcu, Crasneş et Cosma.**) Tous les autres boïars allèrent se prosterner devant Pierre, leur prince, et le prièrent de leur pardonner leur trahison. Quand celui-ci vit quelles prières lui faisaient [les chefs de] la milice, il les reçut avec bonté et leur dit d'être sans inquiétude, car il leur pardonnait toutes les fautes qu'ils avaient pu commettre, dans n'importe quelle circonstance, contre lui. Tous s'écrièrent alors d'une même voix: »Puissiez vous régner en paix de longues années!« Puis ils ajoutèrent: »Soyez le bien venu sur votre trône, notre ancien seigneur!« Il y eut parmi eux une satisfaction, une joie générale, car tous l'aimaient comme un

---

*) Il faut lire *emir ahor* (vulg. *imbrohor*), préfet des écuries.
**) Sur Mihu et Trotuşan, voy. ci-dessus p. 329. — Un boïar du nom de Cosma figure dans un diplôme de 1518 (Wickenhauser, 76).

ера тутурюр; къ тоций ъл юбіѩ ка пре оун пъринте
ѧлор, ши тоций ера букурощи де венире луй, къче
ли се супърасе ден местекътъриле че се ѫтицасе ѫ
църъ, ши де реутате ъчелор лей кумплиций ши фъръ
де суфлете.

Петру Водъ, дакъ шау токмит ўасте бине ла
Бръила, ау пурчес ѫпреунъ ку тоций боіериі сеи, ши,
дакъ ау сосит ла Галаций, съу тъбърит пе църмуриле
ѧпіи. Ѩр Алеѯандру Водъ, принѕънд де весте, съу
гътит деграбъ ку ўасте де кътъ аве, ши ау еши́т
ѫнаинте луй Петру Водъ ла Галаций; че немикъ нау
фолосит, къ пъръсиндул аи сеи, ау къѕут ѫ мънуле
връжмашулуи сеу луй Петру Водъ, ши ѫдатъ ау порончит Петру Водъ де ѫу тъіѩт капул, демпреунъ
ку Петрашкѡ че се циле де дънсул, ѫтрѡ міеркуріи
ѫ луна луй Февруаріе ҂ѕ҃м҃а҃.

Ачест Алеѯандру Водъ Корне ау домнит доуъ
луни ши трей съптъмъни.

---

*) Nous avons déjà reproduit le récit que fait Paul Jove de la
venue de Pierre Rareş à Constantinople. Le même auteur,
après avoir raconté la mort d'Étienne Lăcusta, continue en
ces termes: »Fit magnus in Moldavia tumultus, quum sublato
rege multitudinis studia in Petrum verterentur, et contra no-
bilitas, ei vehementer insensa, quemcunque alium praeferendum
putaret, nequaquam temere meritas poenas pertimescens si
iratus et saevus ab exilio vocaretur. Sed boiares, qui sunt
ex ordine optimatum, ipsa populi multitudine auctoritate
atque opibus potentiores, adolescentem Moldavum, nomine
Alexem, regiae stirpis, qui diu in Podolia inops exularat,
celeriter evocant, principem constituunt, in Zucavaque regia
appositis praesidiis confirmant.

»Haec ubi Byzantii nunciata sunt, Petrus animos attollit,
purpuratos novis muneribus aggreditur, prehensat omnes, sed
in Luphtibeio recuperandi regni summam spem reponit.

»Interim Moldavorum legati a boiaribus instructi Byzantium perveniunt, postulantes ut Alexes regii sanguinis, uti
omnium expetitus, votis et publico consensu rex acclamatus,

père. Ils se réjouirent d'autant plus de sa venue qu'ils étaient mécontents des intrigues qui avaient pris naissance dans le pays et de la méchanceté de ces lions cruels et sans cœur [qui le déchiraient].

Pierre disposa bien son armée à Brăila, puis, accompagné de tous ses boïars, il gagna Galați et campa sur les bords du fleuve. Cependant Alexandre, apprenant [ce qui s'était passé], composa en toute hâte une armée des troupes qu'il avait [sous la main], et marcha vers Galați, à la rencontre de Pierre. Cela ne lui servit de rien : abandonné par les siens, il tomba entre les mains de son adversaire, qui lui fit aussitôt couper la tête. Petrașcu, qui partageait sa fortune, eut le même sort. [L'exécution eut lieu] un lundi du mois de février 7049 [1541].

Cet Alexandre Cornea régna deux mois et trois semaines.*)

---

postquam Stephanum fata sustulerint, Solymani liberalitate confirmetur. Tum vero Petrus purpuratos obsecrare, ut nihil de pseudo regulo ementiente regiam stirpem temere crederent, illius nomen et genus antea incognitum testari, idque inductum commento et malignitate boiarum dictitare, ut ipse avita regni sede per summam injuriam excludatur. His de causis Moldavi minus aequis auribus auditi sunt, vel ob id quod nequaquam modeste et reverenter in deligendo creandoque rege properantes Solymani liberalitatem atque judicium praevenissent. Itaque legati continuo ad suos domum perscribunt angustas omnino spes sibi ostendi, ut quicquam pro Alexe impetrari posse credant: praeoccupatas enim esse purpuratorum voluntates occultis magnisque muneribus, commovereque sese vehementer Petrum atque contendere ut per Turcas reducatur. Proinde sibi difficiles aditus praeberi, frigidaque ab omnibus et plena pudendae dilationis responsa reddi. His cognitis, boiares, ut tyrannum veluti non dubiam cladem ipsis allaturum novis consiliis regno penitus excludant, legatos dissimulato habitu ad Carolum Caesarem Ferdinandumque regem mittunt, qui doceant quo in statu periculoque Moldavi novi

КАП ѮІ.

Домніа а доуа алуй Петру Водъ Рареш ӂн анул ҂зма февр.

Петру Водъ, дакъ ау тъіат капул луй Алеѯандру Водъ, ау пурчес ку тоатъ путъръ съ спре скауну

principis res sint, peditum auxilia implorent; ea si impetrentur, Moldavos icto foedere promittant Christianorum regum socios et Turcici nominis perpetuos hostes futuros; rem autem praesentis necessitatis in eo occasionis momento verti, ut si decem millia peditum submittantur, ipsi cum quadraginta millibus equitum omnem vel maximi Turcarum exercitus impetum sustinere audeant. Sed Ferdinandus fratre Caesare peragendis conventibus occupato, quod multas longum ad iter difficultates habere videretur, nec conducendo militi pecunia suppeteret, ei negotio, quod maxime liberalis officii celeritatem exigere videbatur, adesse non potuit. Caeterum ea legatio, quae diu celari non poterat, per speculatores Byzantii nunciata, usque adeo in Petrum Turcarum studia accendit ut Solymanus supplicem ac adjutum purpuratorum precibus, clientemque se et denique fidelem servum Ottomanici nominis jurejurando profitentem in gratiam receperit.

»Nec multo post *himbrachor*, stabuli magister, dignitate et virtute bellica illustris, qui Petrum regiis ornatum insignibus in Moldaviam reduceret, est delectus, paucisque inde diebus, coacto exercitu, ad Danubium ponte jungendum contendit. Tunc vero boiares metu perculsi, quum desperatis christianorum auxiliis multitudinem consternatam et magnopere Turcarum arma formidantem conspicerent, summo concepto scelere, obtruncandi Alexis consilium desumunt. Neque enim antiquae rebellionis noxam nisi immani aliquo perfidiae facinore deleri posse judicabant. Nonnunquam enim accidit ut mortalium animus scelere semel occupatus, quum in praesenti periculo timor ingruit, facile vel inusitati sceleris infamiam contemnat. Ita insontis ac intempestivi principis conjuratorum concursu patratur caedes, accumulataque feritate jacenti caput deciditur, ut boiares veluti expiata vetere perfidia atrocem adversum se tyranni animum eo cruento munere mitigarent. Arrisit Petrus exoptata dona ferentibus, placatique animi

CHAPITRE XVIII.

Second Règne de Pierre Rareş, [commençant] le 19 février 7049 [1541].

Après avoir fait trancher la tête à Alexandre, Pierre, avec toutes ses forces, se dirigea vers Suceava, sa ca-

---

speciem praebuit, quum diligentiam maturati beneficii simulata oratione laudasset, ut pote qui saevi ultorisque animi decretum recondere vellet, donec abiret himbrachor. Is egregia omnium voluntate passim receptus, Petro Zuchaviae regia in sede constituto acceptisque muneribus, in Thraciam rediit. Nec mora, boiares circiter viginti, detegente odium tyranno, alius alia de causa comprehenduntur et securi percutiuntur, non iniquo quidem jure vel ob id supplicio damnati quod veterem injuriam apud tyranni animum recenti beneficio pensari posse existimarint.« P. Jovii *Opera*, 1578, II, 471. — Cf. Istvánfi, éd. de 1622, 222.

Les dates rapportées par Urechi doivent être exactes. En effet, l'ambassadeur de France à Venise, Guillaume Pèllicier, évêque de Montpellier, écrit au roi François Ier à la date des 15 et 20 février 1541: »Le sieur Vincenzo m'escript que le *bogdan* (c'est le vayvoda de Moldavia) estoit mort, au lieu duquel le grand seigneur avoit remys Petro Bogdan, qu'il en avoit dechassé, et, comme m'a dit ceste seigneurie, c'est moyennant qu'il en payeroit tribut de douze mil escuz par an, et avoit ordonné ledit grand seigneur estre acompaigné de cinq cens chevaulx, qui debvoyent demeurer là à la garde du pays avec luy, lequel debvoit mander son filz à la Porte en hostaige.« Le même ambassadeur transmet au roi de nouveaux renseignements les 7 et 21 mars suivants: »Le bogdan de la Moldavia, esleu du peuple du pays par [lis. puis] la mort du dernier decedé, n'avoit esté tué ainsi qu'on avoit donné à entendre au grand seigneur, ains au contraire s'estoit faict fort et se voulloit maintenir en son estat contre Petro Bogdan remyz derniérement audit estat par ledit grand seigneur. Lequel Petro avoit passé le Danubio, luy estant venuz à l'encontre vingt mille chevaulx, qui l'avoient receu pour seigneur comme il estoit auparavant. Ledit grand seigneur

сѐꙋ спре Сꙋчѣвъ; шѝ сосѝнд ла Бърлад, ꙗꙋ фъкꙋт мӑре ѡспѫц шѝ чѝнсте крединчіѡс шѝ чинстѝт боѥрѝнꙋл сѐꙋ Хꙋра вӧрникꙋл.*) Шѝ де ӑколѡ ӑꙋ венѝт прѐн търгꙋл Рӧманꙋлꙋй, шѝ кꙋ мꙋлтъ бꙋкꙋріе ӑꙋ нъзꙋйт дѣꙋ мѐрс ла Сꙋчѣвъ, Феврꙋаріе ѫ ꙁi, лꙋнй дꙋпъ сфѫнтꙋл Теодӧр, ѫ а дӧва съптъмънъ де пӧстꙋл чѐл мӑре, ѫпреꙋнъ кꙋ Ймбре Ага, шѝ ӑꙋ шеꙁꙋт ѫ скӑꙋн.

Дӑкъ сӑꙋ ӑшеꙁӑт Пе́трꙋ Водъ ла скӑꙋн ла Сꙋчѣвъ, ӑфлӑтаꙋ ѫ виклешꙋг пре Мѝхꙋл хӑтманꙋл, шѝ пре Трӧтꙋшӑн логофѣ́тꙋл, шѝ пре Крӑснеш, шѝ пре Кӧсма,**) кърора, дӑкъ ꙗꙋ ӑфлӑт въклѐнй, лѣꙋ тъіӑт кӑпетеле. Де кӑрій мꙋлтъ невӧіе шѝ педѣ́псъ аꙋ фӧст ӑвꙋт Пе́трꙋ Водъ ѫ домнѝа динтѣю; пре кӑрій,

---

avoit mandé menasser grandement ledit bogdan esleu, mais l'on estime que la confiance qu'il a que les roys Ferdinando et de Poulongne ne luy fauldront luy faict avoir l'audace de ne point obeyr. Le sieur Lasky avoit escrit au grand seigneur, le pryant de le laisser aller, et, ce faisant, lui promectant faire grant chose en satisfaction d'icelluy grand seigneur, lequel ne luy avoit encores rien respondu.« Pellicier ajoute encore, le 31 mars: »M'escripvant aussi [le sieur Vincenzo] comme l'arcevesque de Moldavia estoit venu à Petro Bogdan, remys par le grand seigneur, pour prendre son serment qu'il pardonneroit à tous ceulx qui l'avoient offencé, et que lors ilz le recepvroient, l'on estimoit qu'il ne reffuseroit à jurer et faire tel serment que l'on vouldroit, affin d'estre receu, mais puis après luy mesmes se absouldroit.« Charrière, *Négociations de la France dans le levant*, I (Paris, 1848, in-4), 467, 469, 470; Hîşdău, *Arch.*, I, 1, 157, 158.

Trois mois plus tard Guillaume Pellicier fait encore allusion à Pierre Rareş. »Le grand seigneur,« dit-il dans une dépêche du 12 juillet 1541, »estoit party de Constantinople le XX. de juing pour la Hongrye en plus grant triomphe que on veist jamais et avec plus grant exercite, outre lequel le bogdan luy doibt bailler LX mille chevaulx et les Tartares C mille; en somme on escript qu'il s'en va desliberé de ex-

pitale. A son arrivée à Bîrlad, son boïar fidèle et honoré, le vornic Hura,*) lui offrit un grand banquet et [le reçut avec de grands] honneurs. Il passa ensuite par Roman et, au milieu de la joie, continua sa route jusqu'à Suceava. [Il y entra] le 19 février, le lundi qui suivit la Saint-Théodore, dans la seconde semaine du grand carême, en compagnie de l'imbre aga, et remonta sur le trône.

Après s'être établi à Suceava, sa capitale, Pierre surprit l'hetman Mihu, le logothète Trotușan, Crasneș et Cosma**) qui le trahissaient. Après avoir reconnu leur trahison, il leur fit trancher la tête. Ces [boïars] avaient donné au prince pendant son premier règne beaucoup de souci et d'affliction. Au moment où il dut

---

pugner et dechasser le roy Ferdinando, non seullement du royaulme de Hongrye, mais de tous ses aultres pays...« Charrière, *Négociations*, I, 503; Hîşdău, *Arch.*, I, 1, 158.

*) Le vornic Hura ou Huru est le personnage dont le faussaire qui a fabriqué la chronique de Clănău a fait un chancelier de Dragoș; mais, tandis que Dragoș, qui fut prince de Marmaros et non de Moldavie, mourut vers 1400, Huru n'apparaît que 130 ans plus tard. Il est cité, comme porcolab de Niamț, dans un diplôme du 17 mars 1529 (Melchisedec, *Chron. Rom.*, I, 160) et, comme vornic, dans des diplômes de 1533 (Wickenhauser, 78), de 1534 (*ibid.*, 80) et du 22 mars 1535 (Hîşdău, *Arch.*, I, 1, 83; Melchisedec, *Chron. Huș*, 19). Dans trois autres documents du 15 mai 1546 (Melchisedec, *Chron. Rom.*, I, 172), du 27 mai 1546 (Wickenhauser, 83) et du 2 mars 1548 (*Chron. Rom.*, I, 180), il est placé en tête des boïars; son nom n'est accompagné d'aucun titre, mais le prénom d'Éphraïm y est joint.

**) Sur ces personnages voy. ci-desus p. 329. — L'exécution dont parle Urechi montre que le correspondant de Guillaume Pellicier à Constantinople ne s'était pas trompé dans ses prévisions. Pierre Rareș pardonna solennellement à ceux qui l'avaient jadis trahi, puis il profita du premier prétexte pour les faire arrêter et condamner.

кӑнд ау привечйт Петру Водэ ден цѣрэ, ӂу фост
ӂкйс ын четатѣ Романулуй, авынд препус де ви-
кленіе, кум сау ший арэтат май апой кэ адевэрат
ау фост виклени, ший ындатэ принцындуй, ку греле
мунчй ӂу мунчит ший лѣу тэіат капетеле.

Ыни сокотйци думніаво́стрэ, кум плэтѣще Думнезеу челора че факу рэу. Ачестій, фийнд лей сэл-
бэтичй ший лупй ынкрунтаци, мулт педѣпсу ау фэку
луй Петру Водэ ын домніа дентѣю. Май апой стым-
пэрэндуший йнимиле асу́пра луй Стефан Водэ, неавынд
ниче ӂ винэ, ку рѣ моарте лау ӂморйт, кум сау
поменит май сус ла домніа луй Стефан Водэ. Ӑтэ
дар, дупэ фапта лор че рѣ курэнд врѣме, ле тру-
мисе Думнезеу ӂсындэ асу́пру, де луару ший ей плэтэ
ку сабіе ка ший Стефан Водэ.

Ӑтрачѣсташи зи, Петру Водэ ау пус пе Петрѣ
Фечіуру́л луй Бартик хатман ший пэркэлаб де Сучѣвэ.*)

Ӑтрачесташ ан, дакэ сау ӂшехат Петру Водэ
ла домніе, ау тримис де шау адус пре доамна са
Елена ший пре фій сей пре Иліаш ший пре Стефан,
ший пре фійкуса Рузанда дела четатѣ Чичеулуй ден
Цера Унгурѣскэ; ший сосйнд ла Сучѣвэ, маю 25,
Ешйтулеу Петру Водэ ынайнте трей миле де лок.
Аколѝ мултэ букуріе ера ла адунарѣ лор; ку пре
кыт жале ера кынд се деспэрціесе дела Чичеу де се
дусэсе ла Цариград, май мултэ букуріе ший веселіе
ера акум ла ынпреунарѣ лор. Дечій дакэ се ӂшехарэ
ку тоцій ла скауну, ну уйтэ Петру Водэ даторіа са,
ку каре маинайнте пре точй ынгрузіа, че ка ун пэ-
стор бун грижіа де ӂиле сале челе периле ка сэле
афле. Тримисау солй ла краюл лешеск деши черу

s'enfuir du pays, il les tenait enfermés dans la ville de Roman, sous le coup d'une accusation de trahison. Il fut prouvé par la suite qu'ils avaient effectivement trahi. Ils furent immédiatement arrêtés, condamnés à de cruels supplices, puis décapités.

Voyez comment Dieu punit ceux qui font le mal. Comme des lions sauvages, comme des loups altérés de sang, ces hommes avaient causé à Pierre beaucoup d'affliction pendant son premier gouvernement; ils avaient ensuite assouvi leur cœur sur Étienne, et, bien qu'il ne fût coupable d'aucun crime, l'avaient assassiné, comme nous l'avons rapporté ci-dessus, en racontant son règne. Eh bien! peu de temps après leur méfait, Dieu leur envoya la peine [qu'ils méritaient]; ils périrent à leur tour par le sabre, ainsi qu'Étienne avait péri!

Le même jour, Pierre nomma Petrea, fils de Vartic, hetman et portier de Suceava.*)

La même année, après s'être affermi sur son trône, il fit revenir sa femme Hélène, ses fils Élie et Étienne et sa fille Rocsanda, qui étaient à Csicsó, en Hongrie. Ils arrivèrent à Suceava le 25 mai; le prince alla au-devant d'eux jusqu'à une distance de trois milles. Ce fut avec une grande joie qu'ils se virent réunis. Plus ils avaient été tristes lorsque Pierre avait quitté Csicsó pour se rendre à Constantinople, plus ils étaient heureux maintenant de se retrouver ensemble.

Quand ils furent tous rentrés dans la capitale, Pierre n'oublia pas ses devoirs, qui consistaient à prendre soin du troupeau. Comme un berger vigilant, il veilla sur les brebis égarées et tâcha de les ramener. Il envoya des ambassadeurs au roi de Pologne pour lui redemander les Moldaves que l'hetman Tarnowski

---

*) Pierre Vartović est cité dans des diplômes du 15 mai 1546 (Melchisedec, *Chron. Rom.*, I, 172), du 27 mai 1546 (Wickenhauser, 83) et du 2 mars 1548 (*Chron. Rom.*, I, 180).

робій сей, чей лѫсе Тарновски хатмануа, кѫнд венисе
ку шастѣ ла Хотин; че немикъ нау испръвит, къ
сау ѫторс солій фѫрѫ де ниче ѿ исправъ.

Петру Водъ, дакъ сау ашеѕат ѫ домніе, де немикъ алтъ ну грижіа, че нумай ку тоатъ каса съ
петречѣ ѫ ѿспѣце ши ѫ десмердъчюне.*)

Ачѣсте повѣсти че скріу де Петру Водъ Рареш,
къ ау лъсат скаунул ши ау прибежит ѫ Цѣра Унгурѣскъ, ши де мулте невой чѣу петрекут аколѡ,
ши кум ау мерс ла Цариград, ши кум ау ешит ку
а доуа домніе ѫ Молдова, кроникарул лешѣск де ачѣсте
фоарте пре скуртъ скріе; поате фи къ нау щіут де
тоате. Йаръ¹) лѣтописецул чел молдовенѣск деаціонс ши
дескис тоате пре рѫнд ѫсемнѣхъ; пре кареле тоате,
дакъ лѣм луат сама, лѣм сокотит афи адевѣре, ши
пе каре лѣм токмит кареши ла локуриле сале.**)

Кѫнд сау бътут Петру Водъ ку Маилатъ, воевода Ардѣлулуй, ѫ анул ҂зм҃а.

Вълкънд Унгурій пріетешугул чел авѣ ку Петру
Водъ, дупъ че сау ашеѕат ла домніе ал доиле; ве-
нитау хоким ѫпърътѣск дела Султан Сулейман ла
Петру Водъ, ка съ мѣргъ аспра Унгурилѡр, ши съ

---

¹) B: *Eră*.

*) D'après M. Hîşdău (*Arch.*, III, 28), ce passage, qui est en contradiction flagrante avec ce qui suit, aurait été emprunté par Urechi à la chronique moldave qu'il cite sans cesse comme son original. Le mémoire primitif aurait été rédigé entre le mois de février 1541, date du retour de Pierre Rareş à Suceava, et le mois de juin de la même année, époque à laquelle eut lieu l'expédition en Transylvanie.

**) La chronique de Putna ne contient pas le récit de ces faits; elle mentionne sommairement le rétablissement de Pierre Rareş

avait emmenés en esclavage, lorsqu'il était venu en armes jusqu'à Hotin, mais ces ambassadeurs échouèrent et revinrent sans avoir rien obtenu.

Une fois remis en possession du pouvoir, Pierre n'eut plus d'autre préoccupation que de passer le temps avec sa maison dans les festins et dans les plaisirs.*)

Ce que je raconte ici de Pierre Rareş: son abdication, sa fuite en Hongrie, les revers dont il y fut accablé, son départ pour Constantinople et son retour sur le trône de Moldavie, tous ces faits sont rapportés fort sommairement par le chroniqueur polonais, qui peut-être n'avait pas eu des renseignements complets. La chronique moldave, au contraire, raconte toutes choses en leur ordre, avec détail et clarté. Après avoir examiné tous ces événements, j'ai pensé qu'ils étaient vrais, et je les ai fait figurer chacun à leur place.**)

Pierre se bat avec Majláth, voiévode de Transylvanie, en 7049 [1541].

Les Hongrois ayant violé les engagements d'amitié qui les unissaient à Pierre, après qu'il fût rétabli sur le trône, le sultan Soliman envoya au prince un ordre impérial pour qu'il les attaquât et s'emparât de Majláth,

---

et s'arrête aussitôt après. Urechi remarque lui-même (voy. ci-dessus p. 5) que les Moldaves n'avaient écrit les annales de leur pays que jusqu'au règne de ce prince; cependant il n'est pas douteux que notre historien n'ait eu sous les yeux une continuation de l'ancienne chronique moldave comprenant les événements du second règne de Pierre Rareş. Suivant la remarque de M. Hîşdău (*Arch.*, III, 28), si Urechi traite le vornic Huru de »boïar fidèle et honoré«, c'est qu'il copie un document contemporain. Nous avons relevé dans la note qui précède un passage emprunté, selon toute vraisemblance à la même source. Urechi parle d'ailleurs expressément de la chronique moldave qui lui servait de guide.

принѕꙋ пре Маилат, воеводꙋл Арделꙋлꙋй. Шй ꙗꙋ тримис ꙟтрацютор пре Чюбали Бею кꙋ ѡасте тꙋрчѣскꙋ,
шй пре Радꙋл Водꙋ кꙋ Мꙋнтеній. Шй врѣнд Петрꙋ Водꙋ
съ плинѣскꙋ поронка ꙟпꙋрꙋцїей, аꙋ пꙋрчес кꙋ тоатъ
ѡастѣ съ ꙟпреꙋнъ кꙋ Радꙋл Водꙋ кꙋ Мꙋнтеній шй кꙋ
Чюбали Бею кꙋ Тꙋрчій, шй аꙋ трекꙋт пре Ѡитꙋꙁ ла
Ардѣл. Шй мергꙋнд кꙋ тоцій асꙋпра лꙋй Маилат,
воеводꙋл Арделꙋлꙋй, шй ꙁнкꙋ нꙋꙋ ажꙋнс ла Фꙋгꙋраш,
аколѡ ꙗꙋ тꙋмпинат Маилат воеводꙋл кꙋ ѡасте ꙋн-
гꙋрѣскꙋ, шй дꙋнд рꙋсбою витежѣще де ꙁбе пꙋрцйле,
юнїе к҃, пердꙋтаꙋ рꙋсбоюл Оꙋнгꙋрїй, шй пре Маилат
лꙋꙋ принс віꙋ Петрꙋ Водꙋ, шй лꙋꙋ бꙋгат ꙟ ѡбѣꙁе,
шй лꙋꙋ тримис ла ꙟпꙋрꙋцїе; шй аша Петрꙋ Водꙋ
прꙋдꙋнд шй арꙋꙁнд ꙟ Цѣра Оꙋнгꙋрѣскꙋ, сꙋꙋ ꙟторс
ꙟнапой фꙋрꙋ де ниче ѡ сминтѣлꙋ.*)

---

*) En 1539, tandis que Jean Zápolya célébrait son mariage avec Isabelle de Pologne, les deux voiévodes de Transylvanie Étienne Majláth et Émeric Balassa, se révoltèrent contre lui.

Le roi voulut faire rentrer les rebelles dans l'obéissance; il vint lui-même en Transylvanie, l'année suivante, et reçut la soumission de Balassa, à qui il accorda son pardon. Majláth se réfugia derrière les murs de Făgăraș et refusa de comparaître devant son souverain. La mort de Zápolya, survenue le 22 juillet 1540, sembla devoir lui rendre toute liberté d'action; aussi, dès le commencement de l'année 1541, proposa-t-il aux états de Transylvanie de reconnaître la suzeraineté du roi Ferdinand d'Autriche (voy. Fessler, éd. Klein, III, 508).

Le sultan Soliman, qui soutenait la cause de Zápolya et celle du jeune fils destiné à lui succéder, voulut punir Majláth de sa défection. Telle fut la cause de la campagne entreprise par Pierre Rareș. Tandis que Mohammed Paša marchait au secours de Bude assiégée par les troupes de Ferdinand, le prince de Moldavie et le sandžakbeg de Nicopolis, Ahmed, reçurent l'ordre d'envahir la Transylvanie.

Majláth était sur ses gardes. Dès le 15 mai il avait levé des troupes (voy. le passage des Annales du pays des Széklers cité par Sinkai, II, 180), puis il s'était enfermé dans

voïévode de Transylvanie. Il fit marcher à son secours Čubali Bey, avec une armée turque, et le prince Radu avec les Valaques. Pierre, voulant exécuter l'ordre impérial, se mit en marche avec toute son armée, assisté de Radu et des Valaques, ainsi que de Čubali Bey et des Turcs; il pénétra par Oituz en Transylvanie. Ils se dirigèrent tous ensemble sur Majláth, et n'étaient pas encore arrivés à Făgăraş quand ils rencontrèrent le voïévode avec une armée hongroise. On se battit vaillamment des deux côtés, le 20 juin. Les Hongrois furent défaits; Majláth fut fait prisonnier par Pierre, qui lui fit mettre des menottes et l'envoya au sultan. Le prince de Moldavie pilla et ravagea la Hongrie et rentra [dans ses états] sans être aucunement inquiété.*)

Făgăraş, dont les fortifications avaient été augmentées. Les Turcs et les Moldaves eurent recours à la ruse pour s'emparer de cette place. Voici en quels termes Istvánfi (éd. de 1622, 243) raconte la chûte de Majláth: »Itaque ad dolos et fraudes conversi, petere ab eo [Mailato] ceperunt ut componendae pacis causa ad se in castra veniret: Sulymanum esse in itinere ut Budam a Germanis oppugnatam obsidione liberet; proinde praestare pacem ab eo impetrare quam arma ejus experiri; se daturos operam ut ea componatur si ipse ad castra veniat et mutuos cum ipsis sermones de condicionibus conferat. Ad ea Mailatus se pacem certam firmamque dubio bello anteferre, ideoque, si filius Achomatis adolescens idonei obsidis loco ad se mittatur, colloquium minime detrectare respondit. Verum Achomates de filio dando se excusavit, capitale id facinus nefariumque fore, quod eum jam antea servitio Sulymani addixisset, sed missurum duos insignes limitum Bidinae et Selistriae praefectos, quibus utrisque vexillum Sulymanus de manu tradidisset. Mailatus, fraudis ignarus nec quicquam mali suspicatus, duos Turcas stabularios, vilissima capita, aureis talaribus togis indutos incurvisque ensibus auro exornatis cinctos, doli tamen, ut dicebant, nescios, ab Achomate accipit, veros eos et praecipuae dignitatis praefectos existimans, ac infelici sua sorte in castra proficiscens, incertae barbarorum fidei se committit. Cumque ad Moldavi tabernaculum divertisset, magno impetu Turcae simul et Valachi in eum irruperunt, captoque vincula extemplo injecerunt

Дупъ чѣ8 принс Пѐтр8 Водъ пре Маилат, вое-
вод8л де Ардѣл, шѝ ла8 тримѝс ꙟ ѡбѣзе ла Султан
С8леиман, ла ал дойле ан, ꙟ септемврїе ві. Ꙗр
а8 венит хоким дела ꙟпъратул турческ ла Пѐтр8
Водъ, съ мѣргъ съ праде ꙟ Цѣра Оунгурѐскъ, пентру
м8лте нелгъдуинце шѝ аместекътуры че се ауцѝа;
шѝ плининд поронка ꙟпърѫцїей, авѣ шѝ Пѐтр8 Водъ
маре скърбъ пре Оунгурй пентру м8лте невой чей
фъкусе ꙟнкъ де кънд ера ꙟкѝс ꙟ четатѣ Чичѐулуй
де нушь ера волник к8 немикъ, май апой шѝ прїе-
теш8гул чел авѣ ꙟпреунъ ꙟл кълкасъ. Ръдикатусъ
к8 тоатъ путѣрѣ съ, шѝ а8 ꙟтрат ꙟ Цѣра Оунгурѐскъ де8 пръдат шѝ а8 арс пънъ Четатѣ де Балт.
Аколѡ а8 шез8т шѣсе зиле; шѝ м8лтъ пагубъ фъкънд Цѣрїй Оунгурѐшти са8 ꙟторс пела Бистрицъ, фъръ
де ниче ѡ сминтѣлъ, шѝ трекънд м8нтеле а8 ешит
прен Кѫмпул-Лунг, шѝ са8 погорит ла Баїе, шѝ к8
маре лаудъ са8 д8с ла ска8нул сеу, ла Сучѣвъ.[1])

---

[1]) B: au eșitŭ pren Câmpul-lungŭ, și s'au dusŭ la scaunul seŭ, la Sucéva.

resque ejus omnes et vincula [*fortasse* arma?] diripuerunt, equitesque qui eum comitati erant armis equisque spoliarunt, trucidatis compluribus qui resistere ausi essent. Nonnulli ad ipsius jam capti preces et obtestationes dimissi quidem sunt, sed tanta barbarorum immanitate et avaritia ut, vestibus ad nuda usque corpora spoliati, nec quo occultas membrorum partes obtegerent habere possent. Inter quos Bernardus Tahius, Paulus Teriacus et Jobus Cavasius fuere. Sic Mailatus, sortem suam infelicem lugens et sero nimiae crudelitatis suae paenitens, Byzantium perducitur eodemque cum Valentino carcere includitur, in quo post diuturnam infortunii calamitatem et miseriam ambo extincti, documentum Turcicae perfidiae posteris praebuere.«

D'après Verancsics (*Magyar történelmi Emlékek*, II. osztály: Irók, III, 72) les choses se seraient passées un peu

L'année qui suivit celle ou Pierre s'était emparé du voïévode de Transylvanie Majláth et l'avait envoyé au sultan les menottes aux mains, le 12 septembre 7050 [1541], il reçut un nouvel ordre de l'empereur des Turcs, lui enjoignant d'aller piller la Hongrie, en raison des soulèvements et des désordres qui s'y étaient produits. Lorsque l'ordre impérial parvint à Pierre, il avait lui-même une grande haine contre les Hongrois, à cause de toutes les vexations qu'ils lui avaient fait subir, alors qu'il était enfermé dans la ville de Csicsó, où ils ne lui avaient laissé aucune liberté, et parce qu'ils avaient violé les engagements d'amitié qui les unissaient à la Moldavie. Il se mit en campagne avec toutes ses forces, pénétra en Hongrie, pilla et brûla le pays jusqu'à Cetatea de Baltă. Il resta six jours dans cette place, causa de grands dommages à la Hongrie, et s'en retourna par Bistriţa, sans être aucunement inquiété. Il traversa les montagnes, d'où il sortit à Cîmpul-Lung, descendit à Baie et rentra, couvert de gloire, à Suceava, sa capitale.

---

autrement. Après avoir reçu les otages turcs, Majláth aurait quitté Făgăraş, le 19 juillet, pour venir au camp des Turcs et des Moldaves. Il y aurait été amicalement reçu, puis une discussion survenue pendant le repas aurait fourni un prétexte à ses ennemis pour le faire arrêter.

Quoi qu'il en soit, dès le 22 juillet, les états de Transylvanie, incapables de résister, étaient forcés de reconnaître la reine Isabelle et son fils, le jeune Jean Sigismond (cf. Katona, *Hist. crit.*, XXI, 97; Fessler, éd. Klein, III, 514).

Il semble que Pierre Rareş ait essayer de s'assurer en Transylvanie quelques avantages personnels. Un des actes mentionnés par M. Hîşdău (*Col. lui Traian*, V, 1874, 129) porte: »Accepimus oppidum Wasarhel in tutellam nostram.« Les paroles d'Urechi prouvent que le prince de Moldavie voulait ressaisir son ancienne possession de Cetatea de Baltă (Küküllővár, Kockelburg), que Zápolya lui avait enlevée après les événements de 1538. Cf. Verancsics, *loc. cit.*, II, 115.

Кроникáрȣл лешéск де ачѣстъ прáдъ чѣȣ фъкȣтъ ᵃ
Пéтрȣ Вóдъ мáй пе оу҄рмъ, немѝкъ нȣ скрíе; къ пóате съ хíе кȣм, дáкъ ав мéрс Пéтрȣ Вóдъ ꙟ Цѣра
Оу҄нгȣрѣскъ ши нѝче оу҄н ресбóю неавъ́нд кȣ нѝме,
пéнтрȣ къ нав фóст кȣ чѝней стъ ꙟпротѝвъ, че ав
пръдáт ши съв ꙟтóрс ꙟнапóй кȣ пáче, пéнтрȣ ачéе ᵇ
нав ꙟсемнáт кроникáрȣл лешéск. Е͗ръ летописéцȣл
молдовенéск арáтъ адевъ҄ръ́т къ ав мéрс Пéтрȣ Вóдъ
ла Оу҄нгȣрй, към скрíе мáй сȣс, дѣȣ пръдáт ши ав
ꙟ́рс, ши кȣ нѝмене оу҄н расбóю нав авȣт. Д͗ѣче ши
нóй нáм трекȣт нѝче ачѣста фъръ поменѝре.*) ᶜ

---

*) Bielski *(Zbior dzieiopisów polskich*, I, 527) constate simplement que Pierre Rareș défit Alexandre et reprit possession du
pouvoir.

La chronique moldave à laquelle Urechi fait allusion
n'est pas la chronique de Putna; ce doit être la continuation
de cette chronique dont il est parlé ci-dessus, p. 343.

Urechi ne dit rien des dernières années de Pierre Rareș,
mais divers documents nous permettent de suppléer à son
silence.

Au commencement de l'année 1542, la diète de Spire
décida l'envoi en Hongrie d'une armée assez forte pour
battre les Turcs et leur enlever tous les pays dont ils s'étaient
emparés. L'électeur Joachim de Brandebourg, qui reçut le
commandement en chef de cette armée, voulut avoir l'appui
non seulement des souverains occidentaux, mais encore du
prince de Moldavie. Il entra en négociations avec Pierre Rareș,
qui, le 1ᵉʳ mars, prit envers lui l'engagement solennel de participer à la lutte contre les Turcs. Nous possédons le texte de
ce document, dont nous ne pouvons manquer de reproduire
quelques passages:« Nos Petrus, Dei gratia hospodaris Mol-
daffskoye, fatemur et recognoscimus per praesentes nostras
litteras, pro nobis et haeredibus nostris caeterisque quibus-
cumque, quod nos cum illustrissimo principe et domino, domino Joachimo, marchione Brandenburgensi, ... secreta quaedam negotia et pacta fecimus et concordavimus ita et tali modo:
Quia Turcarum tyrannus, imperator Solymannus, hostili manu
et maximo exercitu praeteritis annis dominia nostra invasit
et nos vinctos usque in Constantinopolim secum duxit et

Le chroniqueur polonais ne parle pas de cette nouvelle expédition que fit Pierre en se livrant au pillage. Comme le prince avait envahi la Hongrie sans être en guerre avec personne, qu'il n'avait pas rencontré d'adversaires mais avait ravagé le pays et s'était ensuite tranquillement retiré, il est possible que pour ce motif le chroniqueur polonais n'en ait point parlé. Quant à la chronique moldave, elle rapporte effectivement que Pierre pénétra en Hongrie, et qu'il y sema la dévastation et l'incendie, sans avoir de guerre avec personne; voilà pourquoi nous n'avons pu passer ces événements sous silence.*)

---

carceribus mancipavit nonnullisque bonis, castris et possessionibus nos privavit et spoliavit, et, quod magis dolemus, nos et subditos nostros sectae suae Mahometicae subjecit, quod non sine animi dolore referimus et conscientiam nostram plurimum inde laesam agnoscimus; et jam praefatus illustrissimus princeps Joachimus, elector, a caesarea Rhomanorum atque regia majestatibus et reliquis statibus totius imperii Rhomani supremus capitaneus et belli dux deputatus et nominatus sit, qui et maximo christianorum exercitu et apparatu bellico, cum peditum tum equitum, ad recuperandum Hungariae regnum atque hosti Turcarum tyranno resistendum, profectus et in itinere sit, quod Deus optimus maximus secundet; et ut nos nostrique haeredes ex ista servitute Turcarum liberari atque contra christianum sanguinem auxilio esse non compellamur et ad arces nostras atque possessiones restitui atque in fide catholica conservari, sacroque Rhomano imperio annecti, uniri et incorporari in perpetuum possemus; nos, pro nobis et haeredibus nostris, bona fide et sub juramento nostro atque conscientia nostra subque spe salutis nostrae pollicemur et obligamus nos quod, durante bello isto contra Turcam, nos fideles et bonos aliquos exploratores ad certa loca et omni tempore constituemus atque procurabimus, qui egressum Turcae ex Constantinopoli, apparatum ejus bellicum et ordinem, aciem et vires ejus omnes explorabunt, et quidquid in hac re scrutari poterimus id omni tempore ad manus proprias praefati illustrissimi principis marchionis, tanquam supremi capitanei, transscribemus et transmittemus, quo tandem

Дакъ сѫ͗ ѫ͗то́рс Пе́трѹ Бо́дъ де́н Цѣ́ра Оу҆нгѹ-
рѣ́скъ, ѫ͗трѹ а҆чѣ́а ла́ѹдъ а҆ѹ съвѫршѝт мъна̀стѝрѣ

illustrissima sua gratia hostis vires et acies totiusque belli ordinem scire et intelligere poterit . . . »Pierre ne s'engageait à prendre une part directe à la guerre que si les circonstances étaient favorables, mais il était entendu que l'électeur lui paierait dans un délai déterminé »unam notabilem aureorum hungaricalium summam in auro justi et boni ponderis, vel in grossis talensibus.« Joachim promettait en outre de s'interposer auprès de l'empereur pour que la Moldavie fût annexée à l'empire, et de payer séparément une fourniture de 30.000 bœufs que le prince enverrait à l'armée imperiale par la Pologne (Papiu Ilarianu, *Tesauru*, III, 13; Codrescu, V, 287; Hîșdau, *Arch.*, I, 1, 100; Mitilineu, 55).

Bien que l'électeur eût promis à Pierre une forte somme d'argent, ce fut lui qui lui emprunta des fonds. Par un acte daté de Vienne le 24 juin 1542, Joachim déclare avoir reçu du prince de Moldavie un prêt de 100.000 ducats de Hongrie plus une fourniture de bœufs également évaluée 100.000 ducats. Il se reconnaît débiteur de ces deux sommes et des intérêts, tant en son nom qu'au nom de ses successeurs, et autorise Pierre et ses ayants-droit à se saisir, en cas de non paiement de tous les biens à lui appartenant. La teneur de cet engagement devait amener par la suite une série de réclamations de la part des princes de Moldavie contre les électeurs de Brandebourg.

Cinq jours plus tard, le 29 juin, Joachim promet encore de payer à Pierre 300.000 ducats de Hongrie dans un délai de trois mois après l'exécution de certaines conditions fixées dans un traité secret; enfin, le 6 juillet, l'électeur, résumant les obligations contractées par lui envers le prince, s'engage à lui payer à Léopol (Reusches Lemberg), dans le délai d'un an et un jour, une somme de 500.000 ducats de Hongrie, à la condition toutefois que Pierre aura rempli ses engagements. Il se réserve seulement le droit de payer les bœufs avec des draps, au lieu de les payer en numéraire (Papiu Ilarianu, etc., *loc. cit.*).

L'expédition allemande commandée par Joachim échoua misérablement devant Pest. Cet insuccès porta un coup funeste à la puissance du roi Ferdinand, qui après avoir obtenu de l'empire des secours aussi considérables, s'était montré incapable d'en tirer parti. Pierre Rareș profita de l'agitation qui

A son retour de Hongrie, Pierre, pour remercier
[le ciel] de ses victoires, acheva le monastère de Po-

---

se manifesta par toute la Hongrie pour faire une nouvelle campagne en Transylvanie.

M. Hîşdău a donné, dans la *Columma luĭ Traian* (V, 1874, 129), une notice succincte de divers documents qui se rapportent à cette campagne. Dans les derniers mois de l'année 1542, la municipalité de Braşov informe celle de Hermannstadt [Sibin] des préparatifs faits par Pierre Rareş pour envahir la Hongrie («Budam versus se ascensurum asserens»). Quelques jours après, Ladislas Mikola informe les autorités de la même ville de Hermannstadt que le prince a quitté Suceava avec six bombardes et une puissante armée »jurasseque nunquam Hungaris tanquam manifestissimis proditoribus et perfidis beneficum fore, sed domino suo clementissimo Caesari Turcarum et Turcis, qui non pagani sed christiani essent.«

Il nous paraît probable que Pierre, voyant la fâcheuse issue de la campagne entreprise contre les Turcs à l'instigation du roi Ferdinand, craignit de se voir compromis à Constantinople et voulut faire parade de son zèle pour la cause du sultan. Il conservait d'ailleurs des relations amicales avec l'Autriche et surtout avec la Pologne. Lors du mariage d'Élisabeth d'Autriche, fille de Ferdinand Ier, avec Sigismond-Auguste (1543), un ambassadeur moldave fut chargé de lui remettre des présents (*Fontes rerum austriacarum; Scriptores*, I, 360).

En 1545, Pierre confia à Cosma Şepteliciĭ Ghenga et à Nicolas Burla une mission en Pologne et en Lithuanie. Les deux envoyés étaient à Wilno au mois d'août de cette année et l'on peut juger du caractère de leur mission par la réponse que leur fit Sigismond-Auguste, fils de Sigismond et grand-prince de Lithuanie. Celui-ci les assura de son amitié pour Pierre et déclara qu'il comprenait toutes les difficultés de la situation qui lui était faite par les Turcs. Il ajouta qu'il autorisait le passage par la Lithuanie des agents moldaves qui se rendraient en Moscovie, qu'il règlerait un procès pendant entre le prince et des commerçants lithuaniens et qu'il lui livrerait les malfaiteurs réfugiés dans ses états, mais il protesta contre les vexations faites aux marchands qui traversaient la Moldavie pour se rendre en Pologne. Conformément à ces engagements, Sigismond-Auguste délivra, le 15 août 1545, un sauf-conduit à Şepteliciĭ Ghenga et à Burla.

Побрата,*) каре ера зидитъ де дѫнсѫл, шй ŵ ау сфиѩ-
цйт. Ѫпйждерѣ шй мѫнѫстйрѣ де Рѫшка**) сау ѫпукат
а ŵ зидйре; шй Добровѫцул***) ау истовйт; шй ла
мѫнѫстйрѣ Кипрїана†) ау лукрат. Ѩкъ шй алте мулте
лукрури буне се афлъ фъкуте де дѫнсул, кумуй ла
Митрополїа де Роман,††) шй ла Митрополїа де Сучѣвъ,

Peu de temps après, un autre agent moldave, le secrétaire Abraham Banilowski, vint en Lithuanie pour demander
l'extradition des réfugiés. Il désigna nommément: Gliga
(Grégoire), fils d'Arbure (il devait être frère de Théodore et de
Nicétas cités p. 269, cependant il ne figure pas dans le tableau
généalogique dressé par M. Wickenhauser, II, 213, d'après les
documents du monastère de Solca), et Jean Crasneș, qui s'étaient
enfuis avec deux religieuses, Vascan, neveu de Șerpe (voy. pp.
269, 274) et son complice Théodore, Tăut, fils de Petrașcu, et
son complice Vascan, enfin un homme du peuple appelé Vlad.
Le grand-prince autorisa Banilowski à se saisir de ces réfugiés partout où il les trouverait (Hîșdău, *Arch.*, I, 1, 33-35).

Il est probable qu'en réalité Sigismond-Auguste ne fa-
cilita pas la tâche de l'agent chargé par Pierre Rareș de
s'emparer des transfuges; il en résulta un refroidissement
entre la Moldavie et la Pologne, qui était alors suzeraine de
la Lithuanie. Pierre ne s'inquiéta pas des réclamations qui
lui avaient été faites au sujet des marchands. Le 16 janvier
1546 le roi Sigismond lui adressa une lettre de remonstrances,
lettre dont un manuscrit de la bibliothèque Osoliński nous
a conservé le texte (Engel, II, 187; Sinkai, II, 184). Le
prince, loin d'écouter les plaintes de Sigismond, prétendit
que ses ambassadeurs avaient été maltraités en Pologne et,
par manière de représailles, retint prisonnier l'envoyé royal
Jacques Wilamoński.

*) Le monastère de Pobrata existait depuis un siècle. Voy. ci-
dessus, pp. 62, 84, 283.

**) Le monastère de Rîșca est situé sur la rivière de même nom,
dans le district de Suceava, arrondissement de Moldova. Urechi
dit un peu plus loin (ch. XXII) que le fondateur de ce monastère fut l'évêque Macaire, qui mourut en 1558. Les deux
passages peuvent aisément se concilier en ce sens que Macaire fit exécuter les travaux dont les frais étaient supportés
par le prince. Cf. Melchisedec, *Chron. Rom.* I, 193.

brota*) qu'il avait construit, et le consacra. Il entreprit en outre la construction du monastère de Rîşca**), termina celui de Dobrovăţ***) et fit travailler à celui de Chipriana.†) On voit encore beaucoup d'autres saintes choses faites par lui, par exemple à la métropole de Roman ††), à celle

---

***) Dobrovăţ est situé près du village de même nom, dans le district de Vasluiŭ. — Ce monastère existait déjà sous Étienne-le-Grand, qui lui fit don d'une mise au tombeau, exécutée en broderie, actuellement conservée au musée de Bucarest.

†) Le monastère de Chipriana ou Chiprieni (le texte de Ioanid porte Căpriana) est situé à la source de l'Isnovăţ, petit affluent du Bîc, à environ 30 kil. au nord-ouest de Chişinău, en Bessarabie.

Au mois d'octobre 1544, Pierre fit don à Chipriana, tant en son nom qu'au nom de sa femme, Hélène, et de ses fils, Élie, Étienne et Constantin, d'un évangeliaire recouvert d'une riche reliure. Voy. Записки Одесск. Общества исторіи и древностей, I, 288-292. (Note de M. G. G. Tocilescu.)

††) Une inscription qui existe encore dans la cathédrale de Roman nous apprend que Pierre Rareş commença la construction de cet édifice en l'année 7050 [1542]. Les travaux durèrent huit ans et ne furent achevés qu'en 1550. La dédicace fut faite par Élie, fils de Pierre, dont le nom fut effacé de l'inscription quand il eut adopté l'islamisme.

La cathédrale de Roman, placée sous le vocable de la Vierge, est un édifice de style byzantin, avec quelques ornements de style gothique aux fenêtres et aux portes. A l'exemple de Sainte-Sophie de Constantinople, elle est divisée en cinq parties: *l'atrium* ou portique, *l'exonarthex*, le *narthex*, le *temple* et *l'autel*. Outre la cloison ou *catapetasma*, qui sépare le temple de l'autel, il y avait deux autres cloisons intérieures, l'une entre le narthex et le temple, l'autre entre l'exonarthex et l'atrium. Ces deux dernières cloisons furent détruites dans les travaux de réparation faits par l'évêque Gerasim en 1805. Voy. Melchisedec, *Chron. Rom.*, I, 183-187. On trouve dans cet ouvrage, p. 186, une vue du monument.

Non content de doter Roman d'une cathédrale, Pierre Rareş augmenta les revenus de l'évêché. Par deux diplômes datés du 15 mai 1546, il lui donna la moitié du village de Ţăpeşti sur le Bîrlad et diverses autres propriétés moins importantes Voy. Melchisedec, *Chron. Rom.*, I, 166-178.

ші ла мънъстирѣ Бистриціи*), ші бисѣричй де Пѣтръ ѫ Хърлъ́8 ші ѫ Баіе**); ші алтеле мѫлте а8 фъкут.***)

Ші кꙋ адевъра́т ера фечіор лꙋй Стефан Бод чел8й бꙋн, къ ѫтру тот семъна тътъ́несе8; къ ла ресбоіе ѫй мерџѣ ку норок, къ тот а8 йсбънди́т, ші мꙋлте лꙋкрꙋрй бꙋне ші дꙋмнеѕееѹій ѫпꙋка́се де фъчѣ. Цѣра ші мошіѫ ка о́ун пъри́нте ѵ сокотіа. Жꙋдеката ку дирепта́те ѵ фъчѣ. Іѫрꙋ ла ста́т ера ѵм кꙋвіо́с, ші ла то́ате лꙋкрꙋриле ѫдрꙋѕнѣц, ші ла кꙋвѫнт га́та а́да́ре ръспꙋнс, де́л кꙋноѹѣ то́ци кѫй харник съ домнѣскъ цѣра.

Ѫ а́н8л ҂ѯѯв ѫ е҃і ма́ю, пꙋрчеса8 Илиа́ш Бод фечіо́рꙋл лꙋй Пѣтр8 Бод ла Царигра́д.

Де моартѣ лꙋй Пѣтр8 Бод Ра́реш.

Пѣтр8 Бод фіинд бътрън де зи́ле, ші къѕънд ѫ боа́лъ грѣ, а8 плъти́т дато́ріа съ чѣ8 фо́ст дато́р лꙋмій, ші сау съвършит ла а́н8л ҂ѯѯѕ, септемврие ѫ д҃, винери ла мѣѕъ-но́апте, ші ку чи́нсте ла8 ѫгропа́т ѫ мънъстирѣ По́брата, че́ есте зиди́тъ де дѫнсꙋл. ку мꙋлтъ жа́ле ші плѫнцере деспре то́ци, ка дꙋпъ о́ун пъри́нте алѡр, ка́реле на8 фо́ст ма́й жо́с де кѫт

---

*) Voy. relativement au monastère de Bistriţa un diplôme de 1540 ou 1541 ap. Hîşdău (*Arch.*, I, II, 26) et un diplôme de 1546 ap. Codrescu (IV, 421).

**) M. Frunzescu (*Dicţionarŭ*, 19, 231) parle des églises bâties par Pierre Rareş à Hîrlău et à Baie, mais il ne dit pas s'il en reste aujourd'hui quelques vestiges.

***) Parmi les libéralités que d'autres monastères reçurent de Pierre Rareş, nous citerons des donations faites à Moldoviţa en date du 29 avril 1529, du 11 avril 1533, de 1534, du 6 août 1543, du 17 septembre 1545, des 25 et 27 mai 1546 (Wickenhauser, I, 77-84); à Sînt Ilie, en date du 21 avril 1540 (Pumnul, *Privire ræpede preste trei sute treispreḑece dén proprietæţile aşă numite Moşiile mînæstiresci*, etc.; Cernæuţi

de Suceava et au monastère de Bistriţa*). [Il bâtit] des églises en pierre à Hîrlău et à Baie**) et fit exécuter une foule d'autres [travaux]***).

Il était vraiment le fils d'Étienne-le-Bon, car en tout il ressemblait à son père. Il était heureux à la guerre, remportait toujours la victoire et entreprenait alors des œuvres pieuses et inspirées par l'amour de Dieu. Il veillait comme un père sur le peuple et sur le pays. Il était juste dans ses jugements; c'était un homme pieux dans ses actes, mais intrépide en toutes choses. Il avait la répartie prompte, et chacun reconnaissait qu'il était capable de bien gouverner le pays.

Le 15 mai 7052 [1544], Élie, fils de Pierre, partit pour Constantinople.

Mort de Pierre Rareş.

Pierre, qui était vieux, tomba gravement malade et paya sa dette à la terre. Il mourut en 7055 [1546], le vendredi 4 septembre, à minuit. Il fut enterré avec pompe au monastère de Pobrata, qu'il avait construit. Tous [les habitants] le regrettèrent et le pleurèrent comme leur père. Il n'était pas resté au-dessous de ses prédécesseurs qui avaient élargi les frontières du pays, car

---

1865, in-8, 137); à Tăzlău, en date du 3 mars 1530 (Hîşdău, *Arch.*, I, 1, 132); à Putna, en date de la même année (Cogălniceanu, *Арх.*, II, 318); à Hîrşova, en date du 4 mars 1532 (Archives de Bucarest, métropole de Moldavie, *schit Hîrşova*); à Hilandar, en date de 1533 (Гласник српског ученог друштва, XXV, 284); à Bisericani, en date du 9 mars 1535 (Archives de Bucarest, mon. *Bisericanĭ*, paquet n° 12); à Xenophos, en date de 1535 (Langlois, *le Mont Athos*; Paris, 1867, in-fol., 78); à Voroneţ, en date du 4 novembre 1540 (Pumnul, *loc. cit.*); enfin à Niamţ en date du 30 mars 1546 (Archives de Bucarest, mon. *Niamţ*, paquet n° 3), du 2 juin 1546 (ibid., paquets nᵒˢ 7 et 22) et du 9 juin 1546 (ibid. paquet n° 2).

а̂лций чѣ҇у лъцӣт хотар8л церїй; къ пре Съкъй де
мълте у̂рй ꙗ҇у а́рс шй ꙗ҇у пръда́т, шй л8ъндъле че-
тъ́циле шй у̂ра́шеле с8нт п8тѣ҇рѣ съ ꙗ҇у с8п8с. Шй
а̂тъ́та гро́лзъ лѣ҇у да́т, къ́т ла врѣ҇ме де примѣ҇ждїе
че е́ра шй прибъ́г ла дъ҇ншїй, шйшй перд8се домнїа,
шй д8пъ чè съ́у д8с ла Тъ́рчи лъсъ҇нд8шй до́амна шй
к8ко́нїй ꙗ Чичеу̂, к8 то́атъ а̂вѣ҇рѣ, а̂т8́нче Оу҇нгурїй,
нек8м съ се ба́це съй жък8а́скъ, че а҆̂кь ꙗ҇у пхҙи́т,
шй ꙗ҇у сокотӣт пъ̂нзла венир҆ѣ л8й ла до́мле ржид
ла домнїа церїй Молдо́вїй. А̂шижд́ере шй к8 Лѣкшїй
де мъ́лте у̂рй съ́у бът8́т, шй Пок8́тїа лѣ҇у фо́ст л8а́т
с8нт цинѣ҇рѣ л8й. У̂рт ма́й а̂по́й д8пъ мъ́лтъ тр8дъ
а съ, крешнъ҇уше, а̂ чӣнсте шй а̂ цѣ҇ра са съ́у съвъ҇р-
шӣт, д8пъ чѣ҇у плинӣт домнїей са́ле чей дентъ҇ю
шй чей де а̂ до́уа а̂ни де а҆ни.

КА́П Ѳ·І.

Домнїа л8й Илїа́ш Во́дъ, фечїо́р8л л8й Петр8 Во́дъ, ка́реле ма́й а̂по́й съ́у т8рчӣт зм҃е, Септемврїе з҃.

А̂трачѣ҇сташ а҆̂н, д8пъ мо́артѣ л8й Петр8 Во́дъ
Ра́реш, то́атъ цѣ҇ра а̂8 ръдика́т до́мн пре Илїа́ш Во́дъ,
фечїо́р8л чел ма́й ма́ре а̂л8й Петр8 Во́дъ, а̂тр8 о̂

---

*) Pierre Rareş avait été marié deux fois. Il avait épousé en premières noces Marie, morte le 28 juin 1529 (voy. ci-dessus, p. 283) et, en secondes noces, Hélène, fille de Jean Héraclide. L'origine de cette dernière princesse est établie par la généalogie de la famille Héraclide donnée par Sommer dans sa *Vita Jacobi Despotae Moldavorum reguli* (Witebergae, 1587, in-4, 61-65) et reproduite par M. Hişdău dans son *Archiva* (I, I, 99). Urechi dit plus haut (p. 317) qu'Hélène se trouvait avec son mari à Csicsó.

plusieurs fois il avait porté chez les Széklers le pillage et l'incendie; il s'était emparé de leurs villes et de leurs châteaux, et les avait soumis à son empire. Il leur avait inspiré une telle crainte que, au moment même de ses revers, lorsqu'il vint chez eux en fugitif, après avoir perdu son trône et lorsqu'il partit chez les Turcs, non seulement les Hongrois ne songèrent pas à enlever sa femme, ses enfants et tous ses trésors, qu'il avait laissés à Csicsó mais les gardèrent et veillèrent sur eux, jusqu'à ce qu'il fût pour la seconde fois en possession de la principauté de Moldavie. Il se battit de même nombre de fois avec les Polonais et leur enleva la Pocutie qu'il réunit à ses domaines. Enfin, après avoir supporté bien des fatigues, il s'éteignit chrétiennement, dans sa gloire et dans son pays. Il avait gouverné 38 ans huit ans, tant dans son premier règne que dans le second.

CHAPITRE XIX.
Règne d'Élie, fils de Pierre, qui plus tard se fit Turc, [commençant le] 5 septembre 7055 (1546).

La mème année, le samedi 5 septembre, la milice tout entière proclama prince, après la mort de Pierre Rareș, Élie, son fils aîné.*) A en juger par son air et

---

De ces deux mariages Pierre Rareș eut quatre fils et deux filles légitimes, savoir:

1° Bogdan, cité dans des diplômes du 4 mars 1528 (Melchisedec, *Chron. Rom.*, I, 159), du 22 mars 1528 (Papiu Ilarianu, *Tes.*, III, 47), du 3 mars 1530 (Hîșdău, *Arch.*, I, 1, 132), du 13 mars 1533 (Гласник, XXV, 284), du 11 avril 1533 (Wickenhauser, 78) et de 1534 (*ibid.*, 79);

2° Élie, cité dans des diplômes du 22 mars 1535 (Melchisedec, *Chron. Huș.*, 18), du 14 mai 1546 (Melchisedec, *Chron. Huș.* 21), du 15 mai 1546 (Melchisedec, *Chron. Rom.*, I, 170), du

сѫмбѫтѫ септемврїе е҃, кѫ шй фирѣ шй фаца [a]
лѫѹдѫ афире блѫнд, милостив шй ашеѯѫтѹр, нѫдѫж-
дѹинд боїерїй шй цѣра кѫ вѫ оѹрмѫ тѫтѫнесеѹ; каре
нѫдѣжде пре тоцй аѹ амѫцит, кѫ Илїашъ Водѫ, ден-
афарѫ се ведѣ пом ѫфлорит, ѣрѫ денлѫѹнтрѹ лак
ѫпѹцит; кѫ авѫнд лѫнгѫ сине сфѣтничй тинерй Тѹрчй, [b]
кѹ карїй зїѹа петречѣ шй се десмердѫ, ѣрѫ поаптѣ
кѹ тѹркоаїе кѹрвинд, ден ѡбичѣеле крещинещй сѫѹ де-
пѫртат. ѫ ведѣре се арѫтѫ крещин ѣрѫ поаптѣ
ѫ слобозїе махметѣскѫ се дедѣсе; шй атѫта се кѫл-
касе лѣцѣ крещинѣскѫ кѫт дѣл врѣ крѹца дѹмнезеѹ [c]
мѹлт ѫтрачѣ десфрѫнаре, пре тоцй ѫй врѣ адѹче
ден лѹминѫ ла ѫтѹнѣрек. Че дѹмнезеѹ нѹ лѫсат
нородѹл сѣѹ ѫтрѹ пейрѣ нещїинцїй шй некѹнощинцїй
дѹмнезеещй.

Шй ѫтрачѣл ан а домнїей лѹй, фѫкѹтѹсаѹ ерне [d]
греле шй церѹрй марй, кѫт шй виле шй помй аѹ
сѫкат де церѹрй.

---

17 mai 1546 (Wickenhauser, I, 82), du 30 mai 1546 (Codrescu, II, 251) et dans deux autres diplômes de la même année dont les mois ne sont pas indiqués (Melchisedec, *Chron. Rom.*, I, 166; Codrescu, IV, 424);

3⁰ Étienne, cité dans les mêmes diplômes qu'Élie et qui régna après lui;

4⁰ Constantin, cité dans tous les diplômes de 1546 auxquels nous avons renvoyé et qui, d'après Verancsics (*Magyar történélmi Emlékek;* II. Osztály, Írok, IV, 226), aurait été empoisonné à Constantinople, à l'âge de 13 ans, au commencement de l'année 1554 (voy. une note de M. Papiu Ilarianu, *Tes.*, III, 49, où sont examinées les assertions d'un prétendant appelé Wolfgang, qui, en 1594, se disait fils de Bogdan-Constantin (cf. notre tableau généalogique);

5⁰ Roscanda, qui après avoir été fiancée à Joldea, épousa Alexandre Lăpusneanul;

6⁰ Despina ou Chiajna, qui épousa Mircea, prince de Valachie (Papiu Ilarianu, *Tes.*, III, 49) et fut la mère de

par son visage, il devait être doux, clément, pacifique; les boïars et la milice espéraient qu'il suivrait les traces de son père, mais ils furent deçus dans cette espérance. Élie, qui ressemblait extérieurement à un arbre fleuri, était intérieurement comme un lac puant. Entouré de jeunes Turcs qu'il avait pris pour conseillers, il passait le jour à se divertir avec eux, tandis qu'il se livrait pendant la nuit à la débauche avec des femmes turques; il abandonna les usages chrétiens. Au dehors, il se montrait chrétien, mais la nuit il se livrait à la licence mahométane. Il témoigna tant de mépris pour la religion que, si Dieu avait toléré longtemps ses débordements, il aurait entraîné tout le monde, de la lumière dans les ténèbres; mais le seigneur ne laissa pas son peuple succomber à l'ignorance et au mépris de la religion.

Pendant cette [première] année du règne d'Élie, il y eut un hiver si rigoureux et des froids tellement vifs que les vignes et les arbres fruitiers furent gelés.*)

Pierre-le-Boiteux et de deux autres fils, Radu et Mircea, qui figurent avec elle dans une peinture du monastère de Snagov, en Valachie. (Cette peinture nous a été signalée M. Odobescu.)

A cette postérité légitime ajoutons un fils naturel, Iancu, dont on possède un acte daté du 1er juillet 1580 (Hîşdău, *Arch.*, I, 1, 127). Ce Iancu épousa Marie Paléologue, de Rhodes; sa descendance nous est connue par la généalogie que M. Papiu Ilarianu a découverte aux archives de Berlin (*Tes.*, III, 47).

On voit par ce qui précède qu' Élie n'était pas le fils aîné de Pierre Rareş, mais l'héritier présomptif du trône, Bogdan, paraît être mort en 1534 ou au commencement de 1535.

*) Dès que le roi de Pologne apprit la mort de Pierre Rareş, le 12 septembre 1546, il écrivit une lettre de condoléance aux boïars moldaves (»ad palatinatus Moldaviae consiliarios«). Dans cette lettre, Sigismond demandait le renvoi de son agent Wilamoński que le prince défunt avait retenu dans ses états au mépris du droit des gens et engageait les Mol-

Ѩр ла ал доиле ѫн а домнїеи сале, анрїа ҃з ѫ҇ анȢл ҂зѝѕ, сѫмбѫтѫ дȢпѫ пашй Илїаш Водѫ аȢ тхїат капȢл лȢи Вартик хатманȢл ѫ тѫрг ѫ ХȢши, ши лаȢ дȢс де лаȢ ѫгропат ѫ мѫнѫстѫрѣ Побрата.

daves à envoyer des commissaires à Kamieniec pour y régler pacifiquement les questions en litige. De son côté, le roi avait ordonné aux représentants de la Pologne de se trouver dans cette ville dès le 8 septembre (Engel, II, 187, d'après un ms. de la bibliothèque Osoliński; Sinkai, II, 184).

Élie ne pouvait mieux faire que de déférer à des demandes aussi raisonnables. Il laissa donc Wilamoński libre de rentrer en Pologne et consentit à renouveler à Sigismond l'hommage qu'il lui devait comme vassal. L'Inventaire des archives de Cracovie analyse ainsi l'acte signé par Élie, ses frères et ses conseillers le 30 novembre 1546: »Elias, palatinus Moldaviae, cum consiliariis et fratribus suis Stephano et Constantino jurejurando confirmant foedus cum Sigismundo rege et Sigismundo Augusto, filio ejus, ac regno Poloniae, per Joannem comitem de Tarnow, castellanum Cracoviensem, initum et ejusdem castellani juramento firmatum *w Horodzie niemieckim* his praecipue conditionibus: Ab invadentibus hostibus liberum sit reclinatorium Moldavis cum uxoribus, liberis, thesauris suis, in dominiis regni; cessante necessitate et tempestate hostili, liber sit redditus eisdem sine omni detentione; — contra hostes regni omnibus viribus palatinus et proceres Moldaviae se opponent conjungentque se exercitui regali; in visceribus ditionum suarum nullum hostem contra regnum fovebunt; — limites antiqui conservabuntur; ad terram Pokucie, uti veram haereditatem regni, nullum jus Moldavi praetendent in perpetuum; — mercatoribus viis suetis in Moldaviam et Turciam, persolutis teloneis solitis, libertas meandi et remeandi erit, similiter et Moldavis in Poloniam; — fures, latrones in limitibus puniri debent; subditi profugi ab utrinque non suscipiantur et extradantur iis quorum sunt; — nationales et haereditarii molendinis ab utrisque ripis regalibus Dniester fluvii non utentur, nisi ex voluntate regum; nemo cum mercimoniis, equis, vel absque consensu regis, vel quorum est proprius, figat habitationem; — justitia in aliis antiquis litteris descripta administretur.

»Sequuntur palatini, cum consiliariis spiritualibus, metropolitae Soczaviensis et procerum fratrisque palatini inscripta nomina et sigilla appensa.

La seconde année de son règne, le 7 avril 7056 [1548], samedi de Pâques, Élie fit trancher la tête, dans la ville de Huși, à l'hetman Vartic, qu'on alla enterrer au monastère de Pobrata.*)

»Datum die 30 novembris anno 7055 [1546 et non 1547 comme le porte l'Inventaire].« *Invent.*, 142; Hîșdău, *Arch.* II, 59; Mitilineu, 57.

A peine Élie avait-il signé cet engagement qu'il se prévalut des conditions auxquelles Sigismond avait souscrit pour réclamer l'intervention du gouvernement royal contre un prétendant qui se disait fils de prince et qui avait pénétré en Moldavie à la tête d'une armée recrutée en Pologne. Il se croyait fondé, non seulement à demander les bons offices des préfets qui administraient les provinces limitrophes, mais encore à solliciter l'extradition de son compétiteur. La lettre du prince, datée de Iassi le 9 décembre 1546, fut portée à Cracovie par Abraham Banilowski, et le roi y répondit le 31 décembre suivant. Dans cette réponse, Sigismond se bornait à constater que les traités l'obligeaient simplement à empêcher les entreprises que les Moldaves réfugiés en Pologne pourraient diriger contre la principauté, qu'il ne faillirait pas aux engagements qu'il avait pris sur ce point, mais qu'il ne pouvait être question d'extradition (Engel, II, 189; Sinkai, II, 185).

Les documents que nous venons d'analyser ne nous font malheureusement pas connaître le nom du prétendant qui tentait de disputer le pouvoir à Élie; nous en sommes réduits sur ce point à de simples conjectures. Le »fils de prince« qui s'agitait sur les confins de la Moldavie devait être Alexandre Lăpușneanu, qui prend dans plusieurs diplômes la qualité de fils de Bogdan (Hîșdău, *Arch.*, I, 1, 125; Wickenhauser, 84); or, ce Bogdan pouvait fort bien passer pour être le fils ainé de Pierre Rareș, dont nous perdons la trace après 1528. Bogdan, issu du premier mariage de Pierre, aurait dû lui succéder; son fils s'il en avait laissé un, aurait donc été l'héritier légitime. Dans le cas où Alexandre aurait été vraiment le petit-fils de Pierre Rareș on s'expliquerait que la seconde femme de ce prince, Hélène Héraclide, lui eût fait préférer son fils. Tel est, croyons nous, l'hypothèse la plus probable. Voy. ci-dessus p. 356.

*) Pierre Vartic, hetman ou portier de Suceava, est cité dans des diplômes du 14 mai 1546 (Melchisedec, *Chron. Huș.*, 21),

Шѝ ѫ̀тре мѹ́лте фѫрѫделеѱй че фѫчѹ̆ Илїашъ
Вóдъ, ꙗ̀плъндѹл Сатáна*) де ꙗ̀вѹцѫтѹра съ, лъсáтѹ
домнíа шѝ цѣ́ра пе сáма фрѫцѫ́несеѹ, лѹ́й Стефáн
Вóдъ шѝ а мѫ̆неса, ѫ̀ анї́й ҂зн҃а мáю а҃,**) кар ел

---

du 15 mai 1546 (Melchisedec, *Chron. Rom.*, I, 170) et du
30 mai 1546 (Codrescu, II, 251). Un diplôme d'Élie, du
2 mars 1548, qui lui donne la même qualité, l'appelle Pierre
Vartovič (Melchisedec, *Chron. Rom.*, I, 178).

*) Ce qui devait particulièrement scandaliser les contemporains
c'était l'indifférence d'Élie pour les monastères. Il fit cependant des donations à Niamţ, en date du 2 décembre 1548
et de 1549 sans indication de mois (Archives de Bucarest,
mon. Niamţ, paquets nos 23 et 22; ce fut également lui qui
acheva, en 1550, l'église de Roman, que Pierre Rareş avait
commencée (voy. Melchisedec, *Chron. Rom.*, I, 183).

**) Le texte d'Urechi, que nous reproduisons d'après l'édition
de M. Cogălniceanu, présente ici une lacune que n'offrait
pas le texte que Sinkai avait sous les yeux (voy. Sinkai, II,
193); il passe sous silence l'expédition faite par Élie en Transylvanie dans le courant de l'année 1550.

Le reine Isabelle de Hongrie, contre qui Martinuzzi
s'était mis en lutte ouverte, avait appelé à son secours le
prince de Moldavie. Tandis que Martinuzzi ralliait les Széklers autour de lui, les Moldaves franchirent les Carpates
pour faire une diversion en faveur de la reine. Ils furent
repoussés, mais revinrent à la charge et tentèrent d'opérer
leur jonction avec les troupes du pacha de Bude, Kasim, qui
s'était porté, lui aussi, au secours d'Isabelle. Jean Kendi, qui
occupait le défilé de la Tour Rouge (Turn Roş, Rothenthurmpass), leur barra le chemin. Les troupes d'Élie furent défaites.
D'après des renseignements qui émanent, il est vrai, de Martinuzzi et de ses partisans, les Moldaves auraient perdu dans
cette rencontre 5000 chevaux et 3 drapeaux (voy. Fessler, éd.
Klein, III, 541 et les sources citées dans cet ouvrage: des
lettres de Martinuzzi ap. Pray, *Epistolae procerum*, II, 209,
213, 219, 221, 226).

Istvánfi réunit les deux expéditions: »Valachi etiam
quater mille et quingenti, qui a regina vocati in Transilvaniam hostiliter irruperant, ad Alpes Haciacas, quae Portae
Rubeae dicuntur, et haud procul Brassone (*lis.* Brassove) urbe,
oppida Prasmanum et Hermanum [Hermannstadt, Sibiu] populati, obvia quaeque igne et ferro vastaverant, a Johanne

Au milieu des crimes que commettait Élie, rempli de l'esprit de Satan,*) le 1ᵉʳ mai 7059 [1551], il abandonna le pouvoir et le pays à son frère Étienne et à sa mère.**) Il se rendit auprès du sultan Soliman, et adopta

---

Quendeffio et Ladislao Udenffio, Georgii ducibus, caesi ac trans Alpeis exacti fuere« (Istvánfi, 295).

Voy. encore sur cette campagne les Annales de Braşov, ap. Schwandtner, éd. de 1768, III, 213, et une lettre de Ferdinand d'Autriche, datée d'Augsbourg le 14 décembre 1550 (*Magyar történelmi Emlékek;* I. osztály: Okmánytárak, II, 239). Cf. Engel, II, 189.

Orichovius nous donne dans ses *Annales*, à la date de 1551, de curieux détails sur la fin d'Élie: »Hoc anno Helias, majoris Daciae (Walachiam nunc vocant) palatinus, Petri filius, a Christo D. defecerat et ad Mahometum impium transierat. Cum enim is nihil sibi tutum in Dacia reliquisset, quod multos de primoribus Dacum interfecerat, multos extorres fecerat, tam manes mortuorum quam minas vivorum trepidus pavebat. Et cum cruciatus timoris augeretur, accersitum se a Solymanno Turcarum tyranno simulat, nihil ulli quid mente agitaret communicans, convasataque omni paterna gaza, simulatione officii Constantinopolin ad tyrannum proficiscitur, Dacia Stephano, minori fratri, relicta. Exceptus a Solymanno Helyas benigne fuit, et cum adventus sui causas, quas initio dissimulaverat, edidisset, Solymannus hominis adventu gavisus est, quod ante eum diem tam clari nominis princeps nemo erat qui sponte a Christo deficeret ac ultro nomen Mahometo daret. Ita circumduci illum per aulam frequentem jubet ac palam ad ludibrium Christi ostentari. Ad extremum de tyranni atrio, inter duos bassas qui illius latera tegebant, prodit, ac aula in media ingenti gratulatione militum Christi nomen deponit et Mahometis assumit, pro Heliaque Mahometes acclamatione militari salutatur. Et ne videretur Turcis esse suspensae dubiaeque fidei, crucem ligneam pedibus subjectam ter inspuit, ac totidem vicibus conculcatam pede ab se ut execrabilem removit. Dicitur, abjurato Christo, cum in cubiculum concessisset, secreto sese afflictasse effuseque in occulto flevisse. Id ego factum credo ....

»Et quoniam Helias ultro Solymanno sese dederat, ideo sahmate honorem ab illo perfidiae praemium tulit. Qui honos ut merito ad illum delatus videretur, comparato ex scythicis militibus exercitu, perfugam ducem nactus, cui Mormura

сăу дус ла Султан Сулейман дĕку примит лăкуĕ луй Мéхмет, лепздăндусе де Христос, сокотинд кă вă добăндăй чинсте мăре дела Турк. Ёр май апóй рăу сăу ăшелат, кă, дакă сăу турчит, апукăндул ши ăдулчиндул ку бине, лăу пус пашă ла Дристор, ши ну меле ľау пус Мехмет; дĕче ниче ăнтру ачĕ чинсте чей дедксе ăнпăратул нăу тру́йт мултă врĕме; че дупă дой ани, клеветиндул мулций неприетиний ай лу ку мулте кувинте рĕле кăтру ăнпăратул, ау кăуут ла ăкисóаре; кă ау тримис ăнпăратул де лау легат ши ľау луат тóатă авĕре, ши дечи́а лау тримис песте мáре, ла Брусă де лау ăкис, оунде де ини́мă рĕ курăндă врĕме ау мурит, ши шау дат суфлетул ăн мăна діаволулуй, ăн лăкуĕ турчĕскă.

Ăчест Иліăш Бóдă ау домнит ăн Молдова д ани ши й луни; ши дĕчий сау турчит кум сау поменит май сус.

КĂП Б.

Домніа луй Стéфан Бóдă, фечіóр луй Пéтру Бóдă Рáреш ăн ăнул ҂зпд Юніе ăн ĕі.

Дакă ау пăрăсит Иліăш Бóдă цĕра ши домніа, ăпреунă ши лăкуĕ чĕ пăринцĕскă, ăтунче ăнтрачелаш ан ҂зпд Юніе ăн ĕі, боіéрій ши лăкуитóрій цĕрій се

---

nomen fuit, cum inusitatis itineribus exploratores elusisset, Bratislavium oppressit. Erant in eo oppido fortissimi veterani, qui hostem prius visum quam auditum in moenibus cum haberent, trepidi ad arma discurrunt ac irruentes agmine Scythas intra vallum sustinent. Postremo multa caede utrinque edita, ut pauci a multis, ita imparati a paratis, victi ad unum

la religion de Mahomet, en reniant le Christ. Il espérait recevoir ainsi de grands honneurs de la part des Turcs, mais il se trompa encore lourdement. Après qu'il se fut fait Turc, il fut bien accueilli, bien traité; on le nomma pacha de Silistrie et on lui donna le nom de Mohammed, mais il ne vécut pas longtemps dans cette dignité que l'empereur lui avait conférée. Il fut dénoncé au sultan sous les traits les plus noirs par un grand nombre de ses ennemis, et fut jeté en prison. Soliman l'envoya prendre chargé de liens, lui enleva tous ses biens et l'expédia au-delà de la mer, à Brousse, où il fut enfermé. Il y mourut de chagrin peu de temps après, et rendit son âme entre les mains du diable, dans la religion turque.

Cet Élie régna en Moldavie quatre ans et huit mois, puis se fit Turc, comme on l'a rapporté plus haut.

CHAPITRE XX.
Règne d'Étienne, fils de Pierre Rareş [commençant] le 15 juin 7059 [1551].

Lorsqu'Élie eut abandonné le pouvoir et le pays, en même temps que la foi de ses ancêtres, le 15 juin de cette même année 7059 [1551], les boïars et les habitants de la Moldavie se réunirent pour délibérer et

---

caesique omnes sunt. Oppidum etiam ad solum a Scythis exustum est, grave monumentum ignaviae nostrae . . . .

»Hoc principium perfidiae in Mahometis sectam concedens Helias nostro malo dedit, quod tamen non diu ille tulit impune. Nam cum, suspecta in Mahometen Solymanno illius esset fides, sublatus brevi de medio ita Constantinopoli, ut illius neque vivi neque mortui index esset.« Orichovius, ap. Długosz, *Histor.*, 1712, II, 1533.

сфътуйсъръ, ши шау ръдикат домн пре Стефан Бодъ, а Фечюрул луй Петру Бодъ, неджудуйндусе къ де нау съмънат луй Петру Бодъ фечюрул чел май маре, доар ва фаче даторіе ши ѡбичеюл прїнцеск фечюрул чел май мик. Оунде ши ел ку ѡсърдіе сау апукаткътръ тоци плекат, милостив, блънд ши невоитор спре *) лукрурй буне. Бисеричилор сау аратат ку думнезеире маре; ка съ поатъ стинце нумеле чел ръу а Фрънчинесеу, ши ка съ ну се арате чева абътут дела пра-

---

*) Ce que nous savons des actes politiques d'Étienne se réduit à fort peu de chose. Dès son avénement il se rapprocha de Ferdinand d'Autriche, qui, le 28 décembre 1551, lui adressa, de Prague, par un envoyé spécial, une lettre des plus amicales. Dans cette lettre, le roi de Hongrie et de Bohème exprimait l'espoir qu'Étienne continuerait les bonnes relations que ses ancêtres avaient entretenues avec l'Autriche: »Misimus propterea ad vos in praesentia hunc fidelem nostrum, praesentium exhibitorem, per quem nonnullis de rebus vobis significamus. Hortamur vos clementer ac requirimus verbis ipsius plenam fidem adhibere et tales vos erga nos regnumque nostrum ac christianam rempublicam exhibere velitis qualem et majorum vestrorum vestigia et nostra in vos summa benevolentia exposcunt...« (Hîşdău, Arch., II, 43).

Étienne répondit à cette ambassade par l'envoi d'un agent moldave, qui rencontra le roi à Pozsony, (Presbourg), le 22 mars 1552. Le message expédié par le prince est un document fort important. Après avoir déclaré qu'il reconnait Ferdinand pour son suzerain et lui avoir promis obéissance et fidélité, il nous donne sur les événements qui précédèrent la chûte de Pierre Rareş, en 1538, des détails qui diffèrent notablement du récit des historiens: »Constat autem Sacrae Regiae Majestati quod pater ipsius wayvodae, cupiens Majestati Regiae et christianitati more majorum suorum inservire, superioribus annis et nuntium et litteras ad Majestatem suam miserat, quae litterae per quondam regem Joannem interceptae et ad Thurcam missae fuissent; qua de re commotus Thurcarum princeps in Moldaviam personaliter irrupisset regnumque illius occupasset, ipseque wayvoda pater in Hungariam aufugiens, in captivitatem thurcicam traditus fuisset, atque ita

proclamèrent prince Étienne, fils de Pierre. Ils espéraient que si le fils aîné de Pierre ne lui avait pas ressemblé, du moins son fils cadet saurait faire son devoir et suivre l'exemple paternel. Celui-ci se montra en effet avec affectation humble, miséricordieux, doux envers tous et enclin aux bonnes œuvres. Envers les églises il témoigna d'une grande piété; pour effacer la mauvaise réputation qui s'attachait au nom de son frère et pour montrer qu'il ne s'était en rien écarté de l'orthodoxie, il voulut convertir tous les hérétiques: qu'ils

---

ab eo tempore Moldavia sub tyrannide turcica permansisset, nuncque permaneat, adeo ut, cum ipse wayvoda propriis viribus a potentia thurcica nequaquam se possit defendere, supplicat Majestati Regiae dignetur ipsum et ejus regnum in specialem suam tutelam et protectionem suscipere, quemadmodum majores ipsius woyvodae eorumque regnum in omnibus casibus, tanquam peculiaria regni Hungariae membra, defensi ac protecti fuerunt.«

Après ce préambule, destiné à se concilier les bonnes grâces de Ferdinand, l'ambassadeur moldave exposait diverses demandes d'Étienne. Le prince savait que les Turcs se préparaient à envahir la Hongrie; déjà il avait reçu par un tchaouch une lettre, écrite en serbe, à l'adresse des états de Transylvanie, dans laquelle le sultan leur ordonnait de se tenir prêts. Étienne avait dû, ajoutait-il, faire passer cette lettre en Transylvanie, de peur d'exciter des soupçons, mais il suppliait le roi d'aviser aux moyens de tenir tête à l'orage.

En second lieu, le trésor moldave étant épuisé par suite des invasions turques, le prince suppliait Ferdinand de lui accorder des subsides qui l'aidassent à payer la solde des mercenaires. Enfin, il lui demandait la cession de Cetatea-de-Baltă (Küküllővár), en Transylvanie, afin qu'il eût, en cas de besoin, un refuge assuré pour lui et pour ses enfants.

Ferdinand remercia le prince de ses protestations de dévouement, mais lui fit sur les trois points importants des réponses dilatoires, disant qu'il devait d'abord s'entendre avec son lieutenant en Transylvanie et avec le voïevode transylvain (Hişdău, *Arch.*, I, ıı, 152).

Que pouvait faire Étienne, alors que ni la Pologne ni la Hongrie n'étaient en état de résister? Il n'essaya pas de lutter et s'allia résolument aux Turcs, qui envahirent la Transylvanie

вославіе, пре тоцй єретичій дєн цкра са врѣ схи ᵃ
ѫтоаркх: ѡрй сх хіе ла лѣцѣ православникх, сѧ8 дєн

à l'époque fixée. Voici le récit qu'Istváhfi fait de ces événements: »Dum haec in Pannonia satis superque improspere geruntur, Elias [*lis.* Stephanus] Moldavus, Petri regno pulsi atque, ut diximus, iterum ope Johannis regis restituti filius, non sine summa ingrati animi significatione, per angustias Alpium Aitossiarum [le col d'Oituz], quae Moldavos et Siculos inter jacent, cum validis suis et turcicis copiis in Transsilvaniam irrupit ac castra ad Torianum [Alsó-Torja et Felsó Torja, au nord-ouest de Kézdi-Vásárhely] locavit. Ex quibus repente equites praedatorios Turcis permistos versus Scepsium [Sepsi-Baczon ou Sepsi-Szent-György], Orbaium [Orbai-Bodzá] et Quisdium [Kézdi-Vásárhely] misit, quae loca et oppida conciliis Siculorum destinata, eaque longe lateque depopulari jussit. Hermanum [Hermannstadt, Sibiu] quoque et Prasmanum [Prázsmár, all. Tartlau], Saxonica oppida, injectis ignibus eadem excursione succensa atque concremata fuere; ac ex eorum agris pecorum atque hominum haud contemnenda praeda abacta.

»Quae quum ad Ladislaum Udenffium et Paulum Bancum, Bathorii provinciae praefecti legatos, allata essent, quatuor provinciae partibus quae circa Colosum [Kolozsvár, Cluş, Klausenburg], Dobocam [Doboka, Debuca], Osdium [Naszod, Năsăud?] et Cucullonem [Küküllővár, Kockelburg, Cetatea-de-Baltă] sita sunt, ad arma celeriter convocatis ac Baptista et Felice comitibus ab Arco ut e Brassone [*lis.* Brassove] cum militibus germanis adcurrerent admonitis, Valachos et Turcas obvia quaeque flammis et ferro vastantes persequi decrevere. Itaque quamquam jussu Castaldi justis passibus hostes cum praeda antecedentes prosequerentur, ii tamen, adnimadverso eorum adventu, ac Castaldum et Bathorium cum universis copiis adesse rati, Alpes praecipiti fuga transcendere contenderunt. Sed quum variarum rerum praeda captivisque onusti ac viarum quoque et Alpium asperitate impediti lentius quam volebant iter facere viderentur, nostri eos qui in novissimo agmine erant, necdum ad Alpes pervenerant, adorti, magnam eorum partem interfecere praedamque ab iis omnem recuperavere, ita ut si Germani pedites et Siculi paulo tempestivius celeriusque ad Alpium radices pervenissent, omnes Eliae et Turcarum copiae, quae e tumultuario militum et agrestium numero constabant, facile deleri ipseque Elias

revinssent à la religion orthodoxe ou qu'ils sortissent

> omnibus etiam tormentis bellicis quae habebant exui potuisse existimarentur« (Istvánfi, éd. de 1622, 322).

La correspondance du roi Ferdinand Ier nous permet de fixer les dates de l'expédition dirigée par Étienne Rareș. Le 26 juin 1552, le roi écrit, de Passau, à sa sœur, la reine Marie, gouvernante des Pays-Bas, qu'une lettre de Hongrie du 12 juin lui annonce l'arrivée d'Ahmed-Paša sur le Danube, à peu de distance de Temesvár. Il ajoute: »Oultre ce, s'estoient desja assemblez les deux voyvodes de la Placie [Moldavie] et Transalpinea avec ung nombre de Tartres pour venir ruer sur la Transsilvanie; et Dieu scet, madame, que j'ay petit moyen y pouoir remedier, ayant desja pour cause de ces motions d'Almaigne despendu bonne partie de ce que se devoit employer pour la Honguerie« (*Magyar történelmi Emlékek*; 1. Osztály: Okmánytárak, II, 333). Le 5 août, Ferdinand écrit, de Passau, à Charles-Quint: »Bien que le general Castaldo m'avoit escript du XX. du passé que les Moldaves et Tartres s'estoient retirez en grant haste de Brassovia, et que les dits de Brassovia fussent voulentiers allé après, mais que les Seccles ne les ont voulu suyvre, ains s'estoint retirez en leurs maisons, comme aussi estoient grande partie de ceulx de la Transilvanie; depuis il m'escript, du XXII., que lesdits ennemis s'estoient bien retirez de là où ils estoient, mais qu'ilz se tenoient encoires es frontiéres dedens le pays, où ilz faisoient grant dommaige, et craindoit que le Transalpin ne se vint joindre avec eulx, que seroit double mal et inconvenient; de sorte que les affaires celle part sont en tres grande desperation et confusion.« Le même jour, le roi ajoute, en forme de post-scriptum: »Monseigneur, estant escript ce que dessus, m'est arrivé ung homme propre de la Transilvanie, qui en partit le XXX. du passé avec nouvelles que les Moldaves et Vallacques estoient desja du tout partis de ladite Transilvanie, mais avec ce m'advertit aussi de la perte de Temeswar, advenue le XXVII. dudit passé ... Le general Castaldo est en grande perplexité pour cause de ladite prinse, craingnant que tous les Turcs viengnent donner sur ladite Transilvanie et qu'ilz facent retourner une autre fois lesdits Moldaves, Valacques et autres voisins sur icelle, voire aussi que les Hongrois et ceulx du pays mesmes ne s'allient avec lesdits Turcz, pour après ruer sur luy et les siens, demandant pour se subite ayde et assistance« (*ibid.*, II, 342-344).

24

цѣръ съ ѣсъ.*) Пре Ӑрмени, пре оу҆ний де бȣнъ войе, кȣ жȣрȣйнце ши дарȣри ӑплъзиндȣй, пре ӑлций кȣ силъ ѣ҆ȣ ботезат, ши ѣ҆ȣ ӂ҆торс ла православие; мȣлций дѣн цѣръ а҆ȣ е҆шит ла Тȣрчи ши ла Лѣши пентрȣ а҆те цѣри, врѣнд съши цие леџѣ лѡр.**) Кȣ а҆чѣсте врѣ Стефан Вѡдъ съ а҆коперѣ фаптеле фърцинесȣ лȣй Ӑлиаш Вѡдъ, де лȣкрȣриле спȣркате че фъкȣсе; ла а҆чѣсте кȣ невойнцъ се силиа. Ѣ҆р де ачѣле че се каде правосла́вией, а҆декъ лѣций крешиней депъртат е҆ра, къ съ̆ ѡ а҆рътат май а҆пой кȣ лъкоми́е ши а҆сȣпрѣле; ши кȣрвие нестъмпърат е҆ра ӂ҆трȣ е҆л. Нȣ се ръбда де фемей кȣ върбаций, нȣ ръмънѣ фѣте фечиѡаре нерȣшинате, ниче цюпънѣселе боѣрилѡр небатџиѡкорите, ши май а҆пой, де врѣ домни мȣлт, нȣ врѣ хи ка съ нȣ ӂ҆е оу҆рма фърцинесȣ, лȣй Ӑлиаш Вѡдъ.

Петрекънд а҆чѣсте невой мȣлте боѣрий ши лъкȣи-тѡрий цѣрий деспре домнул лѡр, ѣ҆ȣ май пȣтȣт сȣферй

---

*) Nous ne connaissons cependant qu'une seule donation faite par Étienne à un établissement religieux; c'est un acte du 19 février 1552 (Arch. de Bucarest, *mon. Niamț*, liasse n°. 23).

**) Lorsque les Mamelouks eurent ruiné le royaume d'Arménie (1375), les Arméniens émigrèrent en foule vers la Russie, la Pologne, la Moldavie, Constantinople, l'Asie mineure et l'Égypte. Dès l'année 1377, leur présence est constatée en Galicie, dans la ville de Léopol, où ils obtinrent des privilèges royaux en 1379, 1380, 1387, 1402, 1415, 1434, 1440, etc. (voy. F. Bischoff, *Urkunden zur Geschichte der Armenier in Lemberg*, extr. de *l'Archiv für österreichische Geschichtsquellen*, XXXII, 1864, in-8). Il n'est pas douteux que leur arrivée en Moldavie ne remonte à la même époque. Une inscription, dont Mgr. Melchisedec vient de publier une traduction (*Analele Academieĭ române*, ser. II, tom. V, secț. II, 69), nous apprend que l'église arménienne de Iassi fut fondée en 1395. Il est probable que l'église de Botoșaní n'est pas moins ancienne. D'après M. Nicolas Suțu (*Lucrările statistice a Moldoveĭ*, Iassi, 1862, in-4, II, 29), elle remonterait à l'année 1350. Cette dernière date est évidemment fausse, mais tout nous porte

du pays.*) Il baptisa les Arméniens et les fit rentrer dans l'orthodoxie, les uns de bonne grâce, en les gagnant par des dons et des promesses, les autres de force. Beaucoup cherchèrent un refuge chez les Turcs, chez les Polonais ou dans d'autres pays, afin de conserver leur religion.**) Étienne voulait ainsi faire oublier les actes de son frère Élie, toutes les choses honteuses dont il s'était rendu coupable; il faisait pour cela tous ses efforts, mais il était bien éloigné de la conduite qui convient à l'orthodoxie, c'est-à-dire à la foi chrétienne. Il se montra par la suite plein d'avarice et de violence et se livra à une débauche effrénée. Il enlevait les femmes à leurs maris et il ne resta plus de jeunes filles qui n'eussent été deshonorées, ni de femmes de boïars qui n'eussent subi ses outrages. S'il avait régné longtemps, il aurait certainement suivi les traces de son frère Élie.

Les boïars et les habitants du pays, qui avaient à supporter toutes ces vexations de la part de leur prince,

---

à croire que l'inscription actuelle, qui est de l'année 1783, n'est pas l'inscription primitive.

Ce qui est certain c'est que, vers 1418, sous Alexandre-le-Bon, 3000 familles arméniennes, chassées de leur pays par une invasion persane, s'établirent à Suceava, à Hotin, à Botoșanĭ, à Dorohoiŭ, à Vasluiŭ, à Galațĭ et à Iassi (Pray, *Dissertationes historico-criticae;* Vindobonae 1775, in-fol., 170). Il y eut en Moldavie entre 1415 et 1445 un évêque arménien nommé Avedik. Malgré la persécution dirigée par Étienne Rareș contre un peuple qu'il qualifiait d'hérétique, un missionnaire catholique qui visita la Moldavie en 1669, Luigi Maria Pidou, y trouva un évêché arménien à la tête duquel était placé un prélat nommé Isaac, et dont dépendaient les paroisses suvantes: Cetatea-Albă, Tighina, Ismail, Galațĭ, Siret, Hotin, Vasluiŭ, Botoșanĭ, chacune avec une église, Suceava, avec deux églises et un monastère, Iassi avec deux églises. Ces paroisses comptaient ensemble 23 prêtres. Voy. Hișdău, *Istoria toleranțeĭ religióse in România,* ed. II (Bucurescĭ, 1868, in-8), 62; *Traian,* I, 72; *Columna luĭ Tr.,* I, n°s 30 et 33. Nous n'avons malheureusement pu consulter que le dernier de ces articles.

Фъгъдуменирѣ ші ре8тъцнале лѹй, че ѫтѫю сѫ сфѫ-
тѹйт к8 тайнъ че вѹр фаче ка съсе поатъ кѹръци
де дѫнсѹл, ші сфътѹйндѹсе аѹ алес ка съ ажѹнгъ де
сѫрг ла боѥрій чей прибаци, карій ера ѫ Църа Лешѣскъ ѥшінций де мѹлте невой. Дѣкій, дакъ аѹ аѹт
шіре ші респѹнс дела дѫншій, кѹм ѣй вѹр вени,
фъръ зъбавъ к8 чіне ар алъце сале хіе дѹмн дентре
дѫншій, ѫдатъ ачестій поаптѣ к8 тоций сѫ рѫдікат
ла под ла Цъцора, ші аѹ тѫіат ѫцеле кортѹлѹй асѹпра
лѹй Стефан Водъ, ші аколѡ кѹ мѹлте ране пътрѹн-
зѫндѹл лаѹ ѡморіт ѫ анѹл ѕѯг̃, септемврїе, дѹпъ чѣ
домніт дой ані ші патрѹ лѹні.*)

---

*) Les *Annales* d'Orichowski contiennent un récit plus detaillé
de la chûte d'Étienne Rareș: »Stephanus . . . singulari crudelitate fuit. Qui a fratre accepto imperio mox in omne crudelitatis genus erupit, nulla materia neque occasione ad cru-
delitatem praetermissa. Cujus singulatim crudeliter facta exequi
longum esset; illud summatim satis fit ponere tanta hunc
tyrannum immanitate fuisse ut inter genera poenarum mortem
levissimum duxerit esse supplicium. Nam ut praetermittam hominibus innocentissimis praesectas aures atque nares, efossos
oculos, excisas linguas, spoliata ac divaricata membra, et alia
inaudita ad diuturniorem dolorem supplicia, excogitaverat
etiam inter genera cruciatus plumbum fervens; quo in adversum
os conjecto affligerentur homines, tanta peste intus concepta
ut ne cum praeoptarent quidem statim possent emori. Et cum
quotidie augeret intenderetque saevitiam nullumque modum
crudelitati in suppliciis adderet, neque tempus vacuum supplicio dimitteret, diffugerant passim ex Dacia homines, com-
pluresque senatorii ordinis elapsi fuga in Poloniam venerant
ac stipendia in exercitu regio fecerant, quos omni conatu tyrannus ut illorum suppliciis exsaturaret animam recuperare
studebat. Erat missus hoc anno ad renovandum foedus a rege
ad Solymannum Turcam vir fide ac ingenio excellens, Valen-
tinus Dembinski, Biecensis castellanus; hic, quamvis dehor-
tantibus multis, usitato nostris legatis in Turciam itinere per
Daciam statuerat proficisci, quod et illac compendium itineris
sciret esse, et nomen ipsum legati sanctum inviolatumque

ne purent plus souffrir sa brutalité et sa méchanceté; ils délibérèrent en secret sur les moyens qu'ils pourraient employer pour se débarrasser de lui, et décidèrent, à la suite de leurs déliberations, qu'ils s'adresseraient aux boïars fugitifs, qui, à force d'être inquietés, avaient passé en Pologne. Quand [les conjurés] eurent la réponse des fugitifs et surent qu'ils reviendraient sans retard avec celui d'entre eux qu'ils auraient choisi pour être prince, ils se réunirent tous, pendant la nuit, au pont de Țuțora, coupèrent les cordes de la tente d'Étienne par dessus lui, le criblèrent de blessures, et le tuèrent, au mois de septembre 7060 [1552]. Il avait regné deux ans et quatre mois.*)

---

apud omnes gentes, apud foederatos praesertim magnam autoritatem habere putaret, apud tyrannum etiam. Hunc Stephanus sibi objici a fortuna ratus, illum in itinere aggredi et excipere statuit, nec prius dimittere quam a rege illi redderentur omnes ad unum profugae. Jam vero cum apud tyrannum nulla esset secreti fides, haec illius consilia emanaverant ad vulgus ac aures ipsius etiam legati venerant. Qui cum sibi tanta perfidia iter inclusum esse videret, interea destitit ac Cracoviam salvus intermissa legatione rediit.

»Stephanus, ubi sua sequi eventum non vidit, desperatis rebus, statuit ad extremum, reliquis senatoribus qui remanserant interfectis, repudiata fide catholica, exemplo fratris in Mahometis sectam concedere ac Turcis Daciam prodere. Ad eam impietatem desperationemque salutis, certos ex Turcia magistros, duas etiam turcicas meretrices assidue circum se habebat, a quibus aversus a Christo et depravatus ex tyrannide in Mahometi fidem ibat proclivis.

»Caeterum senatores ac reliqui de tyranni consiliis, judicantes conjectura, adeunt ad Nicolaum Sieniavium, exercitus regii in Russia praefectum per illos quos ex Dacia profugisse ac in exercitu regio, illo praefecto, meruisse docuimus; ab illo petunt auxilium, ut maxime necessario tempore Daciae subveniret ac cum exercitu ad Tyram flumen, qui [sic] Russiam a Dacia dividit, propius accederet, fore ut, interfecto propediem tyranno, omnis Dacia in ditionem atque potestatem regis Poloniae veniret, si Sieniavius vel autoritate sua atque exercitus, vel nomine regio reliquos Dacos deterreret,

Мѣлцій вѹр съ зѩкъ кѹм ла ӑѵкстъ фа̑птъ чѣ ӂсемнӕм съ фїе фо́ст коїе́рїй вѡклѣнїй дѣ8 ѡ̑морѝт пре чѐл ма́й ма́ре ѩмѹр. Ӕ̑рѹ є̆ѹ ре́спѹнѕ ла ӑѵкѣста, къ Д8мнеѕе́8 пре чѐл ма́й ма́ре ла8 лѹса́т, шѝ ж8дѣцѹл чѐл черѣ́ск ӑл се̂8 пре пѹмѫ́нт ӥла8 да́т, шѝ

---

ne alium principem praeter eum quem rex Poloniae daret, reciperent, ejusque nomen et autoritatem sequerentur; orare atque obsecrare ne supplices aspernarentur, neve belicosissimam provinciam, pro qua Poloni multa et gravia bella gesserunt, repudiaret, quam sine vulnere ditionis polonicae in praesentia posset facere; unum se petere ac deprecari, ut, si ille pro clementia ac mansuetudine regis sui statuisset Dacos esse recipiendos, ne illis alium dominum imponeret praeter eum quem apud se in castris haberet, Petrum Daciae pincernam, gente et natione Dacum. Haec exules Daci, secreto ad pedes projecti, in occulto, magno fletu a Sieniavio petebant. Sienieavius, tametsi intelligeret suas partes esse omnia agere ad praescriptum et ad summam rerum consulere regium, non suum, munus esse, tamen, ob exiguitatem temporis, cum ex tanto intervallo adeundi ad regem potestas illi non esset, veritus ne, si spatium intercederet, commutatio aliqua apud Dacos fieret voluntatis et ipse occasionem rei bene gerendae praetermitteret, re in consilio communicata cum primorum ordinum centurionibus, facturum se esse omnia pro majestate regis sui, quae in rem illorum forent pollicetur. Ipse ex eo loco cui Jarmolince nomen est, fiducia rei bene gerendae, castra movet, ac ad Tyram (Dnestrum nostri vocant) idoneo castra loco ponit. Interea de Sieniavii voluntate certiores a suis facti Daci, cum his Dacis qui in castris nostris erant, tempus interficiendi tyranni constituunt et quam occultissime illius admaturant necem, accelerantque ne qua rumoribus consilium fieret proditio. Huic non defuit fortuna consilio. Tyrannus enim cum hanc instituisset perdendorum senatorum viam, ut ad VI. idus septembr. vocatos ad convivium omnes interficeret, illi diem praevertunt ac illius anticipant consilia. Noctu enim ad flumen Prut solitarium tyrannum nacti, qui, ut |laeti| animi causa cum meretricibus navigaverat, ita, ad idem flumen posito tabernaculo, cum iisdem quieverat, cum septem et decem satellitibus, quos custodiae causa circum se habebat. In hunc de tertia vigilia, cum indulgentius servaretur, impetum faciunt, ac telis tyrannum introrsus petunt, qui somno cla-

Beaucoup pourront dire que, lors de l'événement que nous racontons, les boïars se rendirent coupables de trahison en tuant leur chef. Je répondrai à ce reproche que Dieu lui avait donné la puissance, l'avait fait le dépositaire de sa justice céleste sur la terre; que, de

---

more custodum excitus, arcu atque sagittis Dacorum impetum ex tabernaculo fortiter sustinuit ac pugnavit, cum diffugissent custodes, ita acriter ut a forti viro in extrema spe salutis contra multitudinem pugnari debuit. Et cum tabernaculum plurimum illi momenti ad salutem afferret, triginta fortissimi Dacorum de equis desiliunt, ac pedibus tabernaculum diripiunt, tyrannumque invadunt. Hic tyrannus, cum vis fieret, miserando cum ejulatu ex ira in preces versus, supplex deprecabatur necem, identidemque clamans: »Parcite, parcite, veniam date, ac me servate; aurum quod adest, capite.« Et cum nihil orando proficeret, Dacique telis moribundum conficerent, in hac voce defecit: »Ergo occidite!« Hujus abscissum cervici caput de integro trunco adsuitur, ac ita ad paternum sepulcrum mittitur, illucque illatum nulla funebri pompa, ut tyrannum decuit, sepelitur.« Orichovius ap. Długosz, éd. de 1712, II, 1556-1558.

Étienne fut enterré au monastère de Secul, où on lit encore son épitaphe, qui est ainsi conçue:

„Госпожда Роxанда дъщи Iѡ Петра воеводы госпождаже Iѡ Алеxандра воеводы украси гробь съ братѹ своемѹ Стефанѹ воеводѣ, иже преставнса въ вѣчне.... въ лѣто ҂ЗX септ. а̃."

»La princesse Rocsanda, fille de Jean-Pierre, voïévode, et femme de Jean-Alexandre, voïévode, a élevé ce tombeau à son frère, Étienne, voïévode, qui s'est éteint dans l'éternité, en l'année 7060, le 1er septembre«. *Col. luĭ Tr.*, noua ser., an. III (1882), 111.

Le 1er septembre 7060 devrait correspondre au 1er septembre 1551; cependant il est certain, qu' Étienne ne mourut qu'en 1552. Il suffit pour s'en convaincre de se reporter aux documents cités plus haut. Il faut donc supposer ou que la date de l'épitaphe aura éte mal lue et que ce doit être 7061, ou que, par exception, l'on n'aura pas fait commencer l'année au 1er septembre. En ce qui concerne la chronologie d'Urechi, nous avons déjà fait remarquer (p. 100) qu'elle a dû être remaniée et que, d'ordinaire, elle ne fait plus commencer l'année qu'au 1er janvier.

прекꙋм юкѝше ёл съ възъ пре Дꙋмнезеꙋ ꙟ́ чер жꙋ-
декъторꙋ блъндъ фаптелѡр лꙋй, аша съсе аръте ши
ёл челѡр че сꙋнт сꙋпт стъпънїа са, ши кꙋм нꙋ
сꙋфере Дꙋмнезеꙋ стрымбътате, аша ши ёл съ нꙋ
факъ алтꙋїа. Деке каре поате фи ѡм ка ачела,
съши възъ мꙋнкръ силитъ ши батжокоритъ, ши съ
сꙋфере? Кареле нꙋ въ сꙋспина, възънд фїйкъса фе-
чїѡаръ ден сънꙋл сеꙋ, че ѡ аꙋ крꙋцатъ, съ ѡ їа ѡаре
чине ши съши рыза де дънса? Ши каре слꙋжиторꙋ
съꙋ боїарин въ прими съй їа мꙋнкръ спре пофта са
че неастꙋмпъратъ, ши неꙋ въ гънди ръꙋ? Че вине
даръ вѡм пꙋтѣ да челꙋй че нꙋ поате сꙋферѝ амаръꙋл
ꙟнимїй сале? Къ нꙋ ёл, че Дꙋмнезеꙋ симемките пре
ꙋнꙋл ка ачела съ фїе плинитѡр ши чертътѡр де
пъкате ка ачкле; ши пентрꙋ ачѣста ле тримѝте
сфършит ка съ нꙋ май адаогъ пъкатꙋл. Прекꙋм пре
чей бꙋни ведем къ аꙋ сфършит бꙋн ши лъꙋдат, їаръ
чей ръй ръꙋ сеꙋ сфършит, дꙋпъ кꙋвънтꙋл Пророкꙋлꙋй
ꙟ ѱалм 33: „Моартѣ пъкътошилѡр кꙋмплитъ ёсте." *)

КАП 21.

Домнїа Жолдий Водъ, кареле аꙋ домнит трей зиле.

Адатъ чкꙋ ѡморит боєрий ачей пре Стефъницъ
Водъ ла Цꙋцора, кꙋ тоцїй сеꙋ сфътꙋит ши аꙋ ръди-
катъ домн пре Жолдѣ,**) ши їаꙋ дат съй фїе доамнъ
пре Рꙋзанда, фата лꙋй Петрꙋ Водъ, сѡра лꙋй Стефъницъ Водъ. Ши аꙋ пꙋрчес пре Жижїа***) ꙟ сꙋс, съ

---

*) Ps. XXXIII, 22. — Urechi traduit un texte slave, qui dans
le Psautier de Coresi est rendu par ces mots: „Моартъ пъкъ-
тошилорь юте." La vulgate porte: »Mors peccatorum pessima.«

même qu'il voulait que Dieu fût du haut du ciel un juge miséricordieux pour ses actions, il devait l'être aussi, de son côté, envers ceux qu'il avait sous ses lois; que, de même que Dieu ne supporte pas le mal, il ne devait pas être méchant envers autrui. Quel est en effet l'homme qui verra sa femme insultée et violée, et qui restera en repos? Quel est celui qui ne se désespérera pas en voyant sa fille, encore vierge, arrachée, du sein où elle a été nourrie, par un homme qui se moquera d'elle? Quel est le fonctionnaire ou le boïar qui acceptera, sans penser à la vengeance, qu'on lui prenne sa femme pour assouvir une passion déréglée? Quel reproche ferons-nous donc à celui qui n'aura pu supporter cette amertume dans son cœur? Ce n'est pas de cet homme, c'est de Dieu même que vient le courage nécessaire pour arrêter et punir des crimes semblables. Dieu fait mourir le coupable pour qu'il ne commette plus de péchés. De même que nous voyons que les bons ont bien fini, de même les méchants ont mal fini; comme dit le prophète dans le psaume XXXIII: »la mort des pécheurs est cruelle.«*)

CHAPITRE XXI.

Règne de Joldea, qui exerça le pouvoir pendant trois jours.

Dès que ces boïars eurent tué Stefăniță à Țuțora, ils se réunirent pour délibérer et proclamèrent prince Joldea,**) à qui ils fiancèrent Rucsanda, fille de Pierre et sœur de Stefăniță. Ils remontèrent la Jijie,***) afin de

---

**) Joldea avait alors le titre de comis. Voy. le diplôme du 25 avril 1552 ap. Melchisedec, *Chron. Rom.*, I, 187.

***) La Jijie prend sa source dans les montagnes de l'arrondissement de Herța, district de Dorohoiŭ; elle traverse le lac

мѣргъ ла Сучѣвъ съ фа́къ нꙋ́нтъ, ши а́ꙋ ме́рс пъ́нъ ла Шипо́те*) нещиѝнд не́минѣ де вени́рѣ аче́стꙋй до́мн. Примѝнд де вѣ́сте прибе́гїй боїе́рй ден Цр҃а Ле́ше́скъ де мо́артѣ лꙋй Сте́фан Во́дъ,**) а́ꙋ ръдъка́т до́мн пре Пе́трѣ сто́лникꙋл, шѝй скимбъ́ръ нꙋ́меле де́й зичѣ Але́ѯа́ндрꙋ Во́дъ, пре ка́реле ла́ꙋ порекли́т Лъпꙋш-нѣ́нꙋл.***) Ꙟ трача́ста кип, афлѫнд врѣ́ме Лъзмѫнъ прибе́гїй съ ві́е ла моши́е ꙟ ца́ръ, ꙗ҆да́тъ съꙋ сфъ́тꙋит ши а́ꙋ къꙁꙋ́т дꙋпъ Синїа́вски, воєво́дꙋл Рꙋсїе́й ши ха́тманꙋл Коро́ни́й, съ́ле дѣ а́жꙋто́р съ ві́е ꙟ ца́ръ. Дъ́че воєво́дꙋл ꙟцълегъ́ндꙋсе кꙋ Кра́юл, немѝкъ на́ꙋ зъкови́т, че а́ꙋ стри́нс оа́сте дегра́бъ, ши а́ꙋ пꙋрчѣ́с спре ца́ръ, оу́нде а́ꙋ сокоти́т ка съ нꙋ ві́е фъ́ръ ка́п, ши а́ꙋ ръдика́т до́мн, кꙋм съꙋ помени́т ма́й сꙋ́с, пре Пе́трꙋ сто́лникꙋл, ꙟ тъ́рг ꙟ Тре́бꙋлѣ. Ши а́ꙋ ꙟтра́т ꙟ ца́ръ кꙋ о́асте лѣшѣ́скъ, пре кꙋвѫ́нтꙋл боїе́рилѡр че́лѡр ден ца́ръ, чѣ тримѣ́сесе ма́й де и́нѝнте врѣ́ме ла прибе́гїй, ка съ ві́е фъ́ръ ꙁъба́въ кꙋ ка́п, къ е́й вꙋ́р сили съ́се къръ́цѣ́скъ де Сте́фан Во́дъ, кꙋм съꙋ ши тъмпла́т; къ, гъти́ндꙋсе прибе́гїй кꙋ о́астѣ лѣшѣ́скъ съ ꙟтре ꙟ ца́ръ, боїе́рїй че́й де ца́ръ шафлъ́ръ врѣ́ме съ́се къръ́цѣ́скъ де Сте́фан Во́дъ. Дъ́чі́а на́ꙋ а́шепта́т пре кꙋвѫ́нтꙋл чѣ тримѣ́сесе ла прибе́гїй ка съ ві́е кꙋ ка́п; че ꙗ҆да́тъ а́ꙋ ръдика́т ла

---

de Dorohoiŭ, pénètre auprès de Tăuteştĭ dans le district de Botoşanĭ, parcourt le district de Iassi et se jette dans le Prut à Scoposenĭ. Le Miletin, dont il question plus bas, est un de ses affluents.

') Şipote, district de Iassĭ, arrondissement de Bahluiŭ. Ce village forme aujourd'hui avec Bărleştĭ, Buhăienĭ, Cioara, Hilcenĭ et Pişcărenĭ une commune de 1290 habitants.

**) L'expression trahit la pensée du chroniqueur. Il veut dire seulement que les boïars refugiés apprirent la conspiration

gagner Suceava, où la noce devait avoir lieu, et arrivèrent à Șipote,*) sans que personne sût rien du nouveau prince. Quand les boïars fugitifs qui étaient en Pologne reçurent la nouvelle de la mort d'Étienne,**) ils proclamèrent prince le stolnic Pierre, dont ils changèrent le nom en celui d'Alexandre, et qu'ils surnommèrent Lăpușneanul.***) De la sorte, les réfugiés, croyant le moment favorable pour reprendre possession de leurs domaines de Moldavie, résolurent de s'adresser à Sieniawski, voïévode de Russie et hetman de la couronne, et de lui demander du secours pour rentrer dans leur pays. Le voïévode prit les ordres du roi et, sans tarder, leva rapidement une armée, puis se dirigea vers la principauté. Il crut qu'il ne devait pas y venir sans y amener un chef et proclama, comme on l'a dit plus haut, le stolnic Pierre dans la ville de Trębowla. Il pénétra en Moldavie avec l'armée polonaise, sur la foi des boïars du pays, qui avaient envoyé quelque temps auparavant [des émissaires] aux réfugiés pour qu'ils revinssent immédiatement avec un chef, tandis qu'eux tâcheraient de se débarasser d'Étienne, comme ils le firent effectivement, car, tandis que les réfugiés se préparaient à entrer en Moldavie avec l'armée polonaise, les boïars du pays trouvèrent l'occasion de se délivrer du prince. Mais ces derniers ne songèrent plus à la recommandation qu'ils avaient faite aux réfugiés

---

des boïars restés en Moldavie et leur projet d'en finir avec Étienne.

***) Alexandre Lăpușneanul était un fils naturel de Bogdan-le-Borgne. Il cite lui-même le nom de son père dans divers actes, par exemple dans un diplôme que M. Hîșdău (Arch., I, 1, 125) date du 4 avril 1552, mais qui doit appartenir à l'une des années suivantes, puisqu'Alexandre ne monta sur le trône qu'au mois de septembre 1552; dans un diplôme du 21 décembre 1553 (Wickenhauser, I, 84), etc. Dans un acte du 9 mai 1555 (Hișdău, *Arch.*, I, 1, 110), il fait allusion à son frère Étienne-le-Jeune.

Домніе пре Жолдѣ, шй ау венйт пѫнѫ ла Шипоте, пе Милетйн.

Ѫтру алчѣ врѣме, ѫтрѫнд шй прибѣцїй ку Алеѯандру Вода ѫ цѣрѫ, шй де сѫргъ ѡбличинд кѫ цѫра ау рѫдикат кап пре Жолдѣ ла домнїе, кареле мерцѣ спре Сучѣвѫ съ фака нунтъ ку Рузанда, де сѫргу ау тримѣс Алеѯандру Вода пре Моцок ворникул,*) ку ѡ сѣмѫ де ѡасте ѫнаинте ка сѫ принзѫ пре Жолдѣ Вода; шй принзѫндуй калѣ ла Шипоте, неавѫнд ел нйче ѡ щире де никаре, лау ѫпресурат ѡастѣ лешѣскѫ шй лау принс вїу; пре кареле май апой, дакѫ ау сосит Алеѯандру Вода, лау семнат ла нас**) шй лау дат ла калугѫрїе, ѫ ануʌ ачесташ ҂зѯѕ, септемврїе.***)

---

*) Un diplôme du 14 janvier 1643 nous fait connaître le père et les descendants du vornic Jean Moțoc. Voy. Hișdău, Arch., I, II, 20.

**) Graziani (De Joanne Heraclide Despota Libri tres, 23) nous fait connaître le but et l'importance d'une marque semblable: »In principatu adipiscendo iis qui opibus pollent multum affert momenti decora facies, proceritas et forma corporis, quam barbari maxime in suis regibus requirunt; usque eo ut si quis forte membro aliquo captus aut cicatrice aliove corporis vicio deformis fuerit, ei vel nobilissimo minus nobilem excellenti forma facile praeferant.« Cf. ce que dit Orichowski dans le passage cité à la note qui suit, p. 384.

***) Orichowski, dont nous avons déjà reproduit un long passage relatif à Étienne Rareș, raconte ainsi l'élévation passagère de Joldea au trône et l'avénement d'Alexandre Lăpușneanul:

»Interfecto tyranno, tantaque peste hominum levata, CCC de primoribus Dacum ad Sieniavium in castra venerunt, seque in deditionem recipiat petiverunt, ac omnem Daciam in fidem et potestatem regiam permiserunt, unum modo petentes deprecantesque, quod etiam prius fecissent, ut ne quem alium illis principem attribueret, praeter eum Petrum pincernam, qui in castris apud illum esset. Sieniavius, cum videret rem jam ad extremum perductam esse casum, ne quod spatium genti mobili ad aliud consilium capiendum daret, statuit e vestigio Daciam recipere, quae illi manibus prope-

d'amener un chef; ils proclamèrent prince Joldea et vinrent jusqu'à Şipote sur le Miletin.

Cependant, lorsque les réfugiés entrèrent avec Alexandre en Moldavie, ils apprirent tout-à-coup que les boïars du pays avaient mis à leur tête Joldea, qu'ils avaient proclamé prince, et qui se dirigeait vers Suceava pour y épouser Rucsanda. Aussitôt Alexandre envoya le vornic Moţoc⁴) en avant, avec un détachement de troupes, pour s'emparer de Joldea. Le détachement polonais le rejoignit à Şipote, sans qu'il eût eu vent de rien, le cerna et fit à Joldea une marque au nez.**) On l'enferma dans un couvent. [Ces événements se passaient] au mois de septembre de la même année 7060 [1552].***)

---

modum ipius fortunae offerebatur divinitus. Itaque producit hunc, quem poscebant, Petrum, ac illum in conspectu nostri exercitus Daciae principem declarat, summamque in Dacos potestatem obtinere jubet. Hunc Daci, tam hi qui advenerant quam qui in castris confectis stipendiis erant, ad pedes projecti, ingenti gaudio atque fletu, dominum ac principem Daciae salutant, illique se in fidem ac potestatem dant. Erat enim hic vel ipsius Sieniavii testimonio vir bonus, justus ac pius, et qui ex deterrima servitute in optimam libertatem Daciam posset transferre. Interea senatores, qui reliqui erant in Dacia, quorum principes erant Sturdza, magnus Daciae procurator, Mogila magister equitum, illos CCC qui in castra venerunt primi et ipsi subsecuti, ne ultimi novum principem salutatum advenisse viderentur, ad Sieniavium adventabant, certioremque illum de suo adventu faciebant. Sieniavius, ut pro dignitate sua et exercitus ac regis sui administraret, Paulum Seczygniowski, magnae virtutis adolescentem, cum cohorte una equitum, honoris causa, obviam illis misit, adjunctis illi CCC. equitibus dacis, qui tyranni fuga stipendia in exercitu nostro faciebant; iis praefecit Mosochum, fortissimum Dacorum. Interea, dum Sturdzae ac Mogilae et reliquorum Daciae senatorum adventus in expectatione apud Sieniavium est, mater tyranni interfecti, sive nece filii permota, sive tyrannide delectata, illos depravat et ab itinere avertit, hucque eos impellit ut, posthabito Petro, Zoldam quendam, cum quo erat nupta tyranni soror, principem Daciae facerent, neque illum Petrum, qui ab Sieniavio dabatur, reciperent; quod etiam, ut ad per-

КАП КВ.

Домнїа луй Алеξандру Воду Лэпушнѣкнул.

Алеξандру Воду Лэпушнѣкнул, дакъ ау венит ꙟ цѣрэ, ау луат съй фїе доамнъ пре Рузанда, фїика луй

fidiam Dacorum mobilis mens est, faciunt, Zoldamque Daciae principem constituunt. In magnis angustiis res posita fuit, quae expediri nisi summa celeritate non potuit. Seczygniovius, ubi alias res sperasse aliis se occurrisse videt, cum Mosocho substitit, neque illos, quibus obviam erat missus, adit; quin vero ad eos quatuor nobiles Dacos mittit causam quaesitum, undenam haec subita extitisset commutatio voluntatis, ut ex hospitibus hostes subito existerent, aut cur in deligendo principe voluntati unius mulierculae potius privatim obtemperarent, quam publice Poloniae regis auctoritatem sequerentur; atque reliqua addit quae ad eorum sanandas mentes pertinere videbantur. Quos cum illi domi apud matrem tyranni in vico Schipot dicto conspexissent, conclamant speculatum ad se venisse, conantes loqui prohibent, ac in catenas conjiciunt. Seczygniowskius, quique cum illo erat Mosochus, ubi nihil ab illis quos miserant referri vident, id quod erat, rati suos nuncios captos ac retentos esse, ne mora hic casus res plures acciperet, albente jam coelo vicum ac aedificium summa vi invadunt egregio opere munitum. Quod, fortissime pugnantibus illis qui intus erant, cum expugnare non posset Paulus Seczygniowski, horreum adjunctum jubet incendi, quo incendio necessario conflagrandum fuerat, qui intus erant, omnibus, cum eodem tempore neque ignem neque impetum ferre possent. Itaque praesenti malo coacti, priusquam flammam domum occupavisset, foras egressi, et se et Zoldam Seczygniovio dediderunt, quos ille custodiis ac catenis vinctos ad Sieniavium in castra pro hospitibus hostes victos ducebat. Interim Sieniavius, expectatione adventantium Dacorum suspensus, ac qui casus Seczygniovium cum Mosocho excepissent incertus, cum Petro principe designato, transit Tyram. Nam adhibitis in consilium imprimis docto ac pio viro Leonardo, Camenecensi episcopo, quem toto hoc tempore in castris stativis secum habebat, postea Matthia Wolodkone, Camenecenis municipii praefecto, qui rei militaris peritissimus habebatur, tum reliquis centurionibus formulam componit, secundum quam Petrus princeps designatus cum

CHAPITRE XXII.
Règne d'Alexandre Lăpușneanul.

Quand Alexandre Lăpușneanul fut arrivé en Moldavie il prit pour femme Rucsanda, fille de Pierre,

---

omni senatu suo Poloniae regi fidem ac jusjurandum daret, priusquam principatum iniret, cujus capita haec erant, ut pacem ac fidem et obedientiam Polono regi praestaret, ut eosdem hostes et amicos cum rege haberet, ut praesens ipse, si qua graviora bella inciderent, auxiliis atque opibus sustentaret, ut ad quotidianos belli usus equitum septem milia regi submitteret, ut nulla privata neque publica pacta atque foedera inconsulto Polono rege faceret, ut promissa Poloniae Regno antiquitus ab Daciae principibus rata haberet, ut mox inito principatu, coram legato regio ad id misso, eadem haec juraret. Huc addit obtestationem gravissimam, ut, si fidem hanc fallerent, ut ne salvi servatique sint cum liberis, parentibus ac uxoribus suis. Conscripta haec formula de consilii sententia in conspectu exercitus nostri Petro ac reliquis Dacis de scripto recitatur, qui num in haec verba jurare vellent rogati omnes, juraturos se esse responderunt, ac proposita solenni more sacra cruce omnes cum Petro principe procumbunt, ac in haec verba jurant. Hac sanctissima Polono regi data fide, Petrus princeps a Sieniavio postulat, quo se regis Poloniae jurantem clientem cum praesidio polonico in Daciam quam primum mitteret. Quod si faceret, et Petri auctoritatem apud omnes Dacos amplificaret et Poloniae etiam regis opinionem confirmaret, tantas videlicet esse illius facultates, ut non solum in fidem clientes recipere, sed etiam tueri receptos possit. Sieniavius, vir magni consilii magnaeque virtutis, ne ullo negotio tam secundis rebus deesse videretur, ex omni exercitu fortissimos centuriones cum equitum cohortibus deligit, quibus imperat ut Petrum deducant, illique praesidio in Daciam sint. Hi autem fuerunt Stanislaus Tarlo, Zamoyski, Bernardus Pretvitius, Nicolaus Sieniavius filius. His adjungit Antonium Moram, Hispanum, cum peditum delecta manu. Cum hoc praesidio Petrus facta potestate ingressus Daciam, iter Socaviam habebat, quo loci gentis principalis sedes est. In transitu fit ei obviam Paulus Seczygniowski cum Zolda aemulo et cum illis civibus quibus

Пе́трȢ Во́дȢ, ка́ре ера̀ сȢ Ѿ ла Жо́лдѣ; ши кȢ дра́госте .ꙟ примирȢ коіерїи; ши мергѫнд пре ла ХѫрлѫȢ аȢ трас ла СȢчка̀вȢ, ши аȢ шезȢт .ꙟ ска́Ȣни. Дѣкїи сѣȢ кȢнȢна̀т кȢ до́мна РȢзѫндра ши аȢ фѫкȢт нȢнтѫ.

Ꙟтрачѣсташ а́н аȢ фо́ст Ѿмо́р маре ши ка́рѫ грѣ. Дѣче, дакѫ сѣȢ ашезѫт АлезѫндрȢ Водѫ ла домнїе, нȢ грижїа̀ де алт, че нȢмаи де паче .ꙟ то́ате пѫрцѝле, ши де ашезѫрѣ церїи. Ꙗр кȢ до́мн'ѫса РȢ-

---

jussus obviam ierat, et quos expugnata domo captos ad ludibrium propemodum fortunae ducebat, ut quos hospites honorifice adducturus erat, eos ignominiose hostes duceret, atque in ea re strenuam reipublicae operam navaret. Hos in potestatem Petro dat, quos ille supplices, pro justicia et clementia sua, omnes conservavit. Hocque principium in Daciam adveniens mansuetudinis suae dedit, solo Zolda ad infamiam affectati principatus naribus mutilato, quod ita notati apud Dacos infames habeantur, ut ad principatum nequeant adspirare. Haec deditio a Nicolao Sieniavio Regiomontem regi nunciata, parum grata illi accidit, secum reputanti quam ad omnem motum fortunae gens illa esse mobilis, quae necessitate coacta, non ulla voluntate addicta, ipsius fidem esset secuta. Tum etiam quod illam gentem Turcis sciret esse vectigalem, verebatur ne illa recipienda turcicum bellum ultro accerseret, aureoque hamo piscaretur; quo Augusti Caesaris proverbio improbantur minima commoda non minimo emta discrimine. Nec vero rex solus hoc nuncio ita affectus fuit, sed nonnulli etiam senatorii ordinis, cum quibus consensit turba omnis, insolens belli, diuturnitate otii. Itaque exaudiebantur etiam illae voces, dedendum Turcis Nicolaum Sieniavium si quid illius ope grave regno accideret, citabanturque ex romana vetustate Spurius Postumius et C. Mancinus, quorum deditione consimilis audacia Romae olim fuerat expiata. Contra vero consensebant alii, imprimis autem summus bello vir Albertus Prussiae dux, qui exhilaratus nuncio, cohortatus esse regem dicitur, ut benignitatem fortunae agnosceret, quae illi ne optanti quidem sponte sua tantas res confecisset, eamque gentem in ditionem ejus redegisset, quam majores sui armis redigere nunquam potuerunt. Fore hanc rem Poloniae saluti, ac praesidio adversus omnem vim turcicam. Habendam ergo

celle qui devait épouser Joldea. Il fut amicalement reçu par les boïars, passa par Hîrlău et gagna Suceava, où il prit possession de sa capitale. Ce fut alors seulement qu'il épousa Rucsanda et que la noce eut lieu.

Il y eut cette année une grande mortalité et un hiver rigoureux.*) Aussi, quand Alexandre fut en possession du pouvoir, ne pensa-t-il qu'à rétablir dans toutes les parties du pays la paix et la bonne administration.

---

gratiam Deo censebat, qui potius a nobis quam contra nos tam potentem armis gentem stare voluit. Perfidiam etiam gentis excusavit tyrannide fera et immani, quae cum ipsa natura omni fide sit cassa, mirum non esset si in ea positi homines omni ratione ad libertatem contenderent, cujus omnes appetentes sumus, conditionem autem servitutis odimus, qua ut liberemur dolus et virtus ejusdem momenti res apud nos sunt; fore Dacos aequo et favente domino fideles et immobiles subjectos. Postremo omnes opes ac facultates suas, se ipsum denique ad omnes usus tuendae ac retinendae Daciae regi obtulit. Adesset modo rex animo, pristinaeque virtutis majorum suorum memoriam retineret, Daciamque divinitus sibi oblatam fortissime sustineret, ac haec bona eundem qui obtulisset servaturum Deum speraret. Haec ego dicta ab aulicis, ut accepi, ita posui; quae vulgo sequebatur militaris favor: Joannes certe Tarnovius, qui signa cum hac gente contulerat victorque fuerat, agnoscebat donum illud regi polono oblatum esse divinitus. Caeterum Nicolaus Sieniavius exercitusque illius consenescebant moerore, cum viderent suam operam ingratam accidisse regi, tantoque dolebant magis quanto illorum obtrectatores apud regem eos criminabantur, ac si dedissent damnum aut malum. Postremo rex hoc animo Regiomonte in Lithuaniam discessisse ferebatur, ut qui se Daciam neger dedititiam habiturum.«

*) Urechi fait sans doute allusion à la peste de 1553. Le chroniqueur de Braşov, Ostermayer, dit que le fléau fit 5.000 victimes. Voy. Kemény, *Deutsche Fundgruben* (Klausenburg, 1839, in-8), 52, cité par M. Hişdău *(Col. lui Tr.*, I, 1870, n° 12, p. 3*)*.

D'après les annales de Braşov (ap. Schwandtner, éd. de 1768, III, 213), la peste n'aurait exercé ses ravages qu'en 1554.

Занда, ау авут дой фечіѡрй, пре Богдан шй пре Петру.*)

Домніндъ Алеѯандру Воды цѣра, ятру лауда луй Думнезеу ау зидитъ мънъстирѣ Слатина,**) ку мултъ келтуялъ шй ѡсърдіе, шй ѡ ау сфинцитъ Григоріе митрополитул. Ѥръ ла сфинценіе зик съ хи фостъ преоци ку діакони р҃ҁ҃ӏ, ѫ ануа ҂зѯѕ, ѡктомвріе ѫ д҃ӏ. Дупъ ачѣста шй Пънгъраціи***) ау зидит, май мултъ де фрикъ де кътъ де бунъ воіе, къ де мулте ѡри йісъу арътатъ ѫ вис сфънтул мученик Димитріе, ѫгрозъндул ка съй факъ пре ачел лок; дѣче ку ѡсърдіе шй ку невоинцъ съу апукатъ де ѡ ау зидит.

Ѫ ал патруле анъ а домніей луй Алеѯандру Воды, тримисъу Султан Сулейман хоким ла Алеѯандру Воды шй ла Петру Воды, домнул мунтенѣск, съ мѣргъ ку ѡасте ла Цѣра Оунгурѣскъ, пре похта Оунгурилоръ, съле пуіе краю пре Стефан,†) фечёрул луй Іанош Краю, ла скаунул чел де мошіе а Тътънесеу. Шй ѫдатъ дупъ порунка ѫмпърціей, ау мерс шй ляу дус де ляу ашеѯатъ ла крѣіе; шй де атунче съу илекатъ Оунгурій а даре бир Туркулуй. Ѥръ домній се ѫтоарсеръ ку тоатъ ѡастѣ луръ, чинешй ла цѣра лӯр, адукънд мултъ жак шй добънды дела Оунгурій.††)

---

*) Ce passage indique que le fils aîné d'Alexandre, Jean, était né d'un premier mariage. Jean et Bogdan sont cités ensemble dans un diplôme du 9 mai 1555 (Hişdău, Arch., I, 1, 110). Un diplôme du mois d'avril 1559 mentionne Jean, Bogdan, Michel et Pierre (ibid., I, 1, 119).

**) Le monastère de Slatina est situé près de Găineşti, dans le district de Suceava.

***) Le monastère de Pîngăraţi est situé dans le district de Niamţ, sur les bords de la Bistriţa, à peu de distance du monastère de Bisericani. Il avait été fondé en 1461 par un moine appelé Siméon; mais les constructions en bois que ce moine avait élevées avaient été incendiées en 1484. Alexandre Lăpuşnea-

De sa femme Rucsanda il eut deux fils, Bogdan et Pierre.*)

Alexandre, pendant son règne, construisit à la gloire de Dieu, avec de grandes dépenses et un grand zèle, le monastère de Slatina,**) qui fut consacré par le métropolitain Grégoire. On dit qu'à la consécration, qui eut lieu le 14 octobre 7066 [1558], il y eut 117 prêtres ou moines. [Le prince] construisit ensuite Pîngăraţi,***) moins de son propre mouvement que par un sentiment de crainte, car il vit plusieurs fois en songe le saint martyr Démètre, qui le somma, en le menaçant, de lui élever une église en ce lieu; il mit en conséquence tout son zèle et tous ses efforts à faire cette construction.

La quatrième année du règne d'Alexandre, le sultan Soliman lui envoya, à lui et au prince de Valachie, Pierre, un ordre impérial leur enjoignant d'entrer en Hongrie avec leurs troupes, comme le demandaient les Hongrois, afin de mettre Étienne,†) fils du roi Jean, en possession du trône que lui léguait son père. Dès qu'[Alexandre et Pierre] eurent reçu l'ordre impérial, ils marchèrent en avant et placèrent Étienne sur le trône. Depuis lors les Hongrois se sont soumis à payer tribut au Turc. Cependant les deux princes rentrèrent chacun dans leurs états, rapportant de Hongrie beaucoup de prises et de butin.††)

---

nul fit élever l'église en pierre qui existe encore aujourd'hui. Voy. Frunzescu, *Dicţ.*, 341.

†) Le fils du roi Jean Zápolya ne s'appelait pas Étienne, mais Jean-Sigismond.

††) Le chroniqueur ne dit rien des premières années du règne d'Alexandre; il faut en quelques mots suppléer à son silence.

Après la mort d'Étienne Rareş et probablement après la disparition de Joldea, l'Espagnol Castaldo, commandant des forces de Ferdinand d'Autriche, voulut intervenir en Moldavie. Ce général, qui laissa tomber entre les mains des Turcs les derniers remparts de la Hongrie orientale, Temesvár et Lippa, se flattait non seulement de venir à bout de Soliman

Пре а҃чк врѣме фостаѹ ꙗрих маре ши щеролсъ, дѣѹ ꙗг҃іецѧт добитоаче ши хїере пен пъдѹрй.

et de ses protégés, Isabelle et Jean-Sigismond; il prétendait encore affirmer les droits de l'Empire sur la Moldavie et la Valachie. Il essaya donc de donner pour successeur à Étienne Rareş un prince de son choix, appelé Aaron. Nous ne savons rien de l'origine de ce personnage, mais nous possédons un document qui confirme l'hypothèse émise à ce sujet par Engel (II, 194) et fixe la date de la tentative faite pour donner le pouvoir à Aaron. Le 10 décembre 1552, Ferdinand d'Autriche écrit, de Gratz, à l'empereur Charles-Quint: »Vostre Majesté verra par les copies que m'envoye le general Castaldo comme les Transalpins ont tué leur vayvoda, que le Turc y avoit mis (il s'agit de Mircea, sur lequel on peut consulter une lettre de Pierre Haller, datée de Hermannstadt le 21 novembre 1552, dans les *Magyar történelmi Emlékek*, II, 355), aussi bien que ceulx de Moldavie le leur; et que desja ledit general leur en avoit baillé ung autre de ma main et en mon nom, qu'espére pourra avec le temps fort favoriser les affaires de ce quartier (*Correspondenz des Kaisers Karl V.*, III, 523; Charrière, *Négociations*, II, 240).«

Aaron n'ayant pu se maintenir sur le trône, Ferdinand lui accorda une pension sur les revenus de la couronne de Hongrie. Il paraît que la pension ne fût pas payée régulièrement; Aaron s'en plaignit à l'empereur qui donna l'ordre aux agents du fisc d'éviter tout nouveau retard. Voici la teneur de cet ordre qui fut pendant longtemps le seul document qui constatât l'existence du compétiteur d'Alexandre Lăpuşneanul: »Conqueritur apud nos Aaron, vayvoda Moldaviensis, solutionem annuae pensionis, etiam ad mandatum nostrum, quod proxime a nobis propterea accepistis, se nullo modo assequi posse. Cum autem praesertim talibus qui alias unde vivant nec habere nec acquirere possunt, omnimode satisfieri cupiamus, vobis denuo seriosius injungimus, curetis quatenus dicto vayvodae, nulla ulteriori mora interposita, id quod sibi solvendum restat, debito modo numeretur... Viennae..., die 15. octobris 1557 »(Pray, *Dissertationes*, 152; Engel, 194).

M. Hîşdău a trouvé à la bibliothèque nationale de Budapest deux recueils de quittances originales qui prouvent que la pension fut servie régulièrement à Aaron, puis à sa veuve jusqu'en 1569. Le premier de ces recueils, est intitulé:

A la même époque il y eut un hiver long et rigoureux, au point que les animaux et les bêtes sauvages gelèrent dans les forêts.

Acta Aron, profugi vayvodae Moldavie, et Annae relictae ejus, 1550-1569; le second, qui est coté n° 1777, in-fol. lat., porte: *Originalium Documentorum et Actorum syncronorum Aaron vayvodae Valachiae profugi et in Zekula, possessione comitatus Thurocz, exulantis, ab anno* 1560-1562. Les deux recueils contiennent ensemble 18 quittances d'Aaron datées des 3 janvier, 8 février, 1er avril, 28 juin, 31 octobre et 31 décembre 1558; 9 septembre 1560; 12 janvier, 1er avril, 17 juillet, 7 octobre et 3 novembre 1561; 5 janvier, 7 février, 9 mars, 24 avril, 3 août et 19 octobre 1562; et 2 quittances d'Anne, sa veuve, datées du 20 janvier et du 1er décembre 1569. Les sommes payées ne sont pas considérables; elles s'élèvent à 125 florins en 1558, 25 en 1560, 91 en 1561 et 70 en 1562. Les quittances d'Anne s'appliquent chacune à un paiement de 15 florins *(Traian,* I, 1869, n° 6, p. 24).

Aprés cette digression sur Aaron, revenons à Alexandre Lăpușneanul.

Alexandre, qui devait le trône aux Polonais, s'empressa de faire sa soumission aux Turcs et de léur promettre le paiement du tribut annuel. Le sultan consentit à le reconnaître et, pour mettre ses services à l'épreuve, lui intima l'ordre, dès le mois de novembre 1552, de s'entendre avec le prince de Valachie et avec le khan des Tatars pour intervenir en Transylvanie au profit de la reine Isabelle et de son jeune fils Jean-Sigismond contre Ferdinand d'Autriche (Engel, II, 194).

Au mois de décembre 1552, Alexandre prêta au roi de Pologne le serment de vassalité (Dogiel, I, 618; Sinkai, II, 197). Ce serment pouvait d'autant mieux se concilier avec les promesses faites aux Turcs que Sigismond-Auguste, propre frère d'Isabelle, était également disposé à soutenir sa cause. Le prince de Moldavie se trouva ainsi, au moment où il monta sur le trône, en lutte ouverte avec Ferdinand, ce qui explique l'intervention de Castaldo.

Alexandre était d'autant plus disposé à intervénir en faveur de la veuve et du fils de Zápolya qu'il espérait trouver ainsi le moyen de reprendre Csicsó, cette forteresse que la Moldavie avait possédée à plusieurs reprises (voy. ci-dessus, p. 106, 283, 287, 308, 318, 321-329). Les annales manuscrites

Ěр ꙟтрачеста͗ш а̑н, ҂зѯѕ септемврїе, престъвӣ-

du pays des Szeklérs, citées par Sinkai (II, 199), constatent en effet que, le jour de la Saint-Mathieu, c'est-à-dire le 21 septembre 1553, les Moldaves envahirent Csicsó, firent prisonnier Bernard Lázár, et détruisirent par le feu la moitié de la ville (cf. Engel II, 194). Cette expédition attira l'attention des nouveaux voïévodes de Transylvanie, François Kendi et Étienne Dobó de Ruszka, sur la place revendiquée par Alexandre; ils firent dresser un état minutieux de la forteresse, de ses dépendances et de ses habitants, qu'ils adressèrent à Ferdinand d'Autriche le 24 décembre suivant (Fejér, *Cod. dipl.*, IV, 447; *Transilvani͡a*, 1874, 153).

La question de Csicsó fut probablement au premier rang de celles qui se débattirent en 1553 entre la Transylvanie et la Moldavie, et qui donnèrent lieu à diverses dépenses diplomatiques dont on a retrouvé la trace (*Col. lui Tr.*, 1874, 130).

Vers la fin de l'année 1554, Alexandre chargea Joseph Petrovič, porcolab de Cetatea-Nouă, Nicolas, porcolab de Soroca, et Abraham Danilowski, son propre secrétaire particulier, d'une ambassade auprès de Sigismond-Auguste, et leur donna pour mission, au moment où il était menacé par Ferdinand d'Autriche, de resserrer les liens qui l'unissaient à la Pologne et à la Lithuanie. Les trois envoyés obtinrent le renouvellement des engagements que le roi avait pris, en 1551, au profit d'Étienne Rareș. Nous possédons le texte du traité publié le 16 décembre pour la Lithuanie (Jablonowski, *Sprawy Woloskie za Jagiellonów*, 152; Mitilineu, 58).

Les ambassadeurs moldaves se rencontrèrent en Pologne avec un envoyé turc, qui insista sur le désir qu'avait Soliman de voir le fils de Zápolya régner en paix sur la Transylvanie (Engel, II, 195). Pour se conformer aux ordres du sultan, Alexandre intervint auprès des voïévodes installés par Ferdinand en Transylvanie, et les pressa de reconnaître Jean-Sigismond (Fessler, bearb. von Klein, III, 567).

Ferdinand n'était pas en état de rompre en visière avec les Turcs; aussi cherchait-il à négocier, à gagner du temps et à ruiner sourdement le parti de Jean-Sigismond. L'année 1555 fut tout entière consacrée à des négociations avec le sultan, qui accorda une trêve aux Impériaux et à la Transylvanie. Au mois d'octobre, les Turcs se préparèrent à restaurer eux-mêmes Jean-Sigismond. Alexandre, soupçonné d'agir trop mol-

La même année, au mois de septembre 7066

lement en faveur du jeune prince, fut sur le point d'être déposé. Une lettre des ambassadeurs de Ferdinand, Antoine Verancsics et François Zay, en date du 25 octobre 1555, nous apprend que le voïévode de Moldavie, accusé de n'obéir qu'aux ordres de la Pologne, fut mandé à Constantinople, »interim nepote quoque ejus recepto.« Alexandre réussit par ses pratiques souterraines à conjurer l'orage et à se réconcilier avec le sultan (Engel, II, 195). Il se décida d'ailleurs à une intervention énergique en faveur de Jean-Sigismond.

Au mois de mars 1556, le général du parti des Zápolya, Pierre Petrovič, quitta Lugoș, où il avait formé une petite armée, et pénétra en Transylvanie. Il reçut d'Alexandre un secours de 4.000 hommes conduits par le vornic Moțoc (voy., sur ce personnage et sur sa famille, Hîșdău, *Arch.*, I, ıı, 20), et, grâce à ce renfort, Macskási put entreprendre le siège d'Alba Iulia (Engel, II, 195; Sinkai, II, 202). Les Impériaux, suivant leur tactique, firent courir le bruit qu'Alexandre était secrètement gagné à leur cause. Le prince donna à cette rumeur un démenti péremptoire et, vers la fin du mois de juillet, franchit lui-même la frontière transylvaine avec de nouvelles forces. Il adressa aux Saxons de graves menaces pour le cas où ils continueraient à soutenir Ferdinand (Fejér, *Suppl. Cod. dipl.*, VII, 127; *Transilvani'a*, 1874, 167). Au mois d'août, la reine Isabelle, mère de Jean-Sigismond, quitta Léopol pour reprendre possession de la principauté. Alexandre alla au devant d'elle jusqu'à Szatmár-Németi, où il fit sa jonction avec le prince de Valachie, Pătrașcu. Les deux voïévodes accompagnèrent la reine jusqu'à Cluș (Kolozsvár, Klausenburg), où elle fit son entrée le 22 octobre. Chemin faisant, ils brûlèrent plus de 300 villages. Isabelle, le jour même où elle s'établit dans sa capitale, congédia Alexandre et Pătrașcu, en leur faisant de riches présents. Ceux-ci regagnèrent leurs états, non sans se livrer sur leur route au pillage et à la violence (Engel, II, 197).

Au printemps de l'année 1557, Alexandre reçut du sultan l'ordre d'installer François Bebek comme gouverneur de Transylvanie. Ce personnage était mal vu d'Isabelle, qui voulut protester contre sa nomination; mais le prince de Moldavie sut le réconcilier avec la régente. Il fournit de plus un contingent qui, joint à un corps turc, delivra Munkács, assiégé par les troupes de Ferdinand.

тѹсаѹ Макарїе,*) єпископѹл де Роман, зидиторѹл шиꙟ
ꙟчепѫторѹл мѫнѫстирїй Рѫшкѫй, кареле аѹ фост ла
скаѹнѹл Романѹлѹй кѫ де ани, ши кѹ чинсте лаѹ ꙟгропат ꙟ мѫнѫстирѣ сѧ ꙟ Рѫшка; ши ꙟ локѹл лѹй сѧѹ
сфинцит пре Анастасїе, ѡм достойник а примире
слѹжба пѫсторїей сале, кареле, дї ани апой, аѹ фост ,
ши митрополит.

Де ивирѣ лѹй Деспот єретикѹл, ҂зѯа.

Дѹпѫ ал нóѹле ан а домнїей лѹй Алеѯандрѹ Водѫ
сѧѹ ивит Деспот пре порéклѫ, ꙗрѫ нѹмеле їаѹ фост
Хераклѹ Василик,**) чкѹ фост де наймерѣ сѧ дéн ѡстро-

Dans le courant de cette même année arriva en Moldavie un aventurier grec, dont nous allons avoir à raconter l'histoire, Jacques Basilic, dit Héraclide, désigné par les chroniqueurs roumains sous le nom de Despote. Nous en parlerons dans les notes qui vont suivre.

*) Le texte d'Urechi que Sinkai avait sous les yeux (II, 203) portait simplement: »Sous le règne d'Alexandre«; d'autre part, une note du dascal Siméon, jointe à notre texte, fixe la mort de Macaire au 1er janvier 7066, c'est-à-dire 1558. Cette dernière variante nous donne lieu de supposer ici une nouvelle altération de la date qui devrait être septembre 7067 = 1558. Cf. ci-dessus, p. 375.

**) Les sources à consulter pour l'histoire du despote Jacques Basilic sont assez nombreuses; nous allons indiquer les principales:

1. Vita || Iacobi Despotae || Moldauorum Reguli || Descripta à || Iohanne Sommero Pirn. || edita sumptibus || Illustris et || Generosi Domini || Emerici Forgach Ba- || ronis à Gymes, equitis || aurati, Comitis in Trin || chin etc. || Adiecta sunt eiusdem autoris De Clade Molda- || uica Elegiae XV. quibus etiam || Historia Despotica continetur. || Vna cum explicatione quorumdam locorum in hoc Som- || meri scripto, et commentatiuncula breui De || Walachia et rebus || Walachicis || Petri Albini Niuemontii || Historiog. Saxo, et Profess. in Acad. Witeb. || Witebergae || Per Haeredes Iohannis Cratonis, 87. Pet in-4 de 12 ff. lim., 165 pp. et 1 f. d'errata.

[1558], mourut l'évêque de Roman, Macaire,*) qui avait commencé et construit le monastère de Rîşca et qui avait occupé pendant vingt-sept ans le siége de Roman. Il fut enterré avec pompe dans son monastère de Rîşca, et Athanase fut sacré à sa place. Ce dernier, qui était apte à bien remplir les devoirs d'un pasteur, devint métropolitain quatorze ans plus tard.

Apparition de Despote l'hérétique, en 7069 [1561].

Alexandre régnait depuis neuf ans quand on vit apparaître [un personnage] surnommé Despote, qui, de son vrai nom, s'appelait Hercule Basilic.**) Il était originaire

---

Au v⁰ du titre est un bois qui représente les armes de la famille Forgách. — L'épître de Pierre Albin de Schneeberg (Nivemontius) commence au f. suivant et occupe 9 pages.

Au v⁰ du f. Bβ est une inscription en l'honneur de Nicolas Zrinyi, dont le portrait occupe le r⁰ du f. Bγ. Vient ensuite une épigramme latine de Pierre Albin en l'honneur du même personnage (fol. Bγ, v⁰, et B δ, r⁰), puis les armes des Zrinyi (fol. B δ, v⁰).

Les ff. lim. contiennent encore diverses épigrammes de Schneeberg et se terminent par quatre distiques d'André Alciat, »in imaginem Phaetontis.«

Ce volume, dont l'auteur, Jean Sommer, avait été appelé par Jacques Basilic à la direction d'une école fondée à Cotnarĭ, est d'une grande rareté. On peut s'étonner qu'il n'ait pas encore été réimprimé. L'Académie roumaine, qui en possède un exemplaire, a bien voulu mettre à notre disposition une copie que feu Papiu Ilarian avait fait exécuter à la bibliothèque de l'université de Göttingen. Nous connaissons en outre un exemplaire au Musée national de Budapest.

2. Antonii Mariae Gratiani de Ioanne Heraclide Despota Vallachorum Principe Libri tres Et de Iacobo Didascalo Ioannis fratre Liber vnus. Editi ex Manuscripto Bibliothecae Zaluscianae. *Varsaviæ Ex Typographia Mizleriana* 1759. Pet. in-8 de 4 ff. lim. et 100 pp.

въл Самос, кареле ау фо́ст шіи́нд мулте ли́мвй, фрин- a
ческій, немческій, гречкіше ши латинкіше. Ачеста фіи́нд
немерит ла Церa Лешкскъ, ши атре служитори ла
русколе ъмвлъид, авъид ши віацъ атре Социни, слъ
аклещат атре ни́ше Еванrгели́сти (къ ши ел ну ера
православник), ши сау фъкут къ есте фечиор де b
думни; ши ну путъ аіевъ съ віе спре церъ, къ але-

Antoine-Marie Graziani était secrétaire du cardinal légat en Pologne. Sa relation, bien qu'elle n'ait été imprimée qu'au XVIIIe siècle, n'est pas moins rare que la précédente en édition originale, mais elle a été reproduite par Mizler dans l'*Historiarum Poloniae et M. D. Lithuaniae scriptorum Collectio* (Varsaviae, 1761-1769, 4 vol. in-fol.), et M. Démètre Sturdza a fait réimprimer en 1860, à 40 exemplaires, l'édition de 1756 (*Tipografia lui Carolu Ritter din Wiesbaden*, pet. in-8). On peut consulter, sur Graziani et sur son livre, une étude de M. Hîşdău dans l'*Ateneu'lu romanu*, 41-50, 95-106, 145-153.

3. Fr. Forgach, episcopi quondam Varadin., rerum hungaricarum sui temporis (1540-1582) Commentarii. Ex manuscriptis edidit dissertationemque de vita auctoris adjecit Alex. Horányi. *Posonii et Cassoviae*, 1788. In-8.

Nous n'avons pas eu entre les mains ce volume, mais nous avons pu profiter des renseignements qu'Engel en a tirés.

4. Loewenklau, qui avait connu personnellement le despote, nous a laissé de lui un curieux portrait (*Annales*, 58-59; Hîşdău, *Arch.*, I, 1, 40).

5. Plusieurs lettres du despote ont été recueillies par Crusius dans sa *Turco-Graecia*; nous les indiquerons plus loin.

6. Les correspondances diplomatiques nous fournissent également d'assez nombreuses informations sur Jacques Héraclide. En attendant que le tome II des *Documente* d'E. Hurmuzachi ait paru, notre collègue M. Émile Legrand a bien voulu nous communiquer plusieurs dépêches copiées par lui aux archives impériales de Vienne.

de l'île de Samos et savait un grand nombre de langues: le français, l'allemand, le grec et le latin. Il était parvenu aux honneurs en Pologne; il s'était créé pendant les guerres des relations avec les soldats, avait vécu parmi les Sociniens, avait groupé autour de lui quelques protestants (car lui-même n'appartenait pas à la religion orthodoxe) et s'était fait passer pour un fils de prince.

La comparaison des documents que nous venons d'indiquer avec la chronique de Moldavie nous permet de reconstituer l'histoire du despote.

Jacques Basilic, né en Crète vers 1510, était fils d'un simple capitaine de navire marchand. De bonne heure, son père le fit entrer au service d'un seigneur grec, appelé Jacques, qui prétendait appartenir à la famille Héraclide et s'intitulait pompeusement despote de Samos, Paros et autres îles de la mer Ægée (Sommer, 1). Ce personnage prit soin de son éducation et le fit instruire par Jean Lascaris, petit-fils du grammairien Constantin Lascaris, qui lui enseigna la philosophie et les belles-lettres (Crusius, lib. III, 248). Le jeune Basilic se perfectionna en Italie, et Graziani rapporte (p. 6) qu'il s'occupa pendant quelque temps à copier des manuscrits à la bibliothèque du Vatican.

Jacques Héraclide était entré au service de Charles-Quint et commandait un corps de mercenaires grecs. En cette qualité il rendit quelques services et, pour le récompenser, l'empereur lui reconnut expressément tous les titres dont il lui plut de se parer. En 1533 l'escadre impériale s'étant emparée de Coron ou Koroni, petite place du Péloponèse, et y ayant jeté une garnison espagnole, Héraclide prit part à l'occupation et à la défense de cette ville. Quand elle fut évacuée, l'année suivante, les troupes espagnoles et grecques qui y avaient combattu furent dirigées vers les Pays-Bas. Basilic y suivit son protecteur, qui finit par l'adopter et, sur son lit de mort, l'institua son héritier (Graziani, 6-7). L'audacieux aventurier, mis en possession des papiers du défunt, réussit à se faire passer pour son fils. Il changea dès lors le nom de Jean, qu'il portait précédemment, contre celui de Jacques, et fut assez habile pour en imposer même aux membres de la famille Héraclide qui auraient pu le trahir. Il prit le commandement des mercenaires grecs et albanais, et obtint à son profit la reconnaissance d'une généalogie fabuleuse, qui le

ЗА́НДРУ ВО́ДЪ АВ'Ѣ ПРЇЕТЕ́НЇЕ ВУ́НЪ КУ ЛѢКШІЙ, КУ́М ШІЙ
ЛѢКШІЙ АВ'Ѣ ЛЕГЪТУ́РЪ ТА́РЕ КУ ТУРЧІЙ, ПЕ́НТРУ АМЕС-
ТЕКЪТУ́РЙ КА А́НѢСТЕ. Ӥ҄р ДЕСПО́Т ПРЕ А́СКУ́НС КУ
ПОТРИ́ВНИЧІЙ СЕ́Й СЕ ГЪТІ́Ѩ ШІНТРЕ КУЗА́ЧЙ ШАУ́ ФЪ-
КУ́Т ПРЇЕТЕ́НЇЕ. А́НѢСТЕ Ѩ҄ЦЪЛЕГЪ́НД СТАРО́СТІЙ ДЕЛА

faisait descendre d'Hercule, et des privilèges que l'empereur avait accordés à Héraclide. Peu importait à Charles-Quint qu'un capitaine étranger prétendît au titre de prince, qu'il s'arrogeât le droit de créer des docteurs, d'avoir des poètes lauréats et de se servir de protonotaires (Sommer, 2), s'il faisait vaillamment son devoir sur les champs de bataille. Cependant ces complaisances de la chancellerie impériale étaient de nature à en imposer au vulgaire.

Nous n'avons pas de détails sur les campagnes faites par Basilic entre 1534 et 1553; nous savons seulement que, en 1553 et en 1554, il combattit contre la France, participa personnellement à la destruction de Thérouane et se distingua à la bataille de Renti. Il nous a laissé lui-même un curieux récit de ces deux campagnes, qui parut en 1555. Voici la description des diverses éditions de cet ouvrage qui nous sont connues:

1. De Morini || quod Terouanũ vocant, || atque Hedini expugnatione, déq; præ- || lio apud Rentiacum, & omnibus ad || hunc vsque diem vario euentu || inter Cæsarianos & Gallos || gestis, breuis & vera || narratio. || Iacobo Basilico, Marcheto, || Despota Sami Authore. || *Antuerpiæ* || *Apud Ioannem Bellerum*, || *sub insigni Falconis.* || M. D. LV [1555]. || Cum Priuilegio. In-8 de 16 ff. non chiffr. de 21 lignes à la page.

En tête de la relation on trouve un extrait du privilège accordé pour deux ans à *Jean Bellère* le 28 février 1555 (vieux style) et une épître »Philippo Angliae, Franciae, Neapolisque regi, fidei defensori, Hispaniarum principi, etc.«

La relation a la forme d'un dialogue entre Hercule et Nestor.

Biblioth. royale de Bruxelles (3 exempl.).

2. Vn brief et vray || Recit de la prinse || de Terouane & Hedin, auec la Bataille fait- || te a Renti: & de tous les actes memora- || bles, faits depuis deus ans en ça, || entre les gens de l'Empereur || & les François. || Par Iaques Basilic Marchet, Signeur *[sic]* de Samos. || Traduit de Latin en François. || *En Anuers.* || *De l'Imprimerie de Christofle Plantin,* || pres la

Il ne pouvait cependant pénétrer en Moldavie, car Alexandre avait des rapports d'étroite amitié avec les Polonais, et ceux-ci, de leur côté, avaient envers les Turcs de sérieux engagement qui ne leur permettaient pas de favoriser de semblables entreprises. Despote ne s'en prépara pas moins en secret avec ses partisans et se fit des amis parmi les Cosaques. Les starostes des provinces

---

Bourse neuue. || 1555. || Auec priuilege. In-8 de 16 ff. non chiffr., sign. *A-D* par 4.

Au titre, une marque de *Plantin,* accompagnée de la devise: *Exerce imperium et ramos compesce fluentes.*

Les 2 ff. qui suivent sont occupés par une épitre »Au tres-puissant roy Philippe, roy d'Angleterre, de France et de Naples, defenseur de la foy, prince d'Espagne, etc.«

Le 4e f. contient un avis de »L'imprimeur au lecteur«, relatif à l'orthographe nouvellement adoptée par *Plantin.* Cet avis est daté d'Anvers le 27 juin 1555.

Le titre de l'édition française devrait porter: »par Jacques Basilic, marquis, seigneur de Samos«. Le fait seul que le mot *marchetus* a été pris pour un nom propre et rendu par Marchet prouve que le despote ne prit aucune part à cette traduction.

Biblioth. nat. de Paris, O^1. 67. Rés.

3. Un brief et vray Récit de la prinse de Térouane et Hedin, avec la bataille de Renti, par J. Basilic Marchet; publié avec une introduction par M. L. Alvin, conservateur en chef de la bibliothèque royale de Belgique. *Bruxelles, Chez Fr.-J. Olivier, Libraire de la Société. [Impr. de Toint-Scohier.]* 1872. In-8 de XXVIII et 67 pp., plus 3 ff. et 3 cartes.

Société des Bibliophiles de Belgique.

4. Brief et vray Récit de la prinse de Terouane et Hedin, avec la Bataille faite à Renty, 1553-1554, par Jacques Basilic Marchet, Seigneur de Samos. En latin et en français. *Suivant les éditions imprimées à Anvers* 1555. In-8 de 4 ff., dont le premier est blanc, 124 pp. et 1 f. pour la souscription.

Réimpression exécutée par *J. Claye* pour le libraire *L. Techener,* à Paris, en 1874. Elle est précédée d'une notice par M. F. Le Sergeant de Monnecove et suivie d'une réimpression de la préface de M. Alvin.

Мѫрцинѣ Цѣрій Лешѣщй, аѹ дат щирѐ ла Крȣю. Ѩрх҃ Крлюл ꙟдатѫ аѹ тримис кѫрцилѐ сале претѹтиндѐрѣ.

Par suite d'une erreur dont l'éditeur de s'est pas aperçu, le début de l'épitre dédicatoire et celui de la relation ont été transposés.

A la fin de l'année 1555, Basilic était encore dans les Pays-Bas, comme le prouve une lettre adressée par lui, de Bruxelles, au célèbre Melanchthon, le 23 novembre de cette année (Crusius, 556; Hişdău, *Arch.*, I, 1, 13; *Σύλλογος*, XI, 1876-1877, 67). On voit pas la même lettre qu'il était protestant, et l'on est tenté de croire que la religion ne fut pas étrangère à la résolution qu'il prit de quitter le service au moment de l'abdication de Charles-Quint. Il avait du reste une blessure à la main droite.

En 1556, Basilic quitta les Pays-Bas et, sur l'invitation du comte Wolrad de Mansfeld, se rendit en Saxe, à Wittenberg. Il y fut accompagné par son ami Jacques Diassorinos. Les deux Grecs entretinrent alors chacun une petite cour. Diassorinos se faisait appeler seigneur de Doride, et Basilic exhibait les parchemins des Héraclides (Sommer, 139). Ce dernier consacrait ses loisirs au culte des lettres grecques et latines. Il entretenait des correspondances avec les chefs de la Réforme. Nous avons déjà cité une lettre écrite par lui à Melanchthon; il s'en trouve plusieurs autres, encore inédites, adressées au même personnage, à la bibliothèque publique de Genève (voy. *Analele Academiei române*, ser. II, t. III, 1, 21). Enfin Crusius (*Turco-Graecia*, 557) a publié une lettre envoyée par Joachim Camerarius à Jacques Diassorinos et à Jacques Basilic, dans le courant de l'hiver de 1556 (cf. *Σύλλογος*, XI, 69).

Malgré ses préoccupations religieuses, le soi-disant prince de Samos était surtout désireux de faire chanter ses louanges. Usant d'un droit qui, disait il, lui avait été reconnu par l'empereur, il eut l'idée de nommer des poètes lauréats. Voici le titre d'une petite pièce publiée en son honneur par Zacharie Praetorius et François Raphaël; cette pièce est celle à laquelle Pierre Albin fait allusion (ap. Sommer, 136).

Duo Carmi- || na in honorem D. Ia- || cobi Basilici, Nobi- || lis Graeci, Domi- || ni Sami &c. || scripta || a Poetis ab eodem || laureatis. || *Witebergae* || 1556. In-4 de 4 ff. non chiffr. de 32 lignes à la page, sign. *A*.

frontières de la Pologne apprirent [ces manœuvres] et en avisèrent le roi. Aussitôt le roi envoya partout des

---

Le premier de ces poèmes commence au v° même du titre et se compose de 42 distiques. En voici l'intitulé: *Heraclidae Jacobo Basilico, equiti aurato et comiti palatino, nobili Graeco, domino Sami et marchioni in Paro, etc., gratitudinis ergo scripsit Zacharias Praetorius, Mansfeldensis, ab eodem, potestate D. Caroli V. Caesaris, laurea donatus, anno 1556, 4 cal. Junii.«

La seconde pièce, signée: »Franciscus Raphael, Herstelensis,« est précédée d'un institulé presque semblable; elle compte de même 42 distiques.

Le v° du dernier f. est blanc.

Musée britannique, 11409. g.

De sa personne Basilic avait une belle tournure et des manières élégantes. Voici le portrait qu'en trace Löwenklau: »Equidem adolescens hominem vidi et novi, priusquam in Poloniam proficisceretur. Vultu praeditus erat liberali, statura non magna, robusto tamen nervosoque corpore, capillo nigro, lingua diserta. Rebus in omnibus quamdam prae se ferebat dignitatem. Norat sane quam eleganter graece, latine, italice, gallice.«

Grâce aux flatteries des poètes et à la curiosité que le prince inspirait aux hommes les plus sérieux, une sorte de légende se forma autour du nom de Basilic et le fit connaître dans les cours étrangères. Vers la fin de l'année 1556, il quitta Wittenberg et se rendit, par Lübeck, en Danemark, en Suède, en Prusse, et enfin en Pologne. Partout, il reçut le meilleur accueil, particulièrement en Pologne, où il arriva muni de lettres de recommandation de l'électeur de Brandebourg pour Nicolas Radziwiłł, chancelier de Lithuanie et palatin de Wilno (Graziani, 8). Radziwiłł, cousin de la reine, était le chef du parti réformé en Pologne. Basilic eut bien vite réussi à gagner sa confiance et put s'ouvrir à lui du projet qu'il avait formé de s'emparer du trône de Moldavie. Parmi les papiers provenant de Jacques Héraclide se trouvait cette pompeuse généalogie que Basilic avait arrangée à sa manière et qu'il avait eu grand soin, en 1555, de faire approuver par Charles-Quint. Cette généalogie révélait une alliance avec la Moldavie: Pierre Rareş avait épousé Hélène Héraclide, parente plus ou moins

ДЕ КАП ҤГРОЗИНД КАРЕЛЕ СЕ ВА БҮГА СХ ТРҮККҮ ПЕСТЕ ҤВҮЦХТҮРҮ, ШИ ПРЕ ДЕСПОТ СХЛ ҤПРҮСКҮ ЛА ПОМОРАН.

éloignée du prince dont Basilic prétendait être le fils. Hélène était la mère de Rocsanda, femme d'Alexandre Lăpușneanul. Il n'en fallait pas plus, pensait notre aventurier, pour constituer des droits en sa faveur.

Le projet de Basilic fut d'autant plus goûté par Radziwiłł que l'avènement d'un protestant en Moldavie, au moment où la Lithuanie paraissait convertie à la Réforme, pouvait avoir pour conséquence le triomphe définitif des doctrines nouvelles dans l'Europe orientale.

Pour rendre possible l'exécution de son dessein, Jacques partit en 1557 pour la Moldavie, s'y présenta comme un proche parent de Rocsanda et parvint à se faire écouter. Tout en se renseignant sur la situation du pays et en étudiant la langue nationale, il noua des relations avec plusieurs boïars, afficha sa compassion pour la misère du peuple et sut habilement faire entendre qu'il connaissait le moyen de la soulager; qu'il saurait chasser les Turcs, etc. Ces menées ne tardèrent pas à être dénoncées à Alexandre Lăpușneanul, auprès de qui le despote avait d'abord trouvé une hospitalité empressée (Sommer, 9; Graziani, 12). Alexandre voulut se debarrasser de cet hôte dangereux en lui faisant administrer du poison; mais Basilic, grâce aux intelligences qu'il avait dans l'entourage même du prince, fut prévenu à temps et s'enfuit (Graziani, 13). Il passa en Transylvanie et trouva un refuge à Brașov, au milieu des Saxons, dont il connaissait l'attachement à la maison d'Autriche. On était en 1558; il n'y avait pas encore un an que le despote était venu en Moldavie (Sommer, 9-10).

En arrivant à Brașov, le premier soin de Basilic fut de faire imprimer la généalogie sur laquelle reposaient toutes ses espérances. L'édition originale de se curieux document ne se retrouve plus aujourd'hui, mais il nous a été conservé par Sommer (61-65). On y voit que Jacques Héraclide descend en droite ligne d'Héraclide Triptolème, chanté par Homère. A la douzième génération un ancêtre du prétendant devient despote de Serbie. A ce personnage est rapportée toute la famille Brankovič, dont le véritable nom n'est même pas cité et dont la généalogie est loin d'être exactement indiquée. A partir du fameux Georges Brankovič, mort le 24 décembre 1456, le tableau est ainsi conçu:

Heraclides Georgius,
a cujus tempore citra iterum despotae, Serviae domini, appellati sunt Heraclidae.

Heraclides Gregorius.		Heraclides Stephanus.	
Hos Turca oculis privavit.			
Heraclides Petrus.	Heraclides Constantinus.	Heraclides Joannes.	Heraclis, uxor Caesaris Moschorum, mater Johannis caesaris Moschorum praesentis, 1558, cujus soror dominabatur in Valachia, ejusque successores ad tempus parvum.
Heraclides Basilius.			
Heraclides Constantinus.	Heraclides Johannes.		
Heraclides Jacobus	Heraclides Jacobus, comes palatinus et eques auratus creatus ab invictissimo Caesare Carolo V. anno 1555.	Heraclides Helena. Haec domina fuit Moldaviae.	
	Heraclides Demetrius. Hic ab Heraclide Jacobo, qui Basilicus Despota nuncupatur, propter suam insignem virtutem adoptatur et arrogatur ac loco fratris potitur, autoritateque imperiali armis Heraclidarum ornatur, anno domini 1585.	Heraclides Elias. Hic Heraclides Elias in vaivodam et dominum Moldaviae creatur, sed, a quodam Turca fascinatus, christianam fidem negat Turcaque fit; quare frater ejus Heraclides Stephanus in dominium Moldaviae successit vaivodaque creatur, ac a propriis baronibus interficitur sororque ejus Heraclis Ruxanda in dominium succedit, virique ejus non longe post, auxilio Polonorum, Alexander dominium occupat, in vaivodam creatur, maritum Ruxandae oculis privat, Heraclidemque Ruxandam uxorem ducit.	Heraclides Stephanus. / Heraclis Ruxanda. Heraclides Bugdanus. / Ex parte matris / Heraclides Petrus.

Оу́нде мака́ръ къ дешдатъ са́в а́линат лъкръл, ка́ръ ма́и
а̂по́и Деспо́т ма́и бѝне са́в гъти́т, лъ́жнд а̂трашютор

> La partie de ce tableau qui concerne les Branković, appelés ici Héraclides, est évidemment fausse. Sans doute le despote Georges eut bien deux fils à qui le sultan fit crever les yeux: Grégoire, mort en 1459, et Étienne, mort vers 1480 (le tableau ne parle ni de Lazare, ni des filles: Hélène, Catherine, Élisabeth et Milica); mais Grégoire n'eut pas d'autre fils que Vuk, dit Zmaj, despote en 1471, mort en 1485. Quant à Étienne, il eut pour enfants: Georges despote en 1485, puis métropolitain de Valachie, sous le nom de Maxime, en 1513, mort le 18 janvier 1516; Marie, mariée en 1485 à Boniface V, marquis de Monferrat; enfin Jean, despote en 1496, mort le 10 décembre 1502. Jean n'eut d'autre enfant que Marie, épouse de Ferdinand Frankopan, ban de Croatie. Nous renverrons du reste, pour la famille Branković au tableau généalogique que nous avons publié dans la *Columna lui Traian*, noua ser., IV (1883), 64-82. Ce tableau devra être consulté de préférence à celui qui figure dans la traduction de nos *Serbes de Hongrie* (Срби у Угарској. С француског превео и поправама допунио Др. Стеван Павловић. У Новом Саду, 1883, in-8, 47), non seulement parce que le traducteur serbe y a ajouté la prétendue généalogie du pseudo-despote Georges Branković, mort en 1711, mais parce que nous avons indiqué dans la revue roumaine la postérité de Neagoie Băsărab jusqu'à Michel-le-Brave.
>
> Malgré tous les mensonges entassés par le despote dans sa prétendue généalogie, le tableau dressé par lui contient encore quelques renseignements dont l'authenticité ne peut guère être mise en doute. Il faut admettre qu'une tante d'Hélène, seconde femme de Pierre Rareş, épousa le tsar Basile III, et cependant les historiens ne mentionnent pas cette alliance. D'après eux Basile n'aurait eu pour épouses que Salomé Saburova, mariée en 1505, divorcée en 1526, et Hélène Glinska. Nous avouons également ne pas connaître la princesse qui régna quelque temps en Valachie.
>
> Ce que Jacques Basilic rapporte de Rocsanda ne peut non plus être contesté. Il faut donc admettre que la fille de Pierre Rareş et d'Hélène avait effectivement épousé Joldea, et que ce dernier, au moment où il se vit enlever sa femme, ne fut pas seulement marqué au nez, mais qu'il eut les yeux crevés.

Cette fois, l'affaire en resta là, mais, par la suite, Despote prit de meilleures dispositions, s'assura le secours

---

> Remarquons encore dans le tableau une allusion à un personnage appelé Démètre que le despote déclare avoir adopté et qui porte les armes de la famille Héraclide. Il sera parlé plus loin de ce Démètre.
> Le séjour de Basilic à Braşov fut de courte durée. Alexandre Lăpuşneanul adressa aux autorités de la ville une protestation énergique contre la présence non loin de sa frontière d'un rival qu'il traitait d'imposteur et qu'il déclarait être le plus ingrat de tous les hommes. A la lettre du prince de Moldavie étaient jointes des menaces contre la ville de Braşov pour le cas où elle donnerait asile au despote et refuserait de le livrer. Le langage d'Alexandre troubla fort les bourgeois, qui, en raison de leur commerce, tenaient à ne pas se brouiller avec lui; aussi Basilic jugea-t-il prudent de fuir. Quoiqu'il fût malade, il s'échappa clandestinement pendant la nuit, grâce à l'aide de quelques amis, et parvint à gagner la campagne (Sommer, 10).
> Basilic fugitif se rendit en Autriche auprès de Maximilien, fils de l'empereur Ferdinand, qu'il s'efforça d'intéresser à sa cause. Il lui représenta qu'il importait au bien général de la chrétienté de délivrer la Moldavie du tyran tout dévoué aux Turcs qui l'opprimait; il ajouta que l'entreprise était facile et qu'il était sûr d'y réussir. A l'appui de ses paroles, il montrait des lettres que les boïars lui avaient adressées et dans lesquelles ils le pressaient d'agir. A la vérité ces lettres avaient été écrites à l'instigation même d'Alexandre Lăpuşneanul, qui voulait ainsi convaincre l'aventurier grec de conspiration, et qui, sans doute, ne manquait pas de le combattre de tout son pouvoir auprès de la cour d'Autriche (Graziani, 13). Le despote échoua. Il crut qu'il aurait plus de crédit en Pologne, et résolut de s'y rendre. Sur la route il traversa la Zips et trouva une hospitalité inespérée auprès d'Albert Łaski, palatin de Sieradź, gouverneur de Késmark, seigneur de Łasko, Niednica, etc., qui était alors chargé d'administrer les seize villes données en gage par la Hongrie à la Pologne. Il n'alla pas plus loin, et sut si bien présenter ses projets qu'il gagna l'entière confiance de Łaski. Celui-ci le mit en relations avec deux hommes résolus, dont les talents militaires devent lui être fort utiles: le Hongrois Antoine Székelyi et le Bourguignon Roussel (Sommer, 11).

Прє Алвре́хт Ласки, шѝ аȢ ᲄтра́т ꙟ цѣрȢ кȢ Не́мции, шѝ кȢ Швєзѝ, кȢ Спанї́ѡлй шѝ кȢ КȢза́чй.

Alexandre Lăpușneanul, tenu par ses émissaires au courant des actes du despote, poursuivit avec la dernière rigueur les boïars dont la fidélité lui paraissait suspecte. Un certain nombre d'entre eux passèrent à l'étranger et se dirigèrent vers la Zips, où ils apportèrent au prétendant un concours précieux.

Vers la fin de l'été de l'année 1560, Basilic se crut en état de faire une tentative sur la Moldavie. C'est alors qu'eut lieu l'expédition à laquelle Urechi fait allusion. Le despote entra dans le pays des Cosaques, y fit des enrôlements et s'approcha de la frontière moldave. Des subsides fournis par Łaski lui avaient permis de se procurer 9 pièces de canon et de lever quelques compagnies de Polonais et de Hongrois (Forgács, ap. Engel, II, 196).

Cette première tentative échoua, moins à cause des bonnes dispositions qu' Alexandre Lăpușneanul avait su prendre que par suite des mesures sévères prescrites par le roi de Pologne Sur son ordre, le palatin de la Russie Rouge dispersa les bandes (Sommer, 12). Basilic arriva en fugitif à Brașov, dont les habitants étaient favorables à sa cause, mais où Jean-Sigismond donna l'ordre de l'arrêter *(Col. lui Traian*, 1874, 130). Il parvint cependant à regagner la Zips.

Istvánfi (éd. de 1622, 402) rapporte que Démètre Wiśniowiecki, le chef cosaque qui plus tard devait combattre le despote, se prononça contre lui dès cette première remontre: c'est là une erreur, rectifiée par une dépêche de l'agent français à Constantinople, M. Dolu, en date du 30 octobre 1560. »Dimitry, est-il dit dans ce document, bon et vaillant capitaine, fuitif de ceste Porte et rebelle de S. H., avec l'aide du duc de Moscovie, des Pollognois et Russiens, a levé gens pour courir sus au vayvoda de Buldavie, lequel en a adverti S. H., et assemblé ses forces avec celles du Vallaque pour aller actendre ledit Dimitry à la campagne, et tient on pour certain qu'il sera suivy entre eulx quelque faict d'armes (Charrière, *Négociations*, II, 632; Hîșdău, *Arch.*, I, 1, 145).«

Quelques jours plus tard, le 5 novembre 1560, Hubert Languet, qui se trouvait à Wittenberg, entretenait Ulrich Mordeisen, conseiller de l'électeur de Saxe, de la folle équipée du despote (Hîșdău, *Arch.*, I, 11, 29). Une autre lettre du même Languet, en date du 15 février 1561, nous apprend

d'Albert Łaski, et entra en Moldavie avec des Allemands, des Suisses, des Espagnols et des Cosaques.

---

que les Polonais engagés par Basilic passèrent au service du prince de Transylvanie (*ibid.* I, 11, 30).

Tandis qu'Alexandre Lăpuşneanul, pour remercier le roi de Pologne de son intervention bienveillante, lui prêtait un nouveau serment de fidélité (*Invent.* 143), l'aventurier grec, loin de se laisser décourager, organisait une seconde expédition. Il obtint d'Albert Łaski un prêt de 10.000 ducats, pour lequel celui-ci dut lui-même s'endetter (Sommer, 12), puis il se tourna vers François Zay, qui, commandait à Kassó pour Ferdinand d'Autriche, gagna ce personnage comme il avait gagné Łaski, et, d'accord avec lui, écrivit à Ferdinand une lettre des plus pressantes. Le conseil royal, auquel assistaient Georges Drasković, évêque de Zagreb, François Forgács, évêque de Nagyvárad (Grosswardein, Oradea Mare), Nicolas Oláh, archevêque d'Esztergom, et le palatin Thomas Nádasdi, prit connaissance de cette lettre et résolut de la tenir secrète. Déjà, en effet, Alexandre Lăpuşneanul faisait agir en sa faveur le ban de Croatie, Nicolas Zrinyi, dont il se disait l'allié par sa femme. Le conseil de Ferdinand fut d'avis de répondre par un refus à la demande de Basilic; seul François Forgács exprima l'opinion qu'on pouvait sans danger dépenser quelque argent pour favoriser une entreprise qui, si elle venait à réussir, aurait certainement des résultats avantageux pour le royaume. Ferdinand trouva que le conseil était sage et accorda 8000 florins (Istvánfi dit même 6000 ducats). En même temps il permit de faire secrètement des enrôlements (Forgács, ap. Engel, II, 200).

Łaski et Zay, forts de l'appui du roi, se chargèrent des préparatifs. Pendant ce temps, le despote, qui était à Késmark, simulait une grave maladie et faisait célébrer son propre enterrement, afin d'ôter tout soupçon à Alexandre Lăpuşneanul (Graziani, 16). Une petite armée fut bientôt sur pied. Antoine Székelyi, à la tête de 100 cavaliers d'élite, devait la commander en second, sous les ordres du prétendant. Les autres chefs étaient le Bourguignon Roussel, un officier français, appelé Jean de La Ville, ou de Villiers, qui s'était distingué dans les guerres contre les Turcs, un gentilhomme silésien nommé Pierre Rukuński, etc. Forgács (ap. Engel, II, 201) évalue ces forces à 1700 cavaliers et 8 canons; Graziani (p. 16) parle d'environ 4.000 hommes, dont 1.500 cavaliers.

Рєсбоюл лѹй Алєѯандрѹ Водъ кѹ Дєспот ла Бєрвїа ҂зѯа, ноємврїє ѩ ні.*)

Алєѯандрѹ Водъ, дакъ аѹ ѫцѣлєс къ Дєспот фъръ дє вѣстє дє оундє аѹ ѫтрат ѫ цєръ кѹ ѡастє стръйнъ дє ѫпрєсоаръ, нєавънд ла чє сє ѫпѹка ла оун лѹкрѹ аша дєграбъ, ка дєн сомн дєшєптат, дє съргѹ шї кѹ пѹцїнїй нєгата, ѭаѹ єшїт ѫнаінтє ла Жїжїа, ла локѹл чє сє кїамъ Бєрвїа; къ цєра писмѹїнд лѹй Алєѯандрѹ Водъ, нѣѹ врѹт съ ѫнкалєчє ѫ ѡастє; шї кѹ чинє аѹ пѹтѹт, аѹ єшїт, шї тимпинѫндѹсє шлѹ дат рєсбою, оундє чєй пѹцїнїй дє чєй мѹлцїй, шї чєй нєгата дє чєй гътїцїй нѣѹ пѹтѹт сѹфєри, чє аѹ дат дос; шї аѹ фѹѵїт Алєѯандрѹ Водъ ѫ жос.

Зик оуний къ шї аколѡ съ хїе фост рєсбоѹл кѹ виклєшѹг; ѩсъ чєла чє пїєрдє, фїє кѫнд нѹ въ съ афлє вина съ, чє ѡ мѹтъ ла алтѹл. Ѭр ачѣстє дєла Дѹмнєѕєѹ сѫнт тоатє токмитє, ка нємикъ съ нѹ хїє стътътор ѫ лѹмє, чє тоатє дє рисипъ шї трєкътоарє. Прє чєй дє жос сѹїє, прє чєй сѹїцїй погоаръ**), ка съ

La colonne ainsi composée se dirigea sur Munkács, traversa les Carpates et pénétra dans la Russie Rouge. La rapidité était la première condition du succès; aussi les troupes du despote enlevèrent-elles vivement les postes polonais qui, surpris de cette invasion, cherchaient à leur disputer le passage. Enfin on entra sur le territoire moldave. Basilic comptait que de nombreux partisans viendraient grossir son armée: cet espoir fut déçu. Il fallait pourtant risquer le combat, sous peine d'être écrasé entre les forces d'Alexandre et celles de la Pologne. Székelyi et Łaski se jetèrent sur l'avant-garde moldave que commandait Moțoc, et la défirent; mais il s'agissait d'attaquer le gros de l'ennemi, qui était maintenant renseigné sur le petit nombre des envahisseurs. Le despote hésitait, lorsque Székelyi lui fit comprendre qu'il n'avait plus d'autre ressource que le combat. Il était nécessaire de l'engager avant que les Valaques fussent arrivés au secours des Moldaves. Alexandre avait pris position sur les bords du Siret, et le pas-

Alexandre se bat contre Despote, à Verbia le 18 novembre 7069 [1565].*)

Quand Alexandre apprit que Despote avait pénétré à l'improviste en Moldavie avec une armée étrangère, pour le supplanter, il ne sut quel parti prendre dans un danger aussi pressant. Comme réveillé du sommeil, il marcha, à la hâte et avec quelques troupes mal préparées, à la rencontre [de son adversaire], sur la Jijie, jusqu' à un endroit appelé Verbia. La milice, par haine d'Alexandre, n'avait pas voulu prendre les armes; il était parti avec ceux qu'il avait pu réunir. Recontrant [son ennemi], il lui livra bataille, mais le petit nombre ne put soutenir le choc du grand nombre, ceux qui n'étaient pas préparés furent écrasés par ceux qui l'étaient, et durent prendre la fuite. Alexandre se réfugia dans la Basse-Moldavie.

Quelques uns disent que, dans cette bataille, il y eut trahison; mais celui qui est battu ne veut jamais convenir de ses fautes et les cache aux autres. Tout cela arrive par la volonté de Dieu, car il n'y a rien de stable dans le monde, mais tout est fragile et tout passe. [Dieu] élève ceux qui sont abaissés et abaisse ceux qui sont élevés;**) et cela pour nous servir d'exemple et de

---

sage de la rivière sous le feu de son artillerie offrait des difficultés presque insurmontables. Székelyi eut recours à la ruse: il demanda à parlementer avec Moțoc et parvint à le corrompre. Telle fut, selon Forgács (ap. Engel, II, 202), la cause du succès remporté par Basilic à Verbia le 10 novembre 1561. Désormais le despote était maître de la Moldavie.

*) Sommer (p. 15) et Istvánfi (éd. 1622, p. 404) disent que la bataille eut lieu la veille de la Saint-Martin, c'est-à-dire le 10 novembre; ils ajoutent que le despote, dès qu'il fut installé à Iassi fit peindre sur les murs de son palais les principaux épisodes de cette bataille. Istvánfi donne en outre, sur les forces des deux armées et sur le combat lui-même, de longs détails auxquels il nous suffira de renvoyer.

*) Luc, I, 52: »Deposuit potentes de sede et exaltavit humiles.« Cf. Job, V, 11; Epist. Jacobi, IV, 6; Epist. Petri, I, v, 5.

хіе де пилдъ ши де ꙟвъцътъръ нóвъ, съ кꙋпóлщем къ немикъ ꙟ лꙋме нꙋ авéм, фъръ нꙋмай фáпте буне.

Алеѯáндрꙋ Вóдъ фꙋџе ла Цариград.

Алеѯáндрꙋ Вóдъ, дꙋпъ чѐ пердꙋ рескóюл, фꙋџи спре Ꙗши, ши де акóлѡ ꙟши лꙋъ дóамна ши фꙋџи ла Хꙋши. Акóлѡ се грижіа ка съ стрꙟгъ цѣра, ши съ ꙗ ажꙋтóр дела Тꙋрчи, съсе ꙟтóаркъ асꙋпра лꙋй Деспóт, че немикъ нꙋ фолосит. Къ Деспóт, дáкъ ау бътꙋт пре Алеѯáндрꙋ Вóдъ ла Вѣркѣ̈а, нꙋ съꙋ порнит дꙋпъ ѣл, че съꙋ ꙟтóрс спре Сꙋчѣвъ, ши ꙗꙋ апꙋкáтъ скáꙋнꙋл ши четáтѣ Сꙋчéвіи, кꙋ тоáтъ авѣрѣ лꙋй Алеѯáндрꙋ Вóдъ; де ꙋнде пре слꙋжитóри ꙗꙋ ꙋмплꙋт кꙋ бáни, ши пре боіéри кꙋ кꙋвинте бꙋне ши дꙋлчи ꙗꙋ ꙟблънзит, ши ле жꙋрꙋѣ съле фáкъ вине май мꙋлт декъ́т áр похти éи. Аша ꙟплънд пе тóци де нъдѣжде, исꙋ ꙟкинáт цѣра де със тоáтъ, ши съꙋ гътит де ꙟсоáвъ асꙋпра лꙋй Алеѯáндрꙋ Вóдъ, ши ау погорит ла Ꙗши, апóй ла Хꙋши, съ поáтъ апꙋка пре Алеѯáндрꙋ Вóдъ акóлѣ. Че Алеѯáндрꙋ Вóдъ възъ́нд ши áꙋзъ́нд къ ѣсте голит де тот ажютóрꙋл, съꙋ погорит ла Киліа, ши де акóлѡ съꙋ дꙋс ла Ꙟпърціе, ка съсе ажꙋторѣ́скъ де акóлѡ.*)

---

*) Istvánfi (éd. 1622, 405) raconte qu'après la défaite d'Alexandre Lăpușneanul, les Moldaves vinrent en foule se ranger sous les drapeaux du despote, qui se trouva ainsi à la tête de 25.000 hommes et disposa de 32 pièces d'artillerie. Le vainqueur sut habilement encadrer ces nouveaux auxiliaires dans les troupes étrangères qu'il savait dévouées à sa fortune, et marcha sur Huşĭ. Alexandre, qui avait traversé cette ville, s'était établi au-delà du Prut, et, à l'abri de la rivière, avait reformé son armée. Déjà il avait reçu un secours des Turcs, et des renforts valaques et tatars étaient en route pour le

leçon, afin que nous sachions que nous n'avons rien dans le monde que nos bonnes actions.

Alexandre s'enfuit à Constantinople.

Alexandre, ayant perdu la bataille, s'enfuit à Iassi, prit avec lui sa femme, et gagna Huși. Il tâcha d'y réunir la milice et d'obtenir le secours des Turcs, pour recommencer la lutte contre Despote, mais ses efforts furent inutiles. Despote, après avoir défait le prince à Verbia, avait marché sur ses traces. Il se dirigea vers Suceava, et s'empara de la capitale, ainsi que du château et de toutes les richesses d'Alexandre. Il combla d'or ses soldats, calma les boïars par de bonnes paroles, et leur promit de leur faire plus de bien qu'ils n'en pourraient même souhaiter. Il remplit ainsi chacun d'espoir, et toute la Haute-Moldavie lui fit hommage. Il se prépara alors à une nouvelle attaque contre Alexandre, descendit à Iassi, puis à Huși pour y joindre son adversaire; mais, quand celui-ci vit et apprit qu'il ne pouvait compter sur aucun secours, il descendit jusqu'à Chilie et, de là, passa dans le pays du sultan, pour y chercher assistance.*)

---

rejoindre, lorsque l'armée du despote arriva sur les bords du Prut et mit aussitôt ses canons en batterie. La vivacité de ce mouvement surprit les partisans d'Alexandre. Antoine Székelyi profita de ce mouvement de surprise pour préparer le passage de la rivière. Il réquisitionna tout ce qu'il put trouver dans le pays de tonneaux et de cordes, et commença la construction d'un pont. Ce travail fut poussé si rapidement qu'en deux jours il fut presque achevé. L'ennemi ne se sentit pas en état de résister et s'enfuit. Alexandre se dirigea sur Chilie et Cetatea-Albă, d'où il gagna Silistrie.

Nous ignorons la date de ce nouvel exploit du despote, mais il dut suivre de près la rencontre du 10 novembre. En effet, dès le 8 décembre, M. de Petremol, ambassadeur de France à Constantinople, écrit à M. de Boistaillé, à Venise, que le despote a occupé la Moldavie au grand étonnement des Turcs, qui soudain »ont depesché deux sanjacqs pour

КАП КГ.

Домніа луй Деспот Водъ.

Деспот, дупъ че ау гонит пре Алеѯандру Водъ пънъ ла Хушй, съу ъторс ънапой, ши ау венит ла Ѧшй, унде ау пофтит владичій, пре Григоріе митрополитул,*) ши пре Анастасіе єпископул де Роман,**) ши пре Єфтуміе єпископул де Рѫдѫуцй,***) ши тоцй боїерій церій, де ау четит молитфа де домніе, ши пусеръ нумеле де Іѡн Водъ Деспот.†) Дупъ ачѧ ау тримис боіерй де църъ ла Ѫмпърѫціе пентру стѧг; ши ку бани ѫплънд гурил вражмашилуръ сеи шау ашеѕат домніа; ши ѩу дат стѧг, ши дакъ ѩу сосит стѧгул ла Ѧшй, дечій съу дус ла Сучѧвъ ку маре букуріе.

Ѫръ Алеѯандру Водъ, дакъ ау мерс ла Ѫмпърѫціе, фу тримис ла Ѫконіа.

Деспот Водъ, дакъ съу ашеѕат ла домніе, се арътъ блънд ши тутурур кувіѡс, ши аеве крещін

---

faire teste audit despot avec l'ayde des Vallacques«. La Porte, dit-il, accuse Ferdinand d'avoir encouragé l'expédition, ce qui l'empêchera de traiter avec l'Empire. Le sultan veut chasser Basilic, et le bruit court qu'il remettra en place »le vray et legitime seigneur qui est pour ce jour d'huy en Alep (il s'agit d'Élie Rareş), et lequel pour ce faict on faict venir; mais il est plus à croire que, si cedit seigneur l'occupe une fois, il y mettra quelque sancjaqbey turq ou quelque beglerbey, pour n'estre tous les ans contrainct à y envoyer nouvelle armée (Charrière, *Négociations*, II, 681; Hişdău, *Arch.*, I, 1, 145).«

*) Avant d'arriver à l'épiscopat, Grégoire avait été pendant vingt-trois ans hégoumène du monastère de Pobrata; c'était lui qui avait persuadé à Pierre Rareş et à sa femme Hélène d'y fixer le lieu de leur sépulture. Grégoire abdiqua ses fonctions de métropolitain peu de temps après l'avènement du despote; il se retira dans son ancienne résidence de Pobrata, et, se préparant à la mort, pria les moines, en leur rappelant

CHAPITRE XXIII.
Règne de Despote.

Après avoir repoussé Alexandre jusqu'à Huși, Despote revint en arrière, arriva à Iassi et pria les évêques: le métropolitain Grégoire,*) l'évêque de Roman Anastase**) et l'évêque de Rădăuți Euthyme,***) ainsi que les boïars du pays, de lui dire les prières [usitées au couronnement] du prince. Ceux-ci lui donnèrent le nom de Jean Despote.†) Il envoya ensuite des boïars moldaves auprès du sultan pour [lui demander] l'étendard. Avec de l'argent il ferma la bouche à ses ennemis et prit possession du pouvoir. On lui donna l'étendard et, quand il l'eut reçu à Iassi, il s'en alla plein de joie à Suceava.

Quant à Alexandre, lors de son arrivée à Constantinople, il fut envoyé à Iconia.

Despote, une fois maître du pouvoir, se montra doux et équitable avec tous. Eu public il était chrétien ortho-

---

ses services passés, de lui consacrer un service annuel. Voy. l'acte du 9 septembre 1562 publié par Hîșdău, *Arch.*, I, II, 23.
**) D'après Melchisedec (*Chron. Rom.*, I, 202), Anastase fut évêque de Roman de 1558 à 1572.
***) Euthyme remplaça Métrophane sur le siège épiscopal de Rădăuți entre le 5 juin 1551 et le 4 avril 1552 (voy les actes publiés par Hîșdău, *Arch.*, I, 1, 125); nous ne savons plus rien de lui après l'avènement du despote.
†) Dans son grand titre le prince de Moldavie s'appelait: »Johannes Jacobus Heraclides Basilicus Despota, insularum Phari, Sami et Doridis verus haeres, et dominus regni Moldaviae, atque palatinus finium Terrae Transalpinensis, vindex libertatis patriae.« Sur les monnaies qu'il fit frapper il s'appela seulement: »Johannes waivoda, patronus Moldaviae«, ou »Heraclides despota, pater patriae, vindex et defensor libertatis patriae.« Voy. Sturdza, *Uebersicht der Münzen und Medaillen des Fürstenthums Romanien* (Wien, 1874, in-8), 32-39.

дерѐпт, кѫр ла та́йнъ е҆ретн́к; шѝ а҆вѣ́ сфѣ́тннчй де а ѫй сей де ѿ лѣ́це къ8 джнс8л; май а҆пой ша8 ѫвн́т шѝ некреди́нца сѫ.

Тримн́са8 д8пъ а҆ч꙼ѣ́а со́ли ла краю̑л лешє́ск шѝ ла ѫпърат8л нємцє́ск, джнд8ле ши́ре къ съ8 а҆шєӡа́т ла домн́іе; о꙼у҆нде пре со́ли бн́не га̊8 прими́т, шѝ а҆8 ḃ

---

*) Le premier acte du despote fut de distribuer les grandes charges de la principauté à ceux qui l'avaient soutenu dans son entreprise. Il nomma hetman un certain Barnowski, auquel il convient peut-être de rattacher le Miron Barnowski appelé deux fois à occuper le trône de Moldavie (1626-1629, 1633). Il est vrai que ce dernier s'appelait lui-même Barnowski Movila et que, d'après Niesiecki (ap. Engel, II, 243), il descendait d'un frère de Jérémie, de Georges et de Siméon Movila, nommé Étienne; mais cette dernière donnée est au moins douteuse. Miron Barnowski pouvait descendre d'un aventurier étranger venu en Moldavie avec le despote, et appartenir, en même temps, par sa mère, à la famille Movila.

Pour en revenir à Basilic, il éleva Moțoc à la dignité de vornic, nomma Stroič logothète, et prit pour secrétaire Georges de Revelles. Ce Georges était, disait-on, un fils naturel de l'ancien évêque de Vienne, Jean de Revelles, Bourguignon d'origine; il avait précédemment servi sous Alexandre Lăpușneanul (Sommer, 16 et 142; Istvánfi, 404).

Après avoir ainsi constitué sa cour, le despote notifia son avènement à tous les souverains de l'Europe. Nous possédons le texte de la lettre adressée par lui au roi de Bohême, Maximilien II; il s'y exprime ainsi: ».... Deo duce, cum auxilio potentissimi imperatoris Romanorum, [occu]pavi regnum Moldaviae et illum Alexandrum profligavi; ultra Danubium fugam dedit. Ego nunc ad imperatorem Turcharum misi nuncios; satis promisi et fidelitatem ostendi, et omnibus suis in iis confinibus habitantibus satis munera expendo, ita quod omnes mihi bene volentes sunt et apud imperatorem Turcharum adjuvant...« Le despote prie le roi de Bohême d'envoyer une armée contre le jeune fils de Jean Zápolya, et de lui donner du secours à lui-même: »nam ego«, dit-il, »cum boiaronibus regni Transalpinae secretam intelligentiam habe[o], et mecum clam conjuraverunt ita quod Petrum vaivodam, dominum transalpinum, una cum matre sua, in ma-

doxe, mais en secret il était hérétique. Il avait des conseillers de la même religion que lui. Par la suite, on vit bien son impiété.

Après cela, il envoya des ambassadeurs au roi de Pologne et à l'empereur d'Allemagne pour leur faire part de son avènement. Ceux-ci accueillirent bien les

---

nibus meis restituere ne[c] non regnum promiserunt, nisi caesarea majestas dignetur ex a[lia parte] filium regis Joannis cum exercitu suo circumdare.« Il ajoute qu'il a le projet de céder le trône de Moldavie à Démètre, son fils adoptif, et de se réserver à lui-même la Valachie.

Le despote dit en outre qu'il a envoyé une ambassade en Pologne, et termine en demandant au roi de Bohême un secrétaire latin (Archives imp. de Vienne).

Le 15 janvier 1562 nous avons des nouvelles de l'ambassade envoyée à Constantinople. L'interprète de la mission impériale écrit à Vienne que, le 23 décembre précédent, est arrivé »un huomo del figliol dil despota«, avec une lettre pour le sultan et une pour Ali Paša. Le despote prie le grand seigneur de le reconnaître, lui promet fidélité et s'engage à élever le tribut annuel de 20.000 ducats. Le sultan s'est laissé fléchir; cependant, dès le 26 décembre, il a fait écriré aux pachas de Bude et de Temesvár pour savoir s'il est vrai que le despote ait été reçu avec faveur par la population (Arch. imp. de Vienne).

De son côté, l'agent français, M. de Petremol, écrit à M. de Boistaillé, à Venise: »La grande levée de boucliers que ceux-ci [les Turcs] avoient faicte pour aller contre le despost en Moldavie s'est esvanouie en fumée à la venue de quelques hommes dudict despost, par lesquels il a faict entendre au grand seigneur que ce qu'il avoit faict n'estoit comme ennemy de S. H., ny moings voulant attenter quelque chose contre icelle, mais pour dechasser seulement le tiran Alexandre, qui luy detenoit injustement son royaume de Moldavie, et, de plus, qu'il n'y estoit venu de sa propre authorité, mais ayant été appellé par ceux du pays qui ne pouvoient plus supporter les grandes tyrannies, exactions et oppressions dudit Alexandre; et qu'il estoit prest de payer non seulement le mesme tribut que payoit cedit Alexandre, mais de l'augmenter pour ceste occasion. Le grand seigneur

фо́ст вӗкӗро́шй оу҆́нӗіӓ ка а҆че́стӗіа че сла́жӗсе шӏ ла
кӗртѣ̀ а҆мпӗра́тӗлӗй шӏ ла коро́на леше́скӗ.

l'a accepté et confirmé audit pays, et luy doibt envoyer les aornements et estendarts de sanjacq, à la charge qu'il payera XXm. escuz de tribut davantage qu'Alexandre, qui en payoit XXXm. Hier ses gens partirent d'icy pour luy porter cette nouvelle, par lesquels il m'a escrit une lettre de laquelle je vous en envoye la coppie, desirant l'amitié du roy, et offrant la sienne. Je luy ay faict response que je ne pouvois ny refuser ny du tout accepter ladite amitié sans premiérement en advertir mon prince, auquel je ne faudrois de faire entendre le tout, et estimois qu'il l'accepteroit tresvolontiers comme amy des amys du grand seigneur.... (Charrière, *Négociations*, II, 685; Hîşdău, *Arch.*, I, 1, 145).

Les ambassadeurs étrangers étaient bien informés: le sultan expédia effectivement au nouveau prince l'étendard et la masse d'armes, symboles de son autorité, et y joignit divers présents. Mais l'augmentation du tribut n'était pas la seule condition imposée par la Porte. Le tchaouch envoyé en Moldavie fit savoir au despote, en lui conférant l'investiture, que le grand seigneur exigeait le renvoi des mercenaires étrangers. Sous le prétexte de diminuer les charges qui pesaient sur le pays, les Turcs permettaient seulement au prince d'avoir, pour sa garde personnelle, 300 cavaliers et autant de fantassins hongrois (Sommer, 18-19).

Basilic dut se soumettre, d'autant plus que ses ressources étaient épuisées. Il congédia donc le plus grand nombre de ses soldats étrangers, auxquels il eut l'imprudence de ne payer qu'une partie de l'arriéré. C'était mal reconnaitre leurs services, et les détourner de revenir jamais à son secours.

On est surpris de voir avec quelle promptitude le despote prit une mesure aussi grave. Nous avons quelques détails sur ce point dans une lettre adressée au roi de Bohême par un de ses agents, Sigismond Tordai, lettre datée de Pozsony (Presbourg) le 2 février 1562. Tordai annonce au roi la reconnaissance du despote par le sultan; il ajoute qu'Alexandre Lăpuşneanul a été mandé à la Porte et que ses biens ont été confisqués. Le despote licencie les auxiliaires espagnols et hongrois auxquels il a dû son succès. On dit que plusieurs des chefs qui ont fait la campagne de Moldavie sont en route pour revenir. Roussel amène, paraît-il, à l'empereur

ambassadeurs et se réjouirent de voir prince un homme qui avait été au service de la cour impériale et du royaume de Pologne.

---

des chevaux, avec divers autres présents. Antoine Székelyi est de retour chez lui depuis le 21 janvier (d'après Sommer, p. 18, Pierre Székelyi, frère d'Antoine, demeura investi du commandement de la ville de Suceava). Il aurait mieux valu, observe Tordai, que ces vieux hommes de guerre fussent restés auprès du despote pour l'aider de leur épée et de leurs conseils. Les Impériaux feront bien de traiter avec le prince de Moldavie pour empêcher les Turcs d'envahir la Transylvanie. De plus le despote sera en mesure de fournir des approvisionnements à une armée chrétienne, si l'on peut enfin entreprendre une grande expédition contre les infidèles (Arch. imp. de Vienne).

Au moment même où Tordai fermait sa dépêche, le roi de Bohême répondait aux lettres de Basilic. La rédaction de cette réponse était délicate parce que Maximilien ne voulait pas se mettre mal avec le despote, mais n'avait au fond aucune confiance en lui. De là vient que M. Émile Legrand a trouvé aux archives de Vienne deux minutes de la réponse royale, datées l'une et l'autre de Prague, le 2 février 1562. Maximilien ne sort pas des phrases vagues et banales. Le titre qu'il donne à l'aventurier grec est ainsi conçu: »Illustrissimus, sincere nobis dilectus, Jacobus Basilicus Heraclides, despota Sami et Pari, ac Moldaviae vaivoda.« Le 6 février, le roi signa les instructions données à Jean Belsius et à Martin Berkovič, qu'il chargeait de se rendre de sa part en Moldavie. Il leur recommandait de remettre au prince avec déférence leurs lettres de créance; de le féliciter de sa double victoire, en l'assurant que leur maître s'efforcerait de le soutenir; de se bien renseigner sur les affaires de la Moldavie, où Belsius devait rester, tandis que son collègue retournerait en Bohême; de remettre à Albert Łaski, à Antoine Székely, et à Jean de La Ville les lettres du roi, en les félicitant de leurs faits d'armes et en les exhortant à rester dans le pays; enfin de garder le secret le plus absolu.

Cependant la situation de Basilic était loin d'être assurée. Il avait contre lui son rival, Alexandre, qui ne pouvait manquer d'intriguer à Constantinople, et le roi de Pologne, dont il avait enfreint les ordres.

Le 13 février, l'interprète de la nonciature impériale

Май ѫпо́й пꙋслꙋ пре цѣрꙋ невой ши грецѣции мэ́рй. Бисѣричиле десбрꙋкэ, ѫрхинтꙋрииле лꙋа ши фэчꙋ бэний, ши а́лте мꙋлте лꙋкрꙋрй фэрꙋ де кале фэчѣ, каре ниче ѫꙋзисе кꙋ ле вэ ведѣ. Фэкꙋнд ачѣсте Деспо́т Водꙋ, ꙗ́р Ласки, кареле вениссе кꙋ дѫнсꙋл, кꙋноскꙋнд кꙋ вꙗ вени ѫсꙋпра лѡр рѣꙋ, сꙋꙋ дꙋс ѫнапо́й.

Пе́нтрꙋ изво́дꙋл ѫмꙋндꙋрор крониӄарилѡр лешѣщий, ши де токмала лѡр деспре Деспо́т Во́дꙋ.

Пе́нтрꙋ ачест Деспо́т Во́дꙋ лѣтописецꙋл молдовинѣск фо́арте прѣ скꙋрт скрие. Ꙗ́рꙋ крониӄарій чей

à Constantinople écrit à la cour de Vienne qu'Alexandre a remis au sultan une lettre fort compromettante que le despote est censé avoir adressée à ses boïars. Le 10 février, est arrivé un vieil Arménien, porteur d'une dépêche du roi de Pologne; on croit qu'il se propose de travailler contre Basilic; mais le sultan sera peu disposé à l'écouter, car il est fort irrité contre les Polonais (Arch. imp. de Vienne). Le 5 mars, l'interprète impérial revient sur le même sujet et constate que l'agent du roi de Pologne a échoué, non que les Turcs aient confiance dans les promesses du despote, mais par ce qu'ils attendent le versement du tribut. D'ailleurs les nouvelles reçues de Moldavie sont graves: 20.000 Tatars ont envahi la principauté; ils ont déjà détruit vingt villages. Un parti de 1.000 cavaliers moldaves envoyé contre eux a été taillé en pièces. Le sultan a ecrit au khan et lui a ordonné de se retirer et de rendre les prisonniers. Il craint sans doute que cette invasion n'empêche le paiement du tribut. Les Turcs sont d'une cupidité insatiable. Le malheureux Alexandre Lăpușneanul, qui est toujours gardé de près, s'est déjà vu extorquer par eux 20.000 ducats, ce qui n'empêche pas qu'on ait saisi une lettre écrite par lui à l'empereur.

Le despote parvint, grâce à l'assistance des Turcs, à se débarrasser des Tatars; il put alors continuer les négociations que la souplesse de son esprit lui permettait de conduire avec une habileté peu commune. Une dépêche de M. de

Plus tard, il imposa au pays une foule de vexations et de charges; il dépouilla les églises, en enleva les objets d'argent pour en fabriquer de la monnaie*), et fit une foule de choses contraires à la justice, que les Moldaves n'avaient pas prévu qu'ils auraient à souffrir. Telle fut la conduite de Despote; aussi Łaski, qui l'avait accompagné, sentit que les choses finiraient mal pour eux, et s'en retourna.

Du récit des deux chroniqueurs polonais, et de leur accord touchant Despote.

La chronique moldave ne parle de ce Despote qu'en termes très-brefs; les chroniqueurs polonais sont

---

Petremol, en date du 15 avril, nous montre que Basilic avait réussi à s'insinuer dans ses bonnes grâces. »Le despot de la Servia,« dit-il au roi Charles IX, »aujourd'hui prince de la Moldavie, par ses ambassadeurs et par les lettres qu'il m'a escriptes, m'a fait entendre qu'il desiroit, non seulement comme amy, mais comme tres-affectionné serviteur de vostre couronne, pouvoir treuver envers S. H. quelque faveur et protection de V. M., à l'exemple du roi de Transilvanie, et comme tous les autres princes chrestiens qui ont eu recours sous umbre de vos ailles; et qu'il envoyroit pour cet effect ambassadeur à V. M. De quoy n'ay voulu faillir vous advertir, sachant combien de reputation apporte à vos affaires de par deça que les princes chrestiens se retirent soubs vostre protection, outre que le despot, pour ses rares vertus, merite d'estre favorisé d'un chacun, et qu'estant paisible possesseur de la Moldavie, comme de present il est, on le peult dire grand prince et puissant en ces quartiers-cy (Charrière, II, 694; Hîşdău, *Arch.*, I, 1, 146).«

Basilic ne réussit pas moins bien auprès de l'empereur Ferdinand. Le 18 mai, celui-ci lui écrivit, de Prague, pour le féliciter des bonnes dispositions dont témoignaient les lettres écrites par lui à Maximilien (Arch. imp. de Vienne).

Le despote, on va le voir dans les notes qui suivent, ne fut pas aussi heureux dans sa politique intérieure.

*) Sommer rapporte (p. 17) que, ne sachant comment payer ses soldats, le despote s'empara d'un candélabre d'argent, de

лешещй спъну май дескис ши май де ажънс;*) че
мъкар къ денчепътул луй Деспот ну спун амъндой
ътрун кип, ёр май апой тот се токмеску, къ ку
ачѣсту дату ау фост искълда тот ла Деспот Водъ,
къ ау бътут пре Алезандру Водъ, ши ау апукат скаунул; оунде, дакъ съу ашезат ла домніе, мулте ръу-
тъци фъчѣ песте боя цѣрій. Пре кареле пъну май
пре урмъ ну лъу путут суфери боярій ши цѣра,
възънд дела джнсул атъта педѣпсъ ши стрмбътате
асупра лор. Ши дел вра крудъ Думнезеу Аделуиг
ла домніе, ну врѣ пътѣ фи ътрълт кип, съ ну при-
менѣскъ ши лѣцѣ, ши съ ну ръсипѣскъ ши цѣра.

Кънд съу сфътуит Ласки съ скоалъ пре Деспот Водъ ден домніе.

Де ачѣсту повѣсте скріе кроникарул Марцин
Пашковски,**) кум къ Албрехт Ласки, воевода сираски,
дакъ ау ашезат пре Деспот ла домніе, ку мулту
келтуалу а съ, съу ъторс ла Цѣра Лешѣск, дънд
кувънт луй Деспот Водъ, къ съй тримицъ тот че
ау келтуит пентру джнсул, съуши ръскумпере мошіиле
каре лѣу зълоцит пентру Деспот. Че Деспот, дакъ

---

grand prix, qu' Alexandre avait donné à un monastère situé
dans les Carpates, et qu'il en fit faire de la monnaie; c'est
à ce sacrilège qu' Urechi fait allusion. Cf. Istvánfi, 405 bis.

*) Les chroniqueurs polonais auxquels il est fait ici allusion sont
Bielski (*Zbior dzieiopisów polskich*, I, 553) et Al. Guagnini,
traduit par Martin Paszkowski (*ibid.*, IV, 110). Sur ce dernier
historien, voyez la note suivante.

**) Le renvoi à Paszkowski est une indication qu'il importe de
noter pour déterminer la date à laquelle remonte cette partie
de notre chronique. Paszkowski n'est pas un historien original; il s'est borné à traduire de latin en polonais la chronique d'Alexandre Guagnini ou Gwagwin (*Sarmatiae europear
Descriptio*), qui avait paru à Cracovie en 1578, in-fol. La ver-

plus explicites et moins insuffisants.*) Bien qu'ils ne racontent pas de la même manière les commencements du prince, ils s'accordent cependant à dire ensuite que Despote eut cette fois la victoire, qu'il battit Alexandre, s'empara du pouvoir, et que, après être monté sur le trône, il commit toutes sortes de méchancetés contre le pays. A la fin, les boïars et le pays tout entier ne purent plus le supporter, quand ils virent les exactions et les violences dont ils étaient victimes. Si Dieu le maintenait longtemps au pouvoir, [il était à craindre] qu'il ne changeât la religion et ne ruinât la Moldavie.

Łaski forme le projet de renverser Despote.

Au sujet de cet incident, le chroniqueur polonais Martin Paszkowski**) raconte qu'Albert Łaski, voiévode de Sieradź, après avoir mis Despote en possession du trône, entreprise pour laquelle il avait fait de grandes dépenses, retourna en Pologne. Il était convenu que le prince lui rembourserait les sommes qu'il avait dépensées pour lui, afin qu'il pût racheter les domaines qu'il avait engagés dans son intérêt; mais, quand Despote se vit

---

sion polonaise ne fut publiée qu'en 1611, ce qui prouve que ce chapitre d'Urechi n'a été rédigé qu'au XVIIe siècle.

La chronique de Guagnini forme le tome IV de la Collection des historiens polonais *(Zbior dzieiopisów polskich;* w Warszawie, 1768, in-fol.), où elle porte le titre suivant:

Kronika Sarmacyey Europskiey, w ktorey się zamyka Krolestwo Polskie ze wszystkiemi państwy, xięstwy y prowincyami swemi: tudzież też wielkie xięstwo Litewskie, Ruskie, Pruskie, Zmudzkie, Inflantskie, Moskiewskie y część Tatarow; przez Alexandra Gwagwina z Werony ... pierwey roku 1578 po lacinie wydana ... a przez Marcina Paszkowskiego za staraniem autorowym z łacińskiego na polskie przełozona, roku pańskiego 1611.

Voy. cette édition de 1768, p. 113.

сắу възут ашеụáт ла домніе, немйк де ачкя нў грн- ₐ
жїл, че нумай чè прълл шн фъчѣ ръsтъцн ѫ цѣръ.
Ашл ѫтръид скъръз ѫтре джншій, ѫцълегъид Лъскн
де атъте ас8пркле шн ръsтъцн чè фъчѣ церій, шн
л8й н8й плъткше келт8ъла, гжидѫ кл съл скóлцъ дèн
домніе.*) Де кáре л8кр8, дáкъ съу áд8нáт ла сейм ла ᵇ

---

*) Sommer (pp. 19-24) nous fait connaître en détail l'histoire des démêlés du despote avec Łaski. Celui-ci, non seulement fut défrayé des dépenses nouvelles qu'il faisait chaque jour, mais encore fut remboursé de l'avance de 10.000 ducats qu'il avait faite au prétendant; pour le surplus (Graziani, p. 36, dit que la dette se montait bien à 20.000 ducats), Basilic lui donna en gage la forteresse de Hotin, sur le Dniestr. Łaski y établit une garnison à lui, sous les ordres d'un gentilhomme polonais appelé Pisaczęcki. L'accord semblait complet entre le despote et son allié quand un incident imprévu vint rompre leurs bonnes relations.

Basilic, en vue de maintenir la discipline parmi ses troupes et de rétablir l'ordre dans la principauté, avait décrété que ceux qui se seraient rendus coupables d'un crime seraient impitoyablement exécutés, sans qu'on tînt compte de leur rang ou de leur origine. Il fit, en conséquence, arrêter et mener au supplice le propre médecin de Łaski, convaincu de meurtre. En vain le prince polonais intercéda-t-il pour lui: le despote se montra inflexible. Łaski, froissé, se plaignit de l'ingratitude de celui qui lui devait le trône. Il se retira dans sa forteresse de Hotin, d'où il donna libre cours à son ressentiment. Les réclamations qu'il adressait à Basilic devinrent plus considérables (d'après Graziani, p. 36, il ne parlait pas de moins de 80.000 ducats) et prirent un caractère menaçant.

Tandis que le despote s'aliénait Łaski, il était avec le prince de Transylvanie dans un état d'hostilité qui pouvait devenir fort dangereux, puis il devenait suspect aux Turcs, en raison même des manœuvres auxquelles il se livrait pour leur complaire. L'origine de la querelle entre Basilic et le prince de Transylvanie paraît avoir été dans une réclamation adressée à Jean-Sigismond au sujet des deux places que les Moldaves ne cessaient de revendiquer en Transylvanie: Csicsó et Cetatea-de-Baltă (voy. ci-dessus p. 389). Nous trouvons, du moins, ce renseignement, qui nous paraît exact, dans

maître du pouvoir, il ne songea plus à ses [engagements], il ne pensa qu'à piller et à pressurer le pays. La mésintelligence se mit entre eux; Łaski, apprenant tous les méfaits et toutes les violences que [le prince] commettait dans le pays, et ne recevant pas le remboursement de ses dépenses, conçut la pensée de le renverser.*) Ayant

---

l'ouvrage de Graziani (p. 53) et dans l'histoire de Wolfgang Bethlen (éd. de 1782, II, 33). Ce dernier historien ajoute: »Joannes rex exasperatus tale responsum ei dedit: *Cretenses semper sunt mendaces.*"

Il est curieux de voir un aventurier étranger, mû par son seul intérêt personnel, concevoir cette pensée d'une union entre tous les Roumains qui fut le rêve d'Étienne-le-Grand et de Michel-le-Brave. Le despote aspirait à prendre possession de la Valachie, et voulait en même temps faire sentir son influence en Transylvanie.

Tout d'abord, Basilic paraît s'entendre avec Jean-Sigismond. En effet, le 18 juin 1562, l'interprète impérial à Constantinople mande à Vienne que Basilic a formellement accusé l'empereur auprès du sultan de vouloir envahir la Transylvanie; Soliman a soupçonné quelque trahison de la part de son vassal, et lui a commandé de se tenir en repos (Arch. imp. de Vienne). Quelques mois après, les rapports entre les deux voisins se sont envenimés. Le prince de Transylvanie dénonce le despote qui entretient de fréquentes intelligences avec l'empereur et les autres princes d'Allemagne, ne s'entoure que de soldats allemands et hongrois, et donne asile à tous les bandits de la Transylvanie et de la Pologne. Tel est le résumé d'une dépêche expédiée de Constantinople à Vienne le 10 octobre (Arch. de Vienne). L'interprète impérial raconte en outre que Basilic a réussi à intercepter une lettre adressée par Alexandre Lăpușneanul au roi de Pologne. Les menées de Jean-Sigismond n'étaient pas sans effet sur les Turcs. Le 27 octobre, le nouvel ambassadeur de l'empereur à Constantinople, Albert de Wijs, écrit que le despote est menacé; qu'il a fait parvenir à la Porte un mémoire justificatif; mais qu'Alexandre Lăpușneanul a des chances d'être remis en possession de son trône.

Łaski n'était sans doute pas étranger au revirement qui s'opérait dans l'esprit de Soliman. Il était rentré en Pologne (Sommer dit l'avoir vu à Lublin au mois de septembre 1562)

Петриковъ кȢ Дȣмитрашкȣ Вишновецки, шѝ ꙗчеллъ ера ѡм кȢ пȢтѣре маре, шѝ сфѫтȢѝндȢсе ѫмꙁѝндȢй, аȢ

et avait probablement noué des relations avec le prince de Transylvanie, ainsi qu'avec les agents étrangers établis à Constantinople. Il répandit contre le despote les factums les plus violents; celui-ci y répondit par des invectives non moins passionnées. Il ne niait pas la dette de 10.000 ducats qu'il n'avait pas encore remboursée à Łaski, mais il prétendait que son adversaire l'avait trahi et, dès lors, n'avait plus le droit de rien réclamer. Łaski ne se borna pas à une guerre de plume et d'intrigues, il entra en pourparlers avec le chef cosaque Démètre Wiśniowiecki et arrêta avec lui un plan de campagne. Démètre, dont la bravoure s'était maintes fois montrée aux dépens des Russes et des Tatars, avait combattu pour le despote en 1560 (voy. ci-dessus, p. 404), mais peut-être avait-il été mal payé. Il se laissa entraîner par les promesses de Łaski, et crut qu'il pourrait à son tour monter sur le trône de Moldavie.

Basilic suivait toutes les démarches de son rival et n'attendit pas que Łaski eût franchi la frontière avec une armée. Il marcha sur Hotin, et, avant que l'ennemi fût arrivé, força Pisaczęcki à lui livrer la place. Protégé du côté du nord par un débordement du Dniestr, il put à son aise parcourir la principauté (Sommer, 24; Engel, II, 205).

A la suite de cette expédition, le despote se vit contraint d'augmenter les impôts et d'exiger de chaque famille une taxe supplémentaire d'un ducat. Le mécontentement provoqué par ces mesures fiscales s'augmenta bientôt en raison de la défiance que ses idées religieuses excitèrent dans le peuple. Non seulement Basilic était soupçonné de chercher à propager le protestantisme, mais il voulait porter la main sur les coutumes nationales. Un des points qui attirèrent son attention, ce fut la déplorable facilité avec laquelle il était loisible aux époux de divorcer. Pour mettre un terme à cet abus, auquel les Allemands et les Hongrois établis en Moldavie se laissaient entraîner comme les nationaux, le prince fit venir de Pologne un prêtre appartenant, dit-on, à la secte des Sociniens, Jean Lusiński; il lui conféra le titre d'évêque, et le chargea de prononcer sur les questions matrimoniales pendantes entre les étrangers. Quant aux Moldaves eux-mêmes, le despote se réserva le droit de punir ceux qui enfreindraient ses ordonnances. Sommer témoigne de la rigueur avec laquelle

donc rencontré à la diète de Piotrków Démètre Wiśniowiecki, homme dont l'influence était grande, il s'entendit

---

Basilic poursuivit les coupables. Il vit exécuter en même temps
six personnes qui avaient violé la nouvelle législation (Sommer, 26).

Ces mesures de police, auxquelles le despote alla jusqu'à
donner un caractère rétroactif, causèrent dans tout le pays
le plus vif mécontentement. L'église d'Orient avait toujours
admis le divorce avec une extrême facilité; le fait seul que le
despote s'en déclarait l'adversaire résolu était une preuve de
ses sympathies pour la Réforme. Il est vrai qu'à l'extérieur
Basilic se conformait aux pratiques de l'église orientale (Sommer,
dans une de ses élégies, p. 86, lui reproche, à lui et au pseudo-
évêque Lusiński, d'avoir présidé au baptême de l'eau, le jour
de l'Épiphanie), et correspondait avec le patriarcat œcumé-
nique de Constantinople dans des termes pleins de déférence
(voy. sa lettre à Jean Zygomalas, rhéteur de l'église patriar-
cale, ap. Crusius, *Turco-Graecia*, 247); mais ces concessions
faites à l'opinion du pays ne l'empêchaient pas de montrer ses
préférences pour le protestantisme. D'après Graziani (pp. 29-31),
il ne se gênait nullement, en présence même des boïars, pour
tourner en ridicule les prêtres, les moines et les cérémonies
du culte, et assistait dans son palais à un office célébré selon
le rite réformé.

Une lettre adressée de Constantinople à l'empereur, en
date du 18 février 1563, contient des détails qui nous montrent bien que chez le despote les préoccupations religieuses
n'occupaient que la seconde place. Le baron slovène Jean
Ungnad, qui s'était établi à Urach, en Wurtemberg, où il
patronait le réformateur Primus Truber, entretenait des agents
chargés de colporter au dehors les livres slovènes et croates
que celui-ci faisait imprimer. Un de ces agents, appelé Wolfgang Schreiber, originaire de Pécs (Fünfkirchen), et dont
nous possédons une brève relation de l'armée de Soliman,
écrite en 1529 (voy. Hormayr, *Taschenbuch für vaterländische
Geschichte*, 1827, 225), vint en Moldavie pour y répandre des
ouvrages de propagande écrits dans une langue familière à tous
les Roumains instruits. Il paraît que Schreiber était en même
temps chargé par Ungnad d'exhorter le despote à se marier
et à rester fidèle à l'empereur. Ces avis, dont nous ne connaissons pas le détail, déplurent au prince, qui s'en prit au
pauvre Schreiber. Il lui demanda d'exposer par écrit l'objet

токмйт Láски къ сѫ̀л дꙋ́къ ла домнíе, шй съ скóацъ пре Деспóт. Де кáре лꙋкрꙋ ꙟкрединцъндꙋсе ꙗмъндóй, нꙋ дꙋпъ мꙋ́лтъ врѣ́ме съ́ꙋ рꙋдикáт Вишновéцки кꙋ ѡ́асте къзъчéскъ; шй ꙗꙋ венйт ла Нистрꙋ, ꙗшептъ̂нд ꙗ́колѡ пре Ласки съ мѣ́ргъ ꙗсꙋпра лꙋй Деспóт Вóдъ.

Въ̀нд сѫ́ꙋ сфътꙋ́йт шй боѥ́рій Молдóвій, съ скóацъ пре Деспóт Вóдъ дéн домнíе, Áвгꙋст ꙃ҃ᲂ҃а.

Ла ꙗчѣ́ дáтъ сфътꙋ́индꙋсе шй боѥ́рій лемпревнꙋ̀ кꙋ є҆пискóпій, чè ви́р фáче кꙋ ꙗ̂чéл ръсипитѡр де лѣ́це, къ нꙋ нꙋмáй къ́лкъ ѡ̀бичéеле цéрій, шй жъкꙋ́рй фъчѣ́, чè шй лѣ́це кꙋ тóтꙋл ръмъсѫ́се де бътжóкꙋръ; дéчй кꙋ тóцій сфътꙋ́индꙋсе, мáй кꙋ деадйнсꙋл Тóмша

---

de sa mission, puis, quand il eut le mémoire entre les mains, il envoya aux Turcs et l'écrit et l'écrivain. Le calcul était mauvais. Le sultan fut indigné d'un procédé semblable, et le despote lui devint encore plus suspect que par le passé. L'agent impérial regarde comme probable que les Turcs ne laisseront pas finir l'été sans envoyer des troupes en Moldavie et sans y installer un autre prince (Arch. imp. de Vienne).

Wolfgang Schreiber, arrivé à Constantinople, fut condamné aux galères; il y était encore quelques années plus tard, cependant il parvint dans la suite à recouvrer sa liberté. Le représentant de l'empereur à Constantinople ne voyait en lui qu'un agent politique; mais Crusius (*Turco-Graecia*, 492) contient sur le même Schreiber le curieux passage que nous transcrivons: »Die 22. februarii 1565 Albertus de Wyss literas Constantinopoli germanice scripsit ad D. Primum Truberum, pagi nobis vicini Doerendingae [Derendingen, près de Tübingen] concionatorem, quas ego 27. Augusti 66. legi. In iis erat de Wolfgango Schreibero, qui captus fuerat a despota Moldaviensi quod pios libros a D. Primo in schlavonicam linguam conversos, qui hic auspiciis generosi D. Jo. Ungnadi excudebantur, in illis locis distrahere voluisset. Sed postea dimissus est, ut ex ipso D. Primo 81. audivi, venditis illis libris (*Novo Testamento* et *Locis communibus S. Scripturae*) quos etiam Turcae, quia cirulicis literis excusi, legerunt.«

avec lui; il s'engagea à le placer sur le trône et à chasser Despote. Il se mirent d'accord entre eux et, peu de temps après, Wiśniowiecki se mit en mouvement avec une armée cosaque. Il s'avança jusqu'au Dniestr et attendit que Łaski marchât contre Despote.

Les boïars moldaves forment également le projet de chasser Despote du trône (août 7071 [1563]).

Cette fois, les boïars du pays délibérèrent avec les évêques et se demandèrent ce qu'ils feraient avec ce destructeur de la religion, car, non seulement il violait les lois nationales et se livrait à des exactions, mais la religion elle-même était bafouée.*) Ils furent tous d'avis,

---

Il saute aux yeux que les Turcs ne pouvaient lire les livres slaves, qu'ils fussent ou non imprimés en caractères cyrilliens, et qu'il s'agit ici des Roumains.

Revenons au despote. Malgré des allures hautaines qui décélaient en lui le parvenu, il avait des côtés réellement dignes d'inspirer la sympathie. Il aimait la science et rêvait de répandre l'instruction en Moldavie. Il fonda à Cotnarï, sous la direction de Sommer, une école à laquelle il envoya des jennes gens de toutes les parties du pays. Il avait voulu obtenir pour cette école le concours de Gaspard Peucer, le gendre de Melanchthon, et d'un célèbre mathématicien de Cracovie, Joachim Rheticus; mais l'un et l'autre refusèrent de tenter l'aventure. A l'école devait être jointe une bibliothèque: on ignore si ce dernier projet reçut jamais un commencement d'exécution (Sommer 29). La postérité sait plus de gré à Basilic de ses efforts pour développer l'instruction que du faste qu'il affectait en faisant fabriquer des couronnes d'or.

*) Le despote ne pouvait se faire illusion sur les sentiments hostiles de la population. Il en avait eu la preuve lorsqu'il faillit être massacré par les paysans à propos du nouvel impôt de capitation qu'il avait introduit. Il se tira d'affaire par sa présence d'esprit; mais Barnowski et un évêque moldave, que le peuple avait rendus responsables, l'un et l'autre, et dont il avait demandé les têtes, ne pardonnèrent pas au prince le danger qu'ils avaient couru à cause de lui (Sommer 35-37).

хатман8л, кă сă скоацă пре Деспот Водă дĕн домнïе; ши ăшă ж8рарă пре Томша, кă ĕрă ом к8 инимă маре, кă сă хïе ĕл ăнчепăтор ла ачест л8кр8. Ăсă ăт8нчешй ăцăлегăнд боïерïй кă Д8митрашко Вишновĕцкй ă8 венит ла Нйстр8 к8 оасте кăз̆ăчĕскă, ши ăшĕптă пре Ласкй, карïй сă8 гăтит сă вïе к8 оасте ăс8пра л8й Деспот Водă, ша8 сокотит к8 тоцïй, ши ă8 афлат кă сă тримицă ла Д8митрашко Вишновĕцки сă вïе ла домнïе, ши сă н8 зăбовĕскă, ниче сă вïе к8 оасте м8лтă, кă пот ĕй к8 цĕра фăрă оасте сăй дĕ домнïа; ниче сă май ăшĕпте пре Ласки, зикăнд кă, дакă ва вени Ласки, ва фи слава л8й,

---

Une autre anecdote rapportée par le même Sommer (37-38) est également curieuse. Basilic avait auprès de lui une sorte de fou de cour, un hussard hongrois, grand et gros, appelé Telegecsi, qui se permettait toutes sortes de plaisanteries. Un jour que le despote était à table avec Barnowski, Moțoc, Stroič et deux évêques, Telegecsi, fixant le prince des yeux, tira son épée et en menaça les convives, comme s'il eut conseillé à son maître de se défaire de ces personnages dangereux. Les boïars essayèrent de rire de ce qui devait être une simple facétie; mais ils comprirent l'allusion, et en devinrent encore plus hostiles.

Dans une excursion à Galați, le despote eut l'occasion de se convaincre qu'il ne pouvait pas compter sur les troupes nationales. Ayant fait sonner l'alarme, il vit ses mercenaires hongrois se préparer seuls au combat, tandis que les Moldaves s'enfuyaient dans les bois. Ce fut pendant ce même voyage que mourut le pseudo-évêque Lusiński, dont le rôle est resté pour nous assez obscur. On crut qu'il avait été empoisonné. Sa femme le fit ramener à Iassi et le fit enterrer dans une église (Sommer, 38-40).

De Galați, le despote se rendit à Suceava, en traversant toute la principauté. Il fut alors informé par un Allemand, appelé Wolfgang, qu'il avait chargé de la frappe des monnaies, qu'un complot se tramait contre lui. Malgré cet avis et malgré tant d'autres incidents qui eussent pu l'inquiéter, Basilic ne perdait rien de sa tranquillité. Il était absorbé tout entier par

en particulier l'hetman Tomșa, qu'il fallait chasser Despote, et ils adjurèrent Tomșa, qui était homme de grand courage, de se mettre à la tête de l'entreprise. Alors les boïars apprirent que Démètre Wiśniowiecki était arrivé sur le Dniestr avec une armée cosaque, qu'il y attendait Łaski et que l'un et l'autre se disposaient à marcher avec leurs troupes contre Despote. Ils tinrent conseil et décidèrent qu'ils enverraient vers Démètre Wiśniowiecki pour lui demander de prendre le pouvoir et de venir sans retard. Il n'était pas nécessaire qu'il amenât une grande armée, car ils pouvaient, eux et la milice, sans autre armée, lui donner le trône; il ne devait même pas attendre Łaski, car, si Łaski venait, ce serait lui qui aurait l'honneur, et non Wiśniowiecki. Ce dernier, recevant le mes-

---

ses projets de mariage. Il songeait à épouser la fille d'un grand seigneur polonais, Martin Zborowski, castellan de Cracovie. Cette fille, que Graziani (p. 37) appelle Christine, était comme son père fort attachée aux doctrines de la Réforme; elle devait être par là même mal vue des boïars, qui redoutaient en outre l'influence de plus en grande acquise par les Polonais en Moldavie.

Les projets de mariage du prince venaient de donner lieu à un incident qui pouvait avoir les plus sérieuses conséquences. Nous avons déjà raconté l'histoire de Wolfgang Schreiber, cet agent allemand qui était venu en Moldavie, de la part de Jean Ungnad, pour vendre des livres protestants et pour engager le prince à se marier (voy. ci-dessus, p. 424). La trahison dont Schreiber avait été victime avait dû avoir, non seulement auprès des reformés allemands, mais à Vienne même un douloureux retentissement.

Brouillé avec les Impériaux, le despote était également poursuivi par les partisans de Jean-Sigismond. Le 12 mars 1563, ce prince écrit lui-même au sultan pour le prier de rétablir sur le trône Alexandre Lăpușneanul, à la place de l'usurpateur étranger *(Col. lui Tr.,* V, 1874, 8).

Le 29 mai, un ancien renégat grec, redevenu chrétien, donne avis, de Péra, au despote des préparatifs que les Turcs font contre lui *(Col. lui Tr.,* V, 1874, 9); mais Basilic se croit si bien maître de la situation qu'il néglige toutes les mesures de prudence.

кр ну ал8й Вишновѣцки. Ёр Вишновѣцки, взѫнд
а҃чѣсте к8винте ши а҃деверинца дела боіерій де цѣр,
а8 ꙟтребат сфат де Писачѣнскі пор8шник8л сѐ8, кꙋм
ва фаче, а҃шептава пре Ласки а8 ва; кꙋ боіерій церіи
ꙟл пофтѣск8. Че Писачѣнски, несокотинд де виклешу҃г,
взѫнд атѣта а҃деверинцꙋ дела боіерій де цѣр, а8
зис сꙋ н8 а҃щѣпте пре Ласки, че сꙋ мѣргꙋ ла домніе,
дакꙋл пофтѣск8, сꙋ н8 хіе ласда ал8й Ласки че алшр.
А҃ск8лтѣнд а҃чест сфат Вишновѣцки, сѐ8 гꙋтит к8
вр҃ѡ ф҃ де ѡамени сꙋ віе спре цѣр.

Кꙋнд а8 принс де вѣсте Деспот кꙋ вине Вишновѣцки а҃с8пра л8й.

Скріе Бѣлскіе кроникар8л лешѣск, кꙋ Томша хатман8л, врѫнд сꙋ ꙟшѣле пре Деспот Вод, сѣй рꙋшкіре ѡ҃астѣ, кꙋ сꙋ наибꙋ к8 че се сприжини деспре вржмашій сѣй, арꙋтѣнд8се пріѐтин л8й Деспот, а8 спꙋс кꙋ Вишновѣцки се гꙋтѣхꙋ ши вине а҃с8пра л8й, ши а8 сосит ла Нистр8, ши а8 кіемат ꙟтрац҆ютор ши пре Тꙋтарі; ши жкꙋ а҃дзоѡ҆ѣ де зичѣ кꙋ Тꙋтарій стꙋ8 гата ла марцине, ши в8р сꙋ ꙟтре ꙟ цѣр.

Скріе Марцин Пашковски кꙋ, дакꙋ а8 ꙟцꙋлѐс Деспот Вод де венирѣ л8й Вишновѣцки, цінинд кꙋ деспре Ласки де ꙋндей ѐ҃ра толт издѣжд, аре скрбꙋ маре, пентр8 че н8й ꙟторсꙋсе келт8ала, а8 сокотит кꙋ де аколѡ н8 сева п8тѣ ажстори; ꙟцꙋлегꙋнд кꙋ ши Ласки ва сꙋ віе к8 Вишновѣцки а҃с8пра л8й, сѐ8 сфꙋт8ит сꙋ факꙋ паче к8 Вишновѣцки. Нещіинд немикꙋ де виклешу҃г8л боіерилѡр сѣй, а8 тримис солі ла Д8митрашко Вишновѣцки пентр8 паче, жꙋр8инд8й ѡ міе де кай ши кꙋтева мій де кой, н8май сꙋ факꙋ паче, ши сꙋсе ꙟтоаркꙋ ꙟнапой. Де каре л8кр8 а8 ꙟтребат сфат де Писачѣнски пор8ш-

sage confirmé par les boïars du pays, consulta Pisaczęcki, son lieutenant, sur ce qu'il devait faire: attendrait-il ou non Łaski, alors que les boïars l'appelaient? Pisaczęcki, en présence de toutes les protestations reçues des boïars du pays, ne soupçonna pas la trahison; il lui dit de ne pas attendre Łaski et de s'emparer du pouvoir, puisqu' on l'appelait, afin qu'ils eussent eux-mêmes l'honneur, et non Łaski. Wiśnowiecki suivit ce conseil et se disposa à entrer dans le pays avec 500 hommes.

Despote apprend que Wiśniowiecki marche contre lui.

Le chroniqueur polonais Bielski raconte que l'hetman Tomşa, voulant tromper Despote, pour qu'il se séparât de son armée et n'eût plus personne pour le défendre contre ses ennemis, feignit d'être l'ami du prince, lui dit que Wiśniowiecki prenait ses dispositions et marchait contre lui; qu'il était arrivé jusqu' au Dniestr, et qu'il avait appelé les Tatars à son secours. Il ajoutait que les Tatars se tenaient prêts sur la frontière et voulaient envahir la Moldavie.

Martin Paszkowski rapporte qu'au moment où Despote apprit l'arrivée de Wiśniowiecki, il savait que Łaski, en qui était tout son espoir, avait un grand ressentiment contre lui parce qu'il ne lui avait pas remboursé ses dépenses, et qu'ainsi il vit bien qu'il lui serait impossible d'obtenir du secours de ce côté. Quand il sut que Łaski allait venir avec Wiśniowiecki, il résolut de faire la paix avec ce dernier. Ignorant la trahison de ses boïars, il lui envoya des ambassadeurs pour traiter de la paix. Il lui promit mille chevaux et plusieurs milliers de bœufs s'il voulait suspendre les hostilités et se retirer. Dumitraszko Wiśniowiecki demanda conseil à Pisaczęcki,

никѫл сє́у, де ꙋ кѫр̌ꙋꙗ сфа́т ꙗ̂ꙋ венї́т ма́й ꙗ̑пой ҆
то́атъ ре̂ꙋпра́тѣ ꙗ̂сꙋпра ка́пꙋлꙋй сє́ꙋ; кѫ врѣ́ꙗд Вишно-
ве́цки сѫ фа́кѫ па́че пре кꙋвѫнтꙋл лꙋй Деспо́т Во́дѫ,
ши сѫ̂се ꙋ̑тоа́рне ꙗ̑напо́й, ꙗ̂рѫ Писаче́нски то́т лѫꙋ
ꙗ̑демна́т сѫ мѣ́ргѫ, вѫзѫ́нд кѫ да́кѫ пофтѣ́скꙋ боє-
рій ши цѫ́ра, ма́й ви́не сѫ фі́е є́л стѫпѫ́н дека́тъ
ѫлтꙋл. Ши ꙗ̂ша Вишнове́цки ꙗ̂ꙋ ꙗ̂скꙋлта́т сфа́тꙋл лꙋй
Писаче́нски, нꙋꙋ прими́т сѫ фа́кѫ па́че кꙋ Деспо́т Во́дѫ,
че сѫ̂ꙋ порни́т спре цѫ́рѫ, оу̂нде ма́й ꙗ̂пой ша̑ꙋ пꙋ̂с ка́пꙋл.

Вѫзѫ́нд Деспо́т Во́дѫ кѫ деспре Вишнове́цки
немик нꙋꙋ фолоси́т, ꙗ̂ꙋ тримі́с ꙗ̂рѫ ла прїе́тинꙋл сє́ꙋ ҆
ла Ла́ски, кꙋ мꙋ́лт рꙋгѫми́нте, сѫ̂ши ꙗ̂тоа́ркѫ скѫрба
деспре дѫ̂нсꙋл, ши се нꙋꙋ ла́се ла невоꙗ́ лꙋй, че сѫ́й вїе
ꙗ̑тражꙋто́р, сѫ̂л сприжинѣ́скѫ де врѫжма́шій сє́й, ши чей
вѫ хи по́фта, ши келтꙋа́ла лꙋй ши де́нтꙋю ши де̂апо́й
сѫй ѿ ꙗ̂тоа́ркѫ пѫнѫ ла оу̑н ка́н; ꙗ̑кѫ ши ѫлте да́рꙋри ҆
мꙋ́лте ꙗ̂ꙋ ꙗ̂девери́т. Дꙋ́че ꙗ̂ꙋзи́нд Ла́ски рꙋгѫми́нтѣ
лꙋй Деспо́т, фі́инд ꙗ̂тꙋ́нче ши є́л соси́т ла Ни́стрꙋ ла
мѫрџи́нѣ цѣ́рій, ꙗ̂ꙋ кїема́т пре то́ци порꙋ́шничій сє́й,
ши ꙗ̂ꙋ чети́т ка́ртѣ лꙋй Деспо́т ꙗ̑наинтѣ тꙋтꙋрѫр,
ши ꙗ̂ꙋ ꙗ̂треба́т сфа́т де дѫ̂ншій: ско́латева пре Деспо́т ҆
ден домнїе, ꙗ̂ꙋ сприжинилва деспре врѫжма́шій лꙋй?
Ꙗ̂цѫлегѫ́нд порꙋ́шничій ꙗ̂нѣ́сте кꙋви́нте, ши вѫзѫ́нд
кѫ Вишнове́цки нꙋ ꙗ̂ꙋ ꙗ̂шепта́т прекꙋм лє є̂ра ток-
ма́ла, че ꙗ̂ꙋ ꙗ̂трат ꙗ̂ цѫ́рѫ, є́й ꙗ̂ꙋ сфѫтꙋи́т пре Ла́ски,
сѫ нꙋ ла́се пре Деспо́т ла невоꙗ́е, де врѣ́ме че ма́й ҆
наи́нте кꙋ ꙗ̂жꙋто́рꙋл лꙋй лꙋ̂ꙋ пꙋ̂с ла домнїе; ꙃи кѫ́нд
кѫ де вѫ лиу̑и Деспо́т ден домнїе, ши келтꙋа́ла лꙋй
Ла́ски вѫ хи пери́тѫ; ꙗ̂рѫ де вѫ хи Деспо́т ла домнїе,
то́т є́сте кꙋ нѫдѣ́жде кѫ се вѫ ꙗ̂тоа́рче келтꙋа́ла
лꙋй Ла́ски. Де ка́ре лꙋ́крꙋ лꙋꙋ́нд Ла́ски ꙗ̂чє́ст сфа́т, ҆
ꙗ̂ꙋ пꙋрчє́с кѫ сѫ ꙗ̂пере пре Деспо́т Во́дѫ, ши ꙗ̂ꙋ вени́т
пѫ́нѫ цѣрмꙋриле Сирѣ́тꙋлꙋй кꙋ ҂д҃҃ де ѡ̑стѫ́ши.*)

son lieutenant, et de ce conseil vinrent tous les maux qui fondirent sur sa tête. Tandis qu'il était disposé à faire la paix sur la foi des paroles de Despote, Pisaczęcki l'engagea à marcher en avant. Il pensait que, si les boïars et la milice le demandaient, il valait mieux que le pouvoir lui échût à lui qu'à un autre. Wiśniowiecki suivit le conseil de son lieutenant, refusa de traiter avec Despote et se dirigea vers la Moldavie, qui devait lui coûter la vie.

Quand Despote vit qu'il ne pouvait aboutir [dans ses négociations] avec Wiśniowiecki, il envoya de nouveau vers son ami Łaski, le suppliant de ne plus lui en vouloir et de ne pas l'abandonner dans ce moment critique. Il le priait de lui venir en aide, de le soutenir contre ses ennemis, et promettait de lui payer jusqu'au dernier sou tout ce qu'il voudrait, tant ses dépenses passées que celles qu'il ferait maintenant; il lui faisait en outre de grandes donations. Lorsque Łaski reçut cette prière de Despote, il était déjà, lui aussi, arrivé jusqu'au Dniestr, à la frontière du pays; il appela tous ses lieutenants, leur donna lecture de la lettre de Despote, et leur demanda s'ils lui conseillaient de renverser ce prince ou de le soutenir contre ses ennemis. A cette question, les lieutenants, voyant que Wiśniowiecki ne les avait pas attendus, comme ils en étaient convenus, mais était entré en Moldavie, conseillèrent à Łaski de ne pas abandonner Despote à son malheureux sort, d'autant plus qu'auparavant c'était avec son secours qu'il s'était emparé du pouvoir. Ils ajoutaient que, si Despote était renversé, toutes les sommes dépensées par Łaski seraient perdues, tandis que, s'il conservait le trône, on pouvait espérer les recouvrer. Łaski suivit en conséquence ce conseil, et marcha au secours de Despote; il vint avec 14.000 hommes jusque sur les bords du Siret.*)

---

*) D'après Graziani (p. 39), Łaski n'avait pas été en état d'entrer immédiatement en campagne. Il avait voulu lever un corps de 300 arquebusiers Italiens, et avait chargé des enrôlements

Кѫнд ау виклеиѝт Тóмша хáтманул пре домиул сеу Деспóт Водѫ.

Скрíе Бѣлскïе крониѝкáрул кѫ, дáкѫ ау ѫцѫлéс Тóмша хáтманул кѫ Вишновéцки ау ѫтрáт ѫ цѣрѫ, афлáтау врѣме кѫ съ виклеиѣ́скѫ пре домиул сеу Деспóт Водѫ; ши ау мéрс де ꙗу спус де вениѝрѣ луй Вишновéцки, зикѫнд кѫ ау кïемáт ши пре Тѫтáрй ѫтрацютóр, ши ау ѫтрáт ѫ цѣрѫ. Ашà спѫймѫнтѫндул ку ачѣсте кувиѝнте, ау пофтѝт Тóмша хáтманул сѣй дѣ лѣфичïй луй чè авѣ, шáмени стрѫиний, Нѣмцй, Лѣший ши ѫлцïй, кà сѫ ѣ́се ку ачéꙗ ѫпротѝва Тѫтáрилwр; зикѫнд кѫ де вà путѣ wпрѝ пре Тѫтáрй, се вà ѫтоáрче де сѫрг ѫнапóй, ши пре Вишновéцки прè лéсне ѫл вà спринжиий, кѫ пѫнѫ лà ачѣ врѣме се вà стриѝце ши цѣрá, ши прѣ лéсне се вỳр мѫнтуй де врѫжмáшïй сѣй. Крезѫнд Деспóт Водѫ ачéсте кувиѝнте се хïе дела йнимѫ, ꙗу дáт служитóрïй сѣй, лѣфичïй нѣмцй (фѫрѫ педестрѝме чè w ау wпрѝт лѫнгѫ сѝне), пре кáрïй авѣ иѫдѣ́жде.

Де áйчѣ ну се тóкмéскꙋ ла повѣ́сте кронникáрïй лешéщïй.

Кѫ Марцѝн Пашкóвски скрíе кѫ ѫтуѝче сáу фóст рѫдикáт Ꙗиш крáюл оуѝгурéск, ку мулт wáсте, ши сáу ѫпропïáт ла мáрџине сѫпт муѝцй. Ꙗрѫ ѫцѫлегѫнд де ачéста боéрïй луй Деспóт Водѫ, фиѝнд виклéний домиусеу, áвурѫ прилéж кà съ ѫпуцинѣ́зе wáсте луй Деспóт Водѫ. Ау сфѫтуѝт пре Деспóт Водѫ кà сѫ тримѝцѫ wáсте деспре хрáница оуѝгурéскѫ, сѫ фíе де стрáжѫ; ши áтунче сѫ фíе тримѝс Деспóт

---

un certain Pierfrancesco Terusini, qu'il avait, à cet effet, envoyé en Italie. Wiśniowiecki avait pu ainsi prendre l'avance et était entré en Moldavie avec 4.000 chevaux.

L'hetman Tomşa trahit Despote, son maître.

Le chroniqueur Bielski raconte que l'hetman Tomşa, apprenant que Wiśniowiecki était entré en Moldavie, crut l'occasion favorable pour trahir Despote, son maître. Il alla lui annoncer l'arrivée de Wiśniowiecki, disant qu'il avait appelé les Tatars à son secours et qu'il avait envahi la principauté. Il l'effraya par des discours semblables, et le pria de lui donner les mercenaires qui étaient à son service: Allemands, Hongrois et Polonais, pour aller à la rencontre des Tatars. Il disait que, s'il pouvait arrêter ces derniers, il reviendrait aussitôt en arrière et qu'il aurait alors d'autant plus facilement raison de Wiśniowiecki que, dans l'entre-temps, on allait réunir les milices. [Le prince] pourrait ainsi échapper sans peine à ses ennemis. Despote crut que les paroles [de Tomşa] venaient du cœur, et lui donna ses soldats, les mercenaires allemands sur qui reposaient toutes ses espérances, sauf l'infanterie qu'il garda auprès de lui.**)

A partir d'ici les récits des chroniqueurs polonais ne sont plus d'accord.

Martin Paszkowski raconte qu'alors le roi Jean de Hongrie prit les armes et s'avança avec de grandes forces jusqu' à la frontière, au pied des montagnes. A cette nouvelle, les boïars de Despote, trahissant leur maître, auraient profité de l'occasion pour affaiblir son armée. Ils lui auraient conseillé d'expédier un corps de troupes du côté de la Hongrie pour surveiller la frontière, et Despote aurait envoyé les Allemands qui étaient à son service, avec un certain nombre de Moldaves, accom-

---

**) La colonne fut placée sous les ordres immédiats de Jean Kantzel, de Gratz. Le despote lui confia cinq pièces d'artillerie (Graziani, 41).

Водъ Нѣмцїй сей, карїй ера слꙋжиторй ла дꙋнсꙋл, шй кꙋ ѡ сѣмъ де Молдовѣнїй, шй кꙋ дꙋншїй пре Томша хатманꙋл, шй пре Моцок ворникꙋл, шй алцїй кꙋ дꙋншїй, карїй авѣ виклешꙋг аскꙋнс ла инима лѡр асꙋпра домнꙋлꙋй лѡр лꙋй Деспот Водъ. Ачеіа аꙋ ꙗꙋцат ꙟ таинъ пре Молдовѣнїй съ оучиѕъ пре Нѣмцїй. Д҇ѣче ноаптѣ, дакъ аꙋ адормит Нѣмцїй, ꙗꙋ ꙟпресꙋрат Молдовѣнїй, шй пре тоцй ꙗꙋ тꙃїат, фїйнд Нѣмцїй фъръ де грижъ деспре соцїиле сале. Атꙋнчѣ Деспот Водъ фїйнд ꙟкйс ꙟ четатѣ Сꙋчевїй, де фрика лꙋй Вишновѣцки, къ нйче ачела нꙋ ера департе, ꙟдатъ съ въртижйт Томша хатманꙋл, шй кꙋ Моцок ворникꙋл, шй кꙋ Молдовѣнїй, шй аꙋ ꙟкꙋнцїꙋрат четатѣ. Къ Оунгꙋрїй лꙋй Деспот Водъ жкъ жй плекасе Томша спре сине; ꙗръ Деспот Водъ нꙋмай чѣ ръмъсъсе кꙋ педестрашїй, шй пꙋйнд Томша стражъ прещюр четатѣ, аꙋ ешйт ꙟнайнтѣ лꙋй Вишновѣцки ла Сирѣт, кꙋм се въ поменй май жос.

Ꙗръ Бѣлскїе, ачѣстъ повѣсте чѣ скрїе май със пентрꙋ перйрѣ ачестѡр Нѣмцїй, нꙋ скрїе аша прекꙋм скрїе Марцин Пашковски; чѣ скрїе ꙟтралт кйп де се токмѣще кꙋ лѣтописѣцꙋл чел молдовинѣск, прекꙋм вѣй ведѣ ꙟнайнте. Томша хатманꙋл, ꙃйче Бѣлски, дакъ шаꙋ токмит лꙋкрꙋриле чѣле де виклешꙋг деспре домнꙋсъꙋ Деспот Водъ, ꙟцелегънд де венирѣ лꙋй Вишновѣцки къ въ съ ꙟтре ꙟ цѣръ, датаꙋ щйре де венирѣ лꙋй Вишновѣски лꙋй Деспот Водъ, ꙃикънд къ аꙋ кїемат шй пре Тътарй ꙟтрацюторй, карїй аꙋ ꙟтрат ꙟ цѣръ, шй аꙋ пофтит съй дѣ лѣфичїй сѣй Нѣмцїй, съ ꙗсъ ꙟпротива Тътарилѡр, шй апой се въ ꙟтоарче ꙟпротива лꙋй Вишновѣцки. Де каре сфат аскꙋлтънд Деспот Водъ, датаꙋ лѣфичїй сѣй Нѣмцїй; пре карїй дакъ ꙗꙋ апꙋкат Томша ла мънеле сале, аꙋ пꙋрчѣс кꙋ

pagnés de l'hetman Tomșa, du vornic Moțoc et de plusieurs autres boïars, qui tous au fond de leur cœur cachaient le dessein de trahir leur prince. Ceux-ci, [continue Paszkowski], persuadèrent en secret aux Moldaves de massacrer les Allemands. La nuit, tandis qu'ils étaient endormis, les Moldaves se jetèrent sur eux et les exterminèrent, sans qu'ils se fussent défiés de leurs compagnons. Despote s'était enfermé dans la forteresse de Suceava par crainte de Wiśniowiecki (car ce dernier non plus n'était pas loin), lorsque tout-à-coup l'hetman Tomșa revint sur ses pas avec le vornic Moțoc et les Moldaves, et investit la place. Tomșa avait gagné les Hongrois de Despote, si bien qu'il ne restait à celui-ci que ses fantassins. Tomșa laissa un détachement devant Suceava et marcha contre Wiśniowiecki sur le Siret, ainsi qu'on va le raconter ci-après.

Le recit de Bielski, au sujet de ces Allemands qui auraient été massacrés, ne concorde pas avec celui de Martin Paszkowski; il présente des variantes qui le rapprochent, comme on le verra plus loin, de la chronique moldave. L'hetman Tomșa, dit Bielski, avait pris toutes ses dispositions pour trahir Despote, son maître, quand il apprit l'arrivée de Wiśniowiecki, qui allait envahir la Moldavie. Il fit savoir à Despote que Wiśniowiecki approchait, lui dit qu'il avait appelé à son secours les Tatars et que ceux-ci avaient déjà passé la frontière. Il le pria de lui donner ses mercenaires allemands pour aller à la rencontre des Tatars; après quoi il devait marcher contre Wiśniowiecki. Despote se rendit à cet avis et donna ses mercenaires allemands. Quand Tomșa les vit entre ses mains, il prit avec son armée la direction de la Basse-Moldavie, passa le Prut à Frățileni et dressa son camp à Șipoteni. Une fois établi dans cet endroit, il délibéra avec ses complices sur les moyens qu'on pourrait employer pour décider les Allemands

28*

ѡáстѣ ѫ жóс, ши̇́ а̂ꙋ́ трекꙋ́т Прꙋ́тꙋл пре ла Фрꙋ́ци-лéни̇, ши̇́ а̂ꙋ́ тъбърі́т ла са́т ла Съпотéни̇. Ши̇ да́къ са́ꙋ а̂шеза́т а̂колѡ̀ де ма́с, Тóмша кꙋ а̂лци̇ потри́в-ничи̇¹⁾ а̂и̇ сéи̇, а̂ꙋ сфътꙋ́и̇т ѫ чѐ ки́п вѡ́р пꙋтѣ́ плека̀ пре Нѣмци̇ съ хі́е оу́на кꙋ джи̇ниі̇́и̇ а̂сꙋпра лꙋ́и̇ Деспóт Вóдъ. Чѐ щи̇и̇нд къ Нѣмци̇і̇ пре оу́нде слꙋ́жѣск скѫт, кꙋ дирепта́те дóмни̇лѡр сéи̇, ши̇ и̇ꙋ́и̇ вѡ́р пꙋтѣ́ плека̀ а̂ша̀ пре лѣсне, сe²⁾ сокоти́ръ ка̀ съ тримі́цъ і̇скóлдъ пре а̂скꙋ́нс, съ пꙋ щі́е Нѣмци̇і̇́, съсе фа́къ а̂ се дꙋ́чере ѫна́и̇нтѣ́ Тътарилѡр, ши̇́ ма́и̇ а̂пóи̇ ѫторкъндꙋсе съ а̂дꙋ́къ вѣ́сте бꙋнъ, кꙋм Тътарі́и̇ са́ꙋ ѫтóрс ѫнапóи̇. Ши̇ а̂ша̀ фъкъ́нд, пре ꙋ́рмъ ди̇сéръ бо̇і̇éрі̇и̇ съсе ве-селѣ́скъ тóци̇, къ са́ꙋ ѫтóрс Тътарі́и̇, ши̇и̇ чи̇нсти́ръ пе Нѣмци̇ пъ́нъ ѫи̇ ѫбътаръ, ши̇ песте нóапте ѫи̇ оу́чи̇серъ пе тóци̇.*⁾ Бо̇і̇éрі̇и̇ молдовинéщи̇, а̂ дóва зи̇ дꙋ́пъ чѣ́ꙋ оу́чи̇с пре Нѣмци̇і̇ лꙋ́и̇ Деспóт Вóдъ, кꙋ тóци̇и̇ ръдика́ръ дóмн пре Тóмша хатманꙋл, ши̇и̇ пꙋ́-серъ нꙋ́ме де Стéфан Вóдъ, ши̇ ѫда́т пꙋрчъ́съръ спре Сꙋчѣ́въ съ а̂кꙋ́нцѡре четатѣ́, пънъ а̂ пꙋ прин-дере³⁾ де вѣ́сте Деспóт Вóдъ. Ши̇ да́къ соси́ръ ла четáте, а̂вꙋ́нд щи́ре кꙋм соскꙋ́ще ши̇ Вишновéцки̇, а̂ꙋ пꙋ́с стра́жъ прецꙋ́р четáте, ши̇ Жкъ де а̂и̇кꙋ́сте Де-спóт Вóдъ неми́къ нꙋ щі́а. Тóмша а̂ꙋ ещи́т ѫна́и̇нтѣ́ лꙋ́и̇ Вишновéцки̇ ла пóд ла Верчика́ни̇ пре Сирѣ́т.**)

Мaрци̇н Пашкóвски скрі́e, къ а̂колѡ̀ Тóмша ток-минꙋ́дꙋши̇ ѡ̀астѣ съ̀ ѫ дóве пълкꙋ́ри̇, ка̀ съ ѫнълe

---

¹⁾ B: *protivnici*. — ²⁾ AB: хе. — ³⁾ A: при́ндереpe.

*) D'après Graziani (p. 41) les chefs de la conjuration s'étaient habilement distribué les rôles. Le spătar Spanciuc (que Sommer, p. 45, paraît avoir confondu avec Stroič) était parti pour l'armée en compagnie de Tomşa, qu'il s'agissait de proclamer prince. Moţoc était resté auprès de Basilic afin d'écarter tout soupçon. Le 8 août, Tomşa leva le masque. Il adressa aux

à s'unir à eux contre Despote. Ils savaient que les Allemands restent fidèles au maître qu'ils servent, que, par conséquent, il serait difficile de les gagner; aussi résolurent-ils, pour les empêcher de pénétrer leurs projets, de simuler une expédition contre les Tatars. Mettant ce [plan] à exécution, les boïars dirent que chacun devait se réjouir, que les Tatars étaient revenus; ils firent boire les Allemands au point de les enivrer et, pendant la nuit, les mirent tous à mort.*)

Le lendemain du massacre de la garde allemande de Despote, les boïars moldaves proclamèrent prince l'hetman Tomșa. Ils lui donnèrent le nom d'Étienne, et marchèrent aussitôt vers Suceava pour investir la place, avant que Despote eût vent de rien. Quand ils furent arrivés à la ville, ils ne laissèrent sous les murs de Suceava que de simples détachements, et, sans que Despote en sût rien, Tomșa marcha à la rencontre de Wiśniowiecki jusqu' au pont de Vercicanĭ sur le Siret.**)

Martin Paszkowski rapporte que Tomșa divisa ses troupes en deux corps, afin de tromper les Cosaques.

---

soldats moldaves campés a vingt milles de Suceava, un violent discours dans lequel il relevait tous les crimes reprochés au despote, et les sommait d'en tirer vengeance. Ce fut alors que les Moldaves, profitant d'un moment où les mercenaires allemands, sans défiance, avaient quitté leurs armes pour dresser leurs tentes, se jetèrent sur eux et les massacrèrent. Un seul, appelé Christophe, fut épargné, avec la pensée qu'il servirait d'instructeur pour la manœuvre du canon (Sommer, 43).

Moțoc fut le premier informé du massacre; il se rendit aussitôt auprès des conjurés et le despote n'eut plus avec lui que Barnowski. Martin Zborowski, sur le point d'entrer en Moldavie avec sa fille, à laquelle le prince venait d'être fiancé, eut aussi connaissance du désastre, et, en homme prudent, s'en retourna, sans rien essayer pour sauver son futur gendre.

**) Le hameau de Vercicanĭ dépend de Fîntînele, ditrict de Botoșanĭ, arrondissement du Siret.

пре Къзачй, а̂у пу̂с о́у̂н пу̂лк де ѿ па́рте де по́д, а̂лт пу̂лк де а̂лт па́рте де по́д, дъ̂нду̂ле а̂въцъто̂ръ а̂трачѐста кип: да́къ се ву̂р а̂широ̂ Къза́чй ла по́д, а̂ту̂нче съй ло̂ве̂ск фъ̂ръ ве́сте де до́ўъ пъ́рцй, към съу̂ шй тъмпла́т. А̂съ ку̂ ѿ зй ма́й на́йнте, а̂у̂ тримі́с То́мша ѿлъка́рй а̂на́йнте́ лу̂й Вишновѐцкй, дъ̂нду̂й вѐсте ку̂ а̂шълъчю́не, ку̂м мъ́ине димнѐцъ ву̂р є̂шй боѥ́рїй то́цй а̂на́йнтей, де́й се ву̂р а̂кина̂, шй ву̂р мѐрџе ку̂ то́цій а̂су̂пра лу̂й Деспо́т. Де ка́ре лу̂кру̂ а̂цълеґъ̂нд Вишновѐцкй а̂че́ста вѐсте, ку̂ ма́ре бу̂ку̂рі́е а̂у̂ пу̂рче́с а̂ до́ўа зй, а̂шепта̂нд съй іа̂съ боѥ́рій а̂на́йнте съй се а̂кине, о́у̂нде ма́й а̂по́й ку̂ ма́ре а̂шълъчю́не съу̂ а̂шълът.*)

Бѐлскіе шй Пашко́вскй а̂мъндо́й скрі́ў къ, а̂шепта̂нд То́мша пре Вишновѐцкй, ку̂ ѿа́сте токмі́тъ, ла под ла Верчика́нй, венита̂у шй Вишновѐцкй ку̂ Къза́чй. А̂съ ну̂ беніа̂ ка̂ ла о́у̂н ръсбо́ю, че ка̂ ла ѿ до́мніе деше́ртъ де стъпъ̂нй, ку̂ пу̂цн́ій; шй а̂къ е̂л фи́йнд бо́лнав. Шй а̂коперинду̂й не́гу̂ръ, а̂ту̂нче деуда́т То́мша, ку̂ ѿа́сте съ чѐ токмі́тъ, фъ̂ръ вѐсте іа̂у ло́вйт, де іа̂ў спа́рт шй іа̂ў ръснни́т, шй пре му̂лцй а̂у̂ прі́нс вій. О́у̂нора лъ̂у̂ тъіа̂т о́у̂рѐкіле шй іа̂ў слободи́т; пре а̂лцій а̂превнх ку̂ Вишновѐцкй стъпъ̂нўа лу̂р іа̂ў трими́с ла А̂пъ̂ръцїе; къ Вишновѐцкй, неаву̂нд гри́жъ де потика́лъ ка̂ а̂чѐа, шй нефи́йнд гата̂, ловинду̂л То́мша фъ̂ръ вѐсте, де неми́к ну̂ съу̂ пу̂ту̂т а̂пу̂ка̂, че ну̂май де фу̂гъ; шй възъ̂нд къ ну̂ ва̂ пу̂те́ скъпа̂, къ ѥ̂ра шй слаб де бо́алъ, съу̂ възри́т а̂тро̂ къпи́цъ де фъ̂н, ла о́у̂н са́т лъ̂нгъ Го́тошѐній; шй вінйнд о́у̂н по́пъ ла фъ̂н съ а̂ка́рче, лу̂й

---

*) Graziani (p. 45) dit que Wiśniowiecki, arrivé à peu de distance de Suceava, envoya des émissaires au despote pour le décider

Il plaça un de ces corps d'un côté du pont et l'autre de l'autre, et leur ordonna [d'attendre] que les Cosaques s'engageassent sur le pont, puis de se jeter sur eux à l'improviste des deux côtés, ce qu'ils firent. La veille même, Tomşa avait envoyé à Wiśniowiecki des messagers qui, pour le tromper, lui-avaient déclaré que, le lendemain matin, tous les boïars viendraient au devant de lui, lui feraient hommage, et qu'ensuite tous ensemble marcheraient contre Despote. Le jour suivant, Wiśniowiecki, tout joyeux de la nouvelle qu'il avait reçue, s'était mis en chemin avec la pensée de rencontrer les boïars qui devaient venir lui prêter hommage; mais il tomba victime de la plus affreuse trahison.*)

Bielski et Paszkowski racontent tous deux que Wiśniowiecki arriva avec ses Cosaques tandis que Tomşa l'attendait au pont de Vercicanĭ avec une armée bien en ordre. Il ne marchait pas comme [on marche] pour combattre; il s'avançait avec une suite peu nombreuse comme pour prendre possession d'une principauté abandonnée; de plus il était malade. A la faveur du brouillard, Tomşa se jeta tout-à-coup sur les [Cosaques] avec une armée bien en ordre; il les dispersa, les écrasa, et fit un grand nombre de prisonniers. A quelques uns il coupa les oreilles et leur rendit la liberté; il en envoya d'autres, avec Wiśniowiecki, leur maître, à l'empereur [des Turcs]. En effet, Wiśniowiecki n'avait nul soupçon d'une trahison semblable; il ne s'était aucunement préparé, et, Tomşa l'ayant attaqué à l'improviste, il n'avait eu d'autre ressource que la fuite. Voyant qu'il lui était impossible de s'échapper, car il était affaibli par la maladie, il s'était blotti dans une meule de foin, près d'un village situé aux environs de Botoşanĭ. Un pope étant

---

à lui céder volontairement la principauté, mais que les deux rivaux ne purent s'entendre.

а флат ꙟ къпицъ аскꙋнс, шй лꙋѫндꙋл де грꙋмазꙋй лꙋй дꙋс ла Томша де лꙋ ꙟкинат. Апой Томша лꙋ тримис ла Ꙟпърꙋцїе, демпревнъ кꙋ кꙋмнатꙋсеꙋ Писачински де їꙋ ꙟкинат.

Пентрꙋ моартѣ лꙋй Вишновѣцки шй алꙋй Писачѣнски.

Дꙋкънд шаменїй Томшїй пре Дꙋмитрашко Вишновѣцки шй пре кꙋмнатꙋсеꙋ Писачѣнски ла Ꙟпърꙋцїе, їꙋ тъмпинат шаменїй лꙋй Алеѯандрꙋ Лъпꙋшнѣнꙋ, карїй венїа кꙋ ферман ꙟпърътѣск ла скаꙋнꙋл цѣрїй; къ дедѣсе домнїа їаръ лꙋй Алеѯандрꙋ Водъ, пентрꙋ мꙋлте неашеꙁърй шй аместекътꙋрй че се фъчѣ ꙟ цѣръ. Аша, дакъ съꙋ тъмпинат, аꙋ лꙋат пре Дꙋмитрашко Вишновѣцки шй пре кꙋмнатꙋсеꙋ Писачѣнцки дела мънꙋле шаменилꙋр Томшїй, шїй тримисеръ дей ꙟкинаръ ей ла Ꙟпърꙋцїе дела Алеѯандрꙋ Водъ, ꙁи-кънд къ пре ачѣста ꙟл пофтѣще цѣра, шй ꙟ дъждъ лꙋй аꙋ фъкꙋт слꙋжбъ Ꙟпърꙋцїей. Дѣче ꙟпъратꙋл аꙋ порончит дꙋꙋ пꙋꙋ ꙟ кърлиꙋе деспре Галата пре Вишновѣцки шй пре Писачѣнцки; шй аколѡ аꙋ тръит пънъ а трѣїа ꙁи кꙋ мꙋлте сꙋдъльмй шй ѡкърй спре Мехмет. Май апой Тꙋрцїй кантрꙋ прѡашкъ съцета ꙟтръншїй дей ꙟплꙋръ де съцѣцй. Шй аша шаꙋ съвършит вїаца.*)

Томша аꙋ мерс асꙋпра домнꙋлꙋй сеꙋ Деспот Водъ.

Томша, дꙋпъ йꙁбънда кꙋ норок чѣꙋ ꙟшелат пре Вишновѣцки, съꙋ ꙟторс спре Сꙋчѣвъ, шй стрингънд

---

*) Voy. Engel, *Geschichte der Ukraine*, 68. — L'ambassadeur de France, M. de Petremol, dit (ap. Charrière, II, 742) que Wiśniowiecki fut »engauché«, ainsi que Pisaczęcki. Cet événement

venu charger du foin, le trouva caché dans cette meule, le prit par le cou et le conduisit à Tomşa, à qui il en fit hommage. Tomşa l'envoya au sultan, lui et son beau-frère Pisaczęcki, pour témoigner de sa soumission.

Mort de Wiśniowiecki et de Pisaczęcki.

Les hommes de Tomşa qui menaient au sultan Dumitraszko Wiśniowiecki et son beau-frère Pisaczęcki, rencontrèrent des hommes d'Alexandre Lăpusneanul qui se rendaient avec un firman impérial dans la capitale de la Moldavie. En effet, [le sultan] avait rendu la principauté à Alexandre, en raison des complications et des troubles qui s'étaient produits dans le pays. [Les envoyés de ce dernier], ayant donc rencontré les hommes de Tomşa, leur enlevèrent Dumitraszko Wiśniowiecki et son beau-frère Pisaczęcki, et les envoyèrent au sultan, afin qu'il lui fussent présentés de la part d'Alexandre. Ils disaient que c'était ce prince que la Moldavie désirait, et que c'était avec l'espoir de l'obtenir qu'ils avaient voulu rendre service au grand seigneur. Le sultan fit mettre Wiśniowiecki et Pisaczęcki au carcan, du côté de Galata. Ils y vécurent jusqu'au surlendemain, se livrant à toute sorte d'invectives et de malédictions contre Mahomet ; puis les Turcs tirèrent sur eux comme sur une cible, et les criblèrent de flèches. Ce fut ainsi qu'ils finirent leur vie.*)

Tomşa marche contre Despote, son prince.

Tomşa, après l'heureuse victoire qu'il avait traîtreusement remportée sur Wiśniowiecki, revint vers

---

eut lieu vers le 25 octobre 1563. — Le recueil de chants historiques petits-russiens de MM. Antonović et Dragomanov contient onze variantes d'une ballade composée, vers le fin du XVIe ou le commencement du XVIIe siècle, sur la mort tragique de Wiśniowiecki. M. Hîşdău en a traduit en roumain quelques extraits (*Col. luĭ Tr.*, VII, 1876, 326).

цѐра, а̂ꙋ а̂кꙋнцюра́т четѧ́тꙕ ѹ҆́нде е҆ра̀ а̂кꙓс Деспо́т Во́дꙋ, шѝ а̂ꙋ а̂кꙋтꙋ́т пꙋ́шчеле де ѿ кꙋтꙕ.*) А̂трачꙋка мꙋ́лтꙋ гꙋлчѐ́кꙋв шѝ хрѐ́кмꙋт се а̂ꙋзїа̀ деѝ лоѝ́трꙋ, кꙋ Деспо́т препꙋꙋ́нд де виклѐнїе пре кꙋпитꙋ́нꙋл педе-стрѝ́мей, Дервнчꙓ Пе́трꙋ,**) кꙋ сѐ́ꙋ а̂жꙋнс кꙋ То́мша, шѝ ва̀ сꙋ́й дѐ четѧ́тꙕ, а̂ꙋ скѐ́с сѧ́бїа шѝ лѧ̂ꙋ ѿморѝ́т. А̂тꙋнче слꙋжнто́рїй вꙋзꙋ́нд нꙋпѧ́стꙕ кꙋпитꙋ́нꙋлꙋ́й лѝ́р шѝ мо́артꙕ, мѧ́ре зѧ́рвꙋ фечѐ́рꙋ; шѝ а̂́тꙕю се ӥспѝ-тѝ́се сꙋ ѿмо́аре пре Деспо́т Во́дꙋ; а̂пой сокотѝ́рꙋ кꙋ

---

*) Les rebelles avaient commencé par s'emparer de Niamț, où une dixaine d'Allemands tenaient garnison. Le commandant de la place, Jean Kluger, ou Prudentius, originaire de Glogau en Silésie, avait seul réussi à se frayer un passage à travers l'armée ennemie, et avait rejoint le despote (Sommer, 43). Maîtres de Niamț, les insurgés s'étaient portés sur Suceava, qu'ils tenaient bloquée depuis le 9 août; mais la ville n'était qu'incomplètement investie, et le prince aurait pu facilement gagner la Pologne. Il ne voulut pas reculer, et compta qu'il aurait facilement raison des milices moldaves. Il était encouragé dans ses idées de résistance par son médecin, Denis Avalus; il espérait, d'ailleurs, que les secours de Laski arriveraient à temps.

Pendant que le despote était réduit à l'impuissance, les insurgés poursuivaient ses partisans dans tout le pays. Georges de Revelles, chargé par le prince de percevoir les impôts dans la région du Danube, fut arrêté et emprisonné à Niamț; les ouvriers étrangers: forgerons, maçons, mineurs, etc., qui étaient presque tous des Allemands ou des Italiens, furent massacrés; la veuve de l'évêque Lusiński fut dépouillée de tout ce qu'elle possédait, jetée dans un cachot, puis étranglée. L'école de Cotnari fut bouleversée; le malheureux Sommer, obligé de fuir, erra pendant trois mois dant les bois et dans les vignes avant d'atteindre la Transylvanie. Les rebelles n'eurent égard ni à l'âge, ni au sexe: »Filiola despotae, quam ex graeca muliere susceperat, in cunis strangulata, mater in monasterium detrusa est. Matronae item multae cum liberis in profluentem projectae, multae strangulatae, ex iis praecipue quarum mariti, aut filii, aut cognati cum principe essent obsessi. Praefecti Cottnariensis mater cum filiola eadem de

Suceava, convoqua la milice, investit la forteresse dans laquelle Despote était enfermé, et fit amener de l'artillerie pour la bombarder.*) Dependant on entendit qu'il y avait à l'intérieur de la ville beaucoup de tumulte et d'agitation : Despote, soupçonnant le capitaine de l'infanterie, Pierre Dervič**), de s'être entendu avec Tomşa pour lui livrer la place, avait tiré son sabre et l'avait tué. Alors les soldats, témoins de la punition et de la mort de leur chef, firent grand vacarme. Tout d'abord, ils voulaient tuer Despote, mais ils pensèrent

---

causa laqueo praefocata est. In armenias mulieres prae aliis immaniter debacchatum est, quod pro salute despotae vota facere illarum quaedam deprehensae essent.« Voy. Sommer, 44-46.

Cependant Tomşa ne restait pas inactif. Il obtint du prince de Transylvanie Jean-Sigismond l'envoi d'auxiliaires plus solides que les miliciens moldaves. Un petit corps, commandé par Ladislav Radák, Michel Rácz et Thomas Daczó, vint renforcer les assiégeants (Graziani, 53; Engel, II, 210); alors Suceava fut investie d'une manière sérieuse. Le despote, malgré le petit nombre de ses soldats, tenta plusieurs sorties. Dans l'une son hussard Telegecsi fut tué. Du côté des rebelles, Barnowski trouva aussi la mort sous les murs de la ville (Sommer 52).

Le siège durait depuis environ trois mois (on approchait, par conséquent, du 1er novembre) lorsqu'on apprit qu'un sandjak turc était entré en Moldavie avec un détachement de 500 hommes. Les assiégés craignirent que le nouvel arrivant ne se prononçât en faveur du despote, aussi s'efforcèrent-ils de hâter le dénouement du drame. Voyant que les promesses faites au prince s'il consentait à se rendre à discrétion demeuraient sans effet, ils eurent recours à la trahison. Ce fut alors que les Széklers envoyés par Jean-Sigismond reussirent à se mettre d'accord avec la garde hongroise du despote (Sommer 53).

**) Graziani (p. 55) appelle ce personnage »Petrum Divum, Caeculum centurionem.« Il ajoute que ce fut un nègre qui le tua (»servus Aethiops venabulo transfixit«).

Une note ajoutée par Nicolas Costin au texte d'Urechi dit: »Pierre de Veverici.« Engel, d'après Sigler, donne la véritable forme: »Pierre Dévai.«

вѡр зи́че къ н8 пе́нтр8 къпитáн8а лѡр лá8 ѡмори́т, че â8 виклени́т пре дóмн8се8, ши̇ сá8 лъкоми́т дѐ8 л8áт бáни̇ де́ла Тóмша. Ши̇ âшà р8́черъ сфáт, ка́ съ тримѝцъ съ́ле жѐре Тóмша съ хı́е ē̇й слóбо8́й, ши̇ ē̇й съ̀й дески́хъ четáтѣ, ши̇ де н8́ме де виклен̇́іе съ́се к8рцѣ́скъ. Ши̇ âшà л8зи́нд âдеверъ́нцъ де́ла Тóмша, â8 дески́с четáтѣ.

Де моáртѣ л8̇й Деспóт Вóдъ ēрети́к8а.

Ат8́нче Деспóт Вóдъ, дáкъ â8 въз8́т къ лá8 викленѝт тóци̇ боіе́рій, ши̇ лá8 пърси́т тóци̇ сл8жи̇тóрій, ши̇ цѣ́ра сá8 ръдикáт âс8пра л8́й, ши̇ нъд¸́жде де âж8тóр де о́йндева, де́ла прıéтни̇8а сé8 Лѧ́ски, н8̇й ви́не; âшà възи́нд перѝрѣ соси́тъ âс8пра кáп8л8́й сé8, âбръкáт доми̇́кіше, â8 ēшѝт âфáръ де́н четáте мáй с8с де С8чкв̇ъ, ла Áре́ній, о́йнде ēра̀ цѣ́ра âд8нáтъ, съ́се Aки́не Тóмшій.*) Ат8́нче Тóмша к8 м8́лте к8-

---

*) Graziani (p. 57) raconte que, avant de prendre ce parti désespéré, le despote rassembla ceux qui lui étaient restés fidèles, leur distribua son argent et ses bijoux et leur recommanda de sortir de la ville en même temps que ceux qui l'avaient trahi, afin d'avoir au moins la vie sauve. D'après le même auteur, Basilic, à ses derniers moments, aurait maudit les nouveautés religieuses auxquelles il attribuait sa perte.

En arrivant au camp des rebelles, continue Graziani (p. 62), le despote y trouva le sandjak turc et se mit sous sa protection. L'envoyé du sultan demanda qu'on lui livrât le prince, qu'il voulait emmener vivant à Constantinople; mais Tomşa s'y refusa. Basilic supplia son rival de lui laisser la vie et de l'enfermer dans un monastère. Au mot de monastère, Tomşa s'emporta, reprocha au prince ses attaques contre la religion et le fit massacrer.

Sommer, qui nous donne la date de l'événement, fait un récit fort différent (p. 54):

»Nonis novembris anni sexagesimi tertii (c'est à dire le 5 novembre 1563), arce egredi per suos coactus est, qui ad certam mortem se proficisci non ignarus, paucis detestatus

qu'il valait mieux ne pas dire qu'ils le tuaient à cause de leur capitaine; ils aimèrent mieux trahir leur prince et poussèrent la cupidité jusqu'à prendre de l'argent de Tomşa. Ils changèrent donc de dessein et envoyèrent vers ce dernier pour qu'il leur promît de les laisser libres. Ils devaient lui ouvrir les portes, mais ils ne recevraient pas le nom de traître. Quand ils eurent reçu l'engagement de Tomşa, ils ouvrirent la ville.

Mort de Despote l'hérétique.

Despote, voyant que tous les boïars l'avaient trahi, que tous ses soldats l'avaient abandonné, que la milice s'était soulevée contre lui, qu'il n'avait nul espoir d'être secouru d'aucun côté, que même son ami Łaski n'arrivait pas, comprit qu'il était perdu. Il revêtit ses habits princiers et sortit de la forteresse, un peu au-dessus de Suceava, à Areni, où la milice était rassemblée, afin de faire sa soumission à Tomşa*). Alors Tomşa lui adressa

illorum perfidiam, splendida veste sumpta, equum conscendit, vixque portam exierat cum inter longissimos militum ordines constitutum, remotis ad ipso plerisque ministrorum, equo descendere jussus exarmatusque, pedes ad Stephanum perrexit, qui eum, ubi in conspectu venisset, amaris conviliis hostiliter insectatus, clava ferrea percussisse in humero repetitoque ictu tandem prostravisse dicitur. Jacentem misere raptavere milites dum vestimenta minute quoque dilaniata detraherent; cumque aliquandiu quaesitus percussor non reciperetur, Tattarus quidam crebro iteratis ictibus vix tandem infelicem ei cervicem jacenti praecidit. Truncus, linteo involutus et plebeio funere elatus, paulo post in caemeterio sepultus est. Caput ipsius et Joachimi Prudentij, qui alia fori parte jam et ipse truncatus erat, excoriatum ac stramine effectum, postea ad imperatorem Turcarum in rheda, ubi affixum hisce oculis vidimus, attulit is qui cum quingentis venerat sangiachis. Paucis (nam in Cottavar, quod diei iter inde abest, pernoctaverat) post caedem horis, ille in castra venisse, gravissimeque questus dicitur quod indignus quem expectarent quando publice legatum venire non ignorassent, judicatus esset. Atrociter interim minatus non impune

вийте лъу мустрат, адъкъндъй амйите де мълте лу-
круръй фъръ де лъце че фъчъ, къ ну нумай ицра
пустїаше, че ши бисеричиле десбракъ, ши де лъце
ъши ридє. Ку ачъсте кувинте мустръндул Томша
лъу ловйтъ ку бузъдуганул, ши ъндатъ част̆ъ тоатъ
съу лъсатъ асупра луй, унде акоперйндул мулцимъка,
ку мулте рание ъл пътрунс трупул; дъкъйй ъ недес-
трийме съу лъсатъ де лу тзъатъ, ши лу споийтъ; у-
нора лъку тзъатъ насурилє ши уръкилє. Ши аша ау
фостъ сфършйтул луй Деспотъ Водъ. Ши ау домнитъ
г̃ ании ши жумътате.*)

КАП КД.

Домнїа луй Стефан Водъ Томша ъ анул ҂з̃об.

Скрїє Марцйн Пашковски, къ дакъ ау перйтъ
Деспотъ Водъ ла Сучъвъ, ятъ смсий Албрехтъ Ласки,
воевода Сираски, ла цермурилє Сиръктулуй, кареле ве-
нїя ъ трапютор луй Деспотъ Водъ ку д̃і де оамени,
че нйче де унъ фолосъ ну ау фостъ. Ку къмушйй съмтъ
лъкшїй де се гътъкъ пръ ъчетъ, пънъ авенире Ласки

---

laturos qui tam foedo perjurio Caesaris nomen polluissent
ac fide publica evocatum despotam, divino omni humanoque
jure violato, immaniter trucidassent; et sane Alexandri resti-
tutio quae secuta est non obscure ostendit immanem etiam
Turcam tam foedam proditionem nequaquam probasse.«

Sommer ajoute (p. 55) que le despote avait environ quarante
ans: »Vixerat annos circiter quadraginta.« Il serait né ainsi
vers 1523; mais cette date nous paraît bien difficile à concilier avec ce que nous savons des premières années de Basilic; aussi avons-nous dit (p. 395) qu'il était né vers 1510.

Quant à ce Démètre, que le despote avait adopté pour
son fils et à qui il avait destiné le trône de Moldavie ou
celui de Valachie, il fut provisoirement épargné; Tomșa mangea

de longs reproches, lui rappelant tous les crimes qu'il avait commis. Il ne s'était pas contenté de ravager le pays, il avait encore dépouillé les églises et se moquait de la religion. En lui faisant ces reproches, Tomşa le frappa de sa masse d'armes, et aussitôt toute l'armée se précipita sur lui: il disparut sous la multitude, et son corps fut atteint d'un grand nombre de blessures. La milice se jeta ensuite sur l'infanterie [de la garde du prince], la massacra et en fit des gerbes de cadavres. A quelques uns on coupa le nez et les oreilles. Telle fut la fin de Despote. Il avait régné trois ans et demi*).

CHAPITRE XXIV.
Règne d'Étienne Tomşa 7072 [1563].

Martin Paszkowski rapporte que, après que Despote eût été tué à Suceava, Albert Łaski, voïévode de Sieradż, arriva sur les bords du Siret avec 14.000 hommes. Il voulait porter secours Despote, mais il ne put lui être utile. Les Polonais sont toujours fort lents dans leurs préparatifs, et, jusqu'à ce que Łaski eût amené du secours

---

même avec lui le pain et le sel; mais, quelques jours plus tard, il fut livré au boureau qui lui coupa la narine droite. Cette mutilation le rendait incapable d'aspirer jamais à la principauté (Sommer, 56).

On possède de lui une curieuse lettre adressée au patriarche de Constantinople le 15 janvier 1564 et dans laquelle il fait allusion à la triste fin du despote (Crusius, *Turco-Graecia*, 248; cf. Engel, II, 212); lui-même eut une fin également tragique, dont nons parlerons plus loin.

*) Ce dernier renseignement est inexact. La bataille de Verbia, d'où l'on doit faire partir le règne du despote, n'ayant eu lieu que le 10 novembre 1561 (voy. ci-dessus, p. 407), il n'avait régné que deux ans moins cinq jours.

съ аперє прє Деспо́т, ꙗръ То́мша лъй фо́ст ꙟшълатъ прє Деспо́т де ꙗ҆у ꙟпърцит ꙟ҆части ши ꙗ҆у оучис Нѣмцій, ши а҆у бътут ши прє Вишновѐцки. Май апо́й а҆у ѡмори́т ши прє Деспо́т Во́дъ; ши дкчий ꙟцлегъ́нд де венирѣ лѹй Лъски, а҆у при́нс прє къпитъ́нѹл Нѣмцилѡр чѐлѡр педѐстри де ꙗ҆у тъіа́т нъсѹл ши оу- рѐкиле, ши лъ҆у десбръкат де хаіне; ши лъ҆у тримис ла Лъски съй спѹіе къ а҆у перит Деспо́т Во́дъ; ꙗр є҆л де въ вени́, кѹм а҆у перит ѡ҆амений лѹй Деспо́т Во́дъ, аша въ́р перѝ ши ѡ҆амений лѹй; къ цара нѹ єсте фъръ де кап към ꙗ҆й паре лѹй; ꙗр дей во́и съй фіе ѡ҆амений фъръ нъс ши фъръ оурѐки, къмѹй ачѐл Нѣ́мц, є҆л съ ві́е. А҆чѐсте то́ате дъкъ а҆у спѹс Нѣмцѹл лѹй Лъски, а҆у ꙟтребат де порѹшничій сѣй към въ фа́че. Че порѹшничій ꙗ҆у зи́с: „Дъкъ а҆у перит Деспо́т пентрѹ кареле мерѹкѝ съл аперѝ, ши келтѹа́ла а҆у перит. Нич авѐм че ꙟбла а҆у че къѹтъ ла Сѹчѣвъ; че съ нѣ ꙟ҆то́арчем ꙟнапо́й.“ И҆съ неѹ- тънд᛬ши а҆флъ кале дескись ка съсе ꙟ҆то́аркъ прє оунде вени́се, се темѣ де виклешѹг съ нѹ лѣ ꙗсъ ꙟнаинте ѡ҆амений То́мшій, ши съ пацъ май рѹу декът Вишновѐцки. Пре ла кодрѹл Космин᛬лѹй съ тръкъ, се темѣ де церани́, ꙟцлегъ́нд де дꙟшій съ нѹ съ- чю́аскъ пъдѹрѣ асѹпра лѡр, ши съ пацъ май рѹу де- към А҆лбѐрт Кра́ю.*) Май апо́й ша҆у афла́т кале съсе ꙟ҆то́аркъ прє оунде а҆у вени́т; сокотинд къ де въ́р ши є҆ши връжмашій лѡр ꙟнаинте, се въ́р апъра де́ н съ- нѣце, ши се въ́р сприжини де́ н арме, ши въ́р хълъ- дѹй. Карий дъкъ съу ꙟто́рс ꙟнапо́й, прє мѹате локѹри ле фъчѣ изва́л цераній кѹ ꙟбълчі́е ши кѹ ко́лсе; че нємик нѹ лѣ҆у стрика́т, че ꙟтрецѝ а҆у хълъдѹи́т ꙟ҆ цара съ; нѹмай оунѹл дѐнтре дꙟшій а҆у перит.**)

---

*) Voy. ci-dessus, pp. 187-197.

à Despote, celui-ci avait été trompé par Tomşa, qui avait divisé son armée, lui avait tué ses soldats allemands, et avait battu Wiśniowiecki. Tomşa avait ensuite massacré Despote. Quand il apprit l'arrivée de Łaski, il s'empara du capitaine de l'infanterie allemande, lui fit couper le nez et les oreilles et lui fit quitter son costume, puis il l'envoya vers Łaski pour lui annoncer la mort de Despote. [Le capitaine était chargé de lui dire] que, s'il venait [en Moldavie], il aurait le même sort que Wiśniowiecki, et que ses soldats périraient comme avaient péri ceux de Despote. Le pays n'était pas sans chef, comme il lui semblait, à lui Łaski. S'il voulait que ses soldats perdissent le nez et les oreilles comme cet Allemand, il n'avait qu'à venir. Quand l'Allemand eut rapporté toutes ces paroles à Łaski, celui-ci consulta ses confidents sur ce qu'il avait à faire. Ses confidents lui dirent: »Si Despote que vous alliez défendre a péri, votre créance a péri également. Nous n'avons que faire ni qu'aller chercher à Suceava; retournons en arrière.« Mais, ne trouvant pas de route ouverte pour opérer sa retraite en suivant le même itinéraire qu'en venant, il redoutait une trahison: les soldats de Tomşa pouvaient surgir et leur faire encore un plus mauvais parti qu'à Wiśniowiecki. Il fallait passer par la forêt de Kozmin et [les Polonais] craignaient que les paysans, instruits de leur marche, ne fissent tomber sur eux les arbres de la forêt et qu'ils ne fussent plus maltraités que ne l'avait été le roi Albert*). Ils préférèrent pourtant reprendre le chemin par lequel ils étaient venus. Ils se disaient que, si l'ennemi les assaillait, ils se défendraient à coups de mousquets, s'aideraient de leurs armes [blanches], et réussiraient à s'échapper. Tandis qu'ils effectuaient leur retraite, les paysans fondirent sur eux en plusieurs endroits avec des fléaux et des faulx; mais rien ne put les ébranler, et ils parvinrent sains et saufs dans leur pays. Il ne périt qu'un seul d'entre eux**).

---

*) Graziani (pp. 67-69) raconte que Tomşa, une fois maître du pouvoir, craignit que les Turcs ne lui fissent payer cher l'au-

Ачѣстъ добѫндъ ау фѫкут Ласки дела Деспот, пентру мулт бине чей фѫкусе, шил ашезасе ла домніе.

Кѫнд сау бѫтут Стефан Водъ Томша ку Мирчѣ Водъ, домнул мунтенѣск.

Мирчѣ Водъ,*) домнул мунтенѣск, ѫнцелегѫнд де ачѣте аместекѫтурй че се фѫчѣ ѫнтре домніа Молдовій, ау сокотит сѫсе испитѣскѫ съ апуче цара съ фіе сѫпт аскултарѣ луй; гѫндинд кѫ прѣ лѣсне ѡ ва добѫндй, пентру ѫпърекіерѣ чѣ ера ѫнтре кѫлѫраши ши ѫнтре педестраши, ши пентру супърарѣ церій че се фѫкусе ку Деспот Водъ; гѫндй кѫ, фіинд слъбиций де реутъций, ну ва авѣ чине сѫй стѣ ѫпотривъ; алта кѫ ши домніа Томшій ера неашезатъ; ку дела ѫпърціе нуй венисе стѣг де домніе. Аша Мирчѣ Водъ ку тоатъ ѡастѣ съ сау порнит асупра Томшій, че Томша принзѫнд де вѣсте, де сѫрг сау гътат, ши ау ешит ѫнаинте ла Милков, ши дѫнд рѫзбою ау бѫтут пре Мирчеа Водъ, ши дечій сау ѫторс ла Яшй.

Де ачѣстъ повѣсте чѣ ау бѫтут Томша пре Мирчѣ Водъ, кроникарій лешещй немик ну скріу: че

---

dace qu'il avait eue de renverser le despote et de s'emparer du trône sans leur permission. Il voulut essayer de conjurer l'orage en corrompant le grand vizir Rustem. Comme le trésor était vide et qu'il n'y avait plus rien à piller dans le pays, il ne trouva pas d'autre moyen de se procurer des ressources que d'envoyer ses troupes à la poursuite des Transylvains qui retournaient chez eux chargés de butin. Les Széklers qui avaient vaincu le despote étaient déjà à deux jours de marche de Suceava, quand ils furent rejoints, dispersés et dépouillés. Alors seulement Tomşa tourna ses troupes contre Łaski. Graziani attribue à ce retard le salut des Polonais, que les Moldaves auraient pu écraser avant même qu'ils eussent appris la mort de Basilic.

Tel fut le profit que Łaski retira de tous les bienfaits dont il avait comblé Despote, lui qui l'avait mis sur le trône.

Étienne Tomşa se bat avec Mircea, prince de Valachie.

Mircea*), prince de Valachie, voyant toutes les complications auxquelles donnait lieu la possession du trône de Moldavie, résolut de chercher à mettre ce pays sous son obéissance. Il s'imaginait qu'il en ferait facilement la conquête, en raison du défaut d'entente qui y régnait entre la cavalerie et l'infanterie, et à cause du mécontentement que Despote y avait provoqué. Il crut que [les Moldaves] étaient affaiblis par les exactions, et qu'il n'y aurait personne pour lui résister. [Il savait], d'autre part, que l'autorité de Tomşa n'était pas encore bien établie, puisqu'il n'avait pas reçu du sultan l'étendard princier. Mircea marcha donc avec toute son armée contre Tomşa; mais celui-ci, informé [de ses mouvements], se prépara sur le champ, et s'avança au devant de lui jusqu'au Milcov. Il livra bataille, défit Mircea, et revint à Iassi.

Les chroniqueurs polonais ne parlent pas de cette défaite de Mircea par Tomşa; elle n'est mentionnée que

---

Tomşa, trouvant que ses caisses n'étaient pas assez pleines, rançonna les marchands qui traversaient la Moldavie. Une note manuscrite relevée sur un acte conservé dans les archives de Léopol contient sur ce point des renseignements édifiants: »Stephanus Tomsa, in locum despoti ad palatinatum Moldaviae suffectus, et Moczuc, gentis primas, praedas agebant, et mercatores spoliabant aquisque submergebant (Hîşdău, *Arch.*, I, 1, 48).«

*) Le prince de Valachie, que Sommer (p. 58) appelle également Mircea, était Pierre, fils de Mircea, c'est-à-dire Pierre-le-Boiteux, dont nous aurons à parler un peu plus tard, comme prince de Moldavie.

нумай ла лѣтописецул молдовинѣск се афлэ анкстъ повѣсте, прекум съу скрис май сус.*)

Стéфан Вóдъ Тóмша фуџе ꙟ Цѣра Лешѣскъ, де фрика луй Алеѯáндру Вóдъ Лъпушнѣнул.

Ꙟтрачéл врѣме ꙟцълеџѣнд ꙟпърáтул турчéск де атъте аместекътурй че се фáку ꙟ цѣрѫ, ши се скоалъ уний пре áлций, ну суферй; че ау дáт домніа ꙗръшй луй Алеѯáндру Лъпушнѣнул.

Ꙗръ Стéфан Вóдъ Тóмша, дáкъ ау уморит пре Деспóт Вóдъ ꙟ Сучѣвъ, ши бъту пре Мирчѣ Вóдъ ла Милков, ꙟторкъндусе ла Ꙗший, съу гътит съ трꙋ- мицъ боіéрй ши ѡамений де цѣръ ла Ꙟпърѫціе, съ чѣіе стѣг. Венéрѫй ѡлъкáрй дей ꙟдѣрѫ де вѣсте къ домніа éсте дáтъ луй Алеѯáндру Вóдъ, ши ау сосит ла Брѫила, ши се гътѣѯъ съ ꙟтре ꙟ цѣръ. Ꙟцълеџѣнд Тóмша де ачѣста, съу сфътуит ку боіé- рій сéй че вур фáче, ши афлáрѫ къ съ тремицъ ла Алеѯáндру Вóдъ ѡамений журъцій дела цѣръ, ши съй спуіе къ цѣра нул ва, ниче ꙗл юбéску, ши де аколѡ съ трѣкъ ла Ꙟпърѫціе; ши пънъ ну ле ва вени ръ- спунс съ ну лáсе пре Алеѯáндру Вóдъ съ ꙟтре ꙟ цѣрѫ.**)

---

*) La chronique valaque de Constantin Căpitanul est également muette sur l'entreprise de Pierre-le-Boiteux. On va voir dans une des notes qui suivent que ce prince entretenait d'étroites relations avec son oncle Alexandre Lăpuşneanul; aussi est-il permis de croire que ce fut moins pour son propre compte que pour faire une diversion en faveur d'Alexandre et pour complaire aux Turcs, que Pierre essaya d'envahir la Moldavie.

**) Tomşa chercha d'abord à se maintenir par les armes. Le 2 janvier 1564, l'ambassadeur de France à Constantinople, M. de Petremol, écrit à M. de Boistaillé, à Venise: »Les troubles de la Moldavie continuent toujours, encores que le despot soit mort, et que le G. S. aye envoyé Alexandre avec

par la chronique moldave, dans les termes où nous venons de la rapporter*).

Étienne Tomșa s'enfuit en Pologne par crainte d'Alexandre Lăpușneanul.

Sur ces entrefaites, l'empereur des Turcs, apprenant quelles complications se produisaient en Moldavie, et que les uns s'y soulevaient contre les autres, ne voulut pas le permettre, et rendit la principauté à Alexandre Lăpușneanul.

Étienne Tomșa, après avoir tué Despote à Suceava et battu Mircea sur le Milcov, était rentré à Iassi, et se disposait à envoyer des boïars et des hommes du pays au sultan pour lui demander l'étendard. Des courriers vinrent lui annoncer que le trône avait été donné à Alexandre, et que déjà celui-ci était arrivé à Brăila et se préparait à entrer en Moldavie. A cette nouvelle, Tomșa tint conseil avec ses boïars sur ce qu'il y avait lieu de faire. Il fut décidé qu'il enverrait vers Alexandre des délégués assermentés pour lui déclarer que le pays ne voulait pas de lui et que [les habitants] ne l'aimaient pas, puis que les délégués se rendraient auprès du sultan. On ne laisserait pas Alexandre entrer dans le pays avant d'avoir reçu la réponse**).

---

l'un de ses capigi-bassi en prendre possession, et commandé à tous les sanjacqs des confins, aux Tartares et Transilvains, de aider ledit Alexandre; car Tumpcha, autrement dit Estienne, avec le peuple de Moldavie, au nombre de cent mil hommes de pied, ainsi que l'on dit, et quarente mil chevaulx, empesche que ledit Alexandre n'entre dedans, et le peult, en moindre nombre, facilement empescher en ce temps cy d'hyver, que le Danube est gelé et les marais sont inaccessibles. Le G. S., voyant ces troubles, commanda il y a quelques jours que le beglerbey de la Gréce, avec sa cavallerie, deux compagnies de spahis de la Porte et deux mil janissaires, avec Pertha, troisiesme bassa, deussent partir d'icy pour entrer avec forces d'armes dans la Moldavie, et remettre Alexandre

Дакъ ау мерс сѡлій ачій дела Тóмша, шѝ ау спус лу́й Алеѯáндру Вóдъ, атꙋ́нче съ фіе зис Алеѯáндру Вóдъ „Де нꙋ мъ ю̀бе́ску е́й, еу жи ю̀бе́ск пре жшíй; шѝ де нꙋ мъ въ ца́ра, еу вóю пре дꙋ́нса, шѝ вóю тот мꙋ́рце. ѡ́рй кꙋ вóїе, ѡ́рй фъръ вóїе!" Шѝ ау ѡприт пре сѡлíй, шѝ ау тримис хокимꙋриле Ꙟпъратулꙋй ла Тъ-тáрй, кáрій ждáтъ съу порнит, де ау акоперит ца́ра ка оу́н рóю пъ́н ꙟ Прꙋт, прꙋдъ́нд шѝ арꙋ̀зъ́нд. Де áлтъ пáрте е́л ау ꙟтрáт кꙋ Тꙋ́рчій шѝ кꙋ ѡ́асткѣ че ау авут лънгъ сѝне. Де́чи Тóмша Вóдъ, възъ́нд къ ꙟпротѝва ачéй путéрй нꙋ въ путѣ ста̀, ау трекꙋт ла Цра Лешѣскъ кꙋ сфѣ́тничій сéй, кꙋ Моцóк вóрникул, шѝ кꙋ Спа́нчóк спатáр, шѝ кꙋ Веверѝцъ постѣ́лникул, шѝ сáу ашеѯáт ꙟ Лѡ́в, дꙋпъ чѣ́ꙋ доминіт е съптъмъ́нй.*)

---

en possession; et ce jourd'huy on attendoit qu'ilz deussent partir; mais hier au soir arriva icy un courrier avec lettres dudit Tumpcha, 'scellées de tous les barons et seigneurs de la Moldavie, qui a le tout faict suspendre et differer, de sorte qu'on juge maintenant que le royaume demeurera audit Tumpcha pour la faveur du peuple, ennemy du nom d'Alexandre (Charrière, II, 745; Hîşdău, Arch., I, 1, 148)."

*) Le 11 février 1564, M. de Petremol écrit au roi Charles IX: »Sire, Tumpcha, de la Moldavie, ayant envoyé au G. S., avec un chaoux de ceste Porte, deux de ses barons, avec trente-cinq ou quarente personnes, pour impetrer de S. H. la confirmation de ce royaume, le bassa les a tous faict mectre aux fers, et le seigneur a faict partir d'icy le beglerbey de la Gréce pour faire l'assemblée de ses gens aux confins de la Moldavie, et y entrer par force pour y remectre Alexandre, où desjà sont arrivez les Tartares avec septante mil chevaulx, qui n'attendent que le commandement pour se ruer sur le pays et deschasser ou prendre Tumpcha. Depuis, Alexandre, vayvode, est entré en la Moldavie, et Tumpcha fuy en Po-logne, où le G. S. a envoyé Hybrahim, son dragoman, pour le demander et mener à ceste Porte faire telle fin que le

Quand les envoyés de Tomşa furent arrivés et eurent rapporté ces paroles à Alexandre, [on prétend] que celui-ci s'écria: »Si [les Moldaves] ne n'aiment pas, je les aime, moi. Si le pays ne veut pas de moi, je veux de lui; je marcherai avec ou sans sa permission!« Il retint prisonniers les envoyés, et expédia les lettres du sultan aux Tatars. Ces derniers se mirent aussitôt en marche et couvrirent tout le pays jusqu'au Prut, comme l'eût couvert un essaim d'abeilles, se livrant au pillage et à l'incendie. De son côté, [Alexandre] pénétra [en Moldavie] avec les Turcs et les troupes qu'il avait avec lui. Tomşa se sentit hors d'état de résister et passa en Pologne avec ses conseillers: le vornic Moţoc, le spatar Spanciuc et le postelnic Veveriţă. Il s'établit à Léopol. Il avait régné cinq semaines*).

---

pauvre Dimitrasco (Charrière, II, 748; Hîşdău, *Arch.*, I, 1, 149).«

Sommer (p. 57) raconte que Tomşa, au moment de sa fuite en Pologne, laissa son artillerie sous la garde d'un boïar moldave et de Démètre, ce fils adoptif du despote, qu'il avait paru d'abord accueillir avec bienveillance et à qui il avait ensuite fait couper une narine (voy. ci-dessus, p. 446). Le boïar, digne serviteur d'un maître tel que Tomşa, n'eut rien de plus pressé que de s'assurer de la personne du malheureux Démètre et de le livrer à Alexandre Lăpuşneanul, lui offrant ainsi une vengeance posthume sur le despote, son ancien rival. Alexandre retint Démètre et l'envoya à son neveu, le prince de Valachie Pierre-le-Boiteux. Le prisonnier, pour qui le despote avait rêvé la couronne, fut l'objet des plus horribles outrages de la part de toute la cour valaque, puis cruellement mis à mort. La mère du prince elle-même plaça sur la table, au milieu d'un repas, la tête sanglante du prince.

Quant au boïar qui avait livré Démètre, Alexandre feignit de le combler d'honneurs, mais, comme il s'en retournait, il le fit massacrer par ses bourreaux.

Toute cette période de l'histoire de la Moldavie n'est qu'une suite de crimes monstrueux. On n'y rencontre pas un personnage qui puisse inspirer quelque sympathie.

КӐП КЕ.
А доуа домніе алуй Алеѯандру Водъ Лъпушнѣнул.

Алеѯандру Водъ Лъпушнѣнул, дакъ съу ашеѕатъ ал доиле рънд ла домніе, скосу чашъ ꙟпърътѣскъ пре уӥ тюрк маре, де лау тримис ку пъръ ла краюл лешеск пофтинд пре виклѣній сѣй, пре Томша ши пре соцініле сале.*) Ӕръ краюл пентру пачѣ чѣ авѣ ку Тюркул, ши пентру пъра чел пъріа Акший пентру моартѣ луй Вишновецки, ши пентру слуціа а мꙋлцй чѣ фъкусе Томша Водъ, ау тримис Краюл пре слуга съ, пре Красински ла Ліѡв, де ӕу тъӥат капул Томший, алуй Моцок ворникул, ши алуй Веверицъ посткланикул, ши алуй Спанчюк спътарул, ши ӕу ꙟгропатъ афаръ ден търг ла мънъстирѣ сфетей Ѡнофріе. Аша ау фостъ сфършитул луй Томша Водъ, кум скріе ꙟ сфънта Евангеліе: „Ку чѣ мъсуръ вѣцй мъсура, се въ мъсура воуъ.‟ **)

Алеѯандру Водъ ау ѡморитъ мꙋ де коӥерй.

Алеѯандру Водъ, дакъ съу кураціт де тоатъ грижа денафаръ, ши шъу адус пре доамнъ-са Руѯанда,

---

*) L'inventaire des archives de Cracovie mentionne diverses pièces relatives aux réclamations adressées par les Turcs à la Pologne, qu'ils rendaient responsable des expéditions de Wiśniowiecki et de Łaski.

»Litterae a sendziaco Białogrodensi ad regem Sigismundum Augustum de expeditione Wiśniowieckiego et Laskiego in Moldaviam.« *Inv.*, 152.

»Idem [Solimanus] cum eodem [Sigismundo Augusto] expostulat de damnis ad Oczakow per Demetrium Wiśniowiecki illatis...« *Inv.*, 153.

CHAPITRE XXV.
Second Règne d'Alexandre Lapuşneanul.

Alexandre, en possession du trône pour la seconde fois, obtint l'envoi d'un grand personnage turc comme tchaouch du sultan, et l'expédia vers le roi de Pologne, porteur d'une dénonciation et d'une demande d'extradition contre ceux qui l'avaient trahi, Tomşa et ses compagnons.[*]) En raison du traité de paix conclu avec le Turc, en raison des réclamations faites par les Polonais à cause de la mort de Wiśniowiecki, en raison des cruautés commises par Tomşa, le roi envoya Krasiński, son serviteur, à Léopol, fit trancher la tête à Tomşa, au vornic Moţoc, au postelnic Veveriţă et au spătar Spanciuc, et les fit enterrer hors la ville, au monastère de Saint-Onuphre. Telle fut la fin de Tomşa, suivant la parole de l'Évangile: »Il vous sera mesuré selon la mesure dont vous vous serez servi.[**])«

Alexandre fait mettre à mort 47 boïars.

Alexandre, délivré de toute inquiétude au dehors, amena de Valachie sa femme Rocsanda et ses fils. Il

---

[*]) »Solimanus imperator petit a Sigismundo Augusto ut Stephanum Tomszam, palatinatum [lis. palatinatus] Valachiae occupatorem ad se vivum mittat.« — »Idem expostulat cum Sigismundo Augusto de extraditione ejusdem Stephani qui, expulsus ab Alexandro, recessit in Poloniam.« — »Idem postulat Sigismundum Augustum ut idem Stephanus Tomsza captivetur, si est in Polonia.« *Inv.*, 152.

»Ejusdem [Solimani] Litterae ad eundem per Strasz nuntium allatae, quibus petit Tomszam transfugam et rebellem remitti aut caput ejus.« *Inv.*, 153.

Nous ne nous arrêtons pas à rectifier les dates mal lues par le rédacteur de l'inventaire.

[**]) Une dépêche adressée par M. de Petremol à M. Du Ferrier, le 27 mai 1564, permet de déterminer à peu près la date

ши коконій ден Цѣра Мунтенѣскъ, ау врут съсе ку-
руцѣскъ ши де връжмашій чей ден касъ, пре кăрій
ꙟ̈ши припусъсе ѣл къ пентру виклешугуриле лѫр фу
скос ден домнія дентъю. Ши ау ꙟ̈вуцат ꙟ̈ таинъ
пре лъфечіи чѣу авут струйні, де съу супус ꙟ̈ куртѣ
домнѣскъ ла ꙗ̈ши, ꙟ̈тру ꙁи, ши ау кіемат пре ѡбич-
неюа боѣрій ла курте. Кăрій фъръ ниче ѡ грижъ де
примеждіе ка ѫчка ера. Ши дакъ ау ꙟ̈трат ꙟ̈ курте,
служиторій, дупъ ꙟ̈вуцътура чѣу авут, ау ꙟ̈кис пор-
циле, ши ка ниште лупй ꙟ̈тру турмъ фъръ де ниче
ун ꙟ̈пъръторꙋ, ау ꙟ̈трат ꙟ̈тръншій дей снопіа ши
жункіа, ну нумай боѣрй че ши служиторій; ниче ꙟ̈и
алецѣ пре чей виноваці, че ѡунул ка алалтул ꙟ̈и пунѣ
супт сабіе. Мулци се въріа пре ферестрй де кадѣ
афаръ деши фрънцѣ пичюареле. Ши ау перит атунче
мꙋ де боѣрй, фъръ алтъ курте че ну съу бугат ꙟ̈
съмъ. Ши аша дупъ атъта недумнеꙁейре, ꙟ̈и пърѣ
къ шау ꙟ̈съндйт дела йним.*)

Ꙟ̈вуцътуръ ши мустраре челѫр май марй.

Ꙟ̈ Молдова, ау чей май мичй деспре чей май
марй ачест ѡбичею де піеру фъръ жудец, фъръ винъ
ши фъръ самъ. Сингурй чей май марй жудекъторій,
сингурй пъриший, ши сингурй плиниторій леꙋй. Ши де
ачест ѡбичею Молдова ну скапъ, къ май мулци дентре капете сунт ꙋбиторй авърсаре сънце невиноват.
Апой дау вина лъкуиторилѫр къ сунт виклений. Даръ

---

de cette exécution: »Avant hier au soir«, dit l'agent français,
»que j'estois avec le bassa, vindrent trois courriers, l'un de
Pollogne, qui apporta nouvelles que le roi de Pollogne avoit
faict couper la teste à Tumpcha et à trois ou quatre prin-
cipaulx barons de la Moldavie qui s'estoient retirez par devers
luy, après avoir esté dechassés de la Moldavie ... (Charrière
II, 752; Hîşdău, *Arch.*, I, 1, 149).«

voulut ensuite se débarrasser de ses ennemis à l'intérieur. Il était convaincu que c'était à cause de leurs trahisons qu'il avait été renversé du trône la première fois. Il donna en secret des ordres aux mercenaires étrangers qu'il entretenait auprès de lui, et les posta dans la cour du palais à Iassi, un jour qu'il avait mandé les boïars au palais, selon l'usage. Les boïars n'avaient aucun soupçon du danger qui les menaçait. Quand ils furent entrés dans la cour, les soldats, obéissant aux ordres qu'ils avaient reçus, fermèrent les portes, et, semblables à des loups qui se jettent sur un troupeau sans défense, s'élancèrent au milieu d'eux, les renversèrent et les égorgèrent, non seulement les boïars eux-mêmes, mais encore leurs serviteurs. Ils ne choisissaient pas les coupables, mais faisaient tomber leurs sabres sur tout le monde sans distinction. Plusieurs se réfugièrent sur les fenêtres, et se cassèrent les jambes en tombant dehors. Il périt alors 47 boïars, sans parler d'autres petits nobles, dont on ne tint pas compte. Après un pareil forfait, il sembla [au prince] qu'il s'était retrempé le cœur.*)

Avertissement et Remontrance aux grands.

En Moldavie, d'après la coutume, les grands ont sur les petits [le droit de les] faire mourir sans jugement, sans crime, sans examen. Les grands sont seuls juges, seuls accusateurs, seuls exécuteurs de la loi. La Moldavie ne peut se délivrer de cette coutume, parce plusieurs des personnages principaux aiment à verser

---

*) Le massacre de 47 boïars ne fut qu'un des nombreux actes de férocité dont Alexandre se rendit coupable. Dès qu'il prit possession du trône, il voulut, dit Sommer (p. 58) exercer son ressentiment sur ses ennemis, même sur ceux qui étaient morts. Il fit mettre dans des sacs les têtes du despote et du fidèle serviteur de ce dernier, Joachim Kluger, et les fit attacher à un gibet. Par son ordre, Georges de Revelles, qui était detenu à Niamț, fut mis à mort, ainsi que divers autres prisonniers.

чине ар юби съ моаръ, чине нȢ доркише съ вїецȢаскъ?„ КȢ драг ёсте ачелѡр май мари съ ăибъ вїȧцъ; чей май мичй жкъ нȢ ѡ ар лепъда. Крезъ май бине ар хі ден драгосте декът ден фрикъ съй слȢжѣскъ; ши де саръ Ȓнвъца чей май мари де пре нииіе мȢше фъръ минте кȢм се цине домнїа; къ тоатъ албина ⱃши ăпъръ къшїѡара ши храна лѡр кȢ ачеле ши кȢ венинȢл сěȢ; ȧръ домнȢл, ăдекъ матка, пре нине нȢ ватъмъ; че тоате де ȒнвъцътȢра ěй аскȢлтъ. Към даръ аръ фи май бине пентрȢ блъндěце съ аскȢлте пре чел май маре, ши съл юбěскъ, ши кȢ драгосте съй слȢжěскъ, декът де гроазъ ши де фрикъ съй се плěче. ПентрȢ къ чела че пофтěше съсе тěмъ де ěл ăтъта народ де ѡм, требȢише ши ачела съсе тěмъ де тоци. Къ тот върсътор Ȣл де съние де фрикъ фаче, ка съй ȋа спайма ши съсе тěмъ тоци де ěл, че аръ пȢтě фаче кȢ блъндěце.

ПентрȢ рисипирě четъцилѡр Молдовїй.

АлеЗандрȢ Водъ врънд съ Ȓнтре Ȓн воїа ТȢрчилѡр, прекȢм се фъгъдȢйсе Ȓнаинтě Ȓмпъратȣлȣй къ ва рȢсипи четъциле ден цěра Молдовїй, нȢмай съй дě домнїа, пентрȢ къ Ȓнцелегънд Ȓмпърцїа ăтъте аместекътȢрй че се фъчě Ȓн цěръ, аȢ сокотит къ съ слъбěскъ цěра ден темелїе, съ нȢ се афле Ȓмпъръторй, ши аȢ поронит чине ва рисипи четъциле ден Молдова, ачелȢй ва дă домнїа; — дěче АлеЗандрȢ Водъ, фъкънд пре кȢвънтȢл Ȓмпъратȣлȣй, аȢ Ȓмплȣт четъциле де лěмне, ши лěȢ апринс дȢ ăрс, ши сăȢ рисипит. НȢмай ХотинȢл аȢ лъсат съ хіе де апъраре деспре Цěра Лешěскъ.*)

*) Łaski s'était fait remettre Hotin lorsqu'il s'était décidé à porter secours au despote, et il avait conservé cette place après la mort

le sang innocent. Ils accusent ensuite les habitants du pays de quelque trahison. Mais qui est-ce qui aime à mourir, et qui ne préférerait vivre? Autant les grands tiennent à la vie, autant les petits sont peu disposés à la perdre. Je crois qu'il vaudrait mieux qu'ils obéissent par amour que par crainte. Les grands devraient apprendre de certaines mouches privées de raison comment on exerce le pouvoir. Les abeilles défendent toutes leurs cellules et leur nourriture avec leurs dards et leur venin; quant à leur prince, c'est-à-dire à leur reine, elle ne fait de mal à personne, et cependant toutes l'écoutent. Combien il vaudrait mieux que [les petits] fussent tenus par la douceur en l'obéissance des grands, qu'ils les aimassent et les servissent par amour, au lieu de leur être soumis par la crainte et par la terreur! En effet, celui qui veut que tant d'hommes aient peur de lui doit avoir peur de tout le monde. Celui qui aime à verser le sang obtient par la peur qu'on le craigne et cherche à inspirer la terreur; il réussirait mieux par la douceur.

Destruction des forteresses de Moldavie.

Alexandre voulut entrer dans les bonnes grâces des Turcs: il avait promis au sultan de détruire les forteresses de Moldavie (parce que le sultan, voyant toutes les révolutions qui se produisaient dans le pays, avait formé le projet de le ruiner complètement, de telle sorte qu'il ne s'y trouvât plus de rempart, et avait décidé qu'il donnerait la principauté à celui qui détruirait les forteresses moldaves); obéissant donc aux prescriptions du grand seigneur, il remplit de bois les forteresses, y mit le feu et les détruisit. Il ne laissa que Hotin pour servir de défense du côté de la Pologne.*)

---

de ce prince; mais il avait dû ensuite la restituer, sur la demande du roi de Pologne, à qui les Turcs la réclamaient.

»Solimanus cum Sigismundo Augusto renovat pacta per Jazłowiecki et expostulat de Alexandro, palatino Valachiae,

Пе́нтру аче́ста лукру кунбащем къ ниче ꙋн бине це́рїй нау фъкꙋт; къ въсꙋл чел фъръ де фꙋнд, мъкар къть апъ ай турна ꙟтрънсꙋл, нꙋл май поци ꙟплъ. Аша ши Турку де чей дай май мꙋлт, де ачѣа ꙗци чѣре, шиҥци фа́че май мꙋлтъ нево́їе, къ ӗл даруꙋ скрїе ѡбичею; май апо́й де най връ съй дай, ꙗкъци кауть, нꙋмай съй дай.

Ꙟ ану҃л ҂зог септемврїе к҃в, пре Ѳеофа́н оучени́кул луй Мака́рїе, че єра де́н тинере́це єпи́скоп, лау пус Алеѯандру Во́дъ митрополит Сꙋче́вїй.*)

Пе́нтру вени́рѣ ꙋнꙋй домнишо́р де́н Ц҃ра Оунгꙋрѣ́скъ.

Ꙟ ану҃л ҂зод їꙋнїе, ръдика́тусау дела Ц҃ра Оунгꙋрѣ́скъ оун Стѣфан ѿаре чине, ка́реле съ фъчѣ ѿс де до́мн; ши є҆ра пе поре́клъ Мъзгъ;**) ши кꙋ мꙋлци,

---

de restitutione Chocimi, de annihilatione nundinarum prope Chocim, de pascuis in campis desertis.« *Inv.*, 153. — Cf. Gorecki, ap. Papiu Ilarianu, *Tes.*, III, 212.

*) On ne sait quel siège occupait Théophane; il était probablement évêque de Rădăuți Cf. Melchisedec, *Chron. Huș.*, II, 115.

**) Les prétendants sont si nombreux à cette époque qu'il est difficile de savoir qui était le personnage dont parle notre chronique. Le 29 juillet 1564, M. de Petremol, ambassadeur de France à Constantinople, écrit à M. Du Ferrier, à Venise: »Il court aussy un bruict de par deça que le frére de Tumpcha, celuy qui avoit occupé la Moldavie l'année passée, estoit en armes avec sept ou huit mil hommes, sous la faveur, aide et protection de Maximilian, roy des Romains, pour entrer en ladicte Moldavie et vanger la mort de son frère. Mais je trouve cette nouvelle fort mal consonante avec celle du tribut (Charrière, II, 756; Hișdău, *Arch.*, I, 1, 149).«

C'est peut-être à cette prise d'armes que se rapporte une communication du corps de ville de Bistrița en Transylvanie informant celui de Hermannstadt que 3500 hommes

Nous voyons par ce trait qu'il ne fit aucun bien au pays. De même qu'un vase sans fond ne peut se remplir, quelle que soit la quantité d'eau que l'on y verse; de même, plus on donne au Turc et plus il demande; il ne fait que se montrer plus exigent: il transforme en usage le cadeau qu'il a reçu, et, si l'on ne veut plus le lui donner, il cherche à vous y contraindre.

Le 22 septembre 7073 [1564], Alexandre nomma métropolitain de Suceava Théophane, disciple de Macaire, qui était évêque depuis sa jeunesse.*)

Venue d'un prince sorti de Hongrie.

Au mois de juin 7074 [1566], un nommé Étienne, qui prétendait être de famille princière, et qui portait le surnom de Mîzgă,**) sortit de Hongrie, et, accompagné

---

armés se disposent à entrer en Moldavie pour piller le monastère de Putna (*Col. luĭ, Tr.*, V, 1875, 130).

Le 23 janvier 1565, M. de Petremol entretient M. Du Ferrier de l'état d'hostilité qui règne entre les Impériaux et les partisans du roi Jean-Sigismond, et il ajoute: »Les Moldaves, semblablement conjoints avec les Transilvains, se plaignent dudit empereur, disant que le frère d'un certain Dimitrasco, qui fut l'année passée executé en ceste ville, est en armes soubz sa faveur et protection, pour assaillir et occuper la Moldavie, et en dechasser Alexandre que le G. S. y a constitué après la fuitte et mort de Tumpcha. Sur ce contrast des uns et des aultres, les bassas mesmes se sont divisez, Aly, premier bassa, favorisant le party de l'empereur, et Mehemet, second bassa et gendre de sultan Selim, avec quelques aultres, tenant le party du roy de Transilvanie et des Moldaves (Charrière, II, 777; Hîşdău, I, 1, 149).«

Un troisième personnage, que M. de Petremol considère comme le frère du despote, et dont il ne nous fait pas connaître le nom, se pose en prétendant dans le courant de la même année. »Hier au soir«, dit le diplomate français dans une dépêche datée de Constantinople le 7 avril 1565, »hier au soir

хаидуčй, стрингяид пъсторй ши алт адвиътуру де ωамений, ау ътрат ъ цркъ, смомина ωамений къ съи се ъкине, ши съл дукъ ла домние. Че Алеξандру Водъ, дакъ ау ъцълес, ау тримис ъпротива луй слуžиторий сей, карий лау тимпинат май сус де четатъ Нъкцу- луй, ши дънд ръсбою, лау бътут, ши ωамений юу ри- сипит. Юръ ел ау скъпат ънапой прен мунте педестру; пре уний юу принс вий ши юу дус ла Алеξандру Водъ.*)

Ъ ануl ,҂зне септемврие къ Султан Сулейман съ ръдикат ку ωщи ши ау мерс аСупра Нъмцилур, унде мултъ прадъ ши ръсипъ ау фъкут. Май апой фиинд куприис де боалъ аколω ау мурит, дуиъ чеку ъиръцит мд де ань, ши ау лъсат ъиръцъциа фиюсеу, луй Султан Селим.

Де моартъ луй Алеξандру Водъ Лъпушнъну.

Ъ ануl ,҂зоє Алеξандру Водъ ау къžут ъ боалъ гръ, ши съу причепут къ въ мури. Дъче ъиаинтъ

---

vindrent nouvelles de Bude..., et le chaoux qui a apporté les nouvelles a amené avec soy le frère du despot qui regnoit en Moldavie, lequel s'est retiré et fuy de l'armée de Maximilian, et le bassa, l'ayant cogneu, luy a fait beaucoup de faveur, en attendant qu'il face entendre son affaire au G. S. (Charrière, II, 785; Hîşdău, *Arch.*, I, 1, 149).«

Le 23 mai, M. de Petremol complète ses informations. Le sultan »faict grands preparatifs de tous costez pour resister à l'empereur s'il intente quelque chose de nouveau du costé de Transilvanie, où le bruict est qu'il a envoyé un autre seigneur pour l'assaillir, depuis que le frère du despot s'estoit retiré vers le G. S., lequel S. H. a envoyé en gardes à Rhodes avec douze aspres, monnoie de ce pays, de paye par jour, qui sont dix ou onze sols de France, où au contraire le pauvre homme pensoit à son arrivée que le G. S. le deust faire tout d'or, et qu'i le deust remettre en la Moldavie, et en dechasser Alexandre (Charrière, II, 789; Hîşdău, *Arch.*, I, 1, 149).«

d'un grand nombre de haïdouques, raccolant les bergers et toutes sortes d'autres gens, pénétra en Moldavie, somma les habitants de le reconnaître et de le mettre en possesion du trône. A cette nouvelle, Alexandre envoya contre lui des soldats qui le rencontrèrent au-dessus de Niamț, lui livrèrent bataille, le défirent, et dispersèrent son monde. Étienne réussit à s'échapper à pied dans la montagne. Quelques uns [de ses compagnons] furent faits prisonniers et amenés à Alexandre.*)

Le 26 septembre 7075 [1566], sultan Soliman se mit en marche avec son armée pour combattre les Allemands. Pendant [cette campagne], il fit beaucoup de déprédations et de butin; mais, ensuite, il y tomba malade et y mourut. Il avait régné 44 ans. Il laissa l'empire à son fils, sultan Sélim.

Mort d'Alexandre Lăpuşneanul.

En 7076 [1568], Alexandre tomba gravement malade et comprit qu'il allait mourir. Avant sa mort, il fit venir

---

Le prince soutenu par Maximilien devait être Étienne Mîzgă; quant au prétendu frère du despote, on verra plus loin que c'était Jean, dit l'Arménien ou le Cruel, fils naturel d'Étienne-le-Jeune.

*) Bielski raconte qu'Alexandre, loin de se montrer reconnaissant envers les Polonais qui l'avaient délivré du plus dangereux de ses rivaux, envahit en 1565 la Pocutie, pendant que les Tatars devastaient la Podolie. Voy. Engel, II, 213.

Peut-être les Polonais avaient-ils soutenu Étienne, le nouveau prétendant; peut-être aussi Alexandre voulait-il simplement prouver sa force. Il aimait avant tout à se faire craindre et avait réussi à faire respecter au loin son nom. M. Miklosich (*Mon. serbica*, 556, n° 483) a publié un document qui nous montre Alexandre intervenant auprès de la république de Raguse, avec toute l'autorité d'un prince puissant, en faveur des descendants du duc Étienne de Saint-Sabbas.

мо́рцій са́ле кемъ єпископі́й, боѥ́рїй ши то́атъ къртѣ, де ꙗ́ꙋ ꙗвцѫ́т ши лѣкꙋ ꙗръта́т мошенитѡ́р пре фїꙋсеꙋ Богда́н Во́дъ, съл пъ́їе ла домні́е пре оу҆́рма лꙋ́й. Їѫр є̆л, да́къ а̀ꙋ плини́т г҃і а́ни ши жꙋмъта́те ꙗ домні́ей са́ле ши чей дентѫ́й ши а̀ до́ꙋа, примѝнд ꙗтѫ́ю къꙋ-гърі́а, а̀ꙋ ръпоса́т, ши кꙋ чи́нсте лъꙋ̀ ꙗгропа́т ѫ мъ-нъстѝрѣ Сла́тина, ка́ре є́сте де дѫ́нсꙋл ꙁиди́тъ.

Ꙁикꙋ оу҆́ній къ ши мо́артѣ лꙋ́й Алеѯа́ндрꙋ Во́дъ а̀ꙋ фо́ст лꙋ̀ ѫшълъчю́не; къ є́л маина́йнте де мо́арте въꙁъндꙋ́се ѫ бо́алъ грѣ̀, ши неавѣ́нд нъдѣ́жде де вїа́цъ, а̀ꙋ порончи́т єпископилѡ́р дѣл вѫ́р ведѣ̀ кѫй̀ деспре мо́арте, съ́л къꙋгъ̀рѣ̀ск. Дѣ́че въꙁꙋндꙋ̀ є́й къ а̀ꙋ леши́на́т, ши мꙋ̀лт мо́рт декѫ́т вїꙋ̀, дъ́нꙋ кꙋ-вѫ́нтꙋл лꙋ́й лъꙋ̀ къꙋгъ̀ри́т, ши ꙗ̀ꙋ пꙋ́с нꙋ̀ме де къ-ꙋгъ̀рі́е Пахо́мїе. Ма́й а̀пой ꙁи́кꙋ къ, да́къ сѫꙋ̀ треꙁѝт, ши сѫꙋ̀ въꙁꙋ́т къꙋгъ̀р, съ хі́е ꙁи́с къ, де се вѫ скъꙋ̀лѫ̀ вѫ по́пи ши є́л пре оу҆́ній. Ка́ре кꙋвѫ́нт ѫц́ʌегѫ̀нд є́пископі́й ши боѥ́рїй, ши ма́й кꙋ деладі́нсꙋл до́амнꙋ Рꙋꙁа́нда, темѫ̀ндꙋ́се де ꙗ̀чела кꙋвѫ̀нт чѐ єрѫ̀ де а̀ се темѣ́ре, шїи́нд кѫт гро́ꙁъꙋ ши мо́арте фѫкꙋ́се маина́йнте ѫ боѥ́рїй сѣ́й, темѫ̀ндꙋсе ши до́амна съ нꙋ̀ ѫ петрѣ́къ май рѫꙋ̀ декѫ́т ꙗ̀лцій, лъꙋ̀ ѡ҆трѫ́вит, ши а̀ꙋ мꙋ̀ри́т.*)

Ачест Алеѯа́ндрꙋ Во́дъ, ꙁикꙋ къ а̀ꙋ фо́ст скоцѝнд ѡ҆́кій ѡ҆амени́лѡр, ши пре мꙋ̀лци а̀ꙋ слꙋ̀ци́т ѫ дом-ні́а лꙋ́й.

---

*) Nous ignorons la date exacte de la mort d'Alexandre Lăpuș-neanul; tout ce que nous savons c'est que Bogdan était en

les évêques, les boïars et tous les personnages de sa cour; il leur fit ses recommandations et leur présenta pour son héritier son fils Bogdan, afin qu'ils le fissent monter sur le trône après lui. Il avait exercé le pouvoir pendant treize ans et demi, tant dans son premier règne que dans le second, quand il mourut, après avoir reçu l'onction des moines. Il fut enterré en grande pompe au monastère de Slatina, qu'il avait construit.

Quelques uns disent qu'Alexandre périt victime d'une trahison. Avant sa mort, se voyant gravement malade, et sans espoir de guérison, il ordonna aux évêques de lui donner l'onction monacale quand ils le verraient à toute extrémité. Ceux-ci, s'apercevant qu'il avait perdu connaissance et qu'il était plus mort que vif, l'oignirent, ainsi qu'il le leur avait prescrit, et lui donnèrent le nom de Pacome. Mais on prétend qu'étant revenu à lui et ayant su qu'il était moine, il dit que, s'il guérissait, il en ferait popes, lui aussi, quelques uns. Ces paroles furent comprises des évêques, des boïars et en, particulier, de la princesse Rucsanda, et elles leur inspirèrent une crainte bien naturelle quand ils pensèrent aux cruautés et aux meurtres auxquels il s'était livré sur ses boïars. La princesse sa femme avait peur d'être encore plus mal traitée que les autres. Ils lui donnèrent donc du poison, et il mourut.*)

On dit que cet Alexandre arrachait les yeux des hommes, et qu'il mutila beaucoup de gens pendant son régne.

---

possession du trône le 22 août 1568, date d'un diplôme relatif au monastère de Pobrata (Hîşdău, *Arch.*, I, 1, 126).

КÁП К҃S.

ДЕ ДОМНÍА ЛУЙ БОГДА́Н ВО́ДЪ, ФЕЧЇО́РУЛ ЛУЙ ЛЪПУШНѢ́КНУ, ЛА А́НУЛ ҂ЗѮЅ, МА́РТЇЕ.

Дупъ мо́артѣ луй Алеѯа́ндру Во́дъ, фїинд коко́нул Богда́н Во́дъ де е҃і а́нй, ку то́цїй л-ау рдика́т ла домнíе*); Ѭсъ, фíинд бръ́дю, пурта̀ мэмзеа до́амна Ру-҅ ѯа́нда тре́биле цѣ́рій, къ е́ра ѡ феме́їе крещи́нъ, ꙟцъле́птъ, достоини́къ ши думнезе҆ѣ́скъ, ши ла то́ате буну́тъ́циле плека́тъ ши милости́въ.**) Ши а҆у домни́т ꙟпреу́нъ ку фїу-сеу до́й а́ни ши но́уъ лу́ни; ши бол- нъ́вин҆ду-се а҆у еши́т ши е҆а де́н лу́ме пре у҆́рма пъ-҅ ри́нцилwр сей, ꙟ а́ни ҂ЗО҃Н, ноемврíе ꙟ В҃І,***) ши а҆у а҆стру́катw ꙟ мънъсти́рѣ Сла́тина, лънгъ до́мну-сеу Алеѯа́ндру Во́дъ.

Пръ дупъ мо́артѣ до́амней Руѯа́ндей, ремъсау домнíа ꙟ грижа луй Богда́н Во́дъ, ши ку́муш ера ҅ блънд ши къче́рник, а҆ша тутурw̆р аръта̀ дирепта́те, къ́т се кунощѣ́ къ неми́к ну са̀у аръта́т ꙟ е҆а де́н ѡбичѣ́юл тътъ́не-сеу. Ниче де ка́рте ера про́ст, лa кълъ́рíе спри́нтен, ку су́лица ла ха́лка ну прѣ лѣ́сне а҆вѣ потри́вник, а҆сцета́ре де́н а҆рк та́ре ну путѣ фи҅

---

*) Rucsanda avait épousé Alexandre Lăpuşneanul vers la fin de l'année 1552. De ce mariage étaient nés cinq fils: Jean, mort après le mois d'avril 1559, Bogdan, qui va nous occuper, et qui était déjà né le 9 mai 1555 (voy. ci-dessus, p. 386), Michel et Pierre, cités l'un et l'autre en 1559, Constantin, dont Bogdan parle lui-même dans un acte de cette même année (ap. Melchisedec, *Chron. Rom.*, I, 199), et quatre filles. L'une des filles, appellée Soltana, entra dans un monastère (Melchisedec, *ibid.*, I, 197); une autre épousa un Grec qui, en 1595, prétendit au trône de Moldavie (Engel II, 240); les deux autres épousèrent des gentilshommes polonais: Gaspard et Melchior Paniewski (*Col. lui Tr.* II, n° 3).

CHAPITRE XXVI.

Règne de Bogdan, fils de Lăpușneanul (mars 7076 [1568]).

Après la mort d'Alexandre, son fils Bogdan, âgé de quinze ans, fut proclamé prince d'une voix unanime.*) Comme il était mineur, sa mère, la princesse Rucsanda, dirigea les affaires du pays. C'était une femme vraiment chrétienne, intelligente, habile, aimant Dieu, portée à toutes les bonnes œuvres et à la miséricorde.**) Elle régna avec son fils deux ans et neuf mois, puis tomba malade et quitta ce monde, pour aller rejoindre ses parents, le 12 novembre 7078 [1570].***) Elle fut ensevelie au monastère de Slatina, près d'Alexandre, son époux.

Après la mort de Rucsanda, le pouvoir resta entre les mains de Bogdan. Celui-ci était doux et pieux; il se montrait juste envers tous. On ne retrouvait rien en lui du caractère de son père. Il n'était pas dépourvu d'instruction; c'était un habile cavalier; il n'était pas facile de lutter contre lui avec la lance, au jeu de bague, et, pour tirer de l'arc, il était de première force. Mais

---

**) Divers monuments attestent la piété de Rucsanda; citons entr' autres une inscription placée dans une église de Roman à la date du 15 septembre 1568 (Melchisedec, *Chron. Rom.*, I, 194). Peu de temps avant de mourir, Rucsanda paya les dettes des monastères de Dochiar et de Saint-Denis, au mont Athos (voy. Langlois, *Le Mont Athos*, 50, 67; *Col. luĭ Tr.*, II, 1871, n° 34).

***) Voici encore une date manifestement altérée par une main postérieure. Le 12 novembre 7078 correspond au 12 novembre 1569, et cependant Rucsanda ne mourut que l'année suivante. La lettre de remerciement que lui adressent les moines de Dochiar est datée du mois d'août 1570, et, même en supposant que la princesse eût déjà succombé, sa mort devait être un événement assez récent pour que les moines n'eussent pu en être informés.

май бине. Нѹмай че ера май де трѣбѫ домнiей ліи а лицïа; кѫ нѹ черка бѫтрѫнiй ла сфат, че дела чей тинерй ден касѫ лѹа сфат ши ѫвѫцѫтѹрѫ. Юкïа сѫ ѫѹѫ гл8ме ши мѫскѫрiй, ши жок8рй копилѫрещй. Май апой липй де сине Лѣшй, дей ера ши де сфат*)

---

*) Toute la politique de Bogdan se résume dans le rétablissement des rapports qui avaient jadis existé entre la Moldavie et la Pologne. Espérant peut-être parvenir à se soustraire au joug des Turcs, le jeune prince prête à Sigismond-Auguste, en 1569, le serment de vassal (Dogiel, I, 620). En apparence cet acte n'était pas dirigé contre les Turcs, car, en promettant d'assister les Polonais contre leurs ennemis, Bogdan exceptait le cas d'une guerre contre le sultan, »cum quo Regia Majestas et Corona Poloniae ab antiquis temporibus bonam amicitiam et vicinitatem colit«; cependant il n'est pas douteux que l'on avait en vue de part et d'autre une campagne contre les infidèles. En dehors des grandes guerres, auxquelles le prince de Moldavie promettait de prendre part personnellement avec toutes ses forces, il s'engageait à mettre en ligne, dans des cas moins graves, sur la réquisition, non seulement du roi, mais encore des grands dignitaires de la couronne, un corps auxiliaire de 7.000 hommes. Ces forces étaient sans doute principalement destinées à combattre les Tatars. Par contre, Bogdan était autorisé à venir aussi souvent qu'il le voudrait sur le territoire royal, et même à y acheter des propriétés. Bielski rapporte que des stipulations secrètes assuraient à Bogdan des avantages plus importants, notamment l'envoi d'un secours de 24.000 hommes dans le cas où la Moldavie serait attaquée.

Le 31 janvier 1570, le roi, d'accord avec la diète, confirma sous la foi du serment les articles acceptés par Bogdan, et déclara prendre le prince sous sa protection perpétuelle (Theiner, *Acta Polon.*, II, 744; *Col. luĭ Tr.*, I, 1870, n° 3).

Malgré l'intimité des relations établies entre Sigismond-Auguste et son vassal, les Polonais se défiaient des Moldaves, qui probablement craignaient toujours leurs envahissements. En 1569, Sigismond-Auguste publia une décision de la diète faisant défense aux starostes de laisser les paysans aller travailler en Moldavie, parce que les Moldaves les vendaient aux Turcs (Sarnicki, *Statuta*, 1594, 523; *Col. luĭ Tr.*, I, 1870, n° 2, p. 3). Vers le même temps, les autorités de Léopol ar-

il lui manquait ce qui est nécessaire à l'exercice du pouvoir: il ne recherchait pas les conseils des vieillards; il ne prenait que les avis et les leçons des jeunes gens de sa maison. Il aimait les plaisanteries, les bouffonneries et les jeux d'enfant. Par la suite, il s'attacha des Polonais, qui lui tenaient lieu de conseillers*), et avec

---

rêtent l'expédition d'un transport de draps, d'une valeur de 6000 ducats, que les Moldaves avaient acquis du trésor hongrois. Il est vrai que le 13 février 1570 le roi infligea un blâme auxdites autorités (*Col. luĭ Tr.*, I, 1870, n° 10, p. 4); mais de semblables incidents montrent bien que les deux pays étaient loin d'une entente cordiale.

En réalité l'amitié de Bogdan avec les Polonais lui était toute personnelle. Non seulement, comme le rapporte Urechi, il s'entoura de jeunes seigneurs polonais, mais il maria une de ses sœurs à Gaspard Paniewski, fils du staroste de Zydaczów, en fiança une autre à Christophe Zborowski, frère du voïévode de Cracovie, et porta lui-même son choix sur la fille de Jean Tarlo, porte-étendard de Léopol. Ces alliances ne manquèrent pas d'inquiéter les Moldaves qui s'imaginèrent que leur prince allait embrasser le catholicisme (Istvánfi, éd. de 1622, 524).

Un tel bruit pouvait d'autant mieux trouver créance qu'il y avait alors en Moldavie des missions catholiques très florissantes. Une lettre de Georges Vasari, secrétaire de l'évêque de Kamieniec, au nonce du pape en Pologne, en date du 10 août 1571, nous apprend qu'un prédicateur hongrois de Szeged, appelé Michel Thabuk, avait converti les Magyars de Huși et de Roman, qui, auparavant, professaient les doctrines de Jean Hus. Le même Vasari, ajoute que Bogdan, jeune prince âgé d'environ dix-huit ans, est très bien disposé pour les catholiques (Theiner, *Monum. Polon.*, II, 762, n° 809).

Pour dissiper les soupçons qui planaient sur lui, Bogdan suivit l'exemple d'Étienne Rareș (voy. ci-dessus, p. 371): il se mit à persécuter les Arméniens, sous prétexte de les ramener à l'orthodoxie. Il détruisit les communautés qu'ils avaient formées à Vasluiŭ et à Hotin, et n'hésita pas à recourir contre eux aux derniers supplices (Engel, II, 215).

Cependant l'époque fixée pour le mariage de la seconde sœur du prince approchait. Zborowski vint lui-même en Moldavie avec une brillante suite pour chercher sa fiancée; mais Bogdan, changeant d'avis, la lui refusa. Le prétendu était

ши де абатере халка ку сулица, рисипинд ав'кр'к ч'к домн'кск. Депринцундусе аша ден зи ꙟ зи, ау лусат ꙟ изпуст требиле церій; ку пре кут ꙟл юбїа ꙟтрꙋ пре атута ꙟл оурисе апой. Ач'ксте лукрурй де хулу трагундусе пунд ла оурекиле вружмашилор ла ꙟпуруціе, ну кум ера, че май пре сус ле адзоу'к,*) ꙟтруцй ачксте ꙟ оурекиле сф'ктничилор ꙟпуруцієй, ау афлут ши ей вр'кме сушй ꙟпле пунциле, ши дат ау цире ꙟпуруТулуй. Д'кче ꙟцулегунд ꙟмурутул, ау сокотит су сколцу пре Богдан Воду; ши ау тримис ла Родос де ау адус пре Їон Воду, каре ера ла минте ускуцит, ши ла кувунт гата, ши се ведк ахире харник ну ну май де домнїа ачестей цери, че ши алтур цери су хіе кап ши май маре.

КАП КЗ.

Де домнїа луй Їон Воду, чей зику Арманул,**) кареле лау рупт Турчій де коаделе а доуе кумиле, ануль ҂зои.

Ачест Їон Воду, оуній зику ку ау фост фечїор де Арман, алцій зику ку ау фост фечїор оунуй Стефан

---

criblé de dettes et avait besoin d'une grosse dot pour rétablir ses affaires: on peut supposer que cette situation, que Bogdan n'avait peut-être pas connue tout d'abord, fut cause de la rupture; quoi qu'il en soit, Zborowski quitta la Moldavie la rage dans le cœur: il eut bientôt l'occasion de se venger.

Pendant l'hiver de 1571 à 1572, Bogdan voulut visiter sa fiancée; il passa le Dniestr, accompagné seulement de deux personnes, et voulut traverser en traîneau la Russie rouge. Il fut malheureusement reconnu par un serviteur de Zborowski. Celui-ci, avisé, s'élança à la poursuite du prince, qu'il rejoignit et qu'il emmena prisonnier dans sa maison. Bogdan dut payer une

qui il courait la bague, dissipant ainsi le trésor princier. Il s'habitua de jour en jour davantage [à ce genre de vie], et laissa à l'abandon les affaires du pays, en sorte qu'on finit par le détester autant qu'on l'avait aimé d'abord. Ces choses fâcheuses arrivèrent jusqu' aux oreilles des ennemis qu'il avait auprès du sultan, non pas même telles qu'elles étaient, mais encore exagérées.*) Quand les conseillers du sultan en furent informés, il virent là une occasion favorable pour remplir leur poches, et ils avisèrent le grand seigneur. Celui-ci, sur le rapport qui lui était fait, crut devoir déposer Bogdan. Il fit amener de Rhodes le prince Jean, homme à l'esprit vif et à la parole prompte, qui paraissait capable, non seulement de gouverner ce pays, mais d'être le chef et le souverain d'autres pays.

CHAPITRE XXVII.

Règne de Jean, dit l'Arménien,**) qui fut attaché par les Turcs aux queues de deux chameaux, et mis en pièces (7078 [1571]).

Quelques uns disent que ce Jean était un fils d'Arménien, d'autres qu'il était fils d'un prince appelé Étienne.

---

rançon de 6000 ducats et promettre encore d'autres sommes pour lesquelles son beau-frère Paniewski se porta caution. Le roi blâma l'acte de violence de Zborowski; mais telle était déjà l'anarchie qui régnait en Pologne, qu'il était impuissant à maintenir les grands seigneurs dans son obéissance.

*) Ces dénonciations se produisirent pendant que Bogdan était retenu en Pologne. M. Hișdău (*Ion Vodă*, 15) croit que l'âme de la conspiration formée contre le jeune prince était Jérémie Golia, qni devait plus tard si lâchement trahir Jean-le-Cruel.

**) Les documents abondent sur la vie de Jean l'Arménien ou le Cruel. Barth. Paprocki publia en 1575, à Cracovie, une relation détaillée du règne de ce prince. Cet ouvrage, écrit en polonais, paraît s'être perdu; on ne le connaît plus au-

Домнїа лүй Їон Вóдъ, чéй зѝсъ Армя́нъл.

Во́дъ. Ѩръ Марцїн Пашко́вски, кроникáрюл лешéск, а скрíе къ аѹ фо́ст Їѡн Во́дъ дела Мазо́вїа, де́н Цѝра

jourd'hui que par une traduction allemande dont voici le titre:

Warhafftige Beschreibung des Krieges, welchen der Walachische Woiewod Iuon mit dem Türcken geführt. Item: Wie vnd aus was Vrsach er sich wider sie gesetzet, vnd irer sich eine lange Zeit ritterlich erweret, die Türcken vnd Moldawer erlegt, ist aber hernach schendlich verraten worden. Item: Vom tödtlichen Abgang des türk. Kaisers Solimanni vnd von der grausamen Tyranney seines Sons Amurathos. Von einem Polnischen Edelman, also, wie es eigentlich von anfang bis zu ende sich verlauffen, trewlich beschrieben, Vnd erstlich, Anno 1575, in Polnischer Sprachen zu Krakaw ausgangen, Itzt aber zu nutz vnd wolgefallen deutscher Nation auffs fleissigste verdolmetscht, vnd in druck verfertiget. MDLXXVI [1576]. *S. l.*, in-4 de 20 ff. non chiffr.

Biblioth. royale de Berlin. — Biblioth. du Musée national de Budapest. — Biblioth. de l'Académie roumaine.

Le texte allemand a été réimprimé par M. Papiu Ilarianu, *Tesauru*, III, 273-286.

Deux ans plus tard, un écrivain polonais, Léonard Gorecki, publia sur le même sujet un ouvrage latin qui n'était qu'une amplification du livre de Paprocki. En voici le titre:

Leonhardi Gorecii, || Equitis Poloni, || Descriptio belli Iuo- || niæ, Voiuodæ Valachiæ quod || anno M D LXXIIII, cum Se- || lymo II, Turcarum imperato- || re gessit. || Huic accessit || Io. Lasicii historia de ingressu Polonorũ || in Valachiam cum Bogdano, & cæde || Turcarum. || *Francofurti,* || *Apud Andream Wechelum.* A. M D LXXVIII [1578]. In-8 de 156 pp., un f. pour un avis *Ad Lectorem,* et un f. blanc.

L'ouvrage de Łasicki, formant la seconde partie (pp. 117-156), est précédé d'un titre ainsi conçu: *Iohannis Lasicii Historia de ingressu Polonorum in Valachiam cum Bogdano Voiuoda (cui successit Iuonia) et cæde Turcarum: ducibus Nicolao Mielecio et Nicolao Sieniawscio. A. MDLXXII.*

Biblioth. nat. de Paris, Inv. Rés. J 2633.

Le texte latin de deux historiens a été reproduit par Pistorius (*Polonicae Historiae Corpus;* Basileae, 1582, in-fol., III, 73) et par Guagnini (*Rerum Polonicarum Tomi tres;* Francofurti, 1584, in-8, III). L'année même où en paraissait l'édi-

Martin Paszkowski, le chroniqueur polonais, rapporte que Jean était originaire de la Mazovie, province de Po-

---

tion originale, il en fut publié une traduction allemande intitulée:

Walachischen || Kriegs oder Geschich- || ten warhaffte Beschreibung, so Iuonia || der Landtuogt oder Vayuoden, vber die Wa- || lachey, vom Türcken dahin gesetzt, vnuersehens || im Iar M.D.LXXIIII. wider den Türckischen Keyser || Selym, damit er die Iochbaren Christen ausz seiner Tyranney || erlediget, von anfang glücklich geführet, nachmals aber durch sein vertrauwten Mitgesellen Ieremiam Czarna- || wieczky schandtlich verrahten, vnnd von den || Türcken jämerlich getödtet. || Deszgleichen, || Von der Polen Zug in die Walachey, als sie || den Bogdan, des Iuonie Vorfahr, widerumb vnderstun- || einzusetzen, vnnd von der Türcken Niderlag, so sie || in diesem Zug von Polen erlitten. || Erstlich, durch die Edlen Herrn Leonharten Gore- || cium, vnnd Iohann Lasicium in Latinischer Spraach be- || schrieben, jetz aber mit höchstem fleisz Teutscher Nation || zu nutz in das Teutch gebracht: || Durch, || Nicolaum Höniger von Tau- || ber Königshofen. || Mit Röm. Key. Mayestat Gnad vnnd Freyheit. || *Getruckt zu Basel,* || *Durch Sebastian Henricpetri.* || M.D.LXXVIII [1578]. In-4 de 8 ff. lim. et 216 pp.

Les ff. lim. contiennent le titre, une épître de Höniger à Georges-Philippe de Hattstat, et une table alphabétique.

Biblioth. nat. de Paris, M. 1263.

M. Vladislas Syrokomla a traduit les deux ouvrages en polonais:

Leonarda Goreckiego, szlachcica polskiego, Opisanie Wojny Iwona, hospodara wołoskiego, z Selimem II., cesarzem tureckim, toczonéj w roku 1574. Przełożył z łacińskiego życiorysem i objaśnieniami uzupełnił Władysław Syrokomla. *Petersburg i Mohylew, nakładem Bolesława Maurycego Wolffa. [W Drukarni M. Ettingera.]* 1855. In-8 de 2 ff., vi et 44 pp.

Jana Łasickiego, Historya wtargienia Polaków na Wołoszczyznę z Bogdanem wojewodą (po którym nastąpił Iwon), i porażce Mikołaja Mieleckiego i Mikołaja Sieniawskiego, roku 1573. Przełożył z łacińskiego, życiorysem i objaśnieniami uzupełnił Władysław Syrokomla. *Petersburg i Mohylew*..., 1855. In-8 de 25 pp., y compris les lim.

Les deux parties, réunies à une traduction de *l'Historia nationis polonicae* d'Henri-Maximilien Fredro, ont été mises en vente sous le titre de *Dzejopisowie Krajowi*.

Лешѣскъ: ѡрѫ кȣ адеврѫ́тъ нȣ се щіе, нйче ѩл ѫрѫ́тъ ӑкȣй фечі́ѡр ѐсте.*)

Сȣлтѫ́н Селѝм, ѫмпѫрѫ́тȣл тȣрче́ск, ѫцѫлегѫ́ндъ де Богдан Воды кѫ сѫȣ прі́етинѝтъ кȣ Лѣшій, шй шѫȣ

Une traduction roumaine des deux historiens, traduction accompagnée du texte original, a été donnée par M. Papiu Ilarianu, *Tesauru*, III, 203-272.

Un autre auteur polonais, Starowolski, a écrit une biographie de Jean l'Arménien. Cette biographie doit se trouver à la suite de *De rebus Sigismundi primi, Poloniarum regis invictissimi, virtute et auspicio gestis Libri quatuor* (Cracoviae, 1616, in-4); mais M. Hîşdău (*Ion Vodă*, 260) déclare en avoir cherché vainement un exemplaire.

Au XVIIe siècle, l'histoire de Jean l'Arménien a fait le sujet d'une curieuse thèse dont voici le titre:

Q. D. B. V.! Jvonias, præside Conrado Samuele Schurzfleisch, publice consideratus a Johanne Hauboldo Kirchbach, in Auditorio Majori, 15. Maj. Anno 1672. *Wittenbergæ, Typis Matthæi Henckelii, Academ. Typogr. Anno* CIƆ IƆC LXXXVI [1686]. In-4 de 10 ff.

Papiu Ilarianu, *Tesauru*, III, 287-295.

Le dernier ouvrage que nous ayons à citer est celui de M. Hîşdău (*Ion vodă cellŭ cumplitŭ*, 1865), dans lequel tous les documents connus ont été mis en œuvre et auquel il nous suffira de renvoyer.

*) M. Hîşdau a le premier établi que Jean était un fils naturel d'Étienne-le-Jeune, fils de Bogdan-le-Borgne et petit-fils d'Étienne-le-Grand. Il était né d'une Arménienne mariée à un nommé Šerbag ou Šerbega, de qui elle avait eu deux enfants qui prétendirent plus tard au trône de Moldavie: Ivan et Alexandre.

Jean, en qui se réflétaient les qualités et les défauts de ses ancêtres, était entreprenant et brave jusqu'à la témérité, mais, en même temps, colère et cruel. Étienne-le-Jeune étant mort en 1527, son fils naturel avait déjà un certain âge quand il parut sur la scène politique. En 1561, il avait cherché une première fois à se frayer un chemin au trône de Moldavie, grâce à ses relations avec Jean Firley, palatin de Cracovie et grand maréchal de Pologne. Firley était le chef des réformés dans le royaume, et, pour lui complaire, Jean embrassa, dit-on, le protestantisme; mais cette première conversion fut vaine, et le prétendant n'obtint pas le secours qu'il avait espéré.

logne, mais il ne sait pas positivement, et il ne dit pas de qui il était fils.*)

Sultan Selim, empereur des Turcs, apprenant que Bogdan avait fait amitié avec les Polonais, qu'il avait

---

Jean se rendit alors en Crimée, où il obtint la protection du sultan kalgha, Mohammed Giraj; toutefois celui-ci ne put que lui donner pour le roi Sigismond-Auguste une recommandation qui demeura sans effet. Jean se tourna d'un autre côté: il partit pour Vienne, réussit à se faire connaître de l'empereur Maximilien II, qui lui promit son appui, et prit du service dans l'armée impériale.

Un tchaouch turc, envoyé en Autriche pour y suivre certaines négociations, rencontra Jean, et lui persuada de venir à Constantinople. Le prétendant s'enfuit secrètement et passa en Turquie. L'ambassadeur de France à Constantinople, qui voit en lui un frère du despote, annonce son arrivée à la date du 7 avril 1565 (cf. ci-dessus, p. 463 sq). Le grand vizir Mohammed Sökölli fit au prince le meilleur accueil; cependant, quelques semaines plus tard, par suite d'un revirement inattendu, Jean fut relégué à Rhodes. Cet exil fut le commencement de sa fortune.

Le prétendant profita de son séjour en Orient et de ses rapports avec les levantins pour s'initier à la connaissance des pierres précieuses, et se mit à en faire le commerce. Dès que Selim II eut remplacé Soliman, Jean revint à Constantinople et y mena grand train, grâce aux bénéfices que lui rapportait son négoce. Il parvint ainsi à gagner les bonnes grâces du sultan, et, pour achever de les capter, se fit ouvertement musulman. Dès lors, sûr de trouver un appui à Constantinople, il tourna les yeux vers la Moldavie. Sous le prétexte d'acheter ou de vendre des bijoux, il parcourut pendant plusieurs années les pays situés au nord du Danube, séjournant tantôt en Galicie, tantôt en Podolie, tantôt même en Moldavie. Un boïar émigré sous le règne d'Alexandre Lapuşneanul, Jérémie Golia Cernăuțeanul, l'accompagnait dans ses voyages, et ce fut sans doute par son intermédiaire qu'il noua des relations avec le parti qui faisait de l'opposition au jeune Bogdan.

Lorsque les dénonciations dont parle Urechi parvinrent à la Porte, Jean sut en profiter pour obtenir la principauté. Il se mit en route pour la Moldavie avec quelques Turcs et avec quelques mercenaires recrutés en Thessalie et en Bulgarie.

мъритáт сꙋрꙋриле дꙋпъ Лѣшї, ши ѣл ꙗкъ въ съ ꙗ фáтъ де Лѣв, аꙋ сокотѝт съ нꙋ се кꙋмва лѣпеде деспре джнсꙋл, ши съсе липѣскъ ла Лѣшй, ши съ ꙗкѝне цѣра мáй апóй; съ нꙋ áйбъ мáй мꙋлтъ гжлчѣвъ кꙋ Лѣшїй декът кꙋ джнсꙋл, аꙋ сокотѝт съл мазилѣскъ, ши аꙋ тримѝс де аꙋ адꙋс пре Ïwн Вóдъ дела Рóдос, ши ꙗꙋ дáт домнїа ла Молдóва. Шѝ дáкъ ачéста аꙋ лꙋáт стѣг дела Ѫпърцїе, аꙋ пꙋрчéс спре цѣрꙋ кꙋ ꙍáсте тꙋрчѣскъ.

Ïáръ Богдáн Вóдъ, дáкъ аꙋ ѫцълéс де венѝрѣ лꙋй Ïwн Вóдъ, ѫдáтъ аꙋ тримѝс ла боïéрїй лешéщй ѫ Цѣра Лешѣскъ, ла кáрїй шѝй фъкꙋсе прїéтинй, съй тримѝцъ ꙍáсте, съ нꙋ лáсе пре Ïwн Вóдъ съ ѫтре ѫ цѣрꙋ.*) Шѝ де нꙋ врѣ фѝ припѝт Ïwн Вóдъ кꙋ ꙍáсте тꙋрчѣскъ ши тътърѣскъ, нꙋ прѣ лéсне се врѣ хй áшезáт ла домнїе; къ пънъ авенѝре джꙋтóрꙋл лешéск, Ïwн Вóдъ аꙋ фóст ѫтрáт кꙋ ꙍастѣ ѫ цѣрꙋ. Дѣче Богдáн Вóдъ възънд къл ѫпресóаръ връжмáшꙋл сéꙋ, ꙗꙋ дáт кáле, ши сáꙋ дꙋс ла Хотѝн. Ïáръ Ïwн Вóдъ пре пóстꙋл мáре аꙋ венѝт ѫ Ꙗшй, ши аꙋ шезꙋ́т ѫ скáꙋн; ши аръткъндꙋсе грóзник съй ꙗ спáйма тóцй, нꙋ де áлтъ се áпꙋкъ, че де кáсне грóзниче ши де върсáре де съ́нџе; ши атꙋнчешй, ѫ зѝꙋа де Пáщй,**) аꙋ тъїáт пре Ïwнáшко Звïéрѣ,***) ши мꙋлте кáзне фъчѣ.

---

*) Le roi de Pologne craignit les complications avec les Turcs et ne voulut pas tout d'abord intervenir militairement. Il chargea André Taranowski d'une ambassade extraordinaire à Constantinople pour y plaider la cause de Bogdan. Cette mission n'eut aucun succès, et Jean lui-même se moqua de Taranowski en lui donnant libre passage à travers la Moldavie. Hîşdău, *Ion Vodă*, 17.

**) D'après les canons de l'Église d'Orient on ne pouvait punir le jour de Pâques que certains grands criminels, tels que ceux

marié ses sœurs à des Polonais, et que lui-même allait épouser une jeune fille de Léopol, craignit qu'il ne se séparât de lui, qu'il ne s'attachât aux Polonais et que, dans la suite, il ne les reconnût comme suzerains de la Moldavie. Il ne voulut pas avoir avec la Pologne des querelles plus graves que celles qu'il avait avec Bogdan, en sorte qu'il prit le parti de le déposer. Il envoya chercher Jean à Rhodes et lui donna le trône de Moldavie. Dès que celui-ci eut reçu l'étendard du sultan, il se mit en route vers la principauté avec une armée turque.

Quand Bogdan apprit que Jean s'avançait, il envoya aussitôt en Pologne vers les boïars polonais avec qui il avait fait amitié, leur demandant une armée pour empêcher Jean d'entrer en Moldavie.*) Si celui-ci n'avait hâté sa marche avec une armée composée de Turcs et de Tatars, il ne lui aurait pas été facile de prendre possession du pouvoir. Bogdan, voyant qu'il allait être défait par son rival, se retira devant lui, et gagna Hotin. Pendant le grand carême, Jean arriva à Iassi et monta sur le trône. Il se montra cruel, afin d'inspirer partout la terreur, ne songea qu'à ordonner d'affreux supplices et à verser le sang. Le jour même de Pâques,*) il fit décapiter Ionaşco Sbierea,**) et fit périr beaucoup d'autres personnes dans les supplices.

---

qui avaient violé les tombeaux, ceux qui avaient détourné les filles mineures, etc. Cf. Hîşdău, *Ion Vodă,* 19.

**) Sbierea, vornic de la Basse-Moldavie appartenait à une famille d'ancienne noblesse. Un de ses ancêtres est cité, en 1481, dans un diplôme d'Étienne-le-Grand. Voy. Hîşdău, *Arch.,* I, 1, 75.

Sbierea paraît avoir voulu combattre Jean au profit de Bogdan. Il eut pour successeur Dumbravă, que Jean chargea de repousser les Polonais.

Рăсбо́юл луй Ӏwн Во́дъ ку Богда́н Во́дъ.

Ӏwн Во́дъ, щiи́нд пре Богда́н Во́дъ ла Хоти́н къ ну до́арме, че стри́нце w̑а́сте ъ̑мпроти́ва луй, стри́нсау ши ел цѣ́ра, ши w̑а́сте турче́скъ ъ̑къ аве́.*) Ӕръ Богда́н Во́дъ ау трас ъ̑жуто́р де́н Цѣ́ра Лешѣ́скъ, къ му́лци прïе́тини аве́, къ ши куѣ́нацïй ъ̑шй фъку́се, къ w̑ со́ръ w̑ деде́ксе ду́пъ Понïато́вски,**) а́лта w̑ лого-ди́се ду́пъ Сборо́вски, ши ел ъ̑къ токми́се съ iа̀ фа́та луй Та́рлw.***) Ши да́къ ау трими́с връ́ву в̄ де Лѣ́шïй,†) ши Миле́нски хатману́л вени́се де ера w̑а́стѣ пре му́на луй, ши Синïа́вски, воево́ду́л руссе́ск, ши а́лцïй, ау ъ̑тра́т ъ̑ цѣ́ръ, ши сау лъсъ́т пре Пру́т ъ̑ жо́с, ши ау трими́с де ау а̑ду́с пу́шчиле де́ла Хоти́н, ши сау погори́т ла Стефъне́щй. А́колw̑ ау при́нс де вѣ́сте къ ши стра́жа луй Ӏwн Во́дъ ну́й депа́рте, ши ау трими́с w̑ са́мъ де ей ъ̑ наи́нте съ ва́зъ, ка́рïй ау да́т ла Пру́т де Молдове́нïй.††) Ей, ду́пъ ъ̑вцъцъту́ра чеку̀ аву́т, нау да́т ръсбою, че ау треку́т Пру́ту́л пе де чеа̀ па́рте, ши сау лъсъ́т ъ̑ жо́с, де меррѣ́ Молдове́нïй пе де чѣ́ста па́рте, Лѣ́шïй пе де чеа̀ па́рте де Пру́т. А̑ до́уа зи сау испити́т съ дѣ̀ ха́рц; че Молдове́нïй то́т сау да́т ъ̑наполо́й спре теме́юл у́нде ера цѣ́ра ку Ту́рчïй

---

*) Les historiens sont avares d'indication chronologiques relativement à la venue de Jean en Moldavie et aux negociations de Bogdan avec la Pologne; mais les documents d'archives nous permettent de suppléer en partie à leur silence. Un livre de compte conservé à Léopol contient, à la date du 24 janvier 1572, l'article suivant: »A tractatione cubicularii S. R. M. in negotio boieronum et Bohdani pallatini Moldaviae, hic Leopolim cum informatione destinato, zl. 1, gr. 16 (*Col. lui Tr.*, I, 1870, n° 55).« A la date du 3 mars suivant, on lit dans le même volume: »Pro duobus equis meritoriis famulo magnifici domini Czarnkowski, S. R. M. referendarii, ad pallatinum Moldaviae proficiscenti, 2 zl., 10 gr. (*ibid.*).«

Campagne de Jean contre Bogdan.

Jean savait que Bogdan était à Hotin et qu'il ne s'endormait pas, mais préparait une armée pour le combattre; il réunit alors les milices, en outre de l'armée turque qu'il avait encore.*) Bogdan tira du secours de la Pologne, où il avait beaucoup d'amis et où il avait choisi ses beaux-frères, car il avait marié une de ses sœurs à Poniatowski,**) une autre à Zborowski, et s'était lui-même fiancé à la fille de Tarlo.***) [Ces personnages] lui fournirent 2000 Polonais,†) et l'hetman Mielecki vint prendre le commandement des troupes; puis Sieniawski, voïévode de Russie, et d'autres [capitaines] entrèrent en Moldavie et descendirent le Prut. Ils envoyèrent chercher de l'artillerie à Hotin, et s'avancèrent jusqu'à Stefăneștĭ. Là, ils apprirent que l'avant-garde de Jean n'était qu'à peu de distance, et expédièrent en reconnaissance quelques uns des leurs, qui rencontrèrent les Moldaves sur le Prut.††) D'après les ordres qu'ils avaient, [les Polonais] n'engagèrent pas le combat, mais traversèrent le Prut et descendirent le cours de la rivière: les Moldaves marchaient sur la rive droite, les Polonais sur la rive gauche du Prut. Le lendemain, ces derniers essayèrent de livrer bataille, mais les Moldaves continuèrent leur retraite jusqu'à l'endroit où les milices avaient pris position, massées avec les Turcs. En approchant de Iassi on découvrit l'armée entière de Jean. Cela se passait le

---

*) C'est donc vers la fin de l'année 1571 qu'il y a lieu de placer l'entrée de Jean en Moldavie.
**) Il faut lire Paniewski. Voy ci-dessus, pp. 468 et 471.
***) Cf. p. 471.
†) Gorecki parle de 4000 cavaliers; aussi M. Hîșdău a-t-il adopté le chiffre de 3000 hommes comme moyenne.
††) Les forces de Jean se composaient d'environ 6000 hommes appartenant aux districts de la Basse-Moldavie, sous les ordres de Dumbravă, et d'un petit corps turc commandé par le sandjak de Cetatea-Albă. Voy. Hîșdău, *Ion Vodă*, 19.

ла ꙋн лок стрїйншй. Шй ӑпропїйндꙋсе спре Ꙗшй, сӑꙋ ӑрѫтӑт ѿасть тоать алꙋй Їѡн Водъ, шй ера жой дꙋпъ Рꙋсалїй. Възънд Миленски хатмӑнꙋл ӑтѫта мꙋлцїме де ѿасте, кѫрїа сокотй къ нꙋй въ пꙋтѣ стӑ ӑнайнте, се фѣче ӑтрѫ зй ӑчеркӑре вадꙋл ла Прꙋт съ трѣкъ спре ѿасть лꙋй Їѡн Водъ; шй дӑкъ аꙋ ӑсерат сӑꙋ порнит ӑнапой, шй тоатъ ноапть сӑꙋ дꙋс.*) А доуа зй, дӑкъ аꙋ взꙋт Молдовенїй къ Лѣшїй сӑꙋ дꙋс ӑнапой, сӑꙋ слобозит дꙋпъ дъншїй ӑ гоанъ, шй дӑкъ ꙗꙋ ажꙋнс ӑ мꙋлте локꙋрй сӑꙋ бътꙋт, шй мꙋлцй де жбе пърциле аꙋ перит; ꙗръ ай рйсйпйре нӑꙋ пꙋтꙋт. Май ӑпой аꙋ силит съй спӑргъ ла трекъторе ла Нистръ, сꙋпт четӑтѣ Хотйнꙋлꙋй, че нйче ӑколѡ нӑꙋ пꙋтꙋт; къ четӑтѣ ера пре мѫна лꙋр, чѣй ӑпърӑ пре дъншїй, ꙗръ пре Молдовенїй решкира.**) Ӑколѡ май венисе Лѣшилꙋр ӑтражꙋтор Ꙗзловецки хатмӑнꙋл кꙋ ѿ де Лѣшй, шй сӑꙋ тъмпинӑт ла трекъторе; че, възънд къ нꙋ лѣꙋ слꙋжит норокꙋл, сӑꙋ дꙋс ӑнапой; ка съсе гътѣзе май бйне пре ӑлтъ дӑтъ.

Че Богдӑн Водъ, болнъвйндꙋсе де ѿкй, де нꙋ гъндїа де домнїе, че де невоѣ съ, сӑꙋ лъсӑт, шй сӑꙋ дꙋс ла Мѡскꙋ, ꙋнде шй моартѣ й сӑꙋ тъмплӑт ӑколѡ.***)

---

*) M. Hîşdău prétend (p. 21, 251) que Mielecki comptait trouver sur le Prut le vornic Sbierea qui aurait passé avec ses troupes aux Polonais. Ceux-ci, attaqués par Dumbravă, furent forcés de battre en retraite. Jean, maître du terrain, aima mieux traiter avec les Polonais que de continuer une lutte dangereuse. Il prêta l'hommage à Sigismond-Auguste, comme son prédécesseur l'avait prêté. Une des conditions de l'accord était que Jazłowiecki, palatin de Russie, livrerait Bogdan au nouveau prince. Cette clause n'ayant pas été exécutée, Jean adressa, le 16 octobre 1572, aux conseillers de Pologne une réclamation très-pressante, qui nous révèle l'existence du traité antérieur. Voy. Biblioth. nat. de Paris, ms. sl. 30, fol. 14, et ms. fr. 3274, fol. 23; — *Col. lui Tr.*, I, 1870, n° 60, p. 4

jeudi après la Pentecôte. L'hetman Mielecki, voyant cette multitude d'ennemis et sentant qu'il n'était pas en état de leur résister, fit semblant pendant la journée de chercher un gué dans le Prut afin de passer du côté où était l'armée de Jean, et, lorsque le soir fut venu, il se retira et marcha toute la nuit.*) Le lendemain, quand les Moldaves virent que les Polonais avaient battu en retraite, ils s'élancèrent à leur poursuite, les rattrapèrent et engagèrent le combat sur plusieurs points. Il y eut de part et d'autre de nombreuses pertes, mais [les Moldaves] ne purent rompre [leurs adversaires]. Ils essayèrent encore de les disperser au passage du Dniestr, sous les murs de Hotin, mais ils n'y réussirent pas mieux. La place était aux mains des Polonais et protégeait leurs mouvements, tandis qu'elle jetait le désordre parmi les Moldaves.**) Au passage de la rivière, l'hetman Jazłowiecki arriva au secours des Polonais avec 800 hommes; mais, quand il vit que les choses avaient pris une tournure défavorable, il se retira afin de se mieux préparer pour une autre fois.

Cependant Bogdan fut pris d'une maladie d'yeux, au point qu'il ne songea plus à sa principauté, mais à son mal. Il se retira en Moscovie, où il mourut.***) Il

---

**) On possède un acte daté du 17 avril 1572, par lequel Bogdan confie La défense de Hotin à Martin Dobrosołowski, assisté de Vladislas Bukowiecki et de Stanislas Kański. Le prince autorise Dobrosołowski à rendre la place s'il n'est pas secouru dans le délai de trois mois (Hîşdău, *Arch.*, I, 1, 76). La capitulation eut lieu effectivement à l'expiration de ce délai (Hîşdău, *Ion Vodă*, 24-25); mais une dépêche de l'ambassadeur de France à Constantinople, en date du 9 août 1572, nous apprend que le sultan avait envoyé en Moldavie un sandjak chargé de réclamer Hotin (Biblioth. nat. de Paris, ms. fr. 7159, fol. 80).

***) Bogdan, poursuivi par Jean et par les Turcs, se réfugia d'abord auprès du palatin de Russie Jazłowiecki (*Inv.*, 155); il passa

Ши ау домнит Богдан Водъ уни ан ши трей лўни, а фъръ кът ау май домнит ши ку мумъса доамна Ру-занда. Ачѣстъ повѣсте че скріе май сус къ ау венит Лѣшій ку ѡасте асупра луй Іѡн Водъ, скріе май де-скіис Марцін Пашковски, кроникарюл лешеск; ѩсъ ной нам врут съ ѩсъмнъм аиче; ӏаръ кӱй въ требуи съ щіе май ку адеверат ачела съ кауте аколѡ ши въ афла.

Іѡн Водъ, дупъ иzбънда ку норок чѣу гонит пре връжмашій сей ден църъ, се ашеzу ла домніе;*) ши дентеіѡ ла тоате ера пре воїа церїй; ӏаръ май

---

ensuite à Vienne, puis se rendit à Dresde, à Paris, à Copenhague, enfin il gagna Moscou. On prétend que le tsar, l'ac-
cusant d'hérésie, le fit coudre dans un sac et jeter à l'eau.
Voy. Istvánfi, 525. Cf. Hîdău, *Ion Vodă*, 29.

Le frère de Bogdan, Pierre Lăpușneanul, dont Jean
demandait également la tête, fut emmené à Constantinople.
L'ambassadeur de France annonce son arrivée en cette ville
dans une dépêche datée du 9 août 1572 (Biblioth. nat. de
Paris, ms. fr. 7159, fol. 80). Quelques jours plus tard, le diplomate français rapporte que le sultan, loin de faire trancher
la tête à Pierre, ainsi qu'on s'y attendait, lui fait donner une
pension (*ibid.*, fol. 80 v°).

D'après Istvánfi (p. 524), ce même personnage, que l'historien hongrois appelle Élie, fut empoisonné peu de temps
après; Walther (*Brevis et vera Descriptio rerum ab illustr.,
ampliss et fortiss. militia contra patriae suae reique publicae
christianae hostes, duce ac domino domino Ion Michaele ....
gestarum;* Gorlicii, 1599, in-4) prétend, au contraire, que
Pierre vécut longtemps encore, et que ce fut lui qui, en 1593,
envahit la Moldavie et enleva pendant deux mois le trône
à Aaron. Voy. Papiu Ilarianu, *Tes.*, I, 66.

*) M. Hîşdău (*Ion Vodă*, 29-47) trace un tableau fort intéressant
de la politique intérieure du prince. Comme le fait remarquer
l'historien roumain, Jean revint à l'orthodoxie avec autant
de facilité qu'il en avait mis à embrasser le protestantisme,
puis l'islamisme; mais, d'après Cantemir, il n'observait pas

avait régné un an et trois mois, en dehors du temps pendant lequel il avait exercé le pouvoir avec sa mère Rucsanda. L'épisode raconté plus haut, de la venue d'une armée polonaise pour combattre Jean est rapporté avec de longs détails par le chroniqueur polonais Paszkowski. Nous n'avons pas voulu consigner ici ces détails; celui qui voudra connaître les choses plus à fond n'a qu'à chercher dans cet historien, et il les trouvera.

Après une heureuse victoire qui mettait les ennemis hors de la Moldavie, Jean se consolida sur le trône.*) Il se conforma d'abord en toute chose à la volonté du

---

le carême des saints apôtres, ce qui donne lieu de penser qu'il suivait réellement le rite arménien. Rompu aux affaires par la pratique du commerce, Jean exerça sur tous les actes publics un contrôle sévère. Il s'astreignit à signer de sa main les diplômes que le logothète se bornait jusqu'alors à revêtir du sceau princier. En toute circonstance il favorisa le peuple et combattit les prétentions de la noblesse et du clergé. Son hostilité contre les boïars et contre les moines est attestée par les exécutions dont parle Urechi. Les documents que possèdent les archives de Bucarest prouvent qu'il ne se faisait pas scrupule d'attribuer à ses fidèles les biens des monastères. Il améliora la condition des paysans en faisant vendre des terres, même aux Tsiganes, et augmenta ainsi les ressources du trésor. Il suivit la même politique en faisant frapper des monnaies de cuivre et en régularisant les perceptions fiscales. Les résultats de cette sage administration ne se firent pas attendre. En 1572, la Moldavie était ravagée par la peste; le peuple, plongé dans la misère, rançonné par les Turcs et les Tatars, regardait avec effroi une comète qui semblait présager de nouveaux malheurs; en 1574, le pays était en paix, et le trésor était rempli.

Un des actes les plus importants de Jean fut le transfert de la capitale de Suceava à Iassi. Suceava était une grande ville, qui possédait 16.000 maisons et 40 églises; Iassi, au contraire, était une toute petite ville, dans laquelle on ne comptait que 3 églises orthodoxes, une église catholique et une arménienne. M. Hîşdău croit que le prince obéit à des considérations stratégiques, qui le portèrent à s'éloigner de la frontière polonaise.

апой пре тоцй їау коважршйт ку вражмашіа лу̀й, шй
ку мо́рцй гро́зниче чѐ фаче; ка врѣ са її агонисѝта
тутурѡр, ну ку а́лт мешершу́г че ку ва́рсаре де са́нџе.
Шй де́н зй а̀ зй исводїа фѣлу́рй де му̀нчй но́бе:
ба̀гата̀у ꙟ фо́к де вїу пре влада́йка Гео́ргїе*) де а̀у а̀рс,
да̀нда́й вина̀ де содо́мїе, а̀зу́ѝнд ка а̀ре а̀ву̀џїе. Ꙗ̀шѝж-
дерѣ шй митрополиту̀л Ѳеофа́н**) на̀у вру̀т хѝ ѐшѝт
а̀тре́г, де на̀р фй фу̀џит пре́н му̀нџй де гро́аза лу̀й.
Те́мницѝле плѝне де кала̀гарй; шй ꙟ гро́апа де вїй
а̀у ба̀га́т пре Веверицэ***) шй пре по́па Ко́сма, шй пре
Молоде́ц кала̀гару̀л. Ꙗра̀ де пре боїе́рїй че́й де чѝнсте
шй че́й ма́й де жо́с, са́бїа лу̀й ну̀ линсїа, шй ку
му̀лте фѣлу́рй де мо́рџй а̀й ѡмо́рїа, сокотѝнд ка ма́й
вре́дник шй ма́й достоѝник дека̀т джѝсу̀л нѝме на̀у
ма́й фо́ст. Де ла̀че а̀шй ридѣ, ка ꙟ по́сту̀л чел ма̀ре
са̀у а̀су̀ра́т, шй а̀лте ка̀лка̀ту̀рй де ла̀че му̀лте ка
а̀чѣсте фа̀че.†)

*) Georges paraît avoir été évêque de Roman. Voy. Melchisedec, *Chron. Rom.*, I, 203.

**) Théophane avait été élevé en 1564 à la dignité de métropolitain. Voy. ci dessus, p. 463.

***) Joseph Veverița avait servi successivement Pierre Rareș, Alexandre Lăpușneanul et le despote. Il s'était attaché ensuite à la fortune d'Étienne Tomșa, qu'il avait accompagné en Pologne. Urechi dit (p. 457) qu'il fut exécuté en même temps que Tomșa; c'est là une erreur que le présent passage nous permet de redresser. Voy. Hişdău, *Ion Vodă*, 252.

†) Il nous est difficile de savoir jusqu'à quel point sont fondés les reproches que le chroniqueur adresse au prince; ce qui est malheureusement certain, c'est que Jean suivait à l'extérieur une politique d'une honteuse duplicité. Lorsque, après la mort de Sigismond-Auguste, Henri de Valois posa sa candidature au trône de Pologne, Jean, pour se faire valoir auprès des Turcs, leur proposa de se rendre maître de ce royaume affaibli par l'anarchie. Il ne demandait pour mener à bien cette entreprise que quelques hordes tatares. En même temps,

pays; mais ensuite il mit tout le monde contre lui par sa cruauté et par les supplices affreux qu'il ordonnait. Il ne voulait l'emporter sur les autres que par son habileté à répandre le sang; aussi inventait-il chaque jour de nouveaux genres de tortures. Il fit jeter au feu et brûler vif l'évêque Georges : *) ayant appris qu'il avait de grands biens, il l'accusa de sodomie. Le métropolitain Théophane**) ne s'en serait pas non plus tiré sain et sauf si, par peur [du tyran], il ne s'était enfui dans les montagnes. Les prisons étaient pleines de moines. Il fit enterrer vivants Veveriță,***) le pope Cosma et le moine Molodeț. Quant aux boïars, son sabre ne les épargnait pas plus, qu'ils fussent au premier rang des honneurs ou au dernier. Il les faisait périr de divers genres de mort, croyant que jamais homme n'avait été plus digne [du pouvoir] ni plus capable que lui. Il se moquait de la religion; il se maria pendant le grand carême, et se rendit coupable d'une foule d'autres infractions à la loi [de l'Église].†)

---

le prince de Moldavie informait les Polonais qu'ils étaient menacés par une armee de 100.000 Turcs, Tatars et Valaques, et se vantait d'arrêter l'invasion projetée par suite de ses relations avec le grand-vizir Mohammed Sökölli. Il sut si bien enfler le prix de ses prétendus services, qu'il crut pouvoir réclamer la restitution de la Pocutie et celle des trésors enlevés à Étienne Tomșa. Les Polonais surpris n'osèrent répondre par un refus catégorique et recoururent aux moyens dilatoires. Persévérant dans les mêmes intrigues, Jean dénonça aux Turcs une attaque dirigée contre la Moldavie par Bogdan Lăpușneanul et par une armée polonaise. L'accusation était fausse, puisque Bogdan n'était même pas en Pologne, mais elle pouvait contribuer à exciter la défiance de la Porte : tel était le but que le prince poursuivait. Il craignait de voir la Moldavie livrée par les Turcs à Henri de Valois, comme don de joyeux avènement, et tous les moyens lui étaient bons pour rendre les Polonais suspects aux Turcs et les Turcs suspects aux Polonais. Ce fut ainsi qu'il fit savoir à Constantinople, par un troisième envoyé, que le tsar de Moscou avait été accueilli avec enthousiasme en Lithuanie et se proposait de

Пе́нтру Мазы́лїа лу́й Ио́н Во́дъ, ши кънд съ
сфъту́ит Ио́н Во́дъ ку́ цѣ́ра съ се ръди́че
асу́пра Ту́рчилѡр, ѫ ану́л ҂зпа.

Ѫтре ачѣ́ле белиту́рй ши мѡ́рцй гро́зниче фърѫ
думнезе́йре че фъчѣ́ Ио́н Во́дъ ѫ домнїа са, ши ни́че
деку́м ну́шй адучѣ́ ами́нте ку́м въ вени́ ла чѣ де
апо́й, я́тъ я́у вени́т вѣ́сте къ лу́ Мазыли́т ѫпъра́тул, *)
ши є́сте да́тъ домнїа луй Пе́тру Во́дъ че лу́ порекли́т
ма́й апо́й Шкїѡ́пул. Ачє́ст Пе́тру Во́дъ єра де́н Цѣ́ра
Мунтенѣ́скъ, фечїѡ́р Ми́рчїй Во́дъ. **)

Ио́н Во́дъ, да́къ се възу́ стръинъ́т де ми́ла ѫпъ-
ра́тулу́й турчє́ск, сокоти́ ка съ цїе цѣ́ра ку сабїа,
ши ѫда́тъ тримисъ́ ла Къза́чй де я́у пофти́т ку лѣ́фъ
съй вїе ѫтрацюто́р; ши ау стри́нс цѣ́ра, къ́трѫ ка́ре
ку му́лте куви́нте блѫ́нде се руга́ ка съ́ле поа́тъ
ѫтоа́рче и́нимиле спре джису́л, ши ара́тъ неса́цюл Турчилѡр ши лъкомїа лѡр (ıа́ръ неса́цюл ши лъкомїа луй
ну ведѣ́), зикъ́нд къ Ту́рчїй тоа́те скимбъ́риле фа́ку

---

devancer le prince français en Pologne (Hîşdău, *Ion Vodă*, 50-58).

Le tsar Ivan-le-Terrible avait alors une attitude belli-queuse; il était parti pour Novgorod avec le dessein de commencer la guerre contre les Suédois. Parmi les personnes qui l'accompagnaient, les historiens citent: Jean Bobrisčev Puškin, Radu, fils d'un prince de Valachie, Étienne, fils d'un prince de Moldavie, Nicéphore, etc. (*Col. luř. Tr.*, I, 1870, n° 31, p. 4). La présence dans son camp de deux prétendants roumains indique que le tsar suivait de près les évènements qui se passaient aussi bien en Valachie qu'en Moldavie, et n'était pas faite pour rassurer Jean. Le rival qui pouvait menacer ce dernier était un soi-disant fils d'Alexandre Lăpuşneanul, dont il est question dans divers documents (voy. Theiner, *Mon. Poloniae*, III, 164-167). Mais Ivan-le-Terrible et Jean-l'Arménien avaient des qualités et des vices qui devaient leur permettre de s'entendre. Le prince moldave envoya en Moscovie l'évêque de Rădăuţi, Isaïe, chargé, sans doute de

Jean est déposé et s'entend avec les milices en vue d'un soulèvement contre les Turcs (7081 [1573]).

Au milieu de ces supplices, de ces morts affreuses, que Jean ordonnait sans miséricorde pendant son règne, sans songer aucunement à ce qui arriverait plus tard, il reçut la nouvelle que le sultan l'avait déposé*) et que le trône avait été donné à Pierre qui fut par la suite surnommé le Boiteux. Ce Pierre était originaire de la Valachie; il était fils de Mircea.**)

Jean, voyant qu'il avait perdu la faveur de l'empereur des Turcs, résolut de se maintenir par les armes en possession du pays. Il envoya aussitôt chez les Cosaques et leur offrit de les prendre à sa solde comme auxiliaires; en même temps il convoqua les milices. Il usa de toute sorte de bonnes paroles pour gagner leur confiance et leur représenta les appétits insatiables et la rapacité des Turcs (il ne voyait pas ses appétits insatiables et sa rapacité à lui-même). Il leur dit que les Turcs

---

combattre Étienne et de proposer au tsar une étroite alliance en vue d'une action commune contre les Turcs (Hîşdău, Ion Vodă, 58).

*) Les Turcs ne pouvaient ignorer que la fidélité de Jean était fort sujette à caution; ce fut sans doute pour l'éprouver qu'ils lui signifièrent l'élévation du tribut annuel. Au lieu de 40.000 ducats, la Moldavie était condamnée à en payer 80.000. Le tchaouch chargé de porter les ordres du grand vizir fit son entrée à Iassi au mois de février 1574. Jean convoqua aussitôt l'assemblée nationale, fit rejeter les demandes de la Porte et leva l'étendard de la révolte. Voy. Hîşdău, Ion Vodă, 60-66.

**) Une fille de Pierre Rareş, Despina ou Chiajna, avait épousé le prince de Valachie Mircea (voy. ci-dessus, p. 358). De ce mariage naquirent: Miloş, mort le 20 février 1577 (Col. lui Tr., VII, 275), Alexandre, élevé en 1568 à la principauté de Valachie, et marié à une Grecque de Galata, nommée Catherine (Gerlach, Tagebuch, 369), enfin Pierre, dit le Boiteux. Ce prince avait précédé son frère aîné sur le trône de Valachie, depuis la fin de l'année 1559 jusqu' au milieu de l'année 1568.

пентру мѣсда (миц), дей Агревѣку ка сѣй сърѫчѣскъ, ши сѣй слъбѣскъ; ши лѐ арътà кум пóате де лѣсне съ депъртѣзе мъна Турку́луй де джиший, де вур врѣ ши ѥй. Къ пре Лѣший ꙗй аре спре сѝне плекáци; Къзáчій съу адеверѝт, кът лѐ ва да цѝре, кът вур венѝ; ла кáрій ау ши тримѝс, ши кърура ну лѐ пóт стà аинаинте нѝче ѿдатъ Турчій. Нумай цѣра чей лиꙋѣше; къ де се вур плекà ши ѥй съ фіе ѫтр́уна, нѝче ѿасте ну вур тримѝте Турчій, че вур фáче цѣрій пре воѥ. Ꙗръ деспре сѝне съ нул ціе кà пре óун връжмàш, чѝ ка пре óун пріéтин ши пъринте; ꙗр де ау фъкут, къиваши ши ꙋналціѿсл, тóт пентрꙋ Турчѝй ау фъкут сѣле ѫтре ꙗ воѥ, ши съй ѫпле, ши нꙋ ꙗу путут сътурà; дечѝ пре кът лъу куноскут ку рѣу, съл куноаскъ май мꙋлт спре фолóсул лур. Ашà Іѡн Вóдъ ѫплънд пре тóци ку нъдъжде, ку гласурй мáрй стригáръ къ лънгъ дънсул вур перѝ тóци, кум съу ши тъмплáт.

Ръсбóюл деитѣю алуй Іѡн Вóдъ ку Петру Вóдъ Шкіѿпул.

Іѡн Вóдъ, дáкъ ау луáт кредѝнца цѣрій, се гъти́ де ресбóю, ши ѫ тóатъ цѣра тримѝсау де сѣрг съ ꙗсъ ла ѿасте.*) Тримѝсау ши ла Хендрѝк, крáюл лешéск, пофтѝнд ажꙋтóр де ѿасте съй дѣ; че де акóлѡ нꙋ съу фолосѝт, къ крáюл съу мънтуѝт къ аре легътóру ку Турку цѣра лур, май мꙋлт де ѿ сутъ де áни неклинтѝтъ. Ꙗръ Къзáчій кумш съи́т гатà де а се áместекáре ла тóате, неѫтребъ́нд де нѝме,

---

*) Dès que les hostilités furent sur le point d'éclater, Jean fit proclamer son fils Pierre héritier du trône, et mit en sûreté à Hotin sa famille et son trésor. Il n'avait avec lui que ses

faisaient tous ces changements pour avoir de l'argent; qu'ils les oppressaient pour les appauvrir et les affaiblir. Il leur montra combien il était facile d'éloigner d'eux la main des Turcs s'ils le voulaient. Les Polonais leur étaient dévoués; les Cosaques s'étaient engagés à venir dès qu'il les appellerait; déjà il avait envoyé chez eux. Or, les Turcs ne pourraient jamais lutter contre ces derniers. Il ne lui manquait plus que les milices; si elles voulaient également se soumettre et marcher avec lui, les Turcs n'enverraient même pas d'armée [pour les combattre], mais se rendraient à la volonté du pays. Quant à lui, il ne fallait pas le considérer comme un maître détesté, mais comme un ami et un père. S'il avait jamais fait tort à quelqu'un, ç'avait été à cause des Turcs; il avait voulu obtenir leurs bonnes grâces, satisfaire leurs appétits, mais il n'avait pu les rassasier. Si [le peuple] l'avait connu sous un jour défavorable, il le connaîtrait maintenant d'une façon avantageuse pour lui. Jean les remplit ainsi d'espérance, et tous s'écrièrent à grands cris qu'ils étaient prêts à mourir avec lui. Ce fut, en effet, ce qui arriva.

Première Bataille livrée par Jean à Pierre-le-Boiteux.

Jean ayant reçu la déclaration de fidélité des milices, se prépara à entrer en campagne.*) Il envoya dans tout le pays sommer le peuple de prendre immédiatement les armes. Il envoya aussi au roi de Pologne Henri, en lui demandant une secours; mais cette [démarche] ne servit de rien: le roi s'excusa en disant que depuis plus d'un siècle le royaume avait avec le Turc des liens d'amitié inébranlables. Cependant les Cosaques,

---

paysans et ses Cosaques; les Turcs, au contraire, disposaient de 20.000 hommes fournis par le pacha de Nicopoli, de 40.000 Valaques et de 2.000 Széklers. Voy. Hîşdău, 74-83.

съ8 адунат ꙗс де ѡамений, ши ау венит ла Іѡн Воду;
пре карій взуънду́й Іѡн Воду, ну атрълт кип, че кум
ар хи взут жмерй ден чер, ку вѣсте де йскъндъ
погорѫци, ши ку мулте даруры кап́етеле че ера лѫу
даруит. Іѡн Воду, дакъ ау стрѫнс ѡастѣ тоатъ,
ши съу бълъукчит ла оун лок тоций, ꙗу венит вѣсте
къ Петру Воду, ши ку Алезандру Воду ау ѫтрат ѫ
церу, ку мулци ѡамений ши Мунтений, ши Оунгурй,
ши Турчй. Атунче ау алес Іѡн Воду кап дентре
Кузачй пре Сфирски, ку ѡ сам̂ъ де Кузачй ши ку
ѡасте де церу, ши ꙗу тримис ѫнайнте де стражу
съ вазу ку ѡкій; ꙗру ел ку алту ѡасте ау пурчес
дупу дѫнший. Ѫру Сфирски ку Кузачій ши ку чйне
май ера ку дѫнсул ау немерит асупра ѡу де ѡамений
че ера стража луй Петру Воду, ши фъру вѣсте
ѫкунжурънду́й пре тоций ꙗу принс.*)

Сфирски дакъ ау бируит пре ачеа стражу, ши
ау принс вѣсте къ Петру Воду ну щіе нимѫкъ де
ѡастѣ луй Іѡн Воду, ѫдату ау ръпезит ѡамений де
церу де ау дат щире луй Іѡн Воду съ сърг̂ъскъ
съ віе сѫй ловѣскъ фъру вѣсте, къ аре време акму
дей воꙗ сѫй батъ, ши ꙗу спус къ есте ѡасте мултъ
фоарте. Ѫцулегѫнд ачѣсте Іѡн Воду, кум ау путут
май таре ау сиргуит, ши дакъ съу ꙗпрезънат тоций,
ѫпърцѫндусе ѫ трей пълкурй, ꙗу ловит кѫнд ей
дорміꙗ фъръ грижу, десбръкаций, кѫт ниме де немѫкъ
ну съу ꙗпукат.**) Каий лѡр ера слобози ла пъшуне, ѫ
издѣждѣ стрѫжій. Аша ꙗпресурѫндуй фъру вѣсте,
ши мултъ моарте фъкънд ѫтрѫнший, ꙗу бируит Іѡн
Воду. Ѫру домній Петру Воду ши Алезандру Воду

---

*) M. Hîşdău (p. 85) attribue cet exploit au vornic Dumbravă,
qui, dit-il, s'avança rapidement vers le camp turc, à la tombée

qui sont prets à intervenir en toute chose sans avoir besoin de personne, se réunirent au nombre de 1200 hommes et joignirent Jean. Quand celui-ci les vit, on eût dit qu'il voyait des anges célestes descendus porter [sur la terre] la nouvelle d'une victoire ; aussi fit-il à leurs chefs beaucoup de présents. Jean concentra toutes ses troupes et leur fit prendre position dans le même lieu, puis il fut informé que Pierre était entré en Moldavie avec le prince Alexandre et un grand nombre de soldats: Valaques, Hongrois et Turcs. Jean choisit parmi les Cosaques un chef appelé Sfirski, et l'envoya en avant-garde avec un détachement de Cosaques et d'hommes du pays, pour reconnaître [le terrain] de leurs propres yeux ; quant à lui il marcha derrière eux. Sfirski, avec les Cosaques et les autres soldats qui l'accompagnaient, tomba sur 400 hommes qui formaient l'avant-garde de Pierre, les surprit, les cerna et les fit prisonniers.*)

Sfirski, ayant défait cette avant-garde et sachant que Pierre était sans nouvelles de l'armée de Jean, détacha des gens du pays qui donnèrent avis à Jean de de tâcher de venir surprendre [son rival]. L'occasion était favorable s'il voulait le battre. Il ajouta que l'armée [de Pierre] était fort nombreuse. Quand Jean eût reçu ces renseignements, il fit un effort suprême. [Les deux chefs] opérèrent leur jonction, divisèrent leurs troupes en trois corps, et attaquèrent les ennemis pendant qu'ils dormaient tranquillement, déshabillés et hors d'état de se défendre.**) Comptant sur leur avant-garde, ils avaient laissé leurs chevaux paître en liberté. Jean surprit donc ses adversaires, leur infligea de grandes pertes et remporta la victoire. Pierre et Alexandre s'enfuirent, laissant

---

de la nuit, et s'empara de 400 Valaques qui en défendaient l'accès.

**) La bataille eut lieu à Jiliște, sur la Rimna. On prétend que les Turcs perdirent 50.000 hommes, chiffre évidemment exagéré ; mais Gorecki (p. 50) fait une description effroyable du

âмъндóй ăꙋ скъпáт, лъсъ́нд тóт ꙟ тáбъръ, шѝ ăꙋ
нъꙃꙋи́т âмъндóй ла Бръи́ла, нꙋмáй кꙋ трꙋпꙋри́ле.*)

Іѡн Вóдъ ăꙋ пръдáт Цѣ́ра Мꙋнтенѣ́скъ шѝ
ăꙋ пꙋс ăколѡ̀ дóмн пре Винтѝлъ Вóдъ.

Дáкъ ăꙋ бътꙋ́т Іѡн Вóдъ пре Пéтрꙋ Вóдъ шѝ
пре Ꙗлеѯáндрꙋ Вóдъ, съꙋ лъсъ́т ꙟ гóлн дꙋ́пъ дъ́нший,
шѝ ăꙋ слобоꙃи́т ѡ̆áстѣ ꙟ прáдъ,**) дѣ́кꙋ жъкꙋ́йт Цѣ́ра
Мꙋнтенѣ́скъ мáй мꙋ́лт де жꙋмътáте, шѝ ăꙋ пꙋс дóмн
ꙟ Цѣ́ра Мꙋнтенѣ́скъ пре Винтѝлъ Вóдъ.***)

Дáкъ съꙋ ꙟтóрс дéн прáдъ ѡ̆áстѣ лꙋй Іѡн Вóдъ
дéн Цѣ́ра Мꙋнтенѣ́скъ, âпꙋкáтꙋсăꙋ де Бръи́ла, дѣ́кꙋ
áрс тъ́ргꙋл кꙋ тóтꙋл; нꙋмáй четáтѣ чѣ́кꙋ ръмáс. Шѝ
гътиндꙋсе съ бáтъ шѝ четáтѣ съ ѡ̂ добъндѣ́скъ,

---

carnage: »Tum spectaculum fuit horribile: in campis paten-
tibus omnes viri afflicti, ac multi vulneribus acceptis neque
fugere posse neque quietem pati, niti modo et statim conci-
dere. Postremo, omnia qua visus erat, constrata telis, armis,
cadaveribus et humus infecta sanguine...« Voy. Hîşdău, 87-88.

*) Pierre-le-Boiteux gagna Brăila; Alexandre s'enfuit à Floci et
ne dut son salut qu'au dévouement du vornic Ivaşco Golescu
et de son frère, le clucer Albu Golescu. Le prince de Valachie
témoigna plus tard, dans un acte public, sa reconnaissance
envers ces deux boïars. Un diplôme donné par lui au monastère de Vieroş porte qu'Ivaşco fut blessé et qu'Albu fut
tué dans cette rencontre.

Une chronique turque nous apprend que Jean, de son
côté, avait sauvé la vie à Jérémie Golia, qui, plus tard, devait
le trahir. Voy. Hîşdău, 88-89.

**) Jean passa quatre jours sur le champ de bataille pour en-
terrer les morts et pour donner un peu de repos à ses troupes.
Voy. Hîşdău, 95.

***) On ne possède aucun acte de Vintilă, mais il est question
de ce prince dans une lettre d'Hubert Languet, datée de
Vienne le 10 juillet 1574 (*Epistolae politicae et historicae ad
Ph. Sidnaeum, equitem anglum;* Lugduni Batavorum, 1646,
in-16, 160). D'après M. Hîşdău, Vintilă était le propre frère
de Michel-le-Brave. Le tableau suivant résume les recherches

dans leur camp tout ce qu'ils avaient, et arrivèrent à Brăila, n'ayant sauvé que leurs corps.*)

Jean pille la Valachie et y installe comme prince Vintilă.

Jean, vainqueur de Pierre et d'Alexandre, se mit à leur poursuite et permit à son armée de se livrer au pillage.**) Il dévasta plus de la moitié de la Valachie et installa Vintilă***) sur le trône de ce pays.

En revenant de Valachie, où elle s'était livrée au pillage, l'armée de Jean s'approcha de Brăila, qu'elle détruisit par le feu. La citadelle seule resta debout. Jean se préparait à la bombarder et à s'en emparer, ce qui

---

du savant historien roumain *(Ion Vodă,* 257) et celles MM. Odobescu, Tocilescu, etc.

Radu, moine sous le nom de Païsius, prince de Valachie, 1535-1545.

Pătraşcu-le-Bon, prince de Valachie, 1554; m. 1557; ép. Voica, m. religieuse, sous le nom de Teofana, avant 1606.

Vintilă, prince de Valachie 1577.	Marie, ép. Spînacĭ.	Pierre Cercel, prince de Valachie, 1582-1585; m. 15 mars 1590.	Michel-le-Brave, ban de Craiova, puis prince de Valachie, 1593; m. 8 août 1601; ép. Stanca, veuve de Jean, boïar grec, m. 1604; a pour concubine Teodora.
	Radu Bidiviul.	Marc, régent de Moldavie.	Démètre, Michel Jean, prétendants.	Nicolas Pătraşcu, m. vers 1634; ép. Anne, fille de Radu mé Şerban et d'Hélène.	Florică, ép. Preda, postelnic, surnommé Floricoiul.	Mărula, ép. Socol.
		Michel, cité, 1634.	Hélène, ép. Eustrate, second logothète.	Buica, ép. Pierre, clucer.	Hélène, ép. Pana Părdescu, grand clucer.

Alexandrine. Mathieu.

кꙋ нꙋ ера мꙋлт аꙋ лꙋаре, їаꙋ венит вѣсте ден оурмꙋ
кꙋ Тꙋтарїй аꙋ ꙟтрат ꙟ цѣрꙋ. Лꙋсатꙋ дарꙋ чѣле
стрꙋйне, ши сꙋ ꙟторс ла але сале сꙋле ꙟпере.*)

Ал дойле рꙋсбою чѣꙋ бꙋтꙋт Іѡн Бодꙋ пре
Тꙋрчїй ши Тꙋтарй, ши аꙋ арс Тигинѣ ши
Четатѣ Албꙋ.

Ꙟцꙋлегꙋнд Іѡн Бодꙋ кꙋ Тꙋрчїй де прин четꙋцй
ши Тꙋтарїй ден Бꙋцѣг, сꙋꙋ рꙋдикат асꙋпра луй,
ꙟдатꙋ аꙋ тримис кꙋм май де сꙋрг сꙋсе бꙋлꙋчѣскꙋ
ѡастѣ де пре оунде аꙋ фост рꙋшкират, дꙋндꙋле
шире пентрꙋ Тꙋрчй ши Тꙋтарй чѣꙋ ꙟкꙋлекат асꙋпра
луй. Пре карїй дакꙋ їаꙋ ловит Іѡн Бодꙋ кꙋ ѡастѣ
са, прѣ лесне їаꙋ бꙋтꙋт ши пре ачїа.**) Ꙋсꙋ, вꙋзꙋнд
ꙋтѣта сꙋпꙋраре че авѣ де Тꙋрчй, ꙟплꙋндꙋсе де мꙋнїе,
кꙋ фок аꙋ арс Тигинѣ,***) ши Четатѣ Албꙋ, ши

---

*) Jean avait, depuis la victoire de Jilişte, notablement augmenté ses forces: il avait formé un corps d'infanterie, évalué à 14.000 hommes, grâce auquel il put emporter d'assaut les murs de Brăila. Il espérait obtenir des Turcs l'extradition de son rival Pierre-le-Boiteux; mais ceux-ci refusèrent de livrer le prince, qui réussit à gagner Constantinople. Dès lors, Jean ne songea plus à s'emparer de la citadelle. Voy. Hîşdău, 100-106.

**) Ce fut aux environs de Lăpuşna que l'avant-garde moldave, commandée par l'hetman Slăvilă, défit un parti de Turcs et de Tatars. Voy. Hîşdău, 109.

***) Cette ville est plus connue sous le nom de Bender. Jean se contenta de s'en emparer et ne s'attarda pas à faire le siège de la citadelle. Son armée n'était pas assez considérable pour qu'il pût sans danger la disséminer ou l'immobiliser sous les murs des places fortes. Il demanda du secours à Laski et au gouverneur de la Pologne méridionale, Ostrogski. Laski, dont Henri de Valois et la France avaient soutenu les prétentions au trône de Moldavie (Biblioth. nat., ms. franç. 7159, fol. 239, v°; Hîşdău, Arch., I, 1, 151), s'était vu préférer Pierre-le-Boiteaux; aussi était-il disposé à prendre part à la lutte contre les Turcs. Ostrogski appartenait à l'église orien-

n'était pas une opération bien difficile, quand il fut informé que les Tatars étaient entrés en Moldavie. Il abandonna donc le territoire étranger et retourna sur le sien propre pour le défendre.')

Seconde Victoire remportée par Jean sur les Turcs et sur les Tatars. — Il pille Tighina et Cetatea-Albă.

Jean, apprenant que les Turcs des villes et les Tatars du Bugiac s'étaient soulevés contre lui, envoya aussitôt des ordres pour que les hommes qui composaient son armée revinssent des localités dans lesquelles ils avaient été dispersés et se concentrassent le plus vite possible. Il faisait savoir en même temps que les Turcs et les Tatars s'étaient mis en mouvement contre lui. Jean les attaqua avec son armée et les battit encore très-facilement.**) Mais, quand il vit combien les Turcs étaient acharnés contre lui, il entra dans une grande colère, brûla Tighina***) et Cetatea-Albă, s'y livra au pillage et revint avec un butin considérable et un grand nombre de prisonniers. Ainsi délivré de ses ennemis, Jean donna

---

tale et inclinait de lui-même vers ses coreligionnaires. Les secours que ces deux personnages pouvaient lui fournir étaient d'autant plus nécessaires à Jean que le sandjak de Cetatea-Albă (Akkerman) envoyait aux Turcs un corps de 10.000 hommes. Jean resta en observation devant Tighina et confia une partie de ses troupes au chef cosaque Swierczewski, avec mission d'arrêter l'ennemi. Swierczewski culbuta Turcs et Tatars, et remporta une victoire complète. Au même moment, un détachement de 600 hommes, envoyé par Łaski et par Ostrogski, sous le commandement de Pokotiło, arriva dans des barques, sur le Dniestr. Jean donna l'ordre à cette petite troupe de continuer sa navigation jusqu'à Cetatea-Albă, qu'elle surprit. La citadelle résista, mais la ville fut livrée au pillage. Les Cosaques massacrèrent toute la population musulmane. Voy. Hîşdău, 112-120.

мꙋлтъ прадъ ау фъкꙋт, шѝ мꙋлт плѣн шѝ робѝ ау скос. Дечій Іон Водъ кꙋръциндꙋсе де връжмашій луй, ау дат пꙋцинел церій ꙟдіхнъ съсе ръсꙋфле; ꙗръ Къꙋачій нꙋ се леніа, че къмпій Бꙋꙋкгꙋлꙋй пꙋрꙋрѣ черка шѝ мꙋлт прадъ фъчѣ.

Ал тріеле ръсбою чѣꙋ бътꙋт Іон Водъ пре ꙟ сѣмъ де ꙟасте тꙋрчѣскъ.*)

Кълкънд Къꙋачій къмпій Бꙋꙋкгꙋлꙋй, ау дат пре ꙟ сѣмъ де ꙟасте тꙋрчѣскъ чѐ се стринсъсе шѝ мерѫѣ съ ловѣскъ пре Іон Водъ фъръ вѣсте; шѝ де сърг ау тримис Къꙋачій ла Іон Водъ, дꙋꙋ чершꙋт съ лѣ тримицъ ажꙋтор ка съ дѣ ръсбою ачѣлꙋр Тꙋрчй. Шѝ дакъ лꙋꙋ тримис, пре лѣсне ѭу бирꙋит, шѝ ѭу рисипит кꙋ ажꙋтор проаспът; къ, пънъ авенире ажꙋторꙋл дела Іон Водъ, ѥра съ піаръ Къꙋачій ръсбоюл де мꙋлцимѣ Тꙋрчилꙋр; оунде май апой Молдовѣній ꙟдіхницй, дънд ръсбою витежѫще, пре лѣсне ѭу спарт.

Ал патрꙋле ръсбою кънд съꙋ бътꙋт Іон Водъ кꙋ Тꙋрчій ла Кахꙋл.

Ꙟпъратꙋл тꙋрчѣск ауꙋинд де симеціа луй Іон Водъ, шѝ кътъ пагꙋбъ ѭу фъкꙋт, ау сокотит къ съ стропшѣскъ цѣра Молдовій кꙋ тотꙋл, шѝ пре хаинꙋл сѣꙋ пре Іон Водъ съл принꙫъ. Шѝ ꙟдатъ тримисъ ꙟ тоате пърциле ла тоцй сънꙋꙋкчій съсе гътꙋꙋъ де ꙟасте, шѝ съ трѣкъ Дꙋнърѣ асꙋпра луй Іон Водъ.**) Ꙗръ Іон Водъ, дакъ ау ꙟцълес, кꙋ тоатъ ꙟастѣ съ

---

*) L'action dont il est parlé dans ce paragraphe paraît être la bataille gagnée par Swierczewski. Voy. la note qui précède.

**) Sultan Selim prit en effet des mesures extraordinaires pour combattre l'insurrection moldave. Il ordonna des prières pu-

au pays un peu de repos pour le laisser respirer. Quant aux Cosaques, ils ne se reposèrent pas; ils ne cessèrent de parcourir les plaines du Bugiac et d'y faire du butin.

Troisième Victoire remportée par Jean sur un corps d'armée turc.*)

Les Cosaques, en ravageant le Bugiac, rencontrèrent un corps turc qui venait de se former et s'avançait pour surprendre Jean. Aussitôt ils envoyèrent vers le prince et lui demandèrent du secours pour combattre ces Turcs. Jean leur expédia le secours qu'ils demandaient et, grâce à ces troupes fraîches, ils défirent très-facilement l'ennemi, qu'ils dispersèrent. Les Cosaques allaient succomber sous la multitude des Turcs quand arriva le secours envoyé par Jean; alors, les Moldaves, qui n'étaient pas fatigués, engagèrent bravement le combat, et mirent sans peine l'ennemi en déroute.

Quatrième Bataille livrée aux Turcs par Jean, à Cahul.

L'empereur des Turcs, voyant l'audace de Jean et toutes les pertes qu'il lui avait infligées, résolut d'écraser complètement la Moldavie, et de s'emparer de Jean, son dangereux adversaire. Il envoya aux sandjaks de toutes les provinces l'ordre de préparer une armée pour passer le Danube et pour combattre Jean.**) Celui-ci, de son côté, dès qu'il reçut cette nouvelle, se mit en mouvement

---

bliques dans les mosquées, adressa aux Polonais des représentations menaçantes, et intima l'ordre au beglerbei de Rumili, Ahmed-Paša, et au frère du khan de Crimée, Adel Giraj, de se porter avec toutes leurs forces contre le prince rebelle. 100.000 Turcs devaient agir sur le Danube et 100.000 Tatars sur le Dniestr. Voy. Hîşdău, 129-130.

сѣу порнит, ши ау сѫпѕс ѽастѣ сѫпт Тигинѣ, ши ау тримис ѿ сѣмъ де ѽасте а съ ку Єрємїа пъркълабул де Хотин, ка съ апере трекътоарѣ Турчилѡр съ ну трѣкъ Дунърѣ. Че ку грєу єсте чѣлѡр пуцини а ѿприре пре чей мулци, ши чѣлѡр слаби пре чей тарй; къ трекънд ѫтѫю пушчеле ку їаничѣрїи ши ку пе-дестримѣ съ апере васеле, ачѣнш тоатъ алалтъ ѽасте турчѣскъ ау сосит. Оунде взѫнд Єрємїа пъркълабул къ ну й поате ѿпри, сѣу ѫторс ши ау дат щире лу́й Іѡн Водъ; ши ниче Іѡн Водъ алтъ зъбавъ нау фъ-кут, че ѫдатъ ау пурчес спре ѽастѣ турчѣскъ, ѫсѫ ѫтѫю ау тримис пре Сфирски ку ѿ сѣмъ де Къзачи ши ку ѕ̃ѿ ѡшѣни де цєръ, съ принзъ лимбъ; ши фъръ зъбавъ ау дат пре ѽастѣ турчѣскъ, оунде ну єра май пуцини де ѽастѣ молдовенѣскъ. Ши, дънд ръсбою, ау фуџит Турчии, ши ниче алтъ лимбъ ау путут луа, фъръ де оун Турк рънит рєу, кът нау путут дела џинсул немикъ ѫцълѣџе.*)

Апой сингур Іѡн Водъ ку врѡ ҃҃ де ѡамени сѣу липит ла балтъ ла Кахул, оунде єра ѽастѣ турчѣскъ; ши сѣу суйт ѫтрун писк де дѣл съ поатъ куноаще кътъ самъ де ѽасте ва хи ла Турчй. Че немикъ нау путут куноаще; къ ѽастѣ єра пре къй де ну се ведѣ; нумай стръжиле сѣу взут ѫ патру локурй. Ши сѣу ѫторс Іѡн Водъ ѫнапой ла табъръ; ши

---

*) Les Turcs commencèrent leur marche en avant au mois de mai 1574. Jean, ne se sentant pas en sûreté sous les murs de Tighina, se rapprocha de la frontière polonaise et s'établit à Huşi. Il accorda quelques jours de congé à ses miliciens, qui durent répandre dans le pays le bruit des victoires que le prince avait remportées, et revinrent munis de vivres frais. Les bateliers cosaques restèrent sur le Dniestr pour observer les Tatars, tandis que la cavalerie moldave, placée sous les ordres de Jérémie Golia, se portait vers Isakča, pour dé-

avec toutes ses forces. Il fit prendre position à ses troupes sous les murs de Tighina, et envoya un détachement commandé par Jérémie, porcolab de Hotin, pour empêcher les Turcs de passer le Danube. Mais il est difficile à ceux qui sont peu nombreux d'arrêter ceux qui sont en grand nombre, aux faibles de lutter contre les forts. L'artillerie traversa d'abord le fleuve avec les janissaires et l'infanterie, pour défendre les bateaux, puis vint tout le reste de l'armée turque. Le porcolab Jérémie, se voyant hors d'état d'arrêter l'ennemi, battit en retraite et avisa Jean. Sans perdre de temps, celui-ci marcha contre les Turcs. Il envoya d'abord Sfirski avec un parti de Cosaques et 6000 hommes de milice, pour reconnaître la situation. Cette avant-garde rencontra bientôt l'armée turque, qui n'était pas moins nombreuse que l'armée moldave. Le combat s'engagea, et les Turcs s'enfuirent. [Les Moldaves] ne purent faire d'autres prisonniers qu'un Turc blessé, de qui ils ne purent tirer aucun renseignement.*)

Jean lui-même, avec environ 600 hommes, s'appuya sur le marais de Cahul, place où était l'armée turque. Il monta sur une hauteur afin de reconnaître quelles étaient les forces des Turcs, mais il ne put rien apercevoir. Leur armée était dans des vallées où elle ne pouvait être vue; on ne distinguait que des sentinelles placées en quatre endroits différents. Jean revint dans son

---

fendre le passage du Danube et empêcher la jonction des Turcs et des Tatars. Jérémie, qui avait pourtant de beaux états de service, se laissa corrompre par l'ennemi. Il n'opposa aucune résistance aux Turcs, et manda au prince qu'il était arrivé trop tard. Il ajouta que les forces du sultan ne s'élevaient pas à plus de 30.000 hommes.

Malgré ces mauvaises nouvelles, Jean ne désespéra pas. Il envoya en reconnaissance l'hetman Slăvilă et les Cosaques, qui refoulèrent l'avant-garde turque, mais ne purent rien savoir des dispositions de l'ennemi. Voy. Hîşdău, 131-136.

ăтунче ѡ сѣмъ ден боїєрїй чей марй, Мурăзл вел ворник, Билăй вел ворник, шѝ Слъвилъ хатманѹл, взъѫнд ăтăте пѹтерй де ѡасте тѹрчѣскъ чѐ венисе кѹ Пєтрѹ Водъ, темъндѹсе ка съ нѹ кадъ ѫ примѣждїе, ăѹ пъръсит пре Ӏѡн Водъ, шѝ ăѹ фѹџит ла Тѹрчй, де сăѹ ѫкинăт ла Пєтрѹ Водъ.

Ӏѡн Водъ шăѹ ѫпърцит ѡастѣ ѫ л̃ де пълкѹрй, шѝ ла тот пълкѹл ăѹ пѹс кăте ѡ пѹшкъ; шѝ ăвѣ шѝ п̃ де пѹшче хѹшнице (хаѹвице.) Ѩр тоатъ ѡастѣ лѹй Ӏѡн Водъ ѥра л̃, фъръ прощй шѝ ăдѹнътѹръ чѐ ѥра пе лъ̃нгъ Ӏѡн Водъ. Дєчй ла ѫчепѹтѹл ресбоюлѹй, зӥкѹ къ ѡ сѣмъ де Молдовєнй съсе фїе ѫкинăт ла Тѹрчй, шѝ Тѹрчй сăй фїе пѹс ѫ фрѹнтѣ ресбоюлѹй, де сăѹ ѡприт фокѹл ѫтръжнишй, шѝ ăѹ перит кѹ тотѹл. Дєчй Къзачїй кѹ фокѹл, Молдовєнїй кѹ фѹцѹриле,*) ăрѹнкъ кът нѹ се щіа Тѹрчй чѐ вѹр фаче. Шѝ взъѫнд Тѹрчїй пре Молдовєнй къ вѹр съ моаръ, декът съ нѹ бирѹăскъ, кѹ мѹлте мєщершѹгѹрй ăѹ невойт съ ăмъџъскъ пре Молдовєнй съй дѹкъ ăсѹпра пѹшчилѹр. Че, взъѫнд Молдовєнїй мєщершѹгѹриле лѹр, нѹй гонїа мѹлт, че нѹмай пънъ да дос; къ ведѣ къ фѹга лѹр ѥра кѹ ѫшълъчюне, къ де мълцимѣ лѹр ѥра тот локѹл акоперит. Дєчй, лъсънд Тѹрчїй партѣ деспре Къзачй, кѹ тоатъ пѹтѣрѣ сăѹ ѫторс спре Молдовєнй, шѝ тоате пѹшчеле слобозїа ăсѹпра лѹр. Ѩръ Молдовєнїй стă аша кѹм ăр хи гъ̃тицй

---

*) Une partie de l'infanterie moldave n'était armée que de bâtons. Gorecki le dit expressément: »Nam pedites, gens rustica, singulari fide ac animo in Ivoniam fuere: quorum arma falces, arcus, gladii reflexi, turcicorum similes, ac *fustes* erant (Papiu Ilarianu, *Tes.*, III, 240).« Du temps de Cantemir il y avait encore des bâtonniers, qui n'étaient plus que des soldats de parade: »*Fusztaszi*, fustiferi, viginti quatuor. In pace januas

camp; alors un certain nombre de grands boïars, le grand vornic Muraul, le grand vornic Bilăĭ, l'hetman Slăvilă, considérant que les Turcs venus avec Pierre avaient des forces si imposantes, et craignant d'être exposés à des dangers, abandonnèrent Jean et s'enfuirent chez les Turcs pour faire à Pierre leur soumission.

Jean divisa son armée en trente régiments, à chacun desquels il donna une pièce de canon; il avait en outre 80 obusiers. L'ensemble de ses troupes se montait à 30.000 hommes, non compris les goujats ni l'entourage du prince. On dit que, au début de l'action, un certain nombre de Moldaves firent leur soumission aux Turcs, et que les Turcs les placèrent en avant, de sorte qu'ils reçurent tout le feu et furent tués jusqu'au dernier. Les Cosaques nourrissaient un feu si vif, les Moldaves lançaient si violemment leurs bâtons*), que les Turcs ne savaient plus que faire. Voyant que les Moldaves étaient résolus à vaincre ou à mourir, ils s'efforcèrent de les tromper par toute sorte de ruses et de les amener sous le feu de leurs canons. Les Moldaves virent leurs ruses, aussi ne les poursuivirent-ils pas beaucoup, mais seulement jusqu'à ce qu'ils eussent tourné le dos. Ils apercevaient bien que leur fuite n'était qu'une feinte, car tout le pays était couvert de leur multitude. Les Turcs, laissant donc l'aile à laquelle étaient placés les Cosaques, reportèrent tout leur effort sur les Moldaves et déchargèrent sur eux toute leur artillerie. Ceux-ci étaient dans la situation de gens préparés à mourir plutôt

---

gynecaei et carcerem aulicum, cui aulici, si quid levius deliquerint, includuntur, custodiunt; verberibus mulctandos ex mandato principis percutiunt, principem vel in pompa vel recreationis ergo exeuntem, longos fustes tenentes, ab utraque parte stipant, idemque officium in expeditione quoque praestant. Subsunt singulari suo praefecto, qui *vatav de fusztaszi* dicitur (Cantemir, *Descriptio Moldoviae*, éd. 1872, 90).«

де моарте, ꙗрѫ нꙋ сѫ ꙋз҃бѫндѣскѫ; шѝ мꙋлтѫ моарте
сꙗꙋ фѫкꙋт де ꙗ҃бе пѫрциле, кѫ нꙋ е҆рà а҆кꙋлкаре пре
пѫмѫнт, че то́т пре трꙋпꙋрй де о҃м; шѝ май а҆пой
а҆шà а҆про́апе се бѫтѣ, кѫ шѝ мѫнꙋле лѐ ѡ҆боси́се, шѝ
а҆рмеле ꙟ҃шй скѫпѫ. Ка а҆чела прах се фѫкꙋсе, кѫт нꙋ
се кꙋноштѣ чине де а кꙋй е҆сте; нѝче де си́н҃гꙋце се
а҆ꙋзïа, шѝ де трѫснетꙋл пꙋшчелѡр де ꙗ҃бе пѫрциле;
кѫт нѝче пꙋшкарїй нꙋ май шїа оу҆нде май дà. Дечѝ
І҆ѡн Во́дѫ а҆ꙋ ꙟ҃дирепта́т пре а҆й сей денапо́ꙗ пꙋшчелѡр сѫсе май ѡ҆дихнѣскѫ пꙋциинѣ; шѝ Тꙋрчїй а҆шѝж-
дерѣ. Шѝ а҆шà стѫнд шѝ привинд оу҆ний ла а҆лцїй,
а҆ꙋ да́т ѡ плоаїе маре дꙋꙋ мꙋїа́т права чел де
пꙋшче. Дѣчїи нꙋꙋ фо́ст Молдове́нилѡр нѝче де оу҆н
фоло́с, кѫ ли сꙗꙋ мꙋїа́т пꙋшчеле; де оу҆нде а҆кѣ нѫдѣжде де а҆жꙋто́р сꙗꙋ скѫпат, че нꙋмай де а мѫнѫ
а҆ꙋ кꙋтат а се батере, шѝ нꙋ се пꙋтѣ сприжини де
мꙋлцѝмѣ Тꙋрчилѡр. Ма́й а҆пой ѡ҆асте тѫтѫрѣскѫ
про́лспѫтѫ ꙗ҆ꙋ ловит, де лѣꙋ кꙋтат а҆да́ре до́с ка
сѫ скапе; шѝ Тѫтарїй а҆й гони́ре, шѝ а҆й а҆рꙋнкаре
жо́с. Нꙋмай педестри́мѣ шѝ ѡ҆астѣ чѣ де стрѫнсꙋр
а҆ꙋ ремас, шѝ т҃ де Кѫзачий. Че фиинд шѝ Тꙋрчїй
ѡ҆босиц҃й нꙋ нꙋ зѫлїа а҆шà. І҆ѡн Во́дѫ скѫпѫндꙋсе де
ѡ҆астѣ чѣ кѫлѫрѣцѫ, шꙗꙋ да́т глас кꙋ Кѫзачїй сѫсе
педестрѣскѫ то́цй. Кѫ педестри́мѣ молдовенѣскѫ, чѐ
е҆рà а҆дꙋнаций ма́й мꙋлций ꙟ҃ добѫндѫ декѫт ꙟ҃ лѫфѫ,
е҆рà а҆про́апе де к҃. Шѝ нꙋвѫлинд кꙋ джиншій сингꙋр
І҆ѡн Во́дѫ, а҆ꙋ лꙋа́т пꙋшче кꙋ їꙋрꙋш дела Тꙋрчй, шѝ
легѫнд табѫра сꙗꙋ да́т ꙟ҃напой, шѝ сꙗꙋ трас лѫнгѫ
сат лѫнгѫ Рошкани, де сꙗꙋ а҆гропа́т, оу҆нде маре не-
во́їе а҆вѣ де а҆пѫ. Ꙗ҆рѫ Тꙋрчїй дакѫ сꙗꙋ стрѫнс то́ций
кꙋ чей дела го́анѫ, ꙗ҆ꙋ ꙟ҃кꙋнцюра́т майнаи́нте де а҆пꙋсꙋл
со́арелꙋй, шѝ то́атѫ но́аптѣ ꙗ҆ꙋ стрѫжꙋит, сѫ нꙋ ꙗ҆сѫ
дентрачела лок. Ꙗ҆рѫ дакѫ сꙗꙋ фѫкꙋт зїꙋѫ, кꙋ то́ате

qu'à vaincre. Il y eut des deux côtés de grandes pertes; on ne foulait plus le sol, on ne marchait plus que sur des cadavres humains. La mêlée devint telle que les mains des combattants furent accablées par la fatigue et laissèrent tomber les armes. Il y avait une telle poussière qu'on ne savait plus duquel des deux partis elle venait; on ne distinguait plus de quel côté se faisait entendre le bruit de la mousqueterie ou le grondement de l'artillerie; les canonniers ne savaient plus où tirer. Jean ordonna à celles de ses troupes qui étaient derrière l'artillerie de se reposer un peu; les Turcs firent de même. Tandis qu'ils étaient ainsi à se regarder les uns les autres, il survint une grande pluie qui mouilla la poudre à canon. Cet accident arrivé à la poudre fut fatal aux Moldaves; ils perdirent par là leur dernière ressource. Ils durent essayer de se battre à l'arme blanche, mais ils ne pouvaient résister de la sorte à la multitude des Turcs. Ensuite ils furent attaqués par une armée tatare toute fraîche qui les obligea de chercher leur salut dans la fuite. Les Tatars les poursuivirent et les massacrèrent. Il ne resta plus que l'infanterie, les hommes de la levée [extraordinaire] et 300 Cosaques; mais les Turcs, qui étaient fatigués eux aussi, ne se portaient plus en avant avec la même ardeur. Jean, abandonné par la cavalerie, donna aux Cosaques l'ordre de combattre à pied. Les fantassins moldaves, qui, pour la plupart, se préoccupaient moins de leur solde que de la victoire, étaient au nombre de près de 20.000. Jean, se précipitant à leur tête prit d'assaut les canons des Turcs, et, pliant son camp, battit en retraite. Il se dirigea vers le village de Roșcani, où il se fortifia, mais où il souffrit beaucoup du manque d'eau. Les Turcs rassemblèrent toutes leurs troupes, y compris celles qui avaient poursuivi [les fuyards], et, avant le coucher du soleil, eurent entouré les [Moldaves]. Ils les observèrent toute la nuit pour les empêcher de quitter leurs positions. Quand le jour fut levé, ils ouvrirent le feu contre eux avec toute leur artillerie, mais ils ne leur firent pas

пъшчеле ау ънчепут ъбътере ънтръжншіи; че немікъ ну ле стрикъ, къ се шъицуйсе біине; оунде трей зіле съу ънзърът. Дъче възънд Іwн Бódъ, къ флъмънзéскъ шй мóру де сéте, шй прáвъл чéл де пуúшче се ънуинъéзъ, съ фугъ съ скáпе лок ну ерá; нумáй къ ърипй съ сбóаре, ıáр ънтрáлт кип ну се путе, къ тóтъ лóкул ерá ъколит де Турчи. Че ау сокотит дóаръ ку блъндéце шй ку журъмънтурй съ фáкъ ку Турчіи, ка съ скáпе де мóарте; шй ау ънчепут ънтримітере ла дъншій къ се въ ъкинъ, де въръ тримѣте оун ом ку ъчéла съй журе луй, къ де чé въ пóфти съй фáкъ пе вóие. Турчіи букурóшй се примиръ ла оунá ка ъчéста, декът ку ърме шй ку върсáре де сънце, мáй біине ку ъшълъчюне съл добъндъскъ. Ашà тримисеръ Турчіи ла Іwн Бódъ, дей журъръ пре пóфта луй, ка съл дукъ віу ла Ънпърáтул, пре Къзáчіи съй лáсе неатíншй съ мѣргъ де оунде ау венит, ıáръ ълтъ ъдунътуръ съй слобóзъ късе дукъ вóлничй пе ла кáселе лѵр, къ ну въ хй пъгубъ луй, че ъ Ънпърáтулуй, къ рóбіи Ънпъръцíей сънт.

Де мóартѣ луй Іwн Бódъ зпв Юнїе.

Ъвънд Іwн Бódъ токмáлъ шй фъгъдуинцъ мáре шй журъмънт дела Турчіи, кѵй въръ фáче пре вóие де тóате де чé скрíу мáй сус ку ау похтит ел, съу гътит съ мѣргъ ла пашà ъ тáбъра турчѣскъ, шй ъу ънпърцит ъл сеу мáй бун, тот чѣу ъвут, ънтре Къзáчіи, шй де кътръ тóци шáу луáт ертъчюне; шй ънсушй, ъл тріиле, ау мéрс ла тáбъра турчѣскъ. Ъколѡ, дáкъ лъу добъндит, ку мултъ мъніе де кътръ пашà, лъу дáт де віу де лъу легáт де кóделе ъ дóуе къмиле, шй лъу слобозит прен тáбъръ де лъу сфъръмáт. Ътунче зікъ оуній кум съ хіе зис Іwн Бódъ: „Ъх!

de mal. [Les Moldaves] s'étaient bien retranchés et se défendirent ainsi pendant trois jours. Cependant Jean vit qu'ils mouraient de faim et de soif, que la poudre diminuait, et qu'il était impossible d'avoir l'avantage ou de s'enfuir (pour s'enfuir il aurait fallu avoir des ailes, car toutes les positions étaient entourées par les Turcs); il résolut donc d'employer avec les Turcs les bonnes paroles et les promesses, pour échapper à la mort. Il leur fit dire qu'il se rendrait s'ils lui envoyaient un homme qui fût en situation de lui promettre que les conditions sollicitées par lui seraient admises. Les Turcs acceptèrent avec joie cette proposition; il aimaient mieux le vaincre par la trahison que par la force des armes et par une lutte sanglante. Ils envoyèrent donc vers Jean, et lui promirent solennellement que, suivant son désir, il serait mené vivant au sultan; que les Cosaques pourraient retourner en paix d'où ils étaient venus; que les autres soldats auraient la liberté de rentrer chez eux à leur gré, car ce n'était pas à lui que leur mort porterait préjudice, mais au sultan dont ils étaient les esclaves.

Mort de Jean (juin 7082 [1574]).

Jean, ayant conclu cet accord, ayant reçu une promesse solennelle jurée par les Turcs, que toutes les conditions qu'il avait sollicitées, ainsi que je viens de le rapporter, seraient observées, fit ses préparatifs pour se rendre auprès du pacha, dans le camp turc. Il partagea ses objets les plus précieux, tout ce qui lui restait, entre les Cosaques, demanda à tous pardon, et, lui-même, le troisième jour, se rendit au camp turc. Il fut reçu avec une violente explosion de colère par le pacha qui le fit attacher vivant à la queue de deux chameaux qu'on lança à travers le camp jusqu'à ce qu'il fût mis en pièces. Quelques uns racontent que Jean s'écria: »Eh bien! voyez: j'ai fait subir bien des bien espèces de morts

Кꙋ́тъ къ є҃8 мꙋ́лте ѳе́лꙋрй де мо́рцй гро́знйче а̂м
ѳъкꙋ́т; ꙗ̑ръ ка́знъ ка а̂ч꙼ꙕ́ста нам щїо́т съ ѳа́к!"

Ма́й а̂по́й Тꙋ́рчїй съ8 лъса́т ла ч꙼кала́лт спъ́ꙃъ
де ꙗ̑а̑8 снопи́т, шй ꙗ̑а̑8 сдроби́т. Ꙗ̑ръ Къꙃа́чїй, въꙃъ́нд
ла чє̀ лє̀ стъ лꙋ́кр8л шй вїа́ца лѡ́р ч꙼ѣ сѳъ́ршйтъ,
а̂8 сили́т ка съ ꙗ̑̀тре ꙗ̑ар ꙗ̑̀ ша́нц; че на8 пꙋ́тꙋт,
къ ша́нцꙋл ꙗ̑̀л кꙋ́принсъ́се Тꙋ́рчїй; шй въꙃъ́нд а̂ша̀,
нꙋма́й ч꙼кꙋ8 ꙗ̑̀трат ꙗ̑̀ гръма́да тꙋрче́скъ, съ пїа́ръ
пъ́нъ ла оу҆н8л. Шй а̂колѡ̀ тъи́нд шй ѡ̑морйнд, а̂8
пєри́т то́цй пъ́нъ ла оу҆н8л.

Ꙗ̑ша̀ а̂8 нємєри́т цє́нкюл се8 Ꙕ҆̑ѡн Во́дъ, дꙋ́пъ ч꙼к8
домни́т тре́й а́ни.

Да́къ а̂8 пєри́т Ꙗ̑̑ѡн Во́дъ, съ8 порни́т Тътъ́рїй
ꙗ̑̀ пра́дъ, пєстє то́атъ цє́ра, къ́т на8 ѳо́ст ни́че
ѡ̑да́тъ ма́й ма́рє пꙋстїєта́тє ꙗ̑̀ цє́ръ дек꙼т а̂тꙋ́нчє;
къ прє то́цй ꙗ̑а̑8 кꙋприн̀с прє ла ка́сєлє лѡр ѳъ́ръ
гри́жъ; оу҆́ндє пъ́нъ а́стъꙃй ꙗ̑̀трє Прꙋ́т шй ꙗ̑̀трє Нй-

---

*) Jean devait se hâter d'engager la lutte: les Turcs disposaient
de 130.000 hommes, armés de 120 bouches à feu, et leurs
forces croissaient à chaque heure. Le prince se plaça au
centre de son armée, établit à l'aile droite, près du lac de
Cahul, Swierczewski et les Cosaques, et laissa l'aile gauche
sous le commandement de Golia. Ce dernier, continuant ses
menées coupables, passa aux Turcs, avec tout son monde,
dès le commencement de l'action. Jean fit des efforts désespérés pour rétablir le combat. Il empêcha ses troupes de
s'élancer à la poursuite des Turcs, qui faisaient semblant de
fuir pour les mener sous le feu de batteries cachées; un moment il put se croire maître du champ de bataille. Ce fut
alors qu'une averse subite détrempa les munitions des Moldaves et les mit hors d'état de continuer la lutte. Les Cosaques firent des prodiges de valeur: sur 1.200 qu'ils étaient,
900 furent tués. Quant aux Moldaves, ils avaient perdu 20.000
hommes. L'arrivée d'Adel Giraj et des Tatars acheva la déroute.
Jean aurait pu cependant s'échapper, alors que les hordes du
khan s'arrêtaient à piller les bagages; il ne le voulut pas. Avec

horribles, mais je n'ai pas su trouver ce genre de supplice."

Les Turcs se jetèrent ensuite sur les autres débris [de l'armée], les renversèrent et les écrasèrent. Les Cosaques, voyant quelle tournure prenaient les choses, et comprenant que c'en était fait de leur vie, s'efforcèrent de rentrer dans les retranchements; mais ils ne le purent, car les Turcs les avaient occupés. Quand ils eurent constaté ce qui en était, ils n'eurent plus d'autre parti à prendre que de se lancer au milieu de la multitude des Turcs et de s'y faire tuer jusqu'au dernier. Là, taillant et renversant, ils furent tous massacrés.*)

Voilà comment Jean échoua dans son entreprise. Il avait régné trois ans.

Après la mort de Jean, les Tatars se répandirent dans tout le pays pour se livrer au pillage. Jamais la dévastation n'avait été aussi grande en Moldavie qu'elle le fut alors. Les habitants furent surpris dans leurs maisons comme ils s'y attendaient le moins. Depuis

---

7.000 hommes il se retira sur un grand monticule occupé par le village de Roşcanĭ, et s'y défendit pendant trois jours. Le quatrième jour, les Turcs parlementèrent: il fut convenu que Moldaves et Cosaques seraient libres de rentrer dans leurs foyers, tandis que le prince serait envoyé au sultan, à qui seul il appartenait de décider de son sort. Ahmed-Paša et Pierre-le-Boiteux jurèrent chacun sept fois de respecter la capitulation. Mais Jean, déjà victime du traître Golia, devait périr sous les coups d'un autre traître. Un renégat napolitain, Scipion Cigala, qui accompagnait Pierre-le-Boiteux, en qualité de kapidži-baši, sous le nom de Džigala Zade, ne se crut pas lié par les termes de la capitulation. Au moment où Jean vint se livrer aux Turcs, Cigala le frappa d'un coup de poignard et le tua. Le corps du prince fut ensuite écartelé (14 juin 1574.)

M. Hîşdău, que nous ne faisons que résumer, fait observer qu'Urechi partage contre Jean les rancunes du parti des boïars.

стр8 де атвнче а8 рѫмас п8стїетате, де н8 сас маи ѫнл8т де ѡамени.*)

КАП КИ.

Домнїа л8и Петр8 Водѫ Шкїѡпꙋл, ꙗн анїи ҂зпв, Юнїе ке.

Т8рчїи дакѫ а8 ѡморит пре Іѡн Водѫ, п8сꙋ домн пре Петр8 Водѫ; ꙗрѫ ей сас ѫторс ѫнапои.**) Дечи Петр8 Водѫ ѫдатѫ а8 тримис пре Гниꙗи ворникꙋл декꙋ принс скꙋнꙋл домнїеи ден Сꙋчꙗва; ши деде щире де паче ши де домн8 нѡ8; ши скѡасе беженїиле пре акасѫ. Ꙗрѫ Петр8 Водѫ, ꙗн л8на л8и юнїе ке,***) а8 шех8т ꙗ скꙋн, ши пре тоци їа8 трас кѫтрѫ сине.†)

---

*) La mort tragique de Jean l'Arménien eut de graves conséquences. Vintilă fut chassé de Bucarest, et Alexandre remonta sur le trône. Le vornic Dumbravă, qui était resté avec Vintilă en Valachie, réussit à gagner la Transylvanie; mais Alexandre le fit poursuivre pas Ivaşco Golescu et obtint son extradition. L'évêque de Rădăuţi, Isaïe, à qui Jean avait confié plusieurs missions difficiles, fut déposé. Ou ignore ce que devinrent les chefs cosaques, Swierczewski et Pokotilo.

La femme de Jean, fille du grand boïar Lupea Huru, était restée à Hotin, où son père commandait. Après les funestes journées de Roşcanï, elle se retira en Pologne; elle y épousa plus tard Christophe Strusz.

Jean laissait deux enfants: un fils légitime, Pierre, qui, à la fin de l'année 1592 réussit à s'emparer de Iassi (cf. ci-dessus, p. 492), et un fils naturel, né d'une Saxonne, Étienne-le-Sourd, qui, en 1591, occupa quelque temps le trône de Valachie. Voy. Hîşdău, 169-174.

**) Les Turcs ne se retirèrent qu'après avoir livré le pays à la plus horrible dévastation: tout fut mis à feu et à sang. Tel était l'état de la Moldavie que Tarnowski, chargé de porter à Constantinople certaines réclamations de la Pologne contre

lors la région comprise entre le Prut et le Dniestr est restée déserte; il n'y est plus revenu d'habitants.*)

CHAPITRE XXVIII.
Règne de Pierre-le-Boiteux [commençant] le 25 juin 7082 [1574.]

Après avoir mis Jean à mort, les Turcs donnèrent la principauté à Pierre et quittèrent le pays**) Aussitôt Pierre envoya le vornic Bilăi prendre possession de Suceava, la capitale; il proclama la paix et l'avènement du nouveau prince, puis fit rentrer les émigrés dans leurs foyers. Le 25 juin,***) Pierre monta sur le trône, et il attira tout le monde vers lui.†)

---

les Cosaques, dut, dit Stryjkowski, passer par la Transylvanie et la Valachie. Voy. *Col. lui Tr.*, II, 1871, n°⁸ 28 et 29.

***) Cette date paraît être donnée un peu au hasard. Jean étant mort le 14 juin, on peut faire commencer ce jour-là le règne de Pierre-le-Boiteux; mais, d'après une inscription qui se voit encore à Suceava, il ne monta sur le trône que le 24 juillet 1574. Voy. *Rev. pentru ist., filol. și arch.*, II, 63.

†) L'assertion du chroniqueur ne doit être acceptée qu'avec de grandes réserves. Pierre, considéré comme étranger, à cause de son origine valaque, se comporta comme un étranger: il ne songea d'abord qu'à pressurer et à voler les Moldaves. Stryjkowski l'accuse d'avoir pillé le territoire polonais. Non content des incursions qu'il faisait lui-même, il permit aux Tatars, en septembre 1575, de traverser la Moldavie pour aller fourrager en Pologne, et partagea ensuite le butin avec eux.

En 1576, Étienne Báthori, qui avait su se faire bien venir des Turcs alors qu'il était prince de Transylvanie, fut élevé au trône de Pologne. Son premier soin fut d'organiser la milice cosaque et d'agir auprès du sultan pour qu'il fît respecter la frontière par les Moldaves. La Pologne s'engageait, d'ailleurs, à ne recevoir aucun réfugié moldave et, tout en respectant la suzeraineté ottomane, à maintenir les anciens traités conclus avec la Moldavie. Voy. Reusner, *Epistolae turc.*, XII, 12; *Invent.*, 156.

Ꙟ анул ҂зпг, декемврїе, ау мурит Султан Селим, ꙟпꙋрѫтул турческ, ши ау ремас фїюл сѣу Султан Мурат.*)

Ꙟ анул ҂зпє, април єі, рѫпосатау Алеѯандру Водѫ, домнул Мунтенеск, кареле ау домнит г̃ ань ши ѡ лунѫ, ши ау рѫмас фїюл сѣу Михнѣ Водѫ.**)

Ꙟтрачеста ан сау арѫтат пре чер стѣ ку коадѫ, комит.

Пѣтру Иван Поткоавѫ, че лау пореклит Крецул, че шау пус нуме де домнїе Иван Водѫ.***)

Ꙟ а партуле ꙟ а домнїей луи Пѣтру Водѫ, ꙟ анул ҂зпє, оунь Иван чей зичѣ ши Поткоавѫ, пѣнтру кѫ ау фост рѫмпѫнд поткоавеле, кѫрѫ оуний іау зис Крецул, че сау фост фѫкѫнд фрате луи Иван Водѫ,†)

Báthori avait traversé la principauté pour se rendre en Pologne, et il y avait trouvé une telle misère que Pierre-le-Boiteux, avec qui avait de bonnes relations, ne put lui fournir que du pain d'orge, qu'il lui fit payer fort cher. Voy. Hubert Languet, *Epistolae*, 1699, in-4; Hîşdău, *Arch.*, I, ıı, 30.

*) Selim mourut le 15 décembre 1574. Parmi ses derniers actes il importe de relever les plaintes adressées par lui aux Polonais, qu'il occusait d'avoir été de complicité avec Jean. Il leur fit sommation d'envoyer à Constantinople les richesses que le feu prince avait mises en sûreté chez eux, et de lui livrer les émigrés moldaves. Voy. Hîşdău, *Arch.*, I, ı, 43 et 152.

**) Nous avons déjà dit qu'Alexandre était le frère aîné de Pierre-le-Boiteux. On voit encore dans l'église de Bucovăț, près de Craiova, les portraits d'Alexandre, de Catherine, sa femme, et de Mihnea, son fils. A ces portraits sont joints ceux de Pierre, de Miloş et de Vlad, fils de Miloş. Voy. *Col. lui Tr.*, VII, 1876, 270-275.

***) Le nouveau prince de Valachie, Mihnea, était un enfant de onze ans. Voy. une dépêche du baile Giovanni Corraro dans la *Col. lui Tr.*, V, 1874, 154.

Au mois de décembre 7083 [1574] mourut sultan Sélim; il eut pour successeur son fils, sultan Murad.*)

Le 15 avril 7085 [1577] mourut Alexandre, prince de Valachie, qui avait régné neuf ans et un mois; son fils Mihnea lui succéda.**)

Cette même année on vit dans le ciel une étoile à queue, ou comète.

D'Ivan Potcoavă, surnommé Crețul, qui prit, comme prince le nom de Jean.***)

La quatrième année du règne de Pierre, en 7085 [1577], un certain Ivan, qui s'appelait aussi Potcoavă, parce qu'il était de force à briser un fer à cheval (potcoavă), et que quelques uns mommaient le Crépu (Crețul), se prétendit frère de Jean.†) Par ses terres comme

---

***) Ici commencent les volumes actuellement publiés de la grande collection de documents formée par Eudoxe Hurmuzaki: *Documente privitóre la Istoria Românilor, culese de Eudoxiu de Hurmuzaki, publicate sub auspiciile Ministeriului Cultelor și al Instrucțiunei Publice* (Bucuresci, 1876 et années suivantes, gr. in-4). Les tomes III, IV, VI et VII ont seuls paru.

†) Voici, d'après M. Hîșdău *(Ion Vodă,* 221-225), la généalogie d'Ivan et de son frère Alexandre:

N., Arménienne,
1° femme de Šerbega, Arménien;
2° concubine d'Étienne-le-Jeune, prince de Moldavie,
m. le 12 janvier 1527.

1	1	2
Karabied Šerbega, dit Ivan Potcoavă, ou Crețul, prince de Moldavie, 23 ou 29 novembre 1577 — 31 décembre 1577; exécuté au printemps de 1578.	Alexandre Šerbega, prince, 9 février 1578; tué, 12 mars 1578.	Jean l'Arménien, ou le Cruel, prince de Moldavie, vers la fin de 1571; tué, 14 juin 1574.

рѫспȢнѫндȢсе де мошїе шѝ де нѧщере делѫ Мѫ-
зовїѧ, де оу́нде шѝ Ȋwа́н Во́дѫ є̂рѧ, ачеста Потко́авѫ
шѧȢ скос нȢ́ме де домнїе, шѝ а̂тре ВѫзȢ́ндȢ а̂вѫнд
кȢношѝнце, пре мȢ́лцй аȢ а̂мцѝтъ лѫнгѫ сѝне, шѝ
врѫнд сѫ вїе спре цѣ́рѫ, аȢ врȢ́т кȢ мещершȢ́г съ
а́йбѫ слобозе́нїе шѝ делѫ чей ма́й ма́рй; шѝ фѫкѫнд
скрисо́рй кȢ мȢ́лте пече́цй делѫ боїе́рй шѝ кȢрте́нй де
цѣ́рѫ Молдо́вїй, аȢ по́ате сѫ фїе фо́ст шѝ кȢ во́іѫ
оу́норѫ де цѣ́рѫ, кȢм зѝк оу́нїй, шѝ сѧȢ дȢс Кре́цȢл
кȢ кѫрциле ла воево́да Кїе́вски, чѐ є̂рѧ пре а̂тȢ́нче
кнѫ́зȢл Костантѝн, шѝ ла старо́стеле де Ба́р, де лѣ̂Ȣ
а̂рѫта́т кѫл пофте́скȢ боїе́рїй шѝ цѣ́ра, сѫшѝй мѣ́ргѫ
ла мошїѧ сѫ ла Молдо́ва, шѝ фѫгѫдȢ́индȢ́ле мȢ́лт сѫ
лѐ дѣ, нȢ́май сѫй фїе а̂трацюто́р. Че старо́стѣ де
Ба́р аȢ зѝс кѫ нȢ̂ й се ка́де сѫй дѣ ѡ́асте фѫрѫ
щирѣ́ лȢй Кра́ю, шѝ ма́й кȢ дѣ́динсȢл пе́нтрȢ аше-
зарѣ́ пѫчилѡр; ярѫ лȢй Кра́ю аȢ зѝс кѫй вѫ дѫ щѝре
кѫ сѫ ѧ̂ а̂вѫцѫтȢ́рѫ.

А̂тȢ́нче сфѫтȢ́индȢсе Потко́авѫ Кре́цȢл кȢ ста-
ро́стѣ де Ба́р, я́тѫ шѝ оу́н Копѝнски ѡа́ре ка́-
реле, а̂тȢ́нчй немерѝт ла Ба́р, ка́реле декȢ́рѫнд ве-
нѝсѫ делѫ кѫмп, а̂цѫлегѫ́нд де Потко́авѫ, сѧȢ аȢ́-
на́т, шѝ воровѝнд кȢ дѫнсȢл, кȢ мȢ́лтѫ щюрȢ́инцѫ
лȢ́Ȣ а̂плȢ́т Кре́цȢл, дѣл вѫ дȢ́че ла домнїе ла скѧ́унȢл
Молдо́вїй. Де́чїй Копѝнски а̂вѫнд ма́ре кȢношѝнце
а̂тре Каза́чй, аȢ мѣрс ла дѫ́ншїй; пре оу́нїй кȢ
щюрȢ́инцѫ а̂плѫ́нда́й, пре а́лцїй кȢ ба́нй оу́нгѫ́ндȢле
ѡ́кїй де чѣ́Ȣ авȢ́т шѝ є̂л дин а̂гонисѝта сѫ, я̂Ȣ
плека́т; шѝ аȢ ма́й липѝт кѫтрѫ сѝне пре оу́н Мол-
дова́н а̂нȢ́ме Че́пла,*) че се а̂сȢрѫ́сѫ а̂тре Каза́чй; шѝ
аȢ пȢ́с хѫтман пре Шѧх пе тл де Каза́чй, карїй сѧȢ
стрѝнс, кȢ невойнцѫ лѡр. АȢ а̂трѫ́т а̂ цѣ́рѫ. Ярѫ
Пе́трȢ Во́дѫ аȢ стрѝнс цѣ́ра шѝ сѧȢ гѫтѝт де дѫ́ншїй,

par sa naissance, il appartenait à la Mazovie, d'où Jean était également originaire. Ce Potcoavă prit le titre de prince et, comme il avait des relations parmi les Cosaques, il parvint à en séduire un grand nombre qui s'attachèrent à lui. Il voulut s'emparer de la Moldavie et, pour cela, obtenir de pleins pouvoirs des plus grands personnages [du pays]. Il fabriqua des lettres, munies d'une quantité de sceaux, [qui étaient censées lui être] adressées par les boïars et les courtisans moldaves (certains prétendent même qu'il était d'accord avec quelques uns du pays), et s'en alla avec ces lettres chez le voiévode de Kyjev, qui était alors le prince Constantin, et chez le staroste de Bar. Il leur fit voir que les boïars et la milice désiraient qu'il vînt prendre possession de la Moldavie, son domaine, et leur fit de grandes promesses s'ils voulaient lui donner du secours. Le staroste de Bar lui répondit qu'il ne convenait pas qu'il lui donnât des troupes à l'insu du roi, à cause de l'état de paix; il ajouta qu'il aviserait le roi et prendrait ses ordres.

Tandis que Potcoavă Crețul était en pourparlers avec le staroste de Bar, un certain Kopiński, qui arrivait de la plaine et qui se trouvait alors à Bar, entendit parler de Potcoavă, alla le trouver, s'entretint avec lui, et reçut de lui mille promesses pour le cas où il l'établirait comme prince sur le trône de Moldavie. Kopiński avait beaucoup de relations chez les Cosaques; il se rendit chez eux, gagna les uns par des promesses, éblouit les autres en leur donnant de l'argent prélevé sur son avoir personnel et les décida. Il s'attacha un Moldave nommé Cepla,*) qui avait pris femme chez les Cosaques, et confia les fonctions d'hetman à Šah, qui commanda 330 Cosaques enrôlés grâce à leurs efforts [communs]. Ils entrèrent dans le pays. Pierre réunit la milice et arrêta ses dis-

---

*) Il faut probablement lire Ceapă.

ши лу́кнд пу́шиле, ау е́шит съ мъргъ ънаи́нтѣ лю́р.
Аву́кнд Къза́чій де аче́ста, ау апука́т чеу пу́тут
дела мъ́рцине, ши съу ъто́рс ънапо́й, кру́цъндусе пе
а́лтъ да́тъ, съсе гътѣ́зъ ма́й бине.

Аву́кнд Пе́тру Во́дъ гри́же де Кре́цул ши де аче́й
Къза́чіи, че е́ра ку ди́нсул, ка съ ну ъ́тре а́ръшй
де и́зно́авъ ъ́ цѣ́ръ съ пра́де, тримиса́у къ́рци ла
кастела́нул де Хали́чй, каре́ле е́ра ку мъ́ргъ съ́л ла
ъпъ́ръціе съ лѣ́ще пъ́чиле, де а́у да́т щи́ре кум съ́у
руди́ка́т Къза́чіи, ши въ́р съ а́дукъ пре Кре́цул ла
скау́нул це́рій Молдо́вій; де ка́ре лу́кру, де ну́л въ́р
при́нде, ши де ну въ́р фа́че па́че ку ди́нсул, ши де
ну се въ́р черта́ чей че съ́нт ку ди́нсул, па́че ку
ъ́пъра́тул ну ва пу́тѣ́ ста́. Аче́сте то́ате а́у скри́с
кастела́нул ла Кра́ю.*)

Ъ́цълегъ́нд Кра́юл леше́ск де Потко́авъ Кре́цул,
къ съ́у ридика́т ку Къза́чіи, ши фа́че ъ́аръ́у, ши ва
съ ско́ацъ пре Пе́тру Во́дъ дин домніе, ъ́да́тъ а́у
скри́с ла ха́тманул, ши ла ώ съ́мъ де боіе́рй дела

---

*) Les historiens n'indiquent pas la date de la prise d'armes d'Ivan Potcoavă; elle dut avoir lieu au commencement du mois de septembre 1577. En effet, une dépêche adressée de Constantinople à l'empereur, par son ambassadeur, David Ungnad, le 19 septembre, porte que le prince de Moldavie se plaint d'une invasion des Polonais (Hurmuzaki, III, 5). La nouvelle est confirmée par deux dépêches de l'ambassadeur vénitien à Constantinople, Giovanni Corraro, en date du même jour et du 5 octobre suivant *(Col. lui Tr.*, V, 1874, 154 Hurmuzaki, IV, 11, 98). Le 25 novembre, David Ungnad rapporte que Pierre-le-Boiteux a renouvelé ses plaintes contre les Cosaques, dont il a eu beaucoup à souffrir. Il ajoute que l'agent moldave disculpe lui-même le roi Étienne Báthori de toute connivence avec ce peuple sur lequel il n'a aucune autorité (Hurmuzaki, III, 5). Le 12 décembre, Ungnad nous apprend que le sultan a fait partir, pour la Moldavie cinq

positions pour les combattre. Il prit son artillerie et partit à leur rencontre. A cette nouvelle, les Cosaques revinrent le plus près possible de la frontière, et se réservèrent pour une autre fois, quand ils seraient mieux préparés.

Pierre, inquiet de Crețul et des Cosaques qui étaient avec lui, craignant qu'ils ne fissent une nouvelle descente en Moldavie pour s'y livrer au pillage, envoya des lettres au castellan de Halič, qui devait aller en ambassade auprès du sultan pour y renouveler les traités, afin de lui faire savoir que les Cosaques avaient pris les armes et voulaient mettre Crețul sur le trône de Moldavie. Si donc [les Polonais] ne s'emparaient pas de ce dernier, s'ils ne le faisaient pas tenir en repos et s'ils ne réprimandaient pas ceux qui étaient avec lui, il serait impossible de maintenir la paix avec le sultan. Le castellan rapporta toutes ces choses au roi.*)

Le roi de Pologne, apprenant que Potcoavă Crețul avait pris les armes avec les Cosaques, qu'il faisait du désordre et qu'il voulait renverser Pierre du trône, écrivit aussitôt à l'hetman et à un certain nombre de boïars

---

sandjaks et 600 janissaires pour rétablir le prince dépossédé (*ibid.*). Une lettre de sultan Murad au voïévode de Transylvanie Christophe Báthori, en date du 16 décembre, contient des détails plus précis. Pierre, dit-il, lui fait savoir qu'il est arrivé en Moldavie un marchand qui a réussi à gagner une partie des boïars. Le 11 novembre, ce personnage a passé la frontière; les boïars fidèles ont marché contre lui; mais, après une lutte de deux jours, engagée sous les murs de Iassi, les Cosaques et leur protégé se sont emparés de cette ville. Pierre-le-Boiteux s'est retiré à Buzău pour y attendre du secours des Turcs. Le beg de Silistrie l'a déjà rejoint; les begs de Vidin et de Bender (Tighina) s'apprêtent à prendre part à l'action avec des spahis et des Valaques; le prince de Transylvanie est invité à fournir aussi son contingent (Hurmuzaki, III, 8).

мăрцине, съ пўїе невоиницъ, кă сăл Добъиџѣскъ, шй
пре дѫнсул шй пре Къзачїй. Ӑръ хатманул, дакъ ѩу
венит кърциле кръещй, ау тримис трей роате ку Поболѣцки съ мѣргъ съ приндъ пе Крецул, шй ау мѣрс
ла Немиров сăл афле, щиинд кă аколѡ се цинѣ май
ѫтѣй. Шй афлъндул аколѡ, ѩръ Крецул ау принс де
вѣсте, шй ау ешит ден търг ку й де Къзачїй пе-
дѣстри, ку сенѣце, шй ау мѣрс ла уи вад, ѫ тимпи-
нарѣ луй Поболѣцки, унде ау ѫтрат пънъ ѫ пъи-
течеле каилѡр, шй ау пус Къзачїй ѫнаинте. Ӑръ
Побулѣцкий, дакъ ау сосит ла вад шй възъндул къ есте
гата де а се батере, шй ла лок стримт, ну сау ѫпукат
де ръсбою, че сау ѫторс шй ау мѣрс ѫ търг, шй
Крецул ѫ търг дупъ дънсул, Поболѣцки ла кърте,
ѩръ Крецул ѫ търг ла газдъ. Дечй ау кїемат Поболѣцки пре май марїй търгулуй, шй лѣу зис съ
приндъ пе Крецул, шй сăл дѣ; ѩръ май марїй търг-
гулуй сау лепъдат де дънсул, шй ѩу зис къ ей нул
вур принде, ниче ѫл апъръ, че чей трѣбуе ѣл съ
шйл принд. Възънд ѡмул хатманулуй къ ну поате
фаче нимикъ, сау дус шй ау спус хатманулуй; шй
ѫцълегънд ачѣсте тоате хатманул, лѣу тримис ла
урѣкиле луй Краю, кум нау врут съ ѩл дѣ ѡаменїй
воеводулуй де Брацлав. Ӑръ краюл ау тримис ку
поносул ла воеводул кă сăл приндъ, шй съ ѩл тримицъ; че пънъ амърцере коморникул кръескъ ку кърциле, ѩръ Крецул ку май мулций ѡаменй май бине
сау гътит, шй ау ѫтрат ѫ църъ пела Сорока. Дечй
кум шйй рăндул ѡаменилѡр, аколѡ мулций исау ѫкинат,
дакъ ау аузит вѣсте де домн тънър.

de la frontière de faire leurs efforts pour s'emparer de
lui et des Cosaques. Dès que l'hetman eut reçu la lettre
du roi, il envoya trois pelotons, commandés par Bobolecki,
pour s'emparer de Crețul. Ces [cavaliers] allèrent pour
le surprendre à Niemirów, sachant qu'il y avait autrefois
résidé. Crețul était en effet en ce lieu, mais il fut avisé et
sortit de la ville avec cinquante Cosaques à pied, armés de
mousquets. Il marcha à la rencontre de Bobolecki jusqu'à un gué; il entra dans l'eau jusqu'au poitrail des
chevaux et plaça les Cosaques en avant. Quand Bobolecki arriva au gué et vit que [Potcoavă] était prêt à se
battre et qu'il avait pris position dans un étroit passage,
il ne livra pas le combat, mais s'en retourna et s'en
alla à la ville. Crețul, avec son monde, le suivit et
entra aussi dans la ville. Bobolecki occupait le château,
Crețul était logé chez un hôte, en ville. Bobolecki manda
les notables et leur dit de s'emparer de Crețul et de le
lui livrer. Les notables lui opposèrent un refus, déclarant qu'ils ne prendraient ni ne défendraient [Potcoavă],
et que, s'il voulait l'avoir, il devait le prendre lui-même.
L'envoyé de l'hetman voyant qu'il ne pouvait rien faire,
se retira et fit son rapport à l'hetman. Celui-ci, dès
qu'il connut ces faits, informa le roi que les hommes
du voïévode de Bracław ne voulaient pas livrer [Pot-
coavă]. Le roi envoya vers le voïévode, et lui intima
l'ordre de se saisir de ce personnage et de le lui envoyer. Mais, avant l'arrivée du trésorier porteur des
lettres du roi, Crețul s'était mieux préparé, avec un plus
grand nombre de soldats, et était entré en Moldavie par
Soroca. Le commun des hommes est ainsi fait que
beaucoup de gens lui firent leur soumission dès qu'ils
eurent entendu parler d'un prince jeune.

Рэзбоюл лѹй Пе́трѹ Водэ кѹ Поткоа́вэ.

Аѹзи́нд Пе́трѹ Водэ Шкїѡпѹл кэ Ива́н Поткоа́вэ аѹ ѫтра́т ѫ цэрэ прела Соро́ка, кѹ ѡ́асте кэзэчѣ́скэ, де сэрг сѓѹ гэти́т, ши́ ӕ́ѹ ѥши́т кѹ ѡ́асте ѫпроти́ва лѹй; лѹа́тѹ ши́ пѹшчи́ле кѹ си́не, ши́ сѓѹ гэти́т де рэзбо́ю, ши́ аѹ пѹс бешли́й дѹпэ пѹшчи́й, ѫвэцэ́ндѹй, да́кэ вѓр слободзи́ фо́кѹл, сэсе рэпа́дз ѫ кэзэчи́ме. Че Кэзачи́й кѹм ши́с ѫвэца́ци́ ла рэзбо́ю, кэ́нд аѹ слободзи́т бешли́й пѹшчи́ле, е́й то́ци сѓѹ ти́нс пре пэмэ́нт, де ӕ́ѹ ковэрши́т фо́кѹл; ӕ́рэ бешли́й, гэнди́ндѹсе кэ сэ́нт оѹчи́ши, сѓѹ лэса́т ла дѣ́нши́й. Атѹ́нче Кэзачи́й аѹ слободзи́т ѫтрэ́нши́й фо́кѹл, ши́ мѹлтэ па́гѹбэ аѹ фэкѹ́т ѫ ѡ́астѣ лѹй Пе́трѹ Водэ; ши́ аче́еш ѡ́астѣ лѹй Пе́трѹ Водэ аѹ да́т до́сѹл, ши́ йѹзбѣ́нда аѹ рэма́с ла Кэзачи́й. Де́чи аѹ ме́рс Кэзачи́й ла Ӕш деѹ апѹка́т скаѹнѹл Поткоа́вэ, ное́мврїе к҃г*); ӕ́рэ Пе́трѹ Водэ сѓѹ дѹс ѫ Цѓра Мѹнтенѣ́скэ.

Ал до́иле рэзбо́ю че сѓѹ лови́т Пе́трѹ Водэ кѹ Поткоа́вэ Кре́цѹл, ла Доколи́на.

Пе́трѹ Водэ, да́кэ лѓѹ бэтѹ́т Кре́цѹл кѹ Кэзачи́й, сѓѹ дѹс ѫ Цѓра Мѹнтенѣ́скэ, ши́ аѹ да́т щи́ре ла Ѫпэрэцї́е, кѹм сѓѹ рэдика́т Кэзачи́й асѹпрэ́й, ши́ лѓѹ скос дин домни́е. Атѹ́нче Ѫпэра́тѹл де сэрг аѹ трими́с хокимѹрй ла Доброде́нй, ла Бѹцеде́нй ши́ ла Мѹнте́нй, сэ мѣ́ргэ кѹ Пе́трѹ Водэ асѹ́пра Кре́цѹлѹй. Де́чи Пе́трѹ Водэ ѫда́тэ грижи́ндѹсе де ѡ́асте, вени́тѹ ӕ́ѹ ѫтраютор ши́ Молдове́нй щїѡсе́нй, ши́ ӕ́ѹ порни́т Пе́трѹ Водэ спре Ӕши́ асѹ́пра Кре́цѹлѹй, кѹ ажѹтор дела Ѫпэрэцї́е ши́ кѹ ѡ́астѣ са.

Аѹзи́нд Кре́цѹл Поткоа́вэ де вени́рѣ лѹй Пе́трѹ Водэ, сѓѹ гэти́т ши́ ѥл кѹ ѡ́асте кэзэчѣ́скэ, ши́ аѹ

Bataille livrée par Pierre à Potcoavă.

Aussitôt que Pierre eut appris qu'Ivan Potcoavă était entré en Moldavie par Soroca avec une armée cosaque, il fit ses préparatifs et marcha au-devant de lui avec ses troupes. Il prit avec lui son artillerie et disposa tout pour le combat. Il plaça derrière les canons les [cavaliers d'élite appelés] *beşli*, et leur recommanda de se précipiter sur les Cosaques, dès que les canons auraient été déchargées. Mais les Cosaques, à qui les ruses de la guerre sont familières, se couchèrent par terre dès que les *beşli* eurent déchargé les canons. Ceux-ci, croyant qu'ils étaient tués, s'élancèrent sur eux. Alors les Cosaques ouvrirent le feu et infligèrent de grandes pertes à l'armée de Pierre, qui prit la fuite, en sorte que la victoire resta aux Cosaques. Ces derniers se dirigèrent sur Iassi, et Potcoavă prit possession du trône 23 novembre).*) Quant à Pierre, il se retira en Valachie.

Seconde Bataille livrée par Pierre à Potcoavă Creţul, à Docolina.

Pierre, battu par Creţul et par les Cosaques, se retira en Valachie et fit savoir au sultan que les Cosaques avaient pris les armes contre lui et l'avaient chassé de la principauté. Alors le sultan envoya des ordres aux habitants de la Dobrogia, du Bugiac et de la Valachie leur prescrivant de s'unir à Pierre pour marcher contre Creţul. Pierre, se hâtant de préparer son armée, reçut du secours de la Basse-Moldavie, puis il partit dans la direction de Iassi pour combattre Creţul, avec les auxiliaires envoyés par le sultan et avec ses propres troupes.

Quand Creţul Potcoavă apprit l'arrivée de Pierre, il arma des troupes cosaques et marcha à la rencontre

---

*) Les mss. d'Urechi mis à profit par Engel (II, 228) et par Sinkai (II, 230) donnaient la date du 29 novembre 1577.

єшіт ꙟнаинтѣ луй Пе́тру Во́дъ ла Доколи́на; єра̀
ши̏ ѡа́сте де цѣр ку Кузачіи̏, ку мулци̏ и҃сау фо́ст
ꙟкина́т. Ши, токминду̀се де ръзбо́ю, ау пу́с Кузачіи̏
пре Молдо́вени̏ ꙟ фру́нте; май апо́й Шах ха́тмануль
Кузуче́ск ну и҃ау луса́т, темънду́се съ нуй виклени́скъ
Молдовени́и; ау пу́с пре Кузачіи̏ сей ꙟ фру́нте, ши̏
н҃ау луса́т пре ниме съ и҃асъ ла ха́рцъ. Ши̏ апроиіи́н-
ду̀се ѡа́стѣ луи̏ Пе́тру Во́дъ, възу́ръ Кузачіи̏ пре
Ту́рчи ад҃укънд ꙟнаи́нте череʒи̏ де ва́чи, ка съ стъм-
пере ꙗ́рмеле ꙟ добито́аче; н҃ау врут Кузачіи̏ съ съ-
цѣ́те де депа́рте, че ѡда́тъ ау слобоzи́т фо́кул, ши̏
ꙟ ѡа́мени̏, ши̏ ꙟ добито́аче, ꙋ҃нде май му́лтъ ъ҃-
ху́алъ єра̀ Ту́рчилwр де добито́аче декът Кузачилwр,
къ де тръсне́те фуги́а ꙟапо́й. Ши̏ дънд ръзбо́ю
витежѣ́ш̾те, ду́пъ му́лтъ невои̏нцъ а Кузачилwр, и҃атъ
ши̏ ал до́иле рънд перду̀ Пе́тру Во́дъ ръзбо́юл, ши̏
и҃аръ ръма́се и҃зб̾ънда ла Кузачіи̏.

Ку́м са́у ꙟто́рс Креѫу́л ꙟ Цѣ́ра Леши́скъ, ши̏ ау пъръси́т скау̃нул, ши̏ пентру мо́артѣ луй.

Поткоа́въ Креѫу́л, че́ши̏ пусъ́се ну́ме де домни́е
Іѡа́н Во́дъ, ду́пъ ръзбо́юл ку норо́к ши̏ ку и҃зб̾ъндъ
чѣу фъку́т ла Доколи́на, са́у ꙟто́рс ла Ꙗ́ши̏. Ши̏
възъ́нд къ ну се въ пу́тѣ ашеза̀ ла домни́е, къ ши̏
ден Цѣ́ра Уунгурѣ́скъ се погори́се луи̏ Пе́тру Во́дъ
ѡа́сте ꙟтраҋюто́р, ау пъръси́т скау̃нул ши̏ цѣ́ра, ши̏
ку то́ци̏ ку а́й сеи̏ са́у ꙟто́рс ꙟапо́й прела̀ Соро́ка
спре Цѣ́ра Леши́скъ. Де а̃колѡ ну́ши̏ пу́тѣ афла̀
ка́ле пре во́иа са̀, къ пре къ́мпи̏ єра̀ ѡа́мени̏ мари̏;
пре ла Немиро́в се темѣ̀ де ха́тмануль ши̏ де воево́да
Брецла́вски, къл черка̀ съл при́нzъ. Май апо́й дакъ
ау ꙟтра́т ꙟ Цѣ́ра Леши́скъ, ау кіема́т воево́да пре

de Pierre jusqu'à Docolina. Avec les Cosaques il y avait aussi des miliciens, car beaucoup avaient fait leur soumission à Potcoavă. Les Cosaques se préparèrent au combat et placèrent les Moldaves en première lignes; mais ensuite l'hetman Šah ne laissa pas les Moldaves [en avant], craignant d'être trahi par eux. Il plaça ses Cosaques au premier rang, et ne laissa personne s'avancer pour engager l'action. Comme l'armée de Pierre approcha, les Cosaques virent les Turcs chasser devant eux des troupeaux de bœufs pour que l'ennemi déchargeât ses armes sur les animaux; mais les Cosaques ne voulurent pas tirer de loin. Tout à coup ils ouvrirent le feu à la fois sur les hommes et sur les bœufs. Il s'en suivit un grand désordre parmi les Turcs, plus à cause des animaux qui, [épouvantés] par le bruit, s'enfuyaient en arrière qu'à cause des Cosaques. Ceux-ci se battirent vaillamment, et, grâce à leurs efforts, Pierre perdit la bataille pour la seconde fois, et la victoire resta aux Cosaques.

Crețul retourne en Pologne après avoir abandonné le trône. — Sa mort.

Potcoavă Crețul, qui avait pris comme prince le nom de Jean, rentra à Iassi après l'heureux combat, après la victoire qu'il avait remportée à Docolina. Mais, voyant qu'il ne pouvait conserver tranquillement la couronne, car déjà Pierre avait reçu de Hongrie une armée de secours, il quitta la capitale et le pays, et, avec tous les siens, s'en retourna à Soroca, dans la direction de la Pologne. Arrivé là, il ne lui fut pas possible de continuer sa route comme il le voulait: des personnages d'importance tenaient la campagne*); à Niemirów il craignait l'hetman et le voïévode de Bracław qui le cherchaient pour s'emparer de lui. A la fin, quand il fut

ШАХ, шѝ ӑ҃8 зѝс: „Вóй ӑцй фъкȣт ȣн лȣкрȣ маре
ѫпротѝва лȣй Крáю шѝ а̂ церїй, съ ръсипѝцй пачѣ
кȣ Тȣркȣл; дечй нȣмай съ а̂дȣчéцй пре Крéцȣл, шѝ
съ мерцéцй кȣ дѫнсȣл ла хатманȣл. ѐ҃л въ ва тримѝте
ла Крáю; дечй шѝ вóй вéцй хълздȣй де а̂ча вйнъ,
шѝ Крéцȣл ѫкъ въ хълздȣй, връхѫндȣл Крáюл ȣн ѿм
ӑшӑ де фолóс." А̂чѣсте кȣвѝнте дáкъ а̂8 спȣс Къзачїй
Крéцȣлȣй, ѐ҃л фȣ бȣкȣрóс, сокотѝнд къ дáкъ ва мéрце
ла Крáю, ѫл ва а̂жютóрй спре домнѝе. Дечй сӑ8 дȣс кȣ
дѫншѝй ла хатманȣл, ӑ҃ръ хатманȣл лȣ8 тримѝс ла Крáю;
шѝ Крáюл лȣ8 дáт ла ѫкисóаре, шѝ песте пȣцѝнъ
врѣме ӑ҃8 тъїáт кáпȣл.*)

Кънд сӑ8 а̂шезáт ӑ҃ръшй ѫ скáȣн Пéтрȣ Вóдъ Шкїѡпȣл, а̂нȣл ҂зп҃ѕ, генáрїе а҃.

Ѫцълегънд Пéтрȣ Вóдъ, къ Крéцȣл а̂8 пърѫсѝт
домнѝа шѝ цéра, шѝ а̂8 трекȣт ѫ Цѣра Лешѣскъ,
а̂8 венѝт ла Ӑшй шѝ сӑ8 а̂шезáт ла скáȣн а̂л дóиле
рѫнд. Ѫтȣнче Пéтрȣ Вóдъ а̂8 дáт митрополѝа лȣй
Θеофáн, кáреле ѿ лъсáсе ла зѝлеле лȣй І̂ѡáн Вóдъ,
шѝ де фрѝка лȣй пéн мȣнцй а̂8 фȣцѝт.**)

Пéнтрȣ ȣн А̂лезáндрȣ Вóдъ чè се фъчѣ Фрáте Крéцȣлȣй.

Ѫтрачéсташ а̂н ҂зп҃ѕ, феврȣáрїе а҃, ӑ҃ръшй а̂8
венѝт ȣн А̂лезáндрȣ Вóдъ, фрáтеле Крéцȣлȣй, кȣ
ѡáсте къзъчѣскъ, а̂сȣпра лȣй Пéтрȣ Вóдъ. Ӑ҃ръ Пéтрȣ

---

*) Les Turcs ne furent même pas reconnaissants de cette lâche trahison à laquelle ils ne voulurent pas croire. Une lettre adressée par le sultan Murad au roi de Pologne pour se plaindre de l'incursion de Potcoavă et des Cosaques y fait une allusion significative: »Quorum [Cosacorum] praefectus cum aliquibus suis sociis per Nicolaum, ducem generalem exercitus regni

entré en Pologne, le voïévode manda Šah et lui dit:
»Vous avez fait une chose grave contre le roi et contre
le royaume en rompant la paix avec les Turcs; vous
n'avez qu'à amener Crețul et à vous présenter avec lui
à l'hetman qui vous enverra au roi. Vous obtiendrez
ainsi le pardon de la faute que vous avez commise.
Crețul aussi obtiendra son pardon quand le roi verra
que c'est un homme qui peut être si utile.« Quand les
Cosaques rapportèrent ces paroles à Crețul, celui-ci s'en
réjouit et pensa qu'en se rendant auprès du roi, il obtiendrait de lui du secours pour s'emparer de la principauté. Il alla donc avec les Cosaques se présenter
à hetman, qui l'envoya au roi. Le roi le fit jeter en prison
et, quelque temps après, lui fit trancher la tête.*)

Pierre-le-Boiteux reprend possession de la
principauté (1ᵉʳ janvier 7086 [1578]).

A la nouvelle que Crețul avait quitté le pouvoir et
le pays et était passé en Pologne, Pierre partit pour Iassi
et monta sur le trône pour la seconde fois.

Pierre rendit alors la métropole à Théophane qui
l'avait abandonnée sous le règne de Jean, et qui, par
crainte du prince, s'était enfui dans les montagnes.**)

D'un certain Alexandre, qui se disait frère
de Crețul.

La même année, le 9 février 7086 [1578], un certain Alexandre, frère de Crețul, vint encore attaquer
Pierre, à la tête d'une armée cosaque. Pierre, se rap-

Serenitatis Vestrae, captus fuerit, et ad Serenitatem Vestram
eosdem captos ducere praetexuerit, interim vero ad suam domum duxerit, eosque captos in domo sua relinquens ad Serenitatem Vestram proficisci simularit, quod certo Nobis signi-
ficatum est (Hurmuzaki, III, 10).«

**) Voy. ci-dessus, p. 487.

Водъ щиинд потикала де маниаинте чѣу авут ку Взуачіи, ну сау апукат де русбою, че ѣу дат калѣ дентѣю. Юръ Алеѯандру Водъ ау ътрат ҥ Ѣши ши ау шеѯут ҥ скаун. Петру Водъ ҥдатъ ду́пъ ачѣа ау стринс ѡасте турчѣскъ, ши мунтенѣскъ, ши ау ҥкунжурат пре Алеѯандру Водъ ҥ курте ҥ Ѣши, ши ау бътут преиюр куртѣ дин кушлеги пън ла міазу пъресиме. Юръ кънд ау фост ноаптѣ спре міазу пъресиме, март ві, Алеѯандру Водъ ши ку Къ- зачіи ау ешит дин курте, къ нау май путут суферн; къ ши ѣрба ши букателе ли се ҥпуцинасъ, ши врънд съ скапе, ау фужит спре кодру. Юр принуѯънд де вѣсте ѡастѣ луи Петру Водъ, сау порнит ду́пъ дъншіи, ши ла ѣзеру́л Чіорбешилѡр ѣу ажунс, ши пре тоци аколѡ ѣу топит; ши пре Алеѯандру ҥкъ лау принс віу дeмпревнъ ку боѣрій луи. Ачест Але- ѯандру ау цинут скаунул ѡ луну.

---

*) Le prétendant fut empalé; la plupart de ses compagnons furent massacrés. Voy. Engel, II, 229.

**) Les incessantes agitations dont la Moldavie était le théâtre ne laissaient pas de causer à la Porte de sérieux embarras. L'ambassadeur vénitien à Constantinople, Nicolas Barbarigo, raconte, le 27 février 1578, qu'en apprenant que Pierre-le-Boiteux s'était encore une fois retiré devant les Cosaques, le grand-vîzir eut un accès de colère; qu'il manda l'ambassadeur de Pologne, et lui reprocha durement le défaut de surveillance de son maître à l'égard des Cosaques. Le diplomate s'excusa de son mieux, en avouant que les Cosaques étaient insoumis; à quoi le grand-vizir répondit par des menaces de conquête (Col. lui Tr., V, 1874, 154; Hurmuzaki, IV, II, 102). Cf. Charrière, *Négociations*, III, 733.

Quelques jours après, le 7 mars 1578, le même Barbarigo se fait l'écho des bruits répandus à Constantinople et informe la Seigneurie que la Porte a résolu d'en finir avec Pierre-le-Boiteux et de lui donner un successeur plus digne. Un courrier venait, disait-on, d'être expédié en Moldavie avec mission d'étrangler le prince fugitif, que les Moldaves ne

pelant les défaites que les Cosaques lui avaient précédemment infligées, ne tenta pas le combat, mais reprit le chemin par lequel il était venu. Alexandre entra dans Iassi et prit possession du trône. Immédiatement après, Pierre réunit des troupes turques, valaques et hongroises et entoura la citadelle de Iassi, où était Alexandre; il bombarda cette citadelle depuis les jours gras jusqu'à la mi-carême. Quand on fut arrivé au soir du 12 mars, veille de la mi-carême, Alexandre et les Cosaques sortirent de la citadelle où ils ne pouvaient plus tenir, car leur poudre et leurs vivres diminuaient, et s'enfuirent vers les bois, avec l'espoir de se sauver. L'armée de Pierre apprit [leur fuite] et se mit à leur poursuite; elle les atteignit auprès de l'étang de Ciorbești, et les écrasa. Alexandre tomba vivant entre leurs mains avec ses boïars.*) Cet Alexandre avait occupé le trône pendant un mois.*)

---

pouvaient décidément pas supporter à cause de son origine valaque. Le courrier était expédié par le sultan lui-même, à l'insu du grand-vizir, »essendo il detto vaivoda stato sempre sustentato et favorito da lei, dal qual, col mezzo di Saitan Catacusino, gentillomo principalissimo di Costantinopoli, ha in diversi tempi ricevuto molte dozene di migliara di ducati *(ibid.)*.«

Le vizir l'emporta sur le sultan et, si des ordres avaient été réellement données pour mettre à mort Pierre-le-Boiteux, ils furent rapportés à temps. Šajtan Cantacuzène paya pour le prince dont il avait été le trop fidèle agent. Nicolas Barbarigo rapporte, le 18 mars, que le kapidži-baši, chargé de la mission en Moldavie, »andò con grandissima celerità ad un luogo dove si trovava quel Saitan Catacusino . . . et, entrato nella sua casa e nella sua camera, con un altro compagno solo, essendo restati fuori della porta 12 altri huomini che erano seco, et fattolo discendere abbasso, gli posero un laccio al collo et lo attacarono al legno di un pozzo della corte, senza lasciarlo pur dire una parola al figliuolo che era presente, sebben di ciò pregati grandemente da lui. Questo Saitan era il primo huomo et il più stimato che fosse fra tutti i Greci di Costantinopoli et anco fra tutti i Franchi; era il

Домнїа луй Петру Водъ Шкїопул.

Ѥръ Петру Водъ съу ашезат ла скаунъ съ ал трїеле рънд, ши съу апукат де у факе мънъстире Галата ден вале, ши ну дупъ мултъ време съу рисипит.

Петру нище домнишорй че венїа ꙟ цѣръ ку ѡасте къзъческъ.

Де норок ѥра Петру Водъ ку Къзачїй, къ бине де уунїй ну се мънтуїа, алцїй венїа асупръ-й. Къ ꙟтрачелаш ан, дупъ че съу ашезат ал доиле ши ал трїиле рънд ла скаунъ, ꙟ анул ҂зпѕ юлїе к҃s, нище Къзачй

---

mercante del Signor, et haveva carico di comperargli pellami, panni di seta, di lana et d'oro, et tutto quello che gli bisognava per la sua persona, per la soltana et per le loro corti; et al tempo di quest' ultima guerra, fece fabbricare 12 galee et le mandò a donare a Sua Maestà. Questo stava con grandissima pompa, con gran numero di schiavi et era ordinariamente visitato da chaussi grandi, da sanzacchi et altri principali personaggi di questa Porta. Nella qual riputatione si manteneva non solamente col donare et col spendere profusamente, ma con la gratia et con l'autorità che teneva appresso il magnifico bassà, che veramente era grandissima. Già alquanti mesi ebbe diverse querele et fu inquisito contro di lui et fu ritenuto, et il Signore si mostrava anche risoluto di voler levargli la vita allora, ma il magnifico bassà, con gagliardissimi offici et con mostrar che mancando lui il casnà venirebbe a perder da 200 mila scudi di quali esso andava debitore, rimosse il Signor da quel pensiero et liberò lui da quel pericolo nel qual si trovava. Per opera di questo già fu cacciato di stato Giovanni, vaivoda vecchio di Bogdania, et fatto morir, e messo in signoria Pietro di Valachia, che era il vaivoda et comandava al presente, et, non volendolo ricever quei populi, fu mandato di qui il presente agà di gianizzeri, essendo capigi bassi, che li astrinse ad accettarlo, dopo essersi combattuto et fatto occisione di gran numero di persone. Et questo medesimo Saitan, con le spalle del magnifico bassà, ha sempre mantenuto in dominio il medesimo Pietro et fatti licentiar più volte quelli che sono venuti a porger gravami contro di lui, et ogni anno veniva tributato

Pierre reprit possession du pouvoir pour la troisiéme fois et se mit à construire le monastère de Galata de la vallée, qui fut renversé peu de temps après.

De divers petits princes qui entrèrent en Moldavie avec des troupes cosaques.

C'était pour Pierre une fatalité que la lutte contre les Cosaques: à peine avait-il échappé aux uns qu'il en venait d'autres contre lui. Durant cette même année où il prit possession du pouvoir pour la troisième fois, le 26 juillet 7086 [1578], quelques Cosaques s'avancèrent

---

di grandissima quantità di danari da esso, li quali faceva la sua parte ad esso magnifico bassà, et per questo il detto vaivoda era anco astretto a gravar più quei popoli, la qual cosa aggiunta alla mala satisfaction che havevano di essere governati da principe forestiero, accresceva ogni giorno l'odio contro detto vaivoda, onde finalmente, sollevatisi, hanno chiamato per lor signore un del sangue de' principi di Bogdania, nominato Bogdan (il s'agit de Karabied Šerbega, dit Jean Potcoavă, ou Crețul), il qual era intrato in possesso col favor loro et aveva tagliato a pezzi alquanti Turchi di quella guardia che si li erano opposti; ma, essendo stati mandati di qui alquanti gianiceri et altra gente per cacciarlo, se ne era fugito; la qual gente partita, esso, col medesimo favor dei populi, era rientrato nel stato con grande occisione di Turchi e di altri soldati che stavano per difesa di Pietro vaivoda (l'ambassadeur vénitien confond ici Jean Potcoavă avec son frère Alexandre) ...«

Pour ces motifs, continue Barbarigo, le sultan a résolu de se débarrasser d'un prince incapable et odieux, tel que Pierre, qu'il rend indirectement responsable des incursions des Tatars et de la disette générale. La mort de Cantacuzène a été un avertissement donné au grand-vizir et une première satisfaction accordée aux malheureux Moldaves, que le grand duc de Moscovie pousse à la révolte. Quelques uns prétendent que le khan des Tatars était intervenu en faveur du prince national. Il est, d'ailleurs, toujours question de réduire la Moldavie en sandjak *(Col. lui Tr.,* V, 1874, 155-156; Hurmuzaki IV, II, 103).

кȢ оұн домнишѡр аȢ венит ла НистрȢ, ши ачїа тоцї шаȢ пȢс кáпетеле.*) Ꚃшиждерѣ дȢпȢ ачести КȢзáчїи кȢрȢнд, ꙗ ȃнȢл ҂зп҃з, ѿктóмврїе в҃і, оȢн домнишѡр Костантин**) ꙗрȥ кȢ КȢзáчїи аȢ ꙗ҆тра́т ꙗ҆ цѣрȥ, ши сȃȢ топи́т тоцї ꙗ҆ НистрȢ ши ачїа.

Ꚃтрачéсташ ȃн ши Ꚃтрачѣсташи лȢнȥ, кȃнд Костантин кȢ КȢзáчїи тречѣ НистрȢл, ꙗрȥ Зворóвски аȢ ѡ҆áсте КȢзȢчѣскȥ аȢ лови́т ДашóвȢл де лаȢ а́рс ши лаȢ прȥда́т,***) ши мȢ́лте ТȢркóаїе аȢ робит, ши мȢлт плѣн аȢ лȢáт, ши сȃȢ Ꚃтóрс кȢ прȥзи.†)

Де мазилíа лȢй ПéтрȢ Вóдȥ Шкїѡ́пȢл ꙗ҆ ȃнȢл ҂зп҃и декéмврїе в҃.

Ачéст ПéтрȢ Вóдȥ че ꙗ҆Ȣ зис Шкїѡ́пȢл, дȢпȢ чѣȢ домни́т чинчи ȃни, ꙗ҆Ȣ вени́т мазилíе,††) ши аȢ

Ainsi qu'il arrivait souvent à Constantinople, le sultan se contenta d'exercer une vengeance particulière et de montrer sa puissance aux dépens du grand-vizir; il laissa ce dernier continuer sa protection à Pierre-le-Boiteux.

Un mois plus tard, le 15 avril 1578, Barbarigo rapporte que le kapidži baši qui devait aller en Moldavie n'a pas eu besoin de s'y rendre. Le prince qui s'était emparé du pouvoir (Alexandre) a été battu et même, assure-t-on, tué par l'ancien voïévode (Pierre-le-Boiteux). Plus de cent prisonniers enlevés au prétendant sont arrivés à Constantinople et ont été envoyés aux galères (Hurmuzaki, IV, II, 105).

*) L'ambassadeur de France à Constantinople dit, dans une dépêche du 20 août 1578, que 4.000 Cosaques s'apprêtent à envahir la Moldavie. Voy. Charrière, *Négociations*, III, 752.

**) Qui était ce Constantin et d'où venait-il? Il nous est impossible de répondre à ces questions. Il se pourrait toutefois que ce fût le fils de Pierre Rareş dont il a été parlé plus haut, p. 358.

***) L'ambassadeur vénitien à Constantinople écrit, à la date du 5 octobre 1578, que le roi de Pologne est sans autorité sur les Cosaques et ne peut les empêcher de préparer une in-

avec un petit prince jusqu'au Dniestr; mais tous y perdirent la vie.*) Peu de temps après ces Cosaques, le 12 octobre 7087 [1578], un jeune prince appelé Constantin**) entra en Moldavie, également avec des Coques. Ces derniers furent tous précipités dans le Dniestr.

La même année et pendant le même mois que Constantin passait le Dniestr avec les Cosaques, Zborowski, avec des troupes cosaques, attaqua Daşov, qu'il livra au feu et au pillage. Il s'empara d'un grand nombre de femmes turques et de beaucoup de butin, et s'en retourna avec ces prises.†)

Déposition de Pierre-le-Boiteux (2 décembre 7088 [1579]).

Pierre surnommé le Boiteux avait régné cinq ans quand il fut déposé.††) Il vint un grand personnage turc

---

cursion en Moldavie. Voy. *Col. lui Tr.*, V, 1874, 238; Hurmuzaki, IV, ıı, 106.

†) Malgré tout, il y avait encore du commerce en Moldavie. Nicolas Barbarigo, dans une dépêche du 19 septembre 1578, évalue à 3.000 sequins le produit annuel des droits de transit perçus par les Moldaves sur les vins expédiés en Pologne. Voy. *Col. lui Tr.*, V, 1874, 238; Hurmuzaki, IV, ıı, 106.

††) Pendant les derniers temps de ce règne Pierre se rapprocha de la Pologne et améliora les relations commerciales avec le royaume. Un diplôme du 8 janvier 1579 rétablit les foires déplacées par les princes précédents. Le même acte, déviant des idées de tolérance que les Moldaves avaient toujours pratiquées, ordonna l'expulsion des Juifs (Hişdău, *Arch.*, I, ı, 172). Pierre obéissait à des préoccupations religieuses dont nous voyons la preuve dans des libéralités faites à divers monastères, notamment au monastère de Lavra (Langlois, *Le Mont Athos*, 74). Quant à l'entente avec la Pologne, elle était d'autant plus nécessaire pour Pierre-le-Boiteux que l'abandon par Henri de Valois du trône des Jagellon n'avait pas découragé Łaski. Ce dernier cherchait encore, en dépit des Turcs, en dépit même d'Étienne Báthori, à s'emparer de la Moldavie. Voy. Hurmuzaki, III, 44-46, 48.

венӥт оүн Түрк маре де лаѕ лѕа́т де́н скаѕн,*) шн ла́ѕ а тримӥс ӂпѕра́тѕл ла Хале́п**) ла па́үѕ ; шн домнӥл аѕ да́тw Ӥнкѕлѕӥ Во́дъ че лаѕ ѕнс Сасѕл.***)

---

*) Le 23 novembre 1579, le secrétaire Gabriel Cavazza mande, de Constantinople, à la Seigneurie: »È stato richiamato da Rodi un Nicno, figliolo di un vaivoda di Bogdania, che già molti anni fu fatto morire da sultan Soliman, per metterlo in loco del presente Pietro vaivoda, il quale è stato mandato a chiamar qui per un principal chiaus di questa Porta, e si fa cattivo giudicio de' fatti suoi. Al suo chiccagia che teneva qui, è stata svaligiata la casa, et egli con tutti quelli della sua famiglia è stato con molto obrobrio menato colle catene al collo e posto sopra la galea delle pietre. Si giudica che sarà dismesso anco il vaivoda di Valachia.« Cavazza ajoute que Nicno (c'est-à-dire Iancu, ainsi qu'on le verra plus loin) avait voulu obtenir la principauté de Moldavie alors qu'Ahmed-Paša était premier vizir, mais qu'il avait échoué. Il avait emprunté 120.000 ducats aux banquiers de Constantinople (Hurmuzaki, IV, II, 107).

Le 8 janvier 1580, le secrétaire vénitien écrit à la Seigneurie qu'on attend Pierre avec une somme de 14.000 ducats trouvée en sa possession (*Col. luĭ Tr.*, V, 1874, 238; Hurmuzaki IV, II, 108). Le 25 janvier, il annonce l'arrivée du prince et ajoute que les Turcs rapportent, non plus 14.000, mais 18.000 ducats (*ibid.*).

**) La correspondance de l'agent impérial Sinzendorf nous apprend, en effet, que Pierre fut envoyé à Halep, et reçut une pension journalière de 40 ou 60 aspres. Sa femme et ses enfants restèrent à Constantinople (Hurmuzaki, III, 25).

***) Bielski, Heidenstein, Cantemir, Sulzer et Engel prétendent que Iancu était effectivement saxon; nous savons au contraire, par la généalogie du prétendant Wolfgang, découverte à Berlin par M. Papiu Ilarianu, que ce prince était un fils naturel de Pierre Rareș (voy. ci dessus, p. 359). L'origine de Iancu est confirmée par la correspondance des agents vénitiens à Constantinople. On a déjà vu que Gabriel Cavazza, qui l'appelle d'abord Nicno, fait de lui un fils de prince. Le secrétaire vénitien ajoute dans sa dépêche du 25 janvier 1580: »Li agenti del novo vaivoda hanno procurato con gran sollicitudine che esso (Pietro) fosse confinato in Aleppo, dove sarà

qui le fit descendre du trône.*) Le sultan l'envoya à Halep,**) où il fut gardé, et donna la principauté à Iancu dit le Saxon.***)

---

mandato fra pochi giorni, et di là è stata chiamata la sorella del presente vaivoda di Bogdania, che pur vi era confinata, che fu moglie di un Mirtola, vaivoda di Vallachia, et governò quella provincia alcuni anni in nome di un suo piccolo figliuolo... (*Col. luĭ Tr.*, V, 1874, 238; Hurmuzaki, IV, II, 109).« Despina, ou Chiajna, fille de Pierre Rareş et femme du prince de Valachie Mircea, était effectivement sœur de Iancu. Cette princesse est généralement considérée comme la mère des trois fils de Mircea: Miloş, Alexandre et Pierre-le-Boiteux; mais il est probable que Pierre était né d'une concubine, sans quoi on ne s'expliquerait pas que Despina ait favorisé son frère au détriment de son fils. Nous savons qu'elle avait réussi à se mettre dans les bonnes grâces de la sultane validé (Charrière, III, 840), et qu'elle avait eu probablement une grande part à la chûte de Pierre. La correspondance de l'agent impérial Sinzendorf ne laisse pas de doute sur ce point: »Erinder E. Maj. hierauf gehorsamist,« écrit ce diplomate, à la date du 7 décembre 1579, »das der new vom Sulthano verordnete Moldawer, Juanus genant, des endtseczten Petri Successor, welcher vor der Zeit, und bis auf sein yeczige Erforderung hieher (so durch Fürschub und Underhandlung des Sultanj Muetter, Weibs und Sinam Bassa fürnemblichen erpracticiert worden sein soll) zu Rhodisz verstrickt enthalten gewest. *Et licet sese quondam Petri, cujusdam vayvodae Moldaviae, filium legitimum et naturalem perhibeat,* so wöllen doch ir vil daran zweiflen, und ine Juanum mehr für einen Teutschen ausz Sibenbürgen, als ain gebornen Walachen oder Moldawern halten, dann er die teutsche Sprach vor andern am Volkombsten redet. Andere sagen er sey des Despot, so ainsten in Moldaviam einkomen, Diener gewest. Alhie ist schlechte Consideration des Geschlechts oder Herkommens; nuhr wer mehr Gelts gibt. Diser Juanus soll, wie man fürgibt, dem Sulthano 80 Thausendt, Sulthani Muetter 20 Thausendt, und Sinan Bassa, ausser dessen was er im Järlichen wirdet raichen müssen, 50 Thausent Ducaten verehrt haben. Ist heut Dato mit dem Obristen, als Maister, der in belaitten und ime das

КАП КѲ.

Домнїа Їанкулуй Водъ, чей зичѣ Сасул, ꙟ анул ҂зпи Феврѹарїе ѕї.*)

Дакъ ау мазилит ꙟпъратул пре Петру Водъ Шкїѡпул, датау домнїа Їанкулуй Водъ, кареле де нащере ера Сас, де леџе лутеран; крещинътатѣ чѣ дрѣптъ ну юбїа. Ши дакъ ау венит ꙟ църъ ши съу ашезат ꙟ скаун, тоатъ недумнезеирѣ ши еретечїа шау ръатат; къ лъкомїе ла аверѣ неспусъ авѣ, пентру каре пре мулцй ау ѡморит. Ѣръ май апой, де лъкомїе чѣ авѣ,**) тримисау съ їа а зѣче дин бой ꙟ тоатъ църа.

Regiment überantworten soll, von hinnen. Man will discurieren mit der Walachey werde es in Kurcz ebenso zugehn (Hurmuzaki, III, 24).«

L'ambassadeur de France, Germigny, écrit de même, le 8 décembre, à Catherine de Médicis, que le nouveau prince de Moldavie a baisé la main au sultan le 29 novembre précédent, et, ajoute-t-il, „luy fist ledit vaïvode present d'octante mil ducats pour l'investiture, comme aussi cedit seigneur le fist presenter de robes royales d'or et de quelques chevaux, et luy bailla ung chapeau de sollac avec les pennaches, qu'il porta à l'issue de l'audience, accompagné de grand nombre de ses subjects." Le départ de Iancu eut lieu le même jour (8 décembre 1579). Voy. Charrière, III, 839.

Pour revenir à Despina, le secrétaire vénitien rapporte, dans sa dépêche du 25 janvier 1580, qu'elle était fort riche (c'était elle sans doute qui avait procuré à Iancu du crédit chez les banquiers de Galata); que c'était une femme »di molto valore et industria«, et qu'elle avait réussi à mettre dans ses intérêts Ahmed-Paša, jadis grand ami de Pierre Rareș (Col. lui Tr., V, 1874, 238; Hurmuzaki, IV, II, 109). Despina fut reçue à Constantinople avec de grands honneurs; la sultane lui envoya sa voiture avec une kekaja et des eunuques (dépêche du 10 février 1580, ibid.).

Bielski prétend que Iancu avait épousé une femme très-riche, originaire de Chypre, dont la fortune lui servit à payer

CHAPITRE XXIX.

Règne de Iancu dit le Saxon, [commençant] le 17 février 7088 [1580].*)

Quand le sultan eut déposé Pierre-le-Boiteux il donna la principauté à Iancu, qui était Saxon de naissance et professait la religion luthérienne. C'était un ennemi de l'orthodoxie. Quand il fut arrivé en Moldavie et fut monté sur le trône, il montra toute son impiété et son penchant pour l'hérésie. Il avait une soif inouïe d'argent, et fit mourir beaucoup de gens pour satisfaire sa cupidité.**) Par la suite, poussé par sa rapacité, il exigea la dîme de tous les bœufs du pays.

---

la Porte. Nous savons que cette femme s'appelait Marie Paléologue; qu'elle était de Rhodes, et non de Chypre (*Tes.*, III, 47); mais nous ignorons si cette princesse avait réellement des trésors. Bielski l'aura peut-être confondue avec Despina.

*) Iancu, parti de Constantinople le 8 décembre 1579, était en possession du trône avant le 17 février. On possède de lui des diplômes datés du 27 janvier (Arch. de Bucarest, mon. de Varatic, liasse n° 17) et du 29 janvier (Wickenhauser, I, 88).

**) Sinzendorf écrit dès le 25 janvier 1580: »Der newe hinein in die Moldaw Geschikhte sol beraidt waidlich mit seinen armen Undersassen tyrannisiern, one Zweifel damit er das Gelt wider zusamen kracze wasz er alhier verschenkt und zu Erlangung der Waydaschafft ausgeborgt (Hurmuzaki, III, 25).«

Iancu était pressé. Après les inévitables libéralités faites aux monastères, il voulut temoigner sa reconnaissance au grand-vizir Sinan-Paša et lui envoya un convoi de 150 chevaux (dépêche de Gabriel Cavazza en date du 17 mars 1580, *Col. luĭ Tr.*, V, 1874, 238; Hurmuzaki, IV, II, 110). Il ne perdit pas non plus de temps pour le paiement du tribut auquel il s'était engagé. M. de Germigny écrit au roi Henri III le 2 juin 1580: »Le tribut de la Bogdanie, que l'on tient estre de ottante mil ducats, arriva le xxviij^e du passé, et a esté presenté le xxxe dudict, auquel jour fust aussy apporté celluy de Vallachie, de ottante sommes d'aspres, revenans à cent soixante

Пентр8 о̂ун домнишѡр, чей зичѣ Іѡан Водъ
Лунгул ꙟ҇ анул ҂зпд.

Янкул Водъ фиинд плин де лъкоміе, а8 изводи́т ѡбичнъ, ка́ре на8 май фост ниче ѡдинъ̂оръ ꙟ҇ цѣръ, съ і̂а8 бой де а̂ зѣче; ка́ре ѡбичею н8 ла8 п8т8т с8фери цѣра. Че съ8 ридика́тъ Лъп8шнѣній де съ8 сфъ̂т8и́т съсе десба́тъ де с8́пт мъ̂на л8й; ши в8л8чи́нд8се, а8 ръдика́тъ ди́нтре ѣ̂й пре Л8нг8л до́мн, ши і̂а8 п8с н8ме І̂ѡн Во́дъ,*) ши а̂8 п8рчѣ́с пе Пр8т ꙟ҇ с8с.

Янкул Водъ прин8ъ̂нд де вѣсте къ Лъп8шнѣній съ8 ръдика́тъ а̂с8пра л8й, ꙟ҇да́тъ а̂8 тримі́с пре Б8́чюм во́рникул чел ма́ре, ши пре Ѣр8т постѣ́лникул,**) к8 ѡ̂асте ꙟ҇протива а̂чел8ра; ши тъмпин̂ъ̂нд8се ѡ̂шиле ла Бъ́лота, съ8 ловит де фа́цъ, ши д8нд ръсвою витежѣ́ше де ꙟ҇бе пъ̂рциле, а8 перд8т Лъп8шнѣній ръсбоюл, ши домнишѡ̂р8л а̂чѣла ꙟ҇к8 съ8 ꙟ҇нека́тъ ꙟ҇ Пр8т.***)

---

mil escuz, et presenté le jour suivant. Le Brutti, duquel j'ay escrit cy-devant à V. M. avoir esté employé avec le Mariglian en ceste negociation, arresté à Lezina pour quelque soupçon et depuis relasché après le decez de Mehemet Bassa, ayant negotié en ceste Porte la restitution du vayvode de la Bogdanie regnant à present, et l'estant allé trouver depuis peu de jours, a esté largement recongneu de ses services par ledit vayvode, faict general de sa cavalerie et fanterie, heu une eschelle ou dace d'un port, vallant trois mil ducats par an, et l'usufruict de la succession et hoyrie d'un seigneur signalé executé par justice. Le Seigneur a envoyé, ces jours passez, cinquante sommes d'aspres de present au Tartare, avec trois tres-riches espées garnies de pierreries, et quantité de robbes de drap d'or, le priant de retourner avec ses forces à guerroyer le Persien en sa faveur, pour de tant plus fortifier et accelerer ses desseings ci-dessus (Charrière, III, 913; Hișdău, *Arch.*, I, 1, 174).«

Le personnage dont nous venons d'écrire le nom, Bartolomeo Bruti, était d'origine albanaise; il avait même, paraît-

D'un petit prince appelé Jean Lungul (7089 [1581]).

Iancu, en poussant la cupidité jusqu'à exiger la dîme des bœufs, introduisait un usage qui n'avait jamais existé en Moldavie et que le pays ne put supporter. Les habitants de Lăpușna résolurent de se soustraire à son autorité. Ils se mirent en campagne, proclamèrent prince l'un d'eux, appelé Lungul, à qui ils donnèrent le nom de Jean, et remontèrent le Prut.*)

Iancu, apprenant que les habitants de Lăpușna s'étaient soulevés contre lui, envoya aussitôt le grand vornic Bucium et le postelnic Brut,**) avec des troupes, pour les combattre. Les deux armées se rencontrèrent à Balota et engagèrent l'action. On combattit vaillamment des deux côtés; mais les habitants de Lăpușna furent défaits et leur petit prince fut encore noyé dans le Prut.***)

---

il, des relations de parenté avec le grand-vizir Sinan-Paša (W. Bethlen, III, 77). Resté chrétien et catholique, il avait d'abord été au service de Venise, puis il était entré dans la diplomatie espagnole et avait rendu à l'Espagne de réels services par sa connaissance des langues et des affaires de l'Orient (Hîşdău, *Istoria toleranței religióse*, 2a ed., 42-43).

On vient de voir que Iancu avait généreusement reconnu les services de Bruti; celui-ci resta en Moldavie, où il se para de titres pompeux et où il fit de la propagande catholique. Nous le retrouverons sous le dernier règne de Pierre-le-Boiteux.

*) Nous ne savons rien de Jean Lungul ou le Long; mais il n'est pas surprenant que les exactions de Iancu aient soulevé les Moldaves contre lui. Le prince s'appliquait aussi à faire reconnaître ses prétentions à la légitimité, ce à quoi il réussit fort mal, s'il faut en croire Cantemir.

**) Il s'agit de Bartolomeo Bruti.

***) Cette petite campagne fut probablement suivie d'une démonstration contre la Pologne. Déjà Iancu était en mauvais termes avec Étienne Báthori et avait refusé de lui fournir des soldats

Пе́нтр8 боє́рїй Молдо́вїи к8м а̂8 преки́цїт при́н це́рй стр8́йне, пе́нтр8 м8́лте неvо́й че́ле фz҃че Ѧ҃нк8 Во́дz.

М8́лте л8кр8рй спzркáте фz҃че Ѧ҃нк8 Во́дz ꙟ домнїа сz; кz̆т де рz8л л8й то́атz це́ра ши́ воєрїй л8й се ѫцерїа, кz л8́це крещинźск н8 ѹ̂ ю̂вїа; ла а̂в8́ре лáком ши́ прz̆дz̆тźр; це́ра к8 дz̆риле ѿ ꙗ҆гре́вїа, ши а́лте л8кр8рй спzркáте ши нес8фери́те фz҃че; кz е̂рâ кzрвáр песте сźмz, кz н8 н8́май а̂фáрz, че ни́че де́й кzрт8́ сâ н8 се фе́рїа, кz пре цопzнźселе боє́рилѡр сźй, де́ла мáса до́мнїй сáле, ле скот8́ ши́ ле р8шинâ. Ѫ̇че́сте то́ате неп8т8́нд с8фери́ боє́рїй, май взрто́с Мовиле́щїй, влzды́ка Геѡ́ргїе, Е̂ре́мїа во́рник8л, кáреле май тźрꙁю а̂8 ф8́ст ши до́мн, ши фра́тесе8 Сvмеѡ́н пахáрник8л, ши Бáлика хáтман8л, сâ8 сфz̆т8́йт ꙟ та́йнz, кâ сz прибеꙃźскz*); кáрїй ꙟ́тzю шâ8 фz҃к8т

(Hurmuzaki, III, 56, 60); il lui reprochait maintenant d'encourager la rébellion. Aussi, lorsqu'en 1581 Étienne envoya Drojowski à Constantinople pour obtenir la confirmation de son neveu, Sigismond Báthori, comme prince de Transylvanie, chargea-t-il cet agent de solliciter la déchéance de Iancu et la restauration de Pierre-le-Boiteux. D'après de Thou, le sultan, tout en repoussant cette demande, aurait donné à Iancu un sérieux avertissement. Voy. Engel, II, 230.

*) Nous n'avons pu élucider les origines de la famille Movilă. Nous ne nous arrêterons pas à discuter la légende qui la rattache à l'aprod Purice dont Étienne-le-Grand aurait changé le nom en celui de Movilă parce qu'il lui avait prêté son dos pour monter à cheval (voy. Bălcescu, *Istoria Românilor sub Michaiŭ Vodă Vitézul*, 1878, 205); nous ne consulterons que les documents authentiques. Depuis 1546 jusqu'au mois d'avril 1552, Vascan Movilă est cité comme porcolab de Hotin (voy. Melchisedec, *Chron. Rom.*, I, 172; Wickenhauser, I, 83; Melchisedec, *Chron. Rom.*, I, 180; Hîşdău, *Arch.*, I, 1, 125); il est cité comme postelnic depuis le mois de mai 1552 jusqu'en 1555 (voy. Hîşdău, *Arch.*, I, 1, 110); c'est probablement lui

Les boïars moldaves émigrent dans les pays étrangers à cause de toutes les violences que leur fait Iancu.

Iancu fit pendant son règne beaucoup de vilaines choses, si bien que les boïars et tout le pays furent exaspérés de sa méchanceté. Il n'aimait pas la religion chrétienne; il était avare et rapace; il accablait le pays d'impôts et faisait une foule d'autres choses honteuses et insupportables. Il était débauché outre mesure, au point qu'il ne courait pas seulement au dehors, mais n'épargnait même pas son entourage. Les femmes des boïars qui mangeaient à sa table, il les enlevait et les déshonorait. Les boïars, en particulier les membres de la famille Movilă: l'évêque Georges, le vornic Jérémie, qui fut plus tard prince lui même, son frère, le păharnic Siméon, et l'hetman Balica, ne purent plus souffrir toutes ces [ignominies] et se concertèrent en secret pour émigrer.*) Ils prirent d'abord pour prétexte la consé-

---

qu'Orichowius appelle, en 1552, »magister equitum« (voy. ci-dessus, p. 381). Un autre Movilă, dont nous ignorons le prénom, était logothète en 1552 (Hîşdău, *Arch.* I, 1, 110); nous sommes porté à voir dans ce dernier personnage le père de Jérémie et de ses frères. Nous savons que ce père portait le prénom de Jean, et qu'il avait épousé une veuve ou une femme divorcée, déjà mère d'un fils qui fut l'hetman Isaac Balică, mort en 1612, et d'une fille appelée Hélène, qui fut mariée à un logothète (voy. Hîşdău, *Arch.* I, 1, 128). Jean ent trois fils, savoir: Jérémie, grand vornic, qui fut prince de Moldavie de 1595 à mai 1600 et d'octobre 1601 à 1606; Georges, évêque de Rădăuţi (1580-1588), puis métropolitain de Moldavie (1588-1591), enfin Siméon, păharnic, qui fut prince de Valachie de 1601 à 1602, et régent de Moldavie, de 1606 à 1607; qui prétendit au trône de Valachie en 1609, et mourut en 1610 ou 1611. Jérémie, marié à Élisabeth Czamartowna, eut sept enfants: Constantin, prince de Moldavie en 1606, m. en 1612; Alexandre, prince de Moldavie en 1616, converti ensuite à l'islamisme; Bogdan, converti comme son frère à l'islamisme, et mort à Constantinople; Regina

приле́жѫ къ во́іа лъй ка съ мѣ́ргъ съ сфинцѣ́скъ мъ- *a*
нъсти́рѣ С8че́вица,*) де оу́нде ма́й апо́й къ то́ций аъ
трекъ́тъ ѫ Цѣ́ра Лешѣ́скъ,**) ълций ла Тъ́рчи, ълций ла
Мънте́ни, ълций пинтра́лте цѣ́ри. Пе́нтръ аче́а мъ́р-
гъ́нд жа́лобъ ла Ѫмпъ́рацїе де риси́па цѣ́ри, лъу ма-
зили́тъ, ши аъ да́т домни́а ѩ́р лъй Пе́тръ Во́дъ Шкїю́пъл. *b*

Пе́нтръ Ѩ́нкъ Во́дъ към аъ прикеци́тъ, ши
към исаъ ѫтъмпла́тъ мо́артѣ ѫ а́нъл ҂зч҃в.

Ѫцълегъ́нд Ѩ́нкъ Во́дъ къ лъу мази́литъ ѫпъръ́тъл
ши аъ да́тъ домни́а лъй Пе́тръ Во́дъ Шкїю́пъл, къно-
скъ́нд ла че въ вени́ лъкръ́л ма́й апо́й, съу темъ́тъ къ *c*
де въ мѣ́рце ла Тъ́рчи, въ аве́ пъ́ръ мъ́лтъ, ши по́ате
съ ши пе́їе; че аъ сокоти́тъ съ трѣ́къ ѫ Цѣ́ра Оунъ-
гъръ́скъ, пре́н Цѣ́ра Лешѣ́скъ, къ пре́н цѣ́ръ песте
мъ́нци нъ е́ра пъти́нцъ, къ се темѣ́ де църъ́ний. Ши
аша́ аъ еши́тъ дин цѣ́ръ пре ла Покъ́тїа, оу́нде аъ *d*

---

mariée en 1603 à Michel Wiśniowiecki, staroste d'Obrecz,
qui fut empoisonné en 1615; Marie, qui épousa: 1⁰ en
1603, Étienne Potocki, voïévode de Bracław; 2⁰ Nicolas
Firley, voïévode de Sandomir (cf. Hîşdău, *Arch.*, I, II,
189); Catherine, ou Alexandrine, mariée en 1616 à Samuel
Korecki; Anne, m. en 1666 après avoir épousé: 1⁰ Maxime
Przerębski, voïévode de Lęczice; 2⁰ Jean Szeędziwoi Czarnkowski, castellan de Lęczice; 3⁰ Wladimir Myszkowski, voïévode de Cracovie; 4⁰ Stanislas Potocki. Siméon, dont la
femme s'appelait Marguerite, eut cinq fils: Pierre, d'abord
soldat, puis moine et métropolitain de Kyjev, de 1633 à 1647;
Michel, rival de son cousin Constantin en 1611; Gabriel,
prince de Valachie, de décembre 1617 à juin 1620; Jean, qui
se retira en Transylvanie et prétendit au trône de Moldavie
en 1636 (voy. Hurmuzaki, IV, 1, 622); Moïse, qui fut prince
de Moldavie, de 1630 au mois d'avril 1632 et d'août 1633
à mai 1634, puis se retira en Pologne.

Niesiecki donne a Jean Movilă un quatrième fils appelé
Étienne, qui aurait été frère de Jérémie, de Georges et de

cration du monastère de Sucevița,*) à laquelle ils se rendirent avec la permission du prince, et, de là, ils passèrent tous en Pologne.**) D'autres allèrent chez les Valaques, d'autres ailleurs. Aussi le sultan, recevant des adresses dans lesquelles on lui exposait la ruine du pays, révoqua-t-il Jean et rendit-il le pouvoir à Pierre-le-Boiteux.

Comment Iancu émigre et comment il meurt en 7092 [1583].

Iancu, apprenant que le sultan l'avait déposé et avait donné le pouvoir à Pierre-le-Boiteux, se douta de la tournure que les choses prendraient par la suite et craignit, s'il se rendait chez les Turcs, d'être en butte à de nombreuses accusations et, peut-être, de perdre la vie. Il se décida donc à gagner la Hongrie en passant par la Pologne, car il ne pouvait traverser les montagnes de Moldavie par peur des paysans. Il sortit,

---

Siméon et qui aurait eu pour fils Miron Barnowski, dit Movilă, prince de Moldavie de 1626 à 1629, mis à mort à Constantinople en 1633 (voy. Engel, II, 243). Il est bien vrai que Miron prend dans ses diplômes le nom de Movilă; mais nous croyons qu'il ne tenait à cette famille que par les femmes, et qu'il descendait du Barnowski dont nous avons raconté l'histoire sous le règne du despote (cf. ci-dessus, p. 412, 425, 437, 443). Ce Barnowski ne devait pas être un aventurier étranger; on peut croire qu'il était de la même famille que le Thomas Barnowski dont il est question sous Pierre Rareș (voy. p. 280, 285). Le père de Miron fut enterré à Toporăuți, qui n'était pas le lieu choisi pas les Movilești pour leur sépulture; sa mère, que nous supposons avoir été une Movilă, vivait encore en 1628 (voy. Hîșdău, Arch., I, II, 189).

*) Sur la fondation du monastère de Sucevița, près de Rădăuți, voy. Wickenhauser, II, 13.

**) L'émigration de ces personnages dut avoir lieu en 1582 ou au commencement de l'année 1583; ils figurent encore dans un diplôme de Iancu en date du 20 décembre 1581 (Cogălniceanu, Арх. ром., I, 90-93).

цинуть калѣ Ӥзловѣцки, шѝ лаȣ дȣс ла Лïѡв кȣ тоатъ аверѣ лȣй;*) шѝ ꙗдатъ аȣ тримис ла Краю де ꙗȣ дат щире. Краюл аȣ скрис ла Синïавски хатманȣл, шѝ ла Херборт старосте де Лïѡв, сȣй ꙗ тот крѣескȣ че ар авѣ, шѝ лȣй сѫй тае капȣл. Шѝ аȣ тримис Краю пре подскарбȣл сѫȣ, сѫй ꙗ аверѣ Ӥнкȣлȣй Водъ, нȣмай фечïѡрилѡр шѝ доамней съ ласе ѡ парте сѫле фïе де хранъ; шѝ, дȣпъ поронка лȣй Краю, аша аȣ фѫкȣт, шѝ аȣ тѫꙗт капȣл Ӥнкȣлȣй Водъ.**)

Се зиче кѫ моартѣ лȣй Ӥнкȣ Водъ съ фïе фост кȣ Ӥвъцътȣра Ӥмпъратȣлȣй тȣрческ де ꙗȣ тѫꙗт капȣл.

Аȣ домнит Ӥнкȣ Водъ г҃ анй шѝ ѕ҃ лȣнй. Де ачест домн зикȣ кѫ Ӥбла вара кȣ санïе де ѡс.

---

*) Iancu projetait depuis longtemps de se retirer en Hongrie. Depuis 1581 il entretenait des relations avec un général de l'armée impériale appelé Rüber, et il avait acheté des propriétés dans la Zips (voy. une dépêche de Constantinople, en date du 11 novembre 1581, ap. Hurmuzaki, III, 67). Le 15 janvier suivant, l'ambassadeur de Pologne Dzerzek dénonce au sultan l'entente de Iancu et des Impériaux (Hurmuzaki, III, 70).

**) Le récit d'Urechi est conforme à celui de Heidenstein, qui accuse, en outre, Iancu d'avoir intercepté des lettres adressées au sultan par le roi de Pologne. — L'épitaphe d'Étienne Báthori porte: »Jankulam, Valachiae regulum, ob injurias quas vicinae nobilitati intulerat dejicere adegit.« Ces termes s'appliquent parfaitement à la révolte de Lăpușna et à la déposition de Iancu. Voy. Engel II, 231.

Les correspondances diplomatiques publieés par Hurmuzaki (III, 78-85) contiennent de précieux details sur la fin de Iancu. Une dépêche du baron Preuner, agent de l'empereur à Constantinople, en date du 29 août 1582, nous apprend que Iancu, à qui l'on reproche ses cruautés et l'entretien d'un corps de mercenaires étrangers toujours prêts à exécuter ses ordres barbares, vient d'être déposé par le sultan. Plusieurs tchaouchs ont été envoyés en Moldavie, tandis que le fils du

en conséquence du pays par la Pocutie, où il fut accompagné par Jazłowiecki, qui le conduisit à Léopol avec tous ses trésors.*) Aussitôt [Jazłowiecki] envoya au roi pour l'informer [de l'arrivée du prince]. Le roi écrivit à l'hetman Seniawski et au staroste de Léopol, Herbort, d'enlever à Iancu tout ce qu'il pourrait avoir qui appartiendrait à la Pologne et de lui faire trancher la tête. Le roi envoya son trésorier prendre la fortune de Iancu; il en laissa seulement une partie à ses fils et à sa femme pour leur subsistance. Les ordres du roi furent exécutés et Iancu eut la tête tranchée.**)

On dit que Iancu fut mis à mort sur la demande de l'empereur des Turcs, qui voulut qu'on lui coupât la tête.

Iancu avait régné trois ans et sept mois. On rapporte que ce prince se promenait en été dans un traîneau d'ivoire.

---

prince, jeune homme de quinze à seize ans, qu'il avait été obligé de livrer aux Turcs comme otage, a été enfermé aux Sept-Tours. L'ambassadeur de France a vainement cherché à faire donner la principauté à un candidat de son choix (Pierre Cercel?); le sultan a mandé Pierre-le-Boiteux, qu'il avait relégué à Halep et lui a rendu le pouvoir. Celui-ci a dû consentir à ce que le tribut fût augmenté de 10.000 ducats; il s'est, de plus, engagé à payer les dettes de Iancu, sans parler des présents qu'il a faits au sultan, à la sultane-validé, à Sinan-Paša, etc.

Malgré les protestations de Iancu, Pierre reçoit l'investiture. Preuner écrit, le 15 septembre, que le prince est parti de Constantinople l'avant-veille, escorté de 50 kapidži et de 200 soldats turcs. Le diplomate autrichien, parfaitement renseigné sur les projets de Iancu (projets qui d'ailleurs n'étaient un secret pour personne, puisque, dès le 18 juin, le roi de Pologne, devançant les événements, avait dénoncé au sultan la fuite du voïévode de Moldavie — voy. Hurmuzaki III, 73), conseille à l'empereur, le 23 et le 29 septembre, de ne pas accorder l'hospitalité au prince fugitif, de peur d'amener des complications avec les Turcs.

КА́П Л̃.

Домнı́а а҆до́ва а҆луй Пе́тру Во́дъ Шкїо́пул, ꙟ҆ а́нул ҂зчв, ѡ҆кто́мврїе ѕ҃ı.

Ду́пъ че҃у мазилı́тъ ꙟ҆пъра́тул пре И҆нкул Во́дъ, да́тау домнı́а ꙗ҆ръш луй Пе́тру Во́дъ Шкїо́пул, пре ка́реле ку дра́госте а҆шептъ́ндул то́ций, а҆у венı́тъ ꙟ҆ цѣ́ръ ши а҆у шезу́т ꙟ҆ ска́ун ѡ҆кто́мврїе ѕ҃ı. А҆узи́нд приве́рїй ка́рїй ера ф҆уџи́цй пинтра́лте цѣ́рй де невоꙗ́ И҆нкулуй Во́дъ, ку дра́госте съу ꙟ҆то́рсу ла до́мнул съу Пе́тру Во́дъ, пре ка́рїй ꙗ҆ръ ку боꙗ́рїиле лѡр ꙗ҆у милуı́тъ.

Пе́нтру ни́ше Къзачı́й че венı́ѧ съ а҆пу́чес ска́унул Молдо́вїй.

Де норо́к ера Пе́тру Во́дъ ку Къзачı́й, къ ꙟ҆ домнı́а динтъ́ю ну май а҆вѣ ѡ҆ди́хнъ де дꙟ҆ший; а҆ку́м

Mais déjà Iancu avait passé en Pologne. Un rapport présenté à l'empereur le 11 octobre dit que le prince est tombé entre les mains de Samuel Scoruski ou Sborovski [Zborowski], et que ce personnage l'a enfermé dans le château de Słoczowa et l'a dépouillé de tous ses biens. Le roi a réclamé Iancu, l'a fait interner à Léopol et s'est emparé de ses richesses. Il a répondu aux Turcs qui voulaient se faire livrer le prince qu'il ne leur rendrait même pas un chien.

Dans une dépêche datée de Constantinople le 13 octobre, le baron Preuner revient sur ce sujet et dit que Iancu avait d'abord voulu se réfugier en Transylvanie, mais qu'il avait trouvé tous les passages gardés. Il s'est donc dirigé vers la Pologne; mais l'agent impérial, avec sa parfaite connaissance de ce pays, ne se fait pas illusion sur le sort réservé au fugitif: »Ist also fur den Jancula sorglich das die Polaggen ine nicht anderst als andere Wayvodas Moldaviae zuvor, so sich gleichfalsz sub fide publica in Poln zu salviern verhofft, sonderlich weil diser Kunig ime Jancula zuwider gewest, tractiern und one ainiche christliche Barmherzigkait, damit sy das Guet und Gelt desto fueglicher behalten mögen, schändtlich umb das Leben bringen.«

CHAPITRE XXX.

Second Règne de Pierre-le-Boiteux, [commençant] le 17 octobre 7092 [1583].

Après que le sultan eut déposé Iancu, il rendit la principauté à Pierre-le-Boiteux, qui, attendu de tous avec empressement, arriva en Moldavie et prit possession du trône le 17 octobre. Quand les émigrés, qui s'étaient réfugiés dans d'autres pays, apprirent le triste sort de Iancu, ils revinrent avec affection vers Pierre, leur seigneur, qui leur rendit à tous leurs charges.

Certains Cosaques veulent s'emparer du trône de Moldavie.

Les Cosaques poursuivaient Pierre comme une fatalité, car pendant son premier règne ils ne lui avaient

---

> En effet, au moment où Preuner écrivait, le prince était tombé sous les coups des Polonais. Un rapport présenté à l'empereur le 15 octobre se termine ainsi: »Petrus, waywoda Moldaviae, recens litteras ad Hazium dans, scribit Jazlovizkium et alios quosdam dominos Poloniae, mox primum ac Iancula Poloniam ingressus est, in occursum Ianculae venisse Ianculamque capientes barbam mustacesque illius penitus totundisse: »Tu, princeps, nostrum invictissimum regem delusisti, litteras ad sulthanum illius datas resignans et perlegens; itaque tu quoque deluderis, et non tantum deluderis, sed etiam capite solves,« inquientes. Et sic vinctum Leopolim misisse.«
>
> Il était trop dans les traditions des Polonais de trancher la tête aux princes qui se réfugiaient chez eux pour que Étienne Báthori, malgré sa première réponse, ne saisît pas avec empressement l'occasion qui lui était offerte de s'emparer des richesses de Iancu. Quelques mois plus tard, le 31 mai 1583, il écrivait au sultan qu'il lui était impossible de restituer des trésors dont les soldats s'étaient partagé la plus grande partie, et il ajoutait: »Satis habuere semper Serenitatis Vestrae praedecessores ut wayvodae in Poloniam profugi nece suam expiarint culpam, quorum aliquod jam simile

ла а́дѫва домніе, кине нȢ сав ашеӡа́т ла скаѵн, ꙗтъ Къӡа́чій венѣ́а съ а̂пȢче ска́ѵнѫл, ѫтрачѣсташ лȢнъ, ѡктомврїе к҃ӡ.*) Че ПетрȢ Во́дъ, принӡѫнд де вѣсте, лѣȢ е̂шит ѫнаінте ла ПрȢт ла са́т ла Богдъне́щіи, кȢ къций ѡа́меніи аȢ пȢтȢт ѫтрачѣ да́т, ши акѡлѡ ꙗȢ ѫкȢнжȢра́т. Фіинд Къӡа́чій ла стрѫмто́аре ма́ре, къȢта́тȢлȢ а̂ се ѫкина́ре; дентре карій аȢ алес ПетрȢ Во́дъ ѡ сѣмъ де ѡа́меніи ка́рій ꙗȢ пърȢт маи де трѣбъ, де ꙗȢ ѡпри́т съи слȢжѣ́скъ; пре а́лций кȢ цѡ-рѫмѫнт ꙗȢ слобоӡит.

Пе́нтрȢ ниꙟе Къӡа́чй чѣȢ пръда́т ниꙟе-са́те дин сȢс де Тигинѣ.

НȢ мȢлтъ врѣме дȢпъ ачѣа, аȢ маи лови́т Къӡа́чій ниꙟе са́те дин сȢс де Тигинѣ пе де чинды̆ (де чѣ па́рте) де Ни́струȢ, каре са́те ѥра́ дескълека́те пе хотарȢл лешеск, ТȢрчій чютачйи, ши Молдове́нии фо́арте мȢлций, карій е̂шисе дин църъ, де невои́ле че ѥра́ ꙟ ӡи́леле Ꙗнкулȣи Во́дъ, ши мȢлтъ мо́арте аȢ фъкȢт ѫтрѫншій, ши прадъ, ши роби́е; ши кȢ до-бѫндъ сȢ ѫто́рс пре ла ка́селе лѡр.**)

---

factum est ... Observatum antea fuit ut relictae uxori, liberis et familiae capite plexorum wayvodarum liberum permitteretur arbitrium conferendi sese ad Portam serenissimorum Turcharum imperatorum, aut in regno hoc remanendi. Idem et nunc illis a Nobis est permissum, id si placeret, ad aulam Serenitatis Vestrae proficiscantur.« On voit que les Polonais érigeaient en principe la violation du droit d'asile. Jean Zamojski, auteur de l'épitaphe d'Étienne Báthori, lui fait gloire d'avoir gardé les trésors de la Moldavie:« Amuratem thesauros qui cum ipso Valacho in potestatem suam venerant repetentem sprevit.« Voy. Engel, II, 232.

Urechi fait commencer le règne de Iancu au 17 février 1580, ce qui le ferait durer jusqu'au mois de septembre 1583. Toutes ces dates sont inexactes. Nous avons dit que Iancu

laissé aucun repos, et maintenant, à peine fut-il monté sur le trône pour la seconde fois, qu'ils arrivèrent pour s'emparer de la principauté, le 27 du même mois d'octobre.*) Mais Pierre, avisé [de leurs mouvements], s'avança à leur rencontre jusqu'au village de Bogdaneștĭ sur le Prut. Il emmenait avec lui cette fois le plus grand nombre possible de soldats et réussit à cerner les Cosaques. Ceux-ci, réduits à la dernière extrémité, furent forcés de se rendre. Pierre choisit parmi eux un certain nombre d'hommes qui lui parurent les meilleurs, et les retint à son service; il mit les autres en liberté sur parole.

Certains Cosaques pillent divers villages situés au-dessus de Tighina.

Peu de temps après, les Cosaques attaquèrent encore divers villages situés au-dessus de Tighina, au-delà du Dniestr. Ces villages avaient été fondés sur le frontière polonaise par des Turcs circoncis et par un grand nombre de Moldaves qui avaient émigré à cause des violences qui leur étaient faites du temps de Iancu. [Les Cosaques] en tuèrent beaucoup, enlevèrent du butin et des esclaves, et s'en retournèrent chez eux avec ces dépouilles.**)

---

    prit possession du trône dans les derniers jours de l'année 1579; ce fut vers la fin d'août 1582 qu'il passa en Pologne; il avait donc régné deux ans et huit mois.

*) Dès le 23 juillet 1583, un agent de l'archiduc Ernest lui écrit de Kassó (Kaschau) que Samuel Schworofskhj (Zborowski) se dispose à entrer en Moldavie avec 5.000 Cosaques, et que le roi de Pologne, impuissant à retenir les Cosaques, veut secourir Pierre-le-Boiteux (Hurmuzaki, III, 86).

**) Les Turcs ne manquèrent pas de se plaindre de cette incursion des Cosaques. Le roi de Pologne écrivit lui-même au grand-vizir Čauš-Paša, dans le courant de janvier 1584, pour désavouer ces sujets insoumis. »Nunciatum Nobis fuit,« porte la lettre royale, »collectam ex diversis nationibus Kozackorum latrocinantem colluviem ditiones serenissimi et po-

Кꙋнд ау зидит Петрꙋ Водъ Галата дин дѣл.

Ътрачѐлашъ ан, дакъ сау аѡежатъ Петрꙋ Водъ ла домнїе, нау лꙋсатъ ꙟ дешертъ поманꙋ сꙗ, мънъстиръ Галата, каре ѿ зидисъ ꙟтъю ꙟ вале ши се рисипесе, че къ тоатъ невоинца ау силитъ дꙋу зидит Галата ден дѣл, каре тръѣще ши пънъ ъстъзй.

Петрꙋ нише Казачи чѣу пръдатъ Тигинѣ.

Ътрачесташъ ан ⁊҃ч҃в, Августъ з҃, сау стръис Казачи́и, ши фъръ вѣсте ау ловитъ ла Тигинѣ де ѡ ау ърс, ши ѡ ау пръдатъ ши ау робитъ пре чей тинерй, фѣте, копїй. Еаръ пре алцїй пънъ ла оунъл ѩ́у тъꙗтъ, ши мꙋлтъ добъндъ ау лꙋат къ сине, неавънд чине съй ѡпрѣскъ, съу съй гонѣскъ, че къ паче съу ꙟторс ꙟнапой.*)

Петрꙋ ѿ съчѣтъ.

Еръ ꙟ анꙋл ⁊҃ч҃г, ꙟ зилеле луй Петрꙋ Водъ, маре съчѣтъ сау фъкутъ ꙟ царъ, кът ау съкатъ тоате ꙟз-

---

tentissimi Imperatoris invasisse, oppidum Bender diripuisse et omne genus hostilitatis edidisse. Indoluimus sane, simul ac is ad nos allatus erat nuncius eos latrones talia audere ac moliri, nullaque prorsus interposita mora, mandavimus capitaneis nostris locorumque illorum finitimis ut illos latrones pro talibus ausis quamprimum caperent praedamque ab iisdem eriperent.« En même temps Étienne Báthori chargea Pierre Słostowski de porter à Constantinople des explications plus circonstanciées (Hurmuzaki, III, 88).

La Porte ne considéra pas ces explications comme suffisantes et demanda une satisfaction plus complète. Le 29 mai 1584, le roi dut écrire une nouvelle lettre, plus humble encore que la première, déclarer qu'il avait dispersé les Cosaques et repris le butin qu'ils avaient enlevé. Il dut en outre envoyer un certain nombre de sénateurs à la frontière pour restituer

Pierre construit Galata du Mont.

La même année, lorsque Pierre se fut consolidé sur le trône, il ne voulut pas laisser à l'abandon sa fondation, le monastère de Galata, qu'il avait d'abord établi dans la vallée et qui avait éte détruit; il apporta tous ses soins à la construction de Galata du Mont, qui existe encore aujourd'hui.

De certains Cosaques qui pillent Tighina.

La même année, le 7 août 7092 [1584], des Cosaques s'assemblèrent et, à l'improviste, attaquèrent Tighina, et pillèrent cette ville. Ils réduisirent en esclavage les jeunes gens, les jeunes filles et les enfants, et massacrèrent les autres habitants jusqu'au dernier. Ils emportèrent avec eux beaucoup de butin, personne n'étant là pour les arrêter ou pour les chasser, et s'en retournèrent tranquillement.*)

D'une sécheresse.

Pendant l'année 7093 [1585], sous le règne de Pierre, il y eut en Moldavie une grande sécheresse;

---

aux Turcs les canons enlevés à Bender, et faire exécuter, en présence du tchaouch Mustapha, les prisonniers cosaques (*ibid.*, III, 89).

*) Nous ne savons rien de cette expédition, qui n'eut peut-être lieu que l'année suivante; en effet, le 23 août 1585, Étienne Báthori écrit au sultan pour dégager sa responsabilité d'une nouvelle incursion des Cosaques: »De Kozakorum injuriis, si quas ab illis accepit,« dit le roi de Pologne, »quivis facile intelligit Nos ab illo juste accusari non posse: cum enim Kozakorum colluvies non ex nostris hominibus, sed ex Moscis, Valachis atque ipsis Tartaris constet, neque in nostro solo coeat aut permaneat, sed in vastitatibus finitimis versetur dilabique soleat atque evadere Nostrorum militum manus, quoties ad eam profligandam a Nobis expediuntur (Hurmuzaki, III, 91).

боареле, вѣиле, бълциле, ши оу́нде принде́ май на́инте пѣ́ще, а́коло̀ ара́ кꙋ плꙋгꙋл, ши пре мꙋлте локꙋри а̀ꙋ кꙋзꙋт сми́да (пїа́трꙋ). Копа́чїй а̀ꙋ сꙋка́т де сꙋкꙋчю́не; добито́челе нꙋ а̀вѣ че па́ще ва́ра, че лꙋ̀ фост дꙋрꙋмꙋ́нд фрꙋнзꙋ, ши а̀тꙋта пра́в а̀ꙋ фост кꙋт се стринџѣ́ трои́ене ла га́рдꙋри кꙋнд бꙋтїа вꙋнт, ка де о̀мꙋт е̂ра трои́ене де пꙋлбере. Е̂рꙋ деспре то́амнꙋ са̀ꙋ порни́т плой, ши а̀ꙋ креск8т мохо́р, ши днитраче́лаш а̀ꙋ фост принꙋꙁꙋнд фоамѣ̀ сꙋрꙋчїмѣ̀, кꙋ е̂ра претꙋтиндерѣ̀ фоамете ма́ре.

Пе́трꙋ Во́дꙋ кꙋ Ми́хнѣ Во́дꙋ са̀ꙋ а̀дꙋна́т.

А̀ а̀нꙋл ҂зч҃д, А̀вгꙋст е҃і, а̀превꙋна́тꙋсꙋ Пе́трꙋ Во́дꙋ кꙋ непо́тꙋл сеꙋ Ми́хнѣ Во́дꙋ, до́мнꙋл мꙋнтене́ск,*) ла сꙋт ла Мꙋнте́нїй пе Прꙋт, а̀мꙋндо́й кꙋ кꙋрте мꙋлтꙋ ши глоа́те ма́ри, де са̀ꙋ о̀спꙋта́т а̀превꙋнꙋ.**)

Рꙋзбо́юл Пꙋ́рвꙋлꙋй пꙋркꙋлꙋ́бꙋлꙋй че са̀ꙋ бꙋтꙋт кꙋ Казачїй ла Перїасла́в.

А̀ а̀нꙋл ҂зч҃е, генарїе й҃, рꙋдика́тꙋсꙋ о̀ са́мꙋ де Казачїй ка ниꙁше лꙋпи а̀вꙋцаци де пꙋрꙋрѣ̀ ла прадꙋ, ши а̀ꙋ а̀тра́т а̀ ᲅꙋрꙋ, ши мꙋлте вꙋка́те дйн цинꙋ́тꙋл Соро́чїй а̀ꙋ лꙋа́т. Е̂рꙋ Пꙋ́рвꙋл пꙋркꙋлꙋ́бꙋ де Соро́ка, са̀ꙋ а̀демна́т кꙋ хꙋнса́рїй,***) ши кꙋ а̀лцїй кꙋцй

---

*) Nous avons déjà parlé de Mihnea, fils d'Alexandre (voy. p. 512). Ce prince était monté sur le trône de Valachie au mois d'avril 1577; il avait été remplacé par Pierre Cercel au milieu de l'année 1583, mais il était rentré en possession du pouvoir au mois d'avril 1585 (voy. *Col. lui Tr.*, V, 1874, 239).

**) Pierre aimait le faste et n'épargnait rien quand il s'agissait de se montrer magnifique et surtout de plaire aux Turcs. Lorsque, en 1586, le fils de sultan Méhémet fut circoncis, il lui envoya comme présents: 6 coupes d'argent ornées de

toutes les sources, les rivières, les marais furent desséchés. Là où l'on prenait auparavant du poisson la charrue put labourer. En beaucoup d'endroits il plut des pierres. Les arbres périrent par la sécheresse; les animaux n'eurent rien à paître pendant l'été, la végétation ayant été détruite. La poussière fut telle qu'il s'en formait des amoncellements le long des palissades; les tas de poussière ressemblaient à des avalanches. Vers l'automne, il arriva des pluies et il poussa du panic, dont les pauvres gens apaisèrent leur faim, car il y avait partout une grande disette.

Entrevue de Pierre et de Mircea.

Le 15 août 7094 [1586], Pierre se rencontra avec son neveu, le prince de Valachie Mihnea,*) à Muntenï sur le Prut. Tous étaient accompagnés d'une nombreuse cour et d'une grande foule de peuple, et ils festoyèrent ensemble.**)

Combat livré aux Cosaques par le porcolab Pîrvul, à Periasław.

Le 8 janvier de l'année 7095 [1587], un certain nombre de Cosaques, semblables à des loups toujours prêts à se livrer au pillage, prirent les armes, entrèrent en Moldavie, et s'emparèrent de beaucoup de céréales dans le district de Soroca. Pîrvul, porcolab de Soroca, entraîna les hînsarï***) et quelques autres hommes de

---

figures, 9 gobelets couverts, 9 doubles tasses, 3 aiguières de vermeil et un bassin d'argent, tous objets d'un riche travail (Wolfgang Bethlen, II, 509; Engel, II, 232). Il est vrai que Pierre espérait, grâce à l'amitié des Turcs, remplacer Étienne Báthori sur le trône de Pologne. Étienne mourut au mois de décembre 1586, et le prince de Moldavie fit en effet des démarches pour lui succéder (Hurmuzaki, III, 94).

***) Les *hînsarï* étaient alors un corps de miliciens. Cantemir, qui en parle, prétend que c'étaient des hussards: »Fuisse

Домніѧ ӑдова ӑлꙋй Петрꙋ Водъ Шкїѡпꙋл.

ау врꙋт де кꙋнꙁ воїе, дꙋкꙋ мерс дꙋпꙋ Казачїй, шй ꙗу ӑцїонс ла Перїаслав. Аколѡ Казачїй врꙋнд съ нꙋ дѣ добꙋнда, ꙗр Молдовеній съ сколце ал сѣу, таре рꙋсбою сѣу фꙋкꙋт, шй ꙟ дой зиле бꙋтꙋндꙋсе, абїѧ ау спарт пре Казачїй. Шй дакъ ꙗу бирꙋит, пре тоцй ꙗу тꙋїат, нꙋмай оунꙋл зикꙋ съ фїе скꙋпат; ꙗрꙋ пре кꙋцй ау лꙋат вій, ꙗу тримес ла Петрꙋ Водъ, пре карїй Петрꙋ Водъ ꙗу тримес ла Ꙟмпꙋрцїе.

Нꙋнта чѣу фꙋкꙋт Петрꙋ Водъ, непотꙋсꙋу Влад Водъ.

Ꙟтрачесташ ӑн, ҂ЗЧЕ, Юнїе К̄, Петрꙋ Водъ ау фꙋкꙋт нꙋнтꙋ непотꙋлꙋй сѣу луй Влад Водъ, фечїѡрꙋл луй Милош Водъ,*) дꙋу луат пе фата Мйрчій Водъ, шй ау кїемат ла нꙋнтꙋ пре Михнѣ Водъ, домнꙋл мꙋнтенеск. Нꙋнтъ домнѣскъ ау фꙋкꙋт кꙋ мꙋлтъ келтꙋалъ шй жокꙋрй; шй мꙋлцй мещїешй денпрїн прецїор ау венйт де ꙗу ꙟфрꙋмꙋсецат маса кꙋ мꙋлте веселїй шй цїꙋкꙋрй, ꙟ тꙋрг ꙟ Текꙋчю.

Ꙗрꙋ ꙟтрачеста ӑн, Казачїй фꙋрꙋ вѣсте ау ловйт Дашѡвꙋл де лꙋу ӑрс, шй лꙋу прꙋдат; тꙋїатау ѡаменїй, мꙋлтъ авѣре шй добитоаче ау лꙋат, шй робй кꙋт ау врꙋт, шй сѣу ꙟторс ꙟнапой фꙋрꙋ ниче ѡ смйнтѣлъ.

Рꙋсбоюл луй Петрꙋ Водъ ла Цꙋцора кꙋ нище Казачй, че венйсе кꙋ оун домнйшѡр чей зичѣ Иван Водъ, ꙟ ӑнꙋл ҂ЗЧЅ, ноемврїе К̄Г.

Пре ачел врѣме венйтау нище Казачй кꙋ оун Иван че се рꙋдикасъ съ ꙗ домнїа,**) кꙋрѡра лꙋу ешйт

---

antea et *husarios*, nomen ipsum in ordine illorum quos *hinsarios* vocant arguit. Sunt autem hodierni hinsari superioris et inferioris Moldaviae, ad regionis vornicum pertinentes. Militiam tamen non sectantur, sed, retento tantum antiquo

bonne volonté, et marcha contre les Cosaques qu'il rejoignit à Periasław. Là, les Cosaques refusèrent de rendre leur butin et les Moldaves voulurent le leur enlever, en sorte qu'il y eut une lutte acharnée. Ce fut à peine si, après deux jours de combat, [les Moldaves] triomphèrent des Cosaques; mais, quand ils les eurent vaincus, ils les massacrèrent tous. On prétend qu'il n'en échappa qu'un seul. Ceux qui furent pris vivants furent envoyés à Pierre, qui les expédia au sultan.

Pierre célèbre la noce de son neveu Vlad.

Le 20 juin de la même année 7095 [1587], Pierre célébra la noce de son neveu Vlad, fils de Miloş,*) qui épousa la fille de Mircea; il y invita le prince de Valachie Mihnea. On fit une noce princière avec de grandes dépenses et de grands divertissements. Il vint beaucoup de princes du vosinage, qui contribuérent à l'éclat du festin. Ce festin fut accompagné d'une foule de réjouissances et de danses. [Ces fêtes eurent lieu] dans la ville de Tecuciŭ.

La même année, les Cosaques attaquèrent à l'improviste Daşov, qu'ils brûlèrent et qu'ils pillèrent. Ils massacrèrent les habitants, s'emparèrent de beaucoup d'effets et d'animaux, emmenèrent autant d'esclaves qu'ils en voulurent, et s'en retournèrent sans être inquiétés.

Pierre se bat à Tuțora contre des Cosaques venus avec un petit prince qu'ils appelaient Ivan (23 novembre 7096 [1587]).

Vers le même temps il vint des Cosaques avec un certain Ivan,**) qui avait pris les armes pour s'emparer

---

nomine militari, fundis sedulam dant operam, unde proverbium apud Moldavos de illis: *Della arme la sapa*, ab armis ad ligonem.« Cantemir, *Descriptio Moldaviae*, Pars II, cap. VII (*Opere* I, 90). Cf. Bălcescu, *Istoria Românilor sub Michaiŭ Vodă Vitézul*, 1878, 646.

*) Sur Miloş, voy. ci-dessus, p. 489.

**) Nous ignorons qui était cet Ivan; peut-être s'agit-il d'un des

Пе́тр8 Во́дъ ꙟ҆наи́нте к8 ѽа́сте де́н с8с де Ц8цора,*) ꙟ
ное́мврїе к҃г; ши дънд р8ско́ю витежъ́куше де аꙟ҆е пър-
ци́ле, м8лци а8 пика́т; ши́н к҃ꙅ де ꙁи́ле а8 бир8и́т Пе́тр8
Во́дъ пре Ка̑ꙁа́чїи, ши ꙗ҆8 съли́т де ꙗ҆8 да́т пре чел май
ма́ре ал лѡр, ка́реле ша8 л8а́т плъ́тъ д8пъ ви́на л8й.**)
Ѧ҆́ръ ченла́лци се а҆̂ск8ндъ̀ приꙟ҆ пъд8́ри, ши чи́не о҆́унде ꙟ
п8тъ̀. Ѧ҆́ръ Молдове́нїй ꙗ҆ й гонїа҆̀; май апо́й Ка̑ꙁа́чїй
ф8ꙇ҆и́нд пиꙟ҆ пъд8́ри ши а҆̂пъръ́нд8се пънъ̀ ла а҆́па Че-
рим8ш8л8й сѧ̑8 тра́с ꙟ҆ ца́ра лѡр, п8ци́нй ꙟ҆тре́гй,
май то́ци ръни́ци ши съꙛе́тъцй, ши пеле́стри, ши
фър8 ничи ѿ добъ́ндъ.***)

---

fils de Iancu, ordinairement désigné sous le nom de Bogdan, mais qui s'appelait en réalité Jean-Bogdan (Hurmuzaki, III, 534). Ce personnage était en 1593 à Venise; l'année suivante il est à Constantinople, où il se pose en prétendant. En 1599, il est question d'un mariage entre lui et la fille de Jusuf-Bej, nièce du grand-eunuque Omer Agha. En 1607, il aspire encore au trône de Moldavie. Voy. Papiu Ilarianu, Tes., I, 68; III, 46; Hurmuzaki, IV, 1, 415, 416, 464, 507.

*) C'est à Țuțora qu'Étienne Rareș avait été massacré en 1552. Voy. ci-dessus, p. 373.

**) Le recueil d'Hurmuzaki contient, en effet (III, 97) une lettre adressée à Pierre le-Boiteux par l'archevêque de Léopol, Jean-Démètre Solikowski, au sujet de l'invasion des Cosaques. Cette lettre est datée du 24 décembre 1587.

***) Il est étonnant qu'Urechi ne dise rien des efforts tentés par Pierre pour faire rentrer la Moldavie dans le sein de l'église latine. Bartolomeo Bruti, devenu son favori après avoir contribué à l'élévation de Iancu, était l'agent du pape et des jésuites. Bien que ce personnage s'intitulât »gran camarier di Moldavia et capitano di Lapusna«, il ne s'occupait guère que de propagande religieuse. Un rapport d'Hannibal de Capoue, nonce du pape en Pologne, nous apprend, à la date du 1ᵉʳ juin 1587, que Bruti était soutenu par le prince lui-même, et qu'il y avait alors en Moldavie un vicaire apostolique, ayant le titre d'évêque, Girolamo Arsenghi (Hîșdău, *Arch.*, II, 22).

Dans une lettre adressée par Bruti au nonce, le 5 septembre de la même année, l'aventurier albanais se félicite de

du pouvoir. Pierre marcha contre eux avec une armée, au-dessus de Țuțora*) (23 novembre). On se battit vaillamment des deux côtés, et beaucoup tombèrent. En 26 jours Pierre eut battu les Cosaques et les eut contraints de livrer leur chef, qui fut puni comme il le méritait. Les survivants se cachèrent dans les forêts, chacun où il put; les Moldaves les poursuivirent. Les Cosaques s'enfuirent à travers les bois, en se défendant, jusqu'au Cerimuș et rentrèrent dans leurs pays. Peu avaient été épargnés; ils étaient presque tous blessés, percés de flèches, privés de leur monture, et ne remportaient aucun butin.***)

---

l'état prospère du catholicisme dans le principauté et demande des jésuites pour diriger l'éducation de la jeunesse (Theiner, *Mon. Polon.*, III, 6; Hurmuzaki, III, 95).

Les jésuites désignèrent effectivement un prédicateur capable, qu'ils chargèrent de tâter le terrain, et le pape saint Pie V, de son côté, envoya en Moldavie plusieurs missionnaires chargés d'une lettre pour le prince. Le jésuite Stanislas Warszewicki était le chef de la mission, que composaient Jean Kunig, Juste Raab et un laïc. Ces personnages arrivèrent à Iassi au mois de septembre 1587; Pierre-le-Boiteux, qui était campé en dehors de la ville à cause de la peste, leur fit un excellent accueil, leur posa diverses questions, et les entretint de l'utilité qu'offrirait la fondation d'un séminaire catholique. Warszewicki, voyant la pénurie du trésor moldave, fit espérer un secours du pape.

Les détails qui précédent sont tirés d'une relation du jésuite Raphaël Skrzynecki (Hîșdău, *Arch.*, I, 1, 174); il sont confirmés par la correspondance échangée pendant les années 1588 et 1589 entre Pierre-le-Boiteux, le pape Sixte-Quint, le nonce Hannibal de Capoue, l'archevêque de Léopol, Jean-Démètre Solikowski, le jesuite Stanislas Warczewicki, le métropolitain de Moldavie, Georges Movilă, et Bartolomeo Bruti (Theiner, *Monum. Pol.*, III, 12-92; Hurmuzaki, III, 98-130; Nilles, *Symbola ad illustrandam historiam Ecclesiae orientalis in terris Coronae S. Stephani*; Oeniponte, 1885, in-8, 979-993). Les membres de la famille Movilă étaient à la tête de ce mouvement religieux: non seulement le métropolitain Georges fit adhésion à l'église romaine, mais son frère Jérémie, chargé

ПЕТРȢ ВÓДЪ ÂȢ ПЪРЪСЍТ ЦР҄А ШЍ ДОМНЇА
ДЕ БȢНЪ ВÓЇЕ, ШЍ СÁȢ ДȢС ꙟ ЦР҄А НЕМЦЪСКЪ.

ДОМНЍНД ПÉТРȢ ВÓДЪ ꙟ ЦР҄А МОЛДÓВЕЙ КА ОȢН
ДÓМН КȢМ СЕ КÁДЕ, КȢ ДЕ ТÓАТЕ ПОДÓАБЕЛЕ КЪТЕ ТРЕ-
БȢЕ ОȢНȢЙ Ш҄М ДЕ ЧЍНСТЕ, КЪ БОЇÉРИЛѠР ЛЕ ÉРА КА
ОȢН ПЪРЍНТЕ, ШЍ ЛА МÁРЕ ЧЍНСТЕ ꙟЙ ЦИН҄Ѣ, ШЍ ДЍН
СФÁТȢЛ ЛѠР НȢ ÉШЇА, ЦÉРІЙ ÉРА ꙟПЪРÁРЕ, ПРЕ СЪРÁЧЍ
МИЛОСТЍВ, МЪНЪСТЍРИЛЕ МИЛȢЇА ШЍ ꙟТЪРЇА*), КȢ ВЕЧЍНІЙ
ДЕПЍН ПРЕЦЮ҄Р БЍНЕ ВЇЕЦȢЇА, КЪТ АВѢ ЛА ТÓЦЍ НȢМЕ

avec Bruti d'une ambassade en Pologne, témoigna d'une déférence particulière envers le nonce et envers le pape.

Au fond, les négociations engagées entre la cour de
Rome et la Moldavie avaient un caractère beaucoup plutôt
politique que religieux. Les prétendants au trône cherchaient
presque toujours à gagner les bonnes grâces du pape pour
obtenir l'appui des princes catholiques. Le Saint-Siège devait
souvent se trouver embarrassé pour démêler la vérité dans ces
intrigues. Nous possédons une lettre adressée, de Suceava,
à Sixte-Quint, le 15 juin 1589, et signée: »Stephanus vayvoda,
filius in Deo quiescentis Alexandri vaivodae Moldaviae; Ana-
stasius, metropolita Suciavae; Gregorius, episcopus episcopatus
Romanchae et in omnibus praepositus omnium monasteriorum
et totius consilii terrarum Moldaviae.« Cette lettre nous révèle
toute une conspiration dirigée contre Pierre-le-Boiteux. Le
voïévode Étienne, qui en était l'instigateur, et qui porta lui-
même la lettre à Rome, était le prétendu fils d'Alexandre
Lăpuşneanul dont il a été parlé ci-dessus (p. 488). Quant
aux deux prélats, qui s'étaient joints au prétendant, ils avaient
usurpé les qualités dont ils se paraient. Georges Movilă n'abandonna la métropole de Moldavie que pour suivre Pierre-le-
Boiteux dans sa retraite (1591). Anastase Krimka ou Krim-
kovič, dont il est ici question, ne se fraya que plus tard un
chemin à l'épiscopat. Ce fut à la famille Movilă qu'il dut
son élévation. Il devint évêque de Roman en 1607, et métropolitain de Suceava en 1610 (Melchisedec, *Chron. Rom.*, I,
238). Nous avons son testament daté du 16 mars 1610 (*Revista pentru ist., archeol. şi filologie*, II, 73). Quant à Grégoire, il nous est inconnu. C'est à tort, croyons-nous, que
Mgr. Melchisedec le fait figurer parmi les évêques de Roman,

Pierre quitte volontairement le pays et le pouvoir, et se retire en Allemagne.

Pierre régna en Moldavie ainsi qu'un prince doit régner. Il était orné de toutes les qualités que doit posséder un homme d'honneur. Pour les boïars il était comme un père ; il leur témoignait de grands égards et ne s'écartait pas de leurs conseils. Il savait défendre le pays, était miséricordieux envers les pauvres, faisait aux monastères des donations nouvelles et confirmait les anciennes.*) Il vivait en bonne intelligence avec les princes du voisinage ; il avait l'estime et l'affection de tous, et

---

bien que, dit-il, il ne soit pas mentionné dans les documents de l'évêché (Chron. Rom., I, 221). Rien ne prouve que l'évêque Agathon ait été, même momentanément, éloigné de son siège ; nous le suivons sans interruption de 1584 à 1606.

Sixte-Quint reçut donc d'Étienne lui-même l'épître très humble dont nous venons de parler et se laissa séduire par les paroles du prince (avril 1590). Contrairement aux habitudes de prudence du Saint-Siège, il n'attendit pas d'autres informations et recommanda chaleureusement Étienne au roi Sigismond III, au grand chancelier de Pologne, Jean Zamojski, et au nonce Hannibal de Capoue. En même temps il adressa au prétendu métropolitain et au soi disant évêque de Roman des félicitations empressées (voy. Theiner, *Mon. Poloniae*, III, 104, 165-167 ; Hurmuzaki, III, 125, 135-139 ; Melchisedec, *Chron. Rom.*, I, 221).

La recommandation du pape était tout ce qu'Étienne souhaitait ; dès lors on n'entendit plus parler à Rome ni de lui, ni d'Anastase, ni de Grégoire. Il est probable, du reste, que Sixte-Quint reçut bientôt des renseignements plus authentiques sur la situation religieuse de la Moldavie. Bruti y continuait sa propagande, à laquelle il sut intéresser le cardinal Montalto et, plus tard, le pape Grégoire XIV ; mais la mort de l'aventurier albanais, que le successeur de Pierre-le-Boiteux fit jeter dans le Dniestr en 1591, eut pour conséquence l'abandon des projets d'union.

*) Les préoccupations religieuses de Pierre-le-Boiteux avaient peut-être heureusement influé sur son caractère ; on est en tout cas surpris des louanges que lui prodigue Urechi, d'abord si sévère pour lui.

бȢн шѝ дрáгосте, де нȢ ѣрà аѹчере кх нȢй хáрник « де домнíе; шодекáта кȢ блхндѣце шѝ фхрх фхцхрíе ѿ фхчѣ*). Мáй апóй, вхѕхнд невóia цхрей, кх ТȢрчíй

---

*) En 1590, sultan Murad avait terminé sa campagne de Perse; il put reporter son attention sur les affaires de Pologne, de Transylvanie, de Moldavie et de Valachie. Ce redoublement d'attention ne présageait rien de bon pour les chrétiens. En 1591, le grand-vizir Ferhat signifia à Pierre-le-Boiteux que le tribut annuel de la Moldavie serait désormais augmenté de 15.000 ducats. Une telle prétention devait avoir pour conséquence immédiate l'augmentation des impôts qui pesaient sur la principauté; Pierre ne voulut pas porter la responsabilité de cette mesure. Il importe toutefois de remarquer que le prince ne fit pas ce qu'on appelle un coup de tête, ainsi que le récit d'Urechi pourrait le faire croire. Les correspondances des diplomates étrangers accrédités à Constantinople nous permettent de suivre ses projets pendant plus d'un an et demi.

Le 14 janvier 1590, l'agent autrichien, Barthélemi Pezzen, rapporte que le prince de Moldavie a dû consentir à une augmentation du tribut et au paiement d'une contribution extraordinaire de 200.000 ducats. Il ajoute que Pierre a obtenu, par contre, que son fils, jeune enfant de sept ou huit ans (il s'agit d'Étienne, né le 31 juillet 1584 — voy. *Rev. pentru istorie, arch. și filol.*, II, 63), lui succédât officiellement, et que lui-même ne reste plus dans le pays que comme régent (Hurmuzaki, III, 131). Le 2 février 1590, le jeune prince est sacré par le métropolitain Georges Movilă (*Rev. pentru istorie, arch. și filol., ibid*).

Le 27 mars, le même Pezzen annonce le retour à Constantinople de l'envoyé que le sultan a chargé de porter l'étendard au fils de Pierre. Cet envoyé rapporte 150.000 ducats pour le sultan; il s'est fait personnellement donner d'immenses présents (Hurmuzaki, III, 134).

Le 6 juillet, l'agent vénitien, Jérôme Lipomano, entretient la Seigneurie d'un accord intervenu entre la Porte et la Pologne grâce aux bons offices de l'Angleterre et de Bartolomeo Bruti, »per nome del principe di Bogdania« (sur cette médiation, voy. une dépêche de Pezzen, ap. Hurmuzaki, III, 135). Lipomano dit que Pierre dépend uniquement du grand-vizir, lequel exige sans cesse des cadeaux s'élevant

ce n'etait pas lui qu'on aurait dit incapable d'exercer le pouvoir. Il rendait la justice avec douceur et sans dissimulation.*) Par la suite, voyant à quelles extrémités

---

à des cinquantaines de milliers d'écus. Il ajoute que, grâce aux immenses sommes d'argent données au grand-vizir, Pierre a récemment obtenu que Pierre Cercel fût noyé (*Col. lui Tr.*, VII, 1876, 280; Hurmuzaki, IV, II, 152; cf. les dépêches de Giovanni Moro, du 17 mars et du 18 avril 1590, *Col.* VII, 1876, 229; Hurmuzaki, IV, II, 250).

Grâce à ces sacrifices incessants, Pierre-le-Boiteux se maintenait au pouvoir; mais il lui fallait être perpétuellement sur ses gardes. Son propre agent à Constantinople essaya de le supplanter; heureusement le grand-vizir était payé pour repousser les ouvertures de ce prétendant. Voy. une dépêche de Lipomano, en date du 27 octobre 1590, ap. Hurmuzaki, IV, II, 153.

Le service rendu à Pierre ne tarda pas à motiver une nouvelle demande d'argent de la part des Turcs. Le 5 janvier 1591, Lipomano écrit, de Constantinople, à la Seigneurie: »Ha de'presenti destinato che dal Valacco, dal Bogdano et dal Transilvano siano richiesti centomille scudi per uno, che siano riscossi de' debiti vecchi, vendendo le dite etiandio con molto perdita per far danari pronti (Hurmuzaki, IV, II, 154).«

On le voit, il y avait égalité de traitement entre la Moldavie et la Valachie. Les Turcs ne pressuraient pas moins les Valaques que les Moldaves.

Au commencement de l'année 1591, ils destituèrent Mihnea, ce neveu de Pierre-le-Boiteux dont il a été plusieurs fois parlé. Mihnea ne se résigna pas à rentrer dans la vie privée. Le 10 mars, il arriva à Constantinople avec une suite de 400 cavaliers et de 100 voitures. Il fit remettre au sultan 20.000 ducats de Hongrie, en donna 10.000 au grand-vizir et fit en outre présent à ce dernier de bijoux de grand prix (Pezzen, ap. Hurmuzaki, III, 145, dit même que, pour se faire bien venir des Turcs, le prince se fit musulman). Mihnea, se voyant préférer un rival appelé Radu »le fourreur«, se rabattit sur la Moldavie. »Propone di aver il principato di Bogdania che già tanti anni è tenuto da uno suo zio, così di accordo con esso che, colmo d'oro, et di timore di perdere d'improvviso con qualche accidente et il stato et l'aver et forse la vita, desidera ritirarsi et, per quanto si dice, re-

пре ѡбичеюл лѹр чел неастѫмпѫрат де лѫкоміе, три-
місерѫ де черїа бани сѫле д҃кїе маи мѹлт декѫт ѥра
ѫдетюл цѫреи, дечи сѫѫ сфѫтѹит кѹ боїерій цѫреи, че
вѹр фаче, кѹм вѹр пѹт҃ѣ рѫдика ши ѫлте дѫри кареле

> dursi a viver gli ultimi suoi anni con i calogeri del monte
> Sinai (dépêche de Lipomano en date du 16 mars 1591,
> *Col. luĭ Tr.*, VII, 1876, 281; Hurmuzaki, IV, ii, 155).«

A ce moment nous voyons surgir une foule de prétendants qui pour la plupart sont restés fort obscurs.

Le 4 mai 1591, Pezzen écrit à l'archiduc Ernest que de grands changements vont avoir lieu dans les deux principautés roumaines. Ce Radu, qui venait d'obtenir le trône de Valachie, est supplanté par un fils de Iancu, l'ancien prince de Moldavie (il s'agit de Jean-Bogdan, dont nous avons déjà parlé et dont il sera encore question plus loin). Pezzen ajoute que Pierre-le-Boiteux et son fils vont être renversés (Hurmuzaki, III, 148).

Du côté de la Pologne, le bruit se répand aussi que le trône de Moldavie va être vacant. Le 12 mai, Stanislas Gorski, capitaine de Bar, écrit à Pierre qu'un nommé Lazare, se disant fils de prince, se propose d'envahir la principauté avec quelques milliers d'aventuriers recrutés pour la plupart en Moscovie (Hurmuzaki, III, 148).

Ainsi les projets de Pierre étaient connus et sa succession considérée comme ouverte. Un personnage dont nous n'avons pu éclaircir l'origine, Aaron, eut vent de cette situation et voulut l'exploiter à son profit. Aaron, qui se faisait passer pour fils de prince, s'était réfugié en Angleterre. Il partit pour Constantinople et obtint que sa candidature au trône fût soutenue par l'ambassadeur britannique. Il fit offrir 400.000 écus au sultan et 100.000 au grand-vizir. Telles sont, du moins, les informations contenues dans une dépêche de l'agent vénitien Lorenzo Bernardo, en date du 24 août 1591 (*Col. luĭ Tr.*, VII, 1876, 284). Aaron dut triompher de nombreux compétiteurs. Le 7 septembre, Pezzen parle d'un prince appelé Élie, qui était relégué à Rhodes (Hurmuzaki, III, 153). Le 12 septembre, le même Pezzen dit que celui qui a le plus de chances de l'emporter est un Juif nommé Emmanuel, qui est soutenu par le hodja du sultan, le mufti et un riche banquier juif, Salomon Tedeschi (Hurmuzaki, *ibid.*). Nous ignorons par quels moyens Aaron triompha de ses rivaux.

le pays était réduit (car les Turcs, fidèles à leurs habitudes de rapacité immodérée, envoyaient demander plus d'argent que n'en produisaient les impôts ordinaires du pays), il délibéra avec les boïars moldaves sur la question de savoir ce qu'on ferait et comment l'on pourrait

---

Pierre avait déjà mis ses projets à exécution. Dès le 7 septembre, Lorenzo Bernardo nous apprend que le prince, ne pouvant plus supporter les extorsions et les tyrannies des Turcs, a pris le chemin de l'Allemagne. »Avant son départ,« ajoute l'agent vénitien, le 12 septembre, »il a fait déposer son étendard dans une maison. Quant au bonnet qu'il avait reçu du grand-seigneur, il l'a renvoyé à la Porte; il y a joint 12.000 écus qu'il restait devoir sur le tribut et sur les impositions extraordinaires. Il a écrit au sultan que, après l'avoir fidèlement servi durant quinze ans de gouvernement, il a vu qu'il ne pouvait plus supporter toutes les vexations qu'on lui faisait subir, à l'instigation du ban qui, sous le nom d'agent, exerçait sur lui auprès de la Porte une véritable tyrannie; qu'il n'a pas voulu achever la ruine et la désolation du pauvre peuple, et s'est décidé, avec la grâce de sa majesté, à finir sa vieillesse dans le repos.

»On prétend qu'il a surtout pris cette résolution parce qu'il craignait que, lui mort, son fils unique, âgé de douze ans (il n'en avait en réalité que sept), fût, non seulement dépouillé de la principauté et de toute sa fortune, mais encore réduit à se faire turc, comme cela est récemment arrivé au prince de Valachie Mihnea. On assure qu'il a emporté avec lui une grande quantité d'or, avec dessein d'acheter à son fils quelque état en chrétienté (*Col. luĭ Tr.*, VII, 1876, 284; Hurmuzaki, IV, II, 156).«

Il est curieux de noter que l'agent vénitien savait, dès le 7 septembre, que Pierre s'était réfugié sur les terres de l'empereur, tandis que son collègue autrichien, Pezzen, croyait encore, le 12 septembre, qu'il avait demandé asile à la Pologne (Hurmuzaki, III, 153). Le 24 septembre, la chancellerie de Vienne avisa Pezzen que Pierre avait passé la frontière et le chargea d'assurer les Turcs que les Impériaux n'avaient aucunement favorisé sa fuite (Hurmuzaki, III, 155).

La collection Kemény possède le dossier complet d'un procès relatif à la fuite de Pierre (*Col. luĭ Tr.*, V, 1874, 131); nous en ignorons les détails.

нау май фост. Къ ну ле ера пентру къ нар путе вирши
съ дъ аческ даре цара; че пентру къ се фуче ўкн-
чею, кареле ну въp пърси Турчий, къ ши ачела въp
лўа, ши алтеле въp пузводи, към сау ши тъмплат.
Ши шау алес сфат ачестий невой, ка съсе пузводъскъ
дела алтуа, иаръ ну дела дънсул, чи сау гътит съсе
дукъ ден църъ. Иаръ боерий ял апъра ши сфътуйа
съ нушй ласе скаунул ши църа, че съ дъ аче даре,
къ алций въp да, ши цара тот ну къ хъладушй. Че
Петру Водъ ниче ънтру ун кип нау врут съсе апуче
съ дъ аче даре, ши съ иа блъстъмул църей асупра
съ. Че шау токмит лукрурилe ънаинте, ши лъсъ боe-
рий съ пъзъскъ скаунул църей. Иаръ ел сау ръдикат
ку фрунтъ боерилор, къ боерий се темуръ аръмъ-
нъре съ ну пацъ ка май наинте де Анкул Водъ,
ънтре карий ера Стрчинчю, логофътул чел маре, ку фра-
тесъу Сумион Стрчинчю, еремия Мовила вôрникул, ку
фрате съу Сумион пахарникул, чку ешит ла домние
амъндой май тързю, ши Андрей хатманул, ши алций
мулцй, карий ну се ъздуръ де дънсул. Ши ау трекут
прен Цара Лешъскъ ън Църа Немцъскъ, дупъ чку
домнит 7 ани ши шомътате; ши аколо сау ашезат.
Ши спуну де ачест Петру Водъ, към къ, дъкъ кани
де келтуалъ ла кухне, ау фост лъкръмънд, ши ау
фост зикънд: „Ачъсте сънт лакримиле съракилор."
Де аколо боерий сау ънторс ън Цара Лешъскъ тоци,
ши сау ашезат ла търг ла Подхлаец ши аюрѣ.*)

Дечи луй Петру Водъ путем съй зичем чел милостив, къ бинеле ау лепъдат пентру цара, ши алту

---

*) Lucas Stroič et Jérémie Movilă restèrent effectivement en
Pologne (Heidenstein nous apprend qu'ils obtinrent en 1593
la noblesse polonaise; voy. Engel, II, 233); le métropolitain

introduire des impôts qui n'avaient pas encore existé. Ce qu'ils craignaient, ce n'était pas que la principauté ne pût supporter ces charges additionnelles, c'était qu'elles ne devinssent un usage auquel les Turcs ne voudraient plus renoncer; que ceux-ci ne perçussent ces [nouvelles contributions] et qu'ils n'en introduisissent encore d'autres, ainsi qu'il arriva effectivement. Au milieu de ces difficultés, Pierre prit le parti de laisser les Turcs demander ces innovations à un autre que lui, et se prépara à quitter la Moldavie. Les boïars cherchaient à le dissuader; au lieu d'abandonner le trône et le pays, ils lui conseillaient de donner plutôt les nouveaux impôts, qu'un autre devrait pourtant payer et auxquels la Moldavie ne pourrait se soustraire. Mais Pierre ne voulut absolument pas commencer à payer ces contributions; il ne voulut pas attirer sur lui les malédictions du pays. Il mit toutes ses affaires en ordre et laissa les boïars gardiens du trône. Il se mit en route avec les principaux de ses boïars, car ceux-ci craignaient, s'ils restaient en Moldavie, d'être traités comme autrefois ils l'avaient été par Iancu. Parmi eux étaient le logothète Stroič et son frère Siméon Stroič, le vornic Jérémie Movilă et son frère le păharnic Siméon, qui tous deux furent plus tard princes, l'hetman André, et beaucoup d'autres qui avaient pitié du prince. [Pierre] se rendit par la Pologne en Allemagne, et s'y fixa. Il avait régné sept ans et demi. On dit de lui qu'un jour qu'il donnait de l'argent pour les dépenses de sa table, il versa des larmes et dit: »Ce sont les larmes du peuple.« D'Allemagne, les boïars revinrent tous en Pologne et s'établirent dans la ville de Podhaice et ailleurs.*)

Nous pouvons donc donner à Pierre le nom de miséricordieux, car il renonça à son bien en faveur du

---

*) Georges Movilă et Théodore Barbowski, qui plus tard occupa aussi le siège de Suceava, suivirent le prince dans le Tyrol. Voy. ci-après, p. 565.

ниме ка джнєѹл ашӕ нѹ сӕѹ маи ӕфлӕт. Ерӕ домн
блӕнд ка ю̂ маткӕ фӕрӕ ӕк, ла цюдец дирепт, ниче
бецив, ниче кѹрвар, ниче лаком; ши пѹтем сӕ зичем
кӕ тоате пре ѹзвод лѹ цинѹт ка сӕ нѹ се смнитѫскӕ.*)

Ачест Петрѹ Водӕ аѹ домнит ві ани ши цю-
мӕтате ӕнтрѹ амӕндоѹе домнииле.

---

*) Les documents authentiques attestent surtout la piété de Pierre-le-Boiteux et prouvent que l'influence de Bruti ne l'avait pas détaché de l'église d'Orient. Nous possédons de lui un acte du 13 mai 1590, portant donation au monastère de Bisericani (Arch. de Bucarest, *Bisericani*, liasse n° 2); une lettre adressée par lui au roi de Pologne Sigismond III, le 14 décembre 1590, pour le prier d'aider les habitants orthodoxes de Léopol à terminer l'eglise commencée par eux sous le vocable de l'Assomption de la Vierge (*Supplem. ad hist. Russiae Mon.*, 469); une lettre adressée par lui, le lendemain, à ces mêmes habitants de Léopol, avec un offrande de 50 écus (*ibid.*, 470); un acte du 15 avril 1591, portant donation au monastère de Moldovița (Wickenhauser, I, 93); un acte relatif à la métropole de Moldavie (Arch. de Bucarest, *Mitrop. Iași*, liasse n° 7); enfin un acte du 30 juillet 1591, relatif à l'église de Roman (Melchisedec, *Chron. Rom.*, I, 225).

Le diplôme du 30 juillet est le dernier acte de Pierre-le-Boiteux que nous connaissons. Ce fut peu de jours après qu'il abandonna le pouvoir.

Le 29 septembre il écrivit à l'empereur pour solliciter l'autorisation de s'établir dans ses états. Rodolphe la lui octroya le 15 octobre suivant (Hurmuzaki, III, 158). Au mois de mars de l'année 1592, l'empereur lui permit de résider à Tuln et l'assura de ses sentiments amicaux (Hurmuzaki, III, 162, 163). Pierre paraît avoir fait, la même année, un voyage à Rome, d'où le pape Clément VIII lui écrivait avec beaucoup de bienveillance. En 1593, il eut des velléités de rentrer dans la vie active et de se rendre en Moldavie; nous possédons à ce sujet toute une correspondance (Hurmuzaki, III, 166-176); mais la maladie l'empêcha d'exécuter son projet. Le 1er juillet 1594, il adressa, de Botzen, son testament à ceux

pays, et l'on ne trouva plus son semblable. C'était un prince doux comme une reine d'abeilles dépourvue de dard. Il était droit dans ses jugements, n'avait de penchant ni pour l'ivrognerie, ni pour la débauche, ni pour l'avarice. Nous pouvons dire qu'il dirigea toutes les affaires d'une façon modèle, pour éviter les bouleversements.*)

Pierre avait régné douze ans et demi dans ses deux règnes.

---

de ses boïars qui étaient restés en Pologne: »fidelibus DD. Lucae Stroicz, cancellario, Hieremiæ Mogila, curiae praefecto, Ienaki Simoni et Battistae Amorozii«. Nous apprenons par ce document que le prince avait alors auprès de lui Georges Movilă et Théodore Barbowski (Nilles, *Symbola*, 998). Pierre-le-Boiteux mourut à Botzen quelques jours après. Le P. Nilles vient de publier une relation inédite de sa mort (*Symbola*, 996). Nous en connaissions déjà la date par l'ouvrage suivant: *Lazari Sozancii, patricii veneti, Ottomanus, sive de Imperio turcico. Ex italico vertit J. Geuderus ab Heroltzberga* (Helmestadii, 1664, in-4), 127. Nous citons cet ouvrage d'après Hîşdău, *Din Moldova*, I, 21.

Le jeune fils de Pierre, Étienne, fut élevé par les soins de l'empereur Rodolphe et de l'archiduc Ferdinand. Il fut envoyé à Innspruck et placé dans le collège des jésuites. Il y professa ouvertement le catholicisme et devint même président de la confrérie de la Vierge. D'une santé chancelante, il mourut à dix-huit ans, le 22 mars 1602, et fut enterré dans l'église d'Innspruck. L'épitaphe suivante fut placée sur son tombeau: „*Illustrissimus dominus dominus Joannes Stephanus, waywoda, ex principibus Moldaviae et Valachiae, etc., indolis egregiae adolescens, parentem a Turca pulsum sponte secutus in exilium, dum literis operam daret, catholicae pietati ac Deiparae cultui addictissimus. Obiit Oeniponte MDCII, die vigesimo secundo Martii. Vixit octodecim annos, menses tres, diem unum.*" Voy. Nilles, *Symbola*, 997-1008.

On trouve le portrait d'Étienne, encore en bas âge, dans la *Col. lui Tr.*, noua serie, IV, 1883, 365.

КӐП ЛА.

Домніа луй Ӑрѹн Вод чел рэу ши кумплйт, каре мулт греутате ау адус цэрей ын ануль ҂зча.

Петру Вод, дакъ ау пърѫсит цѣра ши домніа, ши ау ынцелес Турчій къ цѣра ау рѫмас фѫрѫ домн, къутарѫ пре чине вѹр тримѣте домн цѣрей ын локул луй Петру Вод. Че норокул цѣрей чел бун съу скимбат, къ дупъ норок бун ау венит ши рэу; кум ар фи ынсъмнат де Думнезеу, дупъ врѣме бунъ ши сънинъ, съ віе врѣме рѣ ши тулбуратъ, дупъ домніе лйнъ ши блъндъ съ віе кумплйт ши амаръ. Афлатау Турчій пре Ӑрун Вод, мъніа луй Думнезеу пентру пъкателе ноастре, кърѫіа ау дат домніа ку мулт даторіе, ку фиинд ом фѫрѫ суфлет, кѫчи ымблъ ши ълцій пентру домніа цѣрей, ел пре тоци ау ынплут ку бани, луънд бани ку камътъ дела Турчй. Ши аша фъкъндул домн, ау венит ын Молдова, ши ау шезут ын скаун ын ануль ҂зча.*)

---

*) Lorenzo Bernardo dit, dans sa dépêche du 12 septembre 1591, qu'Aaron avait promis 400.000 écus au sultan, 50.000 écus au grand-vizir et une foule d'autres présents. Il devait en outre payer le tribut ordinaire de 15.000 ducats (?) et deux ou trois fois cette somme en contributions extraordinaires (Col. lui Tr., VII, 1876, 285; Hurmuzaki, IV, II, 157). La difficulté de se procurer des sommes aussi considérables fut cause que le prince ne put partir immédiatement pour la Moldavie. Au commencement de novembre, Aaron n'avait encore réuni que la moitié des 400.000 écus promis au grand seigneur. Il obtint cependant, malgré l'opposition du grand-vizir, l'autorisation de se rendre dans ses états. Il avait pour lui la sultane favorite à qui le sultan avait d'avance abandonné l'argent que le prince moldave devait lui remettre (dépêche de Bernardo en date du 2 novembre 1591, Col. lui Tr., VII, 286).

CHAPITRE XXXI.
Règne d'Aaron-le-Mauvais et le Cruel, qui fit peser de lourdes charges sur le pays 7099 [1591].

Après que Pierre eut quitté le pays et le pouvoir, les Turcs, recevant cette nouvelle et apprenant que la Moldavie était restée sans prince, cherchèrent qui ils y enverraient à la place de Pierre. Mais la fortune du pays avait changé; après la bonne chance vint la mauvaise. On dirait que Dieu a ordonné qu'au temps beau et serein succède un ciel vilain et troublé; qu'après un règne paisible et doux vienne un règne cruel et dur. Les Turcs trouvèrent Aaron, que la colère de Dieu nous envoya pour nos péchés, et ils lui donnèrent le pouvoir en le forçant de contracter des dettes. En effet, c'était un homme sans âme, qui, se voyant en face de plusieurs compétiteurs, distribua de l'argent à tout le monde et, pour cela, emprunta aux Turcs à un taux usuraire. Il fut ainsi élevé à la principauté, vint en Moldavie et monta sur le trône en 7099 [1591].*)

Le 14 novembre, au dire de Pezzen (ap. Hurmuzaki, III, 159), Aaron quitta enfin Constantinople. L'agent vénitien nous apprend qu'il devait encore un million d'or, partie au sultan et aux grands personnages de la cour, partie à divers banquiers, qui lui faisaient payer de gros intérêts. »Que Vos Excellences pensent, dit Bernardo, à quel comble de ruine et de désespoir seront réduites ces malheureuses populations sur la vie desquelles il faudra finalement prélever tout cet argent et beaucoup d'autre pour le même motif (*Col. lui Tr.*, VII, 1876, 285; Hurmuzaki, IV, II, 158)!«

Qui était Aaron et d'où venait-il? Urechi est muet à cet égard. Heidenstein raconte qu'il avait été valet d'écurie chez un boïar et qu'il s'était conféré lui-même la noblesse (Engel, II, 233). D'autre part, on a vu par le témoignage de l'ambassadeur vénitien à Constantinople qu'il prétendait appartenir à la famille princière. Le grand nombre de batards

Ёрх дакъ съу ашедатъ Арӱн Водъ ла домніе, ну
се ăпукă де алте, че нумай пе афаръ съ прадъ, ёрх
ăн лэунтру ну се сътура де кървърит, де шюкат, де
чимпоёш, пре карій ăй цънъ де мъскърій. Аши-
жъдере шн дъбилеле ку каре¹) агревіа църа; ну жбла
нумай дъбиларій сингурй, че шн Турчй триметіа²)
де жбла ку дъбиларій ăнпреунъ, де ноши ера цераній волничй ку нимикъ.*) Мъіериле ну ера алор, фъ-
теле ле ружина, шн че връ съ факе фъче. Пре дъ-
биларъ де връ пъръ пентру оун потроник дел пъріа
ла дънсул, триметіа дел пердъ нешюдекат; пре коиерй
пентру авере ăй ăморіа³): шюпънкселе луръ ле съліа⁴).
Чюде шн пудзне фъче ăн домніа луй. Дечй ка ачесте
фъкънд ел, ау куноскут къ тутуръръ есте оурит шн
невъдут. Шн сокотй съ ну се ăнкръдъ църей, шн лъ-
фечіналуръ де църъ; че ау кіемат ăн лъфъ Оунгурй кă-
лърй шн педестрй; шн челуръ педестрй ау фъкут одăй
ăн курте, съ фіе пуруре лăнгъ ел. Май апой въдънд
къ де даторничй ну се ва путе плъти, ау йдводит
съ я де тот омул, кăцй шн сънт ăн тоатъ църа,
къте оун бо8, шн ау тримес⁵) ăн тоатъ църа Турчй
де стринцъ шн луа акуй афлъ ăн сатъ; дела алтул ăй
луа тоцй пентру алцій, пентру ачей че ну аве бой.
Шн ау ръмас мулцй, пентру реутъцй шн дъбиле че
ера, де ну аве ку че се хръни.**)

¹) B: *carî.* — ²) B: *trimetea.* — ³) B: *omora.* — ⁴) B: *silea.* — ⁵) B: *trimis.*

que chaque prince laissait après lui rendait facile d'émettre semblable prétention.

*) Les Turcs envoyaient eux-mêmes en Moldavie des agents chargés de pressurer les populations. Le 22 mars 1592, l'ambassadeur vénitien Marco Zane mande, de Constantinople, à la Seigneurie: »Sono ben stati espediti chiaus in Moldavia, in Valachia, et in altre parti lontane dependenti da questo imperio per far colletta di denari, ne so bene se caminano

Quand Aaron fut monté sur le trône, il ne songea, hors de son palais, qu'à se livrer au pillage et, dans son palais, il n'eut d'autre passion que la débauche, le jeu et les joueurs de cornemuse qu'il entretenait en guise de bouffons. De même, pour les impôts dont il accablait le pays, il n'envoyait pas les collecteurs tout seuls; il les faisait accompagner par des Turcs et ne laissait plus les paysans maîtres de rien.*) Leurs femmes ne leur appartenaient pas; leurs filles étaient déshonorées par le prince qui faisait tout ce qui lui semblait bon. S'il soupçonnait un collecteur, qu'on lui avait dénoncé, de s'être approprié un demi-gros, il l'envoyait mettre à mort sans jugement. Il tuait les boïars pour avoir leur fortune et violait leurs femmes. Dans son administration il faisait des extravagances et des bouffonneries. Aussi, en agissant de la sorte, s'aperçut-il qu'il était détesté et qu'on ne pouvait le voir. Il réfléchit qu'il ne pouvait se fier au pays ni aux mercenaires qu'il y recrutait; il prit à sa solde des cavaliers et des fantassins hongrois. Il fit pour les fantassins des logements dans son palais afin de les avoir toujours auprès de lui. Par la suite, voyant qu'il ne pouvait s'acquitter envers ses créanciers, il ordonna de prendre un bœuf à chacun des habitants de la Moldavie. Il envoya par tout le pays des Turcs qui levèrent [cet impôt] et se saisirent des bœufs appartenant au premier qu'ils rencontraient dans le village. A d'autres ces Turcs arrachaient tout ce qu'ils avaient, les faisant payer pour ceux qui n'avaient pas de bœufs. Et il y eut beaucoup de gens qui, à cause des violences et des exactions qu'ils eurent à subir, demeurèrent sans plus avoir de quoi manger.**)

---

a nome del bassà, sotto nome di coadjuvare il pagamento delli quartieri della militia che passano tanto stretti, come sa Serenità Vostra, o pur a nome del gran signor per l'armata, come si ha fatto alli sanzachi (Hurmuzachi, IV, ıı, 158).«

**) Aaron se montrait tout autre dans ses rapports avec l'étranger. Non content de s'être ménagé l'appui de l'Angleterre,

Рăсбóюл лй Ӑрẃн Вóдъ, кăнд сáв бътṧт
ла Рăѕт ку оун домнишор чей зичѣ Богдан
Вóдъ, ши пéнтру перúрѣ луй Бѣчюм вóрникул, ши Тротушáн логофѣтул, ши Плóс вóрникул.

Ын áнул ҂зр, Ӑрẃн Вóдъ домнúнд ши ăтáте рăутăцй
ши белúтурй фъкăнд, нáу май пуṧут суферú цáра,*)
че сăу рăдикáт Ӧрхеїéнїй ши Сорочéнїй ку оун домнишор чей зичѣ Їwнáшко, пре кáреле лăу фóст áлéс
дúнтре ей кáп ши пу́съръ ну́ме Богдáн Вóдъ.**) Ӗръ

---

il écrivit au pape pour l'assurer de ses sentiments de déférence et de son respect pour le catholicisme; il députa
vers l'empereur et feignit de s'intéresser à la ruine des Turcs.
Nous connaissons ces détails par un document fort curieux découvert à Madrid par M. Alecsandrescu Urechie. Il
s'agit d'instructions données à Mgr. Visconti envoyé comme
nonce en Transylvanie. „En Moldavie, dit le rédacteur de
ces instructions, règne Aaron, qui est chrétien de rite ruthène,
mais qui ne s'est pas montré ennemi des catholiques. Il a écrit
deux lettres au Saint-Père et, dans la première, a montré clai-
rement qu'il le reconnaît pour le successeur de saint Pierre
et le chef de l'Église chrétienne. Avec dom Alesso, qui est
allé le visiter et traiter avec lui les mêmes matières, il a donné
de grandes marques de ses bonnes intentions et de son désir
de voir se former une ligue pour chasser les musulmans
d'Europe et de Constantinople. Il a de même envoyé peu
après un ambassadeur à la cour de l'empereur, et cet ambassadeur lui a offert tous les services du prince, à la seule
condition que S. M. lui donnerait asile toutes les fois qu'il
serait chassé de la Moldavie. Cela lui fut accordé et ledit
ambassadeur partit de Prague comblé de présents et de ca-
resses. Cette attitude ne nous a jamais paru bien sincère,
car nous avons eu vent qu'Aaron avait amassé de grandes
richesses et qu'il n'a d'autre désir que d'abandonner le pays
et de se mettre en sûreté avant que les barbares, dans leur
rapacité, ne l'aient dépouillé (Hişdău, Arch., I, II, 151)."
On peut rapprocher de ces instructions celles qui furent
données par le pape Clément VIII à l'archidiacre Alexandre

Combat soutenu par Aaron, sur le Răut, contre un petit prince qui s'appelait Bogdan. — Mort du vornic Bucium, du logothète Trotușanu et du vornic Paos.

En 7100 [1592], pendant qu'Aaron régnait et se livrait à tant de méchancetés et d'exactions, le pays ne put plus le supporter.*) Les habitants d'Orheiŭ et de Soroca se soulevèrent, sous la conduite d'un jeune prince appelé Ionașcu qu'ils avaient élu parmi eux et à qui ils donnèrent le nom de Bogdan.**) Quand Aaron reçut cette

---

Comelio ou Comuleo envoyé vers divers princes du Nord (2 novembre 1593), puis chargé d'une mission spéciale auprès de Théodore, grand duc de Moscovie (17 janvier 1594). Ces documents, conservés dans les manuscrits italiens de la Bibliothèque royale de Berlin, ont été en partie publiés par M. Papiu Ilarian (*Tes.*, I, 20). On y voit notamment qu'Aaron avait auprès de lui un secrétaire français, bon catholique et porté à faire de la propagande.

*) Les violences d'Aaron avaient indigné les Turcs eux-mêmes. L'ambassadeur vénitien Marco Zane dit, dans une dépêche du 30 mai 1592, que les Turcs ont destitué le prince et veulent donner le trône à un prétendant appelé Alexandre qui a su gagner la faveur des janissaires (Hurmuzaki, IV, ii, 158). La nouvelle était prématurée; on verra qu'elle ne tarda pas à se vérifier.

**) Nous ignorons absolument qui était ce Jean-Bogdan. Iancu avait laissé, il est vrai un fils appelé Jean-Bogdan ou Étienne-Bogdan, mais ce personnage ne paraît sur la scène qu'au moment où le compétiteur opposé à Aaron était déjà vaincu, mutilé et enfermé dans un monastère. Les documents réunis par Hurmuzaki nous permettent de suivre l'existence, fort agitée, du fils de Iancu. Au commencement de l'année 1593, il est en Autriche avec sa mère, Marie Paléologue (Hurmuzaki, IV, ii, 174); en 1593, il est à Venise (*ibid.*, III, 464); de 1594 à 1597, il est à Constantinople, où les Polonais le soutiennent (*ibid.*, III, 464, 507, 509, 510). Au mois d'octobre 1599, il est à Venise, où une de ses sœurs est mariée à un membre de la famille Zane; il fait négocier à Constantinople un mariage avec la fille de Yusuf-Bey, nièce du grand eunuque Omer-Aga (*ibid.*, III, 534, 535). En 1607, il sollicite la protection de l'empereur (*ibid.*, III, 415), puis il passe en

Арон Водъ, дакъ ау ꙟцѣлесъ ачѣста, ау дат шире църїй съсе стрънгъ, ши ѣл фъръ зъбавъ ау ешит къ кърте ши къ лѣфечїї съй,*) ши май нанте де чѣу ешит дин кърте ау тѫїат пре Бучюм ворникул чел маре,**) ши пре Тротушан логофѣтул,***) ши пре Плос ворникул, зикънд къй ку шире лур; апой ау пърчес ꙟпротива връжмашилор съй, ши мергънд ау пус пре Уреки логофѣт маре.†) Дѣчїй съу тъмпинат ꙟшиле ла Руут, ши дънд ръзбою витежѣще де ꙟбе пърциле, ау избъндит Арон Водъ, ши пре домнишур ꙟкъ лау принс вїю, че ну лау оморит, нумай їау тѫїат насул, ши лау кълугърит. Дѣчїй дакъ ау спарт Арон Водъ, пре виклений съй, ничй ун лок нау лъсат съ ну ꙟпле де връжмъшїѧ луй, къ ну нумай пре чей чѣу фост ꙟ ръзбою перде, че ши семинцїиле лур, ши виноваций ши невиноваций.††)

Пентру мазилїа луй Арон Водъ.

Гътиндусе Арон Водъ съ факъ май мари връжмъшїй дупъ ачѣсте, їау сосит ун кълъраш дела Цариград ку кърци, де їау дат шире къ лау мазилит, къ ꙟцълегънд ꙟпъръцїа де атътѣ морцй ши руз-

---

Angleterre et obtient du roi une recommandation pour l'électeur de Brandebourg (Papiu Ilarian, *Tes.*, I, 70). Il est bien difficile d'admettre que ce Bogdan soit le même que le prétendant soutenu par les habitants d'Orheiŭ. On ne peut non plus songer au fils de Bogdan Lăpuşneanul, connu d'abord sous le nom de Jean-Bogdan et qui devint prince de Valachie sous le nom d'Alexandre. Voy. p. 576, note*).

*) Le soulèvement eut lieu au mois de juin 1592. Voy. Hurmuzaki, IV, II, 161.

**) Bucium était grand vornic de la basse Moldavie à la fin de l'année 1581 (Cogălniceanu, *Арх.*, I, 90); il devint ensuite porcolab de Niamţ (voy. un diplôme du 14 avril 1584 ap.

nouvelle, il fit convoquer la milice et se mit sans retard en compagne avec sa maison et ses mercenaires.*) Avant de quitter son palais, il fit trancher la tête au grand vornic Bucium,**) au logothète Trotușanu***) et au vornic Paos, prétendant qu'ils étaient d'intelligence avec les [rebelles]. Il se dirigea ensuite contre ses ennemis et, pendant qu'il était en marche, il nomma Urechi grand logothète.†) Les armées se rencontrèrent sur le Răut et on se battit vaillamment de part et d'autre. Aaron remporta la victoire et fit prisonnier le jeune prince, mais il ne le mit pas à mort: il lui fit seulement couper le nez et l'envoya dans un monastère. Quand Aaron eut dispersé ses ennemis, il n'y eut pas un endroit où il ne laissât des traces de sa colère. Non seulement il condamnait ceux qui l'avaient combattu, mais aussi leurs parents, coupables ou innocents.††)

Déposition d'Aaron.

Aaron se préparait à commettre des violences encore plus grandes quand arriva de Constantinople un cavalier porteur de dépêches lui annonçant qu'il était déposé, car le sultan, informé de toutes les exécutions,

---

Venelin, 206), puis porcolab de Hotin (voy. un diplôme du 3 septembre 1585 ap. Codrescu, *Uric.*, II, 254). En 1589, Bucium est de nouveau vornic de la basse Moldavie (Wickenhauser, II, 64).

***) Le logothète Trotușanu était sans doute un descendant du Trotușanu que nous suivons de 1517 à 1539. Voy. ci-dessus p. 329.

†) Il s'agit de Nestor Urechi. Celui-ci figure effectivement en 1594, comme grand logothète, sur la liste des boïars dressée par Jean Marini Pauli. Voy Hurmuzaki, III, 197.

††) La plus notable victime de la colère d'Aaron fut Bartolomeo Bruti. Voy. Engel, II, 235; Hurmuzaki, IV, II, 162, 163. L'aventurier albanais, qui ne se faisait pas illusion sur les dangers de la situation, se proposait de passer en Pologne. Il venait d'y obtenir l'indigénat. Voy. Hîşdău, *Arch.*, I, 1, 175.

тѣци ши жакѐри че фѫчѣ Арѡн Водъ, лѫу мазилит.
Дѣчи се мира Арѡн Водъ кѫм ва фаче сѫ ну принзъ
де вѣсте ѡастѣ ши цара де мазиліе, кѫ се темѣ
кѫ нул ѡмоаре. Кѫ мулци ера аколѡ карій врѣ хїі вѫку-
роши сѫ азъ вѣсте ка ачка де мазиліе, кѫ ле перісъ
пѫринціи, алтѫра фечіѡрій, алтѫра фраціи; алцій рѫмѫсѣсе сараци де невой ши дѫрі мулте че ера. Че
пре таинъ ау ѫвъцат пре кѫлѫраши сѫ ну скоацѫ
кувѫнт афарѫ, ши ѫдатъ ау тримис ла Їаши ла
доамнъса, сѫсе¹) ѫкарче, ши сѫ пурчѣзъ ѫ ґіѹс. Арѫ
пре боїери їау ѫвъцат деу кїемат глоателе ши леу
мулцъмит де службѫ че їау фѫкут, ши леу зіс сѫ
мяргѫ чинеши пе акасѫ, гѫндинд кѫ доар се вѫр дуче
ши єл сѫ їе дрѹмул спре Цариград. А доуа зи пѫрѫн-
дуй кѫ сѫ врѣ фи доу курteniи ши алт глоатъ,
єл ау ѫкѫлекат ши ау пурчес спре Їаши, ши чейа
пѫруse кѫ се вѫр фи доу ка сѫ силѣскѫ ши єл май
таре, сѫ ну ѡбличѣскѫ чинева. Арѫ глоате, мулци
пе де тоате пѫрциле мерџіа²); атунчѣ ау кїемат пре
боїери ши леу зіс: „Крезу, ѥу ам слободит ѡастѣ
сѫсе дукъ чинеши пре акасѫ, дарѫ чиней ѡпрѫще?"
Дѫтулуй а ѫцѫлѫцере кѫ ѡ самѫ сау дус, ярѫ кѫ-
рѫра сѫнт каселе спре Їаши ши спре мунте, ачѣстъ
кале ау. Ши аша ѫпреунъ ау мерс пѫнъ ау ѫсъратъ;
апой тоатъ ноаптѣ ау силит пѫнѫ Їаши, унде
нимик зѫбавъ нау фѫкут, че ау силит ѫ кале спре
Цариград; ши мергѫн лау ши тѫмпинат капиціи
ѫпѫрѫтещий, карій венїа сѫл їа дѣн скаун сѫл дукъ ла
Ѫмпѫрѫціе.*)

¹) B: cĕ sz. — ²) B: mergeau.

*) Wolfgang Bethlen (*Historia de rebus transsylvanicis*, II, 71) raconte qu'Aaron fut chargé de chaînes: »Is cum privatus ad Portam imperatoris Turcarum iter suum intendisset, nec longe Byzantio abesset a Csauz passa qui tum aulae turcicae

de tous les crimes, de toutes les exactions dont Aaron se rendait coupable, l'avait révoqué. Le prince, surpris, se demanda ce qu'il ferait pour empêcher l'armée et la milice d'apprendre sa déposition, car il craignait d'être tué. Il y avait là, en effet, beaucoup de gens qui eussent été heureux d'apprendre une nouvelle comme celle de sa révocation, car les uns avaient perdu leurs parents, les autres leurs fils, les autres leurs frères; d'autres enfin étaient réduits à la misère par les rigueurs des temps et l'énormité des impôts. Aaron s'entendit en secret avec les cavaliers pour qu'ils ne divulguassent rien, et envoya immédiatement à Iassi auprès de sa femme pour qu'elle préparât son bagage et se dirigeât vers la Basse-Moldavie. Quant aux boïars, il leur donna l'ordre d'appeler les hommes des milices, qu'il remercia de leurs services et à qui il dit de s'en retourner dans leurs foyers. Il pensait qu'ils s'en iraient et qu'alors il pourrait prendre le chemin de Constantinople. Le lendemain, il crut que les gens de sa maison et les miliciens étaient partis; il monta à cheval et se dirigea vers Iassi. La croyance où il était que tout le monde s'en était allé fit qu'il hâta d'autant plus sa marche, pour ne rencontrer personne. Cependant de toutes parts cheminaient des hommes de la milice. Alors Aaron appela ses boïars et leur dit: »J'ai permis, je crois, à tous les soldats de l'armée de s'en retourner chacun chez eux; qui donc les retient?« Ils lui firent comprendre qu'un certain nombre étaient partis et que ceux qui étaient en route étaient ceux qui demeuraient du côté de Iassi et des montagnes. [Aaron] marcha ainsi avec eux jusqu'au soir, et fit diligence pendant toute la nuit pour gagner Iassi. Il ne s'y arrêta guère et partit en toute hâte pour Constantinople. En chemin il rencontra les kapidjis impériaux, qui venaient le faire descendre du trône et le conduire au sultan.*)

---

praeerat, ut ejus opibus potiretur, captus et vinctus per summam contumeliam in urbem adductus.«

Дакъ ынцълъксъръ тоций де мазилія луй Арон Водъ, аша ле пъріа кум, дупъ мултъ фуртунъ ши вифор, дакъ ву оамений време бунъ ши линъ, ей съ букуръ. Аша тоатъ цара съу букура́т.

КАП ЛВ.

Домнія а доуа а луй Арон Водъ чел кумплит.

Дупъ че у мазилит ъмпъратул пре Арон Водъ, Думнезеу ноши плиниса чертаръ Молдовей деплин; къ Арон Водъ ка ы Цариград нау фост ажюнс, яръ яу дат домнія Молдовей. Пентру къ даторничий турчий ку тоций ау мерс ла визирул, деу стрига́т пентру Арон Водъ, ши де невоя даторничилоръ яу дат яръ домнія.

Атунчий Арон Водъ ау тримис ынаинте пре Суоркъ армашул, съ принзъ пре о самъ де боерий, ши съ апуче скауул церей. Къ, дупъ обичеюл луй чел кумплит, кумуший ера ынзуцат, ну се апукъ де алтъ, че сокоти къте руутъций ау плинит ын домнія динтъй,

---

*) L'ambassadeur d'Angleterre s'entremit aussi activement en faveur d'Aaron. Voy. Wolfgang Bethlen, III, 78. — Le protégé des janissaires, Alexandre, qui avait la promesse du trône de Moldavie, fut envoyé en Valachie. Voy. une dépêche de Marco Zane, en date du 18 juillet 1592, ap. Hurmuzaki, IV, II, 162. Ce prince a été confondu à tort (notamment par les éditeurs du recueil d'Hurmuzaki) avec Alexandre-Élie, fils d'Élie Rareş et petit-fils de Pierre Rareş, qui était né à Rhodes et qui régna successivement en Valachie (1616-1617), en Moldavie (octobre 1620-octobre 1621), en Valachie (1628-1629) et en Moldavie (avril 1632-1633); il était fils de Bogdan Lăpuşneanul et il était connu d'abord sous le nom de Jean-Bogdan. Il avait trouvé un refuge à la cour de France, où

Lorsque le peuple apprit la déposition d'Aaron, il fut comme les hommes qui, après l'orage et la tempête, se réjouissent en voyant revenir le temps calme et serein. Tout le pays fut de même dans la joie.

CHAPITRE XXXII.

Second Règne d'Aaron-le-Cruel.

La déposition d'Aaron par le sultan ne mit pas fin aux épreuves que Dieu avait envoyées à la Moldavie; car Aaron n'était pas encore arrivé à Constantinople que le sultan lui rendit la principauté moldave. En effet tous les créanciers turcs [du prince] allèrent trouver le vizir et élevèrent la voix pour Aaron, à qui, grâce aux efforts de ses créanciers, on redonna le trône.*)

Alors Aaron envoya en avant l'armaş Oprea avec mission de se saisir d'un certain nombre de boïars et d'occuper la capitale. Avec ses habitudes de cruauté et avec le tempérament qu'il s'était formé, il n'eut qu'une seule préoccupation, ce fut de renouveler pendant son second règne tous les excès qu'il avait commis pendant

---

le roi Henri III lui avait donné le collier de Saint-Michel. Nous renverrons aux très-curieux documents recueillis et publiés par M. Tocilescu (*Gazette de Roumanie*, $^{14}/_{26}$ et $^{18}/_{30}$ novembre, 20 novembre/12 décembre 1881) et à une note consacrée à ce prince par M. Ionnescu-Gion dans son ouvrage intitulé *Ludovicŭ XIV şi Constantinŭ Brîncovénu, studiŭ asupra politiceĭ francese în Europa rĕsăriténă* (Bucurescĭ, 1884, in-8), 42. Ajoutons que, au XVI^{er} siècle, le nom de *Bogdan* était donné dans l'usage courant au prince de Moldavie et que le nom même de *Bogdanie* était synonyme de celui de Moldavie (on en verra des exemples pp. 337, 532, 533, 536, 539, 583). Dès lors il était naturel qu'Alexandre renonçât au nom paternel en montant sur le trône de Valachie.

сѫле плинѣскѫ ла адоа домніе. Ѫдатъ ау рѫпезит пре крединчіѡсꙋл сѫу Ѡпрѣ вел армаш кꙋ кѫрци ши кꙋ изводъ, ануме де боіерй кѫци врѣ сѫй ѡмоаре, сѫй принзꙋ, сѫй ціе ла ꙟкисоаре пѫнъ ва вени ши ёл ла скаунъ. Дакъ ау венит де ѡлакъ Ѡпрѣ вел армашъ, дупъ ꙟвѫцѫтꙋра домнꙋсеꙋ, ау ꙟтрат сара ꙟ Ꙗшй, ши ниче ла газдъ нꙋ мърсъ, че ла ѡдѫиле дърѫ- банилѡр челѡр унгꙋрешй ꙟ кꙋрте ау мерсъ, ши ноап- тѣ ау венит ла газда луй Урѣке логофѫтꙋл, кареле ла лꙋсасе Ꙗрѫн Водъ съ пъзѣскъ скаунул, ши ꙗу арътат порꙋнка домнꙋсеꙋ. Ꙗрѫ Урѣке логофѫтꙋл унде аузи де нꙋмеле луй Ꙗрѫн, кум ау добѫндит ашѫ деграбъ домнія, сау спѫимѫнтат, ши се мира кум афаче съ хълъдуаскъ, съ нꙋй май фіе а се ве- дере кꙋ Ꙗрѫн Водъ. Ау дат рѫспꙋнс Ѡпрій арма- шулуй, зикѫнд: „Ачест лукру кꙋ букуріе прииместь, ши сѫнт гата съ служеск домнулуй ностру; нꙋмай съ фіе кꙋ таинъ, съ нꙋ щіе нимъ кѫ ай венит, пѫнъ вꙋм ѡбличи пре тоци, пре кѫци сѫнт скриши ꙟ из- вод, ший вꙋм принде, карій де пре унде вꙋр фи. Съ нꙋ кумва сминтим, съ ѡбличѣскъ съ фугъ." Ши кꙋ ачѣсте кувинте сау ꙟшълат Ѡпрѣ, ши сау ашъ- зат ꙗр ла ѡдѫиле дърѫбанилѡр унгꙋрешй ꙟтрачѣ ноапте ши адоа зи пѫнъ ꙟ саръ.

Кѫнд ау прибегит Урѣки логофѫтул.

Ꙟцълегѫнд Урѣки логофѫтꙋл де венирѣ луй Ꙗрѫн Водъ ши де порꙋнка че тримесѫсе преи Ѡпрѣ ар- машꙋл, нꙋ кꙋтезъ сѫл ащѣпте ꙟ цѣръ, щіинд кѫтъ гроазъ ши рѫутъци фъкусъ май наинте ꙟ домнія дитѫй, ши акум адоа ѡаръ май де маре каоне се ва ꙟпѫкъ. Че дакъ сау ашезат Ѡпрѣ ла ѡдѫиле дъ- рѫбанилѡр, афлѫнд Урѣке врѣме ши кале дескꙋисъ

le premier. Il envoya aussitôt son fidèle Oprea, le grand-armaş, avec des lettres et une liste des boïars qu'il voulait tuer, dont il voulait s'emparer, ou qu'il voulait retenir en prison jusqu'à son arrivée dans la capitale. Le grand-armaş vint donc en avant, conformément aux ordres de son maître; il entra le soir dans Iassi, et, au lieu d'aller à son logis, il alla droit au palais, aux salles occupées par les dorobans hongrois. Pendant la nuit, il se rendit au logis du logothète Urechi, à qui Aaron avait laissé la garde de la capitale, et lui montra l'ordre de son maître. Le logothète Urechi fut épouvanté quand il entendit le nom d'Aaron et quand il apprit avec quelle promptitude il avait recouvré le pouvoir; il se demanda avec anxiété comment il ferait pour s'échapper et ne plus jamais se trouver en face d'Aaron. Il répondit à l'armaş Oprea par ces mots: »Je reçois avec joie cette nouvelle; je suis tout prêt à servir notre maître; mais que la chose reste secrète, que personne ne sache ton arrivée, jusqu'à ce que nous ayons découvert tous ceux qui sont inscrits sur cette liste et que nous nous soyons emparés d'eux, en quelque lieu qu'ils se trouvent. Ne nous trahissons pas, de peur qu'ils ne réussissent à fuir.« Ces paroles trompèrent Oprea, qui retourna dans les salles des dorobans hongrois, où il acheva la nuit et où il resta jusqu'au lendemain soir.

Fuite du logothète Urechi.

Quand le logothète Urechi eut appris la venue d'Aaron et l'ordre qu'il avait envoyé par l'armaş Oprea, il n'osa pas l'attendre dans le pays. Il savait quelle cruauté il avait montrée, quels excès il avait commis pendant son premier règne: il ne manquerait pas maintenant d'ordonner des supplices plus affreux encore. Lorsqu'Oprea se fut installé chez les dorobans, Urechi eut le temps et toutes facilités pour s'éloigner et pour sortir

де а се депэртаре ши де а ешире дин царэ, ау ынцэт пре газда са, чине ва ятребл а доа зи де джиоса, сэ спуiе кэ сау дус акасэ ла Кэрлигэтурэ. Атунче ши ноаптѣ тоатъ, ноаптѣ ши зиуа, аоа зи тоатъ зиуа, фуганд ау трекут прела Сорока ын Цара Лешѣскэ. Ер аоа зи сара Опрѣ армашул ау мерс яр ла газда луй Уурекiй логофэтул сэсе сфэтуаскъ, ши ну лау афлат; дечи ау взут кэ лау ышелат. Адатъ ау кiемат пре алцiй карiй сау тымплат аколѣ ши ау репезит ку кэрци ын тоате пэрцiле, сэ приндзъ мэрцинiле. Ер, дакъ ау ынцэлес кэ Уурѣке ау трекут Ниструл ши сау депэртат, нау май авут чей фаче, че сау ашезат дау цинут скаунул пэнэ венирѣ луй Арон Вод.

Ер Уурекi, дакъ ау трекут Ниструл, ядатъ ау мерс унде ера алцiй боерiй прибегi дау аштептат сфэршитул укрулуй.

Пентру венирѣ луй Петру Казаку ын ануа ζр̃а.

Пэнэ авенiре Арон Вод ла скаун, яр Петру Казаку сэсъ ридикат дин Цѣра Казачѣскъ ку нуцинтей Казачи, ши ку о самэ де прибегi*), ынцлегэнд къ скаунул есте дешэрт, ши, сэргуiнд съ апуче скаунул, ау ынтрат ын църъ, ши ау апукат скаунул

---

*) Les Cosaques avaient déjà cherché, vers le commencement de l'année 1592, à renverser Aaron; ils voulaient placer sur le trône de Moldavie un fils de prince réfugié parmi eux. Le gouvernement polonais, craignant des complications avec les Turcs, avait gagné les Cosaques en leur faisant de gros présents, et s'était fait livrer le prétendant qui avait été enfermé à Marienberg (Engel, II, 235). A la même époque il est

du pays. Il dit à son logis que, si l'on venait le demander le lendemain, il fallait répondre qu'il était parti pour sa terre de Cîrligătura. Il chemina la nuit, toute la nuit, et, le lendemain, toute la journée, et passa en Pologne par Soroca. Le lendemain soir, l'armaş Oprea revint au logis du logothète Urechi pour délibérer avec lui, et ne le trouva pas. Il vit qu'il avait été joué. Aussitôt il manda ceux qui se trouvèrent là et les expédia avec des lettres dans toutes les directions pour se saisir des frontières. Quand il apprit qu'Urechi avait passé le Dniestr et s'était éloigné, il n'eut plus rien à faire, si ce n'est de garder la capitale jusqu'à l'arrivée d'Aaron.

Cependant, dès qu'Urechi eut franchi le Dniestr, il alla rejoindre d'autres boïars émigrés, pour attendre la fin de l'aventure.

Venue de Pierre-le-Cosaque en 7101 [1593].

Avant qu'Aaron eût pris possession du trône, Pierre-le-Cosaque sortit de Pologne avec quelques Cosaques et un certain nombre de fugitifs.*) Il avait appris que le trône était vacant, et, pressé de s'en emparer, il entra en Moldavie, se rendit maître de Iassi, la capitale, et

---

question d'un prince moldave retenu à Kamieniec (Papiu Ilarian, *Tes.*, I, 69). Ce prince était sans doute celui qui est mentionné ici. Walther, qui avait connu Pierre à Constantinople, dit qu'il était fils d'Alexandre Lăpuşneanul (Papiu Ilarian, *Tes.*, I, 66). Cette assertion a été mise en doute par M. Hîşdău, que nous avons suivi ci-dessus (p. 510) en faisant de Pierre un fils de Jean-l'Arménien. Dans les documents recueillis par Hurmuzaki, Pierre est dit fils d'Alexandre, mais on verra que le sultan le traite d'imposteur.

ла Ѧ́шй, шѝ а̂8 домни́т до́х л8ни́.*) Д҄кчїй а̂8 соси́т шѝ Ꙋрѡ́н Во́дъ, шѝ а̂8 при́нс пре Пе́тр8 Казáк8л, шѝ ла̂8 трӥме́с ла Ѫпърꙗцїе.**)

Ѣ̆ръ крѡникáр8л чéл лешéск де а̂чéст Пе́тр8 Казáк8л, къ а̂8 вени́т де̂8 а̂п8кáт скá8н8л, ними́к н8 скрі́е.

А̂шездáрѣ л8й Ꙋрѡ́н Во́дъ ла скá8н ѫ̂ а̂до́8лъ домнї́е.

Ꙋрѡ́н Во́дъ, дáкъ сá8 а̂ш8ꙁáт ал до́йле рѫнд ла скá8н, а̂8 п8с пе Ѡ̂пръ а̂рмáш8л логофъ́т мáре, шѝ

---

*) Ce fut probablement au mois de juillet 1592 que Pierre prit les armes. Le 22 août le sultan écrit au roi de Pologne pour se plaindre que la paix a été violée au profit d'un imposteur »Cum palatinus Moldaviae in Porta nostra beata .... adhuc moraretur, contra articulos pacis et foederis in privilegio propositos, ex parte vestra filium Alexandri Petrum sese praetendentem, latronem supposititium et infidelem quendam, [cum] magnatibus vestris, Uztrus, capitaneo Barensi, Andrea Taranowski, capitaneo Camenecensi, aliisque similibus hominibus vestris, quod ad officium palatinatus Moldaviensis misissetis, nobis significatur. Res ista cum sit contra articulos privilegii nostri, quare est facta? Potissimum eum filium Alexandri legitimum, Petrum, tempore Sigismundi Augusti, regis Poloniae, quondam, concessu ejusdem regis, ex chiaussis Portae nostrae beatae Ahmat chiausius Hungarus ad Portam nostram adducens, peste hic esse mortuum certe et certissime constet. Petrus ille nunc Moldaviam veniens, est supposititius, latro, deceptor, infidelis. Quod nomine mortui talis infidelis deceptor et praestigiator nebulo ad officium palatinatus mittatur, ratio quae est? ... (Hurmuzaki, III, 164, texte latin; IV, II, 164, texte italien).«

Nous possédons de Pierre un diplôme daté de Iassi le 1er septembre 1592 (Wickenhauser, I, 94). Des dépêches de Constantinople en date des 6, 9 et 19 septembre, 12, 13 et 20 octobre 1592 (ap. Hurmuzaki, III, 165; IV, II, 165-167) contiennent quelques détails sur la lutte soutenue par le rival d'Aaron.

régna deux mois.*) Alors survint Aaron, qui fit prisonnier Pierre-le-Cosaque et l'envoya au sultan.**)

Le chroniqueur polonais ne parle pas de ce Pierre-le-Cosaque; il ne dit pas qu'il s'empara du trône.

Aaron monte pour la seconde fois sur le trône.

Aaron, après être monté pour la seconde fois sur le trône, nomma l'armaș Oprea grand-logothète, et Vartic

---

**) Wolfgang Bethlen (III, 72-76) raconte que Pierre, dès qu'il fut en possession du pouvoir envoya des agents au prince de Transylvanie et au sultan. Les Turcs refusèrent de recevoir l'envoyé et ne lui répondirent que par des préparatifs militaires. Sigismond Báthori conseilla au prince de ne pas essayer une lutte inutile et d'abandonner volontairement le pays; Pierre répondit qu'il ne craignait pas les Turcs. En effet, le beglerbey de Grèce, qui disposait de 50.000 hommes, n'osa pas l'attaquer. Il attendit que les secours demandés par la Porte au prince de Transylvanie fussent arrivés. Báthori confia le commandement de ce corps auxiliaire à Gaspard Sibrik, qui dut éviter autant que possible l'effusion du sang. Sibrik passa les Carpates sans obstacle et, assisté de ses lieutenants Étienne Toldi et Moïse Székelyi, surprit Pierre dans Iassi où il avait eu l'imprudence de s'enfermer. Les Transylvains gagnèrent sa cavalerie, composée en grande partie de leurs compatriotes, et il se vit abandonné par ses troupes. Il tomba lui-même entre les mains de Sibrik. Le prince de Transylvanie annonce directement cette nouvelle au sultan le 28 octobre 1592: »Essendomi arrivato comandamento imperiale che io dovessi andare con l'essercito sopra di Pietro figliolo di Alessandro di Bogdania per castigarlo, fu da me effettuato, havendo mandato essercito sopra di Giasbazar [Iassi], sede di Bogdania, dove fu preso et, tolte le bandiere, fu inviato pregione a Veli Aga et ad Aaron Vaivoda, il qual'è confirmato nel governo, et li sudditi aquietati ricorrono al sudetto Aron per li loro affari (Hurmuzaki, IV, II, 169).«

Sibrik eut l'infamie de livrer Pierre à Aaron, qui lui fit immédiatement couper le nez (Cf. Hurmuzaki, IV, II, 169). Aaron et Veli-Aga l'envoyèrent ensuite à Constantinople. Marco

пре Бӑртик ворник маре де цєра де џїѡс,*) шй пре Геѡргїе ворник маре де цєра де сȣс,**) пе Зота постѣлник маре, шй пе Алези столник маре, шй пре Ани клȣчерȣл вистєрник маре, шй пре Кочи комис маре. Шй кȣмȣшй єра немилостив, нȣ де алтȣ сӑȣ апȣкат, че ӑр де асȣпрѣле афачере цӑреи кȣ дӑкиле мӑри; шй ӑтӑй кȣ воїа луй Абла Тȣрчий ний цӑрȣ кȣ дȣбилӑрій де стрӑнцїа дӑбиле, ӑр май апой нȣй пȣтѣ опри, шй сӑлӑ¹) маре ӑ тоатӑ цара фӑчѣ; аȣа слȣжиторй де цѣрӑ кȣ сӑла²) де ле рӑпїа сȣнт кай; бȣкателе фӑрӑ прец шй фӑрӑ бани ле луа.***)

Дѣчий, кȣноскӑнд Арѡн Водӑ кӑ нȣ ва фи бине пӑнӑ ӑ сфӑршит, шй цєра скӑршкӑ, прикєпий стӑ ӑцинаций, аȣ сокотит дȣпӑ атӑта реȣтате че фӑкȣсе, сӑсӑ кȣрӑчѣскӑ, шй сӑ ӑрӑте цєрий кӑ нȣй дин воїа луй чѣ сӑȣ лȣкрат ӑ цѣрӑ, че де сила Тȣрчилѡр, шй аȣ сокотит сӑсе ӑџюнгӑ кȣ Михай Водӑ, домнул Цѣрий Ромӑнешій, ка сӑсе дезбатӑ де сȣпт мӑна Тȣркȣлуй. Ӑсӑ ӑтӑю аȣ сокотит, дȣпӑ атӑте рӑȣтӑций че фӑкȣсе, сӑсе апȣче сӑ факӑ вре ой лȣкрȣ бȣн, сӑ

---

¹) B: silă. — ²) B: sila.

Zane raconte, dans une dépêche du 14 novembre 1592, qu'il fut »condotto in divano et poi, alla presenza del re, rimesso a Sciaus Bassà che lo condannò al granzo, dove fu appeso, non gli admettendo la scusa introdotta di esser stato chiamato dai popoli in stato hereditario, ma con intentione di depender come li altri predecessori di questo imperio. Ne puote egli ottener che gli fusse data morte capitale, ma, dopo molte hore, fu intercesso per lui appresso il re, che di notte mandò a levarlo di pena.« L'ambassadeur vénitien ajoute: »Questo era huomo di grande statura et di bellissimo aspetto, che possedeva molte lingue, et fu prigione in Praga in tempo delle contese di Polonia et liberato per intercessione de Poloni ... (Hurmuzaki, ibid.).« Les derniers mots de Zane indiquent que Pierre mourut dans les supplices; il est d'accord sur ce point avec Wolfgang Bethlen (III, 76).

grand-vornic de la Basse-Moldavie,*) Georges vornic de la Haute-Moldavie,**) Zota grand postelnic, Alexis grand-stolnic, le clucer Jean grand-vestiaire et Coci grand-comis. Comme il était d'un caractère méchant, il ne songea qu'à tyranniser la principauté, qu'il accabla d'impôts. Il permit d'abord que les Turcs parcourussent le pays avec les collecteurs pour faire rentrer les contributions; puis il ne put plus les arrêter, et ils se livrèrent partout à des exactions. Ils enlevaient de force les fonctionnaires de la campagne et les faisaient fouler aux pieds par leurs chevaux; ils enlevaient les céréales sans en demander le prix et sans les payer.***)

Aaron comprit que les choses finiraient par mal tourner; [il s'aperçut] que le pays se remuait et que les émigrés se tenaient prêts; alors, après tant d'excès qu'il avait commis, il songea à s'amender et à montrer au peuple que ce qui se passait dans le pays n'arrivait pas par sa permission, mais par suite de la violence des Turcs. Il voulut s'unir à Michel, prince de Valachie, pour secouer le joug des Turcs. Mais, après tant de cruautés dont il s'était rendu coupable, il sentit qu'il devait se livrer d'abord à quelque œuvre pie, pour ne pas être entièrement défait. Il commença donc en 7102

---

*) Vartic avait déjà occupé ces fonctions sous Pierre-le-Boiteux. Voy. un diplôme de 1584 ap. Venelin, 216.

**) Georges était păharnic en 1589 (Wickenhauser, II, 65); c'est probablement lui que nous retrouvons comme porcolab de Hotin en 1598 et en 1605 (Wickenhauser, II, 68, 71).

***) Ce serait tomber dans des redites que de retracer encore la triste situation de la Moldavie. En 1592, les Turcs en détachèrent douze villages dont ils formèrent le rajah de Bender ou Tighina; ils placèrent en même temps un sandjak dans la forteresse (Engel, II, 235). Une dépêche de Marco Zane en date du 26 février 1593 dit que le sultan vient d'augmenter le tribut de 30.000 sequins (Hurmuzaki, IV, II, 171). Aaron, sous la pression de ses créanciers, rendait la misère publique plus affreuse encore par ses exactions personnelles. Cf. Bălcescu, Michaiŭ Vodă Vitézul, 26.

нꙋй фіе кꙋ ѡсѫндѫ детот; шй сѫꙋ ѫпꙋкат ѫ ѫній
ѕѣв дѣꙋ зидйт мѫнѫстйрѣ ѫ цѣрйна Яшилѡр кѫрѣ
се кіамѫ Арѡн Водѫ, пре нꙋмеле домнꙋлꙋй чѣꙋ зидйт,
ꙋнде есте храмꙋл сфѣте Некꙋлай.

Сфѫршйтꙋл Летописецꙋлꙋй лꙋй Григорїе Уреки ворниукꙋл.*)

---

*) Cette fondation ne fut pas un acte isolé. Les princes, même les plus féroces, manquaient rarement à ces actes extérieurs de dévotion. Ils y tenaient ordinairement d'autant plus que leur conscience était plus chargée, et Aaron n'avait pas manqué à la règle. Le 8 janvier 1593, il avait fait une donation à Moldoviţa (Wickenhauser, I, 94); le 12 mars suivant, il en avait fait une à Răchitoasa (Arch. de Bucarest, mon. de Răchitoasa, liasse n⁰ 3); le 30 mai suivant, il avait fait participer à ses bienfaits le monastère de Cetăţuia (Arch. de Bucarest, mon. de Cetăţuia, liasse n⁰ 11); enfin, la même année, il avait étendu ses libéralités au monastère de Sinaï (*Ateneu'lu romanu,* 154).

*) Bien que notre chronique s'arrête ici, nous croyons devoir résumer les derniers évènements du règne d'Aaron.

Le changement de politique auquel Urechi fait allusion ne vint pas d'une résolution soudaine; ce fut la conséquence d'une action lente et longuement poursuivie. Il faut, pour en pénétrer les causes, jeter un coup d'œil sur la Transylvanie d'où partit le mot d'ordre d'une ligue contre les infidèles.

Sigismond Báthori, qui depuis 1581 portait la couronne de Transylvanie, avait eu pour précepteur un jésuite adroit et entreprenant, Jean Leslie. Ce personnage avait su conquérir à son profit et au profit de son ordre une grande influence sur le prince, qui ne faisait rien que par les conseils des jésuites. Or ceux-ci avaient une grande idée. Libre à certains historiens de voir en toute chose l'ambition égoïste de la compagnie de Jésus; pour nous, nous ne la blâmerons pas d'avoir cherché à secouer la torpeur des princes chrétiens et d'avoir rêvé une nouvelle croisade contre les Turcs.

Nulle puissance n'était plus capable, à la fin du XVIe siècle, de tenter cette vaste entreprise que l'ordre des jésuites. Répandu partout et partout suivant une direction unique, il

[1594] à contruire, sur le territoire de Iassi, le monastère appelé Aaron-Vodă, du nom du prince qui l'a édifié, monastère qui est placé sous l'invocation de saint Nicolas.*)

Fin de la Chronique du vornic Grégoire Urechi.*)

pouvait faire converger vers un même but les efforts des rois et des peuples. A l'appel des jésuites, le pape s'émut et envoya dans l'Europe orientale des nonces capables de le renseigner et d'en imposer même aux fidèles de l'Église d'Orient par le prestige attaché au trône du souverain pontife. Tandis que Clément VIII pressait le roi de Pologne et le grand-duc de Moscovie de se joindre à la ligue chrétienne, le roi d'Espagne, Philippe II, s'efforçait de décider l'empereur Rodolphe à se déclarer dans le même sens. On put croire que l'accord était fait et que les infidèles allaient être refoulés en Asie.

En 1591, les Turcs, sans attendre même que la trêve eût expiré, avaient pris l'offensive en Croatie; mais il sembla que les hostilités ne seraient que passagères et ne mèneraient pas à une lutte générale. En effet, Rodolphe envoya, l'année suivante, le baron de Krekowitz porter à Constantinople le tribut ordinaire et les présents réservés aux plus hauts dignitaires de la Porte. Le terrible Sinan-Paša venait d'être renversé du grand-vizirat et le malheur voulut que l'ambassadeur impérial crût pouvoir le négliger. C'était une faute que Krekowitz devait payer cher. A peine avait-il remis les présents que le sultan de Bosnie, Hassan, à l'instigation de Sinan, recommença la guerre, et bientôt Sinan lui-même fut réintégré dans ses fonctions de grand-vizir (janvier 1593).

L'empereur n'eut désormais plus le choix entre la paix et la guerre. La diète hongroise réunie à Presbourg le 25 janvier 1593, ne put s'empêcher, malgré ses dispositions pacifiques, de voter des subsides, et bientôt tout le royaume fut absorbé par les préparatifs militaires. Les premières opérations, dont la Croatie fut le théâtre, furent heureuses: Hassan fut défait sous les murs de Sisak et son armée subit de grandes pertes. Ce fut alors que Sinan-Paša prit le parti de se jeter sur la Hongrie. Le 27 septembre, il traversa la Drave près d'Osjek (Eszek), avec une armée de 100.000 hommes, et marcha vers le cœur du royaume.

Ce n'est pas ici le lieu de raconter cette campagne qui fut si mal conduite du côté des Hongrois; mais nous devons parler des négociations qui occupèrent la plus grande partie de l'année suivante.

Le 8 novembre 1593, le pape Clément VIII chargea dom Alexandre Comuleo de se rendre auprès des princes de Moldavie et de Valachie, ainsi qu'auprès de l'hetman des Cosaques, pour les adjurer d'entrer dans la ligue chrétienne (voy. Theiner, *Monum. Poloniae,* III, 210; Hurmuzaki, III, 173). Nous avons emprunté déjà quelques renseignements aux instructions qui furent alors données à Comuleo et aux instructions complémentaires qu'il reçut le 17 janvier 1594, lorsqu'il fut décidé qu'il pousserait son voyage jusqu'en Moscovie. Les négociations avec le prince de Transylvanie, conduites d'abord par le confesseur de Sigismond Báthori, le jésuite Alphonse Carillo, furent confiées au nonce Visconti, dont les instructions ont été mises également à profit ci-dessus.

Dans toutes ces négociations une place importante était réservée à la Valachie et surtout à la Moldavie. Sigismond Báthori avait d'autant plus d'autorité pour imposer en quelque sorte sa volonté au prince de Moldavie qu'il avait contribué de la manière la plus efficace à détrôner Pierre dit le Cosaque et à remettre Aaron en possession du trône. Les troupes transylvaines avaient reçu dans cette circonstance l'ordre d'agir avec circonspection et d'éviter l'effusion du sang; seul l'infortuné prétendant fut sacrifié. L'empressement ostensible de Sigismond à se soumettre aux ordres du grand seigneur n'était qu'une feinte destinée à calmer les inquiétudes que les Turcs auraient pu concevoir sur sa fidélité (cf. Fessler, IV, 19).

Le prince de Transylvanie réussit d'abord à faire prévaloir son influence en Valachie. Il obtint la déposition de Jean-Alexandre et fit donner le trône au ban de Craiova qui fut Michel-le-Brave. L'avènement du héros valaque doit être placé au mois de novembre 1593; le plus ancien diplôme de lui que l'on connaisse est du 2 décembre de cette année (Arch. de Bucarest, cartulaire de l'évêché de Buzău, fol. 16).

Par les conseils de Sigismond, Aaron s'entoura d'une garde de 1900 hommes d'élite, en grande partie transylvains. Ceux-ci répondaient de la fidélité du prince de Moldavie, que surveillèrent également deux boïars gagnés à Sigismond : le logothète Oprea, et un personnage qui devait plus tard exercer lui-même le pouvoir, Étienne Răzvan.

Les créanciers d'Aaron, qui avaient les yeux sur lui dans la crainte qu'il ne leur échappât en se retirant à l'étranger, informaient le grand-vizir de ses mouvements. Les Turcs apprirent par eux que des rapports étroits s'étaient etablis entre la Moldavie et la Transylvanie ; la garde hongroise d'Aaron leur inspira surtout des craintes faciles à comprendre. Ils envoyèrent en conséquence un tchaouch à Sigismond Báthori pour l'inviter à retirer ses troupes de la principauté voisine où ils ne l'autorisaient pas à conserver plus de 800 hommes. Sigismond eut recours aux faux-fuyants. Il n'avait plus d'autorité, disait-il, sur d'anciens soldats qui, ayant fini leur temps, avaient pris du service au-dehors. Il ne lui appartenait pas, ajoutait-il, de se mêler des affaires d'autrui ; il n'avait aucunement qualité pour faire arrêter les boïars Oprea et Răzvan, qu'on lui demandait d'envoyer à Constantinople (W. Bethlen, III, 67-70 ; Engel, II, 236).

Du côté de la Pologne, le prince de Transylvanie et l'empereur avaient également échoué dans leurs démarches. Le roi, subissant l'influence de son chancelier, le tout puissant Jean Zamojski, se fiait moins aux Allemands qu'aux Turcs et voulait absolument éviter tout conflit inutile avec ces derniers. La situation était ainsi des plus incertaines. Chacun se déclarait prêt à agir et personne ne voulait donner le signal de la guerre. Deux peuples, particulièrement belliqueux, protestèrent seuls par leur attitude résolue contre les lenteurs de la diplomatie. De même que les Croates, vers le sud, n'avaient pas craint d'engager l'action, sans réfléchir aux conséquences possibles de la lutte, les Cosaques, vers le nord, n'hésitèrent pas à prendre l'offensive ; mais leurs mesures furent mal prises. Poussés à la guerre par Chłopiecki, que l'empereur Rodolphe leur avait envoyé, ils crurent que les Moldaves étaient inféodés au grand seigneur et qu'ils feraient une diversion utile à la cause chrétienne en envahissant la Moldavie. 30.000 hommes conduits par les hetmans Loboda et Nalivajko entrèrent dans la principauté au mois de décembre 1593 et s'avancèrent jusqu'à Giurgiu. Ils eurent le temps de se retirer avec leur butin avant que les Moldaves, les Turcs et les Tatars envoyés contre eux eussent pu les joindre (Engel, II, 237).

Cet incident peint bien l'extrême confusion qui régnait encore dans tous les pays intéressés au succès de la croisade.

Au moment même où les Cosaques venaient de dévaster la Moldavie, le 25 décembre 1593, un agent de l'archiduc Mathias, Valentin Prépostvári, écrit à Aaron et lui fait diverses propositions en l'engageant à se fier à la cour impériale (Hurmuzaki, III, 176). Le 1ᵉʳ janvier 1594, Aaron répond qu'il est animé des meilleures dispositions, mais qu'il est entouré d'un cercle de fer (*ibid.*, III, 177). Une invasion des Tatars, venus sans doute pour combattre les Cosaques, crée des complications imprévues. Le 6 février, Aaron fait part à Sigismond Báthori de ce nouveau danger (*ibid.*, III, 179); il écrit dans le même sens au capitaine général de l'empereur en Hongrie (*ibid.*, III, 180). Les négociations se poursuivent entre l'archiduc Mathias, Sigismond Báthori et Aaron (*ibid.*, III, 182-185). Le 7 mars 1594, l'empereur signe les instructions et les lettres de créance du Ragusain Jean de Marinis, qu'il envoie avec des présents en Transylvanie, en Valachie et en Moldavie (*ibid.*, III, 186-188). Les Tatars sont toujours à craindre (voy. une lettre d'Aaron à Sigismond, *ibid.*, III, 185); mais un sacrifice d'argent suffit pour les arrêter et les décider à prendre un autre chemin (Engel, II, 237). Comme preuve de ses sentiments amicaux pour Aaron, l'archiduc Mathias fait arrêter à Vienne, au mois de mai, Alexandre-Élie, fils d'Élie Rareş, qui intriguait pour s'emparer de la Moldavie (Hurmuzaki, III, 192; cf. ci-dessus, p. 576).

Chose singulière, le prince de Valachie, Michel-le-Brave, qui devait être par la suite le plus terrible adversaire des Turcs, se montrait le moins ardent pour entrer dans la ligue chrétienne. Un agent du prince de Transylvanie, Giungla, rendant compte au pape, en 1594, des affaires de son maître, dit que Sigismond Báthori compte sur le concours des voïévodes de Moldavie et de Valachie, lesquels disposent ensemble de 30.000 chevaux, sans compter l'infanterie; mais il ajoute que la Valachie est moins décidée à l'action que la Moldavie et que le prince se borne à des promesses secrètes (Hîşdău, *Arch.*, I, II, 50).

Il fallait pourtant sortir de l'inaction. Lorsque Sinan-Paša avait pris avec 100.000 hommes le chemin de la Hongrie, il avait sommé Sigismond Báthori de lui fournir un corps auxiliaire et des approvisionnements. Sigismond avait cherché à décider la diète transylvaine à la guerre, puis il avait voulu faire valoir des excuses auprès du grand-vizir, et finalement il avait dû mettre ses troupes en mouvement comme pour agir de concert avec les Turcs. Le P. Carillo avait l'ordre d'informer l'empereur et le pape que cette attitude forcée n'était qu'une feinte. Les Turcs purent s'y laisser tromper quand ils virent Pancrace Sennyei leur apporter, par décision de la diète, le montant du tribut annuel (Fessler, IV, 19).

Les négociations depuis si longtemps engagées aboutirent enfin. Le 16 août 1594, Aaron signa un traité d'alliance avec l'empereur que représentait Jean de Marinis (Hurmuzaki, III, 193). Le 5 novembre suivant, fut signé à Bucarest un acte solennel qui liait les princes de Valachie et de Moldavie à celui de Transylvanie en vue d'une action commune contre les Turcs. (Nous donnons cette dernière date d'après Filstich que suivent Engel, I, 229, et Bălcescu, *Michaiŭ Vodă Vitézul*, 49. Le texte même du traité a été retrouvé, il y a quelques années, en Italie, par M. le professeur Uspenskij, mais nous ignorons s'il a été publié.)

Le 25 janvier 1595, un troisième traité fut signé à Prague, entre l'empereur, d'une part, représenté par Jean Kutassi, évêque de Győr, par Étienne Szuhay, évêque de Vács, par Thomas Erdődi, Nicolas Pálfi, Simon Forgács et Jean Jóo, et le prince de Transylvanie, d'autre part, dont les mandataires étaient Bocskai, Georges Csáki, Jean Sieger, juge de Hermannstadt, et le P. Carillo. Nous n'avons pas à nous étendre ici sur ce traité dans lequel Sigismond Báthori stipulait à la fois pour lui et pour les princes de Valachie et de Moldavie (Fessler, IV, 29).

Il règne ici une grand confussion dans W. Bethlen, dans Walther, dans Engel, dans Bălcescu; les sources qui jettent le plus de lumière sur la situation sont un long rapport adressé par Jean de Marinis à l'empereur Rodolphe (Hurmuzaki, III, 200) et une relation des ambassadeurs moscovites Michel Veljaminov et Athanase Vlasijev, qui étaient à Prague en 1595 (Hîşdău, *Arch.*, II, 18). Nous y voyons se préparer et se dénouer la catastrophe dont Aaron fut victime.

Le prince de Moldavie, n'osant lever le masque, conservait une attitude douteuse. Les Cosaques crurent le décider à l'action en se jetant de nouveau sur la Moldavie. Loboda passa le Dniestr à Soroca avec 12.000 hommes, battit les Moldaves à Ciociova, brûla Iassi et se livra partout au pillage. Les Turcs, pénétrant le complot, voulurent frapper un grand coup. Le pacha de Silistrie entra en Valachie et s'y établit; Michel-le-Brave dut chercher un refuge en Transylvanie. Sigismond Báthori se crut trahi. Convaincu qu'Aaron avait de secrètes intelligences avec les Turcs et avec le cardinal André Báthori (ce cardinal qui était l'adversaire le plus résolu de la croisade), il fit surprendre le prince de Moldavie, à Iassi même, par un parti transylvain que commandaient Gaspard Corniş et François Daczó (23 avril 1595). Aaron fut conduit en Transylvanie avec sa femme et ses fils; il fut enfermé au château de Vinţi (Alvincz, Winzendorf), où il mourut au mois de mai 1597 (Bălcescu, 91).

Sigismond Báthori donna la couronne au vornic Étienne Răzvan.

Additions et Corrections.

Aux ouvrages cités pp. xxj—xxvij, il y a lieu d'ajouter ceux qui sont mentionnés pp. 229 (*Acta Tominiciana*), 294 (pièces relatives à la victoire des Polonais sur Pierre Rareş), 390 (Jabłonowski), 392 (monographies sur le despote Jean Héraclide), 474 (relations du soulèvement de Jean l'Arménien contre les Turcs), 484 (Walther), 513 (Documents recueillis par Hurmuzaki). — A partir de la feuille 22 nous avons eu à notre disposition le tome II de l'ouvrage de Wickenhauser (Czernowitz, 1877, in-8).

P. 12, l. 1 : мѣкарѫ кѫ, *lisez* мѫкáр кѫ.

P. 19, l. 8 des notes : 1419, *lisez* 1399.

P. 20. Le Tableau généalogique de la famille de Dragoş que nous devions publier en appendice a paru dans la *Revista pentru istorie, archeologie şi filologie*, V.

P. 21, second alinéa de la note. Le défaut d'espace nous empêche de donner l'appendice auquel nous renvoyons. Nous nous proposons de traiter la question du domicile des Roumains au moyen âge dans l'*Histoire de Moldavie* que nous avons entreprise avec la collaboration de M. G. Bengescu.

P. 22. Un acte de Vladislas, duc d'Opole (Oppeln), en date du 10 novembre 1377, acte publié par Jabłonowski (*Sprawy Wołoskie za Jagiellonów*; Warszawa, 1878, in-8, 155) et que M. Onciul, l'auteur d'une notice récente sur Iugă Vodă (*Convorbiri literare*, XVIII, 1884, 1), n'a pas connu, nous apprend que Iugă vivait encore, mais qu'il avait perdu le pouvoir. Il s'était retiré avec sa femme et ses enfants sur le territoire russe, où Vladislas déclare lui abandonner un certain nombre de fiefs. Dans ce diplome Iugă est appelé »Dziurdz, voyevoda wołoski.«

P. 23, l. 16, *lisez*: Le successeur de Iugă Korijatovič paraît avoir eté Costea, ou Constantin Ier, Mușat, auteur de la grande famille princière de Moldavie. Costea est cité dans la liste de Scarlatti (Pray, *Dissertationes*, 140); il figure également dans le *poménik* de Bistrița, entre Lațco et Pierre (Помѣни гн҃ Богдана воеводѫ, помѣни гн҃ Лацка воеводѫ, помѣни гн҃ Костѣ воеводѫ, помѣни гн҃ Петра воеводѫ) et dans le *poménik* de Putna, qui concorde sur ce point avec celui de Bistrița (voy. *Revista pentru istorie, archeologie și filologie*, II, 59). Après Costea vint Pierre Musat, etc.

P. 23, l. 29 des notes: son fils, Romain, *lisez* son frère, Romain.

P. 25, l. 8 des notes, *ajoutez*: Étienne vivait encore en 1396 lorsque le patriarche de Constantinople eut des démêlés avec les évêques établis en Moldavie (voy. Miklosich et Müller, *Acta Patr. Constantinop.*, II, 241; Melchisedec, *Chron. Rom.*, I, 62-69). Il conserva le pouvoir au moins jusqu'au milieu de l'année 1397. M. Prochaska (*Codex epist. Vitoldi*, 43, n° 146) donne l'analyse d'un diplôme d'Étienne daté du 3 janvier 1397. Deux autres actes du même prince en date du 14 janvier et du 9 mai 1397 sont conservés aux archives nationales de Bucarest (monastère de Niamț, liasses n°s 1 et 21).

P. 27, l. 5 des notes, *effacez* pour la seconde fois, et *lisez* Romain II; — l. 17, *lisez* Costea Mușat; — l. 18, *effacez* Tout nous porte à croire, etc., jusqu'à la fin de l'alinéa.

P. 28, l. 1 des notes. M. A.-D. Xenopol vient de publier un document qui comble une importante lacune de la chronologie moldave. Nous voulons parler d'un diplôme émané de Iugă et de ses frères Alexandre et Bogdan le 8 novembre 6908, 8e indiction, c'est-à-dire le 8 novembre 1400 et non 1399 (*Revista pentru istorie, archeologie și filologie*, IV, 714). Cet acte, dont nous ne possédons malheureusement qu'une traduction incomplète, nous révèle l'existence d'un second Iugă, qui n'était pas d'origine ruthène comme Iugă Korijatovič, mais d'origine roumaine, et qui se donne lui-même comme frère aîné d'Alexandre-le-Bon et de Bogdan. Il est étonnant qu'il ne soit pas cité dans le diplôme de 1392 où Romain Ier invoque le témoignage de ses fils Alexandre et Bogdan (Hîṣdău, *Arch.*, I, 1, 18); M. Xenopol explique le fait en supposant que Iugă II était fils naturel. Quoiqu'il en soit, il importe de remarquer que le *pomênik* de Bistriţa mentionne un Iugă entre Étienne et Alexandre.

Pour faciliter l'intelligence de ce qui précède, nous donnons ci-après un Tableau généalogique des membres de la famille Muşat, jusqu'à Étienne-le-Grand. Le defaut d'espace nous oblige à renvoyer pour les notes explicatives au volume que nous devons prochainement publier dans la Bibliothèque de l'École des langues orientales vivantes.

P. 29, l. 2 des notes: il a suffit, *lisez* il a suffi.

P. 30, l. 6: ҆ѕ҃ѹҳ, *lisez* ҆ѕ҃ѹҳ; — l. 8: ҆ѕ҃ѹка, *lisez* ҆ѕ҃ѹка.

P. 30, l. 8-12 des notes. C'est au monastère de Bistriţa en Valachie, et non au monastère de même nom en Moldavie, que M. Odobescu a fait des recherches archéologiques.

P. 32, l. 3: челе, *lisez* ч’кле; — l. 4: а́, *lisez* а̂; — l. 15: кра́їӥ, *lisez* кра́їӥ.

P. 33, *ajoutez* à la note: La vie de saint Jean Novi a été écrite par Grégoire Camblak. Voy. ci-après.

P. 44, *rectifiez* ainsi la note: Grégoire Ţamblac ou Camblak, né à Trnovo en Bulgarie, appartenait à une famille roumaine transdanubienne. C'était le neveu de Cyprien, métropolitain de Moscou, qui est honoré comme saint dans l'église russe. Il fut élevé à Constantinople et vint en Moldavie, où il fut attaché à l'église de Suceava. Vers 1406, il fut appelé par son oncle en Russie pour occuper un nouveau siège métropolitain qui devait être fondé à Kyjev pour la Lithuanie. Sur ces entrefaites,

Cyprien mourut (1406 ou 1407) et Grégoire, malgré l'appui du grand-duc Witold, dut lutter pendant plusieurs années contre le grand-duc de Moscovie, Basile II Dimitrijevič, contre le patriarche de Constantinople, Euthyme, et contre le métropolitain de Russie, Photius. Il fut enfin sacré le 14 novembre 1414. Envoyé au concile de Constance en 1418, il fut, à son retour, chassé de son siège par Photius, qui parvint à faire reconnaître son autorité sur la Lithuanie aussi bien que sur la Russie (1419). Il se retira dans la Vieille-Serbie, où il devint hégoumène du monastère de Visoka Dečana. Vers 1430, Grégoire fut appelé en Moldavie par Alexandre-le-Bon. Il voulut se faire reconnaître par le patriarche de Constantinople, mais, ne pouvant s'entendre avec lui, il se rendit à Ohrida et se plaça sous l'autorité du patriarche serbe. C'est donc à Grégoire Camblak qu'est adressée, en 1436, la lettre du pape Eugène IV; mais l'opposition qu'il fit aux projets d'union avec l'Église latine et l'hostilité du patriarche de Constantinople, qui envoya en Moldavie un prélat de son choix, appelé Damien, le forcèrent d'abdiquer. Il finit ses jours vers 1450 comme hégoumène du monastère de Pantocrator, c'est-à-dire de Niamţ.

Grégoire Camblak a laissé divers écrits fort intéressants, non seulement au point de vue théologique, mais même au point de vue historique, entr' autres une vie de saint Jean Novi dont Mgr. Melchisedec a reproduit un long fragment dans une monographie intitulée: *Viéţa şi Scrierile luĭ Grigorie Ţamblacu* (*Revista pentru istorie, archeologie şi filologie*, III, 1-64, 163-170; *Analele Academieĭ romåne*, Seria II, tom. VI, II, 1-109).

P. 46, l. 10 мѫкаркѫ, *lisez* мѫкáр кѫ; — l. 1 de la note, *lisez* Comp . . . savant.

P. 47, l. 9; trova, *lisez* trouva; — l. 12, *lisez:* s'y fussent rangés et les eussent admises.

P. 52, l. 15 des notes, *lisez:* avec la Pologne en 1434.

P. 53, l. 3 des notes, *lisez:* Le 26 août 1435, la réconciliation s'opère, etc; — l. 20, *ajoutez:* Un très important recueil de documents dont M. Uljanicki, de Moscou, a entrepris la publication contient tous les actes concernant les relations d'Élie et d'Étienne avec la Pologne, actes qui ne nous étaient en grande partie connus que par des notices sommaires.

P. 60, l. 9: Вαсλ8ιολ, *lisez* Вαсλ8ιολ.

P. 62, note *), *lisez*: Si Étienne ne figure pas dans les lettres hommagiales, non plus que dans un traité conclu avec le grand-prince de Lithuanie le 8 juin 1442 (Акты западной Россіи, I, 54; Codrescu, III, 71), nous avons lieu de croire que ces actes, etc.

P. 63, en note. — Ce que nous disons du passage d'Alexandre II sur le trône repose sur une erreur de Dogiel, qui a lu 1445 au lieu de 1455. *L'Inventarium* permet de rétablir la véritable date. — Le traité de 1447 a été publié dans les Акты зап. Росс., I, 60, et reproduit par Mitilineu, 14.

P. 64, l. 4 de la note: Pobrata, *lisez* Poiana.

P. 73, l. 4, *lisez* Constantin-Andronic. Il s'agit d'un seul personnage. Voy. un diplôme du 15 octobre 1487, dans lequel figure Iliana, fille de Nichită, frère de Constantin-Andronic (Melchisedec, *Chron. Rom.*, I, 134).

P. 77, l. 3 de la note: Długosz, *lisez* Kromer.

P. 80, l. 7 et 10: мακαρ κζ, *lis.* мζκάρ κζ.

P. 81, l. 24, *lisez* se retirèrent ensemble en toute hâte vers la Pologne.

P. 101, l. 4 de la note ††: *banya*, lisez *bánya*.

P. 107, note **) *lisez*: Cetatea-de-Baltă (all. Kockelburg, magy. Küküllővár), ville du comitat de Tirnava (Kockelburg, Küküllő); Csicsó, village du pays des Széklers, etc.

P. 112, avant-dernière ligne du texte: Бάρα, *lis.* Бρζ. *Effacez* les mots »au soir« dans la traduction.

P. 112, note **), *ajoutez*: Étienne-le-Grand raconte sa campagne contre Radu dans une lettre adressée de Vasluiŭ au roi de Pologne, le 13 juin 1471. Voy. Jabłonowski, p. 28.

116, l. 6 Милкόв, *lisez* Мйлков.

P. 118, l. 9: ДѸнъ, *lisez* лѸнъ.

P. 126, avant-dernière ligne du texte: прнисъръ, *lisez* прѝнсъръ.

P. 129, *ajoutez* à l'avant-dernier alinéa des notes: Étienne, dans la joie de sa victoire, conféra la noblesse à un certain nombre de ses soldats et envoya divers trophées au pape et au roi de Hongrie (Kromer, 412).

P. 137, note †), *lisez*: Les invasions des hetmans Loboda et Nalivajko n'eurent lieu qu'à la fin du XVIe siècle, en 1593 et 1596. Voy. sur ce point Hîşdău, *Ion Vodă*, 256.

P. 138, en note. — Długosz (II, l. xiij, 534) parle des jeunes gens envoyés au sultan.

P. 139, fin de la note *), *lisez*: Ce texte dont nous reproduirons, etc.

P. 141, en note, *lisez*: Non seulement il entretenait des relations suivies avec le Saint-Siège par l'intermédiaire des Vénitiens, mais il avait lui-même des agents en Italie (deux ambassadeurs moldaves arrivèrent à Florence au mois de mars 1475; voy. Makušev, *Monumenta historica Slavorum meridionalium*, I, 1, 534); en même temps il pressait, etc.

P. 143, l. 15 de la note, *ajoutez*: Il accorda bien un jubilé à Étienne et à l'évêque Pierre (voy. une bulle du 9 avril 1476, ap. Theiner, *Monumenta Hungariae*, II, 449), mais l'argent ne vint pas. Le prince de Moldavie, etc.

P. 147, l. 17, *ajoutez* en note: Les historiens turcs donnent la date du 4 rebi-el-aul 881, qui correspond au 27 juin 1476. Voy. Leunclavius, *Hist.*, 591.

P. 156. note *): Ѳ·кѵр єѵктістѸ, *lisez* кѵр ѲєѵктістѸ.

P. 159, note *), *ajoutez*: On lit encore dans l'église de Bădăuţi une inscription commémorative ainsi conçue: »En l'an 6989 [1481], le 8 du mois de juillet, jour du grand et saint martyr Procope, le voïévode Jean-Étienne, par la grâce de Dieu, seigneur de Moldavie, fils du voïévode Bogdan, avec son fils bien-aimé, Alexandre, ainsi qu'avec le voïévode Băsărab-le-Jeune, a livré bataille, près de Rîmnic, au prince de Valachie appelé Țăpăluș. Celui-ci ne put vaincre le voïévode Étienne, mais défit Dan Băsărab, et Alexis Liow Băsărab (?) fut tué. Pour ce motif, Étienne, dans sa munificence. et dans sa justice, a cru devoir construire cette maison de Dieu, sous le vocable du grand et saint martyr Procope, en 6995 [1487]. Commencée le 8 du mois de juin, achevée le 13 novembre de la même année (Wickenhauser, II, 32).« Cette inscription, que nous ne connaissons que par une traduction allemande, soulève plusieurs questions que nous ne pouvons discuter incidemment.

P. 161, l. 13 des notes: 1581, *lisez* 1481.

P. 162, l. 6, а̂лто́ра, *lisez* а̂лтора; — l. 6 et 11 des notes *lisez* Călugărul.

P. 177, l. 13, *ajoutez* en note: Le prétexte mis en avant par Jean-Albert avait fait croire en occident à une alliance entre la Russie, la Pologne et la Moldavie contre le Turc. Voy. Sanuto, I, 14.

P. 178, l. 16: боїе́рй, *lisez* боїе́рїй.

P. 181, l. 16: mechanceté, *lisez* ruse.

P. 182, l. 4: Нѣ́стрȣ, *lisez* Нїстрȣ.

P. 183, l. 2: de roi, *lisez* du roi; — l. 6: droit, *lisez* d'urgence.

P. 184, l. 10: Ꙕа̂змѫнъ, *lisez* Ꙕа̂змѣ́нъ.

P. 185, à la fin: qui traînaient le fourrage, *lisez* la poudre.

P. 188, l. 9: ч҄кра, *lisez* ц҄кра; l. 22 то́ат҄ѣ, *lisez* то́атъ.

P. 189, l. 18: toujours prêt à combattre, *lisez* excité par les combats.

P. 190, 18: а̂кȣлѡ̀, *lisez* а̂колѡ̀; l. 26: кȣ а̂ꙋто́рȣл лȣй Стефан Бодъ, *lisez* кȣ а̂ꙋто́рȣл лȣй Дȣмнезеȣ шѝ кȣ нꙃро́кȣл лȣй Стефан Бодъ.

P. 192, l. 16: Шипѝнцй, *lisez* Шипѝнцій; — l. 24. Ѡ̂а́чест Лбре́хт, *lisez* А́чест Ѡ̂лбре́хт; — l. 28: кърȣа, *lisez* кърȣа.

P. 208, dernières lignes des notes, *lisez*: Ayant eu à se plaindre des Russes, il les attaqua résolument.

L'ambassadeur vénitien en Hongrie, Sébastien Giustiniani, dit dans une dépêche du 12 janvier 1502: »Haveva avuto conflicto cum el duca di Moscovia et, haverli interito grandissima strage per la qual morirno Moscoviti oltra 9000... (Makušev, *Monumenta historica Slavorum meridionalium*, I, 1, 256).« Non content de ce succès, il fit subir aux Russes, en 1502, etc.

P. 221: Chapitre XI, *lisez* XIII.

P. 228, à la fin des notes: que Bogdan, dont il avait été le précepteur, *lisez*: qu'Étienne-le-Jeune...

P. 237, note **), l. 3: *Acta*, III, 60, *lisez Acta*, IV, 60.

P. 239, l. 4 des notes: Tirasowce (?), *lisez* Tirasowce [Tirăsăuți].

P. 242, note *), l. 15: janvier 1509, *lisez* 1510.

P. 261, note **), *ajoutez*: Un diplôme de Pierre Rareș, en date du 15 mai 1546, fait allusion à la trahison dont Cărăbăț se rendit coupable envers Étienne-le-Jeune. Voy. Melchisedec, *Chron. Rom.*, I, 170.

P. 263, *ajoutez* à la fin des notes: Le pape était toujours tenu au courant des alliances conclues pour combattre les Turcs. En 1519, un ambassadeur moldave et un ambassadeur valaque se rendirent ensemble auprès de Léon X. Voy. Hîșdău, *Istoria toleranței religióse*, 2a ed., 42.

P. 271, l. 19, *ajoutez* en note: Un diplôme d'Étienne Rareș daté du 25 avril 1552 nous apprend que Jean Păstrav, administrateur de Huși, et ses frères étaient aussi au nombre des conjurés. La terre de Păstrăvești, qui leur appartenait, fut confisquée par le prince; mais en 1552, les membres de la famille qui étaient restés étrangers au complot reçurent une compensation en argent. Voy. Melchisedec, *Chron. Rom.*, I, 187).

P. 279, l. 17: en-tendu, *lisez* entendu; l. 20-21: Pierre Măjarul, *lisez* Pierre Măjarul (le Poissonier), appelé Rareș; — l. 1 de la note*), *lisez*: Il faut lire 20 février, puisque, d'après Urechi, etc.

P. 295, l. 18 de la note: 1513, *lisez* 1531.

P. 309, l. 31 des notes, *ajoutez*: Cf. Verancsics, dans les *Magyar történelmi Emlékek*, I. osztály, II, 63.

P. 311, l. 16, *ajoutez* en note: D'après une lettre écrite par Étienne Rareș en 1552 (Hîșdău, *Arch.*, I, ii, 152), ce prince aurait adressé à Ferdinand d'Autriche un acte contenant des engagements solennels de sa part; Zápolya se serait emparé de cet acte et l'aurait livré au sultan qui en aurait conçu contre le prince de Moldavie un violent ressentiment.

P. 317, *ajoutez* en note: Voy. le récit que Verancsics fait de ces mêmes évènements (*Magyar történelmi Emlékek*, I. osztály, II, 72-96.

P. 319: Chapitre XV, *lisez* XVI.

P. 329, l. 16, *ajoutez* en note: Voy. le tableau généalogique de la famille Arbure, ap. Wickenhausser, II, 213.

P. 331: Chapitre XVI, *lisez* XVII.

P. 393, l. 6: Athanase, *lisez* Anastase.

P. 395, l. 10 des notes: petit-fils, *lisez* neveu.

P. 407, l. 3: 1565, *lisez* 1561.

P. 437, l. 3, *lisez*: aussi résolurent-ils, pour les empêcher de pénétrer leurs projets, d'envoyer secrètement un espion qui leur fît croire qu'ils devaient marcher contre les Tatars; puis l'espion devait revenir en apportant cette bonne nouvelle que les Tatars s'étaient retirés. Ainsi firent les boïars. Ils dirent que chacun pouvait se réjouir puisque les Tatars étaient partis; puis ils firent boire les Allemands, etc.

P. 510. l. 15 de la note *): 492, *lisez* 490.

Tableau généalogique de la famille

Costea ou Constantin Ier Muşat, ép. X.

Pierre Ier,
prince de Moldavie, 1387-1389; ép.
X, fille de Vladislas Jagellon, roi de
Pologne

| **Romain II,** prince de Moldavie, 1399-1400. | Ivaşco, prétendant, 1400. | Wilczo, prétendant, 1400. | Iugă II, prince de Moldavie, 1400. |

| Romain, cité 1407. | Basile, cité 1407. | **Élie Ier**, prince de la basse Moldavie, 1433, détrôné, fin de 1433; prince de la haute Moldavie, août 1435; m. 1444; ép. Marie, ou Manka, sœur de Sophie, reine de Pologne, qui vivait encore en 1456. | **Étienne II**, prince de la haute Moldavie, 1433; réunit tout le pays, fin de 1433; prince de la basse Moldavie, août 1435; réunit de nouveau tout le pays, 1444; m. 1447; ép. Marie. |

| **Romain III,** prince de Moldavie, 1448; m. 2 juillet 1448. | X épouse Vlad le Diable, prince de Valachie, 1430, tué 1446. | **Alexandre II,** prince de Moldavie, mai-août 1449; restauré, décembre 1451-1454. | Alexandre. | Alexandrine. |

Muşat jusqu'à Étienne-le-Grand.

qui vivait encore le 18 novembre 1392.

Romain Ier, prince de Moldavie, 1392-1393; ép. Anastasie, fille de Laţco, prince de Moldavie, morte avant le 16 sept. 1407 et enterrée à Roman.

Alexandre Ier le Bon, prince de Moldavie, 1401; m. 1432; ép. 1° Marguerite, princesse catholique, m. 1410, enterrée à Baie; 2° Anne (?); 3° Stana; 4° Marie, ou Marina (de son nom païen Ryngała), sœur de Vladislas Jagellon.	Bogdan, cité de 1392 à 1407; enterré à Rădăuţi.	Marie, m. le 26 mars 1419, enterrée à Rădăuţi.	Basilisse	Anastasie
Pierre II, prétendant, 1443-1444; prince de Moldavie, septembre 1447-avril 1448; restauré, 1448-1449; octobre-novembre 1451; 1454-1455; 1456; tué en Pologne, 1469; ép. X, sœur de Jean Hunyadi.	Anne	Alexandre, cité 1429	Bogdan II, prince de Moldavie, fin de 1449; assassiné, 14 octobre 1451; ép. Marie, ou Oltea.	

Anastasie, citée 1456.	Elie, décapité en Pologne, 1501.	Étienne III, le Grand, prince de Moldavie, 1456; m. 2 juillet 1504.	Joachim.	Jean.	Cristea.	Marie.	Sorea.

Liste chronologique des princes de Moldavie

depuis l'origine jusqu'a la fin du XVIᵉ siècle.

Bogdan Iᵉʳ 1359, 1360, 1365.
Laţco, 1370, 1372.
Iugă I, ou Georges, Korijatovič, 1374.
Costea, ou Constantin Iᵉʳ, Muşat?
Pierre Iᵉʳ Muşat, 1387, 1388, 1389.
Romain Iᵉʳ, 1392, 1393.
Étienne Iᵉʳ, 1394, 1395, 1397.
Romain II, 1399, 1400.
Iugă II, 1400.
Alexandre Iᵉʳ le Bon, 1401-1433.

Élie Iᵉʳ, prince de la basse Moldavie, 1433.	Étienne II, prince de la haute Moldavie 1433.

Étienne II, seul, 1433-1435.

Étienne II, prince de la basse Moldavie, 1435-1444.	Élie Iᵉʳ, prince de la haute Moldavie, 1435-1444.

Étienne II, seul, pour la seconde fois, 1444-1447.
Pierre II, septembre 1447 — avril 1448.
Romain III, avril ou mai 1448; m. le 2 juillet 1448.
Pierre II, pour la seconde fois, 1448-1449.
Alexandre II, mai-août 1449.
Bogdan II, 1449; m. le 14 octobre 1451.
Pierre II, pour la troisième fois, octobre-novembre 1451.
Alexandre II, pour la seconde fois, décembre 1451-1454.
Pierre II, pour la quatrième fois, 1454-1455.

Alexandre II, pour la troisième fois, 1455-1456.

Pierre II, pour la cinquième fois, 1456.

Étienne III le Grand, 1456; m. le 2 juillet 1504.

Bogdan III le Borgne, 2 juillet 1504; m. le 18 avril 1517.

Étienne IV le Jeune, 18 avril 1517; m. le 12 janvier 1527.

Pierre III Rareş, 20 janvier 1527; détrôné, septembre 1538.

Étienne V Lăcustă, septembre 1538; assassiné, novembre 1540.

Alexandre III Cornea, novembre 1540; tué, février 1541.

Pierre III Rareş, pour la seconde fois, 19 février 1541; m. le 4 septembre 1546.

Élie II Rareş, 5 septembre 1546; abdique, 1er mai 1551.

Étienne VI Rareş, 15 juin 1551; assassiné, septembre 1552.

Joldea, prince pendant trois jours, septembre 1552.

Aaron Ier, octobre ou novembre 1552.

Alexandre IV Lăpuşneanul, septembre 1552; détrôné, novembre 1561.

Jacques Héraclide, dit Jean Ier, surnommé le Despote, ou l'Hérétique, novembre 1561; tué le 5 novembre 1563.

Étienne VII Tomşa, 5 novembre 1563; détrôné, janvier 1564; exécuté par ordre du roi de Pologne, avril 1564.

Alexandre IV Lăpuşneanul, pour la seconde fois, janvier 1564; m. mars 1568.

Bogdan IV Lăpuşneanul, mars 1568; détrôné vers juillet 1572.

Jean II l'Arménien, vers juillet 1572; tué le 14 juin 1574.

Pierre IV le Boiteux, 25 juin 1574; détrôné novembre 1577.

Karabied Šerbega, dit Jean II ou Ivan Potcoavă Creţul, novembre 1577; détrôné, décembre 1577; exécuté par ordre du roi de Pologne, février 1578.

Pierre IV le Boiteux, pour la seconde fois, 1ᵉʳ janvier 1578; détrôné, 9 février 1578.

Alexandre V Šerbega, février 1578; tué, fin mars 1578.

Pierre IV le Boiteux, pour la troisième fois, mars 1578; déposé, décembre 1579.

Jean III, ou Iancu, le Saxon, décembre 1579; déposé, août 1582; s'enfuit en Pologne, où il est exécuté par ordre du roi.

Pierre IV le Boiteux, pour la quatrième fois, 17 octobre 1582; abdique, août 1591; se retire en Pologne, puis en Autriche; meurt à Botzen, juillet 1594.

Aaron II, novembre 1591; déposé par les Turcs, vers juin 1592.

Pierre V le Cosaque, vers juillet 1592; renversé, septembre 1592; exécuté par ordre du sultan, octobre 1592.

Aaron II, pour la seconde fois, septembre 1592; détrôné par Sigismond Báthori, prince de Transylvanie, 23 avril 1595; m. au château de Vinţi, sur le Mureş, mai 1597.

Étienne VIII Răzvan, avril 1595; détrôné par les Polonais, août 1595.

Jérémie Iᵉʳ Movilă, août 1595; détrôné par Michel-le-Brave, mai 1600.

Michel Iᵉʳ le Brave, prince de Valachie, s'empare de la Moldavie, mai 1600. Marc, fils de Pierre Cercel et neveu de Michel, est nommé régent de Moldavie.

Jérémie Iᵉʳ Movilă, pour la seconde fois, octobre 1600; abdique, juin 1606; m. 1608..

Table alphabétique générale.

Aaron I‍ᵉʳ, est établi sur le trône de Moldavie par le général Castaldo, 388; Anne, sa veuve, 389.

Aaron II le Cruel, intrigue à Constantinople, 560; obtient la principauté de Moldavie, 567; contracte d'immenses dettes, 567; ses débauches et sa cruauté, 569; se ménage des appuis à l'étranger, 569; défait un compétiteur appelé Bogdan, 571; est déposé, 573; rentre en grâce auprès du sultan, 577; envoie en Moldavie l'armaş Oprea, 577; chasse Pierre-le-Cosaque qui s'était emparé de Iassi, 581; nomme de nouveaux boïars, 583; construit le monastère d'Aaron-Vodă, 587; entre dans la ligue chrétienne contre les Turcs, 588; est attaqué par les Cosaques, 589, 591; est enlevé par ordre de Sigismond Báthori, 592; meurt en Transylvanie, 592.

Aaron-Vodă, monastère, 587.

Abraham, ambassadeur moldave, 308.

Achillea, 176. Voy. Chilie.

Acta Patriarchatus Constantinopolitani, xxj.

Acta Tomiciana, 229 et *passim*.

Adel Geraj, 499, 508.

Agapia, monastère, viij.

Ahmed-Paša, 369, 499, 509, 532, 534.

Ahmed, sandžakbeg de Nicopoli, 344.

Ahmed, tchaouch, 582.

Akjerman. Voy. Cetatea-Albă.

Alba Iulia, ville de Transylvanie (all. Karlsburg, magy. Károly-Fehérvár, ou Gyula-Fehérvár), 391.

Albert, roi de Pologne. Voy. Jean-Albert.

Albert, duc de Prusse, 384.

Albinus (Petrus), Nivemontius, 392, 393.

Alecsa, stolnic, 111.

Alesso, missionnaire catholique, 570.

Aleksandra, fille de Siméon de Kyjev, 96.

Alexandre I‍ᵉʳ, le Bon, prince de Moldavie, fils de Romain, 23; monte sur le trône, 31; construit des monastères, 31; organise l'église moldave, 33; crée la hiérarchie moldave, 37, 595; participe au concile de Florence (anachronisme d'Urechi), 43; fait amitié avec la Pologne, 47; meurt, 49; cité, 142, 371, 603.

Alexandre II, prince de Moldavie, 71, 596; est détrôné par Bogdan, 73; est soutenu par les Polonais, 75; se retire à Bîrlad, 81; est supplanté par Pierre II, 83-85; cité, 597, 602.

Alexandre III, Cornea, prince de Moldavie, 331, 334; est mis à mort, 335, 336.

Alexandre IV Lăpușneanul, prince de Moldavie, désigné d'abord sous le nom de Pierre, 374, 379, 383; renverse Joldea et prend le nom d'Alexandre, 379-385; épouse Rucsanda, 383; construit les monastères de Slatina et de Pîngărați, 387; triomphe d'Aaron Ier, 388; sert les Turcs et combat les Hongrois, 387, 389; envoie une ambassade en Pologne, 390; donne des secours à Jean-Sigismond Zápolya, 391; installe François Bebek en Transylvanie, 391; reçoit en Moldavie le despote Jean Héraclide, 400; découvre ses intrigues, 400; poursuit ses partisans, 404; perd contre le despote la bataille de Verbia, 407; s'enfuit à Constantinople, 409; est relégué à Iconia, 411; est rançonné par les Turcs, 416; travaille à reconquérir le trône, 421; est soutenu par Jean-Sigismond, 427; obtient un firman qui lui rend la couronne, 441; entre en Moldavie, 453; renverse Étienne Tomșa, 454, 455; obtient du roi de Pologne l'exécution d'Étienne, 457; fait mettre à mort 47 boïars, 457; fait exposer la tête du despote, 459; fait exécuter Georges de Revelles, 459; rase les forteresses moldaves, 461; triomphe de divers prétendants, 462-464; envahit la Pocutie, 465; meurt, 465; on croit qu'il est empoisonné, 467; ses enfants, 468, 488, 581.

Alexandre V Šerbega, frère de Jean II l'Arménien, 513; attaque Pierre-le-Boiteux, 525; s'empare de Iassi, 527; est chassé et poursuivi par Pierre, 527; est empalé, 526.

Alexandre VI Movilă, prince de Moldavie, 539.

Alexandre, fils d'Alexandre Ier, 603.

Alexandre, fils d'Étienne II, 602.

Alexandre, fils d'Étienne-le-Grand, 175, 319, 597.

Alexandre, fils de Mircea, prince de Valachie, 489, 493, 494, 512, 513, 533.

Alexandre (Jean-Bogdan, dit), fils de Bogdan Lăpușneanul, prince de Valachie, 571, 576.

Alexandre, grand-duc de Lithuanie, 207.

Alexandre, roi de Pologne, 209, 211, 226-231.

Alexandre, ambassadeur moldave, 208.

Alexandre de Vérone, médecin, 217.

Alexandre-Élie, prince de Valachie et de Moldavie, ix, 576, 590.

Alecsandrescu Urechie, historien, 17, 99, 570.

Alexandrine, fille d'Étienne II, 602.

Alexis, stolnic, 111; — autre, 585.

Alexis Liow Băsărăb, 599.
Ali-Beg, 128, 129.
Ali-Beg Mihaloglu, 170.
Ali-Paša, gouverneur de la Roumélie, 169.
Ali-Paša, vizir, 413, 463.
Allacci (Leone), historien, xviij.
Allemands au service de la Moldavie, 433, 435.
Alp, sultan des Tatars, 259.
Alp-Arslan, fils de Togrul-Beg, 261.
Alvin (L.), historien, 397.
Amorosi (Battista), 565.
Anastase, évêque, 321.
Anastase, évêque de Roman, 393 (la traduction porte par erreur Athanase), 411.
Anastase, métropolitain de Moldavie, vij.
Anastasie, femme de Romain Ier, 603.
Anastasie, fille de Romain Ier, 603.
Anastasie, fille de Pierre II, 89, 603.
André, hetman, 563.
Andrinople, 301.
Andronic, grand boïar, 73.
Angleterre, 560, 572.
Anne, seconde femme d'Alexandre Ier, 603.
Anne, fille d'Alexandre Ier, 603.
Anne, femme d'Aaron Ier, prince de Moldavie, 389.
Anne, femme de Nicolas-Pătraşcu, 495.
Antonovič, philologue, 441.
Arbure (Famille), 329, 601.
Arbure (Grégoire), 352.
Arbure (Luc), portier de Suceava, 228, 247, 269.
Arcos (Jean-Baptiste et Félix, comtes d'), 368.
Areni, 445.

Argeş, siège d'un évêché catholique, 35.
Argeş, monastère, 232, 265, 268.
Argeş (Emmanuel d'), 68, 69.
Arménie, 34.
Arménien, agent du roi de Pologne, 416.
Arméniens en Moldavie, 370, 371, 443, 471.
Arsenghi (Girolamo), 554.
Asie, 200.
Ateneu'lu roman, xxj.
Atheneul român, xxj.
Athos (Mont), 469.
Avalus (Denis), médecin, 442.
Avedik, évêque arménien, 371.
Auguste, nom donné au roi de Pologne Sigismond-le-Vieux, 305, 313.
Auroch (Tête d'), emblème de la Moldavie, 11, 17. — Dlugosz *(Script. rerum Prussicarum, IV, 16)* dit que l'étendard de Grudzancz (Graudenz) portait aussi une tête d'auroch *(caput zimbronis)*.

Băcău, 149; siège d'un évêché catholique, 34, 144.
Bădăuţĭ, 159, 319, 598.
Bădică, comis, 265.
Baie, 101, 103, 149, 209, 347, 355.
Bajazet II, sultan, 163, 198, 225.
Balassa (Éméric), voïévode de Transylvanie, 311, 344.
Balc, ou Walk, fils de Sas, 18-20.
Bălcescu, historien, 553, 585, 591.
Balda, village de Transylvanie, 107.
Bali-Beg Malkočoglu. Voy. Malkoč.

Balica, ambassadeur russe, 206.
Balică (Isaac), hetman, 539.
Bălineștĭ, 225.
Balitzas. Voy. Balc.
Balota, 537.
Balta. Voy. Cetatea-de-Baltă.
Bálványos-Váralya (roum. Unguraș), 289, 308.
Bank (Paul), général transylvain, 368.
Baniłowski (Abraham), 352, 361.
Bar, 515.
Barbarigo (Nicolas), ambassadeur vénitien, 526, 529-531.
Barbowski (Théodore), métropolitain, 563, 565.
Barit (Georges), historien, 68.
Bárlay (Blaise), ambassadeur hongrois, 253.
Bărleștĭ, 378.
Barnowski (Miron), prince de Moldavie, 541.
Barnowski (Thomas), porcolab de Cernăuțĭ, 280; hetman, 285.
Barnowski (?), hetman, 412, 425, 426, 437, 443.
Bartelephus (Hilarius), Ledaeus, 295.
Băsărab-le-Jeune, prince de Valachie, 116, 117, 123, 124, 129, 138, 149, 151, 152, 599; sous le nom de Radu, 125, 131, 133.
Băsărab (Laiot), prince de Valachie, 115-119, 123.
Băsărab (?), prince de Valachie, 263.
Băsărab (Alexis Liow), 599.
Băsărab (Predă), 265.
Băsărabĭ: leur généalogie, 117. 264.
Basile Ier Lupul, prince de Moldavie, x, xv.

Basile, fils d'Alexandre Ier, 602.
Basile II, grand-duc de Moscovie, 56.
Basile III, grand-duc de Moscovie, 402.
Basile IV, grand-duc de Moscovie, 245, 303.
Basilic (Jacques), dit le despote, prince de Moldavie. Voy. Jean 1er.
Basilisse, fille de Romain Ier, 603.
Basilovits, historien, 22.
Báthori (André), cardinal, 591.
Báthori (Christophe), voïévode de Transylvanie, 517.
Báthori (Étienne), voïévode de Transylvanie, 151-153, 161.
Báthori (Étienne), roi de Pologne. Voy. Étienne.
Báthori (Sigismond), prince de Transylvanie. Voy. Sigismond.
Bebek (François), gouverneur de Transylvanie, 391.
Bega, riv., 9.
Béla IV, roi de Hongrie, 21.
Bélai (Barnabé), ambassadeur hongrois, 229, 242.
Bellère (Jean), imprimeur, 396.
Belsius (Jean), ambassadeur du roi de Bohème, 415.
Bełz, ville de Pologne, 122, 242.
Bender. Voy. Tighina.
Bengescu (Georges), xix, 593.
Berenden, ou Berendeiŭ, compétiteur d'Étienne-le-Grand, 88; tué à Baie, 103.
Berenhida (Werenhida), 297.
Berkovič (Martin), ambassadeur du roi de Bohème, 415.
Bernard, porcolab, 31.
Bernardo (Lorenzo), ambassadeur vénitien, 560, 561, 566.

Bersen (Ivan), ambassadeur russe, 206.
Berzava, riv., 9.
Bessarion, métropolitain, 90, 93, 109.
Bet Geraj, fils du khan des Tatars, 241, 244, 247.
Bethlen (Wolfgang), historien, 421, 551, 574, 576, etc.
Bidina, 345. Voy. Vidin.
Bielski (Joachim), historien, xiij, xxj.
Bielski (Martin), historien, xiij, xxj, 26, 418, 429, 433, 435, 439, 465, 470.
Bikaz, chef tatar, 261.
Bilăĭ, vornic, 503, 511.
Bîrlad, riv., 124, 131, 135.
Bîrlad, ville, 37, 61, 79, 81, 121.
Bîrlan, boïar moldave, 272.
Bîrsa, riv., 282, 285.
Birtok. Voy. Drágfi (Barthélemi).
Bischoff (F.), historien, 370.
Bisericanĭ, monastère, 355, 364.
Bistriţa, monastère, vj, 31, 90, 313, 355. — Le travail de M. Odobescu cité p. 30 a pour objet le mon. de Bistriţa en Valachie, et non celui de Moldavie.
Bistriţa (Vistricium), ville de Transylvanie, 283, 286, 288, 289, 308, 347, 462.
Bniński, ou Mosiński (Pierre), 178.
Bobolecki, chef cosaque, 519.
Bobrisčev (Jean), 488.
Bocskai, 591.
Bodó (François), 267.
Bœufs (Impôt sur les), 537, 569.
Bogdan Ier, prince de Moldavie, 19-21.
Bogdan II, prince de Moldavie, renverse Alexandre II, 71; combat les Polonais, 77-81; règne deux ans, 83.
Bogdan III, fils d'Étienne-le-Grand, 221; associé au pouvoir, 222; fait hommage aux Turcs, 225; recherche en mariage Élisabeth de Pologne, 225; pille la Pocutie, 227; est battu par les Polonais, 227; renouvelle sa démarche, 229; combat les Valaques, 231; pille la Pologne, 235; se marie, 237; est battu par les Polonais, 239; les attaque, 241; traite avec eux, 242; combat les Tatars, 245; envoie une ambassade en Pologne et en Moscovie, 247; défait les Tatars, 249; traite avec les Tatars et les Turcs, 251; se marie, 252; négocie avec la Pologne et la Hongrie, 253; défait Trifăilă, 252-255; meurt, 255; cité, 379.
Bogdan IV Lăpuşneanul, fils d'Alexandre IV, 387, 468; est présenté aux boïars par son père, 467; gouverne sous la régence de sa mère, 469; s'attache à la Pologne, 470; persécute les Arméniens, 471; est enlevé par Christophe Zborowski, 472; tombe en disgrâce auprès de sultan Selim, 477; est attaqué par Jean l'Arménien et se réfugie à Hotin, 479; lutte vigoureusement contre son rival, 481; se retire en Moscovie, où il meurt, 483.
Bogdan, fils de Romain Ier et frère d'Alexandre Ier, 23.
Bogdan, fils de Pierre Rareş, 357.
Bogdan-Vlad, fils d'Étienne-le-Grand, sa mort, 157, 220.

Boguslas, duc de Stułp, 50.
Bohème, 104.
Bohuş, 91.
Bohuş, vestiaire, x.
Bohusz, ambassadeur lithuanien, 206.
Boistaillé, ambassadeur de France, 409, 413, 467-469.
Boldur, vestiaire, 179; vornic, 191, 193.
Bolsun (Athanase), moine (?), 211.
Boniface V, marquis de Monferrat, 402.
Boniface IX, pape, 34.
Borysthène (Dniepr), 262.
Bosnie, 13.
Botoşanĭ, 61, 203, 229, 239, 299, 371, 439.
Botzen (Bolzano), 564, 565.
Bourenĭ, 11.
Bozorad major, 129.
Bracław, 59, 138, 250, 364, 519, 523.
Brăila, 111, 335, 453, 494, 496.
Branković (La famille), 400-402.
Braşov (magy. Brassó; all. Kronstadt), 153, 161, 274, 282, 285, 288, 289, 304, 351, 368, 369, 400, 403, 404.
Bratutti, historien, 131, 148.
Brohocki, capitaine polonais, 197.
Broniovius (Martin), historien, 113.
Brousse, 365.
Bruti (Bartolomeo), 536, 537, 554, 555, 564, 573.
Brześć, 301.
Bucarest, 151, 591.
Bucioc, păharnic, viij.
Bucium, préfet de Chilie, 98.
Bucium, vornic, 537, 573.

Bucovăţ, 512.
Bucovine, 31.
Buczacki (Michel), capitaine de Halič, 52, 75, 79.
Buczacki (?), 123, 127.
Buczacz, 199.
Bude, 142.
Buhăienĭ, 378.
Bugiac, 497, 499, 521.
Buhtea (lis. Bucium), préfet de Chilie, 99.
Buică, fille du postelnic Predă, 495.
Bukowiecki (Vladislas), 483.
Buonaccorsi (Philippe), dit Callimaque, 178.
Burla (Nicolas), 351.
Busowski (Dobieslas). Voy. Wisowski.
Butucărie, 122.
Buzău, 117, 517.

Caffa, 138, 209, 216.
Cahul, 499, 508.
Căiata, 233.
Callimaque (Philippe). Voy Buonaccorsi.
Cambini (André), 163.
Camblak (Grégoire), métropolitain de Kyjev, 44, 595.
Camerarius (Joachim), 398.
Canczuga, 200. Voy. Łańcut.
Cantacuzène (Šajtan), 527.
Cantemir (Constantin), prince de Moldavie, 33.
Cantemir (Démètre), prince de Moldavie et historien, xxj, 246, 553.
Căpitanul (Constantin), historien, 115, 230, 452.
Capoue (Hannibal de), nonce du pape, 554, 555, 557.
Cărăbăţ (Pierre), vornic, 261, 600.

Table alphabétique. 613

Carillo (Alphonse), jésuite, 588.
Casimir III, roi de Pologne, 25-27, 590, 591.
Casimir IV, roi de Pologne, 57, 63, 66, 67, 73-77, 85, 86, 90, 91, 105, 121.
Caşin, 134.
Castaldo, général espagnol, 368, 369, 387, 388.
Catherine, princesse de Valachie, 489, 512.
Catherine Brankovićeva, 402.
Catholicisme en Moldavie, 54, 89, 144, 371, 554, 570.
Catlabuga, 171.
Cattaneo, Génois au service d'Étienne-le-Grand, 143.
Čaus-Paša, 574, 583.
Cavazza (Gabriel), agent vénitien, 532, 535.
Ceapă, ou Ceplă (?), aventurier moldave, 515.
Cechilla. Voy. Cetatea-de-Baltă.
Cehan, vornic, x.
Ceplă. Voy. Ceapă.
Cerimuş, riv., 555.
Cernăuţĭ (pol. Ciarnowce; all. Czernowitz), 39, 181, 183, 191, 239, 242, 299.
Česnikov (Nicéphore), 209.
Cetatea-Albă (anc. slov. Bialogorod; tatar Akjerman; gr. *Ασπροκάστρον* ou *Λευκοπολίχνη*; lat. Moncastrum; magy. Neszterfehérvár), 8, 59, 68, 85, 97, 141, 161, 177, 250, 275, 371, 409, 456.
Cetatea-de-Baltă (lat. Cechilla; magy. Küküllővár; all. Kockelburg), 283, 308, 347, 366, 368, 420, 597.
Cetatea-Nouă, 134.
Cetăţuia, 586.

Chalcocondylas, xxij.
Charlacz (Oswald de), 242.
Charles IX, roi de France, 417, 454.
Charles Quint, empereur, 297, 335, 369, 395.
Chełmn, 34, 67.
Chiajna. Voy. Despina.
Chigeciŭ. Voy. Tigheciŭ.
Chilie (lat. Achillea), 53, 59, 65, 68, 69, 95, 141, 157, 163, 177, 250, 409.
Chioaie, 122.
Chipriana, monastère, 353.
Chłopiecki, 589.
Chmielów, apanage de la veuve d'Élie Ier, 62.
Chocím, Choczim. Voy. Hotin.
Chodecki (Othon), 245, 271.
Chodecki (Stanislas), 242, 252.
Christophe, nom donné par erreur au pape, 45.
Christophe, soldat allemand, 437.
Chroiot, Chroet, 169.
Chronique de Putna, xij.
Chronologie d'Urechi, xvij, 100, 375.
Ciarnowce. Voy. Cernăuţĭ.
Ciesybies, 225, 226.
Cigala (Scipion), renégat napolitain, 509.
Cîmpul-Lung, 347.
Cioara, 378.
Ciociova, 591.
Ciofenĭ, 122.
Ciolpan (Trifan), 319.
Cipariu (Timothée), 32, 68.
Cîrjă (Luc), humiennik, ou grand-pannetier, 241, 242, 258, 263, 272, 273.
Cîrligătura 247, 581.
Cîrstie, 241. Voy. Cîrjă.
Ciubăr, prince de Moldavie, 71.

Ciucior [Čugur], riv., 261.
Cizovium. Voy. Csicsó.
Clănău, spătar, 339.
Clejanĭ, 267.
Clément VIII, pape, 564, 570, 587, 588.
Cluş (magy. Kolozsvár; all. Klausenburg), 107, 368, 391.
Cocĭ, comis, 585.
Codrescu, historien, xxij et *passim*.
Cogălniceanu (M.), historien, xiv, xxij et *passim*.
Columna luĭ Traian, xxij et *passim*.
Comelio ou Comuleo (Alexandre), nonce du pape, 571, 588.
Constance (Concile de), 44.
Constantin Ier, ou Costea, Muşat, prince de Moldavie, 594, 602.
Constantin II Movilă, prince de Moldavie, vij, 539.
Constantin III Cantemir, prince de Moldavie, 33.
Constantin, fils de Pierre Rareş, 358.
Constantin Lăpuşneanul, fils d'Alexandre IV, 468.
Constantin, prétendant que les Cosaques cherchent à faire monter sur le trône en Moldavie, 531.
Constantin, délégué moldave au concile de Florence, 45.
Constantin, ambassadeur moldave, 206.
Constantin, porcolab, 271.
Constantin-Andronic, 73, 597.
Constantinople, 85, 301, 325, 327, 477, 527, 559, 571, 575, 587; Patriarches de —, 35, 43, 593.
Copaciŭ = Arbure, 228, 245, 247.
Copenhague, 484.
Corniş (Gaspard), 592.
Cornul luĭ Sas, viij.
Coron, ville du Péloponèse, 395.
Corona. Voy. Braşov.
Corovie, riv., 261.
Corraro (Giovanni), baile vénitien, 512.
Corvin (Famille), vj.
Cosaques, 137, 425, 427, 439, 491, 499-509, 515, 521, 526, 529, 530, 549, 551-553, 580, 581, 588-591.
Cosma, boïar, 333, 339.
Cosma, pope, 487.
Costea, prince de Moldavie. Voy. Constantin Ier.
Costea păharnic, 133.
Costea, vestiaire, 73.
Costeştĭ, 261.
Costin (Miron), historien, xv, 103.
Costin (Nicolas), historien, xv, 103, 252, 443.
Costişa, 91.
Cotlea (all. Zeiden; magy. Feketehalom), 289.
Cotmanĭ, 181, 183.
Cotnarĭ, 39, 239, 425, 442, 445.
Cozmin, 108, 189, 444.
Crăciuna, 131, 135.
Cracovie (pol. Kraków), 26, 83, 200, 204, 207, 243, 245, 248.
Crasna, riv., 79.
Crasneş (Jean), boïar, 352.
Crasneş (?), autre boïar, 333, 339.

Crato (Les héritiers de Jean), impr. à Wittenberg, 292.
Creyghton (Rob.), historien, 45.
Cricius (A.). Voy. Krzycki.
Crimée (Khanat de), 216.
Criş, riv. Voy. Kőrös.
Cristea, fils de Bogdan II, 603.
Critobule, historien, 116.
Croatie, 587, 589,
Crolów, 238.
Crucea-de-sus, 134.
Crusius, *Turco-Graecia*, 394, 424, 447.
Csaki (Georges), 592.
Csicsó, 107, 283, 287, 308, 317, 321-329, 389, 390, 420.
Csik-Szereda, 107.
Csobár (Éméric), 248.
Csupor (Démètre) de Monoszló, 71. — En 1438 un Démètre Csupor est qualifié „electus episcopus Tissiniensis". Voy. Teleki, *Hunyadiak Kora*, X, 22.
Csupor (Nicolas), 71.
Csupor (Pierre), 71.
Čubali-Bey, 345.
Čugur (Ciucor), riv., 261.
Curecheştiĭ-de-sus, 137.
Cureus, historien, 179.
Cursul Apeĭ (Bataille de), 119.
Cutnarĭ. Voy. Cotnari.
Cyprien (Saint), métropolitain de Moscau, 595.
Czamartowna (Élisabeth). Voy. Élisabeth.
Czarnkowski, référendaire, 480.
Czarnkowski (Jean Szeędziwoi), 540.
Czarnokoźince, 299.
Czchów, 207.
Czecúry, 89.

Czernowce, Czernowitz. Voy. Cernăuţĭ.
Czerwień, 299.
Częstochów, 75.
Czerun, 62.
Czibak (Éméric), voïévode de Transylvanie, 304, 506.
Czortków, 181.
Czudów, 108.
Czyżów (Jean de), capitaine de Cracovie, 62.

Dąbecki, 123.
Daczó (François), 592.
Daczó (Thomas), 443.
Damien, métropolitain de Moldavie, 45, 596.
Dan Ier, prince de Valachie, 68, 69, 115, 117.
Dan II, prince de Valachie, 68, 116, 117.
Dan III (?) Băsărab, 599.
Danciŭ, fils de Vlad III, 264.
Danemark, 399.
Dantiscus (Jean von Höfen, dit), 295.
Daniłowski (Abraham), secrétaire d'Alexandre Lăpusneanul, 390.
Danube, 143, 453, 499, 501.
Dărmăneştĭ (Bataille de), 53.
Daşov, 531, 553.
David, métropolitain, 235.
Dawidowski, noble polonais, 81.
Deal, monastère, 264.
Dębiński, castellan de Bełz, 372.
Debuca, Voy. Doboka.
Démètre (Saint), 191, 197, 263, 387.
Démètre I Cantemir, prince de Moldavie et historien, i, xxj, 246, 553.

Démètre, fils de Dragomir, 28.
Démètre, fils adoptif de Jean Ier Héraclide, 403, 413, 454.
Démètre, fils de Pierre Cercel, 495.
Démètre Ivanovič, petit-fils d'Étienne-le-Grand, 174.
Descriptio duorum certaminum, 294.
Despina, femme de Neagoie, 265, 267.
Despina, ou Chiajna, fille de Pierre Rareș, 358, 489, 533, 534.
Despote (Le). Voy. Jean Ier.
Dévai (Pierre), ou Divus, 443.
De Wijs (Albert), 421.
Diassorinos (Jacques), ou Didascalos, 393, 398.
Dîmbovița, forteresse de Tîrgoviște (ou de Bucarest?), 115, 119, 120.
Direptate, endroit où les princes de Moldavie tenaient leurs lits de justice, 93.
Długosz, historien, xiv, xxij et *passim*.
Dniepr (Borystène), riv., 262.
Dniestr (Tyras), riv., 7, 15, 75, 109, 137, 165, 181, 183, 201, 235, 239, 241, 244, 245, 247, 261, 262, 275, 291, 292, 373, 374, 425, 483, 497, 499, 511, 531, 557, 581, 591.
Dobó (Étienne) de Ruszka, voïévode de Transylvanie, 390.
Doboka, 368.
Dobrogia (Dobrudža), 521.
Dobrosołowski (Martin), 483.
Dobrovăț, monastère, 353.
Dobrustîmp, 241.
Dochiar, monastère, 469.
Docolina, 131, 521, 523.

Dogiel, historien, xxiij et *passim*.
Dolheștĭ, 133, 211.
Dominique, chanoine d'Alba Iulia, 141.
Domneștĭ, 101.
Domocuș, stolnic, 37.
Dorohoiŭ, 37, 239, 243, 371.
Dosithée, évêque de Radăuțĭ, 33.
Dracia, armaș, 264.
Dracia (Luc), 245, 247, 251. C'est peut-être le boïar appelé simplement Luc, p. 243.
Drag. Voy. Dragoș.
Drăgan, vornic de Valachie, 268.
Drágfi (Barthélemi), voïévode de Transylvanie, 162, 182, 187.
Dragomanov, philologue, 441.
Dragomir, fils de Sas, 18, 19.
Dragomir-le-Moine, prince de Valachie, 265.
Dragoș, prince de Moldavie, 17-20, 183.
Dragoș, vornic, 190.
Dragoș, boïar, 243.
Dragoș de la Poartă, 269.
Drasković (Georges), évêque de Zagreb, 405.
Dresde, 484.
Dristor, 364 b. Voy. Silistrie.
Drohobic, 201.
Drojowski, ambassadeur polonais, 538.
Drstr. Voy. Silistrie.
Drzewicki (Mathieu), 258.
Du Ferrier, ambassadeur de France à Venise, 457, 462, 463.
Duma, 91.
Dumbravă, vornic, 479, 482, 492, 510.

Dunin-Borkowski (Cte), xv.
Durostorum. Voy. Silistrie.
Dzerzek, ambassadeur polonais, 542.
Dżigala-Zade, 509.
Działyński (T.), 229.

Eger (lat. Agria; all. Erlau), 150.
Élie Ier, prince de Moldavie: ses guerres avec son frère, 51-57; se réconcilie avec lui, 59; a les yeux crevés, 61; meurt, 62; cité, 597.
Élie II Rareş, prince de Moldavie, 317; part pour Constantinople 355; monte sur le trône, 357; traite avec la Pologne, 359; se livre à la débauche, 359; envoie des secours à la reine Isabelle de Hongrie, 362; se fait musulman, 363; détruit Bracław, 364; est à Halep, 410; meurt 365.
Élie, fils de Pierre II, 150, 207, 231, 597.
Élie, fils de Bogdan III, 256.
Élisabeth Czamartowna, femme de Jérémie Movilă, vij, 539.
Élisabeth Pilecka, reine de Pologne, 56.
Élisabeth, princesse de Pologne, 225, 243.
Élisabeth d'Autriche, reine de Pologne, 351.
Élisabeth Brankovićeva, 402.
Élisabeth, fille de Neagoie, femme de Nicolas Urechi, ix.
Emmanuel d'Argeş, 68, 69, 117.
Emmanuel, prétendant au trône de Moldavie, 560.

Engel, historien, xvj, xxiij et *passim*.
Erdödi (Thomas), 591.
Esarcu (C.), historien, xxiij et *passim*.
Esztergom (lat. Strigonium; all. Gran), 250.
Étienne Ier, prince de Moldavie, 19, 25, 594.
Étienne II, prince de Moldavie: ses guerres avec son frère, 51-57; se réconcilie avec lui, 59; règne seul, 61; ses dernières annes, 62; cité, 597.
Étienne II, prétendu prince de Moldavie, 71.
Étienne III, le Grand: son avènement, 89; lutte contre Pierre II, 91; proclamé à Direptate, 93; envahit la Transylvanie, 95; est blessé, 95; epouse Eudoxie de Kyjev, 95; est vassal de Casimir IV, 95; prend Chilie et Cetatea-Albă, 97; fonde le monastère de Putna, 99; bat Mathias Corvin, 99; se rapproche des Polonais, 103; perd sa première femme, 105; pille le pays des Széklers, 105; fait la paix avec Mathias Corvin, 107; se reconnaît vassal des Polonais, 107; défait les Tatars, 107; consacre le monastère de Putna, 109; attaque le prince de Valachie Radu, 111; fait exécuter plusieurs boïars, 111; défait Radu 111; épouse Marie de Magop, 113; bat les Valaques à Isvorul Apeĭ, 115; remporte une nouvelle victoire sur Băsărable-Jeune, 121; s'empare de Teleajna et défait les Valaques, 123; est vainqueur des Turcs

à Podul Înalt, 125 ; annexe le district de Crăciuna, 135 ; bat les Cosaques [*lis*. les Tatars], 137 ; est vaincu par les Turcs à Valea-Albă, 141-149 ; prend sa revanche, 151 ; perd sa seconde femme, 157 ; attaque la Valachie, 159, 598 ; fonde Smeredova, 163 ; perd Chilie et Cetatea-Albă, 165 ; fait hommage au roi de Pologne, 166 ; négocie avec la Russie, 167 ; expulse les Turcs, 169 ; bat Chroet, 169 ; bat Malkoč et Chroet, 171 ; est attaqué par les Polonais, 175 ; les bat 185-197 ; pille la Pologne, 199 ; bat les Polonais, 203 ; fait la paix avec eux, 203 ; fait décapiter le fils de Pierre II, 205 ; s'empare de la Pocutie, 213 ; meurt, 217. Cf. 240, 598.

Étienne IV le Jeune : sa naissance, 237 ; son avènement, 257 ; négocie avec la Pologne, 258 ; défait les Tatars 261 ; traite avec la Pologne, 262 ; fait décapiter Arbure, 269 ; punit une révolte des boïars, 271 ; bat les Turcs à Tărăsăuţĭ, 271 ; fait la paix avec la Pologne, 273 ; attaque la Valachie, 277 ; meurt, 277 ; laisse un fils naturel, 379, 475, 476.

Étienne V Lăcustă : son avènement, 319 ; traite avec la Pologne, 320 ; est assassiné, 329.

Étienne VI Rareş, fils de Pierre Rareş, 317, 358 ; prince de Moldavie, 365 ; s'allie aux Turcs, 367 ; persécute les Arméniens, 371 ; se livre à la débauche, 371 ; est assassiné, 373 ; est enterré au monastère de Săcul, 375 ; est cité, 600.

Étienne VI Tomşa conspire contre le despote Jean Ier, 437 ; est proclamé prince, 437 ; trompe Wiśniowiecki, 439 ; marche contre le despote, 441 ; obtient du secours de Jean-Sigismond Zápolya, 443 ; corrompt les soldats du despote, 445 ; le tue, 447 ; fait mutiler le fils adoptif du despote, 447 ; poursuit Łaski, 449 ; combat les Valaques, 451 ; est dépossédé par Alexandre IV Lăpuşneanul et s'enfuit en Pologne, 453 ; est exécuté par ordre de Sigismond-Auguste, 457.

Étienne VII Răzvan, prince de Moldavie, d'abord vornic, 588, 589 ; monte sur le trône, 592.

Étienne VIII Tomşa, prince de Moldavie, viij.

Étienne, fils de Sas, 18.

Étienne, fils d'Étienne Ier, personnage imaginaire, 25-27.

Étienne Mîzgă, prétendant, 463-465.

Étienne, fils d'Alexandre Lăpuşneanul, 488, 556.

Étienne, fils de Pierre-le-Boiteux, 558, 565.

Étienne-le-Sourd, prince de Valachie, 510.

Étienne Gjorgjević Branković 402.

Étienne Ier Báthori, roi de Pologne, 511, 516, 531, 537, 542, 545, 548, 551.

Étienne-Georges, prince de Moldavie, viij.

Table alphabétique.

Eudoxie de Kyjev, femme d'Étienne-le-Grand, 95, 105.
Eugène IV, pape, 44, 596.
Eustrate, logothète, xiv, 10.
Eustrate, gendre de Nicolas-Pătrașcu, 495.
Euthyme, patriarche de Constantinople, 598.
Euthyme, évêque de Rădăuți, 411.

Făt, porcolab de Cetatea-Nouă, 135.
Fedka, ambassadeur russe, 167.
Fejér (G,), historien, xxiij et *passim*.
Feketehalom (all. Zeiden; roum. Cotlea), 289.
Feldioara. Voy. Marienburg.
Felmér, 304.
Ferdinand d'Autriche, roi de Hongrie, 281, 297, 308, 335, 366, 369, 388, 405, 417, 601.
Ferhat, grand-vizir, 558.
Fessler, historien, xxiij et *passim*.
Fick (Aug.), 11.
Filstich, historien, 591.
Fîntîne, 91.
Fîntînele, 437.
Firley (Jean), palatin de Cracovie, 476.
Firley (Nicolas), général polonais, 275.
Firley (Nicolas), voïévode de Sandomir, 540.
Firnhaber (Friedr.), historien, 173, 183.
Flaccus, personnage fabuleux, 7.
Floci, 494.
Florence (Concile de), 42-47.
Florică, fille de Michel-le-Brave, 495.

Fóia Societății Românismulŭ, xxiij et *passim*.
Földvár. Voy. Marienburg.
Forgách (Éméric), baron de Gymes, 392.
Forgách (François), évêque de Nagyvárad, 394, 405.
Forgách (Simon), viij, 591.
François, chanoine d'Alba Iulia, 297.
Francs (Italiens), 13.
Francsi (Michel), capitaine des Széklers, 126.
Frankopan (Ferdinand), ban de Croatie, 402.
Frățileni, 435.
Fredro (Henri-Max.), historien, 475.
Frunzescu, géographe, xxiij et *passim*.
Fumée (Martin), historien, 6.
Fünfkirchen. Voy. Pécs.

Gabriel Movilă, prince de Valachie, 540.
Gabriel, moine, 264.
Gaidoz, philologue, 8.
Galata sur le Bosphore, 441.
Galata-de-la-Vallée, monastère, 529.
Galata-du-Mont, monastère, 549.
Galați, 335, 371, 426.
Gănești (Les), boïars moldaves, 329.
Gargowicki, noble polonais, 197.
Génois, réduits en esclavage par les Turcs, puis par les Moldaves, 138, 598.
Georges, fils de Dragomir, 28.
Georges, spătar, 331.
Georges, évêque de Roman (?), 487.

Georges, vornic, 585.
Georges Brankovié, despote de Serbie, 401, 402.
Georges Stefanović Brankovié, despote de Serbie, métropolitain de Valachie sous le nom de Maxime, 233, 402.
Georges de Piémont, médecin, 217.
Géorgie, 34.
Geraj. Voy. Adel, Mengli, Mohammed, Sashib.
Gerardo (Emmanuel), ambassadeur vénitien, 145, 153.
Gerendi (Nicolas), 281.
Germain, porcolab de Cetatea-Albă, 165.
Germigny (Jacques de), ambassadeur de France, 534, 535.
Geschicht (*Warhafte*) *wie Herr Ludovico Griti von Constantinopel... ankommen*, 307.
Geuder (Joh.), 565.
Ghenga (Cosma Șeptelicĭ), 351.
Gheorghiescu (S.), 156.
Gherghița, 117.
Ghica (Georges), vornic, x.
Ghimeș, 101.
Ghindăonĭ, 137.
Giariștea, 134.
Giasbazar (Iassi), 583. Cf. Romanbazar.
Giovio (Paolo), historien, xiv, 318, 326.
Girle, 134.
Giuleștĭ, vij.
Giungla, agent de Sigismond Báthori, 590.
Giurgiu (Giurgevo), 267.
Giustiniani (Sebastiano), ambassadeur vènitien, 599.
Glubavĭ, 267.
Glasnik srpskog učenog Društva, xxiij et *passim*.

Goethe (W. von), *Leben Bessarions*, 45.
Golescu (Albu), clucer, 494.
Golescu (Ivașco), vornic, 494.
Golia (Jérémie) Cernăuțeanul, 473, 477, 494, 500, 501, 508.
Golubinskji, historien, xxiij et *passim*.
Goos (Carl), historien, 9.
Gordien, 8.
Gorecki (Léonard), historien, 474-476.
Gorski (Luc), 275.
Gorski (Stanislas), 236, 242;
— autre, 560.
Graccovia, 200. Voy. Cracovie.
Graziani (Ant.-Mar.), historien, 223, 393, 394.
Grèce, 34.
Grégoire IX, pape, 21.
Grégoire XIV, pape, 557.
Grégorie, métropolitain de Moldavie, 387, 411.
Grégoire, métropolitain de Moldo-Valachie, 44.
Grégoire, prétendu évêque de Roman, 556.
Grégoire Gjorgjević Brankovié, 402.
Grégr (Éd.), xix.
Grinkovič, staroste de Hotin, 272.
Gritti (Aloïs), 301-307.
Grosswardein. Voy. Nagyvárad.
Grotów (Les frères), 195.
Grozea, ou Grozav, vornic, 285.
Grumațĭ, 267.
Grumăzeștĭ, 237.
Guagnini (Alexandre), historien, xiij, 418, 474.
Gué des Turcs, 131.

Gué de Žura, 139.
Gwosdec, 292.

Halič, 34, 59, 165, 201, 237, 291, 293, 517.
Haliczki (Raphaël), 237.
Haller (Pierre), agent autrichien, 388.
Hammer-Purgstall, historien, xxiv, 61, 209.
Hassan, sultan de Bosnie, 587.
Haltstatt (Georges - Philippe de), 475.
Hatvani (Gaspard), 141.
Hazium (Iassi), 545.
Heidenstein, historien, 562.
Hélène Héraclide, femme de Pierre Rareș, 317, 323, 356, 399, 410.
Hélène, fille d'Étienne-le-Grand, 174, 220.
Hélène, fille de Nicolas-Pătrașcu, 495.
Hélène, fille de Socol, 495.
Hélène Brankovićeva, 402.
Hélène Glinska, tsarine de Russie, 402.
Henckel (Matth.), impr. à Wittenberg, 476.
Henri de Valois, roi de Pologne, puis roi de France, 486, 491, 496, 531, 577.
Henricpetri (Séb.), impr. à Bâle, 475.
Héraclide (La famille), 395, 400-402.
Héraclide (Jaques). Voy. Jean Ier.
Herbor (Gabriel de Morawica et), 195.
Herborth (Stanislas) de Fulstin, staroste de Léopol, 543.
Hermannstadt. Voy. Sibiu.
Herța, 377.

Hîlcenĭ, 378.
Hîrea, clucer, 311.
Hîrlău, 39, 197, 263, 269, 279, 280, 355, 385.
Hîrșova, monastère, 355.
Hișdău (B.-P.), historien, xix, xxiv et *passim*.
Hivers rigoureux, 219, 359, 389.
Hodža-Efendi, 130.
Homor, monastére, 220. — M. Wickenhauser a donné dans sa dernière publication *(Moldа, I)* une histoire de ce monastère.
Hongrois, 65, 123, 315, 321, 493, 579.
Hongrovlaques, 123.
Höniger (Nicolas), 475.
Horányi (Alexandre), historien, 394.
Hormayr, historien, 423.
Hotin (Chocím), 39, 59, 62, 67, 75-77, 84, 86, 89, 139, 239, 277, 279, 371, 420, 422, 460-462, 471, 479, 481, 483, 573.
Hotnica, 239.
Humicki, noble polonais, 195.
Hunyadi (Jean), vj, 59, 65, 66, 68, 69, 85.
Hurmuzaki (Eudoxe), historien, 513 et *passim*.
Huru, vornic, 339.
Huru (Lupea), beau-père de Jean-l'Arménien, 510.
Huşĭ, 408, 409, 471, 500.

Ialpuc, lac, 9.
Iancu-le-Saxon. Voy. Jean IV.
Iassi, 32, 37, 41, 139, 149, 243, 247, 370, 371, 411, 426, 451, 453, 479, 485, 517, 525, 545, 575, 581, 583, 585.
Ibrahim, drogman, 454.

Ibrahim-Paša, grand vizir, 320.
Iconia, 411.
Ilarian (Pupiu), historien, xxv et *passim*.
Iliana, fille de Nichită, 597.
Iliaș, păharnic, 37.
Innsbruck, 297, 565.
Inowrocław, 258.
Inquisiteurs nommés pour la Moldavie et la Valachie, 34.
Inventarium diplomatum Cracoviensium, xxiv et *passim*.
Ioanid, éditeur, xxiv.
Ionașco, dit Bogdan, prétendant, 571.
Ionășești, 131.
Ionnescu-Gion, historien, 577.
Ioră (Theodore), ix.
Ipsilanti, historien, xxiv.
Isaac, vestiaire, 179, 229, 245, 247, 249.
Isaac, porcolab, 242.
Isaac, boïar moldave, 272.
Isabelle, reine de Hongrie, 362, 388, 389, 391.
Isaïe, porcolab, 99, 111.
Isaïe, evêque de Rădăuți, 488, 510.
Isajko, prince de Mangup, 113.
Isakča, 500.
Isak-Paša, 131.
Iskrziski (Nicolas), stolnic de Podolie, 271.
Ismaïl, 371.
Istvánfi, historien, xxiv.
Italiens retenus prisonniers par Étienne-le-Grand, 209.
Iugă Ier Korijatovič, prince de Moldavie, 23, 29-31, 593.
Iugă II, prince de Moldavie, 594.
Iugă, vestiaire, 148.
Ivan, prétendant soutenu par les Cosaques, 553.

Ivan, porcolab, 135.
Ivan-le-Jeune, grand-duc de Moscovie, 113.
Ivan-le-Terrible, 488.
Ivaneș, șetrar, 272.
Ivașco, fils de Pierre Ier, 27, 596.
Ivașco, porcolab, 165.
Ivașco, pitar, 242, 243.
Ivașco, logothète, 271.
Izvorul Apeï (Bataille d'), 115.

Jagielnica, 299.
Jagorlyk, riv., 139.
Jakšić (Démètre), 264.
Jarmolince, 374.
Jarosław, 200, 239.
Jazłowiecki, capitaine polonais, 461, 482, 483, 543, 545.
Jean (Saint) Novi, 33.
Jean Ier (Jacques Basilic ou Héraclide, dit le despote, prince de Moldavie sous le nom de): sources de son histoire, 392; son origine, 395; sert dans les armées de Charles-Quint, 396; publie un récit de la destruction de Thérouane, 396; ses relations avec les chefs de la Réforme, 398; fait célébrer ses louanges, 398; son portrait, 399; passe en Pologne, puis en Moldavie, 399; gagne la confiance d'Alexandre Lăpușneanul, 400; se retire à Brașov, 400; sa généalogie, 401; se réfugie en Autriche, 403; repasse en Pologne, 403; s'entend avec Laski, 403; essaye de s'emparer de la Moldavie, 404; organise une seconde expédition, 405; entre en Moldavie, 406; gagne la bataille de Verbia, 407; s'em-

pare du trône, 409; nomme ses grands officiers, 412; correspond avec les souverains étrangers, 412; est reconnu par les Turcs, 414; combat les Tatars, 416; dépouille les églises, 417; se livre à des exactions 419; se brouille avec Łaski, 420; aspire à ranger tous les Roumains sous son sceptre, 421; entreprend de réformer les mœurs, 422; professe le protestantisme, 423; fonde une école et des bibliothèques, 425; devient odieux aux Moldaves, 425; est abandonné par ses boïars, 427; est menacé par Wiśniowiecki, 429; se réconcilie avec Łaski, 431; est trahi par l'hetman Tomşa, 433; est tué, 445.

Jean II, dit l'Arménien: ses historiens, 473-476; son origine, 473, 476, 477; est élevé au trône, 479; se montre cruel, 479; combat Bogdan Lăpuşneanul, 481-483; sa politique intérieure, 484; transporte la capitale à Iassi, 485; trompe à la fois les Polonais et les Turcs, 486; se montre hostile à la religion, 487; est déposé par les Turcs et se soulève contre eux, 489; est d'abord victorieux, 491-493; envahit la Valachie, 495; remporte de nouveaux succès sur les Turcs, 497-499; est défait près de Cahul et mis à mort, 499-511.

Jean III Creţul, appelé d'abord Karabied Šerbega ou Ivan Potcoavă, frère de Jean II l'Arménien, 513; prend le titre de prince et obtient l'appui des Cosaques, 515; envahit la Moldavie, 519; défait Pierre-le-Boiteux et s'empare de la principauté, 521; est obligé de se retirer, 523; est mis à mort par ordre du roi de Pologne, 525; sa postérité, 510, 581.

Jean IV, ou Iancu, le Saxon: son origine, 532; obtient la principauté de Moldavie, 533; pressure le pays, 535; combat une insurrection à Lăpuşna, 537; est cause que beaucoup de boïars passent à l'étranger, 539; émigre en Pologne, 541; est mis à mort, 543.

Jean, frère de Balc et de Drag, 19, 20.

Jean, fils de Bogdan II, 603.

Jean, fils de Pierre Cercel, 495.

Jean, porcolab, 165.

Jean, pitar, 229.

Jean, vestiaire, 585.

Jean, boïar grec, premier mari de Stanca, 495.

Jean de Kyjev, 57.

Jean Albert, roi de Pologne, 175, 185-199, 203, 205, 211, 599.

Jean-Bogdan, prétendant, 554, 560, 571.

Jean-Bogdan, prince de Valachie sous le nom d'Alexandre. Voy. Alexandre.

Jean Ivanovič, 174.

Jean Lăpuşneanul, 468.

Jean Paléologue, empereur, 42.

Jean-Sigismond Zápolya, prince de Transylvanie, 387-389, 404, 420, 421, 427, 433, 443, 463.

Jean Stefanović Branković, despote de Serbie, 402
Jean III Vasiljevič, tsar de Russie, 166, 206, 209.
Jean Zápolya, roi de Hongrie, 267, 281, 289, 297, 311, 313, 323.
Jelizarov (Ivaško Sergijevič), 303.
Jérémie Ier Movilă, prince de Moldavie, vj, vij, 539, 563, 565.
Jérôme de Cesena, médecin, 217, 223, 225.
Jésuites, 555, 565, 586.
Jijie, riv., 377, 407.
Jilişte, 493.
Joachim, fils de Bogdan II, 603.
Joachim, électeur de Brandebourg, 348.
Joldea, comis, est proclamé prince de Moldavie, 377; est pris par Alexandre Lăpuşneanul, est marqué au nez et enfermé dans un couvent, 381-385, 402.
Joldeşti (Bataille de), 91.
Jóo (Jean), 591.
Joseph, métropolitain de Moldavie, vj, 35.
Joseph, hégoumène de Putna, 109.
Joseph II, empereur, 31, 99.
Jove (Paul). Voy. Giovio.
Juifs, 531.
Julienne Oligmondovna, 56.

Kalagyor vaivoda. Voy. Vlad V le Moine.
Kamieniec, viij, 34, 67, 85, 89, 106, 139, 150, 229, 235, 237, 242, 360.
Kamieniecki (Nicolas), 239-241.
Kański (Stanislas), 483.
Kantzel (Jean), de Gratz, 433.
Kasim, pacha de Bude, 362.
Kassó (all. Kaschau), 150, 405.
Katona, historien, xxv.
Karas (Job), 346.
Κελλίον, 68. Voy. Chilie.
Kemény, 561.
Kendi (François), voïévode de Transylvanie, 390.
Kendi (Jean), 362.
Kézdi-Vásárhely, 368.
Kiegecz, 246.
Kirchbach (Joh. Haubold), historien, 476.
Klausenburg. Voy. Cluş.
Kluger (Jean) ou Prudentius, 442, 445, 459.
Kockelburg. Voy. Cetatea de Baltă.
Kołomyja, 49, 51, 53, 89, 106, 165, 166, 169, 254, 258, 291.
Kolozsvár. Voy. Cluş.
Komarom (Komorn), 242.
Koniecpolski (Przedbor), gouverneur de Sandomierz, 74, 85, 89.
Kopiński, staroste de Bar, 575.
Korecki (Samuel), 540.
Korijat, famille princière de Novgorod, 22.
Korlatkovič (Osvald), 229.
Körös (roum. Criş), riv., 9.
Kościelecki (Stanislas), palatin d'Inowracław, 272.
Kovachich, historien, 124.
Kozmin, 108, 189, 449.
Krasnepolje, 79.
Krekovitz (Le baron de), 587.
Kretkowski, 301.

Krimka (Anastase), métropolitain, 556.
Kromer, historien, xiv, xxv et *passim*.
Krupski (Georges), gouverneur de Bełz, 242, 243, 248, 252, 253, 273.
Krušedol, monastère, 232.
Krzemieniec, 108.
Krzycki (A.) ou Cricius, 295.
Křížek, historien, 57, 113.
Kujawy, palatinat, 58.
Küküllővár. Voy. Cetatea-de-Baltă.
Kulm (Chełmno), 67.
Kun (Gotthard), 304, 306.
Kunig (Jean), jésuite, 555.
Kurozwęcki (Kresław), 178.
Kutassi (Jean), évêque de Győr, 591.
Kutuzov (Jean), ambassadeur russe, 166.
Kyjev, 35, 540, 595.

Laiot Băsărab. Voy. Băsărab.
Lambrior (A.), xix.
Lańcut, 199, 200.
Lanzkoroński (Stanislas), 245, 249, 272.
Languet (Hubert), 404, 494.
Lăpușna, 496, 537, 554.
Larev (Démètre), 209.
Lascaris (Jean), 395.
Lasicki (Jean), historien, 474, 475.
Łaski (Albert), palatin de Sieradź, 338, 403, 404, 406, 415, 420, 425, 429, 431, 447, 449, 456, 460, 496, 497, 531.
Łaski (Jean), chancelier de Pologne, 242, 251.
László, ou Lancelot, 179. Voy. Vladislas.

Lațco, prince de Moldavie, 19; ses rapports avec le pape, 34.
Lauredano (Léonard), doge de Venise, 214, 217.
Lăurian, historien, xxv.
La Ville (Jean de) ou de Villiers, capitaine français, 405, 415.
Lavra, monastère, 531.
Lázár (Bernard), 390.
Lázár (François), 308.
Lazare, prétendant, 560.
Lazare Gjorgjević Branković, 402.
Lęczyca, 57.
Legrand (Émile), 394, 415.
Lemberg. Voy. Léopol.
Lențești, 191.
Léon X, pape, 600.
Léonard, évêque de Kamieniec, 382.
Léopol (pol. Lwów; all. Lemberg), 27, 34, 59, 67, 79, 150. 181, 185, 199, 200, 235, 237, 248, 307, 370, 451, 455, 480, 543, 564.
Lerva, 8.
Le Sergeant de Monnecove, 397.
Leslie (Jean), jésuite, 586.
Leutschau (slov. Levoča; magy. Löcse), 176.
Levoča. Voy. Leutschau.
Limites, 8.
Lipinți (Forêt de), 109.
Lipomano (Jér.), ambassadeur vénitien, 558-560.
Lipovăț (Bataille de), 75.
Lismanin (François). Voy. Łusziński.
Lithuanie, 245, 390.
Loboda, hetman des Cosaques, 136, 589. 598.
Löcse. Voy. Leutschau.

40

Loloni (Bataille de), 51.
Loneşti, 52.
Losonczi (Ladislas), 162.
Louis I*er*, roi de Hongrie, 18.
Louis II, roi de Hongrie, 265, 273, 274.
Löwenklau, ou Leunclavius, historien, 394, 399.
Lublin, 229.
Luc [Dracia?], boïar moldave, 243.
Lufti-Bey, 327, 334.
Lungul (Jean), prétendant, 537.
Łuszinski (Jean), évêque socinien, 422, 426, 442. — Ce personange se confond peut-être avec François Lismanin, de Corfou, qui, après avoir été confesseur de la reine de Pologne, se fit protestant. Voy. *Biserica orthodoxă română*, V, 51.
Lwów. Voy. Léopol.

Macaire, évêque de Roman, 393.
Macaire, moine, 235; — autre, 463.
Macskási, général hongrois, 391.
Macédoine, 200.
Magop. Voy. Mangup.
Mahomet II, sultan, 87, 95, 125, 141, 151.
Mahomet. Voy. aussi Mohammed.
Majláth (Étienne), 281, 304, 308, 309, 311, 323, 343.
Makušev, historien, 597, 598.
Malkoč (Bali-Beg Malkočoglu, dit), 171, 198, 199, 206.
Mamelouks, 370.
Mangup, principauté en Crimée, 112.

Maniak, prince tatar, 108.
Manka ou Marie, femme d'Élie I*er*, prince de Moldavie, 57, 62, 82, 84, 86, 89, 602.
Mankop. Voy. Mangup.
Mansfeld (Wolrad, comte de), 398.
Manzurov (Théodore), ambassadeur russe, 167.
Marc, fils de Pierre Cercel, 495.
Marc, évêque d'Éphèse, 47.
Marguerite, première femme d'Alexandre I*er*, 603.
Marguerite, femme de Siméon Movilă, 540.
Marie, 4° femme d'Alexandre I*er*, 603.
Marie, fille de Romain I*er*, 603.
Marie, ou Manka, femme d'Élie I*er*. Voy. Manka.
Marie, femme d'Étienne II, 602.
Marie de Magop, femme d'Étienne-le-Grand, 113, 157.
Marie de Valachie, autre femme d'Étienne-le-Grand, dité aussi Voichiţă, 118, 141, 244.
Marie, fille de Bogdan, II, 603.
Marie, fille d'Étienne-le-Grand, 222.
Marie, femme de Pierre Rareş, 283, 356.
Marie Paléologue, femme de Jean IV, 535, 571.
Marie, fille de Pătraşcu-le-Bon, 495.
Marie, reine de Hongrie, 369.
Marie Jovanovićeva Brankovićeva 402.
Marie Stefanovićeva Brankoviceva, 402.
Marienberg, 580.
Marienburg, ville de Pologne, 49, 255.

Marienburg, ville de Transylvanie (magy. Földvár, roum. Feldioara), 288.
Marigliano, agent employé par Jean IV, 536.
Marina, sœur de Jean Hunyadi, 68.
Marinis (Jean de), 590, 591.
Marmaros (roum. Maramureş), pays situé entre la Mara et le Maros ou Mureş, 20, 21.
Martinuzzi (Georges), 262.
Mărulă, fille de Michel-le-Brave, 495.
Massari (Léonard de), médecin, 218, 222.
Mathias Corvin, roi de Hongrie, 91, 92, 95, 97, 99, 101, 105, 107, 126, 127, 130, 141, 145, 151, 155.
Mathias, archiduc d'Autriche, 590.
Mathias, logothète, 241.
Mathieu, patriarche de Constantinople, 35.
Mathieu, vestiaire, 309.
Maxime (Saint.) Voy. Georges Stefanović Branković.
Maxime, porcolab, 165.
Maximilien Ier, roi des Romains, 172.
Maximilien II, roi de Bohème, etc., puis empereur, 403, 412, 414, 415, 417, 462, 477.
Mazeran (Barthélemi), hégoumène, 31.
Mazours, 193.
Mazovie, duché, 50, 67, 475, 515.
Medio (Jacques de), ambassadeur vénitien, 154.
Megyes, 69, 304.
Mehemet. Voy. Mahomet ou Mohammed.

Melanchthon, 398.
Melchisedec, historien, xxv et *passim*.
Mengli Geraj, 207, 244, 245, 249, 250.
Messiče-Paša, 198.
Métrophane, évêque de Rădăuţĭ, 331, 411.
Métrophane, évêque de Roman, viij.
Métrophanie, femme de Nicolas Urechi, ix.
Metzger, colonel autrichien, 31.
Michel, fils de Dragomir, 28.
Michel Lăpuşneanul, fils d'Alexandre IV, 468.
Michel, logothète, 67, 90.
Michel Băsărab, prince de Valachie, 116, 117.
Michel-le-Brave, ban de Craiova, puis prince de Valachie, 494, 495, 585, 588, 590, 591.
Michel, fils de Pierre Cercel, 495.
Michel Mîrzac, moine, xv.
Michel Olelkovič, 96.
Michel Žigmundovič Korybut, 66.
Miechowski, historien, xiv.
Miedzileski (Laurent), évêque de Kamieniec, 252, 273, 274.
Mielecki, hetman, 481-483.
Miełno (Traité de), 49.
Mihajlović (Constantin), 116, 164.
Mihalce, 181.
Mihălcenĭ, 181.
Mihnea Ier, prince de Valachie, 235, 251, 264.
Mihnea II, prince de Valachie, 512, 513, 551, 559, 561.
Mihu, ou Michel, hetman, 329, 331, 333.

40*

Mihuceni, 181.
Miklosich (Fr. von), philologue, 35, 465.
Mikoła (Ladislas), 351.
Mikulince, 181.
Milcov, riv., 117, 135, 233, 453.
Miletin, 378, 381.
Milica Brankovićeva, 402.
Milices moldaves, 139, 165, 260, 427, 431, 445, 489, 575.
Miloș, fils de Mircea, 489, 512, 533.
Minciol, 72, *lisez* Onciul.
Mircea II, prince de Valachie, 31, 116, 117, 142.
Mircea III, prince de Valachie, 388, 451, 453, 489, 553.
Mircea, fils de Vlad II, 116, 117.
Mircea, fils de Mihnea, 264.
Mircea, comis de Valachie, 112.
Miron Barnowski, prince de Moldavie, x, 541.
Mitilineu, historien, xxv et *passim*.
Mîzgă (Étienne). Voy. Étienne.
Mogăldea (Jean), vornic, vij.
Mohammed Băsărab, prince de Valachie, 263.
Mohammed Giraj, khan de Crimée, 259.
Mohammed Giraj, sultan kalgha, 477.
Mohammed-Paša, 264; — autre, 463, 536.
Moïse Ier Movilă, prince de Moldavie, ix, 540.
Molda, nom d'une chienne, 11.
Moldau, riv., 11.
Moldavie, appelée Scythie, 7; origine de son nom, 11.
Moldova, riv., 11, 15.
Moldovița, monastère, 31, 62, 67, 85, 354, 564, 586.

Molodeț, moine, 487.
Moncastro, 164. Voy. Cetatea Albă.
Montalto, cardinal, 557.
Mora (Antonio), capitaine espagnol au service de Pologne, 383.
Morawiczc (Gabriel de Thenczyn, de), 194, 195.
Mordeisen (Ulrich), 404.
Mormură, guide qui trahit Élie Rareș, 363.
Moro (Giovanni), agent vénitien, 559.
Moscou, 484.
Moscovie, 245, 483, 571, 588.
Mosiński, ou Bniński (Pierre), 178.
Moțoc (Jean), vornic, 381, 382, 391, 406, 412, 426, 435-437, 455.
Movila (Bataille de), 85.
Movilă, hetman, 381.
Movilă (Alexandre VI), prince de Moldavie, 539.
Movilă (Anne), 540.
Movilă (Bogdan), 539.
Movilă (Catherine, ou Alexandrine), 540.
Movilă (Constantin), prince de Moldavie, 539.
Movilă (Étienne?), 540.
Movilă (Gabriel), prince de Valachie, 540.
Movilă (Georges), métropolitain, 539, 556, 558, 563, 565.
Movilă (Jean), 540.
Movilă (Jérémie), vornic, puis prince de Moldavie, 539, 563, 565.
Movilă (Marie), 540.
Movilă (Michel), 450.
Movilă (Moïse), prince de Moldavie, 540.

Movilă (Pierre), métropolitain, 540.
Movilă (Regina), 540.
Movilă (Siméon), păharnic de Moldavie, puis prince de Valachie, 539.
Movilă (Vascan), 538.
Moviliţa, 134.
Mulde, riv., 11.
Müller (Joseph), philologue, 1.
Munkács, 391.
Murad III, sultan, 513, 517, 524, 558.
Murăul, vornic, 503.
Murdelio, 195.
Muriano (Mathieu), médecin, 214, 217, 222.
Muşat. Voy. Pierre Ier.
Mustapha, tchaouch, 549.
Muştel, 267.
Myszkowski (Wladimir), 540.

Nádasdi (Thomas), palatin de Hongrie, 405.
Nagy (Éméric), 308.
Nagy Szeben. Voy. Sibiu.
Nagyvárad (roum. Oradea Mare; all. Grosswardein), 306.
Nalivajko, hetman des Cosaques, 134, 589, 598.
Napiersky, historien, 49.
Nardukov (Michel), 209.
Naszód (roum. Năsăud; all. Nussdorf), 368.
Neag, porcolab, 164.
Neagogis, délégué moldave au concile de Florence, 45.
Neagoie, prince de Valachie, 265.
Neagoie, grand boïar, 67.
Neagoie, vornic, 268.
Neagoie Tătarul, boïar valaque, 267.
Necoreştĭ, 131.

Negrilă, păharnic, 111.
Negrilă, porcolab, 228.
Negruţĭ (Constantin), poète, 169.
Neuenburg (roum. Cetatea Nouă), 135.
Niamţ, monastère, 36, 73, 355, 362, 595. Voy. aussi Pantocrator.
Niamţ, ville, 84, 137, 442, 465, 572.
Nicéphore, 488.
Nicno, nom donné à Jean IV, 532.
Nicolas, fils d'Arbure, 269.
Nicolas, porcolab, 390.
Nicolas Băsărab, 117.
Nicolas-Pătraşcu, fils de Michel-le-Brave, 495.
Nicolò (Gregorio di), agent impérial, viij.
Nicopoli, 265, 266.
Niemirów, 519, 523.
Niesiecki, historien, 540.
Nieworski, chef polonais, 81.
Nilles (Le P.), historien, 555, 565.
Niphon, patriarche, 264.
Nivemontius (Petrus Albinus), 393.
Noblesse moldave, 37, 130.
Noga, 209, 216.
Nogaïs, 250.
Novgorod, 488.
Novograd (Cetatea-Nouă), 134, 180, 242.

Obédénare (Le Dr.), xix.
Očakov (Oczaków), 321, 456.
Odobescu (Alexandre), xix, xxv, 30, 595.
Odobeştĭ, 135.
Odrowąż (André), 86.
Odrowąż (Jean), archevêque de Léopol, 79.

Odrowąż (Pierre), capitaine de Russie, 62, 74, 79.
Odrowąż (X.), fils du précédent, 195.
Ohrida, 29, 90, 93, 596.
Oituz (Col d'), 368.
Oláh (Nicolas), archevêque d'Esztergom, 405.
Olbertin (Bataille d'), 293-296.
Olbracht, 179. Voy. Jean-Albert.
Olchowiec, 89.
Olelka, fille de Siméon de Kyjev, 96.
Olelko Vladimirovič, 96.
Oligmondovič (André), 56.
Omer-Aga, 554, 571.
Omnebono (Paul), ambassadeur vénitien, 125.
Onciŭ, logothète, 73.
Onciul, historien, 593.
Oprea, armaş, 577, 578, 583, 588, 589.
Oradea Mare. Voy. Nagyvárad.
Orbai Bodzá, 368.
Orbic (Bataille d'), 91, 211.
Oretona (Leonardo da), 127, 129.
Orheiŭ (Orgejev) 139, 243, 571.
Orichowski, historien, xiv, 372, 380.
Osdium, ou Naszód, Năsăud, 368.
Osjek (magy. Eszek), 587.
Oşorheiŭ. Voy. Vásárhely.
Ostermayer, chroniqueur, 385.
Ostrogski, gouverneur de la Pologne méridionale, 496, 497.

Pacome, nom monastique donné à Alexandre IV Lăpuşneanul, 467.
Païsius, hégoumène de Putna, 211.

Palauzov, historien, xix.
Pálfi (Nicolas), 591.
Paniewski (Gaspard), 468, 471, 473.
Paniewski (Melchior), 468.
Pantocrator, monastère en Moldavie, 44, 596. Voy. Niamţ.
Paos, vornic, 573.
Paprocki (Barth.), historien, 473.
Parczów (Conférence de), 83.
Părdească (Alexandrine), 495.
Părdescu (Mathieu), 495.
Părdescu (Pană), clucer, 495.
Paris, 484.
Parmeno, De Triumpho ad Obertinum, 295.
Păstrav (Jean), administrateur de Huşĭ, 600.
Păstrăveşti, 600.
Paszkowski (Martin), historien, xiij, 418, 429, 433, 435, 437, 439, 447, 475, 485.
Patóczki (Nicolas), 304.
Pătraşcu-le-Bon, prince de Valachie, 387, 391, 495.
Pătraşcu, partisan d'Alexandre Cornea, 333, 335.
Pătrăuţi, monastère, 220.
Pauli (Jean Marini), 573.
Păuneşti, 134.
Pécs (all. Fünfkirchen), 423.
Pellicier (Guillaume), ambassadeur français, 337.
Pemflinger (Marc), 281.
Perekop, 216, 246.
Perényi (Pierre), 281.
Perse, 15, 125.
Pertha, pacha, 453.
Pesti (Michel), 141.
Petremol, ambassadeur français, 409, 413, 440, 452, 454, 457, 462-464.
Petrică, intendant, 241, 242.

Petrică, staroste de Cernăuți, 272.
Petrovič (Joseph), porcolab de Cetatea-Nouă, 390.
Petrovič (Pierre), général hongrois, 291.
Peucer (Gaspard), 425.
Pezzen (Barth.), ambassadeur autrichien, 558, 560, 567.
Philippe II, prince, puis roi d'Espagne, 396, 587.
Photius, métropolitain de Russie, 596.
Piatra, 90, 313.
Piccolomini (Aeneas Silvius), xiv.
Pidou (Luigi-Maria), missionnaire catholique, 371.
Pie V (Saint), pape, 555.
Pierre Ier Mușat, prince de Moldavie, 19, 23-25, 35.
Pierre II, ou Pierre-Aaron, prince de Moldavie: son origine, 63, 603; obtient le pouvoir grâce à l'appui de la Hongrie, 65; livre Chilie aux Hongrois, 65; empoisonne Romain III, 67; est détrôné, 69; défait Bogdan II et rentre en possession de la Moldavie, 83; lutte contre Alexandre II, 83; remporte la victoire, 85; devient tributaire des Turcs, 87; prête le serment d'obéissance à la Pologne, 88; lutte contre Étienne-le-Grand, 91; se réfugie en Transylvanie, 91, 92; est de nouveau soutenu par Mathias Corvin, 101-103; est mis à mort par Étienne-le-Grand, 105; est confondu par Urechi avec un autre prince, 205.
Pierre III Rareș, fils d'Étienne-le-Grand, prétendant, 222, 243, 244, 258, 272; est élu prince, 279; traite avec la Pologne, 280; fait une incursion chez les Széklers, 281; renouvelle cette incursion, 283; perd sa femme, 283; envahit une troisième fois le pays des Széklers, 287; menace Bistrița, 288; envahit la Pologne, 291; est battu à Olbertin, 293; défait les Polonais à Tărăsăuți, 297; fait la paix avec eux, 299; est attaqué par eux, se jette sur eux à son tour et les bat, 299; trahit Gritti, 304-307; fait mettre à mort les enfants de Gritti, 307; négocie avec Ferdinand d'Autriche, 308; négocie avec Jean Zápolya, 309; est attaqué par les Turcs, les Valaques, les Tatars et les Polonais, 301; se retire en Transylvanie, 313; y endure de nombreuses vexations, 321; rend Csicsó aux Hongrois, 323; sollicite l'intervention de Soliman, 325 (comment Paul Jove raconte ces faits, 326); rentre en Moldavie, 333; renverse Alexandre Cornea, 335; reprend possession de Suceava, 337; fait exécuter divers boïars, 339; fait revenir sa famille, 341; bat Majláth, voïévode de Transylvanie, et le livre au sultan, 343; pille la Transylvanie, 347; achève le monastère de Pobrota, 351; fait travailler à Rîșca, à Dobrovăț, à Chipriana, etc., 353-355; meurt, 355; sa postérité, 356; est cité, 368, 410, 600.
Pierre IV le Boiteux, d'a-

bord prince de Valachie, 451, 452, 489; obtient le trône de Moldavie, 489; combat Jean l'Arménien, 491; est défait, 493, 494; gagne Constantinople, 496; devient maître de la Moldavie après la mort de Jean, 511; est l'ennemi des Polonais, 511; est attaqué et dépossédé par Jean III Crețul et par les Cosaques, 513-525; rentre en possession du pouvoir, 525; est supplanté par Alexandre, frère de Jean, qui s'empare de Iassi, 527; reprend sa capitale, 527; perd son agent Šajtan Cantacuzène, massacré par les Turcs, 527; lutte contre deux prétendants soutenus par les Cosaques, 529; se rapproche de la Pologne, 531; est déposé, 531; est envoyé à Halep, 533; obtient de nouveau le trône après la chûte de Iancu, 345; bat les Cosaques, 547; construit Galata-du-Mont, 549; se rencontre avec le prince de Valachie, 551; combat les Cosaques, 551; célèbre le mariage de son neveu Vlad, 553; défait un prétendant appelé Ivan, 553; favorise le catholicisme, 554; abdique et se retire en Autriche, 557-565; meurt à Botzen, 565.

Pierre V le Cosaque, se dit fils d'Alexandre IV Lăpușneanul, 581 (cf. 387, 468); M. Hîșdău fait de lui un fils de Jean II l'Arménien, 510, 581; son 484; séjour à Constantinople, envahit la Moldavie avec les Cosaques, 581; exerce le pouvoir pendant deux ou trois mois, 581-582; est pris par les Transylvains, livré à Aaron et envoyé à Constantinople, où il est mis à mort, 583; est cité, 588.

Pierre, fils de Dragomir, 28.

Pierre, fils d'Étienne-le-Grand, 157, 222.

Pierre, fils de Bogdan II, 256, 258, 277.

Pierre, fils d'Alexandre IV Lăpușneanul, 387, 468, 484. Voy. Pierre V le Cosaque.

Pierre, fils de Jean II l'Arménien, 510(?), 581(?), 490.

Pierre ou Pătrașcu-le-Bon, prince de Valachie, 387, 391, 495.

Pierre Cercel, prince de Valachie, 495, 550, 559.

Pierre, évêque de Siret, 143, 144.

Pierre, stolnic, 374, 379, 380, 383. Voy. Alexandre IV Lăpușneanul.

Pierre, clucer, gendre de Predă, 495.

Pierre-le-Grand, tsar de Russie, xviij.

Pietersen, libraire à Anvers, 295.

Pilecki (Othon), voïévode de Sandomierz, 56.

Pilecki (X?), noble polonais, 299.

Pîngărați, monastère, 387.

Piotrków, 207, 248, 280.

Pipărești (Bataille de), 55.

Pîrvul, parcolab, 551.

Pisaczęski, 420, 429, 431, 440, 441.

Pișcăreni, 378.

Piscia (Balthasar de), 138, 148, 150.
Pistorius, historien, xxv, 474.
Pitești, 267.
Placie (pour Moldavie), 369.
Plantin (Christophe), imprimeur à Anvers, 396.
Pobrata, Pobrota, ou Probota, monastère, 62, 84, 283, 353, 355, 361, 410, 467.
Pocutie, 49, 51, 181, 213, 227, 237, 291-293, 465, 543.
Podhayce, 199, 240, 563.
Podolie, 59, 67, 200, 201, 235, 248, 258, 259, 262, 274, 299.
Podraga (Bataille de), 53.
Podul Înalt (Bataille de), 125, 131.
Poiana Răhtivanuluĭ, 133.
Pokotiło, chef cosaque, 497, 510.
Pologne, Polonais, 73-81, 109, 131, 175, 185, 212, 213, 293, 297, 299, 301, 383, 389, 390, 399, 465, 470, 477, 481, 483, 487, 491, 512, 531, 545, 563, 581, 584.
Pongrácz (Jean), voïévode de Transylvanie, 105.
Poniatowski, 481. Lisez Paniewski.
Porawa (Nicolas), 79.
Posnań, 83.
Potocki (Étienne), 540.
Potocki (Stanislas), 540.
Pozsony (all. Pressburg), 368, 587.
Praetorius (Zacharie), 398.
Prague, 584, 591.
Prahova, riv., 11.
Prázsmar (all. Tartlau), 288, 362, 368.
Predă Băsărab. Voy. Băsărab.

Predă, postelnic, dit Floricoiul, 495.
Prépostvári (Valentin), 590.
Presbourg. Voy. Pozsony.
Pretwitz (Bernard), chef polonais, 383.
Preuner, ambassadeur autrichien, 542-544.
Prochaska, historien, 594.
Prochnic (Pierre), 195.
Procope (Saint), 159, 599.
Procope, ambassadeur russe, 167.
Prodiges, 159 (cf. 599), 197, 255, 387.
Prudentius (Jean). Voy. Kluger.
Prussiens, 89, 211.
Prut, riv., 13, 183, 191, 243, 261, 374, 435, 455, 481, 483, 511, 537, 551.
Przemyśl, 67, 199, 200.
Przerębski (Maxime), 540.
Przeworsk, 199, 200.
Przyłuski, 167.
Pumnul (Aaron), 169, 220.
Purcivij (Démètre), 214.
Purice, aprod, 538.
Puškin, 488.
Putna, riv., 135.
Putna, district, 117, 233.
Putna, monastère, xij, 99, 109, 131, 156, 157, 211, 219, 220, 257, 277, 283, 355, 463.

Raab (Juste), jésuite, 555.
Răcăciunĭ, 134.
Răchitoasa, monastère, 586.
Racova (Collines de), 131, 171.
Racova (Bataille de), 124.
Rácz (Michel), 443.
Raczyński, historien, 213.
Radák (Ladislas), 443.
Rădăuți, 35, 99.

Radom, 226.
Radu, fils de Mihnea, prince de Moldavie, ix.
Radu Ier le Noir, prince de Valachie, 30, 115, 117.
Radu II, prince de Valachie, 111 ; nom donné par Urechi à Băsărab-le-Jeune, 115-121, 124; meurt, 116.
Radu III, prince de Valachie, 183, 231, 235, 264.
Radu IV, prince de Valachie, 265, 267, 277.
Radu V Paisie, prince de Valachie, 495.
Radu, prince valaque, 488,
Radu Bidiviul, 495.
Radu-le-Fourreur, prétendant moldave, 559.
Radymno, 199, 200.
Radziwiłł (Jean, prince), x.
Radziwiłł (Nicolas), chancelier de Lithuanie, 399.
Rainaldi, historien, 44, 143.
Raphael (Franz), poète latin, 398.
Rareş (Pierre). Voy. Pierre Rareş.
Răsboienĭ (Bataille de) 147-151.
Răuşenĭ (Bataille de), 83.
Răut, riv., 137.
Rednik, famille du Marmaros, 20.
Reichersdorfer, agent impérial, 308.
Reissenberger, 265.
Renti (Bataille de), 295.
Rescius (Rutger), imprimeur à Louvain, 295.
Retezaţĭ, 233.
Reussner, historien, 511.
Revelles (Georges de), secrétaire de Jean Ier, 412, 442, 459.

Revista pentru istorie, archeologie şi filologie, 593, 594, 596.
Revista română, xxv.
Rheticus (Joachim), 425.
Rhodes, 464, 477, 479, 533, 560.
Rîchitna mare, riv., 270.
Rimna, riv., 493.
Rîmnic, ville, 599.
Rîmnic, riv., 233.
Rîmnic (Batailles de), 117, 133, 159.
Rîsca, monastère, 353, 393.
Rocsanda. Voy. Rucsanda.
Rodna, 289, 290.
Rodolphe, empereur, 564, 587.
Rohatyn, 237.
Romain I, prince de Moldavie, 23, 27, 594, 603.
Romain II, prince de Moldavie, 19, 23, 27, 594, 602.
Romain III, prince de Moldavie, 61-63, 65, 602.
Romain, fils d'Alexandre Ier, 602.
Romain le fugitif, prétendant, 231.
Roman, 35, 101, 135, 149, 183, 185, 242, 270, 353, 362, 393, 469.
Romanbazar, 149, Voy. Roman.
Rome, 11, 125.
Roşcani, 505, 509.
Roseto (Romano), 127.
Rothenthurmpass. Voy. Turn Roş.
Roussel, capitaine bourguignon, 403, 405, 414.
Rüber, général autrichien, 542.
Rucăr, 267.
Rucsanda, femme de Bogdan III, 252.
Rucsanda, femme de Radu IV de Valachie, 267.

Rucsanda, fille de Pierre Rareş, 317, 358, 375; épouse Joldea, 377; épouse Alexandre IV Lăpuşneanul, 385, 387, 400, 467, 469, 485.
Rudawa, riv., 201.
Rugineşti, 134.
Rukuński (Pierre), capitaine silésien, 405.
Russdorf (Paul de), grand-maître de l'ordre Teutonique, 48, 51.
Russes établis en Moldavie, 199.
Russie, 34, 200, 201, 228, 274, Voy. Moscovie.
Rustem, gendre de Soliman, 327, 450.
Rycharski, historien, 77.

Saad-el-Din, historien, 148.
Săcul, monastère, vij, 375.
Šafařík (J.-P.), historien, 44, 233, 235, 265.
Şaguna, métropolitain et historien, 46.
Šah, hetman, 515, 523, 525.
Šahmat, ou Szachmat, khan des Tatars, 89.
Saint-Demètre, monastère, 141, 197.
Saint-Denis, monastère, 469.
Saint-Élie, monastère, 354.
Sainte-Parascève, métoque à Iassi, vij.
Saint-Jean-le-Précurseur, église à Vasluiŭ, 135.
Saint-Nicolas, église à Iassi, 141; — monastère fondé par Aaron II, 587.
Saint-Sabbas (Étienne, duc de), 465.
Salomé Saburova, tsarine de Russie, 402.

Sambor, 82, 201.
Samovit, duc de Mazovie, 50.
Sandomierz, 27, 56, 83.
Sanguszko (Théodore) de Wiśnica, 222.
Sanuto (Marino), historien, xxvj et passim.
Sapieha (Léon), chancelier de Lithuanie, viij.
Šaranjević, historien, xxvj et passim.
Sartorius (Jean), évêque de Siret, 34.
Sas, prince de Moldavie, 19-20.
Sashib Geraj, 311.
Sasic, lac, 9.
Satul Noŭ, 134.
Sauterelles, 329.
Savin, hetman, x.
Saxons de la Transylvanie, 105, 233, 291, 400. Voy. Braşov et Hermannstadt.
Sbierea (Ion), historien, vj.
Sbierea (Ionaşco), vornic, 478, 482.
Sbignew (Jean), 194.
Scepincae. Voy. Şipinţi.
Schambor. Voy. Sambor.
Scheie (Bataille de), 171.
Schlözer, historien, xvj.
Schmidl, naturaliste, 21.
Schneeberg (Pierre de), 393.
Schreiber (Wolfgang), 423, 427.
Schurzfleisch (C.-S.), historien, 476.
Schwandtner, historien, xxvj et passim.
Scythes, 15.
Scythie, 200.
Seccles = Széklers, 369.
Sécheresse, 549.
Secul, monastère. Voy. Săgul.
Seczyniowski (Jacques), 250.

Seczyniowski (Paul), 381-383.
Selim Ier, sultan, 250, 251, 259.
Selim II, sułtan, 477, 498, 512.
Semendria. Voy. Smederevo.
Semenov, historien, 113.
Semila, riv., 131.
Şendrea (en lat. Sciandrus), hetman, 133, 139, 161.
Sennyei (Pancrace), 590.
Sepsi Báczon, Sepsi Szent György, 368.
Šerbag ou Šerbega, 476, 513.
Şerbanca, 261.
Šerbega (Alexandre). Voy. Alexandre.
Šerbega (Karabied). Voy. Jean III Creţul.
Serbes (Les) de Hongrie, 402.
Şerpe, postelnic, 269, 274.
Sfirski. Voj. Swierczewski.
Sforza (Bonne), reine de Pologne, 259.
Sibiu (magy. Nagy Szeben; serbe Sibin; all. Hermannstadt), 151, 161, 173, 304, 351, 362, 368, 462.
Sibrik (Gaspard), 583.
Siebenbürger (Antoine), 173.
Sieger (Jean), 591.
Sieniawski (Jean), 73.
Sieniawski (Nicolas Ier), 373, 374, 380, 381.
Sieniawski (Nicolas II), 383, 481, 524, 543.
Sieradź, 59.
Sieroczk, château, 86.
Sigismond, roi de Hongrie et roi des Romains, 49.
Sigismond, roi de Pologne, 229, 236, 239, 242, 243, 245, 246, 248-253, 258, 259, 262, 265, 271-275, 303, 320 ; sous le nom d'Auguste, 305, 313.

Sigismond-Auguste, roi de Pologne, 351, 390, 416, 470, 477, 482.
Sigismond Báthori, prince de Transylvanie, 538, 557, 583, 586, 588, 589-591.
Silistrie (lat. Durostorum; bulg. Drstr; roum. Dristov), 302, 333, 591.
Siméon Movilă, prince de Valachie, vij, 539, 563.
Simeon, dascăl, xiv, 392.
Siméon, porcolab, 321.
Siméon Olelkovič, grand-duc de Kyjev, 94, 96.
Simon, vestiaire, 271.
Simon (Ienaki), 565.
Simferopol, 113.
Sinaï, monastère, 586.
Sinan-Paša, 533, 535, 543, 587, 590.
Sinawski. Voy. Sieniawski.
Sinkai (Georges), historien, xxj, xxvj et *passim*.
Sinzendorf, ambassadeur autrichien, 533, 535.
Sion (Georges) Gherei, xv, xix.
Şipinţĭ, 183, 193, 239.
Şipote, 378, 381, 382.
Şipotenĭ, 435.
Siret, riv., 15, 91, 131, 133, 138, 171, 181, 225, 233, 299, 406, 435.
Siret, ville, 34, 89, 144, 371.
Sirmie, 232.
Sisak, 587.
Sixte IV, pape, 125, 143-145.
Sixte-Quint, pape, 556.
Skander-Beg, 129.
Slatina, monastère, 387, 467, 469.
Slăvilă, hetman, 496, 501, 503.
Slewen (Balthasar de), 50.
Słoczowa, 544.

Słońsk, 67.
Słostowski (Pierre), ambassadeur polonais, 548.
Smederevo, ou Semendria, 304.
Smeredova, 135, 163.
Smilie, riv., 131.
Smolensk, 253.
Sniatyn, 49, 53, 85, 106, 193, 291.
Sobieski (Jean), 33.
Soci (Bataille de), 111-113, 135.
Socol, gendre de Michel-le-Brave, 495.
Sohodolski (Egidius), 121, 122.
Sokołowski, historien, xxv.
Solikowski (Jean-Démètre), archevêque de Léopol, 554, 555.
Soliman Ier sultan, 261, 267, 282, 286, 287, 296, 301, 317, 320, 325, 333, 363, 365, 372, 387, 390, 421, 423, 441, 457; cité par erreur, 225.
Söllner, historien, 21.
Soltana, fille d'Alexandre IV Lăpuşneanul 468.
Sommer (Johann), historien, 392, 442.
Şomuz, 133.
Sonka Oligmondovna, 56.
Sophie, reine de Pologne, 57.
Soroca, 137, 519, 523, 551, 571, 581.
Sozancio (Lazaro), 565.
Spanciuc, vornic, 436; spătar, 436, 455.
Spartien, historien, 8.
Spînacĭ, gendre de Pătraşcu-le-Bon, 495.
Sprowa, 74.
Sropski, 187.
Stan, vestiaire, 37.

Stan, logothète de Valachie, 113.
Stana, 3e femme d'Alexandre Ier, 603.
Stanca, femme de Michel-le-Brave, 495.
Stanciŭ, boïar valaque, 267.
Stanislas Sachariae. Voy. Zaccaria.
Starowolski, historien, 476.
Statilius (Jean), évêque de Transylvanie, 297.
Stefăneştĭ, 138, 239, 247, 261, 481.
Stemnic, riv., 124.
Stepanowce. Voy. Stefăneştĭ.
Stroič (Luc), logothète, 412, 426, 563, 565.
Stroič (Siméon), 563.
Strusz (Christophe), 510.
Strusz (Félix et Georges), 227, 228.
Stryjkowski, historien, 511.
Stuhlweissenburg (magy. Székes Fehérvár; croate Stojni Biograd), 255.
Stulp, duché, 50.
Sturdza, »magnus Daciae procurator«, 381. — Ce personnage fut succesivement porcolab de Hotin (Melchisedec, Chron. Huş., 21; Chron. Rom., I, 170) et portier de Suceava (Codrescu, II, 251).
Sturdza (Démètre), historien, xix, xxvj et passim.
Sturdza (Démètre-C.), xvj.
Suceava, 33, 37, 73, 84, 87, 91, 93, 101, 109, 121, 138, 141, 149, 183-187, 197, 217, 237, 257, 285, 319, 334, 371, 383, 415, 435, 437, 442, 449, 453, 485.
Suceviţa, monastère, 541.

Suède, Suédois, 399, 488.
Supplementum ad histor. Russiae Mon., 34, 49.
Suţu (Nicolas), statisticien, 370.
Swidrigałło, prince de Podolie, 28, 59.
Swierczewski (vulg. Sfirski), chef cosaque, 493, 497, 498, 501, 508, 510.
Syrokomła (Vladislas), 475.
Syropoulos, 45.
Szachmat. Voy. Šahmat.
Szafraniec (Pierre), palatin de Cracovie, 58.
Szatmár Németi, 391.
Székelyi (Antoine), 403, 405-407, 415.
Székelyi (Moïse), 588.
Szekelyi (Pierre), 415.
Szent Miklós, 103.
Széklers, 95, 105, 126, 128, 231, 308, 357, 362, 369, 443, 450, 491.
Szlujski, historien, xxvj.
Szuhay (Étienne), évêque de Vács, 590.

Tahi (Bernard), 346.
Talaba, staroste de Hotin, 272.
Tămăşenĭ (Bataille de), 71.
Ţamblic (Grégoire). Voy. Camblak.
Ţamblic (Jean), oncle d'Étienne-le-Grand, 154.
Tamiš, chef tatar, 261.
Tăpăluş, nom donné à Băsărab-le-Jeune (?), 123, 129.
Ţăpăluş, 599.
Ţăpeştĭ, 353.
Taranowski. Voy. Tarnowski.
Tărăsăuţĭ (pol. Tirasowce), 239, 270, 297.
Tarasius, évêque de Roman, 109.

Targowisk, château en Moldavie ou en Pologne, 86.
Tarlo (Jean), porte-étendard de Léopol, 471, 481.
Tarlo (Stanislas), 383.
Tarnopol, 181.
Tarnowski (André), ou Taranowski, ambassadeur polonais, 478, 510, 577, 582.
Tarnowski (Jean), hetman de Pologne, 291-293, 302, 320, 341, 360, 385.
Tartres, 369. Voy. Tatars.
Tătărănĭ, 122.
Tatarie, 34.
Tatars, 15, 59, 66, 74, 89, 107, 138, 145, 201, 212, 244, 245, 248, 251, 252, 259, 262, 275, 280, 307, 369, 416, 429, 433, 435, 437, 445, 453-455, 465, 470, 487, 496, 497, 503, 549, 590.
Tătarul (Neagoie), 267.
Tăut, logothète, 179, 225, 229, 242, 245.
Tăut, fils de Pătraşcu, 352.
Tăuteştĭ, 378.
Tăzlău, monastère, 355.
Tecuciŭ, 131.
Tęczyński (Nawoy), 27.
Tedeschi (Salomon), banquier, 560.
Teleajna, 123.
Telegdi (Étienne), 235.
Telegecsi, bouffon, 426, 443.
Teleki (Joseph), historien, xxvj et *passim*.
Temesvár (roum. Timişoara), 369.
Tenczyn (Gabriel de) de Morawicze 194, 195.
Tenczyn (Jean de), 195.
Tenczyn (Nicolas de), 194.

Teodoră, concubine de Michel-le-Brave, 495.
Teodorescu (Démètre), xix.
Teofană, nom religieux de Voică, princesse de Valachie, 495.
Tereb, 199.
Teriak (Paul), 346.
Terusini (Pierfrancesco), 432.
Teutoniques (Chevaliers), 49.
Thabuk (Michel), 471.
Theiner, historien, 35, 44, 555, 557, etc.
Théoctiste, métropolitain, 29, 93, 109, 156; — autre 257, 259.
Théodore, fils de Dragomir, 28.
Théodore, boïar moldave, 91.
Théodore, architecte grec, 157.
Théodore, fils d'Isaïe, 206, 217.
Théodore, préfet de Hotin, 228.
Théodore, porcolab, 242, 243.
Théodore, fils de Neagoie, 265, 266.
Théodore, fils d'Arbure, 269.
Théodore, frère de Pierre Rareș (?), 311.
Théodore, grand-duc de Moscovie, 571.
Théophane, métropolitain, 463, 487, 525.
Thérouane, 396.
Thomas, logothète, 179.
Thorn, ou Torun, 66.
Thrace, 200.
Threnodia Valachiae, 294.
Tigheciŭ, ou Chigheciŭ, 247.
Tighina (turc et russe Bender), 8, 371, 496, 497, 501, 548, 585.
Tirasowce. Voy. Tirăsăuțĭ.

Tirgoviște, 151, 265-267, 302, 303.
Tîrgușor, 277.
Tisza (all. Theiss), riv., 9.
Tłuste, 181.
Tocilescu (G.-G.), xvj, xix, 353, 495, 577.
Toldi (Étienne), 583.
Tomicki (Pierre), 242-244, 253, 254, 257, 272, 275.
Tomșa (Étienne), prince de Moldavie. Voy. Étienne.
Tomșa, agent de Sigismond, roi de Pologne, 274.
Torda, ou Turda, 129.
Tordai (Sigismond), 414.
Torja (Alsó-) et Felsó-Torja, 368.
Torma (Charles), historien, 9.
Török (Valentin), 267, 281.
Torun, ou Thorn, 66.
Totruș, ou Trotuș, riv., 101, 135.
Tragovista, 302. Voy. Tirgoviște.
Trajan, 8.
Transalpinea=Valachie, 369.
Transalpins 388. Voy. Valaques.
Transilvani'a, xxvj et *passim*.
Transylvanie, Transylvains, 95, 105, 265, 343, 389, 390, 443, 586, 588-591.
Trébizonde, 32.
Trębowla, 181, 240, 379.
Tremblements de terre, 113, 225.
Trifăilă, 251-255.
Troian, fossé de Trajan, 9.
Trotuș, ou Totruș, riv., 101, 135.
Trotușanu, logothète, 179, 329, 331, 333; — autre, 573.
Truber (Primus), 423, 424.

Trus. Voy. Strusz.
Tsiganes, 123, 485.
Tugomir Băsărab, 117.
Tumuli en Moldavie, 15.
Turcs, 17, 45, 75, 85, 87, 99, 107, 121, 125-133, 145-149, 199, 275, 289, 301, 303-308, 311, 317, 319, 325-327, 233-335, 347, 351, 359, 363-365, 387, 391, 408, 413-415, 456, 463, 481, 489, 491, 495-510, 525, 561, 563, 571, 585.
Turcul (Jean), ambassadeur moldave, 167.
Turculeţ (Étienne), 121.
Turda, ou Torda, 127, 129.
Turn Roş, défilé, 362.
Ţuţora, 373, 555.
Tutova, 131.
Tworowski, 249.
Tyras, riv. Voy. Dniestr.
Tyśmienica, 225, 226, 291.

Udenfi (Ladislas), 363, 368.
Ungnad (David), 516.
Ungnad (Jean), 423, 424.
Unguraş (magyar Bálványos-Váralya), 289, 308.
Urach, 423.
Urbain VI, pape, 34.
Urechi (Famille), v.
Urechi (Basile), ix.
Urechi (Nestor), vj-ix, 573, 578.
Urechi (Nicolas), ix.
Urechi (Oană), vj.
Urechi (Pierre), vj, 35.
Uscaţĭ, 147.
Uspenskij, historien, 591.
Uztrus, capitaine polonais, 582.
Uzun-Hassan, chah de Perse, 125.

Vadul Jurcĭ, 138.
Vadul Turcilor, 130.

Valachie, Valaques, 7, 35, 115-123, 264-268, 277, 369, 388, 487, 491, 493, 521, 559.
Valea Albă (Bataille de) 147-150.
Valentin, noble hongrois, 103.
Valle (Francesco della), 301-306.
Varatic, monastère, 535.
Várdai (Pierre), 165.
Varlaam, métropolitain de Moldavie, 32.
Vartic (Pierre), 341, 361.
Vartic (X?), vornic, 583-585.
Vásárhely (roum. Oşorheiŭ), 247.
Vasari (Georges), secrétaire de l'évêque de Kamieniec, 471.
Vascan: deux boïars de ce nom, 352.
Vaško, 239.
Vasluiŭ, 61, 79, 125, 131, 135, 137, 149, 255, 371, 471.
Veli-Aga, 583.
Veljaminov (Michel), ambassadeur russe, 591.
Vendramino (André), doge de Venise, 145.
Venise, Vénitiens, 124, 153, 214, 271.
Verancsics (Antoine), 391.
Verbia (Bataille de), 407, 447.
Vercicanĭ, 437.
Verşeţĭ. Voy. Vršac.
Vestricium, 286. Voy. Bistriţa.
Veveriţă (Joseph), postelnic, 455, 457, 487.
Veveriţă (Pierre), ou de Veveriţĭ, 443.
Vicşanĭ, 28.
Victoire du roy de Pologne 295.
Victoria sereniss. Poloniae regis, 395.

Victuri (Antoine), agent vénitien 154.
Vienne, 484.
Vieroş, monastère, 495.
Vietor (Hieronymus), imprimeur, 294.
Vîlcea, préfet de Putna, 135.
Villiers (Jean de), ou de La Ville, 405, 415.
Vincenzo, agent secret à Constantinople, 337.
Vinţĭ (magy. Alvincz; all. Winzendorf), 591.
Vintilă, prince de Valachie, 495, 510.
Visconti, nonce du pape, 570, 588.
Vlad Ier Băsărab, prince de Valachie, 117.
Vlad II Dracul, prince de Valachie, 63, 68, 116, 117, 602.
Vlad III Ţăpeş, prince de Valachie, 95, 97, 115-117, 129, 152, 160.
Vlad IV, prince de Valachie. Voy. Băsărab (Laiot).
Vlad V le Moine(?), prince de Valachie, 117, 160-162.
Vlad VI, prince de Valachie, 264.
Vlad VII, prince de Valachie, 267.
Vlad, porcolab de Hotin, 280.
Vlad, Moldave réfugié en Pologne 352.
Vlad, fils de Miloş, 512, 553.
Vladislas, roi de Hongrie, 172, 173, 177, 179, 209, 217, 231, 241, 243, 248, 250, 251, 255.
Vladislas V Jagellon, roi de Pologne, 23, 47, 49-52, 57.
Vladislas VI, roi de Pologne, 57.
Vladislas, duc d'Opole, 593.

Vlaşca, 267.
Vlasijev (Athanase), ambassadeur russe, 591.
Vltava (all. Moldau), riv., 11.
Voică, femme de Pătraşcu, prince de Valachie, 495.
Voichiţă, troisième femme d'Étienne-le-Grand, 119, 141.
Voichiţă, nom donné par Urechi à Marie de Valachie, 244.
Volodimirovič (Timothée), ambassadeur polonais, 166.
Voroneţ, monastère, 220, 355.
Vrancea, 134.
Vršac (roum. Verşeţĭ; all. Werschetz), 9.
Vuk Brankovič Zmaj, 402.
Vukomanović (A.), 233.

Wałk. Voy. Bałk.
Walther, historien, 484, 581.
Wapowski (Bernard), historien, xiv, 77, 226, 236, etc.
Warszewicki (Stanislas), jésuite, 555.
Węgliński, 299.
Werenhida. Voy. Berenhida.
Wese (Jean), archevêque de Lund, 309.
Wickenhauser, historien, xij, xxvij, 593 et *passim*.
Wieskowski, chef polonais, 81.
Wiłamowski (Jacques), ambassadeur polonais, 296, 352, 359.
Wilczo, 602.
Wiłno, 245, 258, 263.
Wiślica, 121.
Wiśloka, riv., 199, 200.
Wiśnewecz, 251.
Wiśnicki (Jean), capitaine de Przemyśl, 85.
Wiśniowiecki (Démètre), 422-441, 449, 456, 463.

Wiśniowiecki (Michel), 540.
Wisowski (Dobieslas), gouverneur de Belz, 121, 123.
Witold, grand-duc de Lithuanie, 48.
Wittenberg, 398.
Wlidesz, 299.
Włodzimirz, 34.
Wojciski (V.-C.), historien, xj.
Wolfgang, monnayeur de Jean Ier, 426.
Wolfgang, prétendant, 532.
Wołk. Voy. Balk.
Wołogdi (Mathias), préfet de Kamieniec, 382.

Xenophos, monastère, 355.
Xenopol, historien, 594.
Xeropotamo, monastère, vij.

Yusuf-Bey, 571.

Zăbrăuți, 134.
Zaccaria (Stanislas), 294.
Zay (François), ambassadeur, 391, 405.
Zalesczycki, 181.
Zamojski, capitaine polonais, 383.
Zamojski (Jean), chancelier de Pologne, 589.
Zane (Marco), ambassadeur vénitien, 569, 571, 576, 583.
Zápolya (Éméric), 101.
Zápolya (Étienne), 172.
Zápolya (Jean), roi de Hongrie. Voy. Jean.
Zav, 112.
Zbignew Oleśnicki, 27.
Zborowska (Christine), 427.
Zborowski (Christophe), 471-473, 481, 531.
Zborowski (Martin), 427, 437.
Zborowski (Samuel), 544.
Zeiden (magy. Feketehalom; roum. Cotlea), 289.
Zenko, ambassadeur polonais, 167.
Żidaców, 201.
Zips, 542.
Złotców, 181.
Zolda, 380. Voy. Joldea.
Żolkiew, 33.
Żora, 139.
Zota, postelnic, 585.
Zrinyi (Nicolas), ban de Croatie, 393, 405.
Żura, chef cosaque, 139.
Zygomalas (Jean), 423.
Żytomierz, 108.

Glossaire.

A, prép., au sens de *în* ou *la: a toate țările*, 2 c; *a toată creștinătatea*, 106 a. — *A luà de a zece*, 536 a.

Abià, adv., aussitôt, sens primitif de l'a.-slov. абиѥ, 324 g. Cihac (*Dict. d'étym.*, II. 1) n'indique pas cette acception; M. Hîşdău la mentionne au contraire dans son *Etymologicum* (I, 81) où il s'efforce de rattacher abià au lat. *vix*.

Acmù, adv., maintenant, 130 c, 162 a, 492 e. Cf. Cihac, I, 2.

Adet, m., impôt, redevance, 560 a. Şaineanu, *Elemente turcești în limba română* (Bucureștĭ, 1885, in-8), n° 12.

Adeverință, f., assurance, 326 a; confirmation, 428 a. Cihac, I, 4.

Agă, m., chef des dorobans, 40 d. Şaineanu, n° 15.

Alesător, m., arbitre, 36 b. Le mot manque dans les dictionnaires. Cf. Cihac, I, 9.

Amù, adv., 162 a. Voy. Acmù.

Apărătură, f., défense, rempart, 460 e. Cihac, I, 12.

Aprod, m., huissier, 314 cf. Cihac, II, 476.

Ardeal, m., Transylvanie, 6 a, 94 b. Cihac, II, 476. — Ardelenĭ, 14 f.

Argat, m., valet, 162 a. Cihac, II, 635.

Armaş, m., nom d'une dignité, prévôt, 40 c. Cihac, I, 17; Hîşdău, *Cuv. den bătrănĭ*, I, 118, 268.

Astrucà (A), v., ensevelir, 468 c. L'étymologie indiquée par M. Cihac (II, 3) nous paraît inadmissible. La forme du verbe ne permet guère d'en chercher l'origine en dehors du latin ou de l'albanais.

Aŭ, conj., ou, 112 b. Cihac, I, 20.

Batjocoră, batjocură, f., insulte, 194 b, 196 a. Cihac, II, 638.

Bejenie, f., émigration et, par extension, émigré, 510 b. — A bejenì, v., 318 a. Cihac, II, 11.

Belit, m., pl. urĭ, exaction, 570 b. — Cihac (II, 548) et Şaineanu (n° 109) ne connaissent que les formes *belù*, *belè*.

Beşli, m., sorte de cavalier, 520 b. Cihac, II, 549. Les Serbo-Croates disent de même beślija. Cf. Daničić, *Rječnik*, I, 256.

Bir, m., impôt, 224 a. Cihac, II, 482.

Bizuì (A se), v., se fier, 98 c. Cihac, II, 482.

Blagoslovenie, f., bénédiction, 32 d. Cihac, II, 15.

Bogdan, nom donné au prince de Moldavie, 337, en note. Cf. en ital. Bogdania, 528, 529, 532, 533, 559, 583, et en franç. Bogdanie, 535, 536. Cf. Şaineanu, n° 124.

Boierin, m., 314 b, 338 a; boiarin, 314 f., boïar. Cihac, II, 20. — A boierì, 320 b.

Brud, adj., incapable et, par extension, mineur 468 b. Cihac (II, 29) n'indique pas cette acception. Cf. Hîşdău, *Cuv.*, I, 441.

Buciun, m., pl. e, cor, buccine, 126 cd. Les dictionnaires ne connaissent que la forme bucium.

Bulucì (A se), se réunir, 80 e, 90 b, 190 b, 260 a, 284 c, 298 d, 492 b, 496 b, 536 b. — Les dictionnaires n'enregistrent que le substantif buluc, multitude. Le verbe est d'autant plus intéressant que les verbes d'origine turc sont très-rares en roumain. Cf. Cihac, II, 551; Şaineanu, n° 165.

Buzdugan, m., masse d'armes, 446 a. Cihac, II, 552; Şaineanu, n° 173.

Cal, m., cheval, mot cité par Urechi, 12 c.

Cămaşe, f. pl., chemises, mot cité par Kromer, 59, en note.

Camătă, f., usure, 566 d. Cihac, II, 642.

Căpiţă, f., meule (de foin), 438 f. Cihac, II, 87.

Căpitănie, f., capitainerie, 18 a. Cihac, I, 41.

Cărlige, f., pl., carcan, 440 d. Cette acception n'est pas indiquée par Cihac (II, 43).

Carne, f., chair, mot cité par Urechi, 12 b.

Căsaş, m., habitant de la maison, 316 d. Cihac (I, 45) ne donne que le sens de propriétaire.

Căşioară, f., dim. de casă, cellule, 460 b.

Căşlegĭ, f. pl., jours gras (terminant le carnaval), 526 b. Cihac, I, 46.

Catastij, m., pl. ĭ f., livre de compte, 38 c. les. Les dictionnaires ne donnent que les formes catastih, catastif, pl. e. Cihac, II, 645.

Căzăcime, f., nom collectif des Cosaques, 520 b.

Cerşi (A), demander, 234 c, 318 c, 332 b, 498 c. Cihac, I, 49; Hişdău, *Cuv.*, I, 273.

Cereadă, f., troupeau, pl. cerezĭ, 522 b. Cihac (II, 56) n'a que la forme cireadă.

Cesesc, adj. Tara Cesească, la Bohème, 104 a.

Cetate, f., ne signifie que château, 32 b, ou ville forte, 320 a, 322 c, etc.
Cimpoiaș, m., joueur de cornemuse, 568 a. Cihac, II, 490.
Cindea (De), au-delà, 546 c.
Ciudă, f., extravagance, caprice, 568 c. Cihac, II, 58.
Ciutat, adj. circoncis, 546 d. C'est probablement le même mot que ciontat. Șaineanu seul (n° 387) cite le mot ciutac (?), qu'il traduit par »Turc de la Dobrodja« ou »Turc en général.«
Cleveti (A), v., calomnier, dénoncer, 364 b. Cihac, II, 62.
Clucer, m., porte-clef, 38 c. Cihac, II, 61.
Cocon, m., enfant (noble), 468 a; cucon, 72 c, 356 b. Cihac, II, 649.
Codru, m., forêt; 26 a, etc. Cihac, II, 716.
Comănac, m., bonnet rond, 314 a. Cihac, II, 650.
Comis, m., comte, 38 d. Cihac, II, 650.
Comit, m., comète, 512 b.
Comornic, m., trésorier, 518 f. Les dictionnaires roumains ne donnent que le mot comoară, trésor. Cihac, II, 71.
Copac, m., arbre, synonyme d'arbure, 247, en note.
Copil, m., bâtard, 72 b. C'est le sens primitif du mot. Voy. Miklosich, *Fremdw.*, 28; Cihac, II, 651.
Cort, m., pl. urĭ, tente, 40 b. Cihac, II, 652.
Covîrsi (A), v., outrer, 486 a. Cihac, II, 449.
Craiŭ, m. roi, 24 c, 26 a etc. Cihac II, 80.
Cucernic, adj., pieux, 468 d. Cihac, I, 50.
Cucon, m. Voy. Cocon.
Curvar, m., séducteur, débauché, 238 c, 564 a. — A curvarĭ, v., 568 a. Cihac, II, 88.
Cuvînt (A dà), faire savoir, 196 e.

Dabilă, f., impôt, 584 b. — Dăbilar, m., collecteur de l'impôt, 584 b. Cihac, II, 89.
Dăbîndă, f., gain, 204 b. Les dictionnaires n'ont que la forme dobîndă. Cihac, II, 96.
Dacă, adv., après que, 66 a, 74 cd, etc. — L'étymologie la plus probable de ce mot nous paraît être l'a.-slov. da ako, qui correspond aux deux sens que dacă possède en roumain: „si" et „après que".
Dăraban, gendarme, 40 d, 578 cg. Cihac, II, 495.
Den, prép. (= din), de, 36 cd, 38 b, 40 e, 50 c, 62 a, 64 a, 80 b, 96 c, 194 b, 310 b, etc. — Denapoĭ, 504 b.
Diac, m., secrétaire, 76 c. Cihac, II, 654.
Dirept, direaptă, adj., 36 a, 98 d.

Dristov, Silistrie, 332 c. Voy. la Table alphabétique.
Dumbravă, f., forêt de chênes, forêt, 108 a. Cihac, II, 104.
Duşman, m., ennemi, 154 a. Cihac, II, 575.
Dvorbă, f., service (à la cour), 42 b; — dvorbitor, m., qui fait un service, 36 f, 38 ade, 40 e. Ces deux formes manquent dans les dictionnaires roumains. Cf. Miklosich, *Lex. palaeoslov.*, 156 b.
Dvorì (A), v., servir (à la cour), 42 ab. Cf. Vornic.

Eretecie, f., fait d'être hérétique, 534 b.

Făgăduì (A) v., promettre, 228 b, 460 d. — Făgăduinţă, f., promesse, 230 a. Cihac, II, 497.
Fală, f., orgueil, 192 f; — a se făli, v., s'enorgueillir, 120 a. Cihac, II, 107.
Femeie, f., femme, mot cité par Urechi, 12 b.
Fì (A), v., être: şiş, 520 b; are fì, 104 b. Voy. Hì.
Foişor, m., pavillon, 330 a. Cihac, II, 500; Hişdău, *Cuv.*, I, 280.
Fragid, adj., fragile, 102 c. La forme ordinaire est fraged, avec $e = \check{\imath}$ latin.
Frăţine, m., dim. de frate, frère, 24 c, 362 a, 366 b.
Frîncĭ, Francs, Italiens, 12 cf. — P. 394 frînceşte signifie italien et non français.

Gaĭnă, f., poule, mot cité par Urechi, 12 b.
Gătà (A), v. (= gătì), préparer, 450 d. Cf. Cihac, II, 117.
Gìlceavă, f., querelle, 204 c, 300 d, 442 a, 478 a. Cihac, II, 113.
Giupăneasă, f., dame, femme d'un boïar, 314 bf. Cette forme est moldave; les Valaques disent jupăneasă. Cihac, II, 161.
Giuruì (A), promettre solennellement, 206 a, 234 e. Les Valaques disent juruì. Cihac, I, 136.
Gloată, f., foule, levée en masse, milice, 574 cd.
Globnic, adj., qui punit, 36 cd. Cihac, II, 122.
Greu, m., poids, oppression, 14 b.

Haiduc, m., haïdouque 464 a.
Hain, m., rebelle, 498 e. Cihac, II, 583.
Hălăduì (A), ou a se hălăduì, v., se soustraire, s'échapper, 76 d, 102 b, 270 c, 296 a, 310 a, 312 d, 316 c, 448 fg, 524 b, 562 b, 578 c. Dans le langage actuel hălăduì n'a plus que le sens d'habiter, être domicilié. Cihac, II, 504.
Hălaştău, m., pl. ce, étang, 30 c. Cihac, II, 506.
Halca, f., bague (jeu), 468 d, 472 a. Cihac, II, 584; Hişdău, *Cuv.*, I, 268; Şaineanu, n⁰ 624.

Hărăţı (A), v., escarmoucher, 96 c. Cihac, II, 5o5. Voy. Harţ.

Harnic, adj., actif, capable, 472 c. Cihac, II, 136.

Harţ, m., escarmouche, combat d'avant-poste, 96 c, 48o e, 522 b. Cihac, II, 5o5.

Hatman, m., hetman, chef de la milice, 36 e, 5o2 a, 514 g, 518 d, etc. Cihac, II, 137; Şaineanu, n° 651.

Hierbinte, adj., forme moldave pour fierbinte, 4 d. Cf. Hişdău, *Cuv.*, I, 284.

Hı (A), forme moldave pour a fi, 48 e, 312 f, 348 a, 426 a, 428 b, 43o cf, 432 d, 436 a, 46o af, 466 d, 472 c, 478 d, 486 b, 492 a, 5oo e, 5o2 f, 5o6 d, 574 a, etc.; par contre a fi, 18 ab, 34 a, 54 e, 43o cf, etc.

Hiară, f., forme moldave pour fiara, 2 c, 1o a, 16 d.

Hînsar, m., milicien à cheval, hussard, 55o e. Cihac II, 5o7.

Hochim, m., pl. urı, ordre, décision, 324 g, 326 a, 342 d, 346 a, 454 b, 52o e. — Şaineanu, qui seul cite ce mot (n° 666), le traduit par „judecător, arbitru, dregător"; nous croyons que hochim désigne l'ordre lui-même (ar. hukm, hukumat) et non le messager qui le porte.

Hotar, m., borne, limite, frontière, 14 d, 546 d, etc. Cihac, II, 5o7.

Hotnogiŭ, m., lieutenant, 92 d, magy. hadnagy; manque dans Cihac.

Hrăniţă, f., forme polonaise pour graniţă, 432 f.

Hreamăt, m., forme moldave pour freamăt, bruit, agitation, 442 a.

Hulă, f., blâme calomnie, 472 a; — a hulì, v., blâmer, calomnier, 46 d. Cihac, II, 144.

Humiennik (a.-slov.), avec le sens du roum. jitnicer, intendant chargé de faire rentrer le blé pour le prince, grand pannetier, 242, 272 (en note); kumiennik, 263.

I = î: omorit, 328 d, 33o b; urit, 328 d.

Ianĭ, interj., 34o d.

Iarbă, f., poudre à canon, 526 c. Ce sens n'est pas indiqué par Cihac.

Iazer, m., lac, 526 c. Cihac, II, 145.

Ierbărie, f., munitions, 184 f. La traduction doit être rectifiée. Voy. Iarbă.

Îmblăciŭ, m., pl. e, fléau (à battre le blé), 448 f.

Imbrea aga, préfet de sécuries, 33 c. Cf. himbrahor = emîri-âhôr, 336, en note. Şaineanu, n° 713.

Îmbunător, m., flatteur, 268 c. Cihac, I, 31.

Împrotivă = împotrivă, adv. 24 c, 44 b, 48 a, 74 b, 94 b, 102 d, 104 ad, 200 d, etc.

Îndăreptà (A) v., reculer, 218 a; a îndireptà, ordonner 504 b.

Infinitifs non syncopés: amestecare, 490 f; aruncare, 504 d; batere, 504 d, 506 a; cercare, 482 a; cunoaștere, 18 a; dare, 144 a, 504 d; ducere, 436 b; facere, 30 e; fugire, 150 b; gonire, 504 d; grăire 184 e; hire, 472 c; îmblare, 240 c; lăsare, 136 c, 312 b; lăudare, 98 c; luare, 496 a; mergere, 136 d; odihnire, 314 e; oprire, 500 a; rescumpărare, 188 d; risipire, 482 b; sosire, 238 b; ținere, 80 b; tocmire, 126 d; trimitere, 506 b; zidire, 134 d, 140 ac, 156 b.

Îngrădi (A) v., enclore, 340 f. Cihac, II, 115.

Îngrozì (A se), v., s'effrayer, 246 c. Cihac, II, 130.

Inicer, m., janissaire, 322 c. Şaineanu, n° 700.

Învărtejì (A se), v., s'en retourner, 148 a. Cihac, II, 450.

Iprocĭ, adv., et caetera, 42 c. Cihac, II, 294.

Iscà (A), v., naître, se produire, 300 d. Cihac, II, 149.

Iscoadă, f., espion, coureur, 180 c, 436 b; — a iscodì, espionner, 278 d. Cihac, II, 150.

Istovì (A) v., achever, 352 a. Cihac, II, 151.

Ispitì (A) v., tenter, 228 a. Cihac, II, 151.

Ispravă, f., succès, 342 a. Cihac II, 287.

Iureş, m., assaut, 504 f. Cihac (II, 588) ne donne que la forme iuruş: Şaineanu (n° 733) donne iuruş et iurăş.

Izbăvì (A) v., sauver, 316 e, 326 c. Cihac, II, 153.

Izvod, m., document, 2 a, etc.; a izvodì, imaginer 468 a. Cihac, II, 154.

Jac, m., pl. urĭ, pillage, 100 d, 184 c, 204 b, 424 c; — a jăcuì piller, 100 b, 280 c, 356 b, 494 b. Cihac, II, 154; Hîşdău, Cuv., I.

Jalobă, f., requête, 64 b, 74 a, 300 ce, 322 f, 224 ac. Cihac, II, 155.

Jartfelnic, m., sanctuaire, 110 a; a.-slov. жрьтвьникъ (sacrificium); manque à Cihac. Pour le l adventice cf. pomelnic = помѣньникъ.

Joimir, m., soldat mercenaire, 198 d. Cihac, II, 160.

Josean, habitant de la basse Moldavie, 260 b.

Lacom, adj., avare, 564 a; — lăcomie, f., avarice, 324 c; — a se lăcomì, être avare, 444 a. Cihac, II, 163.

Laudă, f., gloire, 108 bc, etc.

Leafă, f., solde, 226 d, 568 d; — lefic, m., mercenaire, 120 d; — lefegiŭ, m., mercenaire, 434 f, 572 a, etc. Cihac, II, 589.

Leagăn, m., litière, 314 c, 316 a. Cihac, II, 511.
Leav, Lwów, Lemberg, Léopol, 478 a. Voy. Léopol à la table alphabétique.
Lege, f., religion, 34 a, 42 d, 44 b, 46 a.
Leşĭ, Polonais, 12 c, etc. — Ţara Leşască, la Pologne, 6 b, 14 e, etc.
Limbă: a prinde limbă, interroger des prisonniers, 100 d; — a aduce limbă, amener des prisonniers, 182 d.
Logodnă, f., fiançailles, 46 d. Cihac, II, 175.
Logofăt, m., chancelier, logothète, 36 b, 40 def. Cihac, II, 671.
Lontru (În), adv., à l'étranger, 256 b. — Cihac n'indique pas cette acception tout à fait populaire.

Mainte, prép. = maĭ înainte, 78 b.
Măjar, m., marchand de poisson, 278 e. Cihac, II, 513.
Maramureş, Marmaros, 10 a, 14 c, 16 c. — Cette région comprend à proprement parler le pays situé entre les deux riviéres de Mara et de Mureş (Maros), qui lui ont donné leur nom.
Măscara, f., bouffon, 470 a. Cihac, II, 593.
Mazilie, f., déposition, 488 a, 530 c; a mazilĭ, déposer, 478 a, 540 ab. Cihac, II, 544.
Medelnicer, m., boïar chargé du service du prince à table, 38 e. Cihac, II, 191.
Megieş, m., voisin, 202 d, 230 d. Cihac, II, 191.
Mergător, adj., qui marche, 180 b.
Meşterşug, m., habileté, ruse, 76 d, 98 c, 126 b, 322 b, 502 d, 514 a. Cihac, II, 515.
Micolai = Nicolai, Nicolas, 194 c. Cf. magy. Miklós.
Micsurà (A) v., rapetisser, 194 b. Cihac, I, 163.
Mînă, f., main; plur. mînule, 172 a, 186 b, 334 c, 504 a.
Mîne, mère: mîne-sa, 364 a.
Mîngăĭ (A), v., consoler; part. passé mîngăet, 314 e.
Mîntuĭ (A), v., sauver, 52 c, 60 c, 490 e, 528 b. Cihac, II, 515.
Mîrzac, adj., infidèle, 260 c; a.-slov. мръзъкъ (impurus); manque dans Cihac.
Mistuĭ (A), v., digérer, dévorer, 312 c. Cihac, II, 515.
Mîzdă, f., prix, récompense, 46 c. Cihac, II, 191.
Mîzgă, f., sève, 462 c. Cihac, II, 191.
Moldova, Moldavie: origine de ce nom, 10 b.
Mosc, Moscovite, 174 a.
Movilă, f., tumulus, 14 b, 232 a. Cihac, II, 204.
Mucenic, m., martyr, 158 b. Cihac, II, 205.
Muiere, f., lat. mulier, mot cité par Urechi, 12 b.

Mulțemì (A), v., remercier, 196 b.
Muncă, f., peine, torture, 340 a. Cihac, II, 205.
Muntenesc: Țara Muntenească, la Valachie, 6 a, 88 a.
Nădăjduì (A), v., espérer, 320 b, 358 a. Cihac, II, 208.
Nălbì (A), v., blanchir, 146 d. Cihac, I, 9.
Năpaste, f., calamité, 442 b. Cihac, II, 211.
Năpust, m., abandon, 472 a. Cihac, II, 300.
Năsălnic, adj., impétueux, 16 d. Cihac, II, 344.
Născut, m., Noël, 38 f.
Năvală, f., invasion, 78 a, 448 f; a năvălì, v., envahir, 78 c, 330 b, 504 e. Cihac, II, 444.
Năvrap, m., coureur, 122 a; a.-slov. навраинти (invadere), навраѧть (direptio, praeda); manque dans Cihac.
Năzuì (A), v., solliciter, recourir à, 74 a, 114 c, 118 e, 208 d, 338 a, 494 a. Cihac, II, 214.
Neclintic, adj., inébranlable, 232 c. Cihac, II, 61.
Neme = nime, pron., personne, 46 b.
Nemerì (A), v., atteindre, 492 c. Cihac, II, 192.
Neslobiv, adj., innocent, 320 a; a.-slov. несловивъ; manque dans Cihac.
Nimăruì, pron., forme moldave pour nimenuì, 194 a.
Norod, m., peuple, 460 c. Cihac, II, 218.
Nostru, pron., lat. noster, mot cité par Urechi, 12 b.
Notciagoș, m., grandeur, grandesse, titre donné aux barons hongrois; magy. magyságos, 324 f.

Obeze, f. pl., liens, chaînes, fers, 180 d, 344 c. Cihac, II, 219.
Oblicì (A), v., entendre, apprendre, 328 b. Cihac, II, 220.
Oborî (A), v., renverser, 508 b. Cihac, II, 221.
Oboroc, m., provision, 38 f. Cihac, II, 221.
Ocară, f., insulte, outrage, 440 c. Cihac, II, 223.
Ocină, f., héritage, terre, 28 b, 34 a, 36 b, 40 d. Cihac, II, 233.
Ocol, m., enceinte, fortification, 28 b. Cihac, II, 224.
Ocop, m., retranchement, 190 f; — a.-slov. окопъ; manque dans Cihac.
Odihnì (A), v., reposer, 312 c. Cihac, II, 103.
Odriŭ, Andrinople, 332 a.
Olac, m., poste, 324 e; — olăcar, courrier, 136 c, 438 b, 452 c. Cihac, II, 601; Șaineanu, n° 935.
Olat, m., province, 212 b. Cihac, II, 601; Șaineanu, n° 936.
Ominesc, adj., humain, 102 c, 110 b. Les dictionnaires n'ont que la forme plus régulière omenesc.
Osîndă, f., punition, 330 c. Cihac, II, 231.
Otac, m., étable, 312 g; manque dans Cihac. Șaineanu, n° 940.

Pacoste, f., revers, mauvaise fortune, 322 d. Cihac, II, 237.
Păgănătate, f., impiété, méchanceté, 60 d. Miron Costin, dans son remaniement de la Chronique d'Urechi, remplace ce mot par nedumnezeire. Cf. Cihac, I, 189; II, 237.
Păharnic, m., échanson, 38 a, 42 bc. Cihac, II, 258.
Pălc, m., régiment, 280 b, 438 a, 502 b. Cihac, II, 239. Voy. Polc.
Pără, prép., jusqu'à, 276 b; — păr, 122 b. Cihac, I, 215.
Părințesc, adj., paternel, 364 e, 366 a.
Participe passé s'accordant avec le régime: aveà scoasă averea, 328 a.
Pedestraș, m., fantassin, 434 c; — a se pedestrì, mettre pied à terre, 146 b; — pedestru, piéton, 312 e. Cihac, I, 200.
Peitor, m., périssant, 78 e. Les dictionnaires n'ont que la forme peritor.
Pen, prép., = prin, par, à l'aide de, 40 c.
Pentru să, conj., pour que, 102 c, 106 c.
Pin, prép., = prin, 130 a, 140 b, 154 a; — pinpregiur, 202 e. Voy Pen.
Pîne, m., lat. panis, mot cité par Urechi, 12 b.
Pîrcalab, pîrcălab, m., porcolab, burgrave, 36 ef, 38 a, 98 a, 122 c, etc. — La forme porcolab que nous avons adoptée en français se trouve dans les documents latins de la Hongrie. Voy. Teleki, Hunyadiak Kora, XI, 22. Cf. Cihac, II, 520.
Pîrì (A), v., accuser, dénoncer, 456 b. Cihac, II, 244.
Pîrjolì (A), v., incendier, 126 b. Cihac, II, 285.
Plean, m., butin, 108 b, 150 b, etc.; — plin, id., 204 c; a.-slov. плѣнъ (praeda, spolia). Manque dans Cihac.
Podagrie, f., goutte 212 d.
Podanie, f., contribution, 204 b. Cf. Cihac, II, 270.
Podcomor, m., sous-trésorier, 194 d. Manque dans Cihac. Cf. Comornic.
Podscarb, m., trésorier, 542 b; pol. podskarbi. Manque dans Cihac.
Pofală, 140 a; — pohvală, 32 b, gloire, pompe. Cihac, II, 107.
Poftă, f., 506 c. Voy. Pohtă.
Poftorì (A), v., renouveler, 226 a. Cihac, II, 272.
Pogorì (A se), v., descendre, 346 d, 480 c. Cihac, II, 272.
Pohlibuitor, m., flatteur, 268 c; russe похлѣбство, flatterie. Manque dans Cihac.
Pohoiŭ, m., déluge, 312 a. Cihac, II, 284.
Pohtă, f., désir, volonté, 74 b, 282 c; poftă, id., 506 c; — a

pohtì, demander, prier, 24 c, 188 b, 282 b, 324 f, 506 e. Cihac, II, 272.

Pojar, m., incendie, désastre, 192 b. Cihac, II, 155.

Polc, m., 74 c. Voy. Pălc.

Pomăzuì (A), v., oindre, sacrer, 92 c. Cihac, II, 188.

Pomenì (A), v., rapporter, rappeler, 24 b, 26 bc, etc. Cihac, II, 275,

Ponoslŭ, m., calomnie, 518 e (ce mot est omis dans la traduction). Cihac, II, 276.

Poprişte, f., mille (mesure itinéraire), 198 b; a.-slov. поприще. Manque à Cihac.

Portar, m., portier, 36 e. Cihac, I, 211.

Poruşnic, m., lieutenant, 428 ag, 430 de, 448 c. Cihac, II, 278.

Posnă, f., bouffonnerie, 568 c. Cihac, II, 279.

Postelnic, m., maréchal, 36 f., 40 e, 42 a, etc. Cihac, II, 280.

Poticală, f., affront, ignominie, 160 b, 162 a, 438 e, 526 a. Cf. Cihac, II, 408.

Potolì (A), v , apaiser, 276 b. Cihac, II, 426.

Potrivnic, m., partisan (et non adversaire), 330 d. Cihac (II, 296) ne donne pas cette acception.

Potronic, m., pièce d'un demi-gros, 568 b. Cihac, II, 282.

Povaţă, f., conseil, guide, 312 d. Cihac, II, 284.

Poveste, f., histoire, épisode, 104 d. Cihac, II, 454.

Povodnic, m., cheval de main, 184 f; coureur (?), 38 d. Cihac, II, 284.

Povoiŭ, m., torrent, déluge, 220 a. Cihac, II, 284.

Prag, m., seuil, mot cité par Urechi, 12 c. Cihac, II, 285.

Prah, m., poudre, poussière, 504 a; prav, 504 c, 506 c. Cihac, II, 185.

Prăvì (A), v., considérer, 32 d. Les dictionnaires n'ont que la forme privì. Cihac, II, 294.

Preacistă, f., vierge immaculée, 158 b. Cihac, II, 288.

Pren = prin, prép., par, 102 c, 312 c.

Pretutinderea, adv., forme moldave pour pretutindene, partout, 236 b. Cf. Cihac, II, 299.

Pribeag, adj., fugitif, réfugié, 204 d, 262 e; pribag, id., 230 b, 356 a; — a pribegì, v., se réfugier, 64 a, 266 a, 340 a, 342 b. Cihac, II, 11.

Price, f., querelle, 106 b, 134 b; — a se pricì, v., se quereller, 24 b. Cihac, II, 290.

Prieteşug, m., amitié, 314 b. Cihac, II, 291.

Priinţă, f., prospérité, 320 b. Cihac, II, 291.

Prilej, m., occasion, 432 f; — a prilejì, v., occasionner, 220 b, 260 a, 314 c. Cihac, II, 292.

Primenì (A), v., changer, réformer, 418 c. Cihac, II, 154.
Pripì (A), v., hâter, 234 d. Cihac, II, 292.
Pristănì (A) v., consentir, 46 b. Cihac, II, 294.
Pristăvì (A se), v., mourir, 156 abc, 234 b. Cihac, II, 294.
Proaşcă, f., cible, 440 e. Cihac (II, 257) n'indique pas cette acception.
Proroc, m., prophète, 238 a; — a proorocì, v., prédire, prévoir, 186 b. Cihac, II, 295.
Pungă, f., bourse (monnaie de compte turque), 224 a. Cihac, II, 299.
Puşcă, f., canon; pl. puştĭ, 146 a; pl. puşte, 168 b, 442 a. Cihac, II, 300.

Răsăpă, f., ruine, 14 b; — a risipì, v., disperser, 280 c, 482 b.
Răsbì (A), v., défaire, 120 d, 260 c. Cihac II, 153.
Răsboiŭ, m., bataille, 86 a, 90 a, 226 d, 228 a, 240 b. Cihac, II, 20.
Răşchirà (A), v., disperser, 496 b. Cihac, II, 307.
Rîm, Rome, 8 b, 10 a, 12 f; a.-slov. Римъ; — Rîmleni, les Romains, 12 a; — rîmlenesc, adj., romain, 6 b, 14 b; Manque à Cihac.
Rîvnì (A), v., avoir du zèle, 32 a, 136 a. Cihac, II, 314.
Roată, f., compagnie de soldats, 518 a. Cihac, II, 315.
Rocoşì (A se), v., se révolter, 16 b. Cihac, II, 316.
Roiŭ, m., essaim, 312 d, 454 b. Cihac, II, 318.
Rumili, la Roumélie, 14 a.
Rusaliĭ, f. pl., Pentecôte, 482 a. Cihac, II, 321.
Ruski, forme a.-slov. pour rusesc, 19 c.

Săbor, m., concile, 42 cd, 46 bc; sobor, id., 42 c. Cihac, II, 353.
Săim, m., diète (de Pologne), 204 f., 206 a; seim, id., 420 b.
Şafăr, m., intendant, 240 c. Cihac, II, 383.
Samă, f., nombre, quantité, 132 a, 136 e; seamă, id., 270 d. Cihac, II, 524.
Sămînţă, f., famille, souche, 278 d; săminţie, f., id., 232 b. Cihac, I, 250.
Săneaţă, f., mousquet, 448 f; seneată, 518 b. Cihac, II, 612.
Şătrar, m., officier chargé du service des tentes, 40 b. Cihac, II, 386.
Săvărşì (A), v., terminer, 156 b; a se săvărşì, s'éteindre, mourir, 18 ab, 84 b, 104 b. Cihac, II, 449.
Scală, f., échelle, port, 40 a. Cihac, I, 245.
Scamn, m., siège, trône, capitale, 32 b; scaon, id., 32 e, 36 a, 50 d, 72 e, 74 ac, 80 de, 100 b. Cihac, I, 246.

Schriptru, m., sceptre, 92 c. Cihac, II, 696.
Scitia, la Scythie, 6 a.
Scîrbă, f., désolation, 146 e, 230 c, 310 b, 316 d, 322 f, 326 b, 420 a, 428 e; — a se scîrbì, v., s'éloigner avec horreur, 262 c. Cihac, II, 329.
Scurmà (A) v., creuser, 238 a. Cihac, I, 231.
Sfinţănie, f., consécration, 108 d. Cihac, II, 339.
Simeţie, f., hardiesse, audace, 276 a, 498 c. Cihac (II, 336) ne donne que les formes semeţie et sumeţie.
Singur, pron., lui-même, 44 a, 186 d, 188 f. Cette acception manque dans Cihac (I, 255).
Sîrg (De), adv., tout-à-coup, 2 e, 3 a, 130 d, 136 c, 150 a, 182 a, 202 b, 260 a, 290 c, 298 d, 432 c, 450 d, 496 b, 498 b, 520 ac; — a sîrguì, v., se hâter, 492 dc. Cihac, II, 526.
Şlahtă, f., noblesse, 64 c, 178 b; — şlehticiŭ, m., noble 186 a. Cihac, II, 390.
Slobozì (A), v., lâcher, 122 a. Cihac, II, 348.
Sluger, m., écuyer tranchant, 38 f. Cihac, II, 349.
Slujitor, m., estafier, 224 a, 246 b. Cihac, II, 349.
Sluţi (A), v., mutiler, 466 e; — sluţie, f., mutilation, exécution, 456 b. Cihac, II, 350.
Smidă, f., pluie de pierres, 550 a. Les dictionnaires ne donnent à ce mot que le sens d'éclair. Cihac, II, 338.
Sminteală, f., trouble, inquiétude, 54 c, 94 b, 104 d, 146 a, 200 a, 236 c, 276 b, 344 c, 346 d; — a smintì, v., renverser, 168 a. Cihac, II, 352.
Smomì (A), v., entraîner, 464 a. Cihac, II, 202.
Snopì (A), v., mettre en gerbes, 446 b, 508 a. Cihac, II, 353.
Sobor, m. Voy. Săbor.
Socot, m. pl. e, argent, impôt, 38 b. L'a.-slov. скотъ signifie à la fois »pecus« et »pecunia«. La forme socot et le sens d'argent manquent dans Cihac (II, 526).
Sol, m., ambassadeur, 228 b, 232 a, 234 d, 324 c; — solie, f., ambassade, 226 a, 234 b. Cihac II, 353.
Spatar, m., 38 a; spătar, 42 a, porte-glaive. Cihac, II, 700.
Sprinten, adj., alerte, leste, 468 d. Cihac, II, 359.
Spuză, f., cendre, par extension, débris, 508 a. Cihac, I, 261.
Staroste, m., prévôt, 38 a. Cihac, II, 362.
Staţie, f., station, 176 b.
Stolnic, m., sénéchal, 38 c. Cihac, II, 370.
Strajă, f., garde, 314 a, 316 a, 434 de, 480 c; — a străjuì v., garder, 280 a, 504 g. Cihac, II, 371.
Strîmbătate, f., injustice, 36 cd, 44 c, 104 c, 198 c, 204 c, 230 c, 234 c, 274 a. Cihac, II, 265.

Strînsură, f., presse, levée en masse, 504 d. Cihac, II, 267.
Stropşì (A), v., écraser, 140 e. Cihac, II, 424.
Sudalmă, f., invective, 440 e. Cihac, II, 527.
Şugubină, f., double crime, 36 cd, Cihac, II, 395.
Suliţă, f., javelot, lance, 236 a, 468 d, 472 a. Cihac, II, 380.

Tăbărì (A), v., camper, 334 b, 434 a. Cihac, II, 398.
Tăgăduì (A), v., nier, 236 b. Cihac, II, 529.
Ţară, f., milice, 164 c, 250 a, 426 b, 430 b, 488 c, 490 b, 514 c. Ce sens n'est pas indiqué par Cihac (I, 292).
Tătăne, m., dim. de tată, père, 92 a, 174 c; tătănĭ, id., 24 b.
Ţenchiŭ, m., but(?). 508 c. Cf. Cihac, II, 429.
Tîmpinà (A), v., rencontrer, 136 d, 180 c, 232 a, 440 c. L'étymologie indiquée par Cihac (II, 666) nous paraît inadmissible.
Tîmplà (A), v., arriver, 2 e, 186 b, 218 b, 230 a, 240 a, 438 a. Cihac, I, 280.
Tină, f., boue, marécage, 90 a. Cihac, II, 411.
Tinereţĭ, f. pl., jeunes années, 268 b.
Tînguire, f., lamentation, 316 c. Cihac, II, 411.
Tipsie, f., assiette, peut-être réchaud, 38 d. Cihac, II, 623. Şaineanu, n⁰ 1280.
Tîrg, m., ville 82 b, 162 b, 168 c, 202 b, 204 b, 236 a, etc. Cihac, II, 401.
Tocmală, f., accord, 202 e; constitution, 210 d; — a tocmì, v., mettre en ordre. Cihac, II, 415.
Traiŭ, m., durée, 18 a. Cihac, II, 419.
Trezì (A se), v., revenir à soi, 466 c. Cihac, II, 420.
Trîmbiţă, f., trompette, 126 c. Cihac, II, 421.
Turcime, f., réunion de Turcs, 146 a. Cf. Căzăcime.
Tutinderea, adv., partout, 188 e. Voy Pretutinderea.

Urăciune, f., haine, 46 c. Cihac, I, 301.
Uşer, m., huissier, 40 b. Cihac, I, 303.

Vameş, m., directeur des douanes, 40 a. Cihac, II, 538.
Veleat, m., année, 30 b, 112 b. Cihac, II, 167.
Veste, f., nouvelle, 108 a. Cihac, II, 453.
Vetejie, f., prouesse, bravoure, 28 b, 78 e, 126 b, 172 b, 174 d; — vitejie, id., 230 d; — viteaz, adj., brave, 196 d; — vitej, id., 262 a; — vitejeşte, adv., vaillamment, 170 c. Cihac, II, 459.
Viclean, m., adj., traître, 456 b, 458 f; — a viclenì, trahir, 444 ab; — viclenie, f., trahison, 180 d, 268 a, 444 a; — vicleşug, m., id., 164 a, 322 d, 338 b, 434 ae, 448 d, 458 a. Cihac, II, 538.

Vîlfă, f., autorité, protection (?), 196 d; réputation, éclat, 276 a; — vîlhvă, f., gloire, ardeur pour la gloire, 158 e. Cihac, II, 446.
Viliag, m., appel, convocation, 184 c. Cihac, II, 539.
Vină, f., faute, accusation (sens du lat. crimen), 234 e. Cihac, II, 456.
Vinit, part. passé, forme moldave pour venit, venu, 14 c.
Virì (A se), v., se glisser, se réfugier, 438 f, 458 c. Cihac, II, 457.
Vîrtejì (A se), v., se tourner, retourner, 78 e. Cihac, II, 450.
Visternic, m., vestiaire, ministre des finances, 38 b. Cihac, II, 458.
Viză, f., gros esturgeon, 59 en note. Cihac, II, 460.
Voì (A), v., vouloir: va = voieşte, 452 d; vra, 418 b; vrèa 418 c.
Voievozie, f., armée, 74 c. Cihac, II, 460.
Volnic, adj., libre, 346 b, 506 d. Cihac, II, 461.
Vornic, m., chambellan, 36 cd, Cihac II, 463.
Vorovì (A), v., parler, 134 a, 314 e, 514 e; — a se vorovì, s'entendre, 62 a, 310 a, 328 cd.
Vrajbă, f., querelle, 106 a, 208 a, 234 c. Cihac, II, 464.
Vrăjmăşie, f., cruauté, rigueur, 270 b. Cihac, II, 464.

Zăbavă, f., retard, 314 e, 316 a; — a zăbăvì, v., arrêter, 74 e; — a zăbovì, id., 280 a.
Zădărì (A), v., exciter, soulever, 106 b, 206 c. Cihac, II, 147.
Zăhăială, f., désordre, 322 c. Cihac, II, 468.
Zarvă, f., démêlé, discorde, 106 b, 240 d, 442 b, 516 d. Cihac, II, 470.
Zavistie, f., hostilité, opposition, 46 a, 110 b, 268 b, 300 b. Cihac, II, 471.
Zăvoiŭ, m., pl. e, forêt, 102 b. Cihac, II, 471.
Zimbru, m., auroch, 10 a. Cihac, II, 473.

Table des matières.

Avant-Propos I
Liste des principaux ouvrages cités . . . . xxj

Vie des princes de Moldavie, par Grégoire Urechi 1
Préface 3
De l'occupation de la Moldavie 7
Chapitre I. — Histoire des premiers princes de Moldavie, à partir de l'année 6867 (1359) 17
Chapitre II. — Règne des fils d'Étienne Ier 25
Chapitre III. — Règne de Iugă, qui se montra supérieur en tout à ses prédécesseurs 29
Chapitre IV. — Règne d'Alexandre-le-Bon ou le Vieux . . . 31
Chapitre V. — Du concile tenu à Florence, concile où il ne se fit rien de bon 43
De la paix durable que fit Alexandre avec le roi de Pologne 47
Chapitre VI. — Règne d'Élie et d'Étienne, fils d'Alexandre-le-Bon 51
Première Bataille livrée par Étienne à son frère Élie . . . 51
Seconde Bataille 53
Troisième Bataille 53
Quatrième Bataille 53
Cinquième Bataille 55
Des Tatars qui pillèrent la Moldavie à deux reprises différentes 61
Élie a les yeux crevés 61
Chapitre VII. — Règne de Romain, fils d'Élie 61
Chapitre VIII. — Règne de Pierre, qui livra aux Hongrois la ville de Chilie, et Mort de Romain 65
Chapitre IX. — D'un nommé Étienne et de Ciubăr 71
Chapitre X. — Avènement d'Alexandre, fils d'Élie, en 6959 (1451) et Guerres qu'il eut à soutenir contre un de ses fils appelé Bogdan 71

Bataille livrée par Bogdan aux Polonais 79
Chapitre XI. — Règne de Pierre, surnommé Aaron 83
Rencontre d'Alexandre et de Pierre à Movila 83
Chapitre XII. — Du règne d'Étienne-le-Grand ou le Bon, fils de Bogdan, et des batailles aussi nombreuses qu'extraordinaires livrées pendant ce règne, qui commença en 6965 (1457) 89
Assemblée nationale tenue au lieu appelé Direptate; Étienne est proclamé prince 93
Étienne pille le pays des Széklers 95
Comment Étienne enleva aux infidèles Chilie et Cetatea-Albă 97
Guerre d'Étienne avec Mathias, roi de Hongrie 99
Pillage du pays des Széklers 105
Étienne fait la paix avec le roi de Hongrie Mathias . . . 107
Des Tatars qui firent irruption en Moldavie 107
De la consécration du monastère de Putna 109
De la querelle qui s'éleva entre Étienne et le prince de Valachie Radu, et de l'incendie de Brăila, en 6978 (1470) . 111
Exécution de plusieurs boïars 111
Bataille de Soci entre Étienne et Radu 111
D'un tremblement de terre 113
Seconde Bataille d'Étienne contre Radu à Izvorul Apeï, en 6981 (1473) 115
Bataille livrée par Radu à Băsărab 121
Étienne s'empare de la forteresse de Teleajna; il se bat contre les Hongrois, contre Țăpăluș, puis contre Băsărab 123
De la mémorable victoire remportée par Étienne sur les Turcs à Podul Înalt, près de Vasluiŭ 125
Des Cosaques qui vinrent piller la Moldavie 137
Bataille livrée à Étienne par le sultan Méhémet, empereur des Turcs, et par les Valaques, à Valea-Albă 141
Bataille de Rîmnic, où Étienne lutta contre Vlad-Țăpeș, le 8 juillet 6989 (1481) 159
Bajazet, sultan des Turcs, s'empare de Chilie et de Cetatea-Albă 163
Bataille livrée par Étienne à Malkoč et aux Turcs à Catlabuga 171
Bataille entre Étienne et Chroiot à Scheie, sur le Siret . . 171
Bataille entre Étienne et le roi Albert dans la forêt de Cosmin, en 7005 (1497) 175
Le roi de Pologne quitte Suceava 187
Punition des orgueilleux 193
Des principaux chefs polonais qui furent trouvés parmi les morts 195
Malkoč pille la Pologne 199

Étienne pille la Pologne 199
Les Polonais viennent pour la seconde fois dans le pays . . 203
Étienne conclut la paix avec le roi de Pologne 203
D'un prince appelé Pierre que le roi de Pologne fit décapiter 207
Mort du roi de Pologne Albert 211
Comment Étienne enleva la Pocutie aux Polonais . . . 213
Mort d'Étienne 215

Chapitre XIII. — Règne de Bogdan-le-Borgne, ou le Hideux, fils d'Étienne, à partir de juillet 7012 (1504) 221
Bogdan pille la Pocutie 227
Campagne de Radu contre Bogdan 231
Bogdan pille la Pologne et s'avance jusqu'à Léopol . . . 235
Les Tatars ravagent la Moldavie à plusieurs reprises . . . 241
Trifăilă attaque Bogdan à la tête d'une armée hongroise . . 251
Mort de Bogdan 255

Chapitre XIV. — Du règne d'Étienne-le-Jeune, fils de Bogdan, petit-fils d'Étienne-le-Bon, commençant en avril 7025 (1517) 257
De la mort de Băsărab 263
L'hetman Arbure est mis à mort avec ses fils 269
Les boïars moldaves se soulèvent contre leur prince Étienne 271
Étienne fait la paix avec la roi de Pologne 273
Étienne-le-Jeune pille la Valachie 277
Mort d'Étienne-le-Jeune 277

Chapitre XV. — Règne de Pierre Rareş, fils d'Étienne-le-Bon, commençant le 20 janvier 7035 (1527) 279
Pierre pille le pays des Széklers 281
Seconde Guerre entreprise par Pierre contre les Széklers, qui habitent au-dessus de Braşov 283
Pierre pille pour la troisième fois le pays des Széklers . . 287
Pierre pille la Pocutie, en Pologne 291
Pierre est attaqué par le sultan Soliman et toutes ses forces, par les Valaques et leur prince, par le khan et les Tatars, par l'hetman Tarnowski et l'armée polonaise (20 septembre 7046 [1537]) 301

Chapitre XVI. — Règne d'Étienne, surnommé Lăcustă . . . 319
Des peines que Pierre eut à endurer dans la ville de Csicsó, chez les Hongrois, et de son départ pour Constantinople, au mois de janvier 7049 (1537) 321
De la mort d'Étienne Lăcustă 329

Chapitre XVII. — Règne d'Alexandre Cornea 331
Chapitre XVIII. — Second Règne de Pierre Rareş, commençant le 19 février 7049 (1541) 337

42*

Pierre se bat avec Majláth, voïévode de Transylvanie, en
7049 (1541) 343
Mort de Pierre Rareş 355
Chapitre XIX. — Règne d'Élie, fils de Pierre, qui plus tard
se fit Turc, commençant le 5 septembre 7055 (1546) . . 357
Chapitre XX. — Règne d'Étienne, fils de Pierre Rareş, commençant le 15 juin 7059 (1551) 365
Chapitre XXI. — Règne de Joldea, qui exerça le pouvoir pendant trois jours 377
Chapitre XXII. — Règne d'Alexandre Lăpuşneanul 383
Apparition de Despote l'hérétique, en 7069 (1561) 393
Alexandre se bat contre Despote à Verbia, le 18 novembre
7069 (1561) 407
Alexandre s'enfuit à Constantinople 409
Chapitre XXIII. — Règne de Despote 411
Du récit des deux chroniqueurs polonais et de leur accord
touchant Despote 417
Łaski forme le projet de renverser Despote 419
Les boïars moldaves forment également le projet de renverser
Despote du trône (août 7071 [1563]) 425
Despote apprend que Wiśniowiecki marche contre lui . . . 429
L'hetman Tomşa trahit Despote, son maître 433
Mort de Wiśniowiecki et de Pisaczęcki 441
Tomşa marche contre Despote, son prince 441
Mort de Despote l'hérétique 445
Chapitre XXIV. — Règne d'Étienne Tomşa (7072 [1563]) . . 447
Étienne Tomşa se bat avec Mircea, prince de Valachie . . 451
Étienne Tomşa s'enfuit en Pologne par crainte d'Alexandre
Lăpuşneanul 453
Chapitre XXV. — Second Règne d'Alexandre Lăpuşneanul . . 457
Alexandre fait mettre à mort 47 boïars 457
Avertissement et Remontrance aux grands 459
Destruction des forteresses de Moldavie 461
Venue d'un prince sorti de Hongrie 463
Mort d'Alexandre Lăpuşneanul 465
Chapitre XXVI. — Règne de Bogdan, fils de Lăpuşneanul
(mars 7076 [1568]) 469
Chapitre XXVII. — Règne de Jean, dit l'Arménien, qui fut
attaché par les Turcs aux queues de deux chameaux, et
mis en pièces (7078 [1571]) 473
Campagne de Jean contre Bogdan 481
Jean est déposé et s'entend avec les milices en vue d'un
soulèvement contre les Turcs (7081 [1573]) 489
Première Bataille livrée par Jean à Pierre-le-Boiteux . . . 491

Jean pille la Valachie et y installe comme prince Vintilă . . 495
Seconde Victoire remportée par Jean sur les Turcs et sur
   les Tatars. — Il pille Tighina et Cetatea-Albă 497
Troisième Victoire remportée par Jean sur un corps d'armée
   turc 499
Quatrième Bataille livrée aux Turcs par Jean, à Cahul . . 499
Mort de Jean (juin 7080 [1574]) 507
Chapitre XXVIII. — Règne de Pierre-le-Boiteux, commençant
   le 25 juin 7082 (1574) 511
D'Ivan Potcoavă, surnommé Crețul, qui prit comme prince
   le nom de Jean 513
Bataille livrée par Pierre à Potcoavă 521
Seconde Bataille livrée par Pierre à Potcoavă Crețul, à Do-
   colina 521
Crețul retourne en Pologne après avoir abandonné le trône. —
   Sa mort 523
Pierre-le-Boiteux reprend possession de la principauté (1ᵉʳ
   janvier 7086 [1578]) 525
D'un certain Alexandre qui se disait frère de Crețul 525
De divers petits princes qui entrèrent en Moldavie avec des
   troupes cosaques 529
Déposition de Pierre-le-Boiteux (2 décembre 7088 [1579]) . 531
Chapitre XXIX. — Règne de Iancu dit le Saxon, commençant
   le 17 février 7088 (1580) 535
D'un petit prince appelé Jean Lungul (7089 [1581]) . . . 537
Les boïars moldaves émigrent dans les pays étrangers à
   cause de toutes les violences que leur fait Iancu . . . 539
Comment Iancu émigre et comment il meurt en 7092 (1583) 541
Chapitre XXX. — Second Règne de Pierre-le-Boiteux, commen-
   çant le 17 octobre 7092 (1583) 545
Certains Cosaques veulent s'emparer du trône de Moldavie 545
Certains Cosaques pillent divers villages situés au-dessus de
   Tighina 547
Pierre construit Galata du Mont 549
De certains Cosaques qui pillent Tighina 549
D'une sécheresse 549
Entrevue de Pierre et de Mircea 551
Combat livré aux Cosaques par le porcolab Pîrvul, à Pe-
   riasław 551
Pierre célèbre la noce de son neveu Vlad 553
Pierre se bat à Țuțora contre des Cosaques venus avec un
   petit prince qu'ils appelaient Ivan (23 novembre 7096
   [1587]) 553

Pierre quitte volontairement le pays et le pouvoir, et se
   retire en Allemagne 557
Chapitre XXXI. — Règne d'Aaron-le-Mauvais et le Cruel, qui
   fit peser de lourdes charges sur le pays (7099 [1591]) . 567
   Combat soutenu par Aaron, sur le Răut, contre un petit
      prince qui s'appelait Bogdan. — Mort du vornic Bucium,
      du logothète Trotușanu et du vornic Paos 571
   Déposition d'Aaron 573
Chapitre XXXII. — Second Règne d'Aaron-le-Cruel 577
   Fuite du logothète Urechi 579
   Venue de Pierre-le-Cosaque en 7101 [1593]) 581
   Aaron monte pour la seconde fois sur le trône 583

Additions et Corrections 593
Tableau généalogique de la famille Mușat jusqu'a Étienne-le-
   Grand 602
Liste chronologique des princes de Moldavie depuis l'origine
   jusqu' à la fin du XVIe siècle 604
Table alphabétique générale 607
Glossaire 643
Table des matières 657

Prague, imprimerie É. Grégr, 1878—1885.

ERNEST LEROUX, ÉDITEUR, RUE BONAPARTE, 28

PUBLICATIONS DE L'ÉCOLE DES LANGUES ORIENTALES VIVANTES

I. **Histoire de l'Asie centrale.** (Afghanistan, Boukhara, Khiva, Khoquand, depuis les dernières années du règne de Nadir Chah (1153) jusqu'en 1233 de l'Hégire (1740-1718), par Mir Abdul Kerim Boukhary, publiée, traduite et annotée par Ch. Schefer, premier secrétaire-interprète du gouvernement pour les langues orientales, professeur à l'école des langues orientales vivantes. *Texte persan*, in-4, imprimé à Boulaq. 15 fr.

II. Le même ouvrage, traduit en français, avec introduction et appendice, par Ch. Schefer. 1 vol. in-8, avec carte de l'Asie centrale. 12 fr.

III. **Récit de l'Ambassade au Kharezm,** par Riza Qouly Khan. *Texte persan*, publié par Ch. Schefer. 1 vol. in-8, imprimé à Boulaq 15 fr.

IV. Le même ouvrage, traduit en français, par Ch. Schefer (*sous presse*). 1 vol. in-8. 12 fr.

V. **Recueil de poëmes historiques en grec vulgaire,** relatifs à la Turquie et aux principautés danubiennes, publiés, traduits et annotés par Émile Legrand. 1 vol. in-8. 15 fr.

VI. **Histoire de l'Ambassade de France près la Porte ottomane,** suivie d'un mémoire sur les capitulations et le commerce de la France dans le Levant, par le comte de Saint-Priest, ambassadeur du roi à Constantinople (1768-1782), avec une introduction de Ch. Schefer. 1 vol. in-8. 12 fr.

— Le même ouvrage sur papier de Hollande. 20 fr.

VII. **Recueil d'itinéraires et de voyages dans l'Asie centrale et l'extrême Orient.** — Journal d'une mission en Corée. — Mémoires d'un voyageur chinois dans l'empire d'Annam. — Itinéraires de Pichaver à Kaboul, de Kaboul à Qandahar et de Qandahar à Hérat. 1 vol. in-8, avec carte. 15 fr.

VIII. **Bagh-O-Bahar.** Le jardin et le printemps, poëme hindoustani, traduit en français par Garcin de Tassy, de l'Institut. 1 vol. in-8. 12 fr.

IX. **Chronique de Moldavie,** par G. Urechi, texte roumain en caractères slaves et traduction, publiée par Em. Picot. 1 beau vol. in-8. 20 fr.

SOUS PRESSE — POUR PARAITRE PROCHAINEMENT.

X, XI. **Histoire universelle,** traduite de l'arménien par E. Dulaurier, de l'Institut. 2 beaux vol in-8.

XII, XIII. **Bibliotheca sinica.** Bibliographie complète et raisonnée des ouvrages relatifs à la Chine, par Henri Cordier. 2 forts vol. gr. in-8 à 2 colonnes.

XIV. **Recherches archéologiques et historiques sur Pékin et ses environs,** par le docteur Bretschneider. In-8, fig. et plans.

Les tomes X à XIV paraîtront successivement en 1878.

Paris. Imp. Laloux fils et Guillot, 7, rue des Canettes.

www.ingramcontent.com/pod-product-compliance
Lightning Source LLC
Chambersburg PA
CBHW061956300426
44117CB00010B/1357